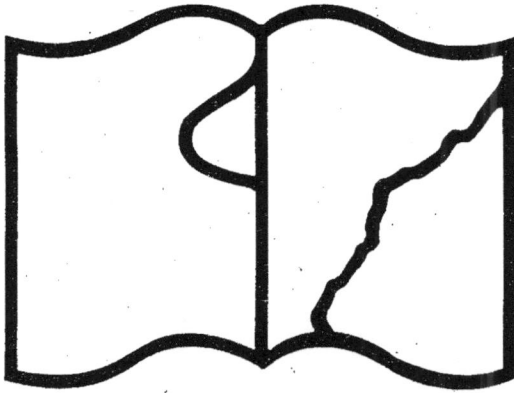

BIBLIOTHÈQUE DE LA RÉFORME FISCALE ET ÉCONOMIQUE

THÉORIE ET APPLICATION

DE

L'IMPOT SUR LE CAPITAL

PAR

MENIER

MANUFACTURIER

MEMBRE DE LA CHAMBRE DE COMMERCE DE PARIS

Deuxième édition, revue et corrigée

PARIS

E. PLON ET Cie, ÉDITEURS | GUILLAUMIN ET Cie, ÉDITEURS
10, RUE GARANCIÈRE | RUE RICHELIEU, 14

1875

THÉORIE ET APPLICATION

DE

L'IMPOT SUR LE CAPITAL

PARIS. — TYPOGRAPHIE DE E. PLON ET Cie, RUE GARANCIÈRE, 8.

BIBLIOTHÈQUE DE LA RÉFORME FISCALE ET ÉCONOMIQUE

THÉORIE ET APPLICATION

DE

L'IMPOT SUR LE CAPITAL

PAR

MENIER

MANUFACTURIER
MEMBRE DE LA CHAMBRE DE COMMERCE DE PARIS

Deuxième édition, revue et corrigée

PARIS

E. PLON ET Cie, ÉDITEURS | GUILLAUMIN ET Cie, ÉDITEURS
10, Rue Garancière | Rue Richelieu, 14

1875

INTRODUCTION

Appelé, en 1871, à m'occuper des indemnités dues aux victimes de la guerre; préoccupé, comme tout Français, de la situation dans laquelle nous plaçaient nos désastres, j'acquis immédiatement la conviction que notre solidarité nationale ne pouvait se raffermir, que notre richesse ne pouvait se reconstituer qu'à l'aide d'une transformation complète de notre régime fiscal.

Depuis cette époque, je n'ai cessé d'étudier, de creuser cette question; et plus je l'ai approfondie, plus j'ai acquis la certitude que j'étais dans la vérité, en posant le principe de l'*impôt sur le capital.*

C'est pour cela qu'aujourd'hui, je viens avec confiance soumettre à l'opinion publique le résultat de mes recherches et de mes travaux.

Je sais bien que la réforme fiscale que je propose, constituant un « système », sera accueillie avec une certaine défiance, précisément pour ce motif que beaucoup de gens qui se prétendent sérieux ont pris l'habitude d'affecter un souverain mépris pour tout projet d'ensemble qui s'écarte de la routine.

Certes, il est bien plus commode de n'avoir pas de « système » : on ne voit les choses que par leur petit côté ; on ne les voit que sous un seul aspect ; on n'examine point leurs rapports complexes ; on s'arrête à toutes les taupinières et on déclare que ce sont des montagnes : excellente raison, à coup sûr, pour ne pas aller plus loin et ne pas essayer de regarder au delà.

On ne se compromet pas ; on prend un peu de ceci, un peu de cela ; on est d'accord avec tout le monde ; on ne froisse aucune habitude, aucun préjugé, aucun « droit acquis » ; on louvoie à travers tous les courants et au milieu de tous les vents : et si on n'arrive à rien, on a du moins le plaisir d'avoir vogué bien tranquillement, sans crainte de rencontrer aucun écueil.

C'est charmant de dédaigner les systèmes : car pour arriver non-seulement à concevoir, mais même à comprendre un système, il faut faire un effort intellectuel, prendre de l'élan, monter sur les hautes cimes. Tout cela cause une certaine fatigue.

Il est bien plus simple de ne point se donner tant de mal. C'était ce que pensaient plusieurs de nos généraux lors de la dernière guerre. Ils s'en remettaient au hasard, à la Providence, au Destin des anciens. Ils voulaient bien sacrifier leur vie sur le premier champ de bataille venu ; ils avaient, presque tous, le courage de la mort : ils n'avaient pas l'énergie intellectuelle, la force de volonté nécessaires pour étudier, mûrir, approfondir un plan, en arrêter d'une manière précise les grandes lignes et s'y conformer. Ils préféraient faire la guerre au jour le jour, et ils trouvaient plus facile de laisser tuer inutilement leurs soldats que d'assurer leur victoire à l'aide d'un peu de prévoyance.

Je n'ai pas besoin de rappeler les résultats déplorables de cette conduite, de cette légèreté, de cette inertie intellectuelle : nous en subissons aujourd'hui les conséquences.

Toutes ces causes de nos désastres ont été discutées, apportées au grand jour de la tribune, exposées dans de longues enquêtes, dans des débats d'une solennité sinistre ; eh bien ! quand il s'agit d'empêcher que ces conséquences ne s'aggravent, de combler le déficit apporté dans notre richesse nationale par cette terrible année d'épreuves, de rétablir nos finances, de donner un nouvel essor à nos forces productives, que font nos gouvernants et nos financiers ?

Ils font exactement comme les gouvernants et les généraux qui ont accumulé ces ruines !

Pas plus qu'eux, ils ne veulent prévoir le lendemain, envisager l'ensemble des réformes indispensables pour relever notre patrie, concevoir un plan qui substitue aux institutions qui nous ont perdus des institutions qui nous sauvent.

Cette apathie est d'autant plus extraordinaire qu'au cours de nos désastres, j'entendais un grand nombre de gens de très-bonne foi s'écrier : — Je donnerais bien 10 et même 20 p. 100 de ma fortune afin de sauver la France. En même temps, il n'y avait qu'un cri d'un bout du pays à l'autre : — Il faut des réformes! Il faut organiser la France sur un modèle nouveau!

Les cruelles leçons que nous avions reçues avaient fait taire notre chauvinisme. Nul n'eût plus osé parler de « notre administration que le reste du monde nous envie ». Nous étions modestes alors, et nous avions raison.

Mais ce désintéressement et cette modestie n'ont duré que quelques instants. Chacun a espéré sortir de ces embarras en faisant faire les sacrifices nécessaires par son voisin, a compté ne point payer lui-même, a craint qu'une réforme quelconque n'aggravât sa charge personnelle. Bientôt nous avons redressé la tête, retrouvé tous nos défauts et reconquis l'orgueil de ces défauts. Puis, tout le vieux mécanisme existait : vieille machine de Marly, il est vrai, coûtant fort cher, dépensant une immense force pour produire un effet nul, mais machine, machine qui était là, qui avait des droits : machine qui encombre tout, tient tout, ne lâche rien. La bureaucratie, la vieille routine administrative ont ressaisi la France dans leur laminoir implacable. Bon gré, mal gré, il faut que nous suivions l'ancienne filière.

Il y a des gens qui applaudissent et disent : — La France est réorganisée !

Réorganisée, hélas ! oui ; réformée, non !

Tout « homme à système » que je suis, je n'ai point la prétention de réformer la France de fond en comble. Je suis plus modeste ; mais je m'attache à la réforme fiscale, question capitale, du reste, dont Mirabeau a signalé la gravité en ces termes : « La théorie de l'impôt est la véritable législation du peuple. »

Et ici, m'adressant à tous les hommes sincères qui veulent sérieusement que la France se relève et qui ne considèrent pas les embarras de son commerce et de son industrie comme des moyens politiques à l'aide desquels on tâcherait de faire haïr la République et de provoquer le désir d'une restauration quelconque, je leur dis : — Où en êtes-vous avec vos impôts indirects que vous avez augmentés de plus de six cents millions et que vous augmentez chaque jour ?

Où en êtes-vous avec vos taxes multiples, contradictoires, se heurtant les unes les autres et dans leur choc écrasant les contribuables rangés dans des catégories déterminées par le caprice et l'arbitraire ?

Où en êtes-vous avec vos expédients financiers, à l'aide desquels vous voulez dérober les impôts au pays sans qu'il s'en aperçoive ?

Où en êtes-vous avec vos réquisitoires contre le commerce et l'industrie, en face desquels vous vous placez comme des ennemis, comme si les intérêts du gouvernement devaient être distincts de ceux de la nation (1) ?

Vous n'avez pourtant point de système pour embarrasser votre marche. Les contradictions ne vous effrayent pas. Il est impossible de prendre plus légèrement son parti que ne le font nos ministres des impôts qu'ils jugent déplorables eux-mêmes.

Et cependant, malgré cette facilité de conduite que donne l'absence de principes, les ministres, les commissions et l'Assemblée discutent pendant des mois sans parvenir à se mettre d'accord.

Chacun sent bien qu'il y aurait quelque chose de mieux à faire que d'augmenter les droits « sur la faim, la soif, le froid », sur le besoin, en un mot, comme me l'écrivait un économiste mort dernièrement, M. Benard (2).

Mais préciser ce mieux, essayer de le découvrir, cela exige du travail, une grande tension d'esprit. On trouve bien plus simple d'escamoter millions par millions un budget de deux milliards et demi au pays. Et ici qu'on n'accuse pas ce terme de dépasser le fait ; car je répondrais : — Comment qualifierez-vous donc cette conduite qui, pour son apologie, ne trouve pas d'autre argument que celui-ci : le contribuable ne s'en apercevra pas ?

---

(1) Voir, entre autres, M. Magne. Discours du 30 janvier 1874.

(2) *De l'influence des lois sur la répartition des richesses*, p. 10, un vol. in-8°. *Bibliothèque de la Réforme fiscale et économique.* 1874. Plon et Guillaumin.

C'est là le procédé des charlatans qui promettent d'arracher les dents sans douleur.

Il y a entre cette fiscalité et la fiscalité qui ne devrait être qu'une application de la science économique, la même différence qu'entre le maquignonnage et la grande industrie.

La spéculation du premier repose sur la fraude : elle triomphe quand elle est parvenue à tromper sur la qualité de la marchandise vendue ; au lieu de se préoccuper de l'amélioration de la chose, elle ne cherche qu'à tirer le meilleur parti possible de ses mauvaises qualités.

La grande industrie, au contraire, cherchant à obtenir le maximum d'utilité avec un minimum d'efforts, spécule sur l'amélioration qu'elle peut donner à la chose elle-même.

Or, c'est le premier procédé qu'appliquent encore nos législateurs financiers à notre régime fiscal, et c'est le second que je voudrais lui voir appliqué.

Rien ne paraît plus simple ; cependant, c'est cette chose simple qu'on n'a pas encore voulu comprendre.

Si moi, industriel, manufacturier, je faisais mes opérations sans suite, sans plan d'ensemble, en marchant à l'aveugle, on me traiterait de fou ; je ne tarderais pas à faire faillite, et j'aurais mérité mon sort. Chacun dirait en parlant de moi : — Il n'y avait point d'ordre chez lui ; il ne savait ce qu'il faisait.

Tout le monde aurait raison.

Quand il s'agit, au contraire, de l'organisation économique d'un pays, c'est une autre thèse. On se vante de n'avoir ni principes, ni plan, ni système ; des esprits ouverts, les hommes les plus célèbres, viennent affirmer hautement à la tribune qu'ils n'ont ni plan, ni principes, ni système ; ils le déclarent pour amener à eux ceux qui hésiteraient à les suivre, et ils se servent, pour triompher, précisément de l'argument qui les condamne !

Un député disait, en pleine tribune française, le 12 janvier 1872 : « En économie politique, il n'y a point de principes. »

M. Thiers répétait : « L'esprit de système m'est étranger. » Il est vrai qu'il avait soin d'ajouter : « Mes vieilles idées ne changent jamais. »

Beaucoup de gens, non les premiers venus, mais des députés, des hommes qui appartiennent aux « classes dirigeantes » et sont absolument convaincus de leur capacité, applaudissent à ces déclarations, se trouvent charmés et séduits par elles, et se disent : — A la bonne heure, voilà des hommes pratiques !

Mais en même temps, si vous essayiez de persuader à ces gens que la meilleure machine est construite sans plan et sans calcul ; que le pont le plus solide est celui qui a été élevé morceau par morceau, sans qu'un ingénieur en ait tracé le dessin ; que l'édifice le plus commode, le mieux aménagé est celui qui a été élevé au hasard, ils vous traiteraient de fou, et ils auraient parfaitement raison.

Est-ce que le mécanicien n'est pas un homme pratique cependant? Est-ce que l'ingénieur ne fait pas de la pratique ? Est-ce que l'architecte ne fait pas de la pratique ?

Bien plus : là où le hasard joue le plus grand rôle, est-ce que chacun ne s'efforce pas d'avoir un plan, un système, une théorie, ne se trace pas certaines règles auxquelles il obéit ? Est-ce que le joueur de piquet n'a pas une méthode ? Est-ce que le joueur de whist n'a pas une méthode ? Il n'est pas jusqu'au joueur à la roulette qui ne cherche, d'une manière plus ou moins inconsciente, une martingale.

On ne le niera point; mais il n'en est plus de même quand il s'agit des questions sociales.

Il y a une foule de gens qui sont retenus en arrière par les préjugés de famille, d'éducation, de classes, de localité, par les habitudes acquises ; dont les préjugés sont doublés d'intérêts qui les fortifient ; et alors ces gens, quand ils ne trouvent rien à répondre, disent :
— Oui, oui, cela est bon en théorie, mais mauvais en pratique.

Ces gens prouvent tout simplement une chose : c'est qu'ils refusent de raisonner leurs actes ; c'est qu'ils refusent de les justifier ; c'est qu'ils n'osent s'élever jusqu'à l'explication de leur propre conduite.

Il serait temps de faire cesser ces vaines distinctions ; il y a tout simplement de bonnes et de mauvaises théories, une bonne et une mauvaise application des théories.

J.-B. Say, dès 1803, combattait ce préjugé :

« Qu'est-ce donc que la théorie, sinon la connaissance des lois qui lient les effets aux causes, c'est-à-dire des faits à des faits ?

« Qui est-ce qui connaît mieux les faits que le théoricien qui les connaît dans toutes leurs faces, et qui sait les rapports qui sont entre eux ?

« Qu'est-ce que la pratique sans la théorie, c'est-à-dire l'emploi des moyens sans savoir pourquoi ni comment ils agissent (1) ? »

La théorie, entendue ainsi, n'est pas autre chose que la méthode scientifique, méthode qui a produit toutes les grandes découvertes de la science moderne. Avant Bacon, on en était à l'alchimie, à la sorcellerie, à l'astrologie, à toutes ces rêveries, doublées de charlatanisme, dans lesquelles l'homme, ne reliant pas les effets aux causes, se laissait aller à toutes les chimères et à toutes les sottises. Maintenant, l'application de cette méthode aux sciences physiques est incontestée : nul ne s'aviserait de dire qu'il y a la chimie de la pratique et la chimie de la théorie ; car le caractère de toute loi scientifique est l'universalité. Il n'y a pas deux lois de la pesanteur : on rirait au nez de l'ignorant qui

(1) *Traité d'économie politique*, édit. Guillaumin. Discours préliminaire, p. 8.

viendrait déclarer que le ballon s'élève en violation de cette loi.

L'application de la méthode scientifique aux sciences naturelles a soulevé plus de difficultés, non-seulement parce que les rapports des phénomènes entre eux sont plus complexes, mais parce que certaines révélations de la science sont en contradiction avec des préjugés religieux ou métaphysiques. Ce n'est pas sans peine que de sincères croyants arrivent à se convaincre que le monde n'a pas été créé en six jours, et c'est humiliant pour nous de ne point former un règne à part et de nous trouver un beau jour proches parents du singe.

A plus forte raison, l'application de la méthode scientifique à la science sociale devait-elle rencontrer une formidable coalition de préjugés et d'intérêts. On n'observe plus les faits pour arriver à la vérité ; mais on les prend comme des arguments, et on s'en sert pour échafauder des thèses, servant à justifier tel ou tel abus, tel ou tel privilége, telle ou telle erreur, telle ou telle tactique politique.

Carey, dans son remarquable ouvrage sur la *Science sociale,* constate ce fait.

« Traitant, dit-il, ainsi que le fait la science sociale, des rapports réciproques de l'homme avec ses semblables, il lui faut lutter partout contre les attaques des individus qui recherchent la jouissance du pouvoir et du privilége aux dépens des autres hommes... Tous ces individus tirent profit de l'enseignement du mensonge, et conséquemment regardent d'un œil défavorable ceux qui cherchent à enseigner la vérité (1). »

De là la difficulté d'arriver à la détermination de principes positifs qui ne soient pas soumis aux fluctuations des passions, aux modes du moment, aux entraînements des partis, aux intérêts des classes.

De là aussi le prétexte du discrédit des « hommes à système », discrédit justifié, du reste, si l'on entend par systèmes, des théories subjectives basées sur des préjugés, des hypothèses, des traditions ou des intérêts, et non sur des faits soigneusement observés et vérifiés.

Mais railler des « systèmes », quand ces systèmes ne sont que la constatation des lois qui régissent certains phénomènes et l'application de ces lois, c'est la négation de toute science ; c'est vouloir nous ramener à l'empirisme de nos aïeux de l'âge de pierre.

Nous devons rendre cette justice aux économistes ; ils ont, les premiers, tenté d'appliquer avec rigueur la méthode scientifique aux phénomènes sociaux, mais ils n'ont pas su se garder toujours de tous les entraînements auxquels les soumettait l'influence du milieu dans lequel ils se trouvaient.

De toutes les lois qu'ils ont formulées, il n'en reste qu'une seule debout, incontestée : la loi de l'offre et de la demande.

Quant à la théorie de Ricardo sur la rente, elle a été réfutée d'une manière invincible par M. Carey.

---

(1) Tome Ier, p. 34.

Quant à la loi de Malthus, elle n'est devenue si célèbre que parce que l'aristocratie terrienne anglaise fut fort heureuse de trouver cette justification de la misère des classes inférieures. Elle pouvait se reposer en paix ; la misère était un fait providentiel, une loi fatale et naturelle à laquelle on n'avait qu'à se soumettre.

Les erreurs commises par les fondateurs de toute science servent de balises à leurs successeurs ; ce sont elles qui, en leur signalant les écueils, tracent la route qu'ils doivent suivre afin d'arriver à la vérité. Mais pour cela il ne faut pas qu'ils s'aveuglent volontairement ; il faut qu'ils aient l'intention ferme et arrêtée de l'atteindre, quelque danger apparent qu'elle puisse leur présenter.

Or, à tout instant, dans les ouvrages de nos économistes français, surtout depuis trente ans, on sent une préoccupation constante : la peur de se compromettre, de servir par leurs écrits certaines idées considérées comme dangereuses, et en même temps l'intention bien arrêtée de combattre le « socialisme ».

C'est cette préoccupation qui a conduit Bastiat à opposer les *Harmonies économiques* aux *Contradictions économiques,* à prétendre que l'utilité des agents naturels était toujours gratuite, et qui lui a fait bâtir un système économique sur la théorie théologique des causes finales.

S'il en est ainsi dans les ouvrages didactiques, à plus

forte raison dans les discussions qui s'appliquent aux questions immédiates.

Alors, là on ne tient plus compte de la vérité. Le préjugé hurle ; le privilége gronde. Il suffit d'un appel aux passions pour jeter bas tout raisonnement.

Il faut en finir avec ces procédés. Quand nos enfants ont peur la nuit, nous leur disons : — De quoi as-tu peur ? Va donc voir l'objet qui te fait peur !

Ce que nous disons à nos enfants, il faut nous le dire à nous-mêmes !

D'abord, il y a un fait acquis depuis Condorcet, si ce n'est depuis Pascal : la perfectibilité humaine.

Il y a un autre fait également acquis : la nécessité du progrès, et cette nécessité a été démontrée avec une évidence terrible par les naturalistes modernes.

Ils ont appelé cette loi fatale, à laquelle sont soumis tous les êtres : la concurrence vitale. Tout être, tout organisme qui ne se développe pas, est condamné à périr.

De même, tout peuple qui, dans la grande marche ascendante de l'humanité, reste immobile, est bientôt dépassé par ses voisins; et tandis que ceux-ci ne cessent de grandir, de se développer, de se fortifier, lui s'étiole, s'éteint, s'annihile et finit par disparaître.

C'est là une fatalité à laquelle devraient penser les hommes qui, ne voyant que leur intérêt immédiat et étroit, placent leur idéal dans le passé au lieu de le placer dans l'avenir. Ils devraient y penser d'autant plus que nous venons de subir cette loi de la concurrence vitale avec une effroyable rigueur.

Ah! je le sais, il faut une certaine énergie, il faut du courage pour se relever, chercher des voies nouvelles, il est bien plus simple de se traîner dans les vieux sentiers ou de rester tout simplement immobile.

Rien de plus commode que de ne pas vouloir regarder le lendemain, que de dire : — Vous avez peut-être raison, mais cela existe. Il faudrait faire un effort pour faire mieux. A quoi bon? C'est dangereux.

Voici ce que Turgot répondait à ces endormis :

« Vous ne voulez point marcher de peur de vous casser les jambes. Mais par là vous êtes dans le cas de celui qui aurait les jambes cassées, les vôtres vous sont inutiles. »

On ne l'écouta pas. On trouva qu'il avait des idées subversives. On le chassa du ministère. On haussa les épaules. Un siècle auparavant on avait agi à peu près de même à l'égard de Vauban. Tel a été le sort de tous les hommes qui ont essayé de mettre de l'ordre dans nos finances. Les gens qu'ils dérangent, les privilégiés, ou même simplement les routiniers, les gens « pratiques » qui se croient volontiers gens habiles, gens avisés, les traitent de « perturbateurs ». A la cour, Turgot était vu d'un très-mauvais œil. On se moquait de lui. On le soupçonnait de vouloir « faire de la popularité »; on l'appelait « révolutionnaire ».

Moins de vingt ans après, ces mêmes gens se réveillèrent un jour en sursaut, au bruit d'un effroyable écroulement : c'était la Révolution qui jetait à terre tous leurs privilèges, et avec leurs privilèges, leurs châteaux, leurs fortunes, leurs têtes.

De quel côté était la prévoyance? — Du côté de ce révolutionnaire pacifique qui s'appelait Turgot, ou du côté de ces conservateurs?

De quel côté était le véritable esprit de conservation? Du côté de celui-là qui voulait marcher en avant, ou du côté de ceux-là qui voulaient rester immobiles?

Ce sont là des faits que ferait bien de méditer aujourd'hui cette bourgeoisie française, émancipée par la Révolution. Déjà deux fois, elle a vu se dresser en face d'elle la guerre sociale avec une énergie terrible.

C'est cette guerre sociale dont il faut empêcher le retour, si nous ne voulons pas revenir à la barbarie et si nous ne voulons pas disparaître dans une série de secousses et de cataclysmes.

Chercher les moyens de les prévenir : tel doit être le rôle de tous les hommes sérieux, prévoyants et actifs. Chez les peuples libres, en Angleterre, aux États-Unis, en Suisse, chacun sait que les affaires de la nation sont les siennes propres, et il y consacre une partie de son temps, de son intelligence, de sa force et de son argent.

Nous, au contraire, nous avons considéré la politique

comme un luxe et non comme une affaire, croyant volontiers que les intérêts du pays ne nous regardent pas. Il y a dans cette idée une tradition du vieux préjugé monarchique d'après lequel, en vertu d'un droit divin, le roi étant chargé du bonheur de ses sujets, ceux-ci n'ont pas à s'en inquiéter. Nous le croyons encore volontiers. Nous avons la timidité, l'imprévoyance, la passivité, qui résultent de la foi dans un maître. Nous subissons encore l'influence de plusieurs siècles d'esclavage. Nous attendons tout de l'État, du gouvernement, auquel nous attribuons je ne sais quelle omnipotence et omniscience. Au lieu d'agir en hommes, nous parlons en suppliants, et nous y sommes tellement habitués, qu'à peine débarrassés d'une tutelle, nous nous empressons de nous mettre en quête d'une autre. Au lieu de chercher directement les voies et moyens pour résoudre les questions qui s'imposent à nous, nous aimons mieux nous en remettre à des sauveurs à qui nous donnons avec empressement la tâche de nous imposer, non la meilleure solution, mais celle qui leur convient le mieux. Il suffit qu'ils viennent avec aplomb déclarer qu'ils se chargent de tout, pour que nous leur donnions tout pouvoir. Au lieu d'étudier la manière d'administrer nos intérêts, nous nous livrons à des intendants qui se prétendent bientôt nos maîtres, s'attribuent le monopole de nos affaires, déclarent qu'elles ne nous regardent plus, que nous n'y connaissons rien, et que nous n'avons pas le droit de nous en inquiéter.

Et il faut bien l'avouer ; habitués par notre paresse d'esprit, par notre défaut de mœurs politiques, à compter sur des auxiliaires, nous sommes tout prêts à nous résigner, et il ne nous vient point à l'idée d'élucider nous-mêmes le programme des réformes à accomplir.

Nous nous plaignons volontiers, mais nous en restons à de vaines récriminations. Quand nous voyons que le sauveur qui devait tout sauver nous a à peu près perdus, alors nous faisons un effort et nous le mettons à la porte. Cela s'appelle une révolution. Au lieu d'être corrigés par l'expérience de la veille, nous nous hâtons d'acclamer le premier personnage venu qui nous affirme de nouveau, exactement comme son prédécesseur, qu'avec lui tout ira pour le mieux dans le meilleur des mondes possible. Nous passons notre vie à parodier les grenouilles qui demandaient un roi. Malgré toutes nos déceptions nous ne cessons de dire : — Ce qu'il nous faudrait, c'est un homme !

Quant à moi, je dis avec tous les publicistes qui n'ont pas cru que la force était la meilleure garantie de l'ordre social : — Ce qu'il nous faut, ce sont des institutions solides, basées sur des principes.

Mais à qui appartient-il de dégager ces principes ? Certaines corporations et certaines castes ont-elles donc le monopole de ces études ? Loin de là. Le suffrage universel nous en impose à tous l'obligation ; et nous n'arriverons à un état stable que lorsque nos déterminations politiques ne résulteront pas de sentiments plus ou moins vagues, de haines et d'enthousiasmes plus ou moins irréfléchis, mais procéderont de l'étude des moyens les plus sûrs d'arriver à la garantie de tous les droits et, par conséquent, de tous les intérêts.

Il y a déjà longtemps que j'ai compris cette vérité (1), et c'est pourquoi je ne me borne pas à des vœux platoniques en faveur de la paix sociale.

Les insurrections de Lyon, de juin, du 18 mars, ne nous ont-elles pas appris que les baïonnettes n'étaient pas toujours un rempart bien solide ? Ne devons-nous pas avoir d'autant moins de confiance en elles qu'elles deviennent de plus en plus intelligentes ?

Je crois qu'il y a mieux à faire que d'avoir recours aux procédés de Rome ou de Byzance pour arriver à une solution que ces deux villes n'ont jamais trouvée et que nos conservateurs n'ont pas trouvée davantage.

Le progrès social consiste en ceci : — Obtenir la solution des questions non par des moyens violents, mais par des procédés pacifiques.

Qui peut donner ces solutions ? La science.

Il y a une mécanique sociale, comme il y a une mécanique physique.

Faites mal vos calculs, méprisez les lois de la dyna-

(1) Voir l'*Impôt sur le capital*, 3e édit., 1872.

mique, et votre machine ne marche pas ; ou si vous essayez de la faire marcher, les dents de vos engrenages qui devaient donner un mouvement régulier, se transforment en mitraille, et la force utile devient un instrument de destruction.

Je sais qu'il y a un système peu avoué, mais qui n'en existe pas moins à l'état latent : c'est l'hygiène de Guy Patin, le régime des débilitants, la médicamentation sociale par « les fréquentes saignées » ; on veut faire un peuple impuissant pour avoir un peuple docile. On croit qu'en le maintenant dans l'abêtissement et la servitude, on se met à l'abri de tout danger.

Le cardinal de Richelieu déclarait hautement que l'impôt était un instrument de gouvernement. En appauvrissant le peuple, il l'abaisse ; en le plaçant sous l'autorité tracassière et constante des agents du fisc, en le menaçant d'un arbitraire perpétuel, il entretient en lui l'esprit de servitude.

C'est ce système que développait M. Guizot lorsqu'il disait : — Le travail est un frein.

Je n'abuserai pas de considérations morales, je ne m'attacherai pas à blâmer un semblable calcul. Je me bornerai à dire : — Voulez-vous que la France périsse ou qu'elle se régénère ?

Voulez-vous vous relever avec elle ou succomber avec elle ?

Et puis, faites bien attention à cette loi, démontrée par les faits mêmes qui causent votre terreur :

L'explosion est toujours en raison de la compression. Vous avez voulu dompter le peuple, au lieu de régulariser et de diriger sa marche ascendante ; de quoi avez-vous le droit de vous plaindre si, une fois déchaîné, il se conduit en bête fauve ?

Pour moi, je ne crois pas que le travail soit un frein. Loin de là. Le travail n'est que l'appropriation des agents naturels aux besoins de l'homme. Ils deviennent alors des utilités, et la richesse n'est que l'ensemble de ces utilités. Plus le nombre en est grand, plus l'humanité les a facilement à sa disposition, plus elle est riche. Faciliter cette appropriation, tel est donc le but que nous devons poursuivre, pour avoir un peuple vigoureux, sain, fort, intelligent, calme, au lieu d'un peuple débile, impuissant, misérable, et toujours en état de sourde irritation.

Développer notre richesse, pour retrouver les quinze milliards que nous a fait perdre la guerre et pour liquider la situation qui en résulte, telle doit être notre préoccupation dominante. La civilisation moderne, quelque illusion que puissent produire les événements récents, est basée sur l'industrie et non sur la conquête ; ce n'est pas en tuant, en pillant, en brûlant, qu'un peuple s'enrichit, augmente son bonheur, son bien-être, son intelligence, toutes ces choses enfin qui forment les éléments de la civilisation. Le mal qu'il fait à un autre se répercute sur lui-même ; demandez-le à toutes les familles en deuil de l'Allemagne, à toutes les ruines que l'arrêt des affaires y a amoncelées ! La Prusse, considérée comme entité, peut paraître plus grande et plus forte : Guillaume est devenu empereur au lieu d'être roi ; mais quel profit les Allemands ont-ils recueilli individuellement de l'invasion de la France et de l'annexion de l'Alsace et de la Lorraine ? Sont-ils plus libres ? Payent-ils moins d'impôts ? Sont-ils astreints à un régime militaire moins despotique ? Au contraire, leurs charges se sont augmentées, leurs moyens de production sont restés stationnaires. La première revanche que nous avons à prendre est de prouver que tous nos désastres ne nous ont pas ruinés. Si l'Allemagne a triomphé de nous, grâce à une meilleure organisation militaire, triomphons d'elle à notre tour, grâce à une meilleure organisation du travail. Laissons-la immobilisée dans son vieil appareil féodal, et hâtons-nous de produire, d'acquérir une supériorité industrielle et commerciale incontestée. Nous pourrons relever la tête alors et déclarer que nous ne sommes pas des vaincus, car ce sont les peuples riches qui sont les peuples forts.

En même temps nous arriverons à chasser tous ces spectres, qui n'ont jamais servi que de mannequins à ceux qui avaient intérêt à nous faire tomber dans leurs piéges. Par le développement de la production, toutes les activités étant employées, trouvant un libre champ pour exercer leurs forces ; tous les besoins pouvant se satisfaire aisément ; toutes les institutions de prévoyance ayant les éléments nécessaires pour se développer, se perfectionner et s'étendre, nous arriverons à la solution de la « question sociale », non par la guerre sociale, mais par la paix sociale.

Étudions donc les moyens de produire le plus de richesse possible et de la répartir le plus équitablement possible. Ne perdons pas un moment pour déblayer le terrain industriel et commercial de tous les monopoles et de toutes les lois fiscales qui, en entravant la circulation, nous condamnent à une immobilité stagnante.

« Lorsque les savants, disait M. Charles Comte, ont eu découvert la puissance de certaines machines, l'efficacité de certains remèdes, il n'a pas été nécessaire, pour les faire adopter, de parler de devoirs et de faire usage de la force, il a suffi d'en démontrer les effets. De même, en morale et en législation, le meilleur moyen de faire adopter un bon procédé et d'en faire abandonner un mauvais, est de montrer clairement les causes et les effets de l'un et de l'autre (1). »

J.-B. Say disait aussi : « Il y a sans doute dans l'état social des maux qui tiennent à la nature des choses et dont il n'est pas permis de s'affranchir entièrement ; mais il y en a un grand nombre auxquels il est non-seulement possible, mais facile de remédier. Je pourrais ajouter même que beaucoup d'abus pourraient être corrigés chez presque toutes les nations sans qu'il en coûtât le moindre sacrifice aux privilégiés qui en profitent, ou s'imaginent en profiter. Bien plus, il y a des

---

(1) *Traité de législation.*

changements qui seraient dans les intérêts de tous, qu'aucun danger ne saurait accompagner et qu'on repousse uniquement parce qu'on méconnaît à beaucoup d'égards l'économie des sociétés. La plupart des hommes ignorent les avantages qu'ils peuvent retirer des avantages communs à tous (1). »

Voilà l'explication de ce livre.

Notre régime fiscal, d'un côté entrave la production des richesses, de l'autre en fausse la répartition.

Tous les procédés, tous les vieux expédients de la fiscalité ont été épuisés et condamnés par l'expérience dont nous subissons les conséquences en ce moment. Or, pour équilibrer notre budget, sept cents millions d'impôts de plus qu'en 1869 nous sont indispensables. Comment parvenir à concilier le développement nécessaire de nos forces économiques avec l'augmentation des frais généraux de la nation ?

En transformant notre système fiscal de telle sorte que la production, libre de toute entrave, puisse s'accroître dans une proportion suffisante pour supporter facilement la progression de nos budgets et l'amortissement rapide de nos dettes.

Sans doute, il y a d'autres questions à côté de celle-là; mais la question de la réforme fiscale est une question vitale pour le pays. Quant à moi, je m'y attache; et ni les railleries, ni les injures, ni les épithètes violentes, ni les insinuations perfides ne me feront l'abandonner.

(1) *Traité d'économie politique. Discours préliminaire*, p. 46.

On peut dire de moi ce qu'on a dit de tous les novateurs ; on peut me traiter de « perturbateur », de « révolutionnaire » et même de « communard »; on peut me présenter comme affamé de « popularité », quoique je n'hésite jamais à combattre les préjugés que je rencontre ; on peut répéter avec un charmant dédain : « De quoi se mêle-t-il ? Qu'il reste donc à faire son chocolat ! » Cela m'est égal.

Fort de ma conscience, convaincu que je rends service à mon pays en travaillant à la solution de cette grave question, je poursuivrai cette tâche constamment, sous toutes les formes.

On m'a refusé l'autorisation de publier un journal économique (1). On a interdit à mes publications la vente sur la voie publique et dans les gares : il paraît que dans l'opinion de « l'ordre moral », c'était faire acte de sédition que de chercher le meilleur moyen d'équilibrer nos budgets sans nuire au développement de notre richesse. Que m'importe ? J'ai déjà parlé assez haut pour que mon appel ait été entendu ; j'ai déjà obtenu de toutes parts les plus précieuses adhésions. Une pétition demandant à l'Assemblée nationale de substituer l'impôt sur le capital aux expédients proposés par M. Magne, a été couverte de milliers de signatures qui en ont ainsi affirmé le principe. Mais cela ne

(1) Depuis que cette préface a été écrite, j'ai adressé une nouvelle demande qui est restée sans réponse. Je me trompe. M. le Gouverneur de Paris y a répondu par une circulaire qu'on trouvera à l'Appendice, note II.

suffit pas : il faut que la nécessité de cette réforme devienne évidente pour tous, comme elle l'est pour moi.

J'ai été amené à cette conclusion par les observations personnelles qui résultent d'une pratique commerciale de trente années. J'ai observé les faits qui se passaient directement sous mes yeux, j'ai étudié leurs rapports ; j'ai fait comme le chimiste, comme le physicien, comme tout homme qui prend pour guide la méthode d'induction, j'ai conclu de faits particuliers à des faits généraux ; j'ai acquis la conviction qu'il n'y avait pas plus deux comptabilités que deux morales, et que les finances d'une nation ne devaient pas être administrées autrement que celles d'un particulier.

Il est regrettable, je n'hésite pas à le dire, que les hommes qui ont la pratique et l'habitude des affaires se soient tenus trop longtemps dans une réserve timide. Je trouve qu'ils ont le devoir d'exposer les théories qui, expérimentées par eux, leur ayant réussi dans la pratique de leurs affaires, doivent réussir aussi dans le maniement des affaires de l'État.

Nous sommes des peuples industriels, ne l'oublions pas : la civilisation moderne est une civilisation industrielle ; les intérêts publics ne sont que le total des intérêts privés. Qui donc mieux, avec plus d'autorité et de compétence, que les hommes qui sont habitués à calculer et à manier des opérations industrielles et commerciales, peut venir apporter son opinion dans les grandes discussions où s'élabore l'avenir des nations ? C'est là une vérité que Saint-Simon, au milieu de toutes ses erreurs, avait très-bien caractérisée, et qui n'a pas été suffisamment comprise par ceux-là qui étaient les plus intéressés à la comprendre.

Ils ont eu peur de se mettre en avant. Ils ont craint les railleries qui accueillent toute initiative. Ils ont redouté les déceptions, les blessures, les dangers qui résultent de toute lutte ; les plus généreux, les plus intelligents ont gardé le silence, se contentant de déplorer entre eux, dans l'intimité, à huis clos, les fautes et les erreurs des gouvernements ; d'autres, au lieu de se faire une haute idée de la mission qui leur incombait, ne se sont glissés dans la politique que pour y défendre leurs intérêts personnels. Il faut que nous tous, industriels, commerçants, agriculteurs, tous hommes de travail, en un mot, nous comprenions autrement notre tâche, en nous dégageant, d'une part, de ces timidités ridicules qui ont arrêté tant d'hommes de valeur, et, d'autre part, en nous persuadant que placer ses intérêts personnels en antagonisme avec les intérêts généraux du pays, c'est faire acte non-seulement de mauvais citoyen, mais encore de mauvais spéculateur.

Telles sont les considérations générales qui m'ont déterminé à publier ce livre.

Maintenant, homme de discussion avant tout, je ne viens pas dire : — Croyez sans examen.

Je viens dire, au contraire : — Discutons en gens de bonne foi qui cherchent chacun la vérité de leur côté par des voies différentes, mais qui sont unis par un égal désir d'y arriver. Voici les arguments à l'aide desquels je me suis convaincu moi-même que l'impôt sur le capital est le seul qui, reposant sur une base scientifique, soit conforme à la justice ; voici les raisons qui m'ont déterminé : je vous mets sous les yeux les pièces du débat, celles-là mêmes dont je me suis servi pour former ma propre conviction ; jugez maintenant !

Il n'y a de convictions réelles que les convictions raisonnées. On aura beau faire, les routiniers quand même auront beau protester : — c'est à l'opinion publique, appuyée sur la science, qu'appartient l'avenir.

Juin 1874.

MENIER.

THÉORIE ET APPLICATION

DE

L'IMPOT SUR LE CAPITAL

LIVRE I

DÉFINITION DE L'IMPOT

CHAPITRE I.

NÉCESSITÉ D'UNE DÉFINITION DE L'IMPÔT.

« Définissez les termes ! », ne cessait de répéter Voltaire.

Il semble superflu de dire que, si l'on veut s'entendre, il faut d'abord se comprendre ; que si l'on emploie un mot dans un sens, tandis que le contradicteur l'emploie dans un autre, il est difficile de tomber d'accord. C'est une vérité de M. de la Palisse : nul ne la contestera, mais elle n'en est pas moins inconnue pour beaucoup de personnes, et des plus sérieuses. Tous les jours on prononce des mots dont on serait embarrassé de déterminer et de préciser le sens.

Je ne parle point ici des premiers venus, je parle des hommes qui ont passé leur vie à traiter certaines questions, et qui n'ont jamais eu la curiosité de se demander la signification exacte des termes dont ils se servent tous les jours.

Or, tant qu'on se sert de mots qui n'ont pas une signifi-

2.

cation précise, qu'on peut interpréter de diverses façons, qui présentent à la fois à l'esprit diverses idées plus ou moins obscures, plus ou moins mêlées les unes aux autres, il y a incertitude dans la théorie, ou plutôt il n'y a qu'une théorie vague, incomplète, mal coordonnée ; et alors, comme toute pratique est l'application d'une théorie, il y a une mauvaise pratique.

Les économistes n'ont pas assez réfléchi à ces considérations si simples : ils ont négligé de définir les termes servant de clefs de voûte à la science économique, sans s'apercevoir à quelles conséquences devait les conduire cet oubli, que je ne suis pas le seul à blâmer énergiquement.

« J'ai remarqué, disait J.-B. Say, que les discussions interminables auxquelles on se livre sur des sujets d'économie politique, viennent toujours de ce qu'on a des idées peu nettes sur les notions élémentaires. »

Malthus avait constaté également cette lacune : « On semble fort peu d'accord, dit-il, sur la définition à donner de la richesse, du capital, du travail productif, de la valeur, et sur ce qu'il faut entendre par salaires réels, par profits, par le mot travail, etc. » Lui-même a essayé de remédier à ce défaut, sans y parvenir d'une manière complète (1). Whateley démontre dans ses *Éléments de logique,* que, faute de conceptions claires, le même mot est employé par Adam Smith, en certains cas, dans un sens complétement contradictoire avec celui qu'il lui donne dans un autre cas.

« Il y a des termes, dit-il, que l'on emploie souvent sans plus d'explication, ou sans avoir l'air de se douter qu'ils en méritent plus que s'il s'agissait du mot *triangle* ou du chiffre *vingt*. »

Le mot *impôt* est un de ceux-là. Chose curieuse ! M. Hippolyte Passy, dans l'article *Impôt* du *Dictionnaire d'économie politique,* dit que « les dissentiments des économistes portent

(1) *Des définitions en économie politique.*

plutôt sur des mots que sur des choses ». On aurait donc le droit d'attendre de lui qu'il essayât de définir ce mot : *impôt*. Or, non-seulement il n'en donne aucune définition, mais encore il n'en cite pas une seule.

Du reste, la plupart des économistes qui n'ont pas essayé d'éluder la difficulté de définir l'impôt, ont formulé une définition *à priori,* négligeant ainsi d'appliquer à cette question la méthode inductive, en dehors de laquelle l'économie politique ne peut que s'égarer.

Voulant, au contraire, arriver à une définition rigoureuse et vraiment scientifique de l'impôt, je procède autrement, et je commence par étudier avec soin :

1° Quelle a été la conception de l'impôt dans le passé ;

2° Quel est le caractère de l'impôt dans le droit public moderne ;

3° Quelles sont les diverses définitions qu'ont essayé d'en donner les économistes ;

4° Quel est le caractère réel de l'impôt.

CHAPITRE II.

DE LA CONCEPTION DE L'IMPÔT DANS LE PASSÉ.

L'impôt; exploitation de castes inférieures par des castes supérieures, guerrières ou sacerdotales. — Inde. — Judée. — Athènes. — Laconie. — Rome. — Exploitation de peuples vaincus par un peuple vainqueur. — Moyen âge; mêmes caractères. — Monarchie. — Le droit divin, d'après saint Paul, saint Augustin, Bossuet. — Les instructions de Louis XIV. — L'impôt est l'exploitation de la nation par le roi. — Antagonisme entre les intérêts du roi et les intérêts des sujets.

Dans l'Inde, « le brahmane a droit à tout ce qui existe. » Le çoudra lui doit obéissance, doit tout lui abandonner, ne doit pas « amasser de richesses ». Ici, l'impôt est l'exploitation de la caste opprimée par la caste théocratique.

En Égypte, d'après la Bible, Joseph dit au peuple : « Vous et vos terres vous appartenez tous au Pharaon. » Ici, l'impôt est l'exploitation du peuple par le roi.

C'est là, du reste, la théorie sémitique que nous retrouverons plus tard dans le christianisme : *Omnis potestas a Deo.* « La terre est à l'Éternel, et tout ce qui la remplit », dit le Psalmiste. Il en donne à son peuple la partie qu'il lui plaît.

Le Seigneur dit à Abraham : « Je suis l'Éternel qui t'ai fait sortir de Ur des Chaldéens, afin de te donner ce pays pour le posséder. »

Il dit à Moïse : « Je vous ferai entrer au pays que j'ai juré de donner à Abraham, à Isaac et à Jacob, et vous le donnerai en héritage..... J'expulserai les Chananéens, les Héthéens, les Phéréséens, les Hévéens, les Jébuséens, et vous conduirai dans un pays où coulent le lait et le miel..... Chassez devant vous les habitants du pays; brisez leurs idoles, leurs images de fonte; détruisez leurs hauts lieux, rendez-vous maîtres du pays et habitez-y, car je vous l'ai donné pour le posséder. »

Mais c'est dans la tribu de Lévi, dans la tribu sacerdotale, que ce peuple est personnifié. C'est donc à elle que Jéhovah donne ce sol. Elle l'abandonne à son tour au peuple; mais en échange de cet abandon, le peuple doit un fermage, une redevance. « Tout ce qui naîtra le premier parmi les hommes, ordonne Dieu, parlant au nom de la tribu de Lévi, m'appartiendra, et même le premier parmi les animaux. Tu apporteras des fruits de la terre dans la maison de l'Éternel. »

Ici nous retrouvons l'impôt sous la forme d'exploitation d'un peuple par une caste sacerdotale.

Cette caste sacerdotale veut garder la prépondérance. Aussi, quand le peuple juif, lassé de son despotisme, manifesta l'intention de placer un roi au-dessus d'elle, Samuel lui prédit que, sous la royauté, l'impôt sera encore plus dur.

« Le roi prendra, dès qu'il régnera sur vous :

« Vos fils, pour en faire des gens de guerre et des gardes qu'il fera courir devant son char;

« Vos filles, pour lui servir de boulangères, de cuisinières et de parfumeuses; vos champs, vos vignes, vos oliviers, pour les donner à ses flatteurs; vos esclaves, vos bêtes de somme et l'élite de votre jeunesse pour travailler à son profit, faire ses moissons, ses machines, et tout l'attirail de ses chariots.

« Il lèvera la dîme sur votre blé et sur vos vignes pour en donner le produit à ses courtisans et à ses eunuques;

« Vous serez ses esclaves, et vous déplorerez le jour où vous aurez choisi un roi. »

La prédiction se réalise. Nous retrouvons ici que l'impôt est l'exploitation du peuple par le roi.

Dans la Grèce légendaire, Autolykos, aïeul d'Ulysse,

est un grand homme, parce qu'à force de ruses, de rapines et de cruautés, il est parvenu à devenir riche. Achille et Ménélas pillent chaque fois qu'ils en trouvent l'occasion. Il n'y a dans Homère et dans Hésiode d'autre droit que la force, d'autre morale que le succès. Les vaincus deviennent esclaves. Les familles, trop faibles pour résister aux tentatives des ennemis extérieurs, se serrent effrayées autour d'une famille plus forte, personnifiée dans un chef, le héros grec. Ce héros profite de la force qu'elles lui donnent pour les exploiter à son profit. En échange de la sécurité qu'elles croient trouver auprès de lui, elles sont obligées d'obéir à ses exigences. Ici, l'impôt nous apparaît encore comme l'exploitation d'un peuple par un homme.

Ces diverses familles s'aperçoivent que ce roi, ce héros, qui doit les protéger, les pille, les vole, les dévore ; alors elles se révoltent ; elles substituent à cet absolutisme un gouvernement oligarchique composé, à Athènes, des Eupatrides. Au-dessous se trouvent les thêtes, sorte de serfs qui doivent tous les produits de leur travail au chef de la phratrie (1).

La révolution, qu'on appelle la constitution de Solon, n'est pas autre chose que l'affranchissement de ces serfs : c'est le 89 de l'Attique. Auparavant, l'impôt était l'exploitation d'une classe inférieure par une caste supérieure.

Cette classe inférieure, dans l'Attique, comme dans la Laconie, était composée de la race autochthone, vaincue par une race plus forte. A Sparte, les Doriens exploitent à leur profit deux classes au-dessous d'eux : les Periæki et les Ilotes. L'impôt est ici l'exploitation des peuples vaincus par un peuple vainqueur.

A Athènes cependant, après les révolutions sociales de Solon et de Clisthène, il n'y a plus de castes qui puissent exploiter la plèbe à leur profit. Mais alors que fait Athènes ?

(1) Voyez Fustel de Coulanges, *la Cité antique ;* Grote, *Histoire de Grèce.*

Elle a sauvé la Grèce de l'invasion des Perses ; elle organise la confédération de Délos pour résister à toute nouvelle tentative médique et s'en fait la présidente ; elle devient la gardienne du trésor de ses alliés ; et peu à peu elle s'arroge le droit de propriété sur le trésor ; elle considère la contribution tout d'abord volontaire de ces alliés comme un tribut qui lui est dû, et avec lequel elle élève des monuments, creuse des ports, se donne des fêtes, construit ses fortifications. Ses anciens alliés se révoltent et demandent secours à Sparte. C'est là toute l'origine de la guerre du Péloponèse. Sparte triomphe : les anciens alliés d'Athènes deviennent à leur tour les tributaires de Sparte, dont le despotisme est bien autrement dur et rapace. Pour y échapper, ils appelleront à leur secours Philippe de Macédoine, qui asservira toute la Grèce. Ici encore nous voyons des peuples qui, en échange d'une protection qui est elle-même une tyrannie, sont exploités par des peuples plus forts et plus puissants.

A Rome, même histoire : exploitation des clients par les patriciens ; puis, exploitation des peuples conquis par les conquérants. Le peuple romain s'empare d'abord du Latium, puis de l'Italie ; il étend ses conquêtes sur l'Afrique carthaginoise, sur l'Espagne, sur la Gaule, sur la Grèce, sur l'Asie Mineure. Rome a faim : il faut que les peuples vaincus lui fournissent le pain. L'« annone » est le tribut de blé exigé par le peuple du Forum, aussi bien que par la populace du Cirque. Rome veut des jeux : il faut que les vaincus lui fournissent des gladiateurs, des bêtes féroces, des esclaves. Les ambitieux ont besoin d'or pour cabaler à Rome, et remplacer l'oligarchie patricienne par la démocratie césarienne qu'appellent trois cent vingt mille mendiants sur quatre cent cinquante mille habitants. César, Antoine, Auguste, tous les généraux vainqueurs, tous les proconsuls font payer aux peuples vaincus les frais de leurs brigues. D'autres veulent simplement jouir de leur puissance, et, selon l'expression de

Juvénal, dévorent les peuples jusqu'à la moelle, comme Verrès et comme Fontéius.

Mais, soit que Cicéron attaque Verrès, soit qu'il défende Fontéius, il place au-dessus de toute discussion le droit qu'a le peuple romain de pressurer à son gré les peuples vaincus : « Si nous avons estimé, dit-il, les revenus des provinces, comme le nerf de la République, nous n'hésiterons pas à dire que l'ordre qui les prélève est le soutien des autres ordres. Les provinces et les contrées soumises au tribut sont les terres du peuple romain. » Si Verrès est coupable, c'est qu'au lieu d'user du tribut au profit de la République, il en a fait un usage entièrement personnel. Quant aux souffrances du peuple tributaire, Cicéron y fait bien allusion pour les besoins de sa cause ; mais il y compatit si peu, que dans son plaidoyer pour Fontéius, il dira : « Quels sont les accusateurs de Fontéius ? Des barbares, des gens portant braies et saies. Le plus recommandable des Gaulois peut-il être mis en parallèle avec le dernier et le plus misérable des citoyens romains ? »

Les Césars romains qui, théoriquement, paraissent protéger les provinciaux pour les opposer aux patriciens de la cité, loin d'améliorer cette situation, l'aggravent. Toute responsabilité cesse. Il suffit d'être l'ami du prince pour pouvoir piller à son aise les peuples conquis. Chaque année les provinces voient arriver un nouveau préteur, dont l'autorité n'a d'autre limite que son caprice. « Voyez le préteur romain, dit Tite-Live, une troupe de licteurs l'environne ; les verges de ses faisceaux menacent vos corps, ses haches menacent vos têtes ; et chaque année le sort vous envoie un nouveau tyran. » Partout où il y a un publicain, le droit s'évanouit, ou plutôt il n'y a qu'un droit : c'est le droit du préteur, qui représente lui-même le droit du prince. Un préteur comme Licinius invente quatorze mois pour faire payer quatorze termes. Il partage avec Auguste, et Auguste prend. Un jour Caligula joue à Lyon : il perd. Il fait apporter les rôles des contributions ; il proscrit les plus riches Gaulois, en disant à ses partenaires : « Vous jouez pour quelques misérables drachmes ; d'un coup, je viens d'en gagner cent cinquante millions. »

Tu omnia! s'écriait le Sénat en acclamant Probus. *Tu omnia!* C'est là tout le système fiscal de l'empire romain. Le César est tout : les peuples conquis sont absorbés en lui. Il faut de l'or pour gorger les prétoriens et la plèbe de Rome. Tout appartient au César, et, par conséquent, aux délégués du César !

En un mot, sous la république romaine, l'impôt est l'exploitation des peuples vaincus au profit du peuple vainqueur.

Sous l'empire romain, l'impôt est l'exploitation des peuples vaincus au profit de l'empereur et de ses agents.

L'empire romain se disloque, s'effondre, disparaît, absorbé par des populations nouvelles. Les Visigoths, les Burgondes, les Francs envahissent la Gaule. Les envahisseurs prennent une partie du sol. Au-dessous d'eux, se trouvent des colons, des Lètes, des hommes libres qui, par besoin de protection, se groupent autour d'un homme puissant; des esclaves qui s'émancipent, parce que leur propriétaire trouve plus d'avantage à recevoir d'eux une redevance fixée d'une manière plus ou moins arbitraire, qu'à diriger et à surexciter leur travail quotidien. Dans cette organisation, l'homme est à l'homme. Il en sera de même pendant tout le moyen âge. Du haut en bas de la hiérarchie sociale, il n'y aura nul homme qui ne soit en la dépendance de quelque autre. Seulement, le vassal noble ne doit que des services nobles ; le serf, le vilain, l'homme de corps doit tous les services qu'i plaît à son seigneur de lui imposer : toute femme lui appartient, s'il lui plaît, la première nuit de ses noces : il peut forcer ses serfs, pendant des nuits entières, à battre les étangs pour empêcher les grenouilles de chanter. Je sais bien qu'on rira en m'entendant rappeler ces deux faits qui sont passés à l'état légendaire. Qu'importe? ils sont exacts, prouvés par des documents authentiques, et ils démontrent d'une manière absolue que l'impôt, dans cette civilisation, est l'exploitation de certaines classes d'hommes au profit d'autres classes.

Puis, le seigneur croit qu'il lui est plus avantageux de retirer un revenu fixe du serf, du vilain, que de le faire travailler pour lui directement et d'une manière arbitraire. Alors le serf de corps devient le serf abonné. Le seigneur a besoin d'argent. Il se ruine en guerres privées. Il se ruine en Europe pour aller chercher fortune dans la Terre sainte. Comme il est le maître de tous les droits, il les vend : le vilain les lui achète morceau par morceau, lambeau par lambeau : le bourgeois s'affranchit de son joug en achetant de lui le droit de gérer ses affaires les plus directes, le droit de travailler et de commercer. L'impôt est toujours l'expression de l'exploitation de classes opprimées au profit de classes oppressives.

La royauté grandit. La politique de la royauté peut se résumer en deux mots : Le roi est un seigneur qui, en vertu de certaines traditions, de certains droits acquis, sachant profiter des dissensions des autres seigneurs, soit entre eux, soit avec leurs sujets, parvient à établir sa suzeraineté sur eux. Alors le serf, le vilain, le bourgeois se trouvent écrasés par deux despotismes superposés : le despotisme royal et le despotisme seigneurial.

A mesure cependant que le pouvoir royal augmente, l'aristocratie se transforme en courtisanerie. Les seigneurs se sont ruinés. Ils n'ont plus rien à prendre dans leurs anciens fiefs. Ils viennent alors à la cour, et ils demandent au roi de leur donner des « faveurs ». Sur qui sont prises ces faveurs? Sur le « pauvre peuple », qui se lamente si misérablement et si inutilement.

Le roi, comme le Pharaon de Joseph, est propriétaire du royaume. La tradition juive de l'absolutisme, perpétuée par saint Paul et par saint Augustin, donne au fait brutal la sanction du droit divin.

Saint Paul n'a-t-il pas dit : « Toute puissance vient de Dieu ; celui qui s'oppose aux puissances, s'oppose à l'ordre de Dieu. Le prince est le ministre de Dieu pour exercer sa vengeance (1). »

Saint Augustin n'a-t-il pas fait du prince le dispensateur de tout droit et, par conséquent, le maître de toutes choses : « D'après le droit humain, Dieu a fait les riches et les pauvres du même limon ; et c'est une même terre qui les porte. C'est donc par le droit humain que l'on peut dire : Cette villa est à moi, cette maison est à moi, cet esclave est à moi ; mais le droit humain n'est pas autre chose que le droit impérial. Pourquoi ? Parce que c'est par les empereurs et les rois du siècle que Dieu distribue le droit humain au genre humain. Otez le droit des empereurs ; qui osera dire : cette villa est à moi, cet esclave est à moi ? C'est par le droit des rois que les possessions sont possédées (2). »

Les docteurs de l'Église reprennent cette tradition. Bossuet, dans sa *Politique tirée de l'Écriture sainte*, vrai manuel du droit divin, la fortifie de tous les textes qu'il peut trouver à l'appui de l'absolutisme divin.

Il invoque saint Paul : « Le prince est ministre de Dieu, vengeur des mauvaises actions. Soyez-lui donc soumis par nécessité, non-seulement par la crainte de la colère du prince, mais encore par l'obligation de votre conscience. C'est pourquoi vous lui payez tribut ; car ils sont ministres de Dieu, servant pour cela. Rendez donc à chacun ce que vous lui devez ; le tribut, à qui est dû le tribut ; la taille, à qui elle est due ; et l'honneur, à qui est dû l'honneur (3). »

Bossuet conclut : « On voit, par ces paroles de l'Apôtre,

---

(1) *Ép. aux Rom.*, XIII, 1, 7.

(2) S. Augustin, Évang. Jean. Trait. VI, 25, 26.

(3) Rom., XIII, 4, 5, 6, 7, cité par Bossuet, *Politique tirée de l'Écriture sainte*, l. VI, p. 125. (Édit. in-18. Hachette.)

qu'on doit payer le tribut au prince religieusement et en conscience, comme on lui doit rendre l'honneur et la sujétion qui est due à son ministère (1). »

Bossuet, en vertu de ces autorités apostoliques, considère si bien le roi comme le seul propriétaire de la nation, qu'il regarde comme des « sources de richesses les impôts que paye le peuple ». Le peuple étant incarné dans le roi, en effet, qu'importait qu'il mourût de faim si le roi était riche? Dans ce cas, il devait lui-même se considérer comme riche.

Et Bossuet continue avec une inflexible logique : « Il faut servir l'État, comme le prince l'entend. Car nous avons vu qu'en lui réside la raison qui conduit l'État... Ainsi les tributs qu'on paye au prince sont une reconnaissance de l'autorité suprême ; et on ne les peut refuser sans rébellion (2). »

L'abbé Baudeau dit d'une manière formelle dans son *Introduction à la philosophie économique* : « Le revenu du souverain n'est en dernière analyse que la portion des subsistances et des matières premières annuellement renaissantes, attribuée à ses jouissances personnelles et à celles de ses coopérateurs ou mandataires de tous les ordres (3). »

Louis XIV, dans son *Manuel* à l'usage du Dauphin, confirme ces maximes :

« Je suis lieutenant de Dieu.

« Lorsque je prends une résolution, Dieu m'envoie son esprit.

« Je possède la vie et la fortune de mon peuple en toute propriété.

« J'enrichis mon royaume en dépensant beaucoup.

« La nation réside tout entière dans la personne du monarque.

« Les rois sont seigneurs absolus, et ont naturellement la disposition pleine et libre de tous les biens qui sont possédés

---

(1) *Politique tirée de l'Écriture sainte*, p. 125.
(2) *Ibid.*, l. VI, p. 125.
(3) Ch. III, art. 1er, § 5, *De la recette du souverain.*

aussi bien par les gens d'église que par les séculiers, pour en user de tout temps comme de sages économes, et suivant les besoins de leurs États. »

Voilà donc qui est bien entendu : il y a, d'un côté, un peuple, une nation, une foule. Au-dessus, de l'autre côté, il y a un homme. Cet homme représente le Jéhovah biblique devenu le dieu chrétien. Il est l'oint du Seigneur. Il est son délégué sur la terre. Quiconque conteste son autorité se rend donc coupable de sacrilége. Ce roi n'a pas plus à rendre compte à son peuple de la manière dont il le traite, que le berger ne rend compte à son troupeau de la manière dont il le conduit. Il le tond, il le saigne, comme bon lui semble. Rien à lui dire. Nulle objection à lui faire. Le peuple doit obéir, se soumettre, donner son argent si le roi le lui demande, prodiguer son sang si le roi l'exige.

Et qu'on ne nous accuse pas d'exagérer : non-seulement Bossuet formulait cette doctrine d'après saint Paul, le véritable fondateur du christianisme : mais en 1787, deux ans avant la Révolution, un homme, à la fois intelligent et modéré, le président Lamoignon, disait dans la séance royale du Parlement, le 19 novembre :

« Au roi seul appartient la puissance souveraine ; il n'est comptable qu'à Dieu seul de l'exercice du pouvoir suprême, et dans sa personne réside, sans dépendauce et sans partage, le pouvoir législatif. »

Il n'y a donc pas de doute possible : sous l'ancienne monarchie, à la veille de la Révolution, l'impôt a été l'exploitation du peuple au profit du roi et de la cour.

Bossuet encore nous dit dans quelle mesure cette exploitation doit avoir lieu :

« Il y a, dit-il, des dépenses de nécessité ; il y en a de splendeur et de dignité (1). »

(1) *Politique tirée de l'Écriture sainte,* l. x., p. 243.

« Dieu défendait l'ostentation que la vanité inspire, et la folle enflure d'un cœur enivré de ses richesses ; mais il voulait cependant que la cour des rois fût éclatante et magnifique, pour imprimer aux peuples un certain respect (1). »

C'est là la conséquence de l'application du droit divin à la royauté. Le roi ne doit se montrer qu'entouré d'une certaine pompe, afin qu'au milieu de cette splendeur, l'homme disparaisse et qu'il ne reste que le représentant de Dieu.

Mais ce représentant de Dieu est homme. Il a des passions, des ambitions, des faiblesses et même des vices. Nul frein pour les limiter. Quand un caprice lui passe par la tête, il faut que le peuple le satisfasse. Et si on lui dit : Mais le peuple meurt de faim ! mais il n'a pas de quoi se nourrir ! mais vos sujets sont réduits à manger du « pain de fougères », à « brouter de l'herbe »! mais à la famine succède la peste! Que pouvez-vous encore leur prendre?

Le roi répond : Il me faut de l'argent pour mes mignons, mes favoris, mes favorites, mes chevaux, mes levrettes, mes bâtisses. Il me faut un milliard quatre cents millions pour bâtir Versailles. Il me faut tant de millions pour passer une fantaisie à madame de Pompadour ou à madame du Barry. Qu'on les trouve ! voilà tout.

Nous n'exagérons rien. C'est là le langage que tiennent tous les rois, depuis l'homme économe qui s'appelait Louis XI, jusqu'au prodigue et à l'imprévoyant Louis XV. Et pour se procurer cet argent, tous les moyens leur sont bons, étant légitimés par leur droit divin : ils altèrent les monnaies ; ils déchirent des chartes qu'ils avaient octroyées, afin de les vendre de nouveau ; ils font du travail un apanage royal. Nul n'a le droit d'exercer un métier, de faire un soulier, de scier une planche, s'il ne l'a d'abord acheté au roi.

(1) *Politique tirée de l'Écriture sainte,* l. x., p. 244.

Le roi lance contre une province des édits sous lesquels elle ne peut vivre. Elle demande au roi de les enlever. Le roi consent, mais à prix débattu. Il faut qu'on les lui rachète.

« A propos, disait madame de Sévigné, on a révoqué tous les édits qui nous étranglaient dans notre province. Le jour que M. de Chaulnes l'annonça, ce fut un cri de Vive le roi! qui fit pleurer tous les États. Chacun s'embrassait, on était hors de soi. On ordonna un *Te Deum*, des feux de joie et des remercîments publics à M. de Chaulnes. Mais savez-vous ce que nous donnons au roi pour témoigner notre reconnaissance? Deux millions six cent mille livres, autant de don gratuit. C'est justement cinq millions deux cent mille livres. Que dites-vous de cette petite somme? Vous pouvez juger par là de la grâce qu'on nous a faite de nous ôter ces édits. »

Le roi pouvait ainsi faire argent de tout. Il vendait à son peuple l'exercice du moindre droit. Il pouvait même lui imposer certaines vexations sans autre but que de le pousser à lui en acheter l'abrogation. Il y a une gradation du reste. Le roi, entouré de sa cour, prend tout ce qu'il peut sur le peuple : les courtisans prennent à leur tour tout ce qu'ils peuvent dans la poche du roi. Le peuple est le troupeau qui sert à nourrir toute cette hiérarchie.

La situation, que dépeignait L'Estoile, en 1576, dans les vers suivants, fut celle de toute la durée de la monarchie :

Nostre roy doit cent millions,
Et fault, pour acquitter ses dettes,
Que messieurs les mignons ont faites,
Rechercher les inventions
D'un nouveau tiran de Florence,
Et les pratiquer en France.
Avant que l'argent ne soit prest,
Monsieur le mignon le consomme,
Et fait un parti de la somme
A cent pour cent d'intérêt.

Et, pour pouvoir mieux contenter
Leur jeu, leur pompe, leur bombance,
Et leur trop prodigue despense,
Il faut tous les jours inventer
Nouveaux impôts, nouvelles tailles,
Qu'il faut du profond des entrailles
Des pauvres sujets arracher,
Qui traînent leurs chétives vies
Sous la griffe de ces harpies,
Qui avalent tout sans mascher.

Richelieu, que certes on n'accusera pas d'être un philantrope sentimental, dit lui-même : « Le peuple n'est point taxé, il est pillé. Les fortunes ne se font pas par l'industrie, mais par la rapine. »

Un siècle plus tard, en 1676, Vauban confirmait : « Tout ce que le peuple fait, tout ce qu'il laboure, c'est pour la nourriture, le bien et le repos des autres États. Tout son labeur revient à la commodité des plus grands et des plus aisés. »

Vingt ans après, en 1695, Fénelon reprenait en s'adressant à Louis XIV :

« On vous a élevé jusqu'au ciel pour avoir effacé, disait-on, la grandeur de tous vos prédécesseurs, c'est-à-dire pour avoir appauvri la France entière, afin d'introduire à la cour un luxe monstrueux et incurable. On a rendu votre nom odieux, et toute la nation française insupportable à ses voisins. »

Telle est la situation décrite par un homme qu'on n'accusera pas d'être un révolutionnaire. Nous pourrions multiplier les faits, les citations, rappeler l'effrayant tableau que La Bruyère trace du paysan au dix-septième siècle, accumuler détails sur détails (1). Nous n'en avons pas besoin. Les traits généraux que nous venons de rappeler suffisent à prouver

(1) Voir, entre autres : Feillet, *la Misère au temps de la Fronde*, et l'important ouvrage que vient de publier M. de Boislile.

d'une manière évidente la thèse que je soutiens et que je résume ainsi :

Dans l'ancienne civilisation, qui ne reposait que sur la notion de force et non sur la notion de travail, l'idéal de tout homme était de vivre aux dépens des autres hommes.

Cet idéal revêtait diverses formes dont la plus expressive est la conquête.

Les populations vaincues étaient condamnées à satisfaire les besoins des vainqueurs : telle est l'origine de l'impôt.

L'impôt conserve cette forme jusqu'à la fin de la monarchie française; et on peut en résumer la conception historique dans la définition suivante :

Dans le droit ancien, l'impôt représente l'exploitation de classes opprimées par des castes oppressives, de populations conquises par des peuples conquérants.

Dans le droit monarchique, l'impôt est l'exploitation du peuple par le roi.

En un mot, il y a antagonisme entre les intérêts de ceux qui payent et les intérêts de ceux qui perçoivent.

L'impôt est l'expression de cet antagonisme.

CHAPITRE III.

DE LA CONCEPTION DE L'IMPÔT PENDANT LA RÉVOLUTION ET DANS LA LÉGISLATION ACTUELLE.

Les embarras financiers de la monarchie. — Turgot, Necker, de Calonne. — Nécessité de supprimer les privilèges de la noblesse et du clergé. — L'assemblée des notables. — La convocation des états généraux est l'aveu de l'impuissance de la royauté. — Les réformes fiscales et les cahiers du tiers état, du clergé et de la noblesse. — La Révolution et l'impôt. — La Déclaration des droits de l'homme. — Les impôts antérieurs déclarés « illégaux ». — Abolition des impôts de l'ancien régime. — Contribution foncière, personnelle et mobilière. — Les patentes. — Enregistrement. — La réaction du Directoire. — Rétablissement des impôts de l'ancien régime. — Comment on les justifie. — Crétet. — Legrand. — Les droits réunis. — Les contributions indirectes. — Absence de principes.

Un pareil système devait aboutir à l'épuisement complet de la nation. Les guerres et les folies de Louis XIV, les guerres et les débauches de Louis XV, l'insatiabilité de la noblesse et du clergé, castes privilégiées qui, au lieu de payer, se faisaient donner sous forme de pensions, de dotations, de charges, de bénéfices, la plus grande partie de l'impôt prélevé sur les agriculteurs, les industriels et les commerçants, avaient si bien ruiné le pays, que le génie fiscal des fermiers généraux et le zèle de leurs 80,000 agents avaient beau multiplier les vexations, les persécutions et les pénalités, le roi était à bout de ressources ; le déficit était constant et s'aggravait tous les jours. Si l'on avait encore de l'argent pour les fêtes de la cour, on n'en avait plus pour aucun service public ; on n'en avait même pas pour payer les agents diplomatiques. Louis XVI eût bien voulu sortir de cette situation; il appela Turgot. Turgot proposa une réforme sérieuse : l'abolition des priviléges de la noblesse et du clergé, la suppression des abus de la cour, la liberté de l'industrie ; il fut brisé et remplacé par Necker. Necker était un habile calculateur qui savait fort bien grouper les chiffres et faire des emprunts ; mais c'étaient là des procédés insuffisants pour assurer l'avenir. Après Necker, vint de Calonne, homme très-habile aussi, fertile inventeur d'expédients; il fit si bien, qu'au bout de trois ans, il avait augmenté la dette de 800 millions.

La royauté n'avait plus d'argent ; le crédit était évanoui ; on ne pouvait plus rien demander au peuple ; il n'y avait donc qu'un moyen de salut : c'était de supprimer les priviléges de la noblesse et du clergé au profit de la royauté. De Calonne le comprit; il eut la hardiesse de le dire et de faire adopter cette idée par le roi. Mais le roi était trop faible pour oser lui-même une semblable mesure. On demanda à la nation d'en prendre l'initiative. On la fit représenter plus ou moins par l'Assemblée des Notables qui se réunit le 22 février 1787. De Calonne exposa la situation : de 1776 à 1786, on avait emprunté 1,250 millions; le déficit s'était monté, dans l'exercice de 1784, à 684 millions. Reprenant le plan de Turgot, il réclamait très-hardiment :

« La suppression des abus les plus considérables, les plus protégés ; de ceux qui pèsent sur la classe laborieuse ; des priviléges qui, protégeant les uns, écrasent les autres ; la suppression de l'inégale répartition des subsides. »

Il signalait « la rigueur et l'arbitraire perception de la taille ; la crainte, les gênes et presque le déshonneur imprimés au commerce des premières productions. »

Il demandait : « la suppression des traites intérieures, qui rendent étrangères les unes aux autres les diverses parties d'un pays ;

« La suppression des droits qui frappent l'industrie, de ceux qui exigent d'énormes frais de perception, de ceux enfin qui, excitant à la contrebande, font sacrifier des millions de citoyens ».

Il concluait en disant : « Si tant d'abus ont résisté jusqu'à présent à l'opinion publique qui les a proscrits, c'est qu'on a voulu faire, par des opérations partielles, ce qui ne pouvait réussir que par une opération générale ; c'est qu'on a cru pouvoir réprimer le désordre sans en extirper le germe ; c'est qu'on a entrepris de perfectionner le régime de l'Etat, sans en corriger les discordances, sans le ramener au principe d'uniformité qui peut seul écarter toutes les difficultés de détail, et révivifier le corps entier de la monarchie. »

Mais toutes ces excellentes intentions étaient réduites à rien par une restriction : de Calonne ayant bien soin de sauvegarder le bon plaisir royal, ne reconnaissait aux notables qu'un droit d'avis et de conseil. Louis XVI, effrayé cependant des explications de de Calonne et des dispositions de l'Assemblée des Notables, se hâta de la dissoudre et renvoya son ministre. Mais la situation restait toujours aussi grave : il n'y avait plus que 380,000 francs dans la caisse de l'État ; le déficit était énorme ; on ne pouvait plus se procurer de ressources. La royauté qui, d'après ses prétentions, est destinée à faire le bonheur du peuple, fut bien obligée d'inviter le peuple à venir se sauver de l'abîme où elle l'avait conduit. Elle ne le fit que malgré elle, quand elle comprit qu'elle l'avait mis si bas, qu'elle s'était perdue elle-même. Le jour où Louis XVI signa la convocation des états généraux, il condamna la monarchie et dans le passé et dans l'avenir ; car il signa l'aveu de ses fautes et l'aveu de son impuissance à les réparer. Il déposa son bilan. Il reconnut que la monarchie avait fait banqueroute et entraîné dans sa banqueroute le pays qu'elle s'était chargée d'administrer.

Afin de contre-balancer les prétentions des classes privilégiées qui auraient refusé de renoncer à leurs priviléges, le roi accorda que la représentation du Tiers serait égale en nombre à celle des deux autres ordres. C'est là toute l'histoire de l'origine de la Révolution de 1789 : le roi avait besoin d'argent ; il invita le peuple à venir lui en donner.

Mais le peuple, lassé d'être exploité par la monarchie, comprit immédiatement quel avantage lui donnait cette situation. Les grandes idées de liberté, d'égalité, jetées sur le monde par les penseurs du dix-huitième siècle, flottaient partout. Le Tiers État les saisit, et les formulant dans ses cahiers, il en réclama l'application immédiate.

Le cahier du Tiers État de Draguignan exprime par une image expressive la pensée dominante à laquelle obéissait la France en ce moment :

« Les impôts, dit-il, sont à l'État ce que les voiles sont au vaisseau pour le conduire, l'assurer, le mener au port et non pour le charger, le tenir toujours en mer, finalement le submerger (1). »

Tous les cahiers du Tiers État demandent que l'impôt soit consenti par les représentants de la nation et que le chiffre en soit nettement fixé par eux.

Tous réclament l'égalité des trois ordres devant l'impôt, la suppression des privilèges de la noblesse et du clergé.

Le Tiers État, composé de marchands, de chefs d'atelier, d'industriels, broyés jusqu'alors par la caste guerrière et la caste cléricale, a une perception nette de sa mauvaise situation et des moyens à l'aide desquels on peut y remédier. Jusqu'alors, l'agriculteur, le commerçant, l'industriel avaient travaillé, non pour eux, mais pour les classes privilégiées : *Sic vos non vobis...* Celles-ci considéraient comme un vol fait à leur détriment toute fortune acquise par ceux-là qui vivaient de leur industrie, de leur négoce ou de leur travail, et elles essayaient de la reprendre par l'impôt qui, entre les

---

(1) *Les Cahiers des états généraux*, publiés par Mavidal et Laurent, . III, p. 257.

mains du roi, se transformait pour elles en faveurs, en pensions, en dotations, en charges lucratives. Dans les cahiers, ces « petites gens » réclament protection : ils demandent qu'on ménage les forces productives de la nation, qu'on ménage l'industrie et le commerce; ils demandent hardiment ce que deviendrait l'État sans eux : ils relèvent la tête qu'ils ont trop longtemps inclinée et pensent en hommes qui ont conscience de leur valeur.

Tous les cahiers aussi, avec plus ou moins d'hésitation, avec plus ou moins de netteté et de hardiesse, spécifient la suppression des impôts les plus impopulaires, et déterminent ces impôts : ce sont les tailles, taillons, aides, vingtièmes, gabelles, traites à l'intérieur; les péages, les douanes intérieures, les droits d'entrée dans les villes, tous les impôts indirects sous quelque forme qu'ils se présentent et quelque nom qu'ils revêtent.

C'est toujours l'expression du même sentiment démocratique, réclamant la proportionnalité de l'impôt, le dégrèvement des classes les moins aisées.

Beaucoup déclarent que tous les impôts existant à ce moment, n'ayant pas été consentis par la nation, sont illégaux et en demandent la suppression.

Le Tiers État de la ville d'Angoulême constate que, pour la perception des traites, « la multitude des commis, celle des brigades et le nombre de leurs juridictions, absorbent une grande partie des produits; ce qui revient à l'État n'équivaut pas les gênes, les embarras, les retards aux passages, les avaries que le déballage apporte aux effets visités, et ceux qu'on a quelquefois perdus. » « Les pays vignobles sont la proie des traitants », ajoute-t-il.

La perception simple et peu onéreuse : tel est, du reste, le vœu de tous les cahiers.

Il y a même quelques cahiers qui vont jusqu'à réclamer le principe de l'impôt unique.

Presque tous les cahiers aussi, avec plus ou moins de précision, souvent avec des naïvetés de forme et d'idée qui, tout en nous faisant sourire, nous remplissent d'émotion, comprennent qu'on ne peut arriver à une réforme sérieuse qu'à la condition de substituer aux contributions indirectes les contributions directes. « Les états généraux s'occuperont principalement des impositions directes, » dit le cahier du Tiers État de Paris (1).

Ceux qui ne vont pas jusque-là tendent, du moins, à simplifier autant que possible l'impôt. Ils réduisent les taxes, les matières imposées au plus petit nombre possible. D'autres bornent les impôts à deux. La tranquille Touraine va jusque-là (2). Elle réclame un impôt réel et un impôt personnel. Le Tiers État de la sénéchaussée de Coutances exprime la même idée avec beaucoup de netteté. Le Tiers État de la sénéchaussée de Commingues dit : « Il ne sera perçu que deux impôts et à deux titres : le personnel, sans acception de personne, le réel, sans distinction de fonds ni de priviléges en aucun temps (3). »

On comprend que l'impôt personnel soit réclamé ici. Il s'agissait de bien poser le principe de l'égalité de tous les citoyens devant l'impôt. C'est dans le même but que le Tiers État de Gien réclame un impôt unique de capitation (4).

D'autres cahiers comprennent mieux le caractère de l'impôt; ils croient qu'il doit être réel et non personnel, porter sur la chose et non sur l'homme, mais, obéissant aux idées des physiocrates, ils réduisent les taxes à un impôt foncier.

Quelques-uns, du reste, ne se trompent pas sur la manière de déterminer l'assiette de l'impôt.

Les cahiers du Tiers État de Nantes (5), de Saint-Brieuc (6), basent l'impôt territorial non sur le revenu, mais sur la valeur vénale.

(1) Tome V, p. 283.
(2) Tome VI, p. 52.
(3) Tome III, p. 26.
(4) *Ibid.*, p. 409.
(5) *Ibid.*, p. 667.
(6) Tome V, p. 629.

Enfin quelques cahiers comprennent que l'impôt réel ne doit pas se borner seulement au sol, et ils arrivent à formuler nettement le principe de l'impôt sur le capital. Le cahier du Tiers État de Montpellier base l'impôt sur les propriétés mobilières et les propriétés immobilières. Si le cahier du Tiers État de Nîmes parle des revenus, il ne parle que des « revenus réels » :

« Que toutes propriétés et revenus réels, dit-il, soient soumis à l'impôt, sans égard à la fortune et à l'état des propriétaires ; que l'impôt approche autant que possible de la simplicité et de l'unité, en sorte que tout Français puisse en avoir une idée nette et claire (1). »

Enfin le cahier des trois ordres de la sénéchaussée de Dax et des Landes pose d'une manière très-nette la base de l'impôt sur le capital... Les raisons qu'il donne pour l'appuyer sont précisément celles que je développerai et préciserai dans ce livre :

« Les banquiers et négociants sont imposés à raison des richesses foncières s'ils en ont, tels que des vaisseaux, des magasins, des boutiques.

« Quant aux négociants occupés du commerce étranger, ce sont des capitalistes que la moindre gêne peut rendre errants, et qu'on est trop heureux de fixer chez soi par les épargnes qu'ils finissent par employer en dépenses foncières et productives.

« Pour le commerce et l'industrie, on mettra dans le cens les fonds productifs réels et ostensibles, et non les capitaux représentatifs et pécuniaires (2). »

On voit que les vœux du Tiers État gravitent autour de cette idée : l'impôt unique et l'impôt direct. Quelques-uns vont même jusqu'à l'impôt sur le capital. Tous s'accordent pour condamner les impôts indirects, les impôts qui entravent la

---

(1) Tome III, p. 244.
(2) *Ibid.*, p. 105.

circulation, aussi bien la circulation du sol que la circulation des produits. C'est avec recueillement que j'ai parcouru ces pages et en même temps avec une sorte de tristesse. On s'est, depuis soixante-quinze ans, si bien attaché à confondre toutes les idées, que je me demande si aujourd'hui la France, appelée à rédiger les cahiers de nouveaux états généraux, exprimerait sur cette question des opinions aussi nettes et aussi justes.

Nous ne trouvons, il est vrai, ni la même précision, ni la même netteté dans les cahiers du clergé et de la noblesse, non-seulement parce que ces deux ordres privilégiés sont mal à l'aise pour combattre des priviléges, mais encore parce qu'ils étaient dans un état d'infériorité intellectuelle, auquel sont toujours condamnés les peuples, les classes qui s'engourdissent dans leur satisfaction, au lieu de chercher à se développer.

Toutefois, la plus grande partie du clergé a le sentiment de l'injustice du régime fiscal existant. Il voudrait bien le modifier, mais il a peur, en même temps, de compromettre ses intérêts. Les impôts indirects sont cependant tellement odieux à tous, que le clergé de Paris, dans son cahier si rétrograde cependant et si imbu de l'esprit de privilége, n'hésite pas à en demander la suppression (1).

Quelques cahiers proposent de nouveaux impôts qui prouvent que, si la question n'avait pas été bien étudiée par les rédacteurs, leurs intentions, du moins, étaient excellentes.

Le clergé d'Autun propose un impôt unique et uniforme dans tout le royaume (2). Le clergé d'Annonay propose une répartition égale sans distinction ni quotité (3). Le clergé de Caen propose de faire peser l'impôt sur toutes les propriétés (4). Le clergé d'Auxerre propose d'établir sur tous les

---

(1) Tome V, p 264.
(2) Tome II, p. 10.
(3) *Ibid.*, p. 46.
(4) *Ibid.*, p. 487.

biens-fonds un seul et unique impôt. Il demande qu'il soit avisé au moyen de faire contribuer les capitalistes (1).

Les embarras financiers de la France étaient tels, la question fiscale avait une si grande importance, que la noblesse de certaines provinces, sentant aussi la nécessité de faire un sacrifice pour combler le gouffre creusé par l'incurie de la royauté et par la rapacité des courtisans, adoptait les mêmes conclusions que le Tiers État, réclamait également la suppression des privilèges fiscaux de la noblesse et du clergé et la proportionnalité de l'impôt.

Sans doute, il n'y a pas unanimité. Dans un trop grand nombre de cahiers, on voit la préoccupation de la noblesse de ne pas renoncer à ses privilèges. Il y a hésitation devant la grandeur du sacrifice. Cependant quelques cahiers de la noblesse vont jusqu'à réclamer un impôt unique, un impôt sur le capital.

Voilà l'expression de l'opinion publique en 1789, en matière d'impôts. Ce qui a fait la grandeur, la puissance, la force, l'autorité de l'Assemblée constituante, c'est que ses membres ne parlaient pas en leur nom personnel. Ils avaient reçu de leurs commettants un mandat précis, nettement déterminé, qu'ils étaient simplement chargés d'appliquer. La France tout entière alors savait ce qu'elle voulait, connaissait les réformes qui lui étaient nécessaires : elle avait un programme dont ses représentants n'étaient que les interprètes.

Avec un pareil système, des députés n'ont plus qu'à enregistrer, qu'à revêtir d'une forme législative les vœux de l'opinion publique; et alors, quand ils proposent une réforme, ils sont certains d'avance qu'elle est ratifiée par le pays. Ils peuvent oser, ils peuvent parler haut, ils peuvent trancher les questions au lieu de les éluder.

(1) Tome II, p. 110.

Il ne faut pas chercher ailleurs que dans cette organisation le secret des grandes choses qu'a faites la Constituante de 1789. Elle a accompli la Révolution, dont les principes servent de charte d'émancipation à tous les peuples modernes, parce que ce n'étaient pas seulement ses députés qui parlaient, c'était la nation tout entière.

Aussi, la Constituante n'hésita-t-elle pas, en matière fiscale, à ratifier les vœux des cahiers de ses commettants. Dès le premier jour (17 juin), elle déclara que l'impôt avait été *illégal jusqu'alors*, et elle s'attacha à en transformer complétement le caractère.

Un des arrêtés pris à la suite de cette fameuse séance (1), dans laquelle la noblesse et le clergé surent transformer un habile calcul en un mouvement d'enthousiasme, disait : « Les priviléges pécuniaires, personnels ou réels, en matière de subsides, sont abolis à jamais. La perception se fera sur *tous* les citoyens. »

A deux reprises, l'Assemblée posa en principe que « toutes les contributions devaient être réparties entre tous les citoyens également, en proportion de leurs facultés (2). »

L'article XIII de la *Déclaration des Droits de l'homme* dit :

« Pour l'entretien de la force publique et pour les dépenses d'administration, une contribution commune est indispensable. Elle doit être également répartie entre tous les citoyens, en raison de leurs facultés. »

Les intentions étaient excellentes : ce qu'on voulait, c'était la suppression des anciens abus; c'était établir d'une manière bien nette et bien positive, que *tous* les citoyens devaient contribuer aux charges de l'État, par opposition aux anciens priviléges de la noblesse et du clergé. C'était là l'idée principale, l'idée maîtresse qui préoccupait le législateur et qu'il voulait mettre en lumière. L'article XXII du

(1) La nuit du 4 août.
(2) Décret du 7 octobre 1790. — Constitution de 1791, titre 1er.

projet de la *Déclaration des Droits de l'homme* commençait par ces mots : « La contribution publique étant une portion retranchée de la propriété de chaque citoyen... » Mirabeau, entendant cette phrase (1), s'écria que l'impôt n'était pas un retranchement de la propriété, mais une jouissance commune. Les rédacteurs du projet avaient obéi, sans s'en douter, au préjugé monarchique qui faisait de chaque citoyen le débiteur du roi. L'Assemblée comprit l'erreur commise; cette partie de l'article fut biffée, et la rédaction suivante adoptée :

« Art. XIV. Chaque citoyen a le droit, par lui-même ou par ses représentants, de constater la nécessité de la contribution publique, de la consentir librement, d'en suivre l'emploi et d'en déterminer la quotité, l'assiette et la durée. »

Telle est la définition de l'impôt donnée par la *Déclaration des Droits de l'homme*. Nous la retrouvons dans la *Déclaration des Droits de l'homme* qui précède la constitution de 1793 : « Art. XX. Nulle contribution ne peut être établie que pour l'utilité générale. Tous les citoyens ont droit de concourir à l'établissement des contributions, d'en surveiller l'emploi et de s'en faire rendre compte. » La constitution de l'an III reproduit encore la même idée, mais avec une certaine variante : « Art. XVI. Toute contribution est établie pour l'utilité générale; elle doit être répartie entre les contribuables en raison de leurs facultés. » On voit qu'ici on a supprimé le mot « tous ». Le principe de l'égalité de tous les citoyens devant l'impôt a si bien pénétré dans les mœurs, que le législateur n'éprouve plus le besoin de le mentionner.

Depuis l'assemblée des Notables, l'idée de l'impôt s'est complétement transformée : il n'y a plus de sujets tributaires du roi, il y a des citoyens qui pourvoient aux charges publiques.

(1) Séance du 24 août 1789.

L'Assemblée constituante est obligée de se débattre au milieu de toutes les difficultés financières qu'a entassées la monarchie; cependant, poussée en avant par ses électeurs, sûre de représenter leur opinion, elle n'hésite pas à bouleverser tout le vieux système fiscal. Les gabelles rapportaient 54 millions à l'État : il est vrai qu'elles coûtaient 66 millions de frais de perception au pays. Le 13 mars 1790, l'Assemblée nationale les supprime, malgré l'opposition du plus ardent défenseur des anciens priviléges, Cazalès, qui prétendait que les impôts directs ne convenaient qu'à un peuple esclave, et les impôts indirects à un peuple libre. Cette opinion est bonne à citer, car elle a été reprise de nos jours par M. Thiers (1).

L'Assemblée constituante adopta une opinion absolument opposée, et le 22 mars, en une seule séance, elle votait l'abolition des droits sur la marque des cuirs et sur les amidons, et modifiait la perception des droits sur les huiles et les fers.

Le 6 août, l'Assemblée nationale, « considérant que le droit d'aubaine est contraire aux principes de la fraternité qui doivent lier tous les hommes, quels que soient leur pays et leur gouvernement; que ce droit établi dans les temps barbares doit être proscrit chez un peuple qui a fondé sa constitution sur les droits de l'homme et du citoyen, et que la France libre doit ouvrir son sein à tous les peuples de la terre, en les invitant à jouir, sous un gouvernement libre, des droits sacrés et inaliénables de l'humanité, a décrété et décrète ce qui suit :

« Art. Ier. Le droit d'aubaine et celui de détraction sont abolis pour toujours. »

Le 20 août, elle décrète la libre circulation des grains ; le 30 et le 31 octobre, la suppression de toutes les douanes intérieures et l'établissement d'un tarif uniforme pour les droits d'entrée et de sortie; le 19 février 1790, la suppres-

(1) *De la propriété*, p. 407.

sion de tous les droits d'entrée des boissons dans les villes et villages; puis des aides, des tailles, des droits sur les papiers et cartons, de toutes les fermes et régies, etc. Le monopole même du tabac est aboli, comme contraire au principe de la liberté du travail.

Comment remplacer ces impôts? comment se procurer des ressources nouvelles, alors que la monarchie périt parce qu'elle a épuisé toutes les ressources du pays? Si l'on avait agi alors, comme nous avons fait après la guerre, comme nous faisons encore maintenant, on aurait surchargé les anciennes contributions, on aurait augmenté les anciens impôts. L'Assemblée constituante ne fit pas de même. M. de la Rochefoucauld, dans son rapport du 18 août 1790, proposa « l'établissement d'une contribution répartie par égalité proportionnelle sur toutes les propriétés foncières, et d'une contribution sur les facultés, qui aurait pour base la qualité du citoyen et le prix du loyer des maisons. » Cette contribution est insuffisante : cependant l'Assemblée se garde bien de s'écarter des principes qu'elle a proclamés. Au contraire, le rapport de Montesquiou, du 6 février 1791, les confirme :

« En fait de contributions publiques, le système le plus simple et le moins compliqué est le meilleur; la multiplicité des impôts produit les vexations : c'est à l'observation de ce principe que s'est attaché votre comité. Il a pensé que si vous avez supprimé la gabelle et les aides, ce n'est pas pour établir des contributions qui exigeraient les mêmes moyens de perception. »

L'Assemblée chercha alors de nouvelles contributions directes. M. Dallarde présenta, le 15 février 1791, son rapport sur les patentes. Il sent que cet impôt a bien des côtés discutables ; mais il a le grand avantage d'être encore un impôt direct. Dans la discussion, M. Begouin objecta qu'il eût mieux valu soumettre à la patente les oisifs que les producteurs.

L'Assemblée adopta encore les droits d'enregistrement ; mais elle considérait plutôt l'enregistrement comme une garantie sociale que comme un moyen fiscal.

On voit, si rapide et si incomplète que soit cette esquisse, quelle inspiration guidait la Révolution en matière fiscale. Obéissant aux vœux de la population, émis dans les cahiers de 1789, elle supprimait les taxes indirectes, vexatoires et oppressives, et les remplaçait par des contributions directes qu'elle s'efforçait de proportionner aux revenus de chacun.

La réaction de 1799, du Directoire, du Consulat et de l'Empire, s'acharna à détruire l'œuvre de la Révolution et à rétablir tous les impôts de l'ancien régime. A partir de ce moment nous assistons à un singulier phénomène.

J'ai lu avec soin les exposés de motifs et les discussions, sinon de toutes les lois de finances qui se comptent par centaines, du moins des principales, des lois de finances organiques, et j'ai constaté, en même temps que ce recul en deçà de la Révolution, l'embarras du législateur pour justifier les mesures qu'il propose. Pendant la Révolution, il parle ouvertement : il dit ce qu'il veut, ce qu'il fait ; il expose les principes sur lesquels il s'appuie. Sous le Directoire, sous l'Empire, sous la Restauration, sous les divers gouvernements qui se sont succédé depuis, il n'a qu'une seule préoccupation : s'excuser, en disant que l'impôt proposé par lui, quoique mauvais, est encore moins mauvais que tous les autres impôts dont on pourrait frapper le pays, ou n'est pas plus mauvais que les impôts existants.

Lorsque Crétet défend l'impôt sur les patentes devant le Conseil des Anciens, il dit : « Ce qui justifie l'établissement de ce droit, c'est son extrême modicité (1). »

Le 1er frimaire an VII, Legrand fait un rapport sur la contribution des portes et fenêtres. Cet impôt avait été violem-

(1) Conseil des Anciens, 1er brumaire an VII.

ment attaqué ; le citoyen Legrand le justifie en se bornant à dire qu'il ne lui paraît pas mauvais.

Crétet (1) justifie la célèbre loi sur l'enregistrement qui sert encore de base à notre législation actuelle, en disant que l'enregistrement, tel qu'il était organisé, ne produisait pas assez et qu'il fallait qu'il produisît davantage. Le décret du 5 septembre 1790 avait constitué l'enregistrement pour assurer et constater la date des actes des notaires et des exploits d'huissiers; la loi de l'an VII a pour but « d'étendre la contribution du droit d'enregistrement à toutes les mutations qui en étaient susceptibles, afin d'améliorer les revenus publics. »

On crée les droits de greffe; on frappe les journaux du droit de timbre; on rétablit les péages; on rétablit la loterie; on rétablit le monopole du tabac; on rétablit les octrois ; on rétablit l'impôt sur le sel. Que dit-on pour justifier ce retour à l'ancien régime fiscal? Toujours la même chose, que nous entendions répéter encore hier à l'Assemblée nationale, que nous entendrons répéter demain : « Les impôts actuels sont insuffisants. — Il n'y a pas de bons impôts. — Les contribuables se plaignent toujours. — Les législateurs sont embarrassés. — Il faut des ressources. » Telle est la litanie des arguments employés depuis cette époque; ils ne varient pas.

C'est avec ces arguments que Crétet, l'orateur du gouvernement, justifie la création des droits réunis (2) : « On fut toujours d'accord pour considérer les boissons comme fournissant une base abondante à raison de l'étendue, de la généralité de leur usage, et en ce qu'elles ne sont pas de première nécessité... Mais l'application du principe est fort difficile. On ne voit d'abord que le rétablissement d'une contribution abolie, des entraves pour la propriété et le commerce et des frais de perception. » Qu'importe! Il n'en réclame pas moins l'adoption des droits réunis. Il est vrai

(1) 21 frimaire an VII.
(2) 25 pluviôse an XII.

que la taxe sera très-légère ; que la perception ne sera pas vexatoire ! Mais à peine cette loi promulguée, d'autres vinrent la compléter en l'aggravant, si bien que les Bourbons espérèrent faire oublier leur alliance avec l'ennemi en criant à leur entrée en France : « Plus de droits réunis ! »

Et, en effet, on abolit les droits réunis : on les appela les contributions indirectes, et on les organisa avec une nouvelle rigueur et une nouvelle énergie par la loi de 1816. Le directeur général des contributions indirectes l'avouait lui-même dans l'exposé des motifs du projet de loi :

« L'administration n'a eu à résoudre que ce triste problème : retirer le plus possible des impôts, et atteindre, de tous côtés, la limite des charges que peut supporter le contribuable. Nous avons été condamnés à une cruelle fiscalité ; et ce sont des *tributs*, non des impôts, que nous avons la douleur de proposer. »

Il ajoutait encore : « Lorsque dans les circonstances imprévues, on est obligé d'accroître tout à coup le revenu de l'État, une contribution indirecte ne peut point promettre un résultat prochain assuré... ; de plus, la contribution indirecte peut diminuer la consommation, être vaincue par la fraude, ne pas trouver de soumission ; tout y est incertain et problématique, du moins quant à la quotité. »

Le ministère disait, pour excuser ces impôts, qu'ils étaient destinés à rembourser la contribution de guerre de 100 millions. Dans la séance du 25 mars 1816, M. de Villèle répondait : « Cet impôt aura l'inconvénient de faire sortir l'argent de la poche du pauvre pour rembourser le riche qui a prêté. »

Le duc de Richelieu, pour défendre la loi, dit : « Le ministre avait proposé qu'on établît des taxes sur la consommation des produits de l'industrie. Il avait à cœur de préparer un système de contributions indirectes plus vaste... » Voilà un excellent argument, à coup sûr ; en 1814, on promet l'abolition des droits réunis ; en 1816, on vient dire au peuple :

Réjouis-toi qu'on n'étende pas encore davantage les contributions indirectes, car c'était là le projet du ministère!

Tous les arguments employés pour justifier ou même expliquer les impôts créés depuis l'an VII sont analogues. Toujours la même banalité et les mêmes équivoques. Nulle part, dans les discussions, on ne voit poindre un principe : partout il n'y a que des lieux communs de gens dans l'embarras qui sentent bien qu'ils n'ont pas un bon argument à donner. Chacun s'en va, au hasard, en quête d'un impôt quelconque, pris sur un objet quelconque qui n'a pas encore été imposé. Il y a quelque temps, des journaux plaisants proposaient un impôt sur les escargots : il peut évidemment se justifier avec les mêmes arguments qui tant de fois ont traîné à la tribune dans les discussions de finances et ont justifié des impôts aussi ridicules et plus mauvais.

Je me résume : la Révolution, quoique n'ayant qu'une notion incomplète du caractère de l'impôt, procédait du moins dans sa réforme fiscale avec méthode, et déterminait la véritable assiette de l'impôt, en substituant à toutes les taxes indirectes des taxes directes. Le Directoire, le Consulat, l'Empire, la Restauration et tous les autres gouvernements postérieurs, au lieu de chercher à perfectionner l'œuvre de la Révolution, ont reculé en arrière des cahiers des états généraux, des principes de 89 en matière fiscale, jusqu'aux procédés de l'ancien régime. Ils ont fait une fiscalité de pièces et de morceaux plus ou moins disparates, mal appropriée aux besoins du pays, le gênant dans chacune des manifestations de son activité. Ils ont tous, du reste, si bien senti l'impossibilité de justifier leurs œuvres, qu'ils n'ont jamais invoqué un principe : ils se sont retranchés derrière une « nécessité urgente », sans se douter qu'ils ressemblaient à un médecin qui, appelé au lit d'un malade, dirait : — Il y a péril, c'est le cas d'oublier la science!

Nous pouvons donc hautement affirmer, d'après ces faits, qu'en France, nous n'avons pas eu, depuis 1799, un système fiscal, basé sur des principes, déterminé d'après un plan général. Les discussions qui ont eu lieu depuis la guerre, reproduisent en termes identiques les arguments dont se servaient les législateurs du Directoire, de l'Empire et de la Restauration, pour dénaturer l'œuvre de la Révolution et y substituer l'arbitraire. Nous flottons, au hasard, d'impôts en impôts, sans boussole pour nous guider; et nos ministres des finances nous conduisent tranquillement sur des écueils, en nous déclarant, pour nous rassurer, qu'ils sont incapables de faire autre chose.

CHAPITRE IV.

DE LA CONCEPTION DE L'IMPÔT DANS LA SCIENCE ÉCONOMIQUE.

I. L'impôt personnel. — Causes des erreurs des économistes. — La science pure et la science appliquée. — II. Définitions diverses de l'impôt. — Antagonisme entre le citoyen et l'État. — Définitions diverses : Montesquieu. J.-B. Say. M. Garnier. Proudhon. Mme Clémence Royer. — Il faut que chacun paye. — III. Autres définitions : Montesquieu. M. d'Audiffret. Raynal. Montyon. MM. de Parieu, Du Puynode, G. de Molinari. — L'impôt-assurance. — M. E. de Girardin. — M. J. Garnier. — IV. Définitions des physiocrates. Quesnay. Mercier de la Rivière. — Adam Smith. Ricardo. Rossi. M. Courcelle-Seneuil. — L'impôt réel et non personnel

I.

Cet antagonisme entre le contribuable et le fisc, entre le pays et le gouvernement, qui se trouvait dans l'ancienne législation, qui s'est perpétué dans le droit moderne, s'est encore introduit dans la science économique.

Les économistes ont continué à considérer, d'un côté, l'homme, l'individu, le sujet, le contribuable; de l'autre, le gouvernement, l'État chargé de gouverner, de régir l'individu; et ils les ont placés en face l'un de l'autre, comme s'ils devaient avoir des intérêts opposés. Mais l'État reste toujours prépondérant. Il est le maître des citoyens, au lieu de n'être que le chargé d'affaires de la nation. C'est donc aux citoyens qu'il s'adresse impérativement. Ils sont ses « contribuables ». Ils doivent payer. Ils restent soumis à une sorte de capitation. Dans cette doctrine, la vie est un péage. Ils doivent donner tant par tête pour avoir le droit de vivre dans le pays. C'est l'homme qui doit à l'État. On compte les têtes. Il faut que chacun paye. L'impôt est personnel au lieu d'être réel. L'homme paye, non la chose. Le citoyen reste serf de l'État.

Cette erreur a été jetée dans la science par les premiers économistes qui, vivant sous l'ancien régime et ne pouvant comprendre la conception du droit moderne, déterminaient la nature de l'impôt d'après les observations qu'ils pouvaient faire directement. Depuis, on a gravité autour de leurs premières définitions. On comprenait bien qu'elles étaient fausses ou incomplètes; mais au lieu de chercher en dehors, on essayait de s'en servir comme de point de départ, et, en les prenant pour base, d'en tirer parti. C'était agir exactement comme un architecte qui voudrait arranger un mauvais plan au lieu d'en faire un nouveau. Un plan mauvais dans le principe, reste toujours mauvais, quels que soient les habiletés et les stratagèmes auxquels on a recours pour le redresser. Il n'y a qu'un seul parti à prendre : l'oublier et chercher autre chose.

Non-seulement les économistes ne l'ont pas fait. Au contraire, entraînés par l'esprit de tradition, par les préjugés d'école qui s'imposent si facilement à tous les disciples, ils se sont crus obligés et ils se croient encore, pour la plupart, obligés de ne jamais s'écarter des maximes formulées par les fondateurs de la science.

C'est là le défaut de toutes les sciences qui en sont encore réduites aux tâtonnements. Les sciences qui sont définitivement fondées procèdent avec une autre vigueur et une autre hardiesse. Les savants du temps de Molière disputaient à coups d'évocations d'autorités; on se demandait si telle théorie était permise ou non par Aristote. Maintenant on se demande si elle est conforme à la réalité; et on apprécie sa valeur, non d'après les noms qui la patronnent, mais d'après les faits qui l'appuient ou la repoussent.

De plus, les économistes procédaient d'une erreur grave sur laquelle Say revint cependant dans la seconde édition de son *Traité d'économie politique*. On croyait que l'économie politique devait se borner simplement à constater des faits actuels ; on ne pensait pas qu'elle devait contribuer à modifier les faits qui étaient contraires aux lois naturelles de la production et de la distribution des richesses, et on ne s'apercevait pas de la faute de méthode qu'on arrivait à commettre, en essayant de fonder une science pure sur des faits transitoires, qui étaient en complète contradiction avec les lois naturelles.

Le mathématicien qui cherche à déterminer les lois de la statistique et de la dynamique ne les formule pas d'après quelque machine qui en ferait une application vicieuse. Il les formule telles qu'elles sont; et il dit ensuite au mécanicien : Votre machine ne sera bonne que si elle est conforme à ces lois.

C'est là l'utilité des sciences pures : elles donnent la formule de la loi fixe, immuable, générale, afin que l'homme puisse ensuite l'appliquer à la satisfaction de ses besoins.

Mais comment arriver à constituer cette science pure? En employant un procédé absolument contraire à celui qu'ont employé souvent les économistes, en cherchant à séparer les faits généraux des faits particuliers, les faits constants des faits accidentels; en cherchant derrière l'apparence du phénomène, les éléments réels qui constituent le phénomène.

Or, tous les économistes, en matière fiscale, se sont contentés de l'observation superficielle du phénomène, au lieu d'en chercher la nature réelle.

Ils ont fait comme un physicien qui, ne considérant que la forme accidentelle d'un corps, dirait : Voici les propriétés de ce corps, alors qu'il n'en connaîtrait pas la constitution chimique.

Ils sont tombés dans cette inconséquence de prendre l'impôt tel qu'il existait, et de vouloir en même temps en donner une définition générale, sans réfléchir que si les rapports connus changeaient, se transformaient, cette définition, qui n'était que la constatation d'un fait transitoire et non la formule d'une loi générale, devait se trouver forcément erronée.

En même temps, par une nouvelle inconséquence, ils discutaient la légitimité de l'impôt, oubliant qu'ils n'avaient considéré l'impôt que sous sa forme apparente. Puis ils essayaient d'en régler l'application. Ils croyaient passer ainsi de la science pure à la science appliquée, tandis qu'ayant négligé les lois de la science pure, ils en arrivaient à donner de fausses définitions de l'impôt et forcément de mauvais conseils pour l'établir.

Ou il fallait se borner à dire : cela est. Cela est mal ou bien, peu importe. Voilà les caractères de l'impôt. Dans ce cas, on constate un fait, exactement comme on constate que les anciens croyaient que la terre était immobile. C'est ce procédé que je viens de suivre quand j'ai essayé de déterminer le caractère de l'impôt dans le droit ancien et dans le droit actuel.

Ou bien il fallait dire : Voilà ce qu'a été l'impôt, voilà ce qu'il est aujourd'hui; et puis, analysant les lois qui régissent la production, la circulation et la répartition des richesses, montrant leurs rapports avec l'État, il fallait déterminer alors le rôle scientifique de l'impôt dans une société régie par les lois économiques, et dire : voilà ce qu'il doit être, et, par conséquent, en voici, au point de vue de la science, l'exacte définition.

En agissant autrement, en introduisant dans la science économique des définitions basées sur des faits passagers, au lieu de définitions basées sur des lois constantes, on procède exactement comme les anciens, qui croyaient que la terre était immobile, parce qu'ils la voyaient ainsi. Ils pouvaient tirer de ce point de départ des conséquences fort logiques : mais plus ils les poussaient loin, plus ils les rapprochaient de l'absurde.

Si, voyant l'impôt appliqué de telle ou telle manière, nous disons : Voilà ce qu'est l'impôt, voilà ce qu'il sera toujours, nous commettons une erreur analogue.

II.

Ceci dit, je vais passer rapidement en revue les principales définitions qui ont été données de l'impôt, en les classant d'après les analogies qu'elles ont entre elles.

Je commence par les définitions qui font de l'antagonisme entre le citoyen et l'État, la base de l'impôt.

Montesquieu définit l'impôt :

« Les revenus de l'État sont une portion que chaque citoyen donne de son bien pour avoir la sûreté de l'autre, ou pour en jouir agréablement (1). »

J.-B. Say reprend cette définition en disant : « L'impôt est cette portion des produits d'une nation, qui passe des mains des particuliers aux mains du gouvernement pour subvenir aux consommations publiques.

« Quel que soit le nom qu'on lui donne, qu'on l'appelle contribution, taxe, droit, subside, ou bien don gratuit, c'est une charge *imposée* aux particuliers, ou à des réunions de particuliers, par le souverain, peuple ou prince, pour fournir aux consommations qu'il juge à propos de faire à leurs dépens : c'est donc un *impôt* (2). »

Dans son *Cours d'économie politique,* il ajoute : « L'impôt est cette portion du bien des particuliers que le gouvernement consacre à satisfaire ses désirs ou les besoins du corps social (3). »

Que révèlent ces définitions? La perpétuité de l'antagonisme entre l'État, le pouvoir, le « souverain », et les particuliers. Le souverain a des besoins, des désirs; le particulier donne une portion de son bien pour satisfaire ces besoins et ces désirs. C'est encore l'exploitation de l'individu par l'État.

---

(1) *Esprit des lois*, liv. XIII, ch. I.
(2) *Traité d'économie politique*, p. 502.
(3) VIIIe partie, ch. IV.

La plupart des économistes français sont tombés depuis dans la même erreur : ils ont toujours vu l'homme d'un côté, le gouvernement de l'autre, absolument comme s'ils avaient appartenu à l'école de Bossuet. Proudhon lui-même est tout près d'admettre la définition de J.-B. Say. M. Clamageran la reprend, en y faisant une légère modification et dit :

« L'impôt est une quote-part des ressources individuelles mise à la disposition du pouvoir social (1). »

M. Garnier dit de son côté :

« L'impôt est, en fait, le prélèvement opéré sur la fortune privée des particuliers par le gouvernement de l'État (de la province ou de la commune), pour subvenir aux dépenses publiques, c'est-à-dire pour salarier les agents et payer les autres dépenses que nécessitent les fonctions qui lui sont attribuées et les services dont il est chargé (2). »

Proudhon, dans sa *Théorie de l'impôt*, au lieu d'apporter quelque idée neuve, est tombé dans la même erreur :

« L'impôt, dit-il, est la quote-part à payer par chaque citoyen pour la dépense des services publics (3). » Il ajoute ensuite : « L'impôt est un échange de services. »

C'est toujours la même conséquence de l'antagonisme entre le citoyen et l'État : le citoyen, dans ce cas, échange avec une entité. Comme le citoyen est le plus faible, l'entité, qui se traduit en une réalité très-puissante, l'emporte.

La conception de l'État, dans ces diverses définitions, est toujours une conception monarchique. Il y a un maître et un sujet : le sujet paye le maître pour que le maître le protége et lui rende certains services : le contribuable est dans une position analogue à celle du serf abonné pendant le moyen âge.

Nous retrouvons constamment cette erreur sous les diverses

(1) *Histoire de l'impôt en France*, Introd., p. 1.
(2) *Traité des finances*, p. 15.
(3) Page 39.

formules données par les économistes des écoles les plus opposées.

Madame Clémence Royer :

« L'impôt est la quote-part de puissance productrice, sous forme de services personnels ou de contributions de toute nature, que *chaque citoyen* doit à la communauté, en échange des services qu'il en a reçus, en reçoit et en recevra par le fait de sa participation sociale, et à titre de restitution des avances faites par les générations passées au profit des générations futures.

« Cette contribution est obligatoire et personnelle pour chacun dans la mesure actuelle de ses facultés. Elle doit être suffisante pour maintenir l'état social au degré de civilisation qu'il a atteint, et pour lui permettre de progresser encore (1). »

Le premier résultat de ces définitions aboutit à ceci : Il faut que *chaque citoyen* soit frappé.

C'est avec raison que M. G. de Molinari, poussant aux dernières conséquences ces principes, déclare que le but de l'impôt est « d'atteindre également tous les contribuables dans la satisfaction de leurs besoins (2). »

Chez presque tous les économistes, comme chez les législateurs, on trouve cette préoccupation. Il ne faut pas que nul puisse échapper à l'impôt. Le contribuable est un gibier. Il s'agit de le traquer, de le prendre, de le forcer à donner sa part. Il n'a pas de quoi vivre, il n'a pas de quoi manger, qu'importe? Qu'il paye d'abord. L'assistance publique, la charité privée, l'hôpital, la prison au besoin lui rendront ce qu'il aura commencé par payer. Il est vrai que ce sera beaucoup plus cher que s'il n'avait pas payé d'abord. Mais ce n'est pas là ce qu'il faut considérer. Le principe de la contribution personnelle est sauvegardé : il faut que *chacun* paye. L'impôt est la *quote-part* que *chacun* doit donner à l'État,

(1) *Théorie de l'impôt*, t. I, p. 27.
(2) Notes sur Montyon : *Collection des économistes*, p. 484.

l'État fût-il ensuite obligé de lui rendre le double, prélevé sur les autres.

Pour que nul n'y échappe, il faut donc multiplier les formes de l'impôt. L'impôt de consommation est excellent. Chacun mange et boit, si peu que ce soit. On est donc sûr que chacun payera. Il faut croiser et entre-croiser les taxes, de manière que celui qui aurait échappé à l'une soit arrêté par une autre. Le fisc est un filet.

III.

Compter les têtes! faire payer chacun! est-ce donc là le but de l'impôt? D'autres économistes ont compris que c'était l'envisager sous le point de vue le plus étroit; que l'impôt avait une autre signification et une autre importance que de faire expier à chacun, par une taxe personnelle, se présentant sous une forme ou sous une autre, le droit à l'existence. Ils le généralisèrent donc et dirent :

Mirabeau : « L'impôt est une dette commune des citoyens, une espèce de dédommagement et le prix des avantages que la société leur procure..... L'impôt ne sera plus qu'une avance pour obtenir la protection de l'ordre social, une condition imposée à chacun pour tous (1). »

M. le marquis d'Audiffret : « L'impôt est le sacrifice demandé à la société pour la protection de son existence, ainsi que pour la conservation et le développement de sa puissance et de son bien-être (2). »

Ici il y a une notion plus nette du progrès : la question personnelle disparaît; l'impôt devient une chose réelle.

Mais voici où se trouve encore l'erreur. Ces définitions conservent l'idée d'antagonisme entre l'individu et le gouvernement. Le gouvernement est au-dessus de l'individu, l'impôt

---

(1) *Adresse aux Français.*
(2) *Système financier de la France*, liv. Ier.

se présente à celui-ci comme un devoir social ; il est exigé par le gouvernement au nom d'un droit primordial et supérieur : malheureusement ni ce droit primordial, ni ce devoir n'ont encore reçu de définitions, et une définition, appuyée sur ces deux termes non définis eux-mêmes, se résume en ceci : le gouvernement exige que le citoyen paye, et il faut qu'il paye.

Mais intervient encore une nouvelle idée : le citoyen paye, mais pourquoi paye-t-il ? il faut qu'il retire de ce payement un service immédiat. Quelques économistes ont cherché un nouveau rapport, et ils ont donné de l'impôt les définitions uivantes :

Raynal : « Le sacrifice d'une partie de sa propriété pour la conservation de l'autre. »

Montyon : « Une portion de la propriété privée transférée à la propriété publique et destinée au payement de la garantie de la totalité (1). »

M. E. de Parieu : « Le prix de la protection accordée par l'État aux biens des contribuables (2). »

M. du Puynode : « La cause de l'impôt, c'est donc la cause même du gouvernement, du pouvoir, qui se trouve tout entière dans la défense du territoire et le maintien de l'ordre social. C'est pourquoi l'impôt peut encore se définir, comme souvent on l'a fait :

« La part que chacun remet à la caisse commune, pour s'assurer la paisible jouissance de ses biens et le respect de sa personne (3). »

Et plus loin : « L'impôt est le sacrifice d'une partie de la propriété pour la conservation de l'autre (4). »

M. G. de Molinari : « La portion de richesse que chacun

(1) *Influence de l'impôt sur la moralité des peuples*, 1re part.

(2) *Rapport sur l'impôt sur les successions.*

(3) *De la monnaie, du crédit et de l'impôt*, t. II, p. 68.

(4) *Ibid.*, p. 70.

abandonne à l'État pour s'assurer la conservation du restant (1). »

Ces diverses définitions aboutissent toutes à l'impôt-assurance patronné par M. Émile de Girardin et défini par lui dans les termes suivants :

« L'impôt est et ne doit être qu'une prime d'assurance payée par tous les membres d'une société appelée nation, à l'effet de s'assurer la pleine jouissance de leurs droits, l'efficace protection de leurs intérêts et le libre exercice de leurs facultés : dans ce but ils mettent en commun une portion déterminée de leur force, ce qui constitue la force collective (2). »

L'impôt-assurance, très-bien. Cette idée m'avait séduit tout d'abord ; mais je me suis bientôt aperçu qu'elle était incomplète ; elle n'exprime qu'une partie du rôle de l'impôt. Elle ne s'applique pas à la portion de l'impôt consacrée, par exemple, aux travaux publics et à certains services publics.

M. Joseph Garnier, comprenant l'insuffisance de ces diverses définitions, a essayé d'en donner une, plus complète, dans laquelle il fait rentrer cette idée d'assurance. La voici :

« L'impôt est *le prix des services rendus* et notamment *le prix du service de sécurité,* service d'intérêt universel, — ou *la prime d'assurance payée pour la garantie de la sécurité,* — ce mot de sécurité étant pris dans son sens général de garantie de la protection, du droit, de la justice, de l'ordre, de la propriété, de la liberté individuelle, de l'indépendance nationale, de l'exécution équitable des lois et des contrats (3). »

Quoique longue, cette définition n'est pas encore complète : elle n'indique pas suffisamment que l'impôt peut contribuer à certains travaux publics. Cependant, quelque rôle restreint qu'on veuille donner à l'action de l'État, il n'en est pas

(1) *Note sur Montyon. Collection des économistes*, p. 487.
(2) *L'impôt*, p. 229.
(3) *Traité des finances*, p. 16.

moins vrai qu'il y aura toujours des routes, des ponts, des chemins de fer, des ports, des canaux à construire, et une partie de l'impôt, d'ici à longtemps au moins, sera forcément et avec raison, employée soit à faire, soit à subventionner ces travaux.

M. J. Garnier a si bien senti lui-même l'insuffisance de sa définition, qu'il en a donné une autre dans ses *Éléments d'économie politique :*

« Le payement de la sécurité et de la protection obtenues par l'action des agents du gouvernement, et aussi le payement de quelques autres services généraux, ou de travaux réels ou positifs (1). »

Toutes ces définitions, du reste, ont un défaut général : elles essayent d'indiquer l'emploi de l'impôt ; mais elles ne déterminent pas l'origine de l'impôt.

Pour qu'une définition fût complète, il faudrait qu'elle renfermât ces deux termes.

IV.

Les physiocrates avaient mieux entrevu le rôle de l'impôt. Ils maintenaient l'antagonisme existant entre le gouvernement et la société, mais, dans leur définition, l'individu disparaissait ; de plus, ils essayaient d'indiquer quelle devait être la source de l'impôt.

Quesnay : « L'impôt est une partie du revenu détachée du produit net des biens-fonds d'une nation agricole (2). »

Le Trosne : « L'impôt est une portion des richesses annuellement renaissantes, destinée à la dépense publique et prise sur le produit net (3). »

Mercier de la Rivière : « Une portion prise dans les revenus

---

(1) IVe part., ch. XXVII.
(2) *Maximes générales.*
(3) *De l'ordre social.*

annuels d'une nation à l'effet d'en former le revenu particulier du souverain pour le mettre en état de soutenir les charges annuelles de sa souveraineté (1). »

Les définitions d'Adam Smith et de Ricardo sont aussi des généralités.

D'après Adam Smith : « L'impôt est le revenu qui doit pourvoir aux dépenses publiques et aux dépenses nécessaires du gouvernement. »

D'après Ricardo : « C'est cette portion du produit de la terre et de l'industrie d'un pays qu'on met à la disposition du gouvernement (2). »

D'après Rossi : « L'impôt est demandé essentiellement au revenu social, et il tire son origine du droit qu'a l'État de réclamer sa quote-part dans la distribution du produit net général, dans la distribution du revenu social (3). »

M. Courcelle-Seneuil donne aussi une définition analogue : « L'impôt est une part des revenus généraux prélevée par autorité pour l'entretien du gouvernement et de ses agents et quelquefois pour d'autres usages réputés utiles à la communauté (4). »

Ces dernières définitions sont incomplètes ; mais elles élargissent la question au lieu de la restreindre. Elles ont de plus un grand avantage, c'est qu'elles font de l'impôt une chose réelle au lieu d'en faire une charge personnelle.

Elles indiquent enfin quelle doit être la source de l'impôt. Elles ne laissent aucun doute à cet égard ; il doit être évidemment prélevé sur le revenu national.

Mais qu'est-ce que le revenu national? C'est le total des revenus particuliers.

Or, d'après Smith, les revenus particuliers se composent de trois éléments : les profits, la rente, les salaires.

---

(1) *L'ordre naturel et essentiel des sociétés politiques*, ch. IV, p. 473.
(2) *Principes de l'économie politique* (De l'impôt), ch. VIII.
(3) *Cours d'économie politique*, t. IV, p. 5.
(4) *Traité d'économie politique*, t. I, p. 448.

Comment les atteindre ? En décomposant chaque revenu particulier.

Et alors nous constatons la contradiction suivante : les économistes, qui, dans leurs définitions, ont en vue un impôt *réel*, aboutissent, en fait, à un impôt *personnel*.

Pour frapper le revenu général, il faut demander, en effet, à chacun quel est son revenu particulier : il faut se livrer à une inquisition, il faut compter les têtes. C'est encore l'homme qui est frappé.

Les économistes, dans leurs diverses définitions de l'impôt, ont donc tourné dans ce cercle vicieux : ils sont partis de l'exploitation de l'individu par l'État, et ils aboutissent, malgré tous leurs efforts, à l'exploitation de l'individu par l'État.

Que l'impôt soit consenti ou qu'il ne le soit pas, on en revient toujours à ce point : l'impôt est une charge imposée par l'État à chaque individu.

Cette définition est-elle conforme aux lois qui régissent la production et la répartition des richesses dans une nation ?

Ces lois n'exigent-elles pas une nouvelle définition de l'impôt ?

Telle est la question que je vais essayer de résoudre.

CHAPITRE V.

LES LOIS ÉCONOMIQUES ET L'IMPÔT.

L'État et la nation. — Fonctions de l'État.

De ces diverses définitions, aucune ne saurait nous convenir pour les diverses raisons que j'ai indiquées dans le chapitre précédent.

Je crois, pour mon compte, qu'on peut arriver à une définition plus précise en observant tout simplement les faits qui se passent sous nos yeux.

L'excellent Mercier de la Rivière essayait dans son *Traité sur l'ordre naturel et essentiel des sociétés politiques*, de prouver que l'intérêt du « souverain », du « roi », était identique à celui de ses sujets. C'était une démonstration toute pleine de bonnes intentions, mais qui en restait là. Dans le gouvernement absolu, les intérêts du « roi », du « souverain », quelque nom qu'il porte, sont au contraire en antagonisme avec ceux de la nation. Il a peur d'elle. Il veut en tirer à son profit les plus grandes ressources possibles dans le moins de temps possible. Mais, en propriétaire imprévoyant, il tond si ras et il surmène si fort ses sujets qu'ils en meurent. Il ne faut pas oublier l'état dans lequel se trouvait la France à la veille de 1789.

Lorsque la monarchie épuisée appela la nation à se sauver elle-même, elle comprit, plus ou moins vaguement, une chose qui n'a été bien nettement précisée que par les publicistes de l'école de Bentham, entre autres par James Mill : c'est qu'il faut qu'il y ait identité d'intérêts entre le corps gouvernant et la communauté.

C'était cette idée qu'avait entrevue Mercier de la Rivière, et qu'il avait à tort voulu appliquer à la monarchie absolue. C'est cette idée que reproduit d'une manière incomplète cette formule dont on a tant abusé : « Le peuple est le souverain » ; c'est cette idée qu'on retrouve plus ou moins mal appliquée dans tout régime parlementaire. C'est cette idée enfin qui fait la base de toute république démocratique.

Je pars donc de là pour affirmer hautement que l'impôt ne saurait être le tribut payé par une classe à une autre, comme dans les pays aristocratiques ou dans les républiques de l'antiquité;

Que l'impôt ne saurait être la redevance imposée par un maître à une nation, comme dans les monarchies absolues;

Que l'impôt ne peut être un échange entre deux contractants, l'État et le peuple, puisque leurs intérêts doivent être identiques.

Qu'est-ce donc alors?

Mais pour résoudre cette question, il faut d'abord répondre à la question suivante : quelles sont les attributions de l'État, non point analysées par leurs petits côtés, mais telles qu'elles doivent être dans une grande nation en pleine possession d'elle-même?

L'État doit être chargé de gérer certains intérêts communs et indivis :

Il doit veiller à la sécurité extérieure : armée, marine, diplomatie.

Il doit veiller à la sécurité intérieure : administration, justice, police.

Il doit contribuer à augmenter la production du capital national : instruction, travaux publics, moyens de transport.

L'impôt n'est destiné qu'à une seule chose : subvenir aux dépenses nécessitées par ces services, services publics.

Ceci entendu, et ceci ne sera contesté par nul homme ayant une certaine intelligence des conditions des civilisations modernes, je pose de nouveau la question, et je dis :

— Quelle doit donc être la définition de l'impôt?

CHAPITRE VI.

DÉFINITION RÉELLE DE L'IMPÔT.

Identité des intérêts de la nation et du gouvernement. — L'État n'est qu'un syndic. — Les unités de la France. — Une nation est un syndicat. — Il n'y a pas deux comptabilités. — Il n'y a pas deux genres d'administration. — Définition réelle de l'impôt.

Dans les questions d'impôts, les économistes ont eu le tort de s'écarter de la règle fondamentale de la méthode inductive. Au lieu de conclure du particulier au général, au lieu d'observer les faits les plus immédiats, les plus simples, les plus faciles à constater, ils ont considéré les nations telles qu'elles existaient ou existent, ils ont jeté un regard sur l'ensemble de leur organisation, et ils ont tiré leurs conclusions de faits transitoires.

Rétablissons donc la question dans ses véritables termes.

Les intérêts de la nation et de ses gouvernants devant être identiques, un gouvernement se trouve placé vis-à-vis de la nation exactement dans la même situation qu'un industriel vis-à-vis de son usine.

Mais j'entends qu'on me dit : — Et les hommes? et les citoyens? en faites-vous un troupeau?

Non; et c'est précisément parce que je n'en fais pas un troupeau que je ne les compte pas.

Pour moi, l'État étant chargé seulement de pourvoir à l'amélioration et à la conservation de certains intérêts communs qui lui sont confiés, et qui, plus nous irons, seront plus nettement et plus étroitement délimités et spécialisés, ne doit connaître qu'une chose : l'ensemble de la richesse nationale.

Quand il y avait des classes privilégiées, exemptées de l'impôt, alors l'État avait à faire la distinction entre la tête qui devait payer et celle qui ne devait pas payer. Mais, maintenant que ces priviléges, s'ils peuvent être désirés en secret, ne peuvent former la base d'aucune législation et ne peuvent s'affirmer en principe, le fisc n'a à considérer que la richesse nationale prise en bloc. Elle doit être indivise pour lui, comme l'est le capital d'un manufacturier. Peu importe qui en possède telle ou telle parcelle : l'État n'en connaît pas les détenteurs, n'a pas à s'en inquiéter ; cette fortune existe ; elle forme un chiffre X. C'est cette fortune qu'il s'agit de faire prospérer et de garantir. Voilà tout.

La question est donc posée pour l'État, vis-à-vis de la nation, comme pour moi, particulier, vis-à-vis de mon capital.

J'ai un capital ; il faut que je le fasse fructifier. Quel est le meilleur mode d'administration pour obtenir de lui un maximum d'utilité avec un minimum d'effort, ce qui est le but de toute production ?

C'est par la solution de cette question que nous arriverons à établir d'une manière précise la définition de l'impôt, et, en conséquence, son assiette.

Une nation, au point de vue économique, est un être unique : elle possède une certaine étendue de territoire. Ce territoire a telles et telles utilités naturelles ; ces utilités naturelles ont été développées par le travail ou appropriées par l'homme ; le capital de la nation est l'ensemble des utilités qu'elle possède.

Il en est exactement de même pour un particulier : son capital est l'ensemble des utilités possédées par lui. Le capital national et le capital particulier sont régis par les mêmes lois économiques, comme l'ont constaté Adam Smith et J.-B. Say.

Rétablissons l'ancienne fiction monarchique : je suppose que je sois propriétaire de la nation; mon capital particulier est le capital national.

Maintenant l'État n'est plus propriétaire de la nation; la nation, étant un groupe d'intérêts, forme un syndicat dont l'État est le gérant. Ce syndicat se compose de 86 unités, qui sont les départements de la France; ces 86 unités représentent à leur tour 362 arrondissements; ces 362 arrondissements représentent 2,500 cantons, qui représentent 35,859 communes.

Voilà la décomposition de ce syndicat; mais que sont ces communes, ces cantons, ces arrondissements, ces départements? Des groupements d'intérêts, des syndicats. Le maire ne devrait être qu'un syndic; le préfet ne devrait être qu'un syndic; le gouvernement ne doit être que le gérant du syndicat national.

Or, de même qu'il n'y a pas deux comptabilités, une comptabilité privée et une comptabilité publique, de même il n'y a pas une manière différente d'administrer une nation ou un syndicat de particuliers; et pour pousser l'analogie jusqu'à ses dernières conséquences, j'ajoute : un syndicat de particuliers n'administre pas son capital d'une autre manière qu'un particulier.

Cette analogie admise, je suppose que j'aie un capital d'un million. Il s'agit pour moi de faire fructifier ce capital.

J'en emploie une partie à installer mon usine, à acheter un outillage, à faire certains travaux : — c'est la mise en valeur de mon capital.

Mais j'ai besoin de représentants à l'extérieur, d'agents d'affaires qui étendent mes relations ou en garantissent la sécurité; j'ai besoin d'agents à l'intérieur pour régler l'organisation du travail et en surveiller l'exécution : — ce sont là les frais généraux que nécessite l'exploitation de mon capital.

Quelle différence y a-t-il entre les dépenses d'un État et celles d'un manufacturier?

Est-ce que les services que doit rémunérer l'impôt pour une nation ne sont pas identiques à ceux que doit rémunérer un manufacturier?

Là, il y a un capital national, exigeant une mise en valeur et des frais généraux d'exploitation.

Ici, il y a un capital individuel, exigeant une mise en valeur et des frais généraux d'exploitation.

Moi, particulier, je cherche à retirer de mon capital la plus grande utilité possible.

L'État doit chercher aussi à obtenir la plus grande utilité possible du capital national.

Cette analogie, poussée jusqu'à l'identité, nous donne la véritable définition de l'impôt :

L'impôt représente la mise en valeur et les frais généraux d'exploitation du capital national (1).

---

(1) Quand je dis que l'impôt « représente la mise en valeur du capital national », il est bien entendu, je ne parle que de la part de la mise en valeur attribuée à l'État, et que je suis loin de la théorie communiste d'après laquelle l'État, propriétaire du capital national, l'exploiterait à son profit. Dans la mise en valeur de l'ensemble des capitaux de la nation, il y a une part individuelle et une part collective. Dans ma définition de l'impôt, il ne peut être question que de cette part collective, de la contribution syndicale.

LIVRE II

LE CAPITAL

CHAPITRE I.

LE CAPITAL D'APRÈS LES ÉCONOMISTES.

La terre fait-elle partie du capital? — MM. Coquelin, J. Garnier. — Les fonds productifs de la société. — Réfutation de MM. Rossi et J. Garnier. — Le capital d'agrément. — *Toute utilité est un capital.* — *Le capital d'une nation est l'ensemble des utilités qu'elle possède.*

Mais beaucoup d'économistes m'arrêtent et me disent :

— Vous donnez une définition aussi simple que cela! Mais elle est beaucoup trop simple pour être bonne. Savez-vous bien ce que nous entendons par capital? Avez-vous bien étudié tout ce que nos maîtres ont dit sur ce sujet?

Voilà les questions que je vois se dresser devant moi; je pourrais y répondre : — Je donne une définition du capital ; c'est à vous de prouver qu'elle est fausse. Je donne une définition de l'impôt : c'est à vous de démontrer qu'elle est erronée.

Mais que m'importe? Je n'hésite pas à recommencer pour la définition du capital un travail analogue à celui que j'ai fait pour la définition de l'impôt, jugeant qu'une œuvre, pour être complète, doit être à la fois critique et organique.

Je sais que, d'abord, la plupart des économistes imposent au terme capital une restriction que M. Coquelin a constatée, en se servant de termes dédaigneux pour tous ceux qui ne l'admettaient pas.

« Sauf quelques écrivains, qui ne font pas autorité dans la science, tous les économistes s'accordent à ne pas comprendre, sous la dénomination de capital, la terre, ni les instruments donnés par la nature, mais seulement les valeurs créées de main d'homme et antérieurement accumulées (1). »

M. Joseph Garnier a admis également cette restriction.

« Le travail et la terre sont des forces primitives, le capital n'est jamais qu'un résultat de l'industrie de l'homme (2). »

De plus, il a donné un tableau des fonds productifs de la société; il les divise en trois catégories qu'il désigne de la manière suivante :

» 1° Instruments naturels ou non appropriés, comprenant : la mer, les cours d'eau publics, l'atmosphère, la chaleur du soleil, les autres forces de la nature, physiques, chimiques, mécaniques, qui sont à la disposition de tout le monde.

« 2° Les instruments naturels appropriés, comprenant : la *terre*, le *travail*.

« 3° Les *instruments artificiels* ou *acquis* et *appropriés*, c'est-à-dire :

« LE CAPITAL : Le *capital matériel*, comprenant tous les produits :

« *Provisions, semences, matières premières, produits fabriqués, outils, machines, bâtiments, bestiaux, monnaie*, etc..., résultant d'une industrie antérieure;

« Comprenant encore le capital employé à l'amélioration

(1) *Dictionnaire d'économie politique*, t. I, p. 273.

(2) *Traité d'économie politique*, p. 40.

du sol et faisant corps avec lui, ce qui donne à la terre le double caractère d'instrument *naturel* et d'instrument *acquis ;*

« Le *capital immatériel,* comprenant les *clientèles,* les *procédés,* les *connaissances,* scientifiques, littéraires, artistiques, etc.; ces dernières constituent le *capital intellectuel.* »

Je ne chicanerai point M. Joseph Garnier sur les détails de cette nomenclature; je pourrais y opposer le tableau publié par J.-B. Say, dans son *Cours d'économie politique,* tableau qui a l'avantage d'être plus simple et de moins prêter à la confusion. Je me contenterai d'adresser à M. J. Garnier les quelques observations suivantes :

Vous dites que le « capital » n'est jamais que le « résultat de l'industrie de l'homme », et vous ne voulez pas admettre que la terre appropriée soit un capital.

Ici, je vous arrête, au nom de votre propre autorité, et retournant votre définition contre vous, je vous dis : Est-ce que le phénomène de l'appropriation peut exister sans un certain travail, c'est-à-dire sans un effort de l'homme pour soumettre les agents naturels à ses besoins? Est-ce que la simple prise de possession d'un agent naturel par l'homme n'implique pas un travail ? M'en tenant donc à la lettre de la définition de M. Joseph Garnier, je repousse la distinction qu'il essaye d'établir entre le terme « terre » et le terme « capital. »

Pour moi, j'appelle :

Travail, l'appropriation des agents naturels aux besoins de l'homme ;

Utilité, tout agent naturel approprié par l'homme.

Toute utilité est un capital.

Le capital d'un particulier est l'ensemble des utilités qu'il possède.

Le capital d'une nation est l'ensemble des utilités qu'elle possède.

Pourquoi donc ranger la terre dans une classe à part?

On ne peut expliquer cette distinction subtile que par l'influence de la tradition des physiocrates, qui faisaient du sol l'instrument unique et universel de production. Cette influence a pesé aussi sur M. Rossi. Il reconnaît bien que la terre et le capital sont des instruments de production, mais il n'admet pas que la terre puisse jamais se confondre avec le capital. Et pourquoi? Parce qu'elle est un agent naturel indispensable. M. Rossi a prévu que, s'il n'y avait pas de terre, on ne pourrait pas vivre. Mais n'en dirait-on pas autant de tous les agents naturels que l'homme a successivement appropriés à ses besoins? Et parce que la terre est indispensable, est-ce une raison pour ne pas la ranger parmi les utilités?

M. Joseph Garnier classe un certain nombre d'agents naturels parmi les instruments industriels communs ou non appropriés.

Eh bien, je défie qu'on puisse compter parmi les richesses d'une société des agents naturels qui ne soient pas appropriés. « La mer, l'atmosphère, la chaleur du soleil, les forces de la nature, physiques, chimiques, mécaniques », ne font partie des fonds productifs qu'à une condition : c'est qu'on s'en serve ; et comment peut-on s'en servir sans les approprier?

Vous parlez de la chaleur du soleil, comme d'un « instrument naturel non approprié ». Est-ce que dans les pays viticoles, par exemple, la « chaleur du soleil » n'est pas appropriée? Est-ce qu'elle n'entre pas dans l'estimation de la valeur du terrain? Qu'est-ce donc que l'exposition au soleil qui rend si célèbre tel ou tel vignoble, si ce n'est une appropriation? Et alors, retournant votre propre définition contre vous, je vous répète : — *Toute utilité est un capital.*

Il en est de même des autres forces chimiques et physiques : elles font partie du capital d'un pays dès qu'elles sont appropriées, et elles ne sont des instruments de production qu'à la condition d'être appropriées. « Elles sont à la disposition de tout le monde » ; dites-vous. Oui, mais il faut qu'on s'en serve. Et lorsqu'on s'en sert, que sont-elles, sinon des utilités appropriées? D'après votre propre définition, elles sont, en conséquence, un capital.

Laissons donc de côté toutes ces subtilités qui entraînent M. Joseph Garnier à ranger, par exemple, la terre dans la classe des « instruments naturels appropriés » et à ranger le capital dans la classe des « instruments artificiels *ou* acquis et appropriés. »

M. J. Garnier pourrait-il m'indiquer la distinction profonde qui existe entre ces deux classes de fonds productifs, d'après les propres définitions qu'il en donne?

Il compte dans la première classe la terre; il compte dans la seconde, comme capital matériel, les « matières premières ». Que sont donc les « matières premières », sinon des « instruments naturels appropriés? »

Je pourrais poursuivre de point en point ma critique de ces divisions et de ces distinctions arbitraires; mais on a remarqué depuis longtemps que les subtilités sont inhérentes aux sciences en enfance. On raffine sur les termes; on distingue et on distingue encore; on se croit profond; on n'est que pusillanime. Ce sont là les procédés de l'ancienne scolastique, des procédés d'école du moyen âge, connus sous le nom général de byzantinisme.

Bastiat, du reste, ne tient pas compte de ces subtilités et dit: « Le capital d'une nation, c'est la richesse de ses matériaux, provisions et instruments (1)... »

« Le capital, dit M. Courcelle-Seneuil, n'est autre chose que la somme des richesses existantes, à un moment donné, dans l'espace que l'on désigne ou en la possession de la personne dont on parle. *Capital* est donc à certains égards synonyme de *richesse,* puisque l'une et l'autre appellation s'appliquent aux mêmes objets considérés en général et sans distinction (2). »

(1) *Harmonies économiques*, chap. VII.
(2) *Traité d'économie politique*, t. I, p. 47.

« Pour moi, dit Émile de Girardin, capital et propriété sont tout un (1).

M. Banfield comprend aussi sous le nom de capital « la somme des biens qui nous sont donnés par la nature ou que nous avons accumulés par abstinence (2). »

Mais il ajoute à cette définition une distinction adoptée également par quelques économistes. Cette distinction ne repose point sur l'origine du capital, mais au contraire sur sa destination. Selon ces écrivains, les richesses ne forment un capital que lorsqu'elles sont destinées à la reproduction.

Parmi les deux ou trois définitions que Stuart Mill donne du capital, on trouve encore celle-ci : « Le capital est la richesse appliquée à un emploi reproductif. »

Malthus l'avait déjà défini : « une portion de biens consacrée à la production ou à la distribution des richesses. »

M. Rossi voulait non-seulement que le capital fût « le produit épargné », mais encore qu'il fût « destiné à la reproduction (3). »

Selon lui et ces économistes, « toute richesse qui est destinée à la consommation, à une jouissance immédiate ou qui est laissée dans l'oisiveté », n'est pas un capital. Mais, en même temps, M. Rossi désignait sous le nom de « capital circulant » des richesses qui présentaient précisément ces divers caractères. Or, ou ces richesses formaient un capital, ou elles ne faisaient pas partie « du capital circulant ». John Stuart Mill est tombé dans la même contradiction.

J.-B. Say a quelques incertitudes sur cette question. D'abord, il ne comprenait sous le titre de capital qu'une partie des richesses destinées à la production, puis il regarda autour de lui : mais ces palais, ces hôtels, ces ameublements, ces parcs, ces tableaux, ce sont des capitaux cependant ! Et alors il éta-

(1) *La politique universelle*, p. 256.
(2) *Organisation de l'industrie.*
(3) *Cours d'économie politique*, t. II, p. 157.

blit une distinction entre les capitaux productifs d'utilité et les capitaux productifs d'agrément.

« Lorsqu'un propriétaire, dit-il, fait bâtir une maison d'habitation, il ne sortira de cette maison aucun produit que l'on puisse porter au marché; mais il en sortira, à toute heure, un produit fort appréciable, puisque le propriétaire peut vendre son utilité de tous les instants (ce qu'il fait quand il tire un loyer de sa maison); ou bien il peut la consommer lui-même (ce qu'il fait lorsqu'au lieu de louer sa maison, il en fait son habitation). Cette portion de son capital n'est donc pas improductive, bien qu'elle ne concoure à la formation d'aucun produit matériel (1). »

Nous ne nous attacherons pas à chercher encore des distinctions plus subtiles. Il y a tel économiste que nous pourrions citer qui, en trois pages, varie trois fois d'opinion sur les caractères distinctifs du capital.

Sans me préoccuper de savoir si une utilité est reproductive d'utilité ou simplement si elle est productive « d'agrément », je reprends donc ma thèse, et repoussant ces nouvelles distinctions sur la destination du capital, comme j'ai repoussé les distinctions entre la terre et le capital, je maintiens ma définition :

1° *Est utilité tout agent naturel approprié à l'homme.*

2° *Toute utilité est un capital.*

3° *Le capital d'un particulier est l'ensemble des utilités qu'il possède.*

4° *Le capital d'une nation est l'ensemble des utilités qu'elle possède.*

(1) *Cours d'économie politique*, 1re part., ch. XI.

CHAPITRE II.

DÉFINITION DE CES TERMES : CAPITAL FIXE ET CAPITAL CIRCULANT.

Tableau des capitaux fixes et des capitaux circulants de Smith. — Distinctions établies par J.-B. Say, Stuart Mill, Molinari, Courcelle-Seneuil. — Confusion de Smith. — Le changement de forme. — Les économistes ont-ils établi un criterium certain? — Y en a-t-il un? — Détermination du caractère du capital fixe et du capital circulant.

J'ai d'autant plus le droit de m'étonner de toutes ces subtiles distinctions sur le mot capital, que tous les économistes, depuis Smith, ont divisé l'ensemble des utilités désigné sous le nom de capital, en deux classes : les capitaux fixes et les capitaux circulants.

Parmi ces derniers, ils rangent d'une manière plus ou moins arbitraire, mais enfin d'une manière générale, les objets qu'ils refusaient de comprendre dans le mot capital, ainsi que je l'ai fait remarquer pour MM. Rossi et John Stuart Mill.

Pour cette classification, les économistes se sont bornés, en général, à reproduire, avec des modifications plus ou moins mal justifiées, le tableau suivant dans lequel Smith énumère les choses qui, selon lui, font partie soit du capital fixe, soit du capital circulant :

« Le capital fixe, dont le caractère distinctif est de rapporter un revenu ou profit sans changer de maître, consiste principalement dans les quatre articles suivants :

« 1° Toutes les machines utiles et instruments d'industrie qui facilitent et abrégent le travail.

« 2° Tous les bâtiments destinés à un objet utile, et qui sont des moyens de revenu, non-seulement pour le propriétaire qui en tire un loyer en les louant, mais même pour la personne qui les occupe et qui en paye le loyer ; tels que les boutiques, les magasins, les ateliers, les bâtiments d'une ferme, avec toutes leurs dépendances nécessaires, étables, granges, etc... Ces bâtiments sont fort différents des maisons purement d'habitation : ce sont des espèces d'instruments d'industrie, et on peut les considérer sous le même point de vue que ceux-ci.

« 3° Les améliorations des terres, tout ce qu'on a dépensé d'une manière profitable à les défricher, dessécher, enclore, marner, fumer et mettre dans l'état le plus propre à la culture et au labourage. Une ferme améliorée peut, avec grande raison, être considérée sous le même point de vue que ces machines utiles qui facilitent et abrégent le travail, et par le moyen desquelles le même capital circulant peut rapporter à son maître un bien plus grand revenu. Une ferme améliorée est aussi avantageuse et beaucoup plus durable qu'aucune de ces machines; le plus souvent, les seules réparations qu'elle exige, c'est que le fermier applique de la manière la plus profitable le capital qu'il emploie à la faire valoir.

« 4° Les talents utiles acquis par les habitants ou membres de la société. L'acquisition de ces talents coûte toujours une dépense réelle produite par l'entretien de celui qui les acquiert, pendant le temps de son éducation, de son apprentissage ou de ses études, et cette dépense est un capital fixé et réalisé pour ainsi dire dans sa personne. Si ces talents composent une partie de sa fortune, ils composent pareillement une partie de la fortune de la société à laquelle il appartient. La dextérité perfectionnée, dans un ouvrier, peut être considérée sous le même point de vue qu'une machine ou un instrument d'industrie qui facilite ou abrége le travail, et qui, malgré la dépense qu'il a coûté, restitue cette dépense avec un profit.

« Le capital circulant est aussi composé de quatre articles :

« 1° L'argent.....

« 2° Le fonds de vivres qui est dans la possession des bouchers, nourrisseurs de bestiaux, fermiers, marchands de blé, brasseurs, etc., et de la vente desquels ils espèrent tirer un profit.

« 3° Le fonds de matières, ou encore tout à fait brutes, ou déjà plus ou moins manufacturées, destinées à l'habillement, à l'ameublement et à la bâtisse, qui ne sont préparées sous aucune de ces trois formes, mais qui sont encore dans les mains des producteurs, des manufacturiers, des merciers, des drapiers, des marchands de bois en gros, des charpentiers, des menuisiers, des maçons, etc.

« 4° Enfin l'ouvrage fait et parfait, mais qui est encore dans les mains du marchand ou manufacturier, et qui n'est pas encore débité ou distribué à celui qui doit en user ou le consommer; tels que ces ouvrages tout faits que nous voyons souvent exposés dans les boutiques du serrurier, du menuisier en meubles, de l'orfévre, du joaillier, du faïencier, etc.

« Ainsi le capital circulant se compose des vivres, des matières et de l'ouvrage fait de tout espèce, tant qu'ils sont dans les mains de leurs marchands respectifs, et enfin de l'argent qui est nécessaire pour la circulation de ces choses et pour leur distribution dans les mains de ceux qui doivent, en définitive, s'en servir ou les consommer.

« De ces quatre articles, il y en a trois, les vivres, les matières et l'ouvrage fait, qui sont régulièrement, soit dans le cours de l'année, soit dans une période plus longue ou plus courte, retirés de ce capital circulant, pour être placés, ou en capital fixe, ou en fonds de consommation (1). »

Say appelle « capital fixe ou engagé celui dont la valeur réside dans des instruments occupés à la production sous des formes permanentes (2). »

D'après John Stuart Mill, le « capital fixe est celui qui est

(1) Smith, *Richesse des nations*, t. I, p. 340.

(2) *Cours d'économie politique*, t. I, p. 138.

xé dans les objets qui durent, et dont l'efficacité se perpétue ur un nombre infini des faits de production (1). »

M. G. de Molinari dit que les capitaux fixes sont ceux qui ... « ne se détruisent ou ne se consomment point intégralement dans la formation d'un produit (2)..... »

Il ne donne pas de définition du capital circulant.

M. Courcelle-Seneuil dit : « Les capitaux circulants et les apitaux fixes se distinguent les uns des autres par leur durée lus ou moins longue entre la production et la consommaon (3). »

Dans son *Manuel des affaires*, il a essayé d'en donner une éfinition plus précise : « Le capital fixe est celui qui ne peut hanger de forme sans altérer les conditions de l'entreprise. e capital circulant ou de roulement est celui qui peut changer e forme plus facilement et sans altérer la constitution de entreprise (4). »

Mac-Culloch dit que « le capital circulant comprend les ortions qui sont le plus rapidement consommées, telles que s aliments (5). »

Mais après ces diverses définitions et énumérations, comrenons-nous d'une manière précise la différence qui existe ntre le capital fixe et le capital circulant?

Pouvons-nous dire, à première vue, et en nous appuyant ur une règle inflexible, que tel objet fait partie du capital fixe t tel autre du capital circulant?

N'avons-nous pas le droit de demander à ces économistes uelle est la base de leur distinction?

Est-ce le laps de temps qui s'écoule entre la production et la onsommation? Est-ce la rapidité de la consommation? Mais où st la mesure de cette rapidité? sera-ce un an, un mois? Voici

(1) *Principes d'économie politique*, t. I, p. 105.
(2) *Cours d'économie politique*, t. I, p. 282.
(3) *Traité d'économie politique*, t. I, p. 317.
(4) P. 38.
(5) *Principes d'économie politique*, t. I, p. 105.

une machine qui s'use rapidement, fera-t-elle partie du capital circulant ou du capital fixe? Voici de la monnaie, vous pouvez la garder longtemps ou la consommer rapidement. Fera-t-elle partie du capital fixe ou du capital circulant? Vous n'avez pas de criterium, pas de règle fixe pour établir votre distinction, et par conséquent, elle n'aboutit qu'à une confusion.

La différence fondamentale entre le capital circulant et le capital fixe repose-t-elle, comme semble le considérer Smith, sur ce fait : « que le capital circulant ne peut rendre de profit à son maître tant qu'il reste en sa possession? »

Mais j'embarque des vivres sur un navire pour un voyage de huit, quinze jours, six mois, peu importe. Voilà un capital, à coup sûr. Dira-t-on cependant que c'est un capital fixe?

Je sais que Smith ne considère pas les vivres comme un capital, mais la réalité est au-dessus de l'autorité de Smith. Quand, moi armateur, je fais l'avance de ces vivres, c'est sur mon capital que je la prends, et je la considère comme faisant partie de mon capital. Ce capital sera fixe d'après la définition de Smith, car il ne changera pas de main; il sera consommé sur le navire de l'armateur, pour le navire. Mais se retrouvera-t-il? a-t-il le caractère de permanence qu'implique le mot de fixité?

Allons plus loin : Smith nous dit que les aliments ne sont pas des capitaux.

Eh bien, admettons-le un moment afin d'éviter toute question subsidiaire. J'ai une machine à vapeur, j'achète un approvisionnement de houille pour un mois, pour six mois, qu'importe la durée? Cette houille ne change pas de main, elle est consommée par ma machine. Constitue-t-elle cependant un capital fixe ou un capital circulant?

J'achète de l'engrais pour ma terre; l'engrais est l'aliment du sol. Constitue-t-il un capital fixe ou un capital circulant?

Smith avait bien senti cette difficulté, et il avait ajouté : « Le capital circulant ne peut rendre à son maître de revenu ou de profit tant qu'il garde la même forme. Les marchandises d'un négociant ne lui donneront point de revenu ou de profit avant qu'il les ait converties en argent, et cet argent ne lui en donnera pas davantage avant qu'il l'ait de nouveau échangé contre les marchandises (1). »

Malheureusement Smith se borna à ce passage; puis, lui à qui on a tant reproché d'avoir *matérialisé* l'économie politique, égaré par cette fausse idée que l'alimentation de l'homme n'était pas un phénomène économique de même ordre que l'alimentation d'une machine à vapeur, par exemple, il conserva cette idée que, pour que le capital fût circulant et non fixe, il était nécessaire qu'il changeât de maître.

J.-B. Say s'est attaché au changement de forme et a défini le capital circulant :

... « Celui qui change nécessairement de forme par la production même; celui dont la forme matérielle périt et renaît dans le cours des opérations productives; celui dont l'avance et les retours se succèdent pour recommencer de nouveau (2). »

Enfin, M. John Stuart Mill a donné du capital circulant la définition suivante :

« De tout capital engagé dans la production d'un article de consommation quelconque, il est une partie qui s'absorbe ou s'immobilise dans cette production, et après elle n'existe plus comme capital, c'est-à-dire n'est plus capable de servir à la production, ou tout au moins de rendre le même genre de services à la même branche de production. La portion de capital consacrée aux matières premières est de ce genre. Le suif et l'alcali, qui constituent le savon, sont détruits, comme suif et alcali, dans l'acte de la saponification. Leur rôle en savonnerie, comme suif et comme alcali, est terminé, bien qu'à l'état de savon ils puissent être employés comme capi-

(1) Tome I, p. 337.
(2) Say, *Cours d'économie politique*, t. I, p. 140.

tal-matières dans quelque autre branche d'industrie. Dans cette même division, il convient de placer la portion de capital dépensée en salaires ou consommée en nature par les travailleurs. La portion du capital d'un fileur de coton qu'il paye en salaires aux fileurs, une fois ainsi distribuée, n'existe plus comme capital, ou tout au moins comme capital de filature; et cette portion, une fois consommée par les fileurs, n'existe plus du tout. Si même ils en épargnent une partie, c'est un nouveau capital, sans aucune relation avec l'ancien. On nomme capital circulant ou de circulation le capital qui accomplit sa fonction de cette manière, et par une seule opération (1). »

Cette nouvelle définition de Smith, ces définitions de J.-B. Say et de Stuart Mill ont donné un nouveau caractère au capital circulant.

Cependant, si nous nous arrêtons là et si nous examinons ces diverses définitions, nous sommes obligés de nous dire :

Où est la ligne de démarcation absolue existant entre le capital fixe et le capital circulant?

Où se trouve le criterium qui nous permette de reconnaître immédiatement le capital fixe et le capital circulant?

Et s'il n'y a pas de ligne de démarcation inflexible, si nous n'avons pas de criterium absolu, si nous en sommes réduits aux énumérations et aux catégories de Smith, nous sommes bien forcés de conclure avec M. Courcelle-Seneuil : « Cette distinction, contestable en théorie, est souvent difficile à reconnaître dans la pratique (2). »

Mais qu'est-ce qu'une distinction scientifique qui n'a pas de règle fixe? Ne serait-ce donc encore qu'une de ces subtilités dans lesquelles se complaisent trop les économistes? Pourquoi tel capital est-il fixe? pourquoi tel autre est-il circulant?

(1) Tome I, p. 104.
(2) *Manuel des affaires*, p. 38.

Les économistes qui se sont bornés à ces distinctions plus ou moins vagues que nous avons enregistrées, auraient été sages évidemment en ne s'y laissant point aller.

Cependant ils avaient raison, en principe.

Oui, il y a une distinction entre le capital fixe et le capital circulant; et, en observant certains faits, nous allons arriver à l'établir d'une manière absolue; nous allons substituer une définition précise, une règle fixe, aux définitions incertaines et aux règles flottantes que nous avons examinées jusqu'à présent.

Rappelons d'abord notre définition du capital. — *Le capital est l'ensemble des utilités.*

Mais, parmi ces utilités, il y en a qui ne font que passer en quelque sorte dans les mains de l'homme. Elles paraissent et disparaissent avec une telle rapidité, qu'il est impossible de les saisir. Elles ne se représentent jamais sous la même forme.

Tels sont les aliments, par exemple. Je mange. La nourriture que je prends est certes un capital, capital d'utilité et d'agrément, indispensable à la vie humaine. Ce capital disparaît au moment où je m'en sers, pour se transformer en sang, en matière cérébrale ou musculaire, indispensable à mon existence.

J'ai, au contraire, une machine, cette machine me sert depuis dix ans, vingt ans; elle ne se consomme pas par cet usage. Je dois tenir compte évidemment de son usure; mais entre cette usure lente de ce capital-machine et la transformation immédiate du capital-nourriture, il y a une différence.

Le capital-nourriture ne peut servir qu'à la condition de perdre son identité, de se transformer; le capital-machine ne peut servir qu'à la condition de remplir d'une manière constante les mêmes services, et par conséquent, de conserver son identité.

Autre exemple : J'ai des appareils qu'on appelle broyeurs

de cacao. Ces broyeurs me produisent de l'utilité parce qu'ils broient du cacao; et ils ne broient du cacao que parce qu'ils restent broyeurs. S'ils n'étaient plus broyeurs, ils ne me produiraient plus cette utilité.

Mais le cacao ne me produit de l'utilité qu'à une condition : c'est de se transformer en chocolat, et une fois transformé en chocolat de se transformer en argent.

Immédiatement nous constatons donc cette différence :

Les broyeurs ne me produisent de l'utilité qu'à la condition de rester broyeurs.

Le cacao ne me produit de l'utilité qu'à la condition de ne pas rester dans son état primitif de cacao.

J'en conclus que le broyeur est un capital fixe et que le cacao est un capital circulant.

Et alors nous arrivons immédiatement à une définition précise du capital fixe et du capital circulant.

Le capital fixe est toute utilité dont le produit ne change pas l'identité.

Le capital circulant est toute utilité dont le produit détruit l'identité.

Ou autrement :

Le capital fixe produit de l'utilité sans se transformer.

Le capital circulant ne peut produire de l'utilité qu'en se transformant (1).

---

(1) Dans cette dernière forme que j'adopte, afin de faire bien comprendre ma pensée aux personnes qui n'ont pas l'habitude du langage scientifique, les esprits subtils peuvent apercevoir une légère inconséquence. J'ai défini le capital : « l'ensemble des utilités. » On peut me dire : — Mais qu'est-ce qu'une utilité qui produit de l'utilité? Je réponds : Toute utilité n'est utilité que parce qu'elle produit de l'utilité. Il y a donc pléonasme. Il n'y a pas contradiction.

CHAPITRE III.

UTILITÉS QUI COMPOSENT LE CAPITAL FIXE ET LE CAPITAL CIRCULANT.

Appliquons maintenant cette règle aux diverses utilités qui composent la richesse d'une nation, et non-seulement nous en trouvons la confirmation, mais immédiatement toutes les obscurités disparaissent : nous arrivons sans effort à distinguer nettement toutes les utilités qui composent le capital fixe des utilités qui composent le capital circulant.

Le sol d'abord : — Le sol ne peut produire du blé, des récoltes, de l'herbe, des arbres, qu'à la condition de rester sol ; il conserve donc son identité ; donc le sol est un capital fixe.

Sur le sol, j'élève des constructions ; ces constructions sont des chaumières, des écuries, des manufactures ou des palais ; elles servent à m'abriter, à abriter mes animaux, à renfermer des ouvriers et des machines ; ce sont des édifices qui satisfont mes besoins, mes goûts artistiques ou ma vanité. Ces constructions me produisent de l'utilité ou des jouissances, en conservant et parce qu'elles conservent leur identité ; les constructions font donc partie du capital fixe d'un pays.

J'ai des animaux pour labourer mes terres, pour traîner mes charrettes ou mes voitures ; ces animaux me produisent de l'utilité ou des jouissances, parce qu'ils conservent leur identité ; les animaux servant à l'exploitation font donc partie du capital fixe.

J'ai des machines qui servent à ma production : ces machines hydrauliques ou à vapeur, ces meules ne me produisent de l'utilité qu'en conservant leur identité ; elles font donc partie du capital fixe, comme tout autre outillage. Il en est de même des navires.

J'ai des ustensiles de ménage, des meubles, des objets d'art; ces meubles me servent parce qu'ils sont meubles. Un buffet me produit de l'utilité parce qu'il reste buffet. Un piano me produit de l'agrément parce qu'il reste piano. Un tableau me produit des jouissances parce qu'il reste tableau. Les meubles et les objets d'art font donc partie du capital fixe.

Mais on m'arrête, et on me dit : — Vous êtes marchand de meubles; comptez-vous les meubles parmi les capitaux fixes ou les capitaux circulants?

Je suis marchand de meubles; mais, alors, est-ce que le lit que je veux vendre me sert comme lit? Est-ce que le buffet que je veux vendre me sert comme buffet? Non, le lit ne me produit pas d'utilité comme lit, le buffet ne me produit pas d'utilité comme buffet : ils ne me produiront de l'utilité que le jour où je les convertirai en argent. Par conséquent, pour qu'ils me produisent de l'utilité, ils doivent perdre leur identité par rapport à moi. Ce ne sont pas des meubles pour moi, ce sont des marchandises destinées au commerce. Ils ne me rendent pas de services comme meubles, ils ne m'en rendent qu'à la condition de se transformer. Ils font donc partie du capital circulant.

J'ai pris l'exemple des meubles, parce que si j'avais commencé par un exemple plus simple, on n'aurait pas manqué de venir m'opposer ensuite celui-là.

Mais que sont ces meubles? Des produits fabriqués, des marchandises destinées au commerce. Tous les produits fabriqués, toutes les marchandises destinées au commerce, ne pouvant produire de l'utilité qu'à la condition de perdre leur identité, de se transformer en argent qui se transformera à son tour en utilités nouvelles, font donc partie du capital circulant.

De même nous avons rangé parmi les capitaux fixes, les

animaux destinés à l'exploitation. Mais si je destine un bœuf à la boucherie, si je le mets à l'engrais, le bœuf ne me produira d'utilité qu'à la condition de se transformer en argent pour moi quand je l'aurai vendu au boucher. Il ne me produit donc d'utilité qu'en disparaissant, en se transformant en monnaie, en perdant son identité. Il ne produira d'utilité au boucher qu'en devenant viande de boucherie, en cessant d'être bœuf. Le bœuf à l'engrais fait donc partie du capital circulant. Il en fait partie comme toutes les matières premières qui ne peuvent produire d'utilité qu'en se transformant. Il en fait partie comme toutes les marchandises.

Et les monnaies ? Les monnaies sont un métal : font-elles partie du capital circulant ou du capital fixe ?

M. Courcelle-Seneuil établit une distinction qui montre bien l'incertitude et l'embarras dans lesquels se trouvent les économistes sur cette question. Il dit :

« Les capitaux-monnaie sont de même fixes par leur destination, puisqu'ils ne servent qu'à faciliter les échanges et à conserver les capitaux dont le propriétaire n'a point trouvé l'emploi : la société, que nous supposons isolée, ne peut pas plus les aliéner par l'échange qu'un fonds de terre, et elle ne les emploie à des usages industriels que pour satisfaire des besoins peu pressants. Mais il en est autrement des individus, pour lesquels la monnaie, forme des capitaux sans emploi actuel et disponible, est le type des capitaux circulants, parce qu'elle peut à tout instant être changée, sans peine et sans changement de valeur notable, contre toute sorte de produits. Cette différente manière de considérer les capitaux-monnaie tient à ce que les individus produisent et consomment par l'échange, tandis que l'échange n'entre pour rien dans la production et la consommation de la société (1). »

Nous ne nous arrêtons pas à discuter cette distinction arbitraire entre l'économie politique de la société et l'économie

(1) *Traité d'économie politique*, t. I, p. 317.

de l'individu. Mais, certes, il est bien évident que M. Courcelle-Seneuil n'a pas résolu la question.

Nous servant, quant à nous, de notre criterium, nous disons : — Non, la monnaie n'est pas un capital fixe ; oui, la monnaie est un capital circulant.

Et elle est capital circulant au même titre que le capital-nourriture, par exemple.

J'ai de la monnaie ; mais est-ce que cette monnaie, en tant que monnaie, me produit de l'utilité ? Elle ne me produit de l'utilité qu'à la condition d'être changée en tel ou tel objet, qu'à la condition de se transformer, de perdre son identité.

Tandis que la machine n'engendre des produits qu'à la condition de rester machine toujours identique, la monnaie n'engendre de produits qu'à la condition de revêtir une autre forme. J'ai de la monnaie : je la convertis en aliments, en vêtements, en matériaux, en terre. Cette monnaie disparaît au moment où je m'en sers, exactement comme la nourriture.

La monnaie, ne produisant donc d'utillité qu'à la condition de perdre son identité, fait partie du capital circulant.

Mais, me dit-on, et les actions ? et les obligations ? et les titres de rente sur l'État, sur les départements, sur les communes ? Dans quelle catégorie de capitaux rangerez-vous ces valeurs mobilières ?

A cela je réponds : — Ni dans l'une, ni dans l'autre, par cette excellente raison qu'elles ne sont pas des capitaux.

Les actions ne sont que des signes représentatifs de capitaux fixes qui, eux, produisent de l'utilité ; ce sont simplement les fractions d'un titre de propriété. Elles portent intérêt, c'est vrai ; mais elles ne produisent pas plus directement les intérêts, les profits, que les titres d'une propriété personnelle, enfermés dans un tiroir. Ce qui produit les intérêts et les profits, ce sont les capitaux dont elles constatent l'existence.

Elles peuvent paraître, aux yeux de ceux qui les possèdent, jouer le rôle de capital fixe. Ce n'est là qu'une illusion d'optique : c'est prendre une photographie pour la réalité. Si je suis seul propriétaire d'une maison, je sais fort bien que ce n'est pas mon titre de propriété, enfermé dans mon tiroir, qui me produit des revenus, mais que c'est la maison. Que nous soyons cinquante à posséder cette maison, les cinquante fractions du titre de propriété ne joueront pas un autre rôle que celui du titre entier. Elles ne produiront rien par elles-mêmes : elles ne seront jamais que de simples pièces servant à constater la propriété de tels et tels capitaux.

A plus forte raison, en est-il de même pour les titres de rente sur l'État, sur les départements, sur les communes, pour les obligations de toutes sortes. Ces titres représentent pour leurs possesseurs une créance sur des capitaux fixes qui, chaque année, produisent la somme nécessaire pour en payer les intérêts. Un particulier peut les compter comme faisant partie de son capital fixe ; ici, encore, il confond le signe avec la chose, le morceau de papier avec la réalité.

D'après les considérations qui précèdent, je divise donc les utilités qui composent le capital fixe et les utilités qui forment le capital circulant de la manière suivante :

CAPITAL FIXE.

Sol ;
Mines ;
Constructions ;
Machines ;
Outillages ;
Navires ;
Voitures ;
Animaux servant à l'exploitation ;
Ustensiles de ménage ;

Meubles ;
Objets d'art.

CAPITAL CIRCULANT.

Matières premières (1) ;
Marchandises destinées au commerce ;
Monnaie (2).

---

(1) Les aliments sont des capitaux circulants par excellence ; mais ils se présentent toujours sous la forme soit de marchandises destinées au commerce, soit de matières premières. Je n'ai donc pas cru utile de faire une classe spéciale pour eux.

(2) Je dois dire que cette énumération des choses qui constituent les capitaux fixes et les capitaux circulants se trouve, sauf certaines modifications, dans une brochure très-remarquable de M. de Bosson, intitulé : *La grande Solution*. Seulement, taudis que j'arrive à la déterminer d'une manière scientifique, M. de Bosson n'explique pas à l'aide de quels procédés il est parvenu à établir la différence des objets qui constitue ce qu'il appelle des « propriétés » et des « non-propriétés ».

CHAPITRE IV.

DU RÔLE DU CAPITAL FIXE ET DU CAPITAL CIRCULANT DANS LA PRODUCTION DE LA RICHESSE.

§ 1er. Sans capital fixe, pas de capital circulant ; sans capital circulant, pas de capital fixe. — Tendance du capital circulant à se convertir en capital fixe. — Le moulin d'Homère et le moulin de Saint-Maur. — Le capital circulant et le capital fixe dans l'industrie des transports. — L'effet utile du capital circulant est en raison de l'augmentation du capital fixe.

§ 2. Là où manque le capital circulant, le capital fixe disparaît. — Irlande, — France. — Le *high farming* en Angleterre. — L'effet contraire en France. — Résumé. — L'augmentation du capital fixe tend constamment à prédominer sur l'augmentation du capital circulant.

I.

Maintenant, quels sont les rapports du capital fixe et du capital circulant dans le phénomène de la production ?

La bonne méthode consistant à observer des faits particuliers pour arriver à la constatation des lois générales, supposons un homme isolé.

Il faut bien remarquer, tout d'abord, que si l'homme produit de l'utilité, c'est à son bénéfice, pour son usage : que c'est donc par rapport à lui qu'ont lieu tous les phénomènes économiques ; que producteur et consommateur de toutes les utilités, il est une unité économique d'un autre ordre que les autres unités économiques. L'action qu'il exerce sur les agents naturels pour les approprier à son besoin, pour en faire des utilités, comme nous l'avons déjà dit, s'appelle le travail.

Le sol est le premier des capitaux fixes. Sans sol, pas d'hommes, pas d'animaux, pas de plantes. Tout homme approprie au moins à ses besoins la grandeur du sol que recouvre la plante de ses pieds.

Mais pour que l'homme utilise cette portion si restreinte du sol, il faut qu'il vive, il faut qu'il mange, il faut qu'il consomme du capital circulant.

Nous constatons donc ce double fait : sans capital fixe, il n'y aurait pas de capital circulant ; et sans capital circulant, il pourrait y avoir des agents naturels, il n'y aurait pas de capital fixe, par cette excellente raison, qu'il n'y aurait pas d'êtres organisés.

Le premier des capitaux circulants est l'aliment. Il ne peut être utile qu'en se transformant ; il est indispensable : pas d'aliments, pas d'hommes !

Il y a trois cent soixante-cinq jours dans l'année, et bon an mal an, il faut que l'homme mange tous les jours, si peu que ce soit. Pour se procurer cette infime nourriture, il n'a tout d'abord que les instruments de l'âge de pierre, qui forment, à ce moment, son capital fixe.

Ce capital fixe se compose de tout ce qui, en plus de ses mains et de ses dents, lui sert à acquérir de l'utilité, comme le disait un ouvrier anglais. Ce capital fixe se réduit à un bâton : il devient ensuite, immense progrès ! un caillou taillé tant bien que mal et emmanché dans un bois. Il faut que l'homme se procure sa nourriture, son capital circulant, à l'aide de ce faible capital fixe. Plus ce capital fixe est faible, plus il lui est difficile de se procurer du capital circulant. Il en résulte que la recherche de ce capital circulant est sa préoccupation de tous les instants, et que tous ses actes y sont subordonnés.

Mais du moment où il parvient à amasser un capital circulant supérieur à son besoin immédiat, la recherche de ce capital circulant n'absorbe plus tous ses instants. Il emploie la différence qui existe entre son besoin et ce capital circulant à augmenter son capital fixe.

Auparavant, toutes ses facultés étaient absorbées par la recherche de sa nourriture, le premier et même l'unique capital circulant de l'homme primitif. Maintenant il se sert des loisirs que lui donne cette abondance de capital circulant pour augmenter son capital fixe. Il perfectionne sa hache de pierre. Il se construit une pirogue. Cette hache, cette pirogue lui donnent de nouvelles facilités pour acquérir du capital circulant. Plus il se le procure facilement, plus il peut consacrer de temps à l'accroissement de son capital fixe. Il parvient ainsi peu à peu à la hache de bronze. Mais les rapports sociaux se sont développés. On commence à appliquer instinctivement le principe de la division du travail. Alors il y a échange de services entre les divers membres de la collectivité. La difficulté d'obtenir le capital circulant nécessaire à la satisfaction du besoin diminue. Cette différence entre le besoin et le capital circulant se traduit par un bénéfice. Le possesseur de la hache, du canot, échange son capital circulant disponible contre le capital circulant disponible que possède un de ses voisins. Ce capital circulant acheté peut se composer de vivres, d'aliments rapidement consommés; mais il peut se composer aussi d'outils, d'instruments, d'ornements qui, producteurs d'utilité ou d'agrément, constituent un capital fixe pour leur nouveau possesseur.

Prenons un autre exemple. L'homme naît. Il a pour premier capital fixe le sol sur lequel il marche et se couche. Peu à peu, il arrive à y planter une misérable cabane, comme celle des naturels de la Terre de Feu.

Puis, pour le labourer, il se procure des instruments, pelle, pioche, charrue, à l'aide desquels il produit du blé, en proportion beaucoup plus grande que ne le nécessite son alimentation. Il vend ce blé, il l'échange, avec qui? avec d'autres producteurs. Et que fait-il du profit qu'il retire de cet échange? Il le convertit en constructions, en machines, en améliorations du sol, routes, drainages, etc., en capital fixe en un mot.

Il en convertit encore une partie en engrais. Cet engrais est un capital circulant, soit; mais pourquoi l'agriculteur achète-t-il de l'engrais? Pour se procurer une plus grande quantité de blé, de produits à vendre, qu'il convertira, une fois vendus, en capital fixe, en charrues, en machines à battre, etc.

De même, pour le fabricant de charrues, de pelles, de pioches avec qui il a échangé le surplus de ces récoltes. Plus celui-ci augmente son capital fixe, plus il peut se procurer facilement du capital circulant; et plus il augmente son capital circulant, plus il augmente son capital fixe.

Si on n'observait que la surface de ce phénomène, on serait tenté de conclure immédiatement que le capital circulant augmente en raison du capital fixe; et que tous les deux suivent une progression parallèle.

Il n'en est cependant pas ainsi.

Dans les sociétés primitives, c'est le capital circulant qui prédomine. L'homme a son bâton, sa hache de pierre. Quelque difficulté qu'il ait à se procurer le moindre aliment, il mange à peu près tous les jours sous peine de mort. Évidemment le capital circulant est considérable par rapport au capital fixe.

Arrivons aux temps légendaires. Homère nous montre douze femmes esclaves, broyant entre deux pierres le grain destiné à la consommation de chaque jour. Ces douze femmes, si mal nourries qu'elles fussent, consommaient une grande partie du blé qu'elles broyaient. Une femme ne pouvait fournir de farine que pour vingt-cinq personnes. Il y avait donc absorption énorme de capital circulant pour obtenir un faible résultat. Aujourd'hui, le moulin de Saint-Maur a quarante meules, surveillées par vingt ouvriers qui réduisent en farine 720 hectolitres de froment, de quoi alimenter soixante-douze mille hommes. Actuellement, un ouvrier peut donc fournir de la farine à trois mille six cents personnes. Du temps d'Homère, il en eût fallu 144 (1).

(1) Michel Chevalier. *Cours d'économie politique*, 2e édit., 1855, t. I, p. 317.

On trouve, dans un intéressant écrit sur les textiles (1), de M. Carcenac, membre du jury des récompenses à l'Exposition de 1867, le renseignement suivant : Si l'on avait dû faire à la main tout le filé de coton que fabrique l'Angleterre en une année, au moyen de ses métiers *self-acting* ou automoteurs, qui portent jusqu'à mille broches, c'est-à-dire font 1,000 fils à la fois, il aurait fallu 91 millions d'hommes, soit la totalité de la population de la France, de l'Autriche et de la Russie réunies.

Une femme habile à tricoter fait 80 mailles par minute ; avec le métier circulaire elle en fera jusqu'à 480,000. La progression est de 1 à 6,000 (2).

Il y a trente ou quarante ans, pour tirer un journal à 120,000 exemplaires seulement, on aurait eu besoin de 160 presses et de 1,500 ouvriers. Aujourd'hui on y suffit avec 90 ouvriers et 9 machines. Et même on peut obtenir ce résultat à l'aide de 4 machines Marinoni et 28 ouvriers, en une seule heure (3).

Prenons une autre industrie, celle des transports. Il suffit de voir passer un omnibus pour se rendre compte de l'immense progrès accompli. Dans un mauvais chemin, un cheval porte un homme. Dans une rue, capital fixe, attelés à une voiture, capital fixe, deux chevaux traînent sans difficulté deux douzaines de personnes. Le premier cheval, pour porter un homme, dépense autant de capital circulant qu'un cheval d'omnibus pour en traîner une douzaine. On voit donc immédiatement quelle économie de capital circulant produisent l'établissement d'une route et la construction d'une voiture.

Mais voici des chiffres précis que nous empruntons à un

---

(1) *Le coton et sa culture*, *les plantes textiles*, étude faite à l'Exposition universelle de 1867, p. 23. L'année choisie par M. Carcenac, 1855, n'est pas celle de la plus grande production en Angleterre.

(2) Michel Chevalier, *Exposition de* 1867, Int., p. XXIII.

(3) Michel Chevalier, *Exposition de* 1867, p. XXIX.

homme qui s'est occupé spécialement des moyens de transport, M. Perdonnet.

Un cheval de force moyenne, marchant au pas, dix heures sur vingt-quatre, ne peut pas porter sur son dos plus de cent kilogrammes. Ce même cheval, si on l'attelle à une voiture, portera ou plutôt traînera, à une égale distance, sur une route ordinaire empierrée, 1,000 kilogrammes, et sur un chemin de fer à faibles pentes et ne faisant pas de circuits prononcés, 10,000 kilogrammes (1).

Continuons :

En 1840, les voitures de roulage pour le transport des marchandises faisaient tranquillement 3 à 4 kilomètres par heure, à grands renforts de coups de fouet qui produisaient des coups de collier. Marchant pendant huit heures, elles arrivaient à faire de 28 à 30 kilomètres par jour. Le roulage accéléré, il est vrai, ayant des relais, accomplissait des trajets de 65 à 70 kilomètres. Le prix de transport par tonneau et par kilomètre était en moyenne de 0 fr. 20 c. pour le roulage ordinaire, et de 0 fr. 35 c. pour le roulage accéléré.

Les frais de construction des routes en empierrement pouvaient être évalués en moyenne à 20,000 francs par kilomètre, les largeurs étant de 10 à 12 mètres entre les fossés. L'entretien annuel de la même longueur était de 500 francs.

L'établissement des grandes lignes de chemin de fer a coûté, en France, 503,000 francs par kilomètre. Une locomotive à marchandises, comme l'Engerth, coûte 107,000 francs. Mais cette locomotive traîne 44 wagons, chargés chacun de 10 tonnes de marchandises, à une vitesse de 30 kilomètres à l'heure. Elle accomplit donc en une heure un trajet plus long que le roulage ordinaire en un jour, soit en deux heures un trajet presque aussi long que le roulage accéléré, soit en vingt-quatre heures un trajet qui aurait exigé vingt-quatre jours du premier et douze du second ! Il faut ajouter aux

(1) *Notions générales sur les chemins de fer*, p. 198.

450,000 kilos traînés par la locomotive les 62,000 kilos de son propre poids.

Cette locomotive, qui peut faire 300,000 kilomètres sans être hors de service, consomme pour traîner cette charge 16 kilog. de houille en été et 18 en hiver par kilomètre. La dépense, y compris le personnel, les frais de régie, le combustible, l'huile, la graisse, le suif, les chiffons, l'eau, l'éclairage, l'entretien des machines et des tenders, s'élève en moyenne à 1 fr. 10 c.

M. de Franqueville, dans son discours du 27 juin 1865, donnait le tableau de la diminution des frais de transport sur les chemins de fer pendant une période de vingt-trois ans.

En 1841, les frais de transport s'élevaient à 0 fr. 12 c. par tonne kilométrique. En 1855, ils n'étaient plus que de 7 cent. 65. En 1864, ils descendaient à 6 cent. 15. Cette différence de un centime et demi pour 4 milliards 630 millions de tonnes donnait une économie de 70 millions.

Maintenant le prix est inférieur de quatorze à quinze centimes à celui du transport sur les routes ordinaires. Pour 4 milliards 630 millions de tonnes, cela fait donc un bénéfice de 700 millions. Et ici, nous parlons d'après M. de Franqueville, le directeur des chemins de fer, l'ardent défenseur des tarifs actuellement existants. Mais il y a eu des demandes de concessions de compagnies qui fixaient le tarif des transports à 0 fr. 05 c. et l'abaissaient même à 0 fr. 03 c. Certaines compagnies transportent déjà des grains, des bois, des pierres, des plâtres, à ce tarif de 0 fr. 03 c. A la veille de la guerre, enfin, le gouvernement ne cessait de promettre des dégrèvements de tarifs.

D'où vient ce bénéfice sur les moyens de transport? De l'augmentation du capital fixe, qui permet d'obtenir une plus grande utilité du capital circulant.

De sorte qu'on n'arrive à ce résultat qu'à mesure que le capital fixe se perfectionne et s'augmente; il faut un capital circulant moindre pour obtenir un effet égal.

Il semble y avoir là tout d'abord une certaine contradiction. Comment ! me dira-t-on, vous ne consommerez pas plus de houille, capital circulant, lorsque vous avez de puissantes machines formant un capital fixe énorme, que si vous n'aviez pas de machines !

A cela je réponds : Sans doute, je consomme plus de houille que si je n'avais pas de machines ; il est même bien évident que si la machine à vapeur n'existait pas, je ne consommerais pas de houille destinée à l'alimentation des machines à vapeur.

Mais pour se rendre un compte exact du phénomène, il faut considérer l'effet utile produit. Eh bien, au moyen de ces machines, à l'aide de cet entassement de capital fixe, j'arrive à une production quadruple, quintuple, que dis-je? à une production centuple de celle à laquelle j'arriverais si je n'avais pas un capital fixe aussi considérable et aussi perfectionné.

Maintenant cette production, pour moi fabricant, se traduit en marchandises destinées au commerce, par conséquent, en capital circulant.

Et qu'est-ce que je fais du capital circulant? je ne le garde pas chez moi, loin de là ; je m'en débarrasse le plus tôt possible; et plus je m'en débarrasse facilement, plus je le convertis facilement en capital fixe.

Je sais qu'on me répondra : — Mais vous ne le convertissez pas tout entier en capital fixe, il y en a une partie que vous employez à vous procurer un nouveau capital circulant pour augmenter la production de votre capital circulant.

C'est vrai ; mais il n'y a là qu'une question de temps. Il arrive toujours un moment, plus ou moins éloigné, où j'emploie le bénéfice que je retire de ce capital circulant à élever des usines, à perfectionner mon outillage, à acheter des objets d'art, en un mot, à en faire du capital fixe.

— Vous mangez, me dit-on. Vous consommez donc une

partie de ce capital. Dites-vous que ce capital est converti en capital fixe?

Je consomme du capital circulant; mais n'est-ce pas moi qui produis du capital fixe? M. de la Palisse répondrait sans hésitation : Oui! Par conséquent, mon alimentation est une conversion plus ou moins directe, par mon intermédiaire, du capital circulant en capital fixe. Que cette conversion soit dispendieuse, qu'elle ne produise pas tout l'effet utile nécessaire, c'est possible. Mais pourquoi? parce que j'emploie une partie de ce capital circulant en jouissances. Je ne suis pas uniquement une machine à produire : je suis un être qui a l'initiative de soumettre les forces naturelles à ses besoins, et si je demande chaque jour plus d'utilité à la matière, c'est pour améliorer ma vie et la rendre plus agréable.

Qu'une partie du capital circulant soit consommée d'une façon improductive, je ne le nie pas; mais qu'avons-nous à considérer ici? Nous étudions le jeu des forces productrices; nous avons donc à tenir compte de la manière dont s'accomplit la production des capitaux circulants qui sont employés à produire, et non de ceux que l'homme gaspille en jouissances.

Je ne fais point de morale ici, et ne m'érige point en Caton. J'aime mieux Athènes que Sparte, et pour que l'homme produise beaucoup et emploie toute son activité, il faut qu'il soit surexcité par des besoins développés. Mais il n'en est pas moins vrai que, plus il y a de capital circulant converti en capital fixe, plus la richesse s'accroît. C'est là le progrès économique qu'on désigne sous le nom d'épargne.

Si je disais d'une manière absolue : le capital circulant tout entier est converti en capital fixe, on pourrait me taxer d'exagération, parce qu'il y a une partie de ce capital que je ne puis suivre dans ses treansformations ; meais lorsjqu dis que la tendance du capital circulant est de se convertir en capital fixe, je me borne à constater un fait, qu'il est facile de vérifier en contemplant les produits de l'industrie moderne avec ceux des hommes de l'âge de pierre. Ceux-ci ne convertissaient leurs capitaux circulants qu'en misérables haches de silex, et nous, nous les convertissons en puissantes machines, en steamers, en canaux, en chemins de fer, en édifices gigantesques.

On me dit encore : — Vous parlez de la houille, premier instrument de production qui alimente vos machines, mais vous ne parlez pas du cacao, par exemple, que triturent vos machines : la houille disparaît, le cacao se transforme en chocolat.

La réponse est simple ; il y a là tout simplement une illusion. Le cacao ou la houille jouent exactement le même rôle par rapport à mon capital fixe : tous les deux perdent leur identité ; la houille se transforme en force motrice, qui aide le cacao à devenir une marchandise. Tous les deux remplissent le même office, ils deviennent un nouveau capital circulant, et plus je pourrai changer rapidement ce capital circulant en capital fixe, meilleures seront mes affaires.

Plus mon capital fixe prend de l'extension, plus je consomme de cacao ; mais plus mon capital fixe est considérable, plus vite a lieu cette transformation, plus j'en retire d'effet utile, et par conséquent je puis dire :

L'effet utile du capital circulant est en raison de l'augmentation du capital fixe.

Cette raison ne peut être déterminée d'une manière précise, parce qu'elle varie avec la nature des capitaux. Elle tend cependant toujours à subir une progression de plus en plus grande, parce que tout nouveau capital fixe représente une amélioration sur le capital fixe existant auparavant.

II.

Mais comment s'augmente le capital fixe ? A l'aide de quels moyens, de quels procédés s'accroît-il ?

Les chiffres suivants, en même temps qu'ils confirment la loi que nous venons de formuler, expliquent la manière dont s'augmente le capital fixe.

En 1869, le nombre des voyageurs transportés à 1 kilomètre sur le réseau français s'éleva à près de 4 milliards 500 millions, soit plus de 111,000,000 à 40 kilomètres. Pour accomplir ce parcours, il faut une heure; les diligences en mettaient quatre. Les 111,000,000 de voyageurs ont donc économisé 3 heures $\times$ 111,000,000, c'est-à-dire 333,000,000 d'heures. En portant le prix de l'heure à 50 c. en moyenne, cela fait une somme de 166,500,000 francs.

D'un autre côté, le prix moyen du transport d'un voyageur à 1 kilomètre, nourriture comprise, est de 7 cent. et demi. Par les diligences, il était de 13 cent. La différence est donc de 0 fr. 045. Les 4 milliards 500 millions de voyageurs à 1 kilomètre ont économisé 4,500,000 $\times$ 0,045, c'est-à-dire 202,500,000 francs, qui, ajoutés aux 166,500,000 francs primitifs, donnent une économie totale de 369 millions de francs.

Voilà donc 369 millions de francs économisés; mais que deviennent ces 369 millions? A quoi servent-ils? Admettons qu'ils soient employés uniquement à la consommation des capitaux circulants; qu'importe? Il arrive toujours un moment, comme je l'ai démontré, où le capital circulant tend à se traduire en capital fixe. C'est donc, dans un temps plus ou moins long, 369 millions ajoutés au capital fixe de la nation, parce qu'ils ont été économisés à l'aide d'un premier capital fixe, sur le capital circulant qui eût été nécessaire pour produire le même effet utile.

Ensuite, d'après M. de Franqueville, les 4 milliards 630 millions de tonnes transportées par les chemins de fer, à un prix inférieur de 0 fr. 14 c. à 0 fr. 15 c. à celui du transport sur les routes ordinaires, donnent un bénéfice de près de 700 millions.

De plus, la concurrence des chemins de fer ayant forcé la navigation à baisser ses tarifs, il en est résulté, sur un chiffre de 2,500,000 tonnes transportées, une économie de 92 millions.

Donc : Voyageurs.	369,000,000
Marchandises.	700,000,000
Navigation.	92,000,000
Total.	1,161,000,000

Soit l'intérêt à 5 pour 100 de 23 milliards. Et à quoi sera employée cette somme? Que devient-elle? Elle est employée à son tour à former du capital fixe.

Nous savons combien il faut se méfier des analogies dans les sciences. Mais, cependant, qu'on nous permette d'en signaler une que déjà nos lecteurs ont sans doute aperçue.

Une des plus belles révélations de la science moderne a été la constatation de l'équivalence de la chaleur et du travail mécanique.

Partout la chaleur se convertit en travail, et le travail en chaleur. Dans une machine à vapeur, la chaleur dégagée par le charbon se transforme en travail produit par l'arbre de la machine. Qu'on fasse tourner, au contraire, une manivelle dans de l'eau, l'eau s'échauffe.

Chaque fois qu'il disparaît de la puissance mécanique, soit par des chocs, soit par des frottements, une quantité de chaleur équivalente fait son apparition. Réciproquement, chaque fois que la chaleur disparaît, elle donne naissance à un travail mécanique ou à une puissance équivalente. Ainsi, la puissance mécanique se transforme en chaleur, et réciproquement la chaleur se transforme en puissance mécanique.

Qu'est-ce que la force? C'est une cause de mouvement.

Qu'est-ce que la chaleur? Un déplacement moléculaire, un mouvement de molécules.

Il y a là un phénomène analogue au rôle que jouent l'un par rapport à l'autre le capital circulant et le capital fixe.

Le capital fixe, qui sert à mettre en mouvement le capital circulant, représente la force.

Le capital circulant représente la chaleur.

Et à côté du principe de l'équivalence du mouvement et de la chaleur, nous pouvons poser le principe de l'équivalence du capital circulant et du capital fixe.

Comment peut-on estimer cette équivalence du capital circulant et du capital fixe? Il y a là évidemment une difficulté bien plus grande que dans les sciences physiques. Le capital circulant disparaît souvent, de telle sorte qu'il est difficile de le suivre. Il y a une partie de ce capital qui est employée en jouissance. Il y a une partie du capital fixe qui ne sert aussi qu'à la jouissance. Il y a donc là une foule de rapports complexes qu'il est impossible de déterminer d'une manière précise.

Mais ici, comme nous ne tenons compte que des capitaux employés à la production, nous pouvons dire que dans le phénomène de la production il y a toujours équivalence entre le capital circulant et le capital fixe. Il faut bien que ce capital circulant qui disparaît devienne quelque chose. Il ne s'anéantit pas, il se transforme. S'il revêt la forme de matière première, il devient de la marchandise. Et que devient cette marchandise? Elle devient de l'argent qui sert, un peu plus tôt, un peu plus tard, à former un capital fixe.

Mais étudions ce phénomène, d'après l'observation d'un fait qui, se produisant constamment en France, fera mieux saisir mon argumentation. Presque tous les cultivateurs, en France, que ce soient des paysans ou que ce soient des messieurs qui, n'ayant rien pu être, s'improvisent agriculteurs, ont une tendance : avoir beaucoup de terre. Ils en prennent le plus
terre.
possible. Ils grèvent tout leur avenir pour acquérir de la

Voilà un de ces agriculteurs en face de sa terre : c'est son capital fixe. Il a engagé toutes ses ressources. Il n'a plus de capital circulant pour acheter de l'engrais, pour faire les travaux nécessaires à la culture de son sol; il est forcé de laisser ses terres en jachère, et quant à celles qu'il cultive, au lieu de leur faire produire tout ce qu'elles peuvent, il économise de l'engrais, il économise du travail, et il ne leur fait produire que le tiers ou le quart de ce qu'elles pourraient rendre. Qu'en résulte-t-il? C'est que son capital fixe reste improductif, et, loin d'augmenter, diminue. Il tourne dans un cercle vicieux, au centre duquel il trouve la ruine.

Il en est exactement de même pour un pays. Du moment qu'une nation n'a pas assez de capital circulant pour utiliser tout son capital fixe, il y a pauvreté pour elle. Le capital fixe, au lieu de s'accroître, diminue. C'est là la cause de la ruine de l'Irlande. L'absentéisme des landlords, qui allaient dépenser leurs revenus en Angleterre, a drainé tout le capital circulant du pays. Il en résulte que le capital fixe, au lieu d'augmenter, a diminué.

Avant 1847, le produit brut agricole de l'Irlande atteignait à peine la moitié du produit brut anglais à surface égale, et la condition de la population rurale était encore pire que ne l'indique ce rapport.

Voici maintenant des chiffres concernant l'Angleterre et la France, que nous empruntons à M. Léonce de Lavergne :

« Les Iles Britanniqnes ont une étendue totale de 31 millions d'hectares, c'est-à-dire les trois cinquièmes environ du territoire français, qui a actuellement 52,800,000 hectares. L'Angleterre comprend 13 millions d'hectares.

« En lui comparant le quart de la France le mieux cultivé, c'est-à-dire l'angle du nord-est, et même en y ajoutant les départements les plus riches des autres régions, nous n'avons pas une étendue de terres bien cultivées à lui opposer. Certains départements peuvent soutenir la comparaison; mais nous ne possédons pas 13 millions d'hectares comparables comme culture aux 13 millions d'hectares anglais.

« Cependant le sol et le climat de l'Angleterre sont inférieurs aux nôtres.

« En Angleterre, 1 million d'hectares sur 13 sont restés improductifs, résistant à tous les efforts de l'homme. Sur les

12 millions restants, les deux tiers au moins sont des terres ingrates et rebelles que l'industrie humaine a eu besoin de conquérir. »

En France, en 1789, les bois comprenaient 9,000,000 d'hectares, les landes 10,000,000.

En 1866, les bois comprenaient 8,000,000, les landes 8,000,000.

Les landes, en France, n'ont donc diminué que de 2,000,000 d'hectares, les bois de 1,000,000 d'hectares.

En Angleterre, les montagnes seules, qu'il est impossible de cultiver, ne sont pas défrichées.

A quoi est due cette différence? D'où provient-elle? Elle ne provient pas du sol, elle ne provient pas du climat : elle provient donc de l'application au sol d'un capital circulant abondant, qui, en lui faisant produire toute l'utilité possible, s'est converti ensuite en instruments aratoires perfectionnés, en travaux de drainage, etc., en capital fixe, en un mot, qui a triplé, quadruplé, quintuplé, que sais-je? l'effet utile du sol, capital fixe primitif.

Qu'en résulte-t-il? C'est qu'un fermier anglais, sur la même étendue de sol (capital fixe) et avec la même quantité de semence (capital circulant), retire un effet utile considérable, là où un fermier irlandais meurt de faim.

Et plus il va, plus son sol acquiert de valeur; plus son capital fixe augmente, plus il se procure facilement du capital circulant; plus ce capital circulant lui produit d'effet utile, et plus ce capital circulant se hâte de devenir à son tour du capital fixe, pour produire de nouveau du capital circulant.

C'est là le *high farming*, dont les résultats ont frappé si vivement les agronomes qui ont étudié l'agriculture de l'Angleterre. L'étendue des fermes est petite : elle est en moyenne de 41 hectares de terre cultivée ; mais le « fermier anglais ne craint pas de lui faire des avances, qu'il sait devoir lui être remboursées un jour. Il appelle cela *embarquer* son capital. Ajoutons qu'aucun peuple ne s'entend mieux à le *débarquer*. »

La culture exige du fermier un capital minimum de 625 francs par hectare. On use en Angleterre 600,000 tonnes d'engrais industriel par an; en France, sur une étendue beaucoup plus grande, on n'en use que 300,000.

M. de Gingins, dans son rapport au Conseil fédéral suisse (1857), pour prouver cette habileté du cultivateur anglais à *embarquer* et à *débarquer* son capital, citait l'exemple d'un fermier écossais, nommé Mac-Culloch. Sa ferme, située dans un des coins les plus reculés de l'Écosse, se composait en tout de 100 hectares de mauvaises terres; la rente et les taxes s'élevaient à 7,000 francs environ par an, les achats d'engrais supplémentaires à 8,000 francs, ceux de nourriture artificielle, comme fèves et tourteaux, à 9,000 francs, les salaires des domestiques et journaliers à 13,500 francs, l'imprévu à 2,500 francs; en tout, 40,000 francs. « Après avoir payé sa rente, ses impôts, tous ses frais, et avoir amélioré son domaine, M. Mac-Culloch mettait de côté, chaque année, de 20 à 25,000 francs de revenu net. Ces chiffres, presque fabuleux, disait M. de Gingins, ont été relevés sur ses livres. »

Si je consulte, pour la France, un document qui avait pour but de prouver que tout était pour le mieux dans le meilleur des empires possible : *les Progrès de la France d'après les documents officiels*, publié en 1869, je trouve l'éclatante confirmation de cette thèse.

Malheureusement, c'est la confirmation en sens inverse.

En 1851, la surface cultivée était, en blé, de 5,990,976 hectares; elle était, en 1867, de 6,960,425 hectares; soit un accroissement de 960,449 hectares, ou un peu plus de 16 pour 100.

Si des capitaux circulants avaient été employés en quantité suffisante, l'augmentation de la production du blé eût dû être au moins égale à l'augmentation de la surface, soit de 16 pour 100.

Si le *high farming* avait été appliqué à cette surface, comme en Angleterre, la proportion eût dû être beaucoup plus considérable.

Au lieu de cela, qu'est-il arrivé? J'emprunte encore mes chiffres au même document, qui a eu soin de choisir à l'appui de sa thèse les années les plus favorables (page 5). La production annuelle du blé, par tête d'habitant, qui n'était, dans la période de 1843 à 1852, que de 1 hectolitre 97 litres, a été, dans la période de 1863 à 1867, de 2 hectolitres 20 litres.

Ainsi, tandis que la surface du sol cultivé en blé augmente de 16 pour 100, la production du blé n'augmente que de 11,67.

N'est-ce pas la confirmation de ce fait que nous déplorons? En France, les agriculteurs consacrent un capital circulant insuffisant pour faire produire à leur capital fixe tout l'effet utile. De là des pertes, quand les Anglais, au contraire, font des bénéfices.

Pour mettre en culture ces 961 mille hectares, il a fallu tout d'abord y consacrer une portion de capital circulant; mais cette portion de capital circulant, étant insuffisante, n'a pu avoir qu'un effet utile restreint : de là il ressort que le capital fixe, au lieu de produire tout l'effet utile dont il était susceptible, n'en a produit qu'une partie. Mais s'il ne peut produire qu'une partie de l'effet utile dont il est capable, il n'augmente qu'en raison de cet effet utile. Les 100 hectares d'un fermier comme Mac-Culloch forment un capital fixe autrement considérable que 200 hectares qui ne recevraient que de chétifs labours et un engrais insuffisant.

Mais nous n'avons même pas besoin d'aller en Angleterre pour nous rendre compte de ce phénomène; il suffit de comparer la culture maraîchère des terrains situés à l'intérieur de Paris et la culture des terrains plus éloignés. Ces bandes étroites de terrain, serrées entre des maisons et des rues, sans air, sans soleil, divisées entre 568 propriétaires et fermiers, ne rapportaient pas moins, en 1860, de 4,933,239 francs. Il faut bien des choux, des navets et des salades pour faire une pareille somme, qui ne représente pas une production moindre de 8,685 francs pour chacun de ces jardiniers.

Je me résume :

A l'origine des sociétés, le capital circulant prédomine sur le capital fixe.

L'homme, par ses efforts corporels, remplit les fonctions de capital fixe. Il ne peut produire qu'à l'aide d'un effort corporel considérable.

Puis, le capital fixe augmente, et alors l'effet utile du capital circulant est en raison de l'augmentation du capital fixe.

Plus le capital fixe augmente, c'est-à-dire plus l'instrument, plus l'outil se perfectionne, moins il faut d'efforts corporels pour approprier les agents naturels à nos besoins.

Mais, dans le phénomène de la production, le capital circulant tend toujours à se transformer en capital fixe.

Or, plus le capital fixe augmente, plus utilement et plus rapidement ont lieu la production et la consommation du capital circulant.

Ce capital circulant produit à son tour plus facilement et plus rapidement du capital fixe.

Mais tandis que le capital circulant ne produit qu'à la condition de disparaître, le capital fixe ne produit qu'à la condition de ne pas se transformer.

L'utilité du capital circulant est donc subordonnée à sa disparition ;

L'utilité du capital fixe à sa durée.

De là, augmentation du capital fixe, par l'addition de nouveaux capitaux fixes aux capitaux fixes déjà existants, et consommation de plus en plus rapide du capital circulant.

Par conséquent :

Dans le progrès économique, l'augmentation du capital fixe tend constamment à prédominer sur l'augmentation du capital circulant.

CHAPITRE V.

LA CIRCULATION ET LA PRODUCTION.

L'épargne est-elle la cause de l'accroissement des capitaux? — L'avare légendaire. — L'épargne est une preuve de disette. — Le but n'est pas d'épargner les utilités existantes, mais d'augmenter ces utilités. — L'application de l'économie politique doit être analogue à celle des autres sciences. — Définition du terme : *circulation*. — Le jeu des capitaux fixes et des capitaux circulants. — Coquelin, Skarbek, Carey, Joseph Garnier, J. B. Say. — Confusion entre la circulation et l'échange. — La circulation est la transformation des capitaux circulants en nouveaux capitaux circulants ou en capitaux fixes. — John Stuart Mill. — La circulation est une des formes de la division du travail. — Une douzaine d'œufs. — Le temps. — *La production est en raison géométrique de la rapidité de la circulation.*

Nous avons déjà montré que la tendance du capital circulant (matières premières et marchandises) était de se convertir fatalement, dans un temps plus ou moins éloigné, à l'aide de transformations plus ou moins multipliées, en capital fixe.

Les exemples que nous avons déjà cités nous indiquent comment cette transformation s'opère. Cependant il est nécessaire d'insister sur ce point, les économistes qui font autorité l'ayant négligé, ou plutôt ayant tranché cette question avec une trop grande facilité.

Smith a dit : « L'épargne et non l'industrie est la cause immédiate de l'accroissement du capital. »

C'est J. B. Say qui a formulé de la manière la plus précise l'erreur que depuis ont reproduite presque tous les économistes. « C'est l'accumulation des épargnes qui forme les capitaux », a-t-il dit (1).

M. Courcelle-Seneuil en a tiré la conclusion suivante :

« Le capital augmente indifféremment par un accroissement de la production, et par une diminution de la consommation ; il diminue indifféremment par un accroissement de la consommation ou par une réduction de la production. En réalité donc, le capital est la différence d'une soustraction dont la somme des richesses produites est le premier terme, et la somme des richesses consommées le second (2). »

S'il en était ainsi, il suffirait que l'on mangeât moins pour que le capital fût accru : les peuples les plus riches seraient les plus mal nourris.

Que le Nouveau-Calédonien épargne tant qu'il pourra de la viande de baleine pourrie, il est bien évident qu'il n'arrivera jamais à un grand capital. Son capital n'augmente réellement qu'à la condition qu'il puisse retirer une plus grande utilité de la matière : pour cela, il faut qu'à l'aide du faible capital circulant qu'il a, il arrive à former un nouveau capital fixe.

Le capital fixe est celui qui produit de l'utilité sans changer d'identité, avons-nous dit.

Comment se procurer cette utilité? Par l'épargne? Mais l'épargne n'agrandit pas l'utilité primitive : l'épargne ne fait qu'une chose : elle additionne des utilités déjà existantes.

L'avare légendaire qui garde ses écus dans sa cave ajoute un écu à ses écus déjà existants : il épargne, certes. Il obtient un capital de cette manière. Il éprouve grand plaisir à contempler ses écus. Dans ce cas, il a un capital d'agrément qui lui procure une jouissance, exactement comme s'il avait un tableau ou un objet d'art chez lui. Sou à sou, denier par denier, en se privant de tout, il a entassé ses écus. Mais ses

(1) *Traité d'économie politique*, p. 680.
(2) *Traité d'économie politique*, t. I, p. 50.

écus restent improductifs. Ils ne produiront d'utilité que e jour où ils sortiront de sa cave pour entrer dans la circulation. Pour augmenter son capital, il prend le plus mauvais moyen, puisque le capital qu'il a accumulé ne lui produit rien par lui-même. Il lui coûte au contraire des soins de garde et de surveillance. Pour l'augmenter, il est obligé de prendre en dehors, et il n'y arrive que par une moindre consommation. Que chacun l'imite, personne ne consomme plus. S'il n'y a plus de consommation, alors à quoi bon la production? On ne produit plus, on ne consomme plus que l'indispensable, et au lieu d'augmenter notre capital, nous revenons insensiblement à cet état de nature qu'a célébré Rousseau, mais qui représente tout simplement la faiblesse et l'impuissance de l'homme.

Le capital ne s'augmente donc pas indifféremment « par une diminution de la consommation, ou par une augmentation de la production ».

Et cependant on ne commettait pas une erreur en disant que l'épargne était productive : seulement comme on n'avait pas encore observé suffisamment le jeu des capitaux circulants et des capitaux fixes, on avait mal compris le phénomène de l'épargne. Nous en avons déjà indiqué le caractère : il consiste, non pas à entasser des capitaux circulants les uns par-dessus les autres, mais à convertir la plus grande partie de ces capitaux circulants en capitaux fixes.

Quel est le problème, en effet, que se pose l'homme en face de la matière? Quel est son idéal?

Est-ce d'en tirer le moins d'utilité possible? Est-ce d'épargner cette utilité? L'épargne n'est qu'une preuve de disette. C'est parce que l'homme n'a pas assez, parce qu'il n'est pas sûr d'avoir demain, qu'il épargne. Mais l'épargne n'est pas évidemment un but : l'épargne ne peut être qu'un moyen de se procurer avec le capital qu'on a déjà un autre capital.

Supposons un village : l'eau s'en trouve à 1 kilomètre. Il faut aller en chercher tous les jours. On fait des citernes pour épargner l'eau. Cette épargne est quelque chose, mais elle est coûteuse et mal commode : le village n'est riche d'eau que le jour où un aqueduc amène cette eau jusqu'à lui.

Tel est le but que se propose l'industrie de l'homme. Ce n'est pas d'épargner les utilités déjà existantes, c'est d'augmenter ces utilités. C'est là le grand problème de l'invention : des forces naturelles étant données, en tirer le meilleur parti possible pour l'usage de l'homme.

Il s'agit d'augmenter sans cesse le pouvoir de l'homme sur la nature, de mettre à la disposition de l'homme tous les éléments naturels.

Que cherchent la mécanique, la chimie, toutes les applications de la science? Elle essayent de transformer le plus facilement possible, avec le moindre effort possible, dans le moindre temps possible, le capital circulant (matières premières) en capital circulant (marchandises).

Plus cette opération est facile, plus elle est prompte, plus l'homme a augmenté son capital, puisqu'il a augmenté ses utilités.

Quand Hargreaves, quand Jacquard, quand Watt, quand Morse font leurs merveilleuses inventions, ils donnent à l'homme une puissance qui se multiplie dans des proportions telles qu'un dieu d'Homère en serait épouvanté.

On a calculé que la machine à vapeur et la machine à filer sont arrivées en Angleterre à un développement de forces équivalant à quatre cents millions de travailleurs.

Réunissez, associez les Harpagons de tous les siècles, et jamais ils ne pourront vous donner une somme d'utilités, par conséquent un capital, qui ait quelque rapport avec celui-là.

Eh bien, l'application de l'économie politique doit poursuivre un but identique à celui que poursuivent les applications des autres sciences. Elle a à résoudre exactement le même problème :

Puisque l'augmentation du capital dépend de la facilité de

l'utilisation des agents naturels, comment parvenir dans le même temps, avec le même capital primitif, à produire le plus grand effet utile?

Comment tirer le meilleur parti possible du capital fixe? Comment transformer le plus tôt et le plus facilement possible le capital circulant (matières premières) en capital circulant (marchandises), et comment arriver à convertir plus facilement ce dernier en capital fixe?

Les termes de ce problème reviennent tout simplement à celui que se pose le mécanicien : obtenir un maximum d'effets, dans un minimum de temps, avec un minimum d'efforts.

Cette production d'effet utile, à l'aide du jeu des capitaux fixes et des divers capitaux circulants, est comprise sous le nom de *circulation :* mais comme ce mot, ainsi que la plupart de ceux que nous avons rencontrés en usage dans l'économie politique, manque de définition, nous devons nous y arrêter un instant.

Pour bien comprendre le caractère de la circulation, il est nécessaire de se rappeler la définition que nous avons donnée du capital fixe et du capital circulant.

Le capital fixe est celui dont le produit ne change pas l'identité.

Le capital circulant est celui dont le produit change l'identité.

Quand on parle de *circulation,* ce mot ne saurait s'appliquer par conséquent qu'aux capitaux circulants.

Mais il est nécessaire encore de se souvenir qu'une machine, capital fixe pour celui qui l'utilise, n'est qu'une marchandise pour celui qui la fabrique et la vend, et que, par conséquent, relativement à ce dernier, elle est un capital circulant.

Le capital circulant est donc représenté par trois éléments :
Matières premières ;

Marchandises ;
Monnaie (1).

La monnaie est un organe de transmission de mouvement qui convertit les matières premières en marchandises, et les marchandises soit en nouveau capital circulant, soit en capital fixe. Son caractère propre est de rentrer toujours dans la circulation sans avoir changé de forme.

L'idéal du producteur est de convertir le plus rapidement possible la plus grande quantité de matières premières en marchandises, et de convertir de nouveau celles-ci le plus rapidement possible en monnaie, qui devient à son tour soit de nouvelles matières premières, soit un nouveau capital fixe.

C'est là ce qui constitue le phénomène de la circulation.

Skarbek, Coquelin et Carey seuls ont étudié sérieusement cette question.

M. Charles Coquelin donne la définition suivante de la circulation : « C'est la disposition au mouvement (2). »

Évidemment, cette définition est insuffisante : elle n'est pas économique : elle peut s'appliquer à toute chose. Qu'est-ce qui a cette « disposition au mouvement » ? Est-ce une chose ? Est-ce de l'argent ? Sont-ce des marchandises ? Sont-ce des hommes, des animaux ?

J. B. Say est plus précis :

« C'est le mouvement des *monnaies* ou des marchandises lorsqu'elles passent d'une main dans une autre. La circulation n'ajoutant rien à la *valeur* des choses, n'est point elle-même productive de *richesses ;* mais quand elle est active, quand les *produits* passent promptement d'un *producteur* à un autre, jusqu'au moment où ils ont acquis leur entière valeur, et

(1) Les actions, les obligations, les titres de rente, les billets de banque, les traites, les billets à ordre, les chèques, etc., n'étant que la représentation de capitaux, jouent dans l'échange un rôle analogue à celui de la monnaie.

(2) *Dictionnaire d'économie politique.*

lorsqu'ils passent promptement de leur dernier *producteur* à leur premier *consommateur*, la *production* est plus rapide.

« Toute *marchandise* ou *denrée* qui est offerte pour être vendue, est dans la circulation ; elle n'y est plus lorsqu'elle est entre les mains de celui qui l'acquiert pour la consommer...

« La *monnaie* est une marchandise qui est toujours dans la circulation, parce qu'elle n'est jamais acquise pour être consommée, mais bien pour être échangée de nouveau (1). »

Ces économistes ont confondu à tort la circulation et l'échange.

La circulation n'est pas seulement l'échange. Il n'y a pas besoin que le capital circulant passe dans d'autres mains pour qu'il y ait circulation. Il suffit qu'il soit transformé soit en un autre capital circulant, soit en capital fixe. Je produis du cacao et j'en fais du chocolat ; il y a là circulation, puisqu'une matière première est devenue une marchandise en se transformant.

J'appelle *circulation l'ensemble des phénomènes à l'aide desquels s'opère la transformation des capitaux circulants en nouveaux capitaux circulants ou en capitaux fixes.*

Il y a là un double jeu analogue à celui de la bielle dans une locomotive. Le piston lui donne une impulsion qu'elle communique à une roue, et l'impulsion transmise du piston à la roue fait avancer la locomotive.

Stuart Mill préfère avoir recours à la définition suivante :

« Le nombre moyen des achats faits par chaque pièce de monnaie dans la conclusion d'une somme d'affaires donnée (2). »

Cette erreur est d'autant plus surprenante que John Stuart Mill était Anglais, et qu'il avait vu fonctionner le *Clearing-*

---

(1) Say, *Traité d'économie politique*, p. 571.
(2) *Principes d'économie politique*, t. II, p. 16.

house, qui prouve qu'il peut y avoir des affaires sans intervention de « pièces de monnaie.»

Mais un capital circulant n'a de valeur qu'à la condition de répondre à un besoin. S'il a une valeur en circulant, ce n'est pas parce qu'il passe de main en main, c'est parce qu'il représente une utilité pour chacun de ceux qui le détiennent tour à tour. L'idéal n'est pas qu'il passe dans le plus de mains possible. L'idéal est qu'il donne le plus d'utilité possible à chacun de ceux entre les mains de qui il passe.

Ainsi, une marchandise qui passe entre vingt-cinq mains peut acquérir de la valeur, parce qu'il faut que chacune d'elles en retire une utilité, mais l'utilité de cette marchandise aurait été plus grande, puisqu'elle eût coûté moins cher, si elle avait pu ne passer qu'entre une ou deux mains, et être transformée, immédiatement après, en un nouveau capital circulant ou en un nouveau capital fixe.

Dire que, plus il y a de détenteurs successifs d'un capital circulant, plus il y a d'utilités, c'est dire que plus une machine a de rouages, plus est grand son effet utile.

Là n'est pas la vérité évidemment; ce qu'on recherche dans la machine, c'est le plus grand effet utile possible produit avec le moins d'efforts possible. Seulement, il faut souvent un grand nombre d'organes de transmission de mouvement pour obtenir cet effet utile.

Il en est de même pour la circulation. Évidemment, si j'habite la Bretagne, si j'ai une douzaine d'œufs à vendre à Paris, je ne viendrai pas à Paris vendre une douzaine d'œufs; je la remettrai à un intermédiaire qui l'expédiera à un autre qui la livrera au consommateur. J'y gagnerai, chacun de ces intermédiaires y gagnera, le consommateur y gagnera; la circulation sera productive d'effet utile pour chacun. Mais pourquoi? Parce qu'elle aura facilité la consommation, l'absorption, de ce capital circulant.

Maintenant, plus le passage de cette douzaine d'œufs aura été rapide entre les mains de chaque détenteur, plus il aura donné d'avantages à chacun d'eux. La douzaine d'œufs reste toujours une douzaine d'œufs ; si les détenteurs successifs peuvent en vendre trois douzaines dans le même espace de temps au lieu d'une, ils gagnent sur les trois au lieu de gagner sur une. En même temps, ils se contentent d'un bénéfice moindre sur chacune, du moment que le bénéfice, réparti sur les trois, est plus considérable. Ils prendraient 0 fr. 10 c. de bénéfice sur une ; ils ne prennent que 0 fr. 05 c. sur chaque. Dans le premier cas, ils n'ont que 0 fr. 10 c., dans le dernier ils ont 15 c.

C'est précisément pour ce motif que moi, producteur de la douzaine d'œufs, je ne suis pas venu la vendre à Paris ; la circulation n'est pas autre chose qu'une des formes de la division du travail.

Pour transporter une douzaine d'œufs de la Bretagne à Paris, j'ai un obstacle à vaincre : le temps.

C'est un facteur économique dont la science n'a pas tenu assez compte. Elle aurait dû cependant, en observant les faits qui se passent sous nos yeux, en comprendre toute l'importance.

Quel est mon idéal, à moi industriel ? C'est de transformer le plus rapidement possible mes matières premières en marchandises et mes marchandises en un nouveau capital, avec un bénéfice.

Mais quelle est la mesure de cette production ? Peut-on la déterminer ? Peut-on montrer d'une manière positive l'influence que la rapidité de la circulation a sur la production ?

A ces questions, je n'hésite pas à répondre : — Oui, on le peut, et de la manière la plus simple. Une seule hypothèse nous permettra de déterminer ce phénomène avec précision. Pour simplifier l'opération, je fais abstraction des intérêts composés.

J'opère avec un capital circulant de 100,000 francs (matières premières), qui tous les ans est transformé en capital circulant (marchandises), qui me donne un effet utile que je représente par 10,000 francs.

Qu'arrive-t-il au bout de dix ans? J'ai un nouveau capital de 100,000 francs, égal à mon capital primitif.

J'agis alors avec un capital de 200,000 francs qui me donne chaque année un bénéfice de 20,000 francs : au bout de dix années nouvelles, j'ai donc un capital de 400,000 fr.

Ce capital me donne 40,000 francs de bénéfice chaque année : au bout de dix années, j'ai donc 800,000 francs.

J'ai supposé que j'avais obtenu ce résultat en trente ans. Mais si, au lieu de trente ans, je n'en ai mis que vingt, mon capital, au bout de trente ans, ne serait pas seulement de 800,000 francs, il serait de 1,600,000 ; si, au lieu de vingt ans, je n'en ai mis que dix, il serait de 3,200,000 francs.

De là, je conclus que la *production est en raison géométrique de la rapidité de la circulation.*

On peut encore exprimer cette loi par des lettres ou par des chiffres de la manière la plus simple.

Désignant par (CC + CC) les capitaux circulants qui produisent le phénomène de la circulation CR, et par EP l'effet produit ;

Je dis :

$$(CC + CC) = CR.$$
$$CR \times (CC + CC) = EP.$$

Si la circulation est double, j'ai :

$$2\,CR \times (CC + CC).$$

Mais l'augmentation du capital circulant étant en raison directe de la rapidité de la circulation, 2 CR exige 2 (CC × CC).

Donc le produit final sera :

$$2\,CR \times 2\,(CC + CC) = 4\,EP.$$

Ou autrement, en chiffres :
Supposant (CC + CC) = 4.
On a :

$$4 = 4.$$
$$4 \times 4 = 16.$$

Et la circulation étant double :

$$8 \times 8 = 64.$$

64, effet produit qui est égal au quadruple du premier effet produit, 16.

Cependant nous admettons volontiers que cette formule n'est pas rigoureusement exacte. Mais est-ce par exagération qu'elle pèche? Loin de là.

Pour simplifier le calcul, afin de présenter cette loi de la façon la plus nette, nous avons négligé les effets utiles produits successivement par chacun des effets utiles antérieurs.

Nous pouvons, du reste, indiquer cette opération.

Je suppose toujours que j'aie un capital circulant (matières premières) qui vaille 100,000 francs et que je puisse le transformer en une année en capital circulant (marchandises), dont la vente me donne un bénéfice net de 10,000 fr.

L'année suivante, j'opère avec un capital de 110,000 fr. qui me donne un bénéfice net de 11,000 fr.

La troisième année, j'opère avec un capital de 121,000 fr. qui me donne un bénéfice net de 12,100 fr.

La quatrième année, j'opère sur un capital de 133,100 fr. qui me donne un bénéfice net de 13,310 fr.

La cinquième année, j'opère avec un capital de 146,410 fr. qui me donne un bénéfice net de 14,641 fr.

La sixième année, j'opère avec un capital de 161,051 fr. qui me donne un bénéfice net de 16,105 fr. 10 c.

Au bout de neuf ans, j'aurai plus que doublé mon capital primitif.

Me bornant à cette constatation, je ne pousse pas l'opération plus loin, et négligeant l'intérêt des années suivantes, je me borne à dire : *A fortiori*, au bout de dix-huit années, j'aurai plus que quadruplé mon capital primitif.

Au bout de vingt-sept années, je l'aurai octuplé, etc., tandis que dans l'autre hypothèse, je ne l'aurais octuplé qu'au bout de trente années.

Si, au lieu de vingt-sept années, je n'avais mis que dix-huit années pour obtenir ce résultat, j'aurais donc obtenu, dans le même espace de temps, un résultat double; c'est-à-dire que j'aurais obtenu seize fois mon capital au lieu de huit.

Si, au lieu de dix-huit années, je n'avais mis que neuf années, j'aurais donc obtenu en vingt-quatre années trente-deux fois mon capital au lieu de huit, etc.

Ma première hypothèse a démontré qu'un capital circulant de 100,000 francs, produisant 10 pour 100 d'effet utile, s'accroît tous les dix ans en raison géométrique.

Dans cette première hypothèse, nous avions négligé les effets utiles continus que produit une circulation constante. Puis dans une seconde hypothèse, nous avons tenu compte de l'intérêt annuel. Alors là nous avons trouvé une progression supérieure.

Enfin, en tenant compte de tous les rapports dans ce jeu combiné des capitaux circulants et de la circulation, on peut dire :

La raison d'une progression arithmétique croissante du capital circulant et de la circulation est toujours moindre que la raison de la progression arithmétique de l'effet produit.

C'est ce que prouve le tableau suivant :

RAISONS des progressions arithmétiques croissantes du capital circulant et de la circulation	PROGRESSIONS arithmétiques croissantes du capital circulant et de la circulation	EFFETS PRODUITS	PROGRESSIONS arithmétiques des différences des effets produits	RAISONS des progressions arithmétiques croissantes des différences des effets produits
1	2 × 2	4	5	2
	3 × 3	9	7	
	4 × 4	16	9	
	5 × 5	25	11	
	6 × 6	36		
2	2 × 2	4	12	8
	4 × 4	16	20	
	6 × 6	36	28	
	8 × 8	64	36	
	10 × 10	100		
3	2 × 2	4	21	18
	5 × 5	25	39	
	8 × 8	64	57	
	11 × 11	121	75	
	14 × 14	196		
4	2 × 2	4	32	32
	6 × 6	36	64	
	10 × 10	100	96	
	14 × 14	196	128	
	18 × 18	324		

Ainsi, tandis que les raisons arithmétiques des progressions arithmétiques du capital circulant et de la circulation sont 1, 2, 3, 4, celles des progressions arithmétiques des différences des effets produits sont 2, 8, 18, 32 ; c'est-à-dire d'un chiffre 1, 6, 15 et 28 fois plus élevé et dont les différences 6, 10, 14..., suivent une progression arithmétique ayant pour raison 4.

Enfin, si la circulation est doublée, triplée, quadruplée, quintuplée, l'effet produit est rendu 4, 9, 18, 25 fois plus fort.

En effet, nous avons :

$$CR = (CC + CC).$$
$$CR \times (CC + CC) = EP.$$

Supposons CR = 2.

On a : $2 \times 2 = 4$ ou EP = 4.

Si la circulation est doublée, on a :

4×4, c'est-à-dire EP = 16.
Triplée : 6×6, ou EP = 36.
Quadruplée : 8×8, ce qui donne EP = 64.
Quintuplée : 10×10, dont le produit EP = 100.

EP a suivi les augmentations suivantes :

1er cas = EP ou 4.
2e cas = 4 EP ou 16.
3e cas = 9 EP ou 36.
4e cas = 16 EP ou 64.
5e cas = 25 EP ou 100.

Nous n'exagérons donc pas en disant que :

A fortiori *la production est en raison géométrique de la rapidité de la circulation.*

Je sais bien qu'on me dira qu'une partie de ces capitaux est consommée d'une manière plus ou moins improductive ; mais là n'est pas la question. Nous ne nous occupons que des capitaux employés à la production et non de ceux qui sont employés à la jouissance. Nous avons pris des termes de même ordre, des capitaux ayant un rendement uniforme. Notre hypothèse reste donc entière, et elle est irréprochable.

Du moment qu'il est constaté que la production est en raison géométrique de la rapidité de la circulation, il n'est pas difficile de conclure que tous les efforts économiques de l'homme doivent avoir pour but de faciliter la rapidité de la circulation.

CHAPITRE VI.

LE TEMPS, LA MONNAIE ET LE CRÉDIT.

Les moyens de triompher du temps. — La monnaie. — La circulation d'une pièce de un franc. — Le *Clearing-house*. — Londres, New-York. — Économie du numéraire. — Avantages. — Progrès de la circulation monétaire. — Perte que subit la France. — Rapidité de la circulation. — Le crédit. — Un morceau de fer. — La mine. — La suppression du temps est l'idéal. — Comment on s'en rapproche. — Définition du crédit. — Erreur des partisans de la gratuité du crédit. — Erreur de Ricardo, de Mac-Culloch, de Say, etc. — Influence du crédit en Angleterre et aux États-Unis. — Les banques en Angleterre. — *Lombard Street*. — Influence du crédit sur les affaires. — La circulation a pour but d'économiser le temps. — La rapidité de la circulation réalise l'économie du temps. — — Le temps et le crédit. — Le crédit est créateur du capital.

Je dois reconnaître, du reste, que si jusqu'à présent les économistes n'avaient pas fait assez attention à l'influence de la circulation sur la production, l'humanité l'a pressentie depuis longtemps d'une manière plus ou moins consciente, exactement comme elle s'est servie du levier longtemps avant d'en avoir établi la théorie.

Faire en sorte que le capital circulant (matières premières) devienne instantanément le capital circulant (marchandises), pour redevenir à son tour capital : tel est le but que n'ont cessé de poursuivre l'industrie et le commerce.

Le temps! Voilà le grand obstacle!

Dans la pratique, l'humanité s'est acharnée à le détruire, à le réduire, et elle est parvenue à en triompher dans une certaine mesure.

Toutes les inventions, toutes les machines, ont non-seulement pour but d'atténuer l'effort, mais encore de réduire le temps. Que fait la machine qui transforme en quelques instants une matière première en produit fabriqué? Elle s'empare de tout le temps qu'il eût fallu auparavant pour accomplir un acte analogue; elle le réduit à quelques instants, et elle en livre presque immédiatement le produit, c'est-à-dire l'utilité, à l'homme.

Depuis le chemin de fer jusqu'au moulin actuel, toutes les inventions de l'homme ont essayé de multiplier l'usage du temps, en diminuant la durée de chacune des opérations nécessaires à la production. L'histoire du travail n'est que l'histoire de la lutte de l'homme contre le temps; mais qu'est-ce que la lutte contre le temps? C'est la rapidité de la circulation.

Quand les Anglais disent : *Time is money,* ils commettent un contre-sens ; car bien loin que ce soit le temps qui constitue la richesse, il représente l'obstacle : ce qui constitue la richesse, c'est l'utilisation du temps, c'est la réduction du temps, c'est la rapidité de la circulation. Au moment même où ils disent : *Time is money,* ils traduisent ces mots par cette pensée : Triomphons du temps!

Que sont tous ces capitaux fixes, routes, ponts, machines, canaux, bateaux à vapeur, locomotives, instruments de toutes sortes ayant pour but de transformer plus rapidement les agents naturels en utilités pour nous, sinon des moyens d'accélérer la circulation des capitaux circulants?

L'homme essaye d'augmenter cette rapidité par l'outil, par la machine; il essaye de l'augmenter, comme nous l'avons vu, par la division du travail : la division du travail est le premier acte de l'échange. — Fais telle chose pendant que je ferai telle autre : nous échangerons.

Mais l'échange en nature des produits lourds, encombrants, difficilement divisibles, est difficile. Alors, pour surmonter cette difficulté, l'homme invente un organe de transmission de mouvement : c'est la monnaie.

Elle va, vient, s'échange en représentant, sous un petit volume et dans toutes les proportions, les diverses utilités que les hommes ont à échanger entre eux : et plus son activité est grande, plus elle est utile.

C'est toujours le même fait, sous une autre forme. L'effet utile est en raison géométrique de la rapidité de la circulation, c'est-à-dire de l'économie de temps. Par conséquent, il s'agit d'arriver à rendre la monnaie, cet instrument de la circulation, aussi maniable que possible. Il faut qu'il puisse passer de main en main presque sans effort.

C'est ce qu'a compris l'Angleterre, et c'est pour obtenir ce résultat qu'un certain nombre de ses banquiers ont fondé le *Clearing-house,* à l'aide duquel, chaque jour, ils liquident tous leurs comptes au moyen de simples virements, n'employant de billets de banque que pour les soldes. En 1840, une somme de 66 millions sterling suffisait pour solder une masse de créances de 953,401,600, soit quatorze fois plus forte.

M. Coquelin, dans son livre sur *le Crédit et les banques,* publié en 1848, disait :

« Tous les calculs des économistes et tous les documents officiels s'accordent à établir que la masse du numéraire dont l'Angleterre fait usage dans ses transactions n'excède pas la somme de 750 millions, tandis que la France emploie dans les siennes, sans jouir de facilités plus grandes, et même, comme on le verra bientôt, avec des facilités moindres, un capital qui n'est pas estimé à moins de trois milliards et demi ; c'est-à-dire, pour obtenir le même service, ou plutôt un service moindre, la France emploie un capital quatre fois plus grand.....

« La France pourrait donc détourner d'un emploi stérile 2 milliards 750 millions pour les consacrer à des travaux reproductifs (1). »

Depuis, ce système a pris de l'extension.

« En Angleterre, dit M. Bagehot, toutes les opérations commerciales importantes du pays s'effectuent au moyen de

(1) 2e édition, p. 159.

chèques ; ces chèques vont au « Clearing-house » ; les différences qui en résultent se règlent par des transports du compte d'un banquier au compte d'un autre banquier, à la Banque d'Angleterre. Les payements faits par un banquier correspondent donc avec les recettes d'un autre banquier. Au résumé, les dépôts des banquiers à la Banque d'Angleterre semblent, à première vue, constituer un dépôt singulièrement stable (1). »

M. John Lubbock, secrétaire de l'association des banquiers, a donné au 30 avril 1873, le total des sommes compensées au Clearing-house, sans aucune intervention de numéraire ou de billets de banque pendant les années :

1867-68	3.257.000.000 £.
1868-69	3.531.000.000
1869-70	3.720.000.000
1870-71	4.018.000.000
1871-72	5.359.000.000
1872-73	6.003.000.000

Aux États-Unis, le système du Clearing-house est encore plus développé qu'à Londres.

En 1853, les transactions n'étaient, à New-York, que de 5 milliards de dollars. De 1855 à 1857, au moment de la crise, elles ont atteint le chiffre de 6 et 8 milliards. Maintenant elles ont dépassé celui de 37 milliards !

A Londres, comme nous l'avons vu, elles ne s'élèvent encore qu'à 33 milliards.

« Si tous les habitants de Londres, dit Stuart Mill, avaient leur caisse chez le même banquier, et faisaient leurs payements au moyen de chèques, on n'aurait pas besoin de monnaie et l'on ne s'en servirait point pour les affaires qui commenceraient et se termineraient à Londres. Cet idéal est presque atteint pour les marchands en gros.

« A Londres, le boutiquier même dont les affaires et le

(1) *Lombard Street*, p. 289.

capital ont quelque importance a un compte ouvert chez un banquier (1). »

D'après M. Bagehot, les banques par actions de Londres, à en juger par les bilans qu'elles publient, ont des dépôts qui se montent à la somme de 750,000,000 de francs. Leur capital ne se monte pas à plus de 75,000,000, et elles placent, en moyenne, de façon ou d'autre, une somme de 775,000,000 de francs; ce qui, pour faire face à cet énorme passif, ne leur laisse que 50,000,000 environ d'argent liquide (2).

La première des banques par actions dans l'estime publique et que l'on sait être admirablement administrée, la Banque de London and Westminster ne tient en réserve que 13 p. 100 des dépôts faits chez elle. Il est vrai que la Banque d'Angleterre suit d'autres procédés et a une réserve de 40 pour 100; mais ses actionnaires se plaignent de la faiblesse de leurs profits et poussent leurs administrateurs à diminuer cette réserve improductive de manière à augmenter leurs dividendes (3).

M. Coquelin a fort bien montré l'avantage que retiraient le public et le banquier de cette manière de procéder.

« Si, au moyen d'un encaisse métallique de 25,000 francs, le banquier peut payer tous les billets dont le remboursement lui est demandé par le public, et si, en même temps, ses émissions s'élèvent à 100,000 francs, il obtient du public 75,000 francs dont il ne paye aucun intérêt, tandis qu'il les place à intérêt, soit à 5 pour 100, en escomptant à ce taux des effets de commerce.

« L'intérêt du banquier est donc de tenir en circulation *le plus grand nombre de billets qu'il peut.*

« Le banquier, obtenant par les émissions de billets la disposition d'un capital de 75,000 francs, peut faire pour

(1) Tome II, p. 43.
(2) *Lombard Street*, p. 241.
Lombard Street, p. 37.

75,000 francs d'escompte de plus que s'il n'avait pas émis de billets. Ces 75,000 francs, mis à la disposition de ceux dont il a escompté le papier, facilitent l'extension de leurs affaires et l'accroissement de leurs bénéfices (1).

Smith avait déjà constaté que « la portion de capital qu'un marchand est obligé de garder par-devers lui, en espèces dormantes, pour faire face aux demandes qui surviennent, est un fonds mort qui, tant qu'il reste dans cet état, ne produit rien, ni pour lui, ni pour le pays. Les opérations d'une banque sage le mettent à portée de convertir ce fonds mort en un fonds actif et productif (2).

« Partout où le papier se répand du commerçant au consommateur, comme cela est en Écosse, et encore plus dans l'Amérique septentrionale, il chasse presque tout à fait l'or et l'argent du pays; presque toutes les affaires du commerce intérieur allant ainsi avec du papier (3). »

Il n'y a pas bien longtemps encore, on croyait que le peuple le plus riche était celui qui possédait le plus de numéraire. Maintenant, il en est autrement. L'Angleterre demande à l'Amérique plutôt du coton que de l'or.

La monnaie est un organe de transmission, utile comme peut l'être le matériel roulant d'un chemin de fer. Le progrès consiste à alléger le matériel roulant, improductif par lui-même, à le réduire le plus possible, à y substituer un nouveau mode de transport plus rapide, moins encombrant et coûtant moins cher.

D'après M. Wolowski, actuellement la circulation en Angleterre se fait tout entière avec 3 milliards de numéraire; il évalue le capital de la nation à 200 milliards. Il estime au contraire le capital de la France à 160 milliards, et le numéraire qu'elle emploie dans ses transactions à plus de 5 milliards (4).

---

(1) *Du crédit et des banques*, p. 5.
(2) *Richesse des nations*, t. I, p. 391.
(3) *Richesse des nations*, t. I, p. 398.
(4) *Assemblée nationale*, 3 février 1874.

Ainsi, en France, en supposant la production et la population égales, nous perdrions 2 milliards avec lesquels on pourrait construire des usines, améliorer nos moyens de transport, faire des dépenses productives. Comme notre production et notre population sont inférieures, il faut augmenter la perte de toute cette différence.

Ce stock inutile est, par rapport aux procédés de la circulation anglaise, ce que le vieux coche d'eau était par rapport à un navire à vapeur moderne. Ces deux milliards sont donc une force perdue, puisque sans eux, et grâce à un mécanisme plus intelligent, un autre peuple peut produire un effet utile plus grand.

Rien de plus facile que de suivre le progrès de la circulation monétaire. La monnaie des Spartiates se transforme en argent, puis l'argent est abandonné et devient de l'or. Mais la rapidité de la circulation de l'or n'est pas encore assez grande : on y substitue le papier.

Que nous révèle en même temps ce progrès? Il nous montre l'effort constant de l'homme pour augmenter la rapidité de la circulation.

Les chèques et les chemins de fer sont le résultat du même besoin qu'éprouve l'homme de triompher du temps.

On va encore plus loin.

« A Liverpool, disent MM. E. Fisco et W. D. Straëten, avec le mécanisme des traites, on vend, on engage même des marchandises qui ne sont pas encore arrivées en Angleterre, et qui souvent sont à peine expédiées du port d'outre-mer.....

« Le connaissement demeure entre les mains du courtier, et les marchandises sont vendues par son intermédiaire, et passent ainsi par différents propriétaires avant même qu'elles soient mises à terre (1). »

---

(1) *Institutions locales du Royaume-Uni.*

Il en est de même à Marseille pour le commerce des blés.

Ici, l'homme n'essaye plus seulement d'abréger le temps, il anticipe sur lui, il dépasse le moment présent, il s'empare d'une portion de l'avenir, en utilisant d'une nouvelle manière ce merveilleux instrument qui s'appelle le crédit.

Qu'on me permette d'insister, pour montrer toute l'importance de la rapidité de la circulation.

M. de Skarbek qui, malgré le soin qu'il a apporté à étudier le phénomène de la circulation, trop négligé par les économistes, n'est pas arrivé à un résultat précis, en a parfaitement compris l'importance.

« Supposons qu'une matière première, dit-il, le fer, par exemple, devant passer entre les mains de 20 ou 30 producteurs pour subir les diverses préparations qui lui sont nécessaires, accomplisse cette série de migrations en un mois au lieu de douze. Il est évident qu'elle aura rendu en trente jours les services qu'elle aurait pu rendre en une année (1). »

Mais il faut encore aller plus vite. On le peut.

Supposons que j'aie une mine ; j'en extrais de la houille ; cette houille est destinée à être consommée pour produire une marchandise destinée à son tour, tôt ou tard, à se transformer en capital fixe.

Mais les moyens de transport sont lents ; cette houille extraite aujourd'hui ne sera consommée que dans un mois ; de plus, les transports sont chers ; il faut qu'elle parcoure un trajet de 100 kilomètres, je suppose ; qu'elle subisse divers transbordements ; et il en sera de même pour le produit qu'elle contribuera à former, il ne s'écoulera que lentement après avoir supporté de lourdes charges. Voilà évidemment des pertes : pertes de temps, pertes d'intérêt, pertes pour le capital fixe arrêté dans sa production par toutes les entraves que rencontre la circulation du capital circulant ; dif-

---

(1) *Théorie des richesses sociales*, t. 2. *Idée générale de la circulation.*

ficultés pour le capital fixe de se renouveler et de s'augmenter. Évidemment, l'idéal serait que la houille, à peine tombée sous le pic du mineur, fût consommée immédiatement et transformée en nouveau capital circulant qui, dévoré avec la même rapidité, deviendrait aussitôt du capital fixe.

C'est là un idéal auquel nous ne pourrons jamais atteindre d'une façon absolue, mais dont nous essayons instinctivement de nous rapprocher le plus possible.

Tandis qu'à l'aide du télégraphe, des canaux, des chemins de fer, la science a essayé de restreindre, de diminuer cet obstacle qui s'appelle le temps, nous avons vu que la pratique financière a essayé de le diminuer également; que le crédit n'est pas autre chose qu'une série de procédés, un mécanisme économique, en un mot, destiné à transporter, avec le moindre effort possible, des valeurs d'un individu à un autre, d'une place à une autre, et à se procurer ces valeurs dans le laps de temps le plus restreint possible.

Les partisans de la gratuité absolue du crédit n'ont commis qu'un léger oubli : ils ont oublié le temps. Ils admettent la valeur de l'utilité de l'espace, ils n'admettent pas la valeur de l'utilité du temps.

Opérer à l'aide du crédit, c'est exactement comme si le capital circulant (matières premières) que j'ai aujourd'hui était transformé immédiatement en nouveau capital circulant (marchandises), et produisait instantanément tout l'effet utile dont il est susceptible.

Seulement, comme entre ce capital circulant et l'époque où l'effet utile sera produit, il y a un certain laps de temps, je paye le prix de ce temps, selon un cours établi d'après la loi de l'offre et de la demande.

Voilà le principe du crédit : il est au temps ce que le télégraphe est à la distance.

Cependant, par une erreur analogue à celle que commettent

les adversaires du prix du crédit, les économistes classiques ont nié presque tous que le crédit fût productif.

Ricardo dit :

« Le crédit ne crée pas le capital, il détermine seulement par qui ce capital sera mis en œuvre. Le transfert du capital d'un emploi à un autre peut être souvent très-avantageux, et il peut être quelquefois aussi très-nuisible. »

Mac-Culloch approuve cette opinion.

En parlant du crédit, J. B. Say dit aussi :

« Il n'y a pas là avance de capitaux, il n'y a qu'un emploi plus constant de ceux qui existent. »

Mais du moment que des capitaux sont employés constamment au lieu de n'être employés que par intervalles, il y a évidemment bénéfice de tout le temps économisé. C'est exactement comme si une machine était employée tous les jours au lieu de ne l'être qu'une partie de l'année.

Il y a plus : il y a accroissement du capital, au moyen du crédit.

M. Ch. Coquelin, dans son ouvrage sur le *Crédit et les banques,* avait entrevu cette vérité. Il dit que, grâce au crédit, le capital de chaque industriel est facilement accru.

M. Courcelle-Seneuil, qui a annoté cet ouvrage, répond : — « Cela peut être vrai pour un particulier, non pour la société dans son ensemble. »

Je me demande comment le capital des particuliers pourrait augmenter sans que celui de la société augmentât ; car, en définitive, qu'est-ce que la société, sinon le total des particuliers ? Qu'est-ce que le capital national, sinon la somme des capitaux particuliers ?

Le crédit est productif exactement comme le commerce.

Pourquoi le commerce facilite-t-il la production ? Pourquoi, après tant de contestations, tous les économistes ont-ils fini par reconnaître qu'il est un instrument productif ? Pourquoi ? Parce qu'il prend ici tel capital circulant et qu'il le transporte là, et l'échange contre un autre ; parce qu'il est, en un mot, un instrument de circulation.

Et parce que le crédit est le plus puissant instrument de circulation, il ne serait pas productif !

Comment ! le crédit n'est pas productif ! et ce sont des économistes qui le disent ! et ces économistes prétendent qu'ils ne formulent leurs doctrines que d'après l'observation des faits !

Mais qu'ils regardent donc les faits !

C'est de 1786 à 1794 qu'en Angleterre a lieu le premier développement du crédit qui concorde avec l'application des inventions de Hargreaves et de Watt : en vingt ans, ses exportations sont quintuplées. Sans le crédit, elle n'eût même pas pu appliquer et exploiter ces inventions.

C'est le développement du crédit qui a assuré la prépondérance du marché anglais.

En France, encore effrayés par le désastre de Law, nous restions sans établissements de crédit ; puis, le génie absolutiste de Napoléon Ier créait la Banque de France, moins comme un instrument de crédit que comme un moyen de gouvernement.

Aussi tandis qu'en France, la Banque de France ne compte pas encore une succursale dans chaque département, en Angleterre, au 1er juin 1864, il y avait, outre la Banque d'Angleterre et ses onze succursales, 140 banques *particulières* d'émission, avec 208 succursales, 61 banques d'émission à *fonds réunis,* avec 441 agences ; 138 banques *particulières* sans émission, avec 64 agences ; et 56 banques à *fonds réunis,* sans émission, avec 303 agences ; de plus, 4 agences en Écosse, 1 en Irlande et 14 à l'étranger.

« En Irlande, il y avait 6 banques à *fonds réunis* d'émission, avec 191 agences ; 4 banques à *fonds réunis* sans émission, avec 6 agences, et 4 banques *particulières* sans émission.

« En Écosse, il y avait 13 banques à *fonds réunis* d'émission, avec 594 agences (1).

« Voilà la raison, dit M. Bagehot, pour laquelle Lombard Street existe; voilà pourquoi l'Angleterre est un immense marché financier et pourquoi les autres pays de l'Europe ne sont, en comparaison, que de petits marchés. En Angleterre et en Écosse, le système des banques d'émission s'est répandu dans tous les recoins du pays; les économies du pays sont venues s'accumuler dans ces banques, qui, à leur tour, les ont envoyées à Londres. Aucun autre pays n'a vu se développer un système analogue; aussi l'argent abonde-t-il à Londres en quantité telle qu'on ne peut lui comparer, sous ce rapport, aucune autre ville du continent (2). »

Le nombre d'effets de commerce tirés sur Londres surpasse infiniment le nombre d'effets tirés sur toute autre ville européenne; Londres est la place qui, de toutes les places, reçoit le plus et paye le plus; elle se trouve donc être le centre naturel de toutes les liquidations.

Le commerce anglais travaille essentiellement avec des capitaux empruntés, et si son commerce est aussi étendu, c'est grâce à la perfection de son système de banque.

Les bénéfices mêmes que produisent ces banques attestent leur puissance.

Voici les résultats obtenus par elles relativement aux dividendes qu'elles allouent :

	NOMBRE DES COMPAGNIES.	CAPITAL.
Au-dessus de 20 0/0.	15	132,560,175 fr.
Entre 15 et 20 0/0. . .	20	135,985,975 fr.
Entre 10 et 15 0/0 . .	36	351,124,750 fr.
Entre 5 et 10 0/0. . .	26	354,559,475 fr.
Au-dessous de 5 0/0 .	3	33,750,000 fr.
	100	1,008,279,375 fr.

(1) *Annuaire de l'économie politique*, 1866, p. 311.
(2) *Lombard Street*, p. 89.

« C'est-à-dire que 25 0/0 du capital employé dans ces banques rapporte plus de 15 0/0, et que 62 1/2 0/0 du capital rapporte plus de 10 0/0. Aucun commerce monté par actions ne présente des résultats aussi frappants (1). »

Ce sont les banques qui ont arraché l'Écosse à la misère, en lui permettant de développer son commerce, son industrie, ses pêcheries, son agriculture.

C'est encore aux banques que les États-Unis doivent l'immense développement de leur industrie. Ils installent les banques comme les chemins de fer, comprenant que c'est de la facilité de la circulation, sous toutes les formes, que dépend l'augmentation de la richesse. Aussi, en 1869, ne comptaient-ils pas moins de 1870 établissements de banque.

Qu'on me permette encore deux citations, afin de bien démontrer que ce n'est pas moi seulement qui crois à l'influence que la rapidité de la circulation et le crédit exercent sur la production.

« La puissance d'acquisition des négociants qui ont des capitaux et du crédit s'étend, dit M. Tooke, bien au delà de ce que peuvent imaginer ceux qui n'ont pas une connaissance pratique des marchés sur lesquels se font les spéculations. Si celui qui a la réputation de posséder un capital suffisant pour ses affaires et qui jouit d'un bon crédit dans son commerce, vient à prévoir sérieusement une hausse du prix de l'article dont il fait le commerce ; s'il est favorisé par les circonstances au début et dans le cours de sa spéculation, il peut effectuer des achats énormes, hors de toute proportion avec son capital... (2) »

M. Bagehot va encore plus loin.

« Il a surgi, dans toutes les parties de l'Angleterre, une foule de petits commerçants qui escomptent des quantités considérables de papier, et qui, au moyen de ce capital emprunté, circonviennent et terrassent le vieux capitaliste, en

(1) W. Bagehot. *Lombard Street*, p. 234.
(2) *Recherches sur le principe de la circulation*, p. 78 et 136-8.

admettant même qu'ils ne parviennent à le chasser. Le nouveau commerçant a évidemment d'immenses avantages pour soutenir la lutte. Admettons qu'un négociant ait un capital à lui, capital de 1,250,000 francs : pour que ce capital lui rapporte 10 0/0, il lui faudra faire 125,000 francs de bénéfices annuels, et il doit vendre ses marchandises en conséquence ; si un autre marchand, au contraire, n'a que 250,000 francs à lui et qu'au moyen de l'escompte il emprunte un million, il se trouve à la tête d'un capital semblable de 1,250,000 francs et peut vendre à beaucoup meilleur marché. S'il a emprunté au taux de 5 0/0, il devra chaque année payer 50,000 francs d'intérêts ; et si, comme le vieux commerçant, il réalise 125,000 francs de profits par an, il lui restera encore, après avoir déduit les intérêts qu'il doit, une somme annuelle de 75,000 francs, c'est-à-dire que son capital de 250,000 francs lui rapportera 30 0/0.

« La certitude de pouvoir se procurer de l'argent en escomptant du papier ou autrement, et cela à un taux d'intérêt modéré, fait que, dans le commerce anglais moderne, il y a une sorte de prime à travailler avec un capital d'emprunt et une sorte de défaveur constante à se borner uniquement à son propre capital, ou à s'appuyer principalement sur lui (1). »

Il faut ajouter encore, comme l'a constaté Stuart Mill, que le crédit se transmet de main en main. C'est là qu'est le secret de ce phénomène, inexplicable autrement, de l'extension que les négociants et les industriels peuvent donner à leurs opérations avec un capital relativement restreint.

En un mot, la production d'un pays dépend de la rapidité de la circulation.

En un mot, mieux une nation peut utiliser l'espace et le temps, plus elle produit.

---

(1) *Lombard Street*, p. 9.

Mais on peut encore démontrer d'une manière plus rigoureuse la puissance du crédit.

Le crédit, comme nous l'avons dit, est la suppression du temps.

Il est possible d'établir d'une manière absolue le produit de cette suppression.

Je suppose le crédit de trois mois, c'est-à-dire que, trois mois plus tôt que je ne l'aurais pu avec mes ressources, je me procure mes matières premières.

Ces matières premières, je les convertis en marchandises, j'en retire l'effet utile, et cet effet utile est ajouté au capital déjà existant, trois mois plus tôt qu'il n'aurait pu l'être.

Mais je fais une seconde opération semblable, et j'ai, de plus que mon capital primitif, tout l'effet utile que j'ai retiré de mon précédent capital circulant, et j'ajoute, de cette manière, à mon précédent capital tout l'effet utile déjà obtenu et un nouvel effet utile que je n'aurais pu obtenir que trois mois plus tard.

Je continue, et il en résulte qu'au bout d'un an j'ai obtenu de mon capital quatre fois de l'effet utile que je n'aurais pu obtenir que trois mois plus tard ; et comme chaque fois cet effet utile est venu s'ajouter au capital que j'avais précédemment, j'ai augmenté mon capital de tout cet effet utile. Bien plus : comme le premier effet utile a contribué à me procurer le second effet utile, et comme ce second effet utile s'est ajouté au premier pour en produire un troisième, il en résulte que le second effet utile produit est plus fort que le premier, et que le troisième est plus fort que le second, etc. C'est la boule de neige. Chacun de ses grossissements augmente sa surface, et chaque accroissement de sa surface, la mettant en contact avec une plus grande quantité de neige, facilite son développement.

Je résume de la manière suivante cette série d'opérations.

Désignant par CC le capital circulant, CR la circulation, EP l'effet produit, et xC le capital formé, on a :

$$(CC + CC) = CR$$
$$(CC + CC) \times CR = EP$$
$$EP = xC.$$

Supposons maintenant qu'il faille trois mois à (CC + CC) × CR pour produire EP, c'est-à-dire xC, et que je ne puisse me procurer (CC + CC) qu'au bout de douze mois, je n'aurai xC que dans quinze mois.

Si, au contraire, je puis avoir tout de suite (CC + CC), trois mois après j'aurai xC.

La série d'opérations suivantes va mettre en évidence le produit final obtenu par le crédit :

Je désigne par rC, kC, yC, zC, les divers capitaux successifs représentant l'effet produit :

J'ai donc xC ; je rends (CC + CC). Mais xC produit à son tour un effet utile rC trois mois après ; puis (xC + rC) produisent $kC > rC$ au bout de trois mois ; ensuite (xC+rC+kC) donnent $yC > kC$; et enfin les quinze mois écoulés (xC + rC + kC + yC) produisent $zC > yC$.

C'est-à-dire que l'effet utile xC, que je ne devais avoir primitivement qu'au bout de quinze mois, s'est augmenté de rC, kC, yC, zC, produits de plus en plus grands. C'est une série d'effets utiles suivant une progression ascendante qui me permet d'avoir un capital que je n'aurais pu réaliser que quinze mois plus tard sans le crédit obtenu.

Le capital de l'avenir est devenu, par l'action du crédit, le capital existant.

Il y a donc là réellement, non-seulement augmentation de capital, il y a création de capital.

Mais, dans cet exposé, nous avons pris les termes les plus simples. Nous avons admis qu'au bout de trois mois je remboursais le capital que j'avais obtenu par le crédit et que je ne conservais que l'effet utile produit par lui. Mais ce crédit que j'ai obtenu une fois, est-ce que je ne puis pas l'obtenir de nouveau ? Il faut donc ajouter au second effet utile un effet utile égal produit par un nouveau crédit égal au premier crédit.

Mais ce n'est pas assez.

Du moment qu'à l'aide de mon premier crédit, j'ai obtenu un effet utile, non-seulement je retrouve un second crédit égal au premier, mais cet effet utile obtenu, qui a été ajouté à mon premier capital à l'aide duquel j'avais obtenu mon premier crédit, peut donner naissance à son tour à un crédit spécial.

Mon crédit primitif est ainsi augmenté du crédit que me procure l'effet utile obtenu à l'aide du premier crédit.

Il en résulte donc qu'au deuxième terme de la progression, nous obtenons : l'effet utile du premier crédit augmenté de l'effet utile produit par le premier effet utile obtenu ; plus un nouvel effet utile égal à l'effet utile produit par le premier crédit, auquel il faut ajouter un nouvel effet utile produit par le crédit résultant de l'effet utile obtenu à l'aide du crédit primitif.

On voit donc que les effets utiles produits par le crédit ne sont pas simplement proportionnels, mais qu'ils sont progressifs. Il faut encore faire attention à une chose : c'est que sans le crédit, aucun de ces effets utiles n'aurait été obtenu. C'eût été le néant.

Mais, de plus, le mouvement imprimé de suite par cette série de productions à la circulation générale a créé une autre série d'opérations qui n'auraient pas eu lieu.

Prenons un exemple : je suppose qu'un crédit de 100,000 francs me produit au bout de trois mois 5,000 francs. Ces 5,000 francs sont ajoutés à mon capital ; et avec ces 5,000 fr. je pourrai obtenir, dans la même proportion, au bout du même laps de temps, un nouveau bénéfice de 250 francs.

Mais je renouvelle mon crédit de 100,000 francs qui me rapporte le même bénéfice : au bout de six mois, ces 100,000 francs de crédit m'ont donc procuré deux bénéfices de 5,000 francs chacun.

Je suppose que j'aie obtenu ce crédit de 100,000 francs avec un capital de 25,000 francs. En suivant la même proportion, les 5,000 francs de bénéfices obtenus au bout de trois mois me donnent un nouveau crédit de 20,000 fr. Ce nouveau crédit, me rapportant aussi dans la même proportion, me donne 1,000 francs de bénéfice.

Au bout de trois mois, grâce au crédit, j'aurai donc gagné 10,000 francs + 250 + 1,000 francs.

Mais je continue, et au bout de neuf mois, en admettant qu'aucun accident n'arrive, j'obtiendrai :

1° Effet produit d'un nouveau crédit de 100,000 francs.	5,000f	»
2° Bénéfice du capital de 11,250 fr., obtenu au bout des six premiers mois.	562	50
3° Ce capital de 11,250 francs m'a ouvert un nouveau crédit de 45,000 fr., qui me donne....	2,250	»
Total.	7,812	50

Qui, ajoutés aux 11,250 francs, forment une somme totale de 19,062 fr. 50 c.

Après une nouvelle opération, c'est-à-dire au bout de douze mois, mon capital primitif de 25,000 francs sera donc plus que doublé.

Et il faut bien remarquer que ce capital primitif a pu avoir son utilité propre ; nous n'en avons pas tenu compte, ne voulant montrer que le résultat immédiat, évident du crédit.

Si au bout de douze mois, par l'effet normal, régulier du crédit, le capital primitif est plus que doublé, au bout de vingt-quatre mois il serait plus que quadruplé ; au bout de trente-six mois il serait octuplé, etc.

C'est une nouvelle forme de la loi que nous avons formulée : La production est en raison géométrique de la rapidité de la circulation.

En réalité, il y a encore quelque chose de plus ; car, dans notre hypothèse, les crédits obtenus ne sont que proportionnels, tandis que dans la pratique, ils suivent une progression qui dépend d'une foule de circonstances, mais qui tend toujours à augmenter, si aucun accident ne vient entraver la circulation.

Au point de vue général, il faut encore tenir compte d'une nouvelle série d'opérations.

Moi, qui ai un crédit de trois mois pour mes matières premières, je livre ma marchandise à un autre avec le même crédit, de sorte que le temps gagné dans cette opération étant de trois mois pour moi, de trois mois pour mon acheteur, c'est six mois que nous économisons. Il obtient des effets utiles parallèles à celui que j'obtiens moi-même, et dans la même proportion.

Je pourrais continuer, mais je m'arrête ici, toutes les opérations qui suivent étant semblables et leur nombre ne pouvant être évalué.

C'est de cet inconnu qu'il faut tenir compte, quand on veut se faire une idée de la répercussion formidable que la moindre opération de crédit produit dans toute la circulation. C'est la progression du grain de blé sur le damier.

Non-seulement donc l'effet utile du crédit existe, mais encore il existe une progression géométrique qui se multiplie de proche en proche. Il n'y a pas besoin de chercher ailleurs l'explication du progrès rapide qu'accomplissent les peuples chez lesquels les institutions de crédit et les moyens de crédit sont développés.

Le crédit n'est qu'un agent de la circulation ; c'est un moyen de l'activer, de la hâter, de la produire même là où elle ne se produirait pas, de réduire le temps à son minimum, d'empiéter même sur l'avenir.

La rapidité de la circulation dépend donc en grande partie de la rapidité du crédit.

D'un autre côté, que les capitaux circulants soient obtenus par le crédit ou soient obtenus par d'autres capitaux, ils obéissent à la même loi. Car il s'agit toujours d'obtenir d'eux un maximum d'utilité dans un minimum de temps.

Notre formule est donc applicable à tous les capitaux cir-
lants, de quelque manière qu'ils soient obtenus : — *La
roduction est en raison géométrique de la rapidité de la cir-
lation.*

On me présentera encore ici la même objection qu'on m'a
ésentée dans le chapitre précédent.

— Mais tous ces capitaux ne sont pas reproductifs ! Il
en a une partie de consommés.

Je réponds de nouveau :

Cela est vrai, et ceux-là qui sont simplement productifs de
uissance, par exemple, ne se reproduiront pas. Je le
connais.

Cela ne prouve rien ; car il est bien évident que je ne tiens
mpte ici que des capitaux circulants, employés à produire
s effets utiles, et non pas des capitaux qui sont distraits de
production.

Cette objection aurait une valeur si tous les produits des ca-
taux circulants étaient enlevés à la production; mais,
mme il est loin d'en être ainsi, comme il y a toujours une
rt de ces capitaux produits qui sont employés à la produc-
on, la loi que je formule reste intacte à l'égard de tous les
pitaux de cette catégorie.

De plus, j'ajouterai que, dans une mesure qu'il est impos-
ble d'apprécier, parce qu'on ne peut pas évaluer d'une
anière rigoureuse la quantité de capitaux produits employés
la reproduction, ou consommés immédiatement, ou immo-
ilisés en jouissances, les capitaux qui sont destinés à ces
erniers usages n'en ont pas moins augmenté la production ;
r si la circulation n'avait pas produit ces capitaux, on en
ìt consommé d'autres ; et en supposant que la consommation
ìt été égale, il y eût donc eu appauvrissement là où il y a
rofit.

Bien plus, tous ces capitaux consommés ont eu un effet
tile, quelque nom qu'on lui donne ; par conséquent, c'est
utant de gagné.

Quant à moi, je n'ai pas à m'en inquiéter. Je n'ai qu'à

constater la loi de production des capitaux employés à la production. Mais on m'arrête et on me dit : Et les accidents? les arrêts de la circulation?

Les accidents? Mais ils sont précisément la confirmation la plus positive de cette loi.

Vous construisez une machine, et un jour cette machine se brise. Est-ce que la destruction de cette machine prouve contre les lois de la statique et de la dynamique? Au contraire, elle en est la confirmation.

Il en est de même pour tout arrêt qui se manifeste dans la circulation.

CHAPITRE VII.

DE L'ARRÊT DE LA CIRCULATION.

Avantages de la circulation. — Skarbek. — Coquelin. — M. de Tocqueville et le canal de Suez. — Résultat d'un arrêt de la circulation. — Formule de l'arrêt de la circulation. — *Tout arrêt dans la circulation frappe la production en raison géométrique.* — Le fisc.

Law, qui, le premier, a compris dans les temps modernes l'importance de la circulation, disait avec raison qu'elle était l'analogue du sang dans l'organisme social.

Une des causes de la pauvreté des pays où la population n'est pas abondante est la difficulté de la circulation, et c'est parce que la circulation est lente qu'ils ont tant de peine à augmenter leur capital fixe.

Il y a un proverbe commercial qui, comme la plupart des proverbes, a son côté faux, mais qui a aussi son côté vrai : — Le difficile, dit-on, n'est pas de produire, mais de vendre.

C'est de cette difficulté que triomphe la circulation.

C'est l'absence de circulation qui laisse notre agriculture en arrière. Le cultivateur n'a pas de facilités pour vendre ses produits; par réciprocité, il paye difficilement, et ne peut acquérir les capitaux fixes ou les capitaux circulants qui lui seraient nécessaires.

La rapidité de la circulation développe le pouvoir de l'association, elle solidarise des intérêts étrangers jusqu'alors les uns aux autres dans leur isolement, elle les unit, elle les groupe, et alors se produit un phénomène que la biologie a déjà constaté.

Plus un type s'élève, plus s'accentue la division de ses organes. De même, plus la vie sociale augmente le pouvoir de l'homme, plus son individualité acquiert de force.

Mais qu'est-ce que l'augmentation de la vie sociale? C'est tout simplement l'accroissement de la circulation.

Les avantages de la circulation se manifestent partout. Quand la circulation du sol lui-même, capital qui, par sa nature, semble destiné à y participer moins que tout autre, est entravée, c'est la ruine pour lui.

L'amélioration du sol n'est qu'une des formes de l'augmentation de la circulation des capitaux circulants; vous drainez, vous labourez mieux, vous semez, vous moissonnez à l'aide d'instruments mécaniques, pourquoi? Afin que la même quantité de semence, capital circulant, étant donnée, vous en tiriez une plus grande utilité; que ferez-vous de cette grande utilité? Vous la convertirez en capital fixe le plus tôt possible

Skarbek a fort bien établi la distinction entre les richesses inertes et celles qui sont le produit de la circulation.

« La richesse nationale, a-t-il dit, consiste non-seulement dans la grande masse des valeurs qui peuvent être produites dans un pays, mais surtout dans le mouvement productif général, continu et rapide de ces valeurs (1). »

« C'est, dit Coquelin, l'activité relative de la circulation qui, plus qu'aucune circonstance, constitue la supériorité industrielle de tel ou tel pays (2). »

« Il serait impossible, dit M. Émile Worms, de procurer à nos besoins une satisfaction complète sans une circulation fréquente, active de partie des biens, d'où résultent, pour pourvoir à cette dernière, des agents et des industries qui y correspondent (3). »

C'est dans ce sens que Skarbek a raison de dire qu' « en supposant, dans un pays, un concours de circonstances favo-

(1) Skarbek, *Théorie des richesses sociales*, t. 2. p. 120 et suiv.
(2) *Dictionnaire d'économie politique*.
(3) *Théorie et pratique de la circulation*, p. 3.

rables à la production des valeurs, elles ne sauraient constituer le bien-être des habitants, s'il y a des causes qui limitent ou entravent l'échange des produits (1). »

Nous en avons vu un exemple. M. de Tocqueville disait que le canal de Suez servirait surtout aux Grecs, aux Styriens, aux Italiens, aux Dalmatiens et aux Siciliens. Le canal est percé, à qui sert-il surtout? Aux Anglais. Et pourquoi? Parce que l'Angleterre a des capitaux flottants qui, grâce à son système de crédit, pouvant circuler facilement, viennent se placer entre les mains de l'industriel et du négociant. Les nations, au contraire, que désignait M. de Tocqueville, n'ont pu se procurer de capital pour construire les navires nécessaires.

Maintenant n'oublions pas que les objets de la circulation sont des capitaux circulants (matières premières et marchandises) et de la monnaie.

Plus vite la matière première devient marchandise, plus vite la marchandise à son tour redevient matière première, plus, en un mot, la circulation est active, et plus rapidement le capital circulant arrive à l'état de capital fixe.

Je suppose, au contraire, que j'aie une machine à vapeur (capital fixe), à laquelle je ne puis donner que la moitié de la houille qui lui est nécessaire. Qu'est-ce que je fais? Je fais, dans ce cas, comme l'agriculteur qui, n'ayant de capital circulant que pour cultiver la moitié de ses terres, laisserait les autres en jachère. Il y a une perte nette pour moi de la moitié de l'utilité que pourrait produire ma machine. Cette perte se renouvelle chaque jour, à intérêts composés.

Il en est exactement de même lorsque la circulation est entravée; le capital fixe ne rendant pas tout l'effet utile dont il est susceptible, il y a une perte, un déficit constants, au lieu des bénéfices qui auraient servi à reconstituer un nouveau capital fixe.

(1) *Théorie des richesses sociales*, liv. II, chap. III de la 2e part.

Certes, la conclusion qu'on peut tirer de ces faits est simple.

Puisque l'accroissement du capital fixe dépend uniquement de la rapidité de la circulation du capital circulant, si nous voulons qu'il y ait augmentation de richesse dans la nation, il faut par conséquent qu'il n'y ait aucune entrave apportée à la circulation des capitaux circulants.

Au contraire, il faut que cette circulation soit facilitée par tous les moyens possibles. Lui ouvrir les routes toutes grandes, empêcher que nul obstacle ne se trouve devant elle, telle doit être notre constante préoccupation.

C'est là une considération capitale. Nous devons en tenir un compte d'autant plus grand qu'on l'a plus négligée jusqu'à présent.

Mais on ne se rend pas un compte suffisant de l'effet désastreux que produit tout arrêt dans la circulation.

Une hypothèse va en montrer toutes les conséquences immédiates, que nous pouvons saisir facilement.

Supposons que la circulation soit arrêtée; que deviendrait la production? Le fer, le coton, le sucre, ne peuvent plus circuler; on cesse d'en fabriquer; les fabricants ne peuvent plus se procurer d'autre capital circulant, ils ne peuvent plus se procurer de capital fixe avec un capital circulant qui n'existe plus : ils sont ruinés.

Je pousse ici la démonstration à ses dernières conséquences : mais qu'au lieu de supprimer complétement la circulation du fer, du coton, du sucre, vous vous contentiez de la grever, de l'entraver, vous diminuez par cela même le capital que le fabricant livre à la circulation, et vous l'empêchez de s'en procurer d'autre. Bien plus, par un effet de la tendance constante du capital circulant à devenir capital fixe, vous empêchez ce fabricant de convertir en capital fixe le capital circulant que vous lui enlevez.

Voici donc à quoi vous aboutissez :

1° Diminution de capital circulant;

2° Suppression de l'effet utile que ce capital supprimé produit;

3° Suppression du nouveau capital circulant que cet effet utile aurait produit;

4° Suppression du capital fixe, résultant de l'accumulation des effets utiles des divers capitaux circulants produits précédemment.

Telle est la série d'effets auxquels aboutit toute entrave apportée à la circulation. Nous pouvons donc dire (1) :

$$(CC + CC) \times CR = EP.$$

En supposant que le capital circulant soit diminué de moitié, on obtient :

$$\frac{(CC + CC)}{2} \times CR.$$

Mais en frappant CC, on frappe aussi CR, puisque CR es en raison directe de CC ;

d'où : $$\frac{CR}{2}.$$

Donc le produit final sera :

$$\frac{(CC + CC)}{2} \times \frac{CR}{2}, \text{ c'est-à-dire } \frac{EP}{4}.$$

Nous pouvons donc dire que tout arrêt dans la circulation frappe le capital futur en raison géométrique.

Nous nous arrêtons là, mais il faudrait suivre ensuite, dans ses diverses phases, la répercussion que cette perte fait éprouver au capital général d'un pays.

Car, si le seul arrêt de circulation d'un capital circulant arrive à ce résultat, il faut faire attention que ce résultat se reproduit et qu'immédiatement on arrive à 16; que le capital circulant destiné à faire une nouvelle évolution ne la fasse pas, on arrive à 32, etc.

---

(1) Voyez p. 134.

L'imagination s'arrête épouvantée, et cette épouvante est justifiée.

Mais là je ne tiens pas compte encore de tous les effets utiles détruits par l'arrêt de la circulation. Si nous en tenons compte, comme dans le tableau ci-dessous, nous arrivons à un résultat beaucoup plus grave.

En effet, on peut formuler :

La raison d'une progression arithmétique décroissante de la circulation et du capital circulant, est toujours moindre que la raison arithmétique de la progression décroissante de l'effet produit.

Ce qui est prouvé par les progressions décroissantes suivantes :

RAISONS des progressions arithmétiques décroissantes de la circulation et du capital circulant	PROGRESSIONS arithmétiques décroissantes de la circulation et du capital circulant	EFFETS PRODUITS	PROGRESSIONS arithmétiques des différences des effets produits	RAISONS des progressions arithmétiques décroissantes des différences des effets produits
2				8
	20 × 20	400		
	18 × 18	324	76	
	16 × 16	256	68	
	14 × 14	196	60	
	12 × 12	144	52	
	10 × 10	100	44	
4				32
	20 × 20	400		
	16 × 16	256	144	
	12 × 12	144	112	
	8 × 8	64	80	
	4 × 4	16	48	

Il est vrai qu'on se console en se disant que les faits ne se passent pas avec cette rigueur, que les conséquences d'un arrêt de la circulation ne se manifestent pas avec cette précision.

On a tort. Mais on préfère rester dans une attitude plus ou moins vague. On préfère se dire : — Il y a du vrai là dedans, mais ce n'est pas complétement vrai; il faudrait voir. Et ceux qui disent : — il faudrait voir, sont ceux-là qui, en général, ne cherchent jamais à voir.

Mais ceux qui veulent cependant justifier leur scepticisme, répètent cette éternelle objection, que nous avons déjà réfutée : vous ne tenez pas compte de la consommation des capitaux circulants; ce qui fait que la progression s'arrête dès le premier terme.

A cela, nous répondrons encore la même chose : le premier terme est déjà assez élevé pour être effrayant. Ensuite, si ce capital n'existe pas, un autre capital qui aurait pu être employé productivement, sera consommé. Mais ce n'est pas tout.

Admettons que la moitié des capitaux circulants soient consommés en jouissances, non reproductives d'utilité, proportion exagérée, évidemment, il n'en résultera pas moins la perte de tout l'effet utile, produit par le capital de jouissance, avant qu'il soit arrivé à destination; et la perte de cet effet utile, se répercutant sur le producteur de ce capital, n'en reste pas moins dans une progression géométrique ayant plusieurs termes.

Qu'est-ce donc alors quand le capital circulant n'est pas destiné à une jouissance, mais quand il est destiné à une reproduction d'utilité? Alors, d'un côté, il faut ajouter aux termes de la progression géométrique qui expriment la perte de l'effet utile à l'égard du producteur, de nouveaux termes exprimant la perte de l'effet utile à l'égard du consommateur.

Du reste, les faits qui se produisent lors des crises commerciales montrent quelle répercussion produit sur l'ensemble des affaires le moindre arrêt dans la circulation.

Qui ne connaît l'inquiétude et le malaise que jette, dans toute l'industrie et le commerce, la moindre élévation du taux de l'escompte !

« Plus on observe les crises commerciales, dit M. Juglar, depuis que l'on possède des relevés officiels de la situation des banques en France, en Angleterre et aux États-Unis, c'est-à-dire depuis le commencement du siècle, plus on demeure convaincu que leur marche, leurs accidents deviennent de plus en plus solidaires, et que, dès qu'un embarras se fait sentir d'un côté ou de l'autre de l'Atlantique, il est rare qu'il ne réponde pas du côté opposé (1). »

Mais si une crise, qui n'est qu'un arrêt dans la circulation, produite par des causes que nous n'avons pas à étudier en ce moment, provoque une telle répercussion d'un bout à l'autre du monde, qu'est-ce donc lorsque la crise se reproduit immédiatement, tout à côté de vous, chez vous-même, et lorsque cette crise n'est pas seulement momentanée, intermittente, mais perpétuelle, sans discontinuité, et tend chaque jour à s'aggraver?

Eh bien, c'est là le résultat auquel arrivent nos impôts. Ils provoquent une crise, non pas seulement périodique, mais une crise permanente.

D'un côté, les producteurs essayent par tous les moyens possibles d'augmenter la rapidité de la circulation : on construit des routes, des ponts, des canaux, des chemins de fer, des télégraphes : le génie humain se consume en inventions qui mettent toutes les forces naturelles à portée de la main de l'homme. Il invente le commerce : il arrive à triompher du temps à l'aide du crédit.

C'est alors que le fisc intervient et dit : — Vous avez compté sans moi. Je me mets en travers de cette circulation.

---

(1) *Les Crises commerciales*, p. 13.

Je lui impose mon veto. Je la frappe d'arrêts multiples, sous toutes les formes. J'ai un frein pour chaque rouage. Vous voulez produire : vous ne produirez qu'avec ma permission, après avoir subi les arrêts qu'il me plaît de vous imposer. Le travailleur, l'industriel, le commerçant tirent d'un côté : le fisc tire de l'autre. Dans cette lutte, la production s'arrête, et des deux côtés on s'épuise en efforts pour arriver à l'immobilité et à la ruine.

Un mécanicien chauffe sa machine à toute vapeur ; et il serre les freins. — Cet homme est fou, dira-t-on ; il use sa machine, il use ses rouages, il dépense du charbon, et cela pour ne produire aucun effet utile, et au risque de tout briser.

Que fait le fisc, cependant, quand il frappe la circulation ? Il agit exactement comme ce mécanicien.

Et alors il se trouve des gens graves, sérieux, qui passent pour des hommes profonds ; et ces gens graves, sérieux, ces hommes profonds, déclarent que c'est le seul moyen de faire avancer la production nationale.

Et, bons moutons de Panurge, habitués à nous contenter des déclarations solennelles, sans nous donner la peine de regarder ce qu'elles cachent, nous nous contentons de cette affirmation et nous sommes tout prêts à dire, nous aussi :

— En effet, il n'y a pas de meilleur moyen pour faire avancer la machine que d'en serrer les freins !

LIVRE III

RÈGLES CONSTITUTIVES DE L'IMPOT

CHAPITRE I.

L'IMPÔT NE DOIT JAMAIS ENTRAVER LA CIRCULATION.

L'impôt doit épargner la circulation. — Le crédit est le capital de l'avenir. — Un dilemme. — L'impôt doit faire crédit au travail. — Les impôts sur la circulation et l'impôt sur la richesse acquise.

Nous avons précédemment affirmé et démontré :

1° Que la circulation a pour but l'économie du temps ;

2° Que la production est en raison géométrique de la rapidité de la circulation.

Si maintenant nous nous posons la question suivante : — L'impôt doit-il épargner ou frapper la circulation ? — notre réponse ne saurait être douteuse.

Non, l'impôt ne doit pas frapper la circulation, puisque tout impôt qui frappe la circulation, qui provoque un arrêt dans la circulation, entrave la production en raison géométrique.

C'est là, par conséquent, le criterium à l'aide duquel nous devons juger tout système fiscal.

Tout impôt qui frappe la circulation doit être condamné sans hésitation.

L'impôt doit la ménager, au contraire, se mettre à l'écart, prendre garde de l'entraver si peu que ce soit.

Bien plus, je dis qu'il doit la favoriser; et il le peut.

Nous avons constaté l'immense rôle du crédit.

Dût-on m'accuser d'être paradoxal, je prétends que l'impôt, au lieu d'être une entrave au crédit, peut être un auxiliaire du crédit.

Certes, il semble y avoir dans ces termes une certaine contradiction; mais cette contradiction n'est qu'apparente.

Quel est le rôle du crédit? C'est de permettre aux capitaux circulants, par la circulation la plus rapide possible, d'arriver à la production la plus grande possible. C'est le rail de la production.

C'est plus : c'est une avance du capital au travail pour former, quoi? le capital de l'avenir.

Il permet à des capitaux circulants, qui seraient restés inertes s'ils n'avaient eu le crédit pour moteur, de former de nouveaux capitaux et d'arriver tôt ou tard à former un capital fixe.

Ce que cherche le crédit, c'est à favoriser, autant que possible, la richesse en formation pour arriver à la richesse acquise.

L'impôt doit jouer un rôle analogue.

Seulement il ne saurait être un agent actif; il ne peut contribuer à la production d'un pays qu'en prélevant tout d'abord une part sur cette production.

Mais s'il prélève cette part sur la circulation, alors il arrive au résultat que nous avons constaté : tout arrêt dans la circulation frappant la production en raison géométrique, l'impôt frappe la production en raison géométrique.

Il doit donc, au contraire, épargner la circulation.

Bien plus, il doit se faire l'auxiliaire du crédit dans ses efforts pour économiser le temps.

Il doit, en un mot, faire crédit aux capitaux circulants.

Il doit attendre, pour présenter son effet à payer, que ces

capitaux circulants aient terminé leur circulation et soient devenus capitaux fixes.

Si l'impôt ne se présente que lorsque le travail a pris sa part, il joue un rôle analogue à celui du commanditaire, puisqu'il fait ainsi crédit au travail.

Si l'impôt ne frappe pas la circulation, la production du pays profite, en raison géométrique, et de la liberté de la circulation que lui laisse l'impôt, et du crédit qu'il lui fait : — double bénéfice.

On pourrait donc dire, dans ce cas, que l'impôt est productif :

1° En n'empêchant pas de produire ;

2° En ne réclamant sa part que lorsque le capital circulant est devenu capital fixe.

En un mot, la production étant en raison géométrique de la rapidité de la circulation, il s'agit de supprimer tous les impôts qui peuvent entraver la circulation et d'établir un impôt qui épargne la circulation.

Or, nos législateurs fiscaux, ayant toujours dédaigné de remonter aux lois de la science économique, ne se sont jamais aperçus de l'influence de la circulation sur la production.

De là viennent tous les vices de nos impôts actuels, vices dont ils s'épouvantent eux-mêmes, et auxquels ils ne trouvent pas de remèdes ; parce que, faisant de l'économie politique comme les alchimistes faisaient de la science, comme les sorciers faisaient de la médecine, ils en sont restés à des procédés empiriques, demandés au hasard.

Un grain de sable dans l'engrenage suffit pour que la machine ne fonctionne plus.

Dans les rouages de la circulation, nos impôts ne font pas l'effet de grains de sable, hélas ! Ce sont des obstacles contre lesquels elle se brise. On s'étonne ensuite que la machine ne fonctionne pas régulièrement, on s'étonne que tantôt elle soit folle et tantôt inerte ; on s'étonne enfin qu'elle arrive à se rouiller et à ne plus rien produire.

La démonstration que nous venons de faire indique le moyen de lui rendre une marche régulière.

C'est pourquoi je n'hésite pas à poser à nos financiers, à nos hommes d'État, le dilemme suivant :

Voulez-vous tuer et ruiner le pays ? Voulez-vous arrêter son essor ? Voulez-vous paralyser sa production, empêcher l'augmentation de son capital fixe ? Est-ce son appauvrissement progressif que vous ambitionnez ?

S'il en est ainsi, le moyen est simple : frappez la circulation !

Voulez-vous, au contraire, qu'il se relève ? Voulez-vous qu'il se fortifie ? Voulez-vous que son industrie et son commerce augmentent ?

Dans ce cas, épargnez la circulation, et ne frappez que la richesse acquise.

Nous posons donc en principe absolu : — *L'impôt ne doit jamais entraver la circulation.*

CHAPITRE II.

L'IMPÔT DOIT ÊTRE PRÉLEVÉ SUR LA CHOSE, JAMAIS SUR LA PERSONNE.

Le criterium du progrès. — L'homme esclave des agents naturels. — L'individu et la communauté. — L'individu n'est rien. —L'État et le contrat. — L'individualisme. — L'homme et la chose. — Le *jus gentium*. — Le progrès par le droit commercial. — Recul du moyen âge. — Les droits de l'État et les droits de l'homme. — La liberté du travail. — La liberté dans le dix-neuvième siècle. — M. Maine. — L'homme et le fisc.

A cette règle fondamentale il faut en ajouter une autre, non moins fondamentale, que j'ai indiquée déjà, mais qui exige, pour être bien comprise de tous, certains développements historiques.

On parle de progrès, de perfectibilité humaine, mais fort peu de personnes se sont demandé à quels signes certains on constatait, dans l'histoire de l'humanité, qu'un progrès s'était accompli ou qu'un recul s'était produit. On dit bien, instinctivement : « Telle mesure nous ramènerait en arrière ! » mais on ne cherche pas la raison qui prouve que telle mesure est contraire ou favorable à l'évolution des sociétés.

Il faut, pour la découvrir, remonter aux origines de la civilisation, observer les peuples primitifs qui existent actuellement, arriver par induction à la connaissance des mœurs, des usages, des idées des peuples préhistoriques, puis comparer avec tout ce passé lointain les diverses phases de la civilisation des peuples qui nous ont légué leur histoire, et le développement de la civilisation contemporaine (1).

(1) Voir John Lubbock. *Les origines de la civilisation*, traduit par Barbier. — Maine. *L'ancien droit*, traduit par Courcelle-Seneuil. — Bagehot.

Si nous considérons tout d'abord l'homme primitif, l'homme de l'âge de pierre, l'homme de l'âge de bronze, nous voyons que cet homme est esclave de tous les agents naturels, de toutes les forces naturelles. Tout lui est hostile. Il a peur de tout. Pour lui tout est menace, tout est souffrance, tout est danger. Avec des moyens insuffisants pour lutter contre les intempéries des saisons, contre l'eau, contre le feu, il en arrive à considérer toutes les forces naturelles comme des ennemis ; et, dans sa terreur, ajoutant à leurs dangers réels, à leur oppression véritable, des dangers imaginaires et une oppression subjective, il en fait des fétiches, des manitous, devant lesquels il tremble.

L'homme primitif est donc l'esclave de tous les agents naturels.

Mais au fur et à mesure qu'il se développe, les rôles changent : la puissance de la nature sur lui diminue et sa puissance sur elle augmente. Les animaux qui étaient ses ennemis deviennent entre ses mains des instruments ; de ces agents naturels qui lui étaient hostiles, dont il était l'esclave, il fait des collaborateurs, des esclaves à son tour. Il emploie le vent pour pousser son navire, pour faire tourner son moulin. Il s'empare de la chute d'eau, et elle devient un moteur. Plus il va, plus ses progrès s'accumulent avec rapidité, et un jour, cet ancien esclave de tous les agents naturels en arrive à domestiquer la foudre.

Transformer en utilités les agents naturels dont l'homme était auparavant l'esclave; augmenter toute son individualité de la puissance que lui donne le pouvoir qu'il conquiert sur eux; dégager sa liberté de l'oppression de la nature : voilà le progrès matériel.

Le progrès social se reconnaît aux mêmes caractères, pré-

Loi scientifique du développement des nations. — Fustel de Coulanges. *La cité antique.*

sente les mêmes conditions de développement, est soumis au même criterium.

A l'origine de la civilisation, l'individu n'existe pas. Il n'a pas conscience de lui-même. Il n'est rien par lui. Il n'y a que des familles, des tribus, la *phratrie* en Grèce, la *gens* en Italie, qui, sous divers noms, suivant le pays, représentent toujours le même phénomène. Il y a un chef, le père de famille; nul autre droit que sa parole. Il est le maître absolu, sans qu'on puisse en appeler à personne de son autorité. Il ne parle pas seulement en son nom, il parle au nom d'une puissance mystérieuse et supérieure.

Il n'y a d'autre propriété que celle de la communauté, comme nous le voyons encore dans l'Inde (1). L'homme n'est pas distinct de la masse. Son individualité est absorbée dans la communauté. Il doit avoir les idées, les opinions, les croyances inhérentes à son groupe. Il n'y a point de contrat qui règle ses obligations et dégage sa personne.

L'ordre du chef de la tribu, augmenté de toute la puissance de son origine mystérieuse fortifiée par la coutume, enveloppe l'homme tout entier, fixe chacune des actions de sa vie, lui assigne une place dans la communauté, subordonne l'exercice de ses facultés à la fonction qui lui est dévolue et d'où il ne peut sortir.

Quand les familles s'associent, se groupent pour former des nations, l'individu reste encore longtemps lié à sa tribu; puis, lorsque ce lien se relâche, lorsque l'État tend à perdre son caractère primitif d'agrégation de familles, pour devenir une agrégation d'individus, il hérite du pouvoir du chef de la tribu. L'homme ne vaut rien par lui-même. Il n'est quelque chose que comme molécule de la masse. Il continue d'être la chose de la nation. Son individualité, dégagée de la tribu, est ressaisie par la communauté de l'État.

Il y a cependant eu là un progrès : car l'autorité s'affaiblit d'autant plus qu'elle s'éparpille. Exercée sur des milliers

(1) Les fonctionnaires anglais ont essayé en vain de la détruire.

d'individus, elle n'a pas la même intensité, la même continuité, que si elle s'exerce sur quelques-uns.

Puis une nouvelle idée intervient : à l'idée théocratique, gouvernementale, autoritaire, les rapports commerciaux de peuples à peuples, d'individus à individus, substituent l'idée d'engagement volontaire pour des services déterminés, l'idée de contrat. C'est à Athènes, république de marchands et de marins, qu'elle prend naissance. L'individu se dégage du despotisme de l'État. Il remplace les arrangements d'autorité par des engagements volontaires qui concernent des choses, des intérêts, et qui ne concernent plus sa personnalité. Quand Périclès fait l'éloge d'Athènes (1), il fait ressortir le caractère d'individualisme qui la distingue des peuples voisins : liberté des opinions divergentes; liberté du travail; liberté, non-seulement de fait, mais encore passée dans les mœurs et amenant entre tous une tolérance mutuelle; discussion, non point obstacle à l'action, mais servant à la diriger. D'où vient ce résultat? De l'idée de contrat substituée à l'idée de prédominance de l'État.

A Rome, si l'individu reste plus subordonné à l'État, l'idée du contrat ne s'en produit pas moins dans le *jus gentium* qu'il ne faut pas confondre avec le *jus feciale*. Le *jus gentium*, d'abord considéré comme « un ignoble appendice du droit civil (2) », adopté pour régir les contrats commerciaux existant entre les citoyens romains et ceux des autres nations, devient prépondérant lorsque les théories grecques pénètrent à Rome. Ce droit cosmopolite, qui a pour but de ne pas donner aux étrangers les avantages du droit civil romain, fait abstraction de l'individu, du citoyen, ne s'applique qu'à la chose, qu'aux intérêts. Il y a là progrès, il y a augmenta-

(1) Discours en l'honneur des héros morts pendant la guerre du Péloponèse (431).

(2) Maine. *L'ancien droit*, p. 50. Le « *jus feciale* » répond à ce que nous appelons maintenant le droit des gens.

tion de la liberté individuelle, parce qu'il y a séparation de l'homme et de la chose.

Le moyen âge est regardé comme un état rétrograde. On a raison. Pourquoi? parce qu'il lie l'homme à la chose, le serf à la glèbe, le seigneur à son fief, et rétablit la subordination étroite de l'homme à l'homme. Cependant il y a un progrès; l'esclave devient serf; puis dans la seconde moitié du moyen âge, on constate un nouveau progrès; le serf de corps devient serf abonné. En même temps les villes s'émancipent. L'individu cherche à échapper à l'oppression seigneuriale par l'organisation de la commune. La monarchie absolue le ressaisit; l'homme n'est qu'un sujet du roi. Le travail est un droit attaché à la royauté, que le roi peut vendre et que ses sujets doivent acheter. Ceux qui, sans permission, sans privilége ou sans charte, veulent employer leurs forces, sont coupables comme ceux qui ne veulent pas payer la gabelle.

Cependant les penseurs du dix-huitième siècle réagissent contre la pression de ce despotisme; Quesnay (1) entrevoit la solution de la question gouvernementale; il sépare l'homme, l'individu, de l'État; l'État ne doit point gouverner des sujets; l'État ne doit gérer que des intérêts.

Par une merveilleuse intuition, résultant de tous les grands travaux des penseurs de ce siècle, les hommes de 89 opposèrent aux droits de l'État la Déclaration des Droits de l'homme.

Tout le grand progrès accompli par la Révolution est condensé dans ces mots : L'homme a des droits en dehors de l'État. Il peut travailler sans la permission de l'État. Il peut agir, penser par lui-même. Il peut publier ses idées. Il peut se réunir et s'associer à ses concitoyens pour les faire prévaloir. En un mot, il peut employer ses facultés, ses forces, comme bon lui semble, à tel usage qu'il lui plaît, pourvu que cette action ne soit entachée ni de dol ni de violence; il a brisé les lisières dans lesquelles le tenait enserré le droit

(1) *Traité du droit naturel.*

monarchique; il a conquis la liberté du travail, si on prend ce mot dans la large acception de liberté pour l'homme de consacrer sans entraves toutes ses aptitudes à l'augmentation de sa puissance, à l'agrandissement de son être.

Depuis, à travers des réactions diverses, au milieu des luttes qui ont désolé et ravagé notre siècle, ces principes n'en ont pas moins surnagé. Ils forment comme la bouée de sauvetage à laquelle nous nous cramponnons tous dans les moments de tourmente. C'est en vain qu'on a essayé de les effacer. Nul n'a osé demander en face qu'on les biffât de notre droit public moderne (1).

Les constitutions mêmes qui les ont le plus ouvertement violés se mettaient sous leur patronage. La monarchie de droit divin et le césarisme ont en vain essayé d'absorber l'homme; ils n'ont pas pu anéantir le profond sentiment de son individualité que lui a donné la Révolution. Nous datons de 89, quoi qu'on puisse faire; c'est l'ère moderne.

Voyez les efforts dans lesquels se sont usés les divers gouvernements, les habiles de la politique, pour diminuer les conséquences de ces principes. Ils ont pu remporter des succès d'un jour, ils sont tombés le lendemain. Les seules œuvres réelles, durables, qui marquent les grandes étapes de la marche de l'humanité dans ce siècle, sont toutes marquées par la conquête d'une liberté, par un développement de l'individu. Pourquoi le suffrage universel est-il admis maintenant par tous les hommes de progrès? C'est qu'il affranchit l'ouvrier, le petit propriétaire, le petit commerçant, le petit laboureur, du despotisme du « pays légal » qui, s'arrogeant tous les droits, pouvait lui imposer toutes les charges.

Il n'est pas enfin jusqu'au césarisme impérial qui, refusant au pays la liberté politique, ne sentît qu'il lui fallai

(1) N'avons-nous pas vu M. de Falloux, à l'époque des tentatives de la fusion, protester de son respect pour les principes de 89 ?

une compensation, et n'esquissât d'une main timide des ébauches de liberté industrielle et commerciale, en affranchissant la boucherie et la boulangerie des entraves qui limitaient leur extension, en supprimant les priviléges des théâtres, en signant le traité de 1860. Voilà ce qui est resté du second empire, au milieu de toutes les ruines qu'il a entassées.

Enfin le pays dont les institutions politiques sont le plus sûrement assises avait eu bien soin, dans sa constitution, de soustraire à tout pouvoir légiférant la liberté individuelle. C'est pour cela que, depuis plus d'un quart de siècle, il n'a cessé de se développer avec une énergie inconnue au vieux monde. Il avait cependant maintenu un effroyable vestige des civilisations anciennes : l'esclavage! Il a subi le châtiment qui résulte toujours, tôt ou tard, de la violation de la personnalité humaine. Il a fallu une guerre pour résoudre cette question sociale; et les États-Unis n'ont pu reprendre leur marche normale en avant que parce qu'elle a été résolue dans le sens de la liberté.

Qu'on interroge donc l'histoire dans ses diverses phases, on en arrivera toujours à cette conclusion : Tout progrès est un affranchissement de l'individu, un agrandissement de l'homme, une conquête de la personnalité humaine, soit sur les agents naturels, soit sur le despotisme de la tribu ou de l'État.

Et ceci est logique : une société n'est qu'une agrégation d'individus; elle est forte si elle se compose d'individus forts; elle est active, entreprenante, intelligente, si elle se compose d'individus actifs, entreprenants et intelligents. On n'a pas encore vu une société florissante composée de gens apathiques ou idiots.

Il y a donc un double effet : tout progrès s'accomplit par les individus et, forcément, au profit des individus.

« Le mouvement des sociétés progressives, dit M. Maine, a été uniforme sous un rapport. Pendant toute sa durée, il a été remarquable par la dissolution graduelle de la dépendance de famille, qui a été remplacée peu à peu par les obligations individuelles. L'individu est constamment substitué à la famille comme l'unité sociale dont s'occupe le droit civil. . . . .

« Et il n'est pas difficile de voir quel est le lien qui remplace peu à peu les formes de réciprocité de droits et de devoirs qui ont leur origine dans la famille. C'est le contrat.

« Si donc nous employons le mot État, comme les meilleurs écrivains, dans le sens de ces conditions personnelles seulement, et ne l'appliquons pas aux conditions qui sont, de près ou de loin, le résultat d'une convention, nous pouvons dire que le mouvement des sociétés progressives a, jusqu'à présent, consisté à passer *de l'État au contrat* (1). »

Si le progrès matériel et le progrès politique ont pour critérium certain l'affranchissement de l'individu, le progrès fiscal doit reposer sur les mêmes données, doit avoir la même base.

L'impôt ne doit donc jamais être un droit régalien. Le fisc ne doit point frapper à la fois l'homme et ses intérêts. L'homme n'a pas à payer le rachat de son existence, un droit pour vivre dans telle ou telle communauté. Ces idées fiscales sont les idées inhérentes à la tribu, à la phratrie, à la gens, à l'état primitif, dans lequel l'homme, attaché au sol comme un végétal, soudé à sa fonction, lié à elle, n'ayant pas de personnalité distincte en dehors d'elle, devait à la communauté tout son travail et toutes ses forces.

La fiscalité moderne, au contraire, doit reposer sur l'idée du contrat, élaborée par les usages commerciaux, consacrée dans le *jus gentium* romain.

L'individu a brisé le lien qui l'attachait à la même place, à la fonction unique, qui le rivait à l'État. Il n'est plus un être passif, subordonné, dont les intérêts et la personne sont si bien liés l'un à l'autre qu'on ne peut les séparer, dont l'individualité est enveloppée dans les choses comme dans

---

(1) L'*Ancien droit*, p. 160.

une gangue. Le long et dur frottement de l'humanité l'a détruite ; l'homme s'en est dégagé. Il s'est mobilisé, il s'est diversifié ; chacun aspire à vivre d'une vie propre.

Si l'impôt saisit l'homme, l'individu ; s'il s'impose à lui en vertu d'une sorte de droit supérieur, exigeant qu'il paye parce qu'il vit, l'impôt représente la vieille tradition de la tribu et de l'état primitif, mais est en complète contradiction avec le droit public qui repose sur les principes de la Révolution.

Ce n'est pas l'homme, l'individu que doit saisir le fisc. Il n'a pas plus à s'en inquiéter que l'État ne doit avoir à s'inquiéter de ce qu'il pense et de ce qu'il fait. L'État n'a pas à regarder l'homme d'un œil jaloux, à le poursuivre et à le persécuter, sous prétexte qu'il faut que « chacun paye ».

Cela ne regarde pas l'État. En dehors de la personne humaine, il y a des intérêts, il y a des choses ; ce sont ces choses, ce sont ces intérêts qui constituent la fortune d'une nation. Les individus en sont détenteurs, mais ils ne sont pas incorporés à la chose. Ils en sont complétement séparés, et leur personne doit être en dehors.

Deux commerçants font un contrat pour un échange de choses. Ce sont les *choses* qu'ils livrent ; quant à leur personne, elle en est complétement distincte. L'intérêt n'est pas personnel, il ne porte que sur un objet matériel.

Si la substitution du contrat commercial à l'omnipotence de l'État a accompli un si grand progrès dans le droit ancien, il faut la renouveler, surtout en matière d'impôt.

L'homme n'a pas à payer son péage dans la vie. Il n'a pas à payer le droit de vivre. Il n'a pas à payer comme homme. Il ne doit payer que pour la partie de la fortune nationale qu'il détient.

J.-J. Rousseau a dit : « Comme il est injuste et déraisonnable d'imposer les gens qui n'ont rien, les impositions réelles valent toujours mieux que les personnelles (1)... »

---

(1) *Gouvernement de Pologne*, ch. XI.

Dans son adresse au peuple, l'Assemblée nationale disait :

« La contribution foncière a pour un de ses principaux caractères d'être absolument indépendante des facultés du propriétaire qui la paye ; elle a sa base sur les propriétés ; on pourrait donc dire, avec justesse, que c'est la propriété qui seule est chargée de la contribution, et que le propriétaire n'est qu'un agent qui l'acquitte pour elle, avec une portion des fruits qu'elle donne. »

M. Teisserenc de Bort combattant l'impôt sur le revenu, disait aussi, en commentant les lois de la Révolution (1) :

« Les personnes étant ainsi hors de cause, l'État n'a plus devant lui que les fonds productifs de toutes sortes : les terres, les maisons, les usines, etc. »

« En matière d'impôt, dit M. H. Plassy, il est un principe fondamental dont on ne saurait s'écarter impunément : c'est celui de la proportionnalité. L'impôt doit peser *sur les choses* et non sur les personnes, et toute combinaison qui se propose d'appeler les individus à concourir aux dépenses publiques, dans une mesure autre que celle dont ils jouissent dans le revenu général, ne peut produire que des résultats à la fois injustes et pernicieux. »

C'est donc un principe déjà dégagé, déjà admis, que l'impôt ne doit pas porter sur l'homme.

L'impôt ne doit pas connaître l'homme. Seulement, il y a une fortune nationale à mettre en valeur. Il faut bien prendre une part de ce capital pour l'exploiter, pour la développer, pour la protéger, pour l'administrer. Alors l'État demande cette part.

Cette fortune est détenue par des millions de personnes. C'est sans doute par l'intermédiaire de ces personnes que le fisc prendra cette part. Mais ces personnes ne doivent être que des instruments de perception. Elles doivent payer une part proportionnelle à la partie de la fortune publique qui est

(1) 22 décembre 1871.

en leur possession. Mais ce n'est pas parce qu'elles existent qu'elles payent, c'est parce qu'elles possèdent les choses.

Une société par actions dépense un chiffre X pour la mise en valeur et les frais généraux de son capital. Chaque action supporte une part proportionnelle à cette dépense. L'actionnaire est en dehors ; il n'y contribue que comme possesseur de l'action.

Il en doit être de même pour l'impôt. C'est l'application à l'impôt de la loi du développement humain ; l'homme doit être de moins en moins solidaire de la chose.

Tout impôt qui absorbe la personnalité humaine, qui tarife l'homme, l'individu, qui vient lui demander compte de ce qu'il gagne, de ce qu'il fait, de ce qu'il possède, de la manière dont il travaille, est en contradiction avec la loi d'affranchissement de l'homme, et par conséquent rétrograde.

Pour qu'un impôt soit d'accord avec cette loi du progrès humain, il faut qu'il laisse complétement en dehors la personnalité humaine ; qu'il ne s'inquiète pas de ce que fait tel ou tel individu ; qu'il ne demande pas à chacun ce qu'il gagne, comment il le gagne ; qu'il n'impose pas à ceux-ci et à ceux-là tel mode d'emploi de leurs facultés en leur interdisant tel autre.

De là résulte une seconde règle constitutive de l'impôt qui, sous une apparence subtile, n'est pas moins importante que la première :

L'impôt doit être prélevé sur la chose, jamais sur l'homme.

CHAPITRE III.

L'IMPÔT NE DOIT JAMAIS ENTRAVER LA LIBERTÉ DU TRAVAIL.

La liberté du travail. — Le principe et l'application. — L'impôt moral. — Vous êtes orfèvre, monsieur Josse! — Les conservateurs communistes. — Inégalité. — Antagonisme des intérêts. — Le malaise.

J'éprouve de l'embarras, je l'avoue, à venir formuler cette règle : *L'impôt ne doit jamais entraver la liberté du travail.*

Il me semble que j'énonce un lieu commun qui devrait être accepté par tous, et qu'on aurait le droit de me répondre : — A quoi bon insister sur une vérité que tout le monde connaît, que tout le monde accepte?

Malheureusement, bien loin que cette règle ait acquis la force du lieu commun, elle est constamment violée, non-seulement dans la pratique de nos lois, mais dans tous les projets fiscaux de nos gouvernants et de nos législateurs.

Nous songeons beaucoup plus à empêcher qu'à développer; nous aimons mieux dresser des barrières que d'ouvrir des voies nouvelles; nous avons un esprit de résistance au progrès qui nous pousse tout d'abord à entraver l'activité individuelle. Toute action nous fait peur. Nous sommes prêts à dire avec le caporal classique : — Le plus beau mouvement, c'est l'immobilité.

Sans doute, la liberté du travail a été proclamée dans la nuit du 4 août, elle fait partie de ces grands principes de 89 que personne ne conteste.

Mais, comme tous les autres principes de 89, celui-là est violé chaque jour dans la pratique, et par les lois elles-mêmes.

Pour que la liberté du travail fût assurée, il faudrait que jamais l'État, jamais la loi ne pussent intervenir dans la production des richesses pour en contrarier le développement et pour en fausser la répartition.

C'est une vérité qu'on admet encore volontiers lorsqu'elle est présentée dans ces termes. C'est le principe. Bien. On l'accepte. Mais quand il s'agit d'arriver à l'application, on l'oublie, et, bien plus, on se fait un argument de cet oubli pour décider le législateur à l'oublier également.

Je constate ce fait sans le critiquer, car il représente simplement une conséquence forcée de notre système fiscal actuel.

Écoutez les ministres, les députés dans quelque discussion sur un impôt nouveau ; ils se bornent à dire ceci : — Voici une industrie prospère. Elle est trop prospère. Nous allons l'imposer.

L'argument peut revêtir diverses formes, il reste toujours le même au fond : — Les boissons sont une matière très-imposable. Tout le monde boit plus ou moins. Augmentons les impôts des boissons.

Quelquefois, il y a un argument moral qui vient s'ajouter à cet argument : — Frappons l'alcool peur supprimer l'ivrognerie ; frappons le tabac, son usage constitue une mauvaise habitude.

Il est vrai que, quand on frappe le savon, on ne pourrait pas en dire autant. Mais alors on dit : — Il se vend beaucoup de savon. Il paraît que la propreté, faisant des progrès, développe beaucoup cette industrie. Il est temps d'y mettre bon ordre. Les fabricants deviendraient trop riches.

Ce sont là les arguments qu'invoquent d'honnêtes conservateurs, qui ne pèchent point par excès d'amour pour l'égalité des fortunes. Cependant nous les avons entendus encore dernièrement dire très-sérieusement, à propos des raffineurs de sucre : — Il est temps de mettre une limite à leurs bénéfices.

On aurait pu, à la vérité, retourner l'argument et dire à ces législateurs : — Associez-vous plutôt à ces bénéfices en leur faisant concurrence.

Toutes les discussions fiscales tournent dans ce cercle vicieux. Jamais vous n'entendez invoquer d'autres arguments que ceux-ci : — Cette catégorie de contribuables fait trop de profits, il faut les restreindre.

Sous la monarchie, nous avons vu l'État jaloux des profits de l'industrie et s'efforcer de s'en emparer. Cet esprit s'est conservé dans nos assemblées législatives, qui comptent cependant, parmi leurs membres, des commerçants et des industriels. Ceux-ci n'apportent pas le même esprit de jalousie contre l'industrie et le commerce, mais ils apportent un singulier esprit de concurrence. Quand il s'agit d'exercer les raffineurs de sucre, M. Pouyer-Quertier affirme que l'exercice est la chose la plus simple, la plus commode qu'on puisse imaginer. Quand il s'agit de l'exercice pour les tissus, il déclare, au contraire, que c'est une chose abominable, exécrable, qu'on ne peut souffrir.

— Vous êtes orfévre, monsieur Josse !

Tantôt on frappe une industrie, tantôt on en frappe une autre. Quelquefois il prend fantaisie au législateur d'en confisquer une au profit de l'État comme celle des allumettes. D'autres, comme celle des poudres, comme celle des tabacs, comme celle des cartes à jouer, sont confisquées depuis si longtemps qu'on n'y fait plus attention. On trouve tout naturel que l'État se fasse marchand de tabac. On trouve cela moral. On ne s'aperçoit pas de la contradiction dans laquelle on tombe. Si l'usage du tabac est une mauvaise habitude et si le tabac est frappé pour ce motif, l'État doit essayer d'en dégoûter les consommateurs en leur vendant la plus mauvaise marchandise possible. Mais alors lui-même tombe dans l'immoralité du commerçant qui trompe sur la qualité de la marchandise, et, de plus, il fait de mauvaises affaires.

Prenez un de ces honnêtes législateurs qui approuvent les

monopoles ; qui approuvent qu'on frappe l'alcool, parce qu'il faut combattre l'ivrognerie ; qui approuvent qu'on frappe telle ou telle industrie, parce qu'elle fait trop de bénéfices et qu'il est temps d'y mettre bon ordre, et dites-lui : — Vous êtes communiste !

Aussitôt cet honnête législateur vous répondra avec étonnement : — Mais c'est une plaisanterie !

Cependant, rien de plus vrai. Oui, Monsieur, vous êtes communiste, et un communiste de la pire espèce, car vous êtes un communiste inconscient. Qu'est-ce qu'un communiste ? C'est un utopiste qui croit que l'État a tout pouvoir et que l'individu doit lui être entièrement subordonné ; qui est convaincu qu'il appartient à l'État de régler les activités humaines, exactement comme un horloger règle une montre ; qu'il est du devoir de l'État de surexciter, ici, la production de produits qui lui conviennent, et là, d'arrêter la production de produits qui ne lui conviennent pas ; d'enfermer tous les hommes dans des moules uniformes, de manière à détruire toute velléité d'indépendance. Voilà le parfait communiste.

Or, quand un honnête législateur vient frapper une industrie, parce que cette industrie fait trop de bénéfices ; quand il vient donner à l'État le monopole de cette fabrication, parce que les produits de cette fabrication lui semblent nuisibles ; quand il vient enserrer telle autre industrie dans une série de règlements qui l'empêchent de s'établir dans certains endroits, parce qu'ils placent tel lieu dans un état d'infériorité vis-à-vis de tel autre ; quand il donne tel avantage à telle zone et tel désavantage à telle autre ; quand il ne permet de vendre, d'acheter, de faire circuler tel produit qu'à la suite de formalités nombreuses et coûteuses, il applique, sans s'en douter, le manuel du parfait communiste : car il viole la liberté du travail.

Une industrie est surtaxée, une autre ne l'est pas. Y a-t-il égalité entre elles ?

Une industrie est soumise à une taxe dans l'intérieur d'une ville. La même industrie ne paye aucun droit en dehors de l'enceinte de la ville. Y a-t-il égalité entre deux usines consacrées à cette industrie, situées, l'une à l'intérieur et l'autre à l'extérieur de cette ville?

Le droit de licence pour les brasseries varie selon les départements. Y a-t-il égalité?

D'après l'article 10 de la loi du 1er mai 1822, la distillerie des eaux-de-vie et des esprits est défendue à Paris. Le principe de la liberté du travail est-il observé?

Telle matière vient d'être surchargée de droits à la douane; des fabriques, des manufactures, des usines s'étaient établies pour l'exploiter sur la foi des tarifs antérieurs. L'augmentation du tarif restreint la consommation. Les fabriques montées ne peuvent plus produire. Elles tombent. Les propriétaires sont déclarés en faillite. Où est le coupable, cependant? N'est-ce pas le fisc qui est coupable d'une violation de la liberté du travail?

Dans les dernières discussions relatives aux nouveaux impôts, nous avons entendu opposer les uns aux autres l'agriculture, le commerce et l'industrie. On établissait entre ces trois branches de production un antagonisme factice. Un ministre, M. Magne, accusait le commerce et l'industrie de ne pas payer assez. Qu'est-ce que toutes ces récriminations prouvaient? C'est que le fisc frappait arbitrairement des catégories de producteurs, tantôt surchargeant les uns, tantôt épargnant les autres, — au petit bonheur, — et par conséquent violait d'une manière constante, quoique inégale, la liberté du travail.

Comment produire avec de pareilles incertitudes? Est-ce que la production n'exige pas avant tout de la sécurité? Si on n'a pas la sécurité du lendemain; si un impôt nouveau peut venir s'abattre sur l'industrie que l'on serait tenté de fonder, on garde ses capitaux, on les place tant bien que mal ; on préfère attendre plutôt que de tout risquer. Le temps se passe en incertitudes. La production s'arrête, l'exportation qui trouve des produits rivaux sur les marchés étrangers se restreint, et là où pourrait être la prospérité, il ne reste que le malaise (1).

(1) Voy. au livre IV, la *Critique des impôts actuels*.

CHAPITRE IV.

L'IMPÔT DOIT ÊTRE UNIQUE.

Nécessité de l'impôt unique. — Les égoïstes niais et les égoïstes intelligents. — Les prohibitionnistes à l'intérieur. — Faire payer le voisin. — La direction industrielle par le fisc. — L'unité de l'impôt est la garantie de la liberté de travail. — Pas d'arguments contre l'impôt unique. — Proudhon. — Origine féodale de la multiplicité des impôts.

Mais, me dit-on, comment ne pas violer la liberté du travail? Est-ce qu'il n'y aura pas toujours des industries plus frappées les unes que les autres? Le fisc cherche de l'argent. Une industrie est prospère, il lui en demande. Il voit un objet qu'il est facile de frapper d'un impôt, il frappe cet objet. C'est fâcheux pour ceux qui supportent cette surtaxe. Tant mieux pour ceux qui en sont exemptés. Il y a compensation.

Voilà comment les hommes les plus sincères répondent au reproche de violer la liberté du travail.

A cette réponse il n'y a qu'une objection à faire : c'est qu'avec l'impôt unique ces inégalités ne se produiront pas.

C'est même peut-être parce que ces inégalités ne se produiront pas que l'impôt unique compte tant d'adversaires.

Nous sommes tous égoïstes, c'est un fait que je constate sans le blâmer ni l'approuver; mais il y a deux sortes d'égoïstes : les égoïstes niais, qui croient que leurs intérêts sont en antagonisme avec ceux du reste du monde, et qui cherchent à les en séparer de plus en plus et à les mettre en opposition avec l'univers. Comme tout le monde est toujours le plus fort et a le dernier mot, ces égoïstes finissent toujours par succomber, exactement comme le joueur qui joue contre tout le monde. Auparavant, ils ont fait le plus de mal possible.

C'est ce genre d'égoïsme qui est le mobile des voleurs, des filous et des assassins. Il peut se masquer, se farder, prendre des formes, on le retrouve encore trop souvent, hélas! à l'état plus ou moins latent dans nos mœurs et dans notre manière d'envisager les questions.

A côté se trouvent les égoïstes intelligents qui ne se croient point des êtres à part ; ils ne s'imaginent pas qu'à eux seuls ils sont tout ; qu'ils doivent graviter dans un orbe unique. Ils croient, au contraire, que l'homme est un animal sociable ; que la civilisation développe encore cette sociabilité ; que tous les intérêts sont si bien liés les uns aux autres qu'ils sont solidaires ; que lorsque l'un d'eux reçoit un choc, ce choc se répercute sur tous les autres ; que lorsqu'il y a un intérêt comprimé et lésé, tous les autres en subissent le contre-coup ; que si telle branche d'industrie périt, par exemple, toutes les industries s'en ressentent plus ou moins, selon leurs points de contact avec elle, mais n'en subissent pas moins comme un choc en retour ; que, dans l'entre-croisement des intérêts, toute vibration qu'éprouve l'un d'eux se fait sentir sur les autres. Ces égoïstes intelligents croient qu'il vaut mieux marcher avec tout le monde que de se mettre en lutte avec tout le monde. Ils ne pensent pas que le meilleur moyen d'étendre leurs opérations, leurs affaires, leur industrie, est de les enfermer dans une muraille de la Chine. Ils estiment que chaque homme n'est qu'une molécule de l'humanité, noyée au milieu de son gigantesque courant, et que c'est folie de vouloir s'isoler lorsqu'on ne peut pas faire un pas, un mouvement, un geste sans se trouver en contact avec le reste du monde. Alors ces égoïstes intelligents ne considèrent point que leurs intérêts doivent être des barrières et des digues dressées devant le progrès ; ils sont convaincus, au contraire, que leurs intérêts doivent suivre son impulsion et se maintenir à son niveau ; et au lieu de mettre leurs intérêts en antagonisme avec l'intérêt général, ils tâchent de les mettre en harmonie avec lui.

Les premiers, les égoïstes niais, étaient les prohibitionnistes d'autrefois. On dit qu'il en reste encore quelques-uns. Sous prétexte de « protéger le travail national », ils donnaient à telle ou telle catégorie d'industriels le privilége de vendre cinq, six, huit, dix fois plus cher son produit qu'il ne valait. Il y avait des industries qui étaient plus protégées; d'autres l'étaient moins. De là des inégalités factices, arbitraires, reposant sur des différences de tarifs. Le consommateur payait la différence. Les protectionnistes se réjouissaient de la cherté de la viande. L'un d'eux eût préféré « une invasion de Cosaques » à une invasion de bœufs. Sous prétexte de « protéger le travail national », ils ne cessaient de faire l'apologie « de la disette nationale. »

Si nous n'avons plus maintenant que peu de protectionnistes pour l'extérieur, nous avons encore beaucoup de protectionnistes à l'intérieur. Ils ne l'avouent pas; ils s'en garderaient bien. Ils ne se l'avouent, du reste, peut-être pas à eux-mêmes, j'aime du moins à le croire. Raison de plus alors pour leur faire leur propre confession et leur dire leurs vérités.

Voici, à leurs yeux, le grand avantage des impôts multiples. D'abord, ils espèrent en payer le moins possible et se décharger de la plus grosse part sur le voisin. En même temps, ils espèrent, par cela même, gêner tel et tel genre de production, tels et tels concurrents. Ils croient qu'ils bénéficieront de la perte qu'ils feront ainsi subir à des branches de commerce ou d'industrie rivales. Ils se figurent que, plus les autres s'appauvriront, plus ils s'enrichiront.

Ils n'oublient qu'une chose dans leur calcul, c'est que si tout le monde devient pauvre, il n'y aura plus de consommateurs et qu'ils ne trouveront plus de débouchés pour leurs produits.

Cependant c'est là un préjugé qui persiste. Autrefois, on croyait qu'une nation ne pouvait être riche que si ses voisines étaient misérables. On considérait comme un vol fait à son pays la prospérité des autres pays.

Maintenant encore nos « égoïstes niais » se figurent volontiers que la richesse de leurs voisins est une ruine pour eux.

De là cette lutte entre les diverses branches de la production, cet antagonisme entre les intérêts que nous avons déjà signalé et qui s'est révélé d'une manière si lamentable dans les longues discussions qui ont eu lieu au sujet des nouveaux impôts. On a vu s'étaler à la tribune les théories les plus cyniques. L'agriculteur essayait de rejeter la charge sur l'industriel ; l'industriel sur l'agriculteur ; le commerçant sur les deux. M. Magne fulminait un violent réquisitoire, qu'on n'a pas oublié, contre l'industrie et le commerce. Il déclarait qu'il était juste qu'ils payassent leur rançon, comme s'ils ne payaient rien.

« Je vous avoue, disait M. Tirard, que je suis profondément affligé de voir l'antagonisme qu'on cherche incessamment à établir entre les intérêts agricoles et les intérêts industriels ou commerciaux (1). »

Puis venaient des catégories d'industriels ; les représentants du Midi défendaient les produits du Midi et démandaient qu'on frappât les produits du Nord. Il y avait des luttes de produits à produits. Nous avons vu naguère la lutte de la bière et du vin (2). Nous avons vu des luttes entre fabricants du même produit. N'avons-nous pas vu la guerre des sels de l'Est et des sels de l'Ouest? N'avons-nous pas enfin assisté à la grande bataille des fabricants de sucre et des raffineurs (3) !

Je dis que rien n'est plus navrant que ces discussions. Chaque producteur se confine dans un camp et considère tous les autres producteurs comme des ennemis. Les intérêts se hérissent les uns contre les autres ; les taxes sont jetées entre eux comme des chevaux de frise ; les préjugés se

(1) 2 février 1874.

(2) 1869. La bière était représentée par M. Brame, le vin par M. Pagézy.

(3) Voir, pour les détails, le livre suivant.

fortifient, les inimitiés s'aggravent, et nous oublions que nous sommes citoyens d'un même pays pour ne penser qu'à nos rivalités.

On dirait, en vérité, que chacune des fonctions de l'activité humaine constitue une caste fermée, hostile aux autres, ayant des intérêts isolés.

Si on a supprimé les douanes intérieures de provinces à provinces, si on a supprimé les maîtrises et les jurandes, on a maintenu les octrois et les taxes diverses selon les produits. Or, ces taxes inégales, qui favorisent les uns au détriment des autres, tendent à rétablir des barrières entre industries et industries, entre catégories de producteurs et catégories de producteurs, et à constituer des corporations privilégiées et des corporations opprimées.

Bien plus : le législateur ne le fait pas sans intention. Il n'arrive pas facilement à croire que l'intérêt individuel est un guide bien plus sûr, bien plus clairvoyant que lui. Il a forcément une tendance à y substituer sa volonté qui, souvent, n'est qu'un caprice qu'il serait incapable de justifier. Il arrive donc instinctivement à faire d'un instrument fiscal un instrument de direction industrielle, et il peut y arriver d'autant plus facilement qu'il a plus de taxes à sa disposition.

M. Thiers, logique dans ses idées protectionnistes, déclarait lui-même que l'impôt devait remplir cette mission ; mais il avouait ingénument le grand embarras dans lequel était placé le législateur : « Il reste à savoir, disait-il, si la production qu'on favorise est bien celle qui le mérite davantage. Il y a là des intérêts très-divers, très-compliqués, et le bien n'est pas précisément où il paraît au premier aspect (1). »

Cet aveu est la condamnation du système. L'acheteur et le vendeur, le producteur et le consommateur sont seuls compétents pour régler leurs propres intérêts. Ils les connaissent mieux que ne saurait faire l'État.

---

(1) *De la propriété*, p. 400.

L'unité de l'impôt est donc la première garantie de la liberté du travail.

J'ai cherché en vain dans les économistes des arguments contre l'impôt unique. J'ai trouvé, chez quelques-uns d'entre eux, des arguments contre tel et tel impôt unique. M. Thiers ne voudrait pas, par exemple, que l'impôt foncier fût l'impôt unique. Je suis de son avis. Mais je n'ai pas trouvé d'arguments contre le principe même de l'impôt unique. M. Léon Faucher a bien dit : « L'impôt unique est impossible (1)... » C'est une affirmation, ce n'est pas un argument. Proudhon, il est vrai, a combattu avec acharnement l'impôt unique dans sa *Théorie de l'impôt*. Mais ses arguments sont-ils plus décisifs ? Il reprend les mêmes que M. Thiers. Il prétend que tous les impôts sont iniques et que si on arrivait à un impôt unique, cet impôt unique serait la « somme des iniquités fiscales » ; ce serait un impôt « d'une iniquité idéale, puisqu'il aurait pour effet de traduire plus violemment et de mettre plus en relief l'anomalie commune à chaque espèce d'impôt, anomalie qui se voit et se sent d'autant moins qu'elle s'éparpille davantage (2). »

Mais, par une singulière contradiction, recherchant l'origine de la multiplicité des taxes, il dit : « Tout ce qui était bon à prendre était matière imposable, exigible, soit en nature, soit en argent. Il y avait donc des impôts sur toutes choses, sur la terre, sur les récoltes, sur le bétail, sur le gibier, le poisson, la volaille ; sur le travail, sur la circulation, sur la mouture, sur le four à cuire, sur la naissance, sur la mort, sur le mariage (3). Je ne m'arrêterai point à faire la description de chacun de ces impôts, dont les plus vexatoires, demeurés célèbres sous le nom de *droits féodaux*,

(1) *Mélanges*, t. II, p. 83.
(2) *Théorie de l'impôt*, p. 224.
(3) Voir l'énumération de ces droits dans Tocqueville : *l'Ancien régime et la Révolution*.

sont tombés, en 1789, sous la réprobation de leurs propres titulaires. Qu'il me suffise de remarquer que le principe de la *multiplicité de l'impôt* est sorti de la pratique, je devrais dire de l'iniquité féodale (1). »

Voilà, à coup sûr, un acte de naissance qui constate une filiation bien peu recommandable. On se demande ensuite pour quelle raison impérieuse Proudhon s'est empressé d'adopter « ce principe sorti de l'iniquité féodale » ; et, comme on ne trouve pas d'autre raison que celle que nous avons déjà donnée, on a le droit de la juger insuffisante.

Mais lui-même, du reste, soutenant l'impôt sur le capital, en 1849, avait dit :

« L'impôt sur le capital, unique et proportionnel, par conséquent égal, apparaît donc comme la forme dernière, le *postulatum* de tout le système actuel d'impôts. »

Et plus loin (2) il ajoutait :

« Ainsi, par une création toute fiscale, la solidarité entre les peuples aurait fait un nouveau pas ; après l'unité de la force, l'unité de poids et mesures, l'unité de monnaie, l'unité de rail, l'unité du calendrier, nous aurions encore l'unité de l'impôt ; ce serait le couronnement du grand édifice élevé à la Liberté, à la Justice et à la Paix.

« Que dis-je ! unité d'impôt ! L'impôt ne serait pas unique, il serait nul, comme on va voir.

« Ce qui distingue éminemment l'impôt sur le capital de tous les autres, c'est son égalité parfaite, mathématique, absolue. Or, qui dit égalité d'impôt, — pourvu que le produit de l'impôt soit employé par l'État en services utiles, — dit nullité d'impôt. »

Après ce dithyrambe en l'honneur de l'unité de l'impôt et de l'impôt sur le capital, ce n'était pas la peine de revenir en arrière vingt ans plus tard.

---

(1) Proudhon. *Théorie de l'impôt*, p. 29.
(2) Proudhon. *Mélanges*, t. II, p. 289.

Si nous ne trouvons pas dans les économistes d'argument contre l'unité de l'impôt, nous trouvons, au contraire, chez quelques-uns d'entre eux un *desideratum*, un vœu plus ou moins timide en sa faveur.

J.-B. Say dit que de l'impôt unique « résulterait une si grande économie dans les frais de perception et tant de soulagement pour les classes indigentes qu'on arriverait vraisemblablement à une répartition beaucoup plus équitable que celle que nous voyons suivre maintenant. » M. Passy avoue que « l'impôt unique a un côté très-séduisant. »

Nul doute que les économistes n'eussent adopté depuis longtemps le principe de l'unité de l'impôt s'ils avaient eu une base solide pour l'asseoir.

Cette base manquant, ils faisaient un compromis trop fréquent. La multiplicité des taxes n'était pas bonne. Il fallait s'y résigner cependant.

Il y a encore une considération à faire valoir en faveur de l'unité de l'impôt : la nécessité d'établir d'une manière régulière les comptes de la nation.

La loi oblige toute maison de commerce à faire son inventaire au moins une fois par an. Les nations, qui ne sont que de vastes ateliers de production, ne font pas cet inventaire. On ne songe jamais à établir la balance des frais et des bénéfices. On frappe des impôts au hasard. On croit que les facultés des contribuables sont indéfinies, ou plutôt on ne s'en préoccupe que lorsque ceux-ci ne peuvent plus suffire aux besoins du fisc.

Or, il y a une chose bien certaine, c'est que la richesse d'un pays s'élève à un certain chiffre. Il est nécessaire de l'établir afin qu'on connaisse le rapport de ses frais généraux, c'est-à-dire le rapport de l'impôt, avec sa production.

Comme chaque citoyen est détenteur d'une partie plus ou moins grande de la fortune publique, avec l'impôt unique, il saura la part pour laquelle sa fortune entre dans les frais généraux de la nation, tandis qu'en ce moment personne ne peut dire :

Le capital national est V ;

J'ai une part dans ce capital national, X ;

Les frais généraux se montent à Y ;

La part du capital que je possède y contribue dans une proportion Z.

Il serait cependant nécessaire qu'une nation ne fût pas plus mal administrée qu'une maison de commerce.

Il serait enfin nécessaire que l'assiette de l'impôt fût déterminée d'une manière fixe, afin qu'on n'eût jamais à craindre les dangereuses éventualités dont je parlais tout à l'heure ; et l'assiette de l'impôt ne peut être fixe qu'à la condition que l'impôt soit unique.

CHAPITRE V.

LES RÈGLES D'ADAM SMITH. — LA PROPORTIONNALITÉ ET LA PROGRESSION DE L'IMPÔT.

Les quatre règles d'Adam Smith. — Examen de la première règle. — Du principe de la proportionnalité de l'impôt. — Le minimum de besoins. — Le principe de la progression. — Ses conséquences. — Le maximum. — L'impôt sur le capital épargne le minimum de besoins. — *L'impôt doit être prélevé sur le capital total de la nation : chacun doit y contribuer au prorata de la portion du capital qu'il possède.* — Les sociétés par actions. — Le minimum de besoins est ménagé.

Outre les quatre règles que je viens de poser, il y a quatre règles qu'avait posées Adam Smith, et qui ont été adoptées par tous les économistes. Nous allons examiner si elles sont compatibles avec les règles précédentes.

Il les a formulées de la manière suivante (1) :

« 1° Les sujets de l'État doivent contribuer au soutien du gouvernement, chacun le plus possible en proportion de ses facultés, c'est-à-dire en proportion du revenu dont il jouit sous la protection de l'État. De l'observation ou du mépris de cette maxime ressort ce qu'on appelle égalité ou inégalité dans l'établissement de l'impôt.

« 2° L'impôt que chacun est obligé de payer doit être défini et non arbitraire. L'époque du payement, le mode de payement, le somme à payer doivent être déterminés avec soin et d'une manière intelligible pour le contribuable et pour tout le monde.

« En matière d'impôt, il importe tellement que chacun ait à payer une somme fixe, que l'expérience de toutes les

(1) *Richesse des nations*, liv. V, ch. II.

nations prouve, je pense, qu'une inégalité assez considérable n'est pas à beaucoup près, un aussi grand mal qu'une petite incertitude.

« 3° L'impôt doit être levé à l'époque et de la manière qui conviennent le mieux au contribuable.

« 4° Tout impôt doit être combiné de manière qu'il fasse sortir des mains du peuple le moins d'argent possible, au delà de ce qui rentre dans le trésor de l'État, et en même temps, à ce qu'il tienne le moins longtemps possible cet argent hors des mains du peuple avant d'entrer dans ce trésor. »

Ces quatres règles sont devenues classiques. Nul économiste qui ne les invoque et ne les adopte. On en a ajouté; on n'en a pas retranché. Quand le législateur présente une nouvelle loi, il a bien soin de ne jamais dire qu'elle est en contradiction avec une de ces règles. Au contraire, il ne manque pas de les invoquer au cours de la discussion, alors même qu'il s'ingénie à les violer.

Cependant ces règles soulèvent dans l'application quelques difficultés. On les a interprétées de diverses façons. On a essayé de les justifier à l'aide de certains arguments qu'il est utile d'examiner.

Nous allons les reprendre une à une, et les examiner sous leurs divers aspects.

Nous retrouvons dans la formule de la première règle un caractère que nous avons déjà signalé plus haut et que nous repoussons complétement. D'après cette formule, « chacun » est débiteur de l'État. Seulement, Adam Smith a bien compris que l'impôt devait porter sur les choses et non sur les personnes; si « chacun » doit, c'est en proportion du revenu dont il jouit.

Cette formule n'a pas été sans soulever certaines objections. On s'est demandé d'abord : pourquoi l'impôt proportionnel?

On a répondu : le riche a plus besoin de protection que le

pauvre ; il a plus d'intérêts à garantir ; il est donc juste qu'il paye en proportion de sa fortune.

« L'impôt, dit Sismondi, doit être considéré par les citoyens comme une compensation de la protection que le gouvernement accorde à leurs personnes et à leurs propriétés. Il est juste que tous le supportent, en proportion des avantages que la société leur garantit, et des dépenses que la société fait pour eux (1). »

Mais est-ce qu'un capital de 100,000 francs coûte à la société dix fois plus de frais de protection qu'un capital de 10,000 ?

Est-il possible de décomposer de cette manière la protection sociale qui, s'étendant à tous, a pour premier caractère d'être indivise ?

Le riche « retire plus d'avantages de la société », a plus besoin de protection, dit-on : il faut qu'il paye en proportion des services que la société lui rend.

Mais il s'agit de savoir si c'est au riche que la société rend le plus de services. Voici un malheureux infirme, un estropié, un aveugle, un fou; c'est à coup sûr lui qui réclame le plus de protection, qui a le plus besoin de secours. Si le principe de la proportionnalité reposait sur le degré du service social rendu, ce serait lui qui payerait le plus fort impôt. Stuart Mill a très-nettement vu cette inconséquence; mais faute de s'être fait une idée nette du caractère de l'impôt, il n'a pas pu répondre à l'argument qu'il invoquait contre la proportionnalité de l'impôt.

Il esquive lestement la difficulté que lui-même a soulevée, en disant : « Le gouvernement est tellement utile à tous, qu'il importe peu de rechercher qui est le plus intéressé (2). »

Il aborde une autre question, non moins délicate au point de vue auquel il s'est placé : c'est celle de l'égalité de l'im-

---

(1) *Nouveaux principes d'économie politique*, t. II, p. 152.
(2) *Traité d'économie politique*, liv. V. ch. II, § 2.

pôt. Il ne faut pas oublier qu'il considère l'impôt comme personnel et non comme réel.

Il se demande alors s'il est juste de réclamer à chaque individu un sacrifice égal. Que l'on prenne, par exemple, mille livres par an à celui qui en a dix mille de revenu, on lui impose un sacrifice beaucoup moins grand que celui qu'on imposerait à l'individu qui n'a que cinquante livres de revenu en lui en demandant cinq.

Pour rétablir l'égalité, Stuart Mill se rallie au système de Bentham, qui consiste à dispenser de l'impôt un minimum de revenu suffisant pour procurer à celui qui le possède les choses nécessaires à la vie.

Alors il n'y a plus que le superflu de frappé. Mais où commence et où finit le superflu? La même somme représente l'indispensable à Paris, le superflu à la campagne. Quel sera le juge? où sera la limite? Fera-t-on des catégories d'après la population? Est-ce que toutes ces catégories n'arriveront pas à l'arbitraire?

Et puis, j'ai 2,000 francs de rente, vous en épargnez 1,000 comme représentant l'indispensable; mais est-ce que la proportion restera la même entre moi et une autre personne ayant 20,000 fr. de rente.

Oui, sans doute, il faut respecter un minimum de besoins; et c'est pour cela que jamais l'impôt ne doit frapper les consommations.

Mais ce minimum de besoins, qui le fixera? qui le déterminera? où s'arrêtera-t-il? Tant qu'on n'aura pas trouvé un critérium certain d'appréciation de ce minimum de besoins; tant que l'impôt lui-même ne l'épargnera pas sans que le législateur soit obligé d'intervenir par la fixation d'un chiffre arbitraire, le problème ne sera pas résolu.

C'est là le point de départ de l'impôt progressif. L'impôt progressif n'est pas aussi révolutionnaire qu'on le croit. Il a été admis en principe par Montesquieu et J.-B. Say. D'autres écrivains, fort modérés, M. Wolowski entre autres, acceptent un impôt « sagement progressif (1) ». Enfin, les contributions personnelle et mobilière, celle des patentes, sont progressives. Dans tous les États où existent des impôts sur les revenus, ces impôts sont progressifs.

M. Léon Faucher, que personne ne soupçonnera de radicalisme, tout en repoussant l'impôt progressif relativement à la propriété foncière, dit : « Les taxes qui ne frappent le revenu que pour atteindre la consommation, devraient être progressives. Il paraît équitable que celui qui, grâce à ses talents, à ses biens-fonds ou à ses capitaux, se donne et procure aux siens toutes les jouissances du luxe, paye à l'État un tribut proportionnellement plus considérable que celui qui n'a que le produit du travail quotidien pour nourrir et pour élever sa famille (2). »

A ceux qui ne réfléchissent pas, rien ne paraît plus simple. On épargne un minimum de besoins. Au fur et à mesure que les revenus augmentent, la taxe augmente.

Voyons les conséquences :

Un principe est ou n'est pas. « Son essence n'est pas tant d'être général que d'être fixe, a dit Benjamin Constant. Un principe reconnu vrai ne doit jamais être abandonné, quels que soient ses dangers apparents. » Une fois admis, il faut qu'on s'y soumette, qu'on le suive jusqu'au bout, qu'on en accepte les conséquences.

Seulement si, en le suivant dans ses conséquences, on s'aperçoit qu'on va à l'absurde, il faut revenir vers le principe, et le soumettre de nouveau à la pierre de touche de l'observation. Il y a beaucoup de gens qui se contentent de rester à mi-chemin, sans oser aller plus loin et sans oser revenir en arrière pour discuter le principe sur lequel ils se sont appuyés pendant longtemps. Ce sont les inventeurs de compromis, qui ajournent les questions au lieu de les résoudre.

(1) Voir plus loin, liv. V, ch. x, *L'impôt sur le revenu*.
(2) *Mélanges*, t. II, p. 88.

Je préfère, pour mon compte, voir les difficultés en face, les aborder résolûment, et ne jamais me contenter d'à peu près.

Mais l'impôt sera « sagement progressif! » Je ne connais pas plus une « sage progression » qu'une « sage addition » ou qu'une « sage multiplication ». Une progression est ou n'est pas. Si on la fait insignifiante, alors ce n'est qu'un leurre. L'inégalité qu'elle a pour but de détruire subsiste intacte. Frappez le revenu de 1,000 fr. de 10 pour 1,000 et le revenu de 100,000 francs de 40 pour 1,000, il est évident que le superflu de l'homme riche ne sera pas aussi gravement atteint que le nécessaire du pauvre.

Si on établit une vraie progression, voici à quels résultats on arrive.

Étant donné, par exemple, que l'impôt doive tripler quand le revenu double, un impôt de 10 fr. sur 100 de revenu s'élèverait :

A 200 fr. sur 2,000 fr.;
A 600 fr. sur 4,000 fr.;
A 1,800 fr. sur 8,000 fr.;
A 5,400 fr. sur 16,000 fr.;
A 16,200 sur 32,000 fr.;
A 48,600 fr. sur 32,000 fr.;
A 145,800 fr. sur 128,000 fr.

Je conclus qu'un principe qui aboutit à cette conséquence ne peut être que faux.

Comment! l'impôt arriverait un jour à dépasser ma fortune! je serais redevable envers le fisc qui aurait absorbé plus que mon revenu! Mais alors j'aurais intérêt à ne pas l'augmenter! je n'aurais acquis que pour le Trésor! plus j'aurais acquis, plus je serais dépouillé avec rapidité!

Ce système peut convenir aux utopistes et aux rétrogrades qui absorbent complétement l'individu dans l'État; il ne saurait convenir à ceux qui, s'appuyant sur les faits, croient que la grandeur et la richesse de l'État doivent provenir du développement des individus. Il peut convenir à ceux qui cherchent l'égalité par en bas, non à ceux qui cherchent l'égalité par en haut.

La théorie de l'impôt progressif est un vestige de l'ancien préjugé catholique que le riche doit son superflu. C'est la vieille doctrine de la charité, doctrine de sentiment qui arrive à la négation de tout rapport fixe, qui autorise toutes les violations de la justice, et est incompatible avec l'organisation régulière des sociétés. On considère la richesse comme un mal, comme une sorte de vol fait au reste du pays, et on trouve qu'il est équitable de faire expier à l'homme riche la possession de sa fortune et ses plaisirs. C'est un préjugé analogue à celui sur lequel est fondé le droit des pauvres que payent les théâtres.

Dans les civilisations guerrières, alors que la richesse était établie sur la violence, je comprends la légitimité de ce préjugé; mais en est-il de même dans notre civilisation industrielle, où toute richesse, pour être légitime, doit être basée sur l'appropriation des agents naturels à nos besoins.

Mais alors les partisans d'une sage progression ont trouvé un moyen d'échapper à l'absurdité de cette conséquence : c'est le maximum. Au-dessus d'un certain chiffre, la progression s'arrêtera.

Avec ce système, s'ils favorisent celui qui a peu d'argent, ils favorisent encore bien davantage celui qui a dépassé une certaine limite. Si on arrive à 50,000 francs de rente, on paye le maximum de la progression. Si on a 100,000 francs de rente, la progression disparaît.

Un principe qui aboutit à de semblables conséquences n'existe pas.

Cependant, oui, il est juste que le minimum des besoins soit ménagé. Mais pour y parvenir, il faut trouver un impôt automoteur, pour ainsi dire, qui soit assis de telle sorte qu'il épargne forcément le minimum de besoins, d'une manière fixe et constante, sans reposer sur le principe de la progression.

La solution est fort simple du moment qu'on admet ma définition de l'impôt et qu'on accepte que l'impôt doit porter sur les choses, jamais sur les personnes.

L'impôt doit être prélevé sur le capital total de la nation : chacun doit y contribuer au prorata de la portion du capital qu'il possède.

Cela met fin à toutes les discussions sur le principe de la proportionnalité et de la progression. On ne s'inquiète pas plus de savoir quelles sont les ressources de l'individu, quels sont ses besoins, comment il vit et de quelle manière il doit vivre, que l'administration des postes ne s'inquiète de la position de l'envoyeur et du destinataire des lettres qu'elle transmet. La chose paye pour le service rendu. Il en est de même pour les télégraphes. Il doit en être de même pour tous les services publics.

Que se produit-il, du reste, dans une société en commandite? Le contrat commercial remplace encore ici le dogme gouvernemental. L'individu a *tant* d'actions dans une compagnie, il a *telle part* du capital social : c'est au prorata de cette part qu'il paye pour la mise en valeur et les frais d'exploitation de ce capital.

Est-ce que dans une société en commandite on dit : Tel n'a que deux actions, il payera moins par chaque action que tel autre qui en a dix, parce que celui-ci est supposé plus riche?

Non, ce n'est pas l'homme qui paye, c'est l'action; peu importe son détenteur, peu importe qu'une personne possède une action isolée ou en possède des centaines. On répartit les frais sur l'ensemble des actions, et chacun contribue aux frais de l'entreprise au prorata des actions qu'il a.

Il en est de même pour les associations syndicales rurales.

Dans ces associations, il y a des propriétaires de fortunes diverses; si la taxe était personnelle, ils payeraient au prorata de leur fortune. La loi du 14 floréal an X et la loi du 21 juin 1865 ont parfaitement spécifié que c'étaient les immeubles engagés qui payaient au prorata de leur valeur, et non les propriétaires au prorata de leur fortune. Il n'y a pas là de riches ni de pauvres; c'est l'égalité complète des choses.

Étendez la loi sur les syndicats à l'État, et vous aurez immédiatement la réalisation de l'impôt sur le capital. Ces associations syndicales sont destinées à faire certains travaux de défense contre la mer, les fleuves, de desséchement de marais, d'irrigation et de drainage, de chemins d'exploitation, etc. Que doit faire l'État aussi? Faire les mêmes travaux d'intérêt général servant à la mise en valeur du capital fixe de la nation.

Ainsi, toutes les difficultés soulevées par Stuart Mill sont résolues sans difficulté.

Le fisc n'a pas à s'inquiéter des ressources des individus; l'impôt se répartit sur le capital total. Les individus payent par rapport à la portion de capital qu'ils ont entre les mains. Ils payent proportionnellement à cette portion de capital. Quant à eux, on ne les connaît pas, on n'a pas à s'inquiéter de la manière dont ils vivent avec leurs ressources.

En même temps, l'impôt arrive forcément à ménager un minimum de besoins, car il est clair que les plus pauvres sont ceux qui ont entre les mains le moins de capital. Or, ils ne payeront qu'en proportion du capital qu'ils auront. S'ils n'ont pas de capital du tout, ils ne payeront rien.

Le minimum de besoins est épargné par la force des choses et non pas en vertu d'un principe faux. C'est la substitution d'une loi naturelle à une loi factice.

Le terrain est déblayé maintenant de toutes les arguties et de toutes les difficultés qui l'encombraient.

Quant aux trois dernières règles d'Adam Smith, elles ne peuvent pas donner lieu à des controverses sérieuses. Je les admets complétement.

CHAPITRE VI.

CONCLUSION.

Voici donc quelles sont les règles constitutives de l'impôt :

1° L'impôt ne doit jamais frapper la circulation;

2° L'impôt ne doit pas frapper l'homme, mais être prélevé sur la chose;

3° L'impôt ne doit jamais entraver la liberté du travail;

4° L'impôt doit être unique;

5° L'assiette de l'impôt doit être fixe;

6° L'impôt doit être prélevé sur le capital total de la nation, chacun doit y contribuer au prorata de la portion du capital dont il est possesseur;

7° L'impôt doit être défini et non arbitraire;

8° L'impôt doit être levé à l'époque et de la manière qui conviennent le mieux au contribuable;

9° Tout impôt doit être perçu le plus économiquement possible.

Maintenant il s'agit de savoir si les impôts actuels sont conformes à ces règles; bien plus, si leur analyse ne démontre pas la nécessité de se conformer à ces règles.

Il s'agit de savoir enfin lequel, de l'impôt sur le revenu ou de l'impôt sur le capital, s'y conforme davantage.

C'est à cette étude que je consacre les deux livres suivants.

LIVRE IV

LES IMPOTS ACTUELS

CHAPITRE I.

LES TAXES INDIRECTES ET LA CIRCULATION.

Nous allons maintenant soumettre à un critérium fixe les npôts actuels; nous allons suivre, tour à tour, chacun d'eux ans ses diverses manifestations; nous allons constater les ésastreux effets qu'ils produisent, montrer les entraves qu'ils pportent à la circulation.

Tout à l'heure, quand je disais qu'il y avait une sorte de ıtte engagée entre le fisc et la production; que tandis que industrie, la science, le commerce s'ingéniaient à développer ı rapidité de la circulation, le fisc s'ingéniait à trouver de ouveaux moyens de la paralyser, quelques lecteurs ont pu ıe taxer d'exagération.

Il suffit de jeter un coup d'œil sur l'évaluation des recettes u budget de 1874 pour être convaincu que j'exprimais mal-eureusement une vérité qui, à force d'évidence, touche à la analité.

BUDGET DE 1874

ÉVALUATIONS PROPOSÉES

Contributions directes. Fonds généraux (loi du 24 juillet 1874)		375,053,300f
Taxes assimilées aux contributions directes		18,572,494
Produit des domaines		12,678,470
Produit des forêts		40,806,800
IMPÔTS ET REVENUS INDIRECTS		
Enregistrement et timbre	607,433,000	1,955,528,000
Douanes et sels	280,967,000	
Contributions indirectes	957,006,000	
Postes	110,122,000	
Impôts de 3 pour 100 sur le revenu des valeurs mobilières		28,000,000
Produit des taxes de la télégraphie privée française et internationale		16,000,000
Produits universitaires		4,326,610
Produits et revenus de l'Algérie		20,452,584
Retenues et autres produits affectés au service des pensions civiles		15,428,000
Produits divers du budget		5,765,941
Ressources extraordinaires. Versements à faire par la Société générale algérienne		4,000,000
Total		2,542,612,199f

Si nous comparons ce budget à celui de 1869, nous con- statons tout d'abord que les contributions directes, qui étaien de 332 millions en 1869, sont portées à 375 millions. Il y donc là une augmentation de 43 millions, qui se décompos ainsi :

Accroissement normal des rôles (déduction faite des territoires cédés)	1,688,77
Augmentations sur la contribution des patentes	40,925,00
Total	42,613,77

Ainsi, dans les nouveaux impôts nécessités par les désastres de 1870, les contributions directes sont grevées de 41 millions. Et quelle est la contribution qu'on a choisie pour supporter cette augmentation? Celle des patentes. C'est sur le commerce, sur l'industrie qu'on a fait peser toute cette charge : donc, sur la circulation.

Voilà 41 millions trouvés de ce côté; mais cette somme est insuffisante. Où trouvera-t-on le reste des 674 millions nécessaires pour équilibrer le budget?

Où ?... Nos législateurs ne sont pas embarrassés, en vérité. N'y a-t-il pas les contributions indirectes ? Elles étaient de 1,322 millions en 1869, abstraction faite des territoires cédés ; on les portera à 1,955 millions ; on ne les augmentera ainsi que de 633 millions. Peu de chose, on le voit !

Dans ces 633 millions, il faut comprendre 149 millions d'impôts nouveaux demandés par M. Magne, dans son rapport du 5 novembre 1873. Sur ces 149 millions, l'Assemblée n'est parvenue à voter que 125,151,000 francs (1). L'augmentation actuelle du budget de 1874 sur le budget de 1869 est de 609 millions.

Or, sur quoi portent les contributions indirectes? Que frappent-elles directement? La circulation et la consommation.

Nous ne devons pas nous étonner de cette préférence accordée par nos législateurs aux contributions indirectes. Chaque fois que nos gouvernements se trouvent dans des embarras financiers, ils ont l'habitude de leur demander des ressources. C'est ainsi que, de 574 millions qu'elles rapportaient en 1830, elles sont arrivées au chiffre de 1,955 millions réclamé en 1874.

Chose curieuse, en même temps : on s'accorde généralement à les trouver fort mauvaises ; on admet qu'elles frappent le besoin, qu'elles frappent le pauvre, qu'elles écrasent

(1) Juillet 1874.

le père de famille qui a beaucoup d'enfants et peu d'argent, qu'elles arrêtent la circulation ; et puis on conclut en disant : — Ce sont les meilleures que l'on puisse trouver ; et il faut non-seulement les maintenir, mais encore les aggraver.

Seulement, alors se présente une autre difficulté. Les contributions indirectes s'adressent à beaucoup de choses et à des choses fort multiples. Il s'agit de savoir quelles choses particulières on frappera.

C'est alors qu'il n'y a plus unanimité. Chaque industrie frappée réclame, et déclare qu'elle est ruinée ; et elle a raison. Alors on choisit certaines industries privilégiées par le fisc et on s'abat sur elles, et on les surcharge de plus en plus, jusqu'à ce qu'elles soient si bien ruinées qu'elles ne rendent plus rien au fisc lui-même. Le fisc cherche alors à côté ; il prend telle ou telle catégorie d'industries ; il se jette sur elles et les pressure à leur tour. C'est une chasse. Nos législateurs sont à l'affût de toute industrie ; ils n'attendent que le moment où elle est en pleine prospérité pour dire : — Ah ! mais, elle fait trop de bénéfices ! Il est temps de mettre un terme à ce scandale. Nous allons donc placer en travers quelques bons petits impôts qui l'arrêteront dans son élan.

C'est là toute la science des contributions indirectes. C'est une stratégie d'oiseau de proie. Toute industrie est un gibier sur lequel elles se précipitent.

Excellent moyen à coup sûr pour faciliter le développement de la production d'un pays ! On guette tout progrès de la production. Le fisc est en embuscade perpétuelle, attendant toute industrie prospère pour lui faire payer sa rançon. Il y a là comme un souvenir des anciens seigneurs qui tendaient des chaînes sur les routes et exigeaient le rachat du passage.

L'État considère le fisc comme un pressoir ; le contribuable comme une matière à pressurer ; et il le pressure « jusqu'au pus », comme disait le duc de Saint-Simon, en parlant du gouvernement de Louis XIV, et comme nous pouvons malheureusement encore le dire aujourd'hui.

Puis ce n'est pas tout. Le fisc a si grand'peur que quelque industrie ne lui échappe qu'il prend des formes multiples afin d'être plus certain de les frapper toutes. Il entrelace ses taxes, il leur donne des formes diverses ; il multiplie ses agents ; il a une telle crainte de perdre quelque chose qu'il n'hésite pas à frapper dix fois, quinze fois, la même matière imposable, quitte à la ruiner complétement.

Certes, ces critiques n'ont rien de bien nouveau, mais elles seront cependant utiles tant que nos législateurs continueront à demander des ressources aux contributions indirectes. Le Pierrot de Molière a raison quand il dit : — Je dis toujours la même chose, parce que c'est toujours la même chose, et si ce n'était pas toujours la même chose, je ne dirais pas toujours la même chose.

Eh bien, qu'on supprime les contributions indirectes, et nous cesserons de les critiquer. Mais on les maintient. Je suppose alors logiquement que nos législateurs n'en connaissent pas suffisamment les inconvénients ; que l'opinion publique n'est pas assez nette à leur égard, puisqu'elle n'en impose pas la suppression. Il faut donc de nouveau signaler, démontrer et faire sentir à tous et leur iniquité, et le tort qu'elles font à la production en frappant la circulation et la consommation.

CHAPITRE II.

LES DROITS D'ENREGISTREMENT, DE TIMBRE, DE GREFFE ET D'HYPOTHÈQUE.

Les droits d'enregistrement et de timbre frappent spécialement la circulation. — La rémunération du service public. — Les droits fixes et les droits proportionnels. — Le droit n'est pas proportionnel par rapport à la fortune, mais par rapport à la circulation. — Le comte de Butenval. — Les héritages ruineux. — Actuellement, la propriété n'est que le résultat de l'investiture légale. — M. Thiers. — Les frais de ventes judiciaires. — M. Abbatucci. — M. Dufaure. — La progression à rebours. — Le cas qu'on a fait de leurs conclusions. — Inconvénients des droits sur la transmission des propriétés. — Smith. — J.-B. Say. — Ricardo. — M. le baron de Veauce. — M. Courcelle-Seneuil. — La propriété n'est pas libre. — L'agriculture est frappée. — Réfutation de M. Marcel Barthe. — La justice et la fiscalité. — Sismondi. — M. Bonjean. — 3,000 fr. pour 10 fr. — L'inégalité de la justice. — La loi du 9 février sur les actes extrajudiciaires. — L'impôt sur la misère. — 82 fr. 84 pour 50 fr. — La logique de notre système fiscal. — Le timbre des effets de commerce. — Les chèques. — Comment en Angleterre et comment en France on mesure la richesse du pays.

Je vais commencer cette étude par les droits qui paraissent les moins injustes, que l'on assimilerait presque aux contributions directes : je veux parler des droits d'enregistrement, de timbre, de greffe et d'hypothèque qui, dans les évaluations du budget de 1874, ne comptent pas pour moins de 607 millions.

Ces droits révèlent cette préoccupation du fisc dont j'ai parlé plus haut. Il a eu peur que les contributions directes et les impôts de consommation laissassent échapper quelques parcelles de la fortune, et alors il a essayé de l'atteindre chaque fois « qu'un capital caché se montre par un acte constatant son existence ou par une transmission dont il est l'objet. »

Ce sont là des droits qui frappent spécialement la circulation.

La formalité de l'enregistrement consiste dans la relation des actes ou des déclarations faite par les employés de l'État sur un registre à ce destiné. C'est là un « service public » qui peut être fort utile ; mais le fisc a transformé ce service public, comme la poste, en instrument de fiscalité. On ne paye donc pas pour le « service public » nettement spécifié : on paye pour d'autres « services publics » au moment où l'on s'adresse à l'État pour obtenir celui-là.

Cette seule considération montre l'inconséquence et l'injustice de ces impôts, et, du reste, s'applique à tout système d'impôts multiples et se déguisant sous chaque service public.

Comment ! parce que moi, citoyen, j'ai besoin d'un « service » déterminé, précisé, l'État profite du moment où il me le rend, pour me faire payer, dans une proportion énorme, d'autres services qui en sont complétement distincts.

Avec un impôt unique, chacun paye sa part des services généraux dans une mesure déterminée : l'Etat peut lui en rendre moins ou plus, selon une mesure qu'il est impossible de préciser. On se borne à une moyenne. Rien de plus simple. Si j'ai besoin d'un service spécial, poste, télégraphe, enregistrement, je dois payer alors rigoureusement ce service ; mais je ne dois payer que pour lui et d'après son prix de revient. L'État n'a pas à faire de bénéfices.

Lorsque le fisc profite d'un service spécial pour faire payer à ce service d'autres services généraux qui n'ont aucun rapport avec lui, il y a évidemment abus. Les auteurs qui ont traité cette question disent bien qu'outre le service public, il faut comprendre dans le tarif de l'enregistrement « le prix de la protection sociale à l'abri de laquelle s'exécute cet acte ». Cet argument n'est que spécieux ; car le tarif de l'enregistrement ne représente pas le prix de la protection sociale ; ou il est trop cher, puisqu'il coûte beaucoup plus que ne l'exige le service rendu, ou il est trop bon marché, puisqu'il n'est pas suffisamment rémunérateur de la protection sociale.

On voit donc que les droits d'enregistrement ne reposent sur aucun principe, ne s'appuient sur aucune règle. Le fisc attend que le contribuable fasse un « acte » déterminé : du moment que le contribuable fait cet « acte », il allonge sa main et réclame sa part.

On sait que la loi de frimaire an VII, qui a organisé l'enregistrement en France, distingue deux sortes de droits : les droits fixes et les droits proportionnels.

Le droit fixe s'applique à tout acte civil, judiciaire ou extrajudiciaire qui ne constate aucun mouvement de fonds ou de valeurs.

Le droit proportionnel frappe tout mouvement de valeurs et propriétés entre-vifs et toute mutation par décès.

Le droit proportionnel s'attache à saisir toutes les transactions, et la loi exige, non pas dans l'intérêt des contractants, mais dans l'intérêt du fisc, l'enregistrement des actes qui constatent ces mouvements, ou, à défaut d'actes, des déclarations.

On fait un échange, une vente. Dans un acte ou par un jugement, on se reconnaît débiteur; le fisc prélève tant pour 100, quelquefois plus d'une année de revenu du capital qui change ou est censé changer de main. Parfois ce capital n'existe même pas. Un débiteur insolvable est condamné : le fisc n'en prélève pas moins sa part.

La propriété peut changer dix fois de mains dans une année : dix fois elle est grevée des mêmes droits.

On appelle ce droit d'enregistrement proportionnel, et, de bonne foi, beaucoup de gens vous disent : « Il est proportionnel. »

Mais ils ne font pas attention qu'il est proportionnel surtout au mouvement de la propriété. Si la propriété reste immobile, elle en est affranchie, si considérable qu'elle soit. Qu'une petite propriété, au contraire, change de mains, et aussitôt elle est grevée. Où est donc la proportionnalité effective dont on parle ? car il n'y a qu'une seule proportionnalité réelle : c'est la proportionnalité à la fortune nette.

Or, les droits d'enregistrement ne tiennent pas compte de ce détail : que la propriété soit grevée de dettes ou soit nette de toute charge, ils ne distinguent pas.

De là, souvent, des successions qui deviennent des débâcles.

« Un héritage est grevé par des hypothèques, disait M. le comte de Butenval, en 1869, miné par les dettes ; mais il subsiste, il est debout, il fait encore l'honneur et le crédit de la famille ; et quand, par l'inévitable mutation qu'amène le décès du chef de la famille, l'héritier, sommé par le fisc d'acquitter la totalité d'un droit sur un héritage en partie fictif, c'est-à-dire de payer le rachat de ce qu'il n'a pas, de ce qu'il n'aura jamais, est amené, pour le satisfaire, à vendre l'héritage lui-même, ou même seulement à l'obérer davantage, une rancune d'autant plus incurable doit s'éveiller chez lui, que le sentiment d'une injustice incompréhensible pour lui en est le point de départ (1). »

« Où il n'y a rien, le roi perd ses droits », disait un vieux proverbe de l'ancien régime. L'enregistrement n'en a pas tenu compte.

Mais, par contre-coup, c'est de l'ancien régime, c'est du droit féodal qu'il s'est inspiré lorsqu'il a établi les droits de succession. Que représentent-ils, en effet? L'investiture de l'État.

Entre le père et le fils l'État intervient, comme jadis le seigneur, et dit au fils : « Tu ne seras mis en possession de la fortune paternelle qu'après m'en avoir payé le rachat. »

C'est là la vieille doctrine du droit césarien et du droit monarchique, la doctrine communiste d'après laquelle la propriété n'est pas un droit, mais dérive de la volonté du législateur.

Et alors le législateur a gradué son droit d'investiture. « Moins la succession est naturelle, dit M. Thiers, plus elle est une œuvre des conventions sociales qui protégent la pro-

(1) Sénat, 27 avril 1869.

priété, plus elle *doit* à la société, c'est-à-dire au fisc qui la représente (1). »

Que signifie ce mot « doit » ? Il signifie précisément que le droit de propriété *doit* se payer à la société ; qu'il n'existe que lorsqu'il a été acheté.

M. Thiers a été, dans cette phrase, un excellent interprète de la loi de l'an VII.

Il est vrai que M. Thiers, avec une naïveté malicieuse, a ajouté : « Si le père ou l'oncle mourant lègue une terre, une maison, à un fils ou à un neveu, l'occasion est encore opportune pour prélever une redevance sur la transmission, car celui qui devient riche ou du moins aisé, ne doit pas regarder autant à payer une somme... » Le fisc, on le voit, spécule aussi, lui, sur les « espérances » ; mais il est discret, et il les atteint au moment où elles se transforment en réalités. Les droits sur les successions sont des impôts psychologiques.

Mais souvent le fils ne peut être mis immédiatement en possession de l'héritage de son père, il y a des partages entre les mineurs et les majeurs ; alors il faut avoir recours à des ventes sur licitations, et les ventes judiciaires montent à des chiffres qui semblent presque fabuleux.

Un cultivateur mort en 1839 laissait à quatre enfants mineurs une ferme de la valeur de 900 francs. Elle fut vendue 725 francs, savoir : mobilier, 225 francs ; immeubles, 500 francs.

Le tableau suivant donne le détail des frais de succession ; ils atteignent le chiffre énorme de 643 fr. 78 c.

Il resta donc aux quatre héritiers la somme de 81 fr. 22 c. (2).

---

(1) *De la propriété*, p. 373.

(2) Ces chiffres empruntés à M. Le Play (*la Réforme sociale en France*), t. III, p. 680, ont été cités par M. le baron de Veauce au Corps législatif, à la séance du 5 avril 1865.

	SOMMES PERÇUES par le fisc.		SOMMES PERÇUES par les officiers ministériels.	
FRAIS RELATIFS AU MOBILIER.				
1° *Apposition des scellés* (à 15 kilomètres du chef-lieu de canton).				
3 vacations au juge de paix (1), à 2 fr. 50	»		7 50	13 51
3 vacations au greffier, à 1 fr. 55	»		5 01	
Cire et bandes	»		1 »	
Timbre	0 70	2 90		
Enregistrement du procès-verbal	2 20			
2° *Assemblée de famille.*				
Une vacation au juge de paix	»		2 50	6 57
Une vacation au greffier	»		1 67	
Timbre, 0 fr. 70 c. et enregistrement	2 90	6 65		
Expédition par le greffier : 8 rôles à 0 fr. 40 c			2 40	
4 feuilles de papier timbré à 1 fr. 25	3 75			
3° *Sommation au subrogé-tuteur de se trouver présent à l'inventaire aux jour et heure fixés par le notaire.*				
Original de la sommation	»		1 50	9 0
Copie	»		0 38	
Indemnité de déplacement	»		6 »	
Timbre et enregistrement	2 90	3 25		
Copie de la délibération de famille en six rôles; expédition par le greffier			1 20	
Timbre	0 35			
4° *Levée des scellés.*				
4 vacations au juge de paix	»		10 »	17 50
4 vacations au greffier	»		7 50	
Timbre de la minute du procès-verbal	0 70	5 10		
Enregistrement	4 40			

(1) Si la liquidation eût été postérieure à l'année 1845, la succession eût été exempte de cette charge, qui est, depuis lors, portée au compte de l'État : en revanche, elle eût pu être grevée davantage, à raison des additions qui ont été faites, à certaines époques, aux droits d'enregistrement.

	SOMMES PERÇUES par le fisc.		SOMMES PERÇUES par les officiers ministériels.	
5° *Inventaire.*				
4 vacations au notaire, y compris les frais de voyage	»		16 »	
Indemnité au même pour déplacement	»		6 66	
Une vacation au même pour classement de pièces	»		4 »	55
Expédition de l'inventaire : 10 rôles à 1 fr. 50	»		15 »	
Voyage de l'huissier-priseur	»		6 »	
Deux vacations au même	»		8 »	
Timbre de la minute	2 10			
Enregistrement de 5 vacations à 2 fr. 20	11 »	19 35		
Timbre de l'expédition : 5 feuilles à 1 fr. 25	6 25			
6° *Taxe du gardien des scellés.*				
12 jours à 1 fr. 50	»		18 »	25 20
12 jours à 60 c.	»		7 20	
7° *Affiches annonçant la vente.*				
Rédaction de l'original	»		1 »	3 50
Copies	»		2 50	
Timbre de six demi-feuilles	2 10	3 20		
Enregistrement	1 10			
8° *Procès-verbal d'apposition des affiches.*				
Rédaction de l'original	»		2 25	2 25
Voyages	»		10 »	
Timbre	0 35	2 55		
Enregistrement	2 20			
9° *Insertion au journal d'annonces.*				
Somme payée à l'imprimeur				
10° *Déclaration de la vente au bureau de l'enregistrement.*				
Enregistrement de la feuille	1 10			
Timbre	0 35			

	SOMMES PERÇUES			
	par le fisc.		par les officiers ministériels.	
11° Procès-verbal de vente.				
Deux vacations à la vente............	»		8 »	
Voyage aller et retour...............	»		6 »	
Timbre de la minute du procès-verbal............................	1 40			
Enregistrement.........................	4 40	12 05		18 »
Expédition du procès verbal de vente à l'huissier, 10 rôles............			4 »	
Timbre, 5 feuilles à 1 fr. 25........	6 25			
12° État des frais et taxes.				
Une vacation à l'huissier pour requérir taxe............................	»			1 50
Totaux relatifs au mobilier vendu...		56 50		166 77
FRAIS RELATIFS A L'IMMEUBLE.				
13° *Convocation de l'assemblée de famille pour autoriser la vente* (1).				
Rédaction de l'original..............	»		1 50	
6 copies..............................	»		2 25	13 75
Frais de transport....................	»		10 »	
Timbre, 7 feuilles....................	2 45	4 65		
Enregistrement.......................	2 20			
17° *Délibération devant le juge de paix.*				
Une vacation au juge de paix.........	»		2 50	
Une vacation au greffier............	»		1 83	
Timbre de la minute..................	0 70			
Enregistrement........................	2 20			7 53
Expédition par le greffier, 8 rôles à 0 fr. 40............................		7 90	3 20	
Timbre de l'expédition, 4 feuilles à 1 fr. 25............................	5 »			

(1) Si les parents avaient négligé de se rendre à de simples avertissements, il y aurait eu nécessité de reproduire la sommation faite pour le mobilier, ce qui eût donné lieu à une dépense supplémentaire de 18 fr. 40 c.

	Sommes perçues par le fisc.		Sommes perçues par les officiers ministériels.	
15° *Requête pour l'homologation de la vente.*				
Droit de requête à l'avoué	»			5 50
Timbre	0 70	2 90		
Enregistrement	2 20			
16° *Jugement d'homologation et nomination d'expert.*				
Appel de cause à l'huissier	»		0 25	7 25
Une vacation à l'avoué	»		4 »	
Timbre et enregistrement de la minute	6 60	21 95		
Expédition du jugement, dix rôles au greffier			3 »	
Timbre	6 25			
Enregistrement	9 10			
17° *Requête et ordonnance pour faire prêter serment à l'expert.*				
Droit de requête à l'avoué	»			1 50
Timbre	0 35	3 65		
Enregistrement	3 30			
18° *Sommation à l'expert.*				
Copie de pièces	»		1 75	9 63
Original de la sommation, 1 fr. 50; copie, 0 fr. 38 c.	»		1 88	
Voyage de l'huissier	»		6 «	
Timbre	1 05	3 25		
Enregistrement	2 20			
19° *Procès-verbal de prestation de serment par l'expert.*[1]				
Une vacation à l'avoué	«			2 45
Timbre et enregistrement		5 10		

	SOMMES PERÇUES			
	par le fisc.		par les officiers ministériels.	
20° *Expertise et estimation de l'immeuble* (1).				
Voyages pour prêter serment, 3 vacations à 6 francs..................	»		18 »	
Expertise proprement dite, une vacation..........................	«		6 »	
Rédaction du rapport, deux vacations..	»		12 »	
Dépôt du rapport au greffe, trois vacations..........................	»		18 «	57 »
Timbre et enregistrement du rapport...	3 60			
Dépôt au greffe : timbre et enregistrement..........................	5 10			
Expédition du rapport par le greffier, 10 rôles........................		24 05	3 »	
Timbre de l'expédition, 5 feuilles à 1 fr. 25..........................	6 25			
Enregistrement........................	9 10			
21° *Requête pour l'homologation du rapport, l'ordonnance de vente et l'ordonnance de* soit communiqué.				
Droit de requête à l'avoué...........	»			5 50
Timbre..............................	0 70	4 »		
Enregistrement......................	3 30			
22° *Jugement d'homologation.*				
Une vacation à l'avoué...............	»		4 »	
Appel de cause à l'huissier..........	»		0 25	
Timbre et enregistrement de la minute..............................	6 60			7 25
Expédition par le greffier, 10 rôles....		21 85	3 »	
Timbre, 5 feuilles à 1 fr. 25..........	6 25			
Enregistrement......................	9 »			

(1) La première estimation de l'expert devant, en principe, sauvegarder, autant que possible, les intérêts des mineurs, est ordinairement trop élevée pour qu'on se décide à renchérir. L'acquéreur, en effet, doit défalquer de la valeur réelle les frais nombreux qui sont à sa charge. Dans ce cas, il faut réduire la première mise à prix par un jugement qui renvoie à un mois l'adjudication définitive. Les frais de cette procédure se seraient élevés dans ce cas à 42 fr. 65; ils n'ont point eu lieu dans l'espèce, parce que les experts, prévoyant que la succession ne pourrait supporter cette charge, avaient tout d'abord réduit au taux convenable la première estimation.

	SOMMES PERÇUES par le fisc.		SOMMES PERÇUES par les officiers ministériels.	
23° *Cahier des charges pour la vente.*				
16 rôles à 1 fr. 50	»		24 »	26 45
Timbre	5 60	12 90		
Enregistrement	2 20			
Dépôt au greffe par l'avoué, une vacation			2 45	
Timbre et enregistrement de l'acte de dépôt	5 10			
24° *Affiches annonçant la vente.*				
Rédaction de l'original	»		4 50	34 50
Timbre	0 35	9 55		
Enregistrement	2 20			
Impression à 20 exemplaires			30 »	
Timbre des affiches imprimées	7 »			
25° *Publication du cahier des charges à l'audience.*				
Vacation à l'avoué	»		2 45	2 70
Appel de cause à l'huissier	»		0 25	
Timbre et enregistrement de la minute		5 10		
26° *Insertion au journal.*				
Rédaction de l'extrait	»		1 50	13 »
Frais de l'insertion dans le journal	»		10 »	
Légalisation de la signature de l'imprimeur, une vacation	»		1 50	
Enregistrement de la feuille jointe à la procédure		1 10		
27° *Première apposition d'affiches.*				
Rédaction du procès-verbal d'apposition	»		3 »	14 50
Frais de transport	»		10 »	
Timbre	0 35	2 55		
Enregistrement	2 20			
Visa de l'original			1 50	
28° *Deuxième apposition d'affiches.*				
Mêmes frais que pour la première		2 55		14 50

	SOMMES PERÇUES par le fisc.		SOMMES PERÇUES par les officiers ministériels.
29° *Troisième apposition d'affiches.*			
Mêmes frais que pour la première.....	2 55		14 50
30° *Adjudication préparatoire.*			
Une vacation à l'avoué.............	»	4 50	5 25
Appel de la cause par l'huissier......	»	0 75	
Timbre et enregistrement de la minute.	6 50		
31° *Deuxième insertion au journal.*			
Insertion au journal................	1 10		13 »
32° *Adjudication définitive.*			
Une vacation à l'avoué.............	»	12 »	18 75
Appel de la cause par l'huissier.......	»	3 75	
État en trente articles, timbre........	0 70	3 »	
Totaux pour l'immeuble vendu......	144 »		274 51
Rappel des frais relatifs au mobilier vendu........................	56 50		168 77
Totaux..........	200 50		443 28
Total général............	643 78 (1)		

Dans son rapport sur la justice civile de 1821 à 1850, M. Abatucci constatait que, de 1845 à 1850, chaque vente judiciaire avait coûté en moyenne 524 fr. avec accroissement progressif des frais; de 498 fr. en 1844, ils étaient montés à 547 fr. en 1850.

De plus, la proportionnalité s'exerce à rebours. M. Abatucci le constatait lui-même dans les termes suivants :

« 1,980 ventes d'immeubles adjugés pendant l'année 1850 au-dessous de 500 fr. ont produit 558,092 fr. et coûté 628,906 fr., ce qui donne, en moyenne, pour chaque vente, 282 fr. de produit et 318 fr. de frais, soit 112 pour 100.

(1) M. le baron de Veauce arrivait au total de 667 fr. 10 c. Ses chiffres étaient pris dans une autre édition du livre de M. Le Play.

« En résumé, les frais de vente des petites propriétés territoriales s'élèvent à 112 pour 100 sur toutes les ventes de 500 fr. »

Le 2 mars 1866, M. le baron de Veauce disait de nouveau au Corps législatif :

« En résumé, les frais de vente des petites propriétés territoriales s'élèvent à 112 pour 100 sur toutes les ventes de 500 fr. et au-dessous ; à 100 pour 100 sur celles de 500 fr.; à 70 pour 100 sur celles de 500 à 2,000 fr.; à 35 pour 100 sur celles de 5,000 à 10,000 fr.; cette proportion diminue ensuite jusqu'à 10 pour 100, au fur et à mesure que la valeur de la propriété augmente.

« Sur 83,509 ventes judiciaires, il y a eu 51,366 ventes forcées. Il résulte de là que la majeure partie du produit de ces ventes est partagée par le Trésor, c'est-à-dire le fisc, et les hommes d'affaires. On paye un droit sur 200,000 fr. On n'hérite que de 100,000 fr. »

Il y avait là certes une réforme bien pacifique à faire et qui n'aurait pas dû effrayer l'empire. L'empire n'osa pas la tenter. Quand une loi est implantée chez nous, et surtout quand cette loi est fiscale, elle semble revêtue de je ne sais quel caractère immuable.

M. Léon Say le disait dernièrement : « Si les impôts ont une naissance laborieuse, leur mort est encore plus difficile ! »

A la place de la réforme promise en 1850, nous trouvons, en 1870, la situation plus mauvaise.

« Sur 13,272 ventes judiciaires d'immeubles, on comptait 6,429 licitations entre mineurs ou entre majeurs seulement ; 4,056 saisies immobilières ; 1,119 ventes de biens de mineurs.

« Le tableau ci-après offre les 13,272 ventes judiciaires distribuées d'après leur importance et eu égard à leur produit, ainsi qu'aux frais qui en ont été la conséquence :

IMPORTANCE des ventes judiciaires	NOMBRE total des ventes	MONTANT TOTAL des frais d'adjudication	MONTANT TOTAL des frais	MOYENNE des frais par 100 francs du prix
500 et moins ..	787	222,789	260,960	117f 13c
501 à 1,000..	1061	812,877	370,011	46 75
1,001 à 2,000..	1924	2,883,310	729,826	25 28
2,001 à 5,000..	3563	12,867,483	1,508,721	11 73
5,001 à 10,000..	2605	15,471,340	1,333,228	8 62
Plus de 10,000..	3332	119,149,886	2,540,110	2 22
Totaux.....	13272	151,407,685	6,742,856	4 45

On voit par ce tableau que la moyenne des frais pour les ventes au-dessous de 500 fr. a monté de 112 à 117 fr.

Mais bien plus. Voici à quels résultats, réellement fantastiques arrivent ces frais :

MONTANT MOYEN PAR VENTE	
DU PRIX D'ADJUDICATION	DES FRAIS
11,408	508

VENTES	MONTANT MOYEN PAR VENTE — DU PRIX D'ADJUDICATION	DES FRAIS
500 et moins.........................	283f	332f
501 à 1,000.........................	766	349
1,001 à 2.000.........................	1,499	379
2,001 à 5,000.........................	3,555	423
5,001 à 10,000.........................	5,939	511
Plus de 10,000.........................	35,759	762

« Non compris la remise proportionnelle allouée aux avoués par l'article 11 du tarif du 10 octobre 1841 dans les ventes dont le prix d'adjudication est supérieur à 2,000 fr., qui varie de 1 à 1/8 pour 100, selon l'importance des ventes, et qui s'accroît quand l'expertise n'a pas été ordonnée dans le cas où elle pouvait l'être.

« Ces chiffres n'ont pas besoin de commentaires, disait M. Dufaure en publiant ce tableau, et ils appellent la réforme urgente de la législation actuelle sur cette matière. »

C'était exactement la même conclusion que celle de M. Abatucci en 1850. La loi du 15 mai 1850, loin d'en tenir compte, étendait les droits d'enregistrement à certains actes qui y avaient échappé.

De même les lois du 23 avril 1871, des 28 février, 30 mars et 30 juin 1872, du 30 décembre 1873, sont venues encore aggraver ou étendre les divers droits d'enregistrement.

Les inconvénients des droits sur la transmission des propriétés ont été cependant signalés depuis longtemps par les économistes et même par les législateurs.

« Les impôts sur les transmissions de propriété du mort au vif, dit A. Smith, tombent ou immédiatement ou définitivement sur la personne à laquelle cette propriété est transmise. Les impôts sur les ventes de terres tombent en totalité sur le vendeur. Le vendeur est presque toujours dans la nécessité de vendre, et est dès lors obligé de prendre le prix qu'il peut avoir. L'acheteur, au contraire, n'est presque jamais obligé d'acheter, et ne donne par conséquent que le prix qu'il lui plaît de donner. Il calcule ce que la terre lui coûtera, tant en achat qu'en impôt ; plus il sera obligé de payer comme impôt, moins il sera disposé à donner comme prix. De tels impôts tombent donc presque toujours sur une personne qui est déjà dans un état de nécessité, et ils doivent être par conséquent durs et oppressifs (1). »

Mais ne poussons pas cet argument jusqu'à cette conséquence : supposons que l'homme qui veut vendre sa terre n'y soit pas poussé par une nécessité urgente ; s'il veut la vendre, c'est probablement parce qu'il trouve à faire un meilleur usage de son capital ; c'est parce qu'il a en vue l'établissement d'une industrie dans laquelle ses fonds lui rapporteront davantage.

« Pourquoi cet autre veut-il acheter la même terre, se demande J. B. Say? C'est pour placer des fonds qui lui rapportent trop peu ou qui sont oisifs, ou bien parce qu'il la

(1) *Richesse des nations*, t. II, p. 550.

croît susceptible d'améliorations. La transmutation augmente le revenu général, puisqu'elle augmente le revenu des deux contractants. Si les frais sont assez considérables pour empêcher l'affaire de se terminer, ils sont un obstacle à cet accroissement du revenu de la société. »

Ricardo appuie encore cette opinion :

« Les impôts sur les transmissions de propriété empêchent encore le capital national de se distribuer de la manière la plus avantageuse pour la société. Pour la prospérité générale, on ne saurait donner trop de facilité à la transmutation et à l'échange de toutes sortes de propriétés ; car c'est par ce moyen que toute espèce de capital peut arriver à ceux qui l'emploieront le mieux, en augmentant les productions du pays (1). »

Les faits prouvent, du reste, que la suppression de la circulation est une cause de ruine, pour le sol comme pour toute autre source de production.

Voyez l'Espagne, depuis l'expulsion des Maures qui avaient porté à un si haut degré la théorie et la pratique de l'agriculture. La terre, devenue la propriété de quelques grandes familles ou du clergé, s'est consolidée ; la circulation en a cessé complétement, et en même temps la production. La terre n'a commencé à reprendre de la valeur qu'après les ventes des biens du clergé.

Cet état social, qui s'est plus longtemps perpétué en Espagne qu'en tout autre pays, est tout simplement la tradition intacte du régime féodal. Quel était, en effet, son caractère principal? La consolidation de la terre, la perpétuité de sa possession entre les mêmes mains.

En France, cette consolidation du sol se continue, se développe même, sous la monarchie ; parmi toutes les causes de misère, d'appauvrissement de la France, ce fut une des plus terribles. Les hommes qui firent la Révolution eurent une conscience instinctive de cette plaie, et en même temps

---

(1) *Œuvres complètes*, p. 124.

que la Révolution reconnaissait les droits de l'homme, elle affranchissait le sol et, proclamant son droit à la mobilisation, elle le livrait à la circulation.

Mais alors est intervenu le fisc, qui, en chargeant de droits la transmission de la propriété, l'a arrêtée de nouveau.

« L'on ne veut pas acheter, disait M. le baron de Veauce, parce que, s'il fallait revendre, on aurait encore à perdre la valeur de nouveaux droits ; et l'on ne veut pas se trouver enchaîné à une propriété dont on ne pourrait plus se défaire sans sacrifices.

« Il faut calculer que tous les vingt ans il y a une nouvelle liquidation dans les familles, d'où il résulte que c'est toujours, dans un temps plus ou moins rapproché, l'État, le fisc et les hommes d'affaires qui finissent par avoir entre les mains la valeur représentative de la propriété territoriale.

« Les propriétaires du sol sont grevés de 600 millions d'intérêts par an, résultant des hypothèques territoriales. Ils ne peuvent pas vendre, ils ne peuvent pas se liquider (1). »

M. Courcelle-Seneuil dit aussi :

« Les droits perçus par l'enregistrement, lors de la transmission des immeubles par vente, donation, testament ou succession, constituent une des charges les plus préjudiciables aux progrès de l'agriculture : elle absorbe sans cesse, et à l'improviste, les capitaux mobiliers des campagnes, les épargnes destinées à l'accumulation. Un supplément d'impôt foncier, équivalant au produit des droits de mutation, serait infiniment moins nuisible à la production, parce qu'il serait prévu et entrerait dans les frais annuels d'exploitation. On a déjà appliqué cette transformation d'impôt aux biens de mainmorte, pour lesquels le droit de mutation est converti en abonnement ; il serait bien utile à l'agriculture que cette conversion fût générale et s'appliquât à tous les immeubles ruraux sans distinction (2). »

(1) Corps législatif, 2 mars 1869.
(2) *Manuel des affaires*, p 400.

Qu'on me permette de citer les termes dans lesquels je signalais aussi les inconvénients des impôts sur la transmission des biens :

« La propriété elle-même n'est pas libre.

« Et du moment que la propriété n'est pas libre, elle n'est pas une propriété complète ; car quel est l'effet le plus net du droit de propriété? C'est d'user librement de ma propriété ; si je ne peux pas en user librement, je ne suis donc pas complétement propriétaire.

« Ainsi j'ai un cheval : je veux vendre mon cheval. Rien de plus facile, je trouve un acquéreur et je le lui livre ; je me sens complétement propriétaire de ce cheval que je puis échanger si facilement.

« J'ai, au contraire, une terre de 100,000 francs, je veux la vendre, mais alors intervient le fisc, qui me dit : — Fort bien ! mais tu me dois 7,000 francs de droits. Paye-moi ces 7,000 francs, c'est-à-dire deux années du revenu de cette terre, si tu veux avoir le droit de la vendre. En réalité, je ne suis donc propriétaire que de 93,000 francs. N'est-ce pas là une entrave à la circulation?

« Mais il y a toujours un double effet qui se produit. Si mon acquéreur vend une terre du même prix pour se procurer la mienne, c'est un échange qui coûte 14,000 francs. Multipliez cet échange, et voyez à quelle perte énorme on arrive. Devant de pareils droits, en présence d'une telle progression, on hésite à acheter, on hésite à vendre, on hésite à échanger une terre qui ne convient pas contre une terre qui vaudrait mieux. La terre étant maintenue ainsi dans l'immobilité, sa valeur vénale n'augmente pas comme elle pourrait le faire. Si ma propriété était libre, au contraire, elle vaudrait 25, 30, 40.... pour 100 de plus (1). »

Il n'y a pas d'exagération dans ces paroles, au contraire. Si on pouvait vendre et acheter facilement des immeubles,

---

(1) *Conférence sur la Réforme fiscale*, p. 18.

on aurait cette préoccupation de la vente. On les améliorerait dans ce but. On les vendrait en état ou on les y mettrait.

On achèterait une propriété comme on achète un cheval aujourd'hui. Au lieu de louer une maison de campagne pour une saison, on en ferait l'acquisition ; et on y ajouterait forcément des améliorations qui lui donneraient une plus-value le jour où on la revendrait. Ce serait une transformation perpétuelle de capital circulant en capital fixe.

Avec cette transmission facile du sol, des capitalistes n'hésiteraient pas à engager des capitaux pour mettre en valeur des propriétés qui, en ce moment, restent improductives et stériles, entre les mains de propriétaires timides, ou de fermiers besoigneux.

On a beaucoup parlé du crédit agricole, on a cherché beaucoup de moyens factices, beaucoup de combinaisons plus ou moins ingénieuses pour le développer, et aucune n'a réussi ; pourquoi ? Parce que les droits d'enregistrement, les droits sur les hypothèques, les droits sur les transmissions des biens, grèvent le sol dans une proportion telle, qu'il est complétement immobilisé et ne peut se prêter à aucune combinaison.

Bien plus, ils n'éloignent pas seulement le capital circulant du sol, mais ils diminuent encore celui qui pourrait lui être consacré. Ils absorbent le faible capital roulant du petit propriétaire ; ils le forcent d'avoir recours à l'hypothèque pour entrer en possession de son bien, et ils enlèvent à l'amélioration, à l'entretien du sol, souvent une somme de 6, 8 pour 100, c'est-à-dire dépassant une année du revenu, en admettant qu'il n'y ait qu'une seule transmission dans une année. Si par malheur le sol subissait deux transmissions, son revenu serait absorbé par le fisc pendant deux ou trois ans.

Il faut bien répéter ces vérités puisqu'on les méconnaît encore. N'entendais-je pas M. Marcel Barthe dire, le 24 février dernier, que le droit de mutation était un droit sur le capital ?

Ainsi, il confondait tout simplement le capital et la circulation du capital : il ne s'apercevait pas que les droits de mutation, comme l'indique cependant leur nom, frappent la transmission du capital et épargnent l'immobilité du capital ?

Voici un capital qui est frappé lourdement; mais pourquoi est-il frappé ? est-ce parce qu'il a augmenté ? Non, il n'a pas subi d'augmentation, il vaut ni plus ni moins qu'hier, ou plutôt, je me trompe, il vaut moins, parce qu'ayant changé de mains, le fisc est venu en prélever sa part.

Les droits de mutation, loin d'être un impôt sur le capital, sont la négation formelle de l'impôt sur le capital, puisqu'au lieu de frapper le capital fixe, ils n'atteignent que la circulation du capital.

Il est vrai que J. B. Say dit aussi :

« Les impôts sur les procédures, et en général tous les frais qu'on paye aux gens de loi, sont pris de même sur les capitaux ; car on ne plaide pas suivant le revenu qu'on a, mais suivant les circonstances où l'on se trouve jeté, les intérêts de famille où l'on est impliqué, et l'imperfection des lois (1). »

Mais cela prouve-t-il contre l'impôt sur le capital ? Au contraire, cela prouve en faveur de son principe. Car pourquoi ces frais judiciaires ? Ils ne sont si élevés que parce qu'on a essayé de transformer la justice, c'est-à-dire la garantie sociale qu'exigent les droits de chacun, en instrument de fiscalité.

Le raisonnement du législateur fiscal est facile à interpréter en cette question; il s'est dit : — Il y a des propriétés qui, à certains moments, sont contestées; chacun clame justice ! Choisissons ce moment pour frapper ces propriétés : plus elles ont besoin de la sécurité sociale, plus nous serons exigeants.

Et avec ce système on aboutit à exploiter au profit du fisc, quoi? des accidents qui sont des symptômes d'embarras, de

---

(1) J. B. Say. — *Cours d'économie politique*, t. II, p. 516.

gêne et souvent de pauvreté. « Lever un impôt sur les dettes d'un homme ou sur ses procès, a fort bien dit Sismondi, ne paraît guère moins déraisonnable que d'en lever un sur les maladies (1). »

Ces frais vous rebutent. Pour les éviter, on transige. Mais de peur de tous ces frais et de toutes ces difficultés, on reste inactif. Cela m'est arrivé. J'aurais souvent fait des affaires utiles à mon pays, qui en auraient développé la production, si je n'avais pas eu cette crainte.

Nous avons constaté déjà tout à l'heure la proportionnalité ou plutôt la progression à rebours des frais des ventes judiciaires ; les frais de justice, considérés comme procédés de fiscalité, aboutissent à la même proportionnalité. L'homme riche est alors le maître de l'homme pauvre ; si l'homme pauvre veut lutter, il épuise ses ressources ; et comme il sait qu'en définitive, il ne sortira que ruiné de cette difficulté, il aime mieux supporter l'injustice en silence, en ruminant la haine qu'elle provoque en lui.

Je ne suis pas le premier à signaler cette conséquence.

« Dans l'énumération des mauvais impôts, dit Stuart Mill, il convient d'assigner une place distinguée aux impôts sur l'usage du pouvoir judiciaire; ils vont chercher des recettes pour le fisc dans les divers actes auxquels doivent se livrer ceux qui ont recours aux tribunaux. Comme tous les frais inutiles attachés aux procédures, ce sont des impôts sur la justice et par conséquent des primes au profit de l'injustice.

« On a pensé sans doute que ceux qui jouissent des avantages de la justice doivent en payer les frais. Bentham a exposé avec beaucoup de force la fausseté de cette doctrine. Ainsi qu'il l'a remarqué, ceux qui sont dans la nécessité de recourir à la justice sont ceux qui profitent le moins et non le plus des lois et de leur application (2) ».

M. de Serre, à propos de l'augmentation des droits d'enre-

(1) *Nouveaux principes d'économie politique*, liv. VI.
(2) *Principes d'économie politique*, t. II, p. 425.

gistrement sur les actes judiciaires et sur les actes extrajudiciaires, disait en 1816 :

« On espère par ce projet que le nombre des procès diminuera ; ce n'est pas là que serait le mal et ce qu'on peut espérer ; il n'en restera qu'une chose : c'est que le pauvre ne pourra parvenir à se faire rendre justice ; le pauvre, l'homme même un peu aisé ne pourra encourir les chances d'un procès, et l'homme en état de supporter les frais de ce procès lui forcera la main et lui fera nécessairement la loi. »

Dans la séance du Sénat du 6 avril 1866, M. Bonjean montrait les conséquences auxquelles aboutissait cette fiscalité.

« La loi du 25 mai 1838, disait-il, a sagement attribué au juge de paix, à charge d'appel devant le tribunal d'arrondissement, la connaissance des actions en bornage.

« Si les titres et la propriété sont contestés, le procès se porte en première instance devant le tribunal d'arrondissement, en appel devant la Cour impériale.

« En écartant tous les frais inutiles, supposant un seul défendeur, en admettant qu'il n'y ait ni jugement par défaut, ni incident, et que l'instruction se borne à une simple descente de lieux, avec nomination d'un géomètre expert, voici les *minima* de ces frais :

Procédure devant le juge de paix, au moins.......	75f »
Appel devant le tribunal, en supposant qu'il n'ordonne pas d'instruction nouvelle...............	153 80
Total..........	228f 80c

« Les titres, la propriété ont été contestés ; le juge de paix s'est déclaré incompétent ; on se présente devant le tribunal d'arrondissement.

Frais devant le tribunal d'arrondissement.........	423f 15c
Frais d'appel............................	598 34
Total..........	1,021f 49c

« Et une parcelle entière vaut 510 francs.

« Ce n'est pas tout... — Tout jugement en dernier ressort peut être déféré à la Cour de cassation ; et, s'il est annulé, la cause est renvoyée devant un tribunal de même degré que celui dont l'arrêt a été cassé... C'est 1,500 francs au moins à ajouter aux totaux ci-dessus. »

Total général. . . . . . . 2,521 fr. 49 c.

M. Bonjean ajoutait qu'il ne se passe pas de semaine où il n'y ait quelque procès de ce genre.

Il citait les deux exemples suivants :

« Dans une affaire, il s'agissait de quelques centiares de terre dont la valeur avait été appréciée par le juge du fond à 4 fr. 50 c. Dans l'autre, il s'agissait d'une valeur de 10 à 12 francs. Il y avait eu cinq jugements, une enquête, des expertises, plusieurs appels. Les frais s'élevèrent à plus de 3,000 francs. »

Un sénateur s'écria avec un charmant dédain : — Tant pis pour eux ! M. Bonjean protesta énergiquement contre cette interruption, rappelant que ces frais énormes retombent sur des ignorants, incapables de prévoir les conséquences de leur procès. Il aurait dû ajouter qu'on doit pouvoir faire valoir son droit pour les petites choses aussi bien que pour les grandes. Il n'y a pas de petits intérêts devant la justice.

Un pareil système établit une inégalité flagrante entre le riche et le pauvre. Celui-ci, ne pouvant supporter de pareils frais, doit toujours céder.

En France, où l'instinct de l'égalité est si vif, il est facile de se figurer quels ravages, au point de vue moral, peut exercer la surexcitation de pareils sentiments. Mais nos législateurs ne se préoccupent pas de ces détails ; ils les considèrent comme au-dessous d'eux ! Ils se croient pratiques en récoltant quelques millions qui peuvent soulever de pareilles passions ; puis, si ces passions font explosion un jour, ils refusent d'en voir la cause réelle ; et au lieu de chercher à la détruire, ils l'aggravent. C'est là notre histoire depuis soixante-quinze ans.

En Angleterre, au contraire, dans ce pays oligarchique, le timbre des actes judiciaires ne s'élève plus qu'à la somme déboursée par l'État, c'est-à-dire à la rémunération rigoureuse du service rendu.

En France, nous n'avons cessé d'augmenter les droits de greffe et de timbre.

Je ne puis entrer dans le détail de ces matières; mais il suffit de jeter un coup d'œil sur notre histoire financière pour savoir que ces droits, loin de diminuer, reçoivent des aggravations constantes, et que c'est toujours sur eux, ainsi que sur les autres contributions indirectes, que le législateur jette ses regards quand il est à la recherche de ressources nouvelles nécessitées par le budget.

Il y a peu de jours encore, le 9 février, l'Assemblée nationale votait un article de loi ainsi conçu : « Les divers droits fixes de l'enregistrement auxquels les actes extrajudiciaires sont assujettis par les lois en vigueur, sont augmentés de moitié. »

Quels sont ces actes extrajudiciaires? Les citations, les commandements, les congés, les saisies et les protêts.

Ici c'est un droit fixe : qu'il s'agisse d'une grande ou d'une petite affaire, il faut payer une somme égale.

Mais, de plus, sur quoi porte-t-il encore? Sur la misère!

Le mot a été dit, et avec une grande autorité, dans cette discussion, par M. Francisque Rive, qui ajoutait : « Cet impôt s'accroît en raison même de la misère de ceux qu'il frappe. » M. de Ventavon répétait cette vérité dans les mêmes termes.

Impôt sur la misère, en effet : une traite arrive, est protestée, le négociant expéditeur accorde un délai; on n'est pas en mesure : nouveau protêt. Le créancier assigne au tribunal de commerce; on signifie le jugement, on fait un commandement, on procède à la saisie, et, en vertu de la loi du 9 février, chacun de ces actes a été augmenté de 50 pour 100.

Un employé est en retard; il a supporté les frais de protêt;

on pratique une saisie-arrêt; tous ces droits sont augmentés de 50 pour 100; puis dénonciation au saisi, 50 pour 100; dénonciation aux tiers saisis, 50 pour 100, assignation aux tiers saisis, 50 pour 100. Voilà de quelle manière on rétablit l'équilibre !

Souvent les frais que provoque une poursuite arrivent à dépasser la somme due. Dans cette discussion de la loi du 9 février, M. Wilson disait :

« Une sentence de juge de paix, portant condamnation au payement d'une somme de 50 francs, entraîne à sa suite environ 25 francs de droits. Si vous élevez les droits de 50 pour 100, comme on vous le propose, vous voyez qu'il s'agira de 37 fr. 50 c., soit, par conséquent, 75 pour 100 en sus de la condamnation. »

Depuis 1816, avec l'application des décimes et des demi-décimes, les droits fixes sur les actes extrajudiciaires n'ont pas cessé d'augmenter, sauf en 1848, où un décret du 26 mars diminua les frais des protêts. « Un débiteur d'une somme de 50 francs ne peut pas payer : en 1858, les droits perçus étaient de 51 fr. 50 c., non compris le droit d'enregistrement de l'effet, qui est un droit proportionnel de 50 pour 100, en admettant une seule partie et en prenant pour base une procédure qui est loin d'être compliquée, qui ne donne lieu qu'à dix actes extrajudiciaires.

« En 1867, les droits s'élevaient à 59 fr. 08 c., et en 1873 à 68 fr.; avec le nouveau demi-décime voté récemment, ils s'élèvent à 72 fr. 34 c. Si vous admettez l'augmentation proposée, ils atteindraient la somme exorbitante de 82 fr. 84 c.

« En ce qui concerne ce dernier exemple, on peut établir une échelle progressive en raison inverse des valeurs. Sur une affaire de 50 fr. dans les conditions ordinaires, c'est-à-dire en admettant, comme je viens de l'indiquer, dix actes extrajudiciaires, les droits fixes s'élèvent à 160 pour 100; sur une affaire de 100 fr., à 80 pour 100; sur 500 fr., à 20 pour 100; sur 1,000 fr., à 10 pour 100; sur 10,000 fr., à

1 pour 100; enfin, sur une somme de 100,000 fr. à 40 cent. pour 100 (1). »

Chacun des coups de la misère est doublé des coups du fisc : plus nous allons, plus ses coups sont durs. Et si le malheureux succombe, si, par l'accumulation des droits, une dette, insignifiante d'abord, s'alourdit de telle sorte qu'il ne puisse plus l'alléger, que devient-il? Encore un homme à la mer, un déclassé, un irrégulier de la civilisation.

On en a peur; il est à craindre, et non sans raison, car rien de plus effrayant que le désespoir. On se rassure, il est vrai, en pensant qu'on a des gendarmes, des soldats, de bonnes lois répressives; mais n'aurait-il pas mieux valu prévenir au lieu de réprimer? La loi n'a-t-elle donc rien à se reprocher?

Quand un homme se noie, on va à son secours, on lui tend une perche, ou au moins on ne lui jette pas des pierres et on le laisse essayer de se sauver.

Quand un homme a mis le pied sur la pente de la ruine, au contraire, le fisc intervient, le surcharge, le pousse en bas et s'acharne sur lui, multipliant son fardeau au fur et à mesure que sa victime devient plus faible.

N'y a-t-il pas là quelque chose de féroce et de barbare?

Ces droits extrajudiciaires transforment des embarras, des poursuites, la ruine, la misère, en agents du fisc. Quand un voyageur tombe, les loups qui le guettent se jettent sur lui. Ici il en est de même. Quand un malheureux trébuche, les protêts, les assignations pour frais de poursuite de tous genres se précipitent sur lui et achèvent sa ruine.

Oh! je sais bien que nous sommes habitués au dédain implacable pour ceux qui ne réussissent pas. Nous devrions cependant nous abstenir d'une telle morgue, car souvent la ruine n'est pas le résultat d'une faute ou d'une erreur personnelle, mais le résultat d'une mauvaise loi, d'une aventure

(1) M. Wilson, 9 février 1874.

politique, d'une faute sociale, par conséquent, dont l'individu qui en est victime est irresponsable.

Les partisans de ce système fiscal l'avouent eux-mêmes M. Mathieu-Bodet repoussait, en 1872, l'augmentation des droits des actes extrajudiciaires pour ne pas « aggraver, disait-il, des positions dignes d'intérêt ».

Telle est la logique de notre système fiscal. On avoue que les affaires ne sont pas prospères, que l'industrie périclite, que le petit commerce est gêné. Deux gardes des sceaux, à vingt ans de distance, déclarent qu'il faut remanier les frais de ventes judiciaires. Nous avons changé plusieurs fois de gouvernement. Nous avons vu les hommes des opinions les plus diverses se succéder au pouvoir, et où en sommes-nous? Nos législateurs aggravent eux-mêmes les vices qu'ils signalent.

Et pourquoi? et d'où vient donc cette contradiction? Il faut bien le dire, elle a pour cause, d'un côté, le défaut de persévérance; d'un autre côté, la peur des réformes et des idées neuves.

Tandis qu'on augmente les droits de mutation, les frais des actes extrajudiciaires, on augmente aussi le timbre des effets de commerce. En même temps, on répète avec emphase qu'il faut développer le commerce et l'industrie pour relever la prospérité nationale. On proclame très-haut cette nécessité dans des discours d'apparat, mais on manque de résolution pour rompre avec la routine et ne pas plagier misérablement ses prédécesseurs.

On ne réfléchit pas qu'en conservant ce respect pour les traditions fiscales, on arrive à placer son pays dans une situation d'infériorité vis-à-vis des peuples étrangers. On oublie que les intérêts ne sont pas renfermés seulement entre les frontières de la France; qu'ils s'étendent au delà, et que si on surcharge les frais de la production nationale, on ferme tous ses débouchés et on lui crée des concurrents. Tout droit qui la grève est une prime donnée à l'étranger.

Par la loi de 1850, le timbre des effets de commerce était fixé à 50 cent. pour 1,000 francs : la loi du 23 août 1871 l'a porté à 1 franc ; la loi de février 1874 l'a porté à 1 fr. 50.

A 1 franc, c'était déjà le droit le plus élevé qui existât en Europe, comme on peut s'en convaincre par le tableau suivant des divers tarifs de timbre proportionnel :

Genève	0f 50c
Bâle	0 20
Fribourg	0 20
Grande-Bretagne	0 50
Allemagne	0 50
Belgique	0 50
Italie	0 60
Hollande	0 69
Russie	0 75
Autriche	0 85
France	1 50

Et il faut bien faire attention à ceci : c'est que cet impôt du timbre de l'effet de commerce est une avance, qui aggrave le prix du crédit.

M. Magne, qui a proposé et soutenu cet impôt, disait lui-même que « les petits effets de commerce » étaient « la monnaie courante du petit commerce ». Puis, par une contradiction qui, si singulière qu'elle paraisse, ne peut plus nous étonner parce qu'il nous y a habitués, il se faisait un ardent défenseur de cet impôt. Et quel argument donnait-il? Il disait que cet impôt « frappe tout le monde légèrement ». Tout le monde? Non, mais ceux qui ont besoin des effets de commerce.

Alors M. Magne, s'apercevant de cette vérité, abandonnait son premier argument et se servait comme d'argument de l'objection qu'on pouvait lui opposer, en disant que cet impôt est très-juste ; car celui « qui se sert peu des effets de commerce paye peu. »

Mais qui se sert des effets de commerce? Le commerçant.

Et quel commerçant? Celui qui a le plus besoin de crédit. C'est donc sur lui que retombe cet impôt.

Alors, à court d'arguments, M. Magne ajoutait : « Le commerce saura bien se tirer d'affaire », et lui-même se tirait d'affaire, puisque cette raison paraissait suffisante à la majorité.

Voilà comment se fabriquent les lois fiscales et sur quels arguments elles s'appuient!

On frappe la circulation, on frappe le crédit par cette augmentation du timbre des effets de commerce; ce n'est pas encore assez. Le lendemain du jour où l'on augmentait d'un tiers le timbre des effets de commerce, on frappait d'un droit fixe de 0 fr. 20 c. les chèques tirés de place en place.

L'article 7 de la loi de 1865 avait déclaré cependant que « les chèques devaient être exempts de tout droit de timbre pendant dix ans ». Mais, pas plus que les constitutions ne sont éternelles, les lois n'engagent l'avenir; et c'est sans le moindre scrupule que la loi du 19 février 1874 a démenti la loi de 1865.

Tout le monde est d'accord pour considérer que le chèque est un instrument de première nécessité ; qu'il est d'autant plus utile pour nous, qu'il remplace une quantité considérable d'or, au moment où notre or a été drainé par les Prussiens ; que, par conséquent, on doit en faciliter l'emploi ; et, cela bien entendu, après avoir soumis d'abord à un timbre de 10 centimes les chèques sur place, on frappe d'un timbre de 20 centimes les chèques de place en place ; puis, pour compléter la mesure, on multiplie les formalités auxquelles les avait déjà astreints la loi de 1865. Cet impôt ne rapportera presque rien ; mais il y a des législateurs qui croient avoir fait quelque chose quand ils ont nui à quelque chose.

M. Paul Cottin avait pourtant montré à l'Assemblée les chèques, sur la place de Londres, suppléant, en 1868, un mouvement de fonds de 81 milliards; en 1869, de 88 milliards ; en 1870, de 93 milliards ; en 1871, de 100 milliards ; en 1872, de 134 milliards ; en 1873, de 150 milliards (1) !

Voilà, certes, des chiffres qui indiquent un progrès sérieux du mouvement des affaires, accompli à l'aide d'un bon mécanisme économique !

En France, nos législateurs ont une autre manière d'évaluer les progrès accomplis ; ils disent : — Les impôts indirects rendent plus, donc le pays est plus riche.

Vérifions ce que vaut cette mesure, en ce qui concerne l'enregistrement et le timbre.

En 1859, le produit de l'enregistrement était de 272,146,974 francs.

En 1860, on a ajouté à ce droit celui du double décime, soit 20 pour 100 d'augmentation.

En 1864, il a produit 329,421,288 francs.

En supposant que depuis 1859 le nombre des actes n'ait pas varié, le droit augmenté de 20 pour 100 a dû donner 54,429,394 francs qui, ajoutés aux 272,146,974 francs, donnent un total de 326,575,768 francs. En cinq ans, l'accroissement du produit aurait donc été seulement de 2,845,520 francs.

Depuis la guerre, malgré les surtaxes subies par les droits d'enregistrement, ils n'offrent, dans le premier trimestre de 1874, qu'un rendement de 106,579,000 francs, tandis que dans le premier trimestre de 1872, ils avaient donné 107,178,000 francs.

Mais les droits d'enregistrement auraient augmenté dans une proportion considérable. Serait-ce donc une preuve de richesse ? Loin de là, car ils représentent, quoi ?

Des protêts, des sommations, des assignations, des significations, des jugements, des faillites, des liquidations, des ventes à l'amiable ou judiciaires. Et que révèlent tous ces

(1) 11 février 1874. Voir plus haut le détail es chiffres, p. 143.

actes? Des symptômes de crises, de procès, de misère et non de prospérité!

En 1859, le produit du timbre était de 53,524,328 francs.

En 1864, il était de 76,245,779 francs; total 23 millions d'augmentation. Or, le prix de la feuille de papier timbré avait été porté, en 1862, de 35 à 50 centimes. Donc l'augmentation provient du prix du timbre; mais que représente le grand usage du papier timbré? toujours des procès, des crises, non un accroissement calme et normal de la richesse publique!

Nos statisticiens considèrent des cas pathologiques, plus ou moins provoqués par la législation, comme des preuves de vitalité. Ils sont prêts à dire : — Le pays souffre, donc il vit.

Les faits et les chiffres que j'ai cités dans ce chapitre prouvent d'une manière suffisante que les droits d'enregistrement, de timbre, de greffe, sont funestes à la propriété territoriale, à l'agriculture, entravent le crédit, paralysent l'industrie, peuvent transformer en ruine définitive une gêne momentanée, violent le principe d'égalité de la justice, établissent une proportionnalité, pour ne pas dire une progression, à rebours. Certes, ce ne sont pas là des déclamations; ce sont malheureusement des réalités navrantes qui prouvent la nécessité de renoncer à toute cette partie de notre système fiscal.

Disons-le cependant : ces impôts ne sont pas les plus mauvais de ceux qui existent.

CHAPITRE III.

L'IMPÔT SUR LA PETITE VITESSE.

Les péages. — L'instinct populaire qui les condamne ne s'est pas trompé. — Les droits de navigation. — Un port franc. — L'impôt sur la grande vitesse. — L'impôt sur la petite vitesse. — Repoussé par la Commission, maintenu par le gouvernement. — La proportionnalité de l'impôt sur la petite vitesse. — L'antagonisme et la solidarité des intérêts. — Les forges du bassin de la Loire. — La houille. — Un kilogramme de drap. — Le sucre. — Le coton. — Notre marine marchande. — Anvers et le Havre. — Part de l'agriculture dans cet impôt. — Les arguments de M. Magne. — Comment se règlent les prix. — Contradiction entre les subventions et les recettes de l'État. — Les tarifs. — La chambre de commerce d'Épinal. — La logique de nos législateurs fiscaux.

Les péages des ponts comptent parmi les impôts les plus impopulaires. Tout d'abord on est étonné et tout prêt à trouver que ces impôts sont fort justes en définitive. Qui paye? Celui qui use du pont. Il y a donc là une rémunération directe pour un service immédiat.

Eh bien, l'instinct populaire ne s'est pas trompé : parmi tous les impôts détestables, il a considéré celui-là comme un des plus détestables.

Il est détestable, comme tous les impôts qui frappent la circulation, en raison de cette répercussion que nous avons constatée et dont on ne tient pas suffisamment compte.

Je prends le pont, par exemple, qui sépare Avignon de Villeneuve-lès-Avignon. La charrette qui porte les légumes au marché paye un droit pour traverser le Rhône; la marchandise est frappée avant d'entrer dans le commerce.

La marchandise passe le pont, est vendue tant bien que mal. Celui-là qui l'a portée au marché revient à vide ou rapporte d'autres marchandises qui, peut-être le matin, ont elles-mêmes payé la taxe : nouveau droit à payer.

La taxe prend la marchandise des deux côtés : lorsqu'elle est à vendre et lorsqu'elle est vendue.

Sur le bénéfice que peut rapporter cette marchandise, bénéfice plus ou moins aléatoire, il faut d'abord prélever deux taxes qui, elles, sont d'une certitude infaillible.

Il en résulte que deux pays situés sur les rives opposées du même fleuve, ayant des intérêts communs, qui devraient être réunis par une solidarité étroite, se trouvent séparés et divisés comme s'ils étaient étrangers.

On s'arrête à la limite du pont au lieu de le franchir. Le commerce voit le pont se dresser devant lui ; il est souvent aussi infranchissable que le fleuve.

Et non-seulement le commerce, mais même les individus, quelque minime que soit la taxe. A Rouen, il y a un pont dont le péage est fixé à 0 fr. 01 c., jamais personne n'y passe. On aime mieux faire un détour que de payer ce droit insignifiant.

Dans certaines localités, les communes et les départements n'ont pas hésité, au prix des sacrifices les plus lourds, à racheter le péage des ponts qui étaient des barrières au lieu d'être des passages.

Pourquoi ces localités ont-elles racheté ces péages ? Elles se sont dit simplement ceci : « Par le péage, nous éloignons toute circulation ; amenons à nous la circulation, et, sur le bénéfice qu'elle nous rapportera, sur le capital qu'elle nous donnera dans l'avenir, nous payerons ce pont facilement, tandis que, si nous ne le rachetions pas aujourd'hui, nous serions ruinés. »

Le gouvernement n'imite pas l'exemple de ces localités. Non-seulement il maintient les impôts sur la circulation existant déjà, mais encore il en ajoute de nouveaux.

Les droits de navigation intérieure et les produits des ponts affermés comptent pour 4 millions dans le budget de 1875.

Les droits de navigation (droits de quai, etc.) comptent pour 4,417,000 francs.

En opposition, je me rappelle que pendant un séjour que je fis à Nice, il y a une trentaine d'années, je fus vivement frappé de l'activité qui animait ce petit port : ce n'étaient que navires entrant et sortant, va-et-vient de marchandises, tandis que d'autres ports plus favorisés par la nature étaient presque déserts.

D'où venait cette différence?... Nice était un port franc.

Mais tout ce capital circulant, qui encombrait les quais de Nice, ne disparaissait pas : il y en avait une partie qui restait entre les mains des matelots, des armateurs, des constructeurs de navires, des portefaix du port, des courtiers, et de toute cette foule qui vit des travaux des ports : cette partie se convertissait en nouveaux navires, en maisons, en instruments de travail ou en objets d'art, en capital fixe en un mot.

Nos législateurs ne tiennent pas plus compte des funestes conséquences, bien constatées, des impôts qui grèvent la circulation, que des avantages de la liberté de circulation.

Ils ont multiplié les taxes sur la circulation. Ils ont frappé d'un droit les voitures publiques. Ils ont frappé d'un impôt de deux dixièmes le prix des places des voyageurs en chemin de fer et le transport des marchandises à grande vitesse. Ce dernier impôt, évalué pour 1874 à 67,700,000 fr., est évalué pour 1875 à 70,817,000 fr.

Enfin on l'a complété récemment par un impôt de 5 pour 100 sur les transports par petite vitesse.

Les marchandises qui circulent sur les routes ne payent pas; les marchandises qui circuleront sur les chemins de fer payeront le rachat de leur passage.

Voici la singulière contradiction à laquelle on arrive, contradiction qui n'a rien de nouveau, du reste. On constate l'utilité des chemins de fer; on est d'accord sur cette question. On croit qu'il est bon de les multiplier. On admet encore facilement que le producteur a grand intérêt à se procurer rapidement et à bon marché ses matières premières; que le consommateur a grand intérêt à se procurer rapidement et à bon marché les objets de consommation; qu'il est très-important que notre industrie puisse rivaliser avec l'industrie étrangère; qu'il est indispensable que nos produits puissent soutenir la concurrence sur les marchés étrangers, pour que nous retrouvions l'or que nous a drainé la Prusse. Oui, on est d'accord sur toutes les questions; nul ne contesterait des vérités aussi évidentes, et puis, on en tire cette conclusion inattendue qu'un impôt sur la petite vitesse est excellent!

Il faut dire cependant que la commission l'avait repoussé en alléguant contre lui les raisons suivantes :

« Aucun impôt n'a été plus généralement attaqué et condamné par toutes les industries. Toutes les chambres de commerce, qui nous ont adressé des observations sur cette série d'impôts nouveaux, ont considéré cet impôt sur les transports comme dangereux pour l'agriculture, dangereux pour tous les genres d'industrie; ce serait une surcharge sur la fabrication et pesant principalement sur des matières premières qui ne peuvent supporter des frais de transports élevés, comme la houille, les minerais, les matériaux de construction, pierres, bois, chaux, engrais pour l'agriculture, fourrages, bestiaux, grains, vins, spiritueux, pour le commerce de transit et la concurrence étrangère.

« Si cet impôt était admis, il y aurait nécessité de l'étendre aux transports par la navigation sur les canaux et les rivières; on a demandé que cela s'étendît au cabotage de la mer... »

Le gouvernement n'en maintint pas moins cet impôt. Dans le cours de la discussion, les arguments invoqués contre lui se multiplièrent.

On disait tout d'abord : « Cet impôt n'est pas proportionıel. » Il est vrai que cet argument n'a qu'une valeur relative ›our nos législateurs. La proportionnalité est un principe ›acré inscrit en tête de notre régime fiscal; mais on le laisse lans son tabernacle, et, si chacun en parle, personne n'y fait ıttention.

Cependant la proportionnalité n'est pas relative à la valeur, nais est relative au poids.

Qu'un objet manufacturé soit de petit poids et de grande 'aleur, un objet de luxe d'un usage restreint, à peine l'impôt e touche-t-il; il l'effleure; mais, au contraire, il s'abat lourlement sur les matières premières, les objets de première ıécessité, ceux-là qui sont indispensables à notre industrie : es houilles, les minerais, les marnes, les betteraves, les ›riques, etc. Une marchandise valant 5 fr. peut payer autant ju'une autre valant 2,000. C'est ce qui a lieu pour le sable 'éfractaire qui vaut 5 fr. la tonne, tandis que le minerai de Wolfram en vaut 2,000 (1).

MM. Feray, Dréo, Germain, firent ressortir cette inconséquence.

Mais à l'aide de quels arguments pouvait-on faire ressortir :ette inconséquence? On ne le pouvait qu'en opposant ceraines industries à certaines autres.

Ce n'est pas là, il faut bien le remarquer, un des moindres 'ices de ces impôts multiples, qui frappent les uns et ne 'rappent pas les autres. Ceux qui sont frappés désignent le 'oisin, et disent comme des écoliers : « Eh bien, si je suis nis en pénitence, pourquoi ne le mettez-vous pas aussi en ›énitence? »

Comment! on nous parle de la patrie, des intérêts de la ›atrie, et nous sentons tous vibrer notre cœur en entendant :e nom!

Et puis, lorsque nous descendons dans la pratique, lorsju'il s'agit de taxes, d'impôts, d'intérêts, alors chacun se lresse et demande qu'on le décharge et qu'on reporte son

(1) M. Aclocque, 9 février 1874.

fardeau sur le voisin. Et si ce fardeau tombe sur l'un de nous, aussitôt nous réclamons tous, et non sans raison, et nous disons : « Mais pourquoi surchargez-vous de telle sorte notre industrie que vous la ruinez, tandis que vous déchargez celle-là ? Si nous ne pouvons continuer de la faire fructifier, n'êtes-vous pas responsable de notre ruine ? Si, au contraire, vous enrichissez telle autre, en la dégrevant, n'est-ce pas un cadeau que vous lui faites à notre détriment ? Il y a donc là inégalité, et, inégalité pour inégalité, ne vaut-il pas mieux que ce soient d'autres que nous qui en aient la charge ?

C'est ainsi qu'on parle d'industries en industries. On cherche à se renvoyer l'impôt de l'un à l'autre. Il y aura peut-être de sévères moralistes qui crieront à l'égoïsme ; ils auront tort.

Ces récriminations, ces antagonismes sont dans la logique de notre système fiscal. Du moment qu'il procède par catégories de productions, que certains genres de productions sont écrasés et que d'autres sont déchargés, il est bien simple que chacun cherche à faire porter son fardeau par ses voisins. C'est dans la force des choses, et nulle phrase, nulle doléance ne pourra y remédier. L'industrie et le commerce représentent des intérêts sans lesquels ils n'auraient pas de raison d'être : ces intérêts se défendent chaque fois qu'ils sont lésés ; et ils se défendent d'autant plus ardemment, qu'à côté d'eux ils en voient qui sont épargnés.

Certains « hommes » qui se prétendent « pratiques » souriront peut-être à ces considérations qu'ils traiteront avec dédain de « sentimentales ».

Ils doivent savoir cependant qu'en ce moment plus que jamais, nous avons besoin de resserrer, de grouper en un faisceau unique tous les intérêts nationaux.

Or, nos impôts actuels, bien plus, nos impôts nouveaux, suscitent des inimitiés entre les intérêts, les opposent les uns aux autres, et les désagrègent alors que l'intérêt commun exigerait qu'ils fussent unis devant la concurrence étrangère.

Ainsi, au cours de cette discussion, on n'a pas manqué d'opposer l'industrie des soies à l'industrie des forges, et de dire : — Mais l'industrie des soies fait 600 millions de recettes. Elle n'est pas alimentée par des matières lourdes et encombrantes ; elle ne consomme de la houille que pour ses teintures, elle sera donc ménagée par l'impôt sur la petite vitesse.

On mettait, non sans raison du reste, en parallèle avec elle, l'industrie des forges de la Loire et du Rhône qui tirent une grande partie de leurs minerais de pays étrangers et de l'Algérie.

Ces minerais ont peu de valeur ; ils arrivent en masse ; les frais de transport sont considérables. D'après un document remis à un député, M. Julien, ces usines payent aux Compagnies de chemins de fer 14 millions de transport. Les 5 pour 100 feront 700,000 fr., ce qui équivaut au doublement, au triplement de la patente.

On a parlé bien haut et à différentes reprises de la nécessité de protéger nos forges pour les faire prospérer, et alors que, forcées par la nécessité, elles ont trouvé le moyen, en perfectionnant leur outillage et en se mettant à la hauteur du progrès, de lutter contre l'étranger, on les paralyse par les surtaxes.

En France, la consommation des houilles se monte à 24 millions de tonnes, dont 13 à 14 sont produites par les bassins français. Le reste vient en grande partie d'Angleterre et de Belgique ; une certaine quantité du bassin de Sarrebrück.

L'impôt sur la petite vitesse, appliqué aux houilles, doit rapporter 3,500,000 fr. Chaque tonne de houille doit donc payer 15 centimes.

La fabrication de nos produits, outre les matières premières et autres accessoires, exige beaucoup de houille : pour la fabrication d'un kilogramme de fer on emploie 10 à 12 kilog. de houille et de matières premières.

Pour le fil de coton et de lin, la proportion est encore plus forte. D'après la *Statistique générale* de la France (1861-

1865), les matières premières comptent pour plus de 56 pour 100 dans la valeur de nos produits manufacturés. Paris et Lyon exceptés, pour un chiffre total de fabrication s'élevant à 7,130 millions, on compte 4,940 millions de matières premières et 194 millions et demi de combustibles.

M. Feray, dont personne ne contestera la compétence, disait :

« Pour faire 1 kilog. de drap, il faut 15 ou 16 kilog. de toisons, houille, substances colorantes ; en évaluant le droit du transport à 37 centimes par kilog., c'est 15 ou 16 fois 37 centimes que payera chaque kilogramme. »

L'industriel étranger ne supportera pas de droits sur les matières premières, tandis que l'industriel français payera 5 à 6 fr. pour les frais de transport des siennes. L'industriel étranger bénéficiera donc de toute la différence.

En apportant sa marchandise, il ne payera qu'un transport ; l'industriel français l'aura payé dix, douze, quinze et seize fois.

Il faut 29 kilog. de houille, betterave, chaux, pour faire 1 kilog. de sucre de betterave. Le fabricant belge arrivera sur le marché français, n'ayant payé que la 29e partie de ce qu'aura payé le fabricant français.

Je sais bien qu'il ne faut accepter les chiffres de M. Pouyer-Quertier que sous bénéfice d'inventaire ; mais cependant ils peuvent quelquefois être vrais.

M. Pouyer-Quertier cite une usine de produits chimiques et examine dans quelles proportions l'impôt sur les transports la frapperait. Cette usine consomme 42,000 tonnes de houille par an. Avec le nouveau droit de 37 cent. 1/2, elle payera 16,000 fr. par an.

Cette usine consomme du sel. Le prix du sel est de 9 fr. 50 la tonne, et les frais de transport de 22 fr. 50 à 23 fr. (pour être rendu à l'usine). Or, on demande 5 pour 100 sur les 23 fr., c'est-à-dire 1 fr. 15 sur une tonne de sel de 9 fr. 50 (12 pour 100) !

M. Pouyer-Quertier considère les matières premières dont

se sert l'usine, et trouve qu'elles seront grevées d'un droit de 59,000 fr. par an.

Il énumère ensuite les diverses expéditions faites par l'usine et dont le détail suit :

25,000	tonnes	de cristaux et de soude.
16,000	—	de sels de soude.
1,500	—	de soude caustique.
9,000	—	d'acide muriatique.
14,400	—	d'acide sulfurique.
6,000	—	de chlorures de chaux.
4,000	—	de manganèse et autres produits.
Total. 75,000	tonnes	environ.

En comptant le transport moyen à 15 fr. la tonne, on a le chiffre de 1,125,000 fr. de frais de transport, qui, à 5 pour 100, donneront 55,000 francs ; en réunissant ce chiffre à celui de 59,000 fr. que payera l'usine pour le transport des matières premières, on voit que cette seule usine aura à payer 114,000 fr., soit 7 fois sa patente !

M. Pouyer-Quertier suit une tonne de coton partant du Havre pour les Vosges. Son transport coûte 51 fr. 70.

Pour la filer, la blanchir, la teindre ou l'imprimer, il faut 13 à 19 tonnes de houille, huiles, graisses, cuirs, etc. 19 tonnes à 7 fr. 50 de transport font 142 fr. 50, qui, ajoutés aux 51 fr. 70, donnent un total de 194 fr. 20.

Ensuite il faut transporter cette marchandise à Paris : cela coûte environ 20 fr. la tonne, ce qui fait 214 fr. De Paris une grande quantité des tissus est dirigée sur la province. Il en coûte aux marchands plus de 60 fr. la tonne en moyenne. Total, 274 fr., sur lesquels l'État prendra 5 p. 100 ; la tonne de coton payera donc 13 fr. 70 pour l'impôt sur la petite vitesse.

De plus, il faut tenir compte de l'emballage : cercles de fer, toiles, et enfin des matières étrangères, qui font qu'une tonne de coton ne donne réellement que 750 kilog. de tissus. Il faut donc grossir les chiffres ci-dessus de 25 pour 100 pour le coton brut, ce qui donne un total de 293 fr. 50.

En résumé, une tonne de calicot coûtant aujourd'hui 4,000 fr. paye 293 fr. de frais de transport, auxquels on a ajouté un droit de 5 pour 100, c'est-à-dire 14 fr. 65.

Et avec des impôts aussi intelligemment conçus, voici à quoi nous arrivons. Nous suscitons, nous développons nous-mêmes la concurrence étrangère. Nous nous ruinons, mais nous faisons les affaires des autres! Certes, c'est là une étrange manière de relever notre prospérité nationale.

On s'est plaint que nous manquions de fret de sortie et que notre marine marchande ne pouvait vivre qu'à l'aide de subventions, ce qui était une erreur, du reste; mais ceux-là qui propageaient cette erreur et s'en faisaient les défenseurs votent aujourd'hui l'impôt sur la petite vitesse! Notre marine n'était cependant pas dans une bonne situation au commencement de cette année. La chambre de commerce de Bordeaux montrait 1,285 matelots au long cours sans emploi; la chambre de commerce de la Rochelle montrait 3,172 matelots au cabotage dans la même situation.

Pour remédier à cette situation, que fait-on? On ferme nos ports avec l'impôt sur la petite vitesse, et, par contre-coup, on ouvre les ports étrangers, on donne une prime à Anvers au détriment du Havre.

Je sais bien que pour essayer de diminuer cette inégalité on a adopté l'amendement de M. Caillaux ainsi conçu:

« Sont exemptés de l'impôt de 5 p. 100 sur les transports:

« 1° Le transport des marchandises en transit d'une frontière à l'autre;

« 2° Le transport des marchandises expédiées directement en destination d'un pays étranger. »

Un règlement d'administration publique devait régler l'application de cet amendement. Malgré les vives réclamations de la chambre de commerce du Havre, le ministère a réfléchi pendant plus de deux mois avant de le formuler. D'après ce règlement d'administration, paru seulement au *Journal officiel* du 24 mai 1874, l'exemption ne s'applique qu' « aux opérations de transit effectuées directement à travers le territoire français sans toucher aux entrepôts. »

On voit que ces amendements, qui doivent probablement amener une moins-value assez considérable dans le rendement de l'impôt, ne suffisent pas cependant pour compenser les pertes que fait éprouver à notre industrie l'impôt sur la petite vitesse. Loin de là : nos forges, nos manufactures de draps, toutes nos fabriques qui exigent des matières premières encombrantes, notre agriculture, n'en restent pas moins frappées. Bien plus, n'y a-t-il pas là une inégalité flagrante? Du moment que nos marchandises destinées à l'étranger ne sont pas frappées, n'est-ce pas une invitation à envoyer à l'étranger nos matières premières qui nous reviendront ensuite produits fabriqués? Admettons qu'ils ne nous reviennent pas, soit : nos produits les trouveront sur les marchés étrangers où ils nous feront concurrence.

Il ne faut pas oublier une chose : c'est que l'étranger n'est pas disposé à payer nos impôts.

Si nous essayons de les lui faire payer, il nous refuse cette prime, et produit lui-même ou s'adresse au producteur qui ne la lui fait pas payer.

On a fait ressortir de divers côtés à quelles conséquences on arrivait en dépit de l'amendement de M. Caillaux.

Autrefois, le port du Havre avait le transit des marchandises du Nord-Est et de l'Est; or, même avant l'impôt sur la petite vitesse, ce transit avait une tendance à abandonner le Havre pour se porter à Anvers, parce que les frais de transport sont moindres d'Anvers à nos centres manufacturiers de l'Est que du Havre.

Anvers à Charleville	13f 25	Havre	
— Sedan (cuirs secs)	15 85		37f 50
— Reims (cotons et laines)	22 65		36 60
— Reims (saindoux)	19 95		26 80
— Reims (lard salé)	22 65		32 75
— Toul (cafés)	24 75		40 50
— Vesoul (coton brut)	39 95		47 25

Il faut ajouter, au maximum, 2 francs par tonne pour frais de visite et de déclaration de douane à la frontière.

C'est cette situation déplorable que vient encore aggraver l'impôt sur la petite vitesse.

Toujours la même contradiction : on déclare qu'il faut relever la marine marchande de notre pays, et par notre système fiscal on prend toutes les mesures qui sont propres à la détruire.

On retourne en arrière ; en même temps qu'on perfectionne les voies de communication, on engage le public à se servir des voies moins perfectionnées. Les prix de transport de Paris au Havre, par chemin de fer, sont augmentés de 5 p. 100 ; il y a nécessairement un déplacement de marchandises, et ce déplacement se fait au profit de la voie navigable, c'est-à-dire au profit de l'instrument le moins perfectionné.

Mais est-ce seulement l'industrie qui est frappée? Non. L'agriculture l'est dans une large mesure. Le prix des engrais dépend du transport. Dans les Ardennes, les phosphates de chaux valent 4 francs les 100 kilos. Pour les transporter en Bretagne, il faut payer 3 francs, c'est-à-dire 75 p. 100 de la valeur de la marchandise.

On a commencé à employer la chaux dans la Loire pour les terrains qui n'ont pas de calcaire. Toutes les fois que son prix ne dépasse pas un maximum de 18 francs, on peut s'en servir ; les 40 ou 50 centimes ajoutés par l'impôt en empêchent l'emploi.

Et quels sont les pays les plus durement frappés? Les pays granitiques du centre de la France et de la Bretagne, les marécages de la Sologne, les pays pauvres, en un mot, qui sont obligés de faire venir leurs engrais de contrées éloignées.

Et il ne faut pas croire que la proportion soit faible. En 1872, les chemins de fer ont transporté 53,340,000 tonnes de produits, sur lesquels 27 à 28 millions représentent l'ensemble des transports faits pour l'industrie ; les autres représentent les transports faits pour l'agriculture ; par conséquent, 45 p. 100 environ de l'impôt seront payés par l'agriculture.

L'impôt sur la petite vitesse atteint les industriels non-seulement par catégories, il les atteint encore par zones. Comment l'industriel des Vosges, qui reçoit toutes ses matières premières par le chemin de fer, peut-il produire dans les mêmes conditions, avec les mêmes chances de succès, que l'industriel de Rouen qui reçoit son combustible et son coton par eau?

Il en est de même pour les industriels du bassin de la Loire.

En un mot, l'impôt sur la petite vitesse ne frappe pas les produits d'après leur valeur et arrive ainsi à frapper d'une manière très-lourde certaines matières premières de faible valeur ; il protége les industriels étrangers en surchargeant les frais de production des industriels français ; il constitue une prime pour la fabrication étrangère au détriment de la nôtre ; il donne une prime au port d'Anvers en augmentant encore les tarifs français qui déjà étaient si élevés qu'il y avait intérêt pour nos manufactures de certaines régions de l'Est à faire venir leurs matières premières d'Anvers ; il crée une inégalité flagrante entre les diverses régions de la France ; il nuit à l'agriculture, surtout des pays pauvres, en l'empêchant de se procurer de l'engrais.

Il s'aggrave en raison de la distance à parcourir. Par là, il nuit à la grande industrie dont il arrête les produits en route et dont il diminue la puissance de rayonnement. Or, la grande industrie produisant dans des conditions plus économiques que la petite industrie, c'est l'industrie nationale tout entière qu'il place dans une condition d'infériorité par rapport aux autres peuples.

Voilà ce que tour à tour ont démontré MM. Germain, Aclocque, Feray, Caillaux, Léon Say, Pouyer-Quertier, au cours de cette discussion. De nombreuses chambres de commerce avaient déjà fait, du reste, entendre ces critiques. La commission avait repoussé cet impôt.

Qu'a répondu M. Magne pour le faire adopter? car cet impôt a été adopté, il faut bien qu'on se le rappelle.

M. Magne a répondu : « L'impôt sur la petite vitesse gênera le commerce. On en dit autant de tous les impôts. » (30 janvier.)

On répondait :

1° Cet impôt n'est pas général, puisqu'il y a des industries presque entièrement épargnées et d'autres qui sont surchargées ;

2° Il ne saurait être un des meilleurs pour l'Etat, puisqu'il est un des plus ruineux pour la France ;

3° Il n'est pas le moins mauvais pour l'industrie, puisqu'il atteint des matières premières et les produits fabriqués, inégalement selon les régions et les frais de transport.

Cela n'empêchait pas M. Magne d'affirmer que cet impôt « frappait tout le monde légèrement. » (30 janvier.) Ou bien encore, il disait : « Les 25 millions demandés sont nécessaires. » Et il concluait par des aphorismes de ce genre : « La nécessité est la première condition que doit avoir un impôt. Chacun se dispute la préférence pour ne pas payer. » (7 mars.) Il est vrai que dans les assemblées, il y a toujours une certaine quantité de braves gens qui, entendant émettre de semblables vérités, s'écrient : — Quelle clarté!

Il ajoutait encore, il est vrai, que cet impôt frappait des contribuables non encore frappés ; mais il oubliait de dire qu'il frappait en même temps des contribuables déjà frappés.

Puis M. Magne essayait de réduire cette surcharge à des centimes infinitésimaux. Il n'oubliait qu'une chose, c'est que ces petits centimes arrivent à faire un total de 25 millions ; c'est que ces 25 millions sont prélevés forcément sur quelque chose ; et sur quoi donc? — Sur la production du pays!

Mais il y a une chose bien plus grave : le consommateur ne paye pas seulement pour 25 millions, il paye bien plus.

Un exemple. En 1847, année de mauvaise récolte, le blé valait 35 francs à Marseille et 49 francs à Strasbourg; que représentait cette différence de 14 francs? — Les frais de transport.

Tous les consommateurs de Strasbourg supportaient cette augmentation de 14 francs, non pas seulement sur les blés importés de Marseille, mais sur tous les blés ; car, c'était le prix du blé de Marseille, augmenté des frais de transport de Marseille à Strasbourg, qui réglait le cours.

Il en sera de même pour la houille, par exemple, dans le département de la Seine-Inférieure. Ce département consomme 960,000 tonnes de houille, soit en chiffres ronds 1 million. Sur ce million de tonnes, 200,000 viennent des bassins français ; 800,000 viennent d'Angleterre. Les 200,000 tonnes seront grevées d'une surcharge de 0 fr. 50 c., et rapporteront à l'État 100,000 francs. Les houilles anglaises qui établissent leur prix d'après celui des charbons français, vont élever leurs tarifs, de sorte que le consommateur payera 500,000 francs, tandis que l'État en percevra 100,000.

Les bois de chauffage fournis par les environs de Paris se vendront le même prix que ceux qui auront payé la surtaxe, etc.

On voit donc immédiatement que ce n'est pas seulement la surcharge de l'impôt que les consommateurs ont à supporter ; mais la loi naturelle de l'offre et de la demande subit une grave atteinte; le régulateur des prix est le prix le plus élevé, de sorte que le consommateur paye non-seulement l'augmentation de l'impôt pour les marchandises qui l'ont subie, mais encore pour les marchandises qui ne l'ont pas subie.

Ce qui est grave, c'est que le nouvel impôt de 5 p. 100 sur la petite vitesse n'est pas le seul qui grève les frais de transport par chemin de fer de nos matières premières et de nos marchandises.

M. Léon Say avait fait le décompte, dans la séance du 7 février, des droits qu'ils supportent.

Le nombre des expéditions en petite vitesse, disait-il, faites par six lignes de chemins de fer, s'élève à 17,723,000. Elles ont été facturées, comme prix de transport, à 479 millions de francs. C'est la recette brute faite par les Compagnies.

Mais chacune de ces expéditions paye depuis 1872 un timbre de 70 centimes, timbre qui était autrefois de 20 centimes. La recette produite à l'État par ce timbre s'est élevée à 12,400,000 fr.

En rapprochant cette somme de celle de 479 millions de recettes, on trouve que c'est un impôt de 2 fr. 58 pour 100 qui est perçu par l'État ; mais ce n'est qu'une moyenne.

Ainsi, sur le chemin de fer de l'Est, la moyenne est de 4 fr. 70 pour 100 ; si on ajoute 5 pour 100, on arrive à 9 fr. 70 c. pour 100.

Si l'on considère les chemins de fer d'intérêt local dont les frais sont très-peu élevés, on trouve des droits de 12, 15, 20 et même 30 pour 100.

Pour une distance de 100 kilomètres, un transport de 100 kilog. payait déjà un droit de 60 pour 100.

Pour un parcours de 60 kilomètres, un transport de 1,000 kilog. payait un droit de 9 fr. 34 pour 100 ; un transport de 500 kilog., 18 fr. 60 pour 100 ; un transport de 100 kilog., 93 pour 100.

Avec cette indécision qui caractérise tous nos actes législatifs, parce qu'ils ne sont jamais fondés sur une base certaine, parce qu'ils ne sont que l'expression de transactions entre les idées les plus contraires, le législateur a voulu atteindre deux résultats absolument opposés l'un à l'autre qui s'excluent réciproquement.

Il veut, d'un côté, favoriser le développement de la circulation, donner de nouveaux moyens d'action à l'industrie ; en même temps, il veut exploiter ces moyens d'action au profit du fisc.

De deux choses l'une cependant : ou les chemins de fer sont faits pour faciliter la circulation, ou les chemins de fer ne sont que de simples agents fiscaux.

L'État n'a pas encore osé adopter un des deux termes de ce dilemme, et alors voici à quel résultat on aboutit :

L'État dépense annuellement, pour les Compagnies de chemins de fer, 95 millions.

Mais par l'impôt il en retire, en argent, 106 millions ; en services rendus, transports de militaires, etc., 56 millions, total 162 millions.

En y ajoutant les 25 millions de l'impôt sur la petite vitesse, on arrive à 131 millions, et à 187 millions si on tient compte des services rendus.

Les subventions de l'État se traduisent donc à son profit par un bénéfice net de 36 millions dans le premier cas, de 92 millions dans le second cas.

Tel est le singulier résultat auquel aboutit notre organisation fiscale.

Ce n'est pas assez que l'État prélève cette part sur les chemins de fer. Il faut ajouter, au point de vue industriel, que nous avons le plus mauvais, le plus compliqué et le plus arbitraire système de tarifs qui soit en Europe.

Tous les trois mois paraît un in-quarto de 1,200 pages qui contient l'ensemble des tarifs : l'expéditeur, le commerçant, doivent compulser chaque jour ce volumineux répertoire, car une erreur dans la déclaration sur la série d'une marchandise peut les amener, ni plus ni moins qu'un voleur ou un escroc, sur les bancs de la police correctionnelle. En définitive, comme ils ne peuvent s'y reconnaître, on classe leurs colis dans le tarif général, et ils payent deux ou trois fois plus qu'ils ne doivent.

Sur certaines lignes, à certains moments, les tarifs sont très-bas. Il s'agit de tuer une concurrence; la concurrence tuée, le tarif se relève. Si la concurrence ne peut pas disparaître parce qu'elle est alimentée par quelque voie fluviale comme la Seine, alors la Compagnie maintient ses tarifs sur cette ligne au plus bas taux. Sur les autres, elle les élève.

A ces inégalités et à ces complications, il faut ajouter les tarifs internationaux plus avantageux au commerce étranger qu'au nôtre.

A la fin de l'empire, en 1870, toutes les chambres de commerce réclamaient un changement. Selon la coutume antique et solennelle, on se conforme à leur vœu en aggravant l'état de choses existant.

Tandis que tous les pays ont compris qu'il fallait faciliter les moyens de transport, que l'intensité de leur production dépendait de la facilité de circulation des matières premières et des marchandises; tandis que le gouvernement allemand abaisse ses tarifs à 0 fr. 06 : nous, non-seulement nous maintenons les anciens tarifs, mais encore nous les grevons de nouveaux droits!

Le gouvernement met ses taxes en travers de la circulation; puis, il déclare qu'il fait tout pour la favoriser, et si l'industrie, si le commerce se plaignent, il fulmine contre eux un réquisitoire, et déclare qu'ils ont mauvaise tête, qu'on ne peut pas s'entendre avec eux. Il est vrai qu'il est plus facile de se lancer dans de vaines déclamations de ce genre que de répondre à des observations comme celles que présentait la chambre de commerce d'Épinal le 3 novembre 1873.

« Un impôt de 5 pour 100 sur la petite vitesse, c'est-à-dire principalement sur la matière première et les produits fabriqués, serait, à tout point de vue, déplorable. L'infériorité de l'industrie française, sous certains rapports, tient surtout à la cherté des moyens de transport dont elle dispose, et on la grèverait de ce côté d'un nouvel impôt qui ne serait balancé, à l'égard de l'industrie étrangère, ni par des drawbacks, ni par des droits de compensation ! »

Cependant il suffit de jeter un regard au delà de la frontière pour comprendre l'accroissement de richesse que produit toute facilité donnée à la circulation. M Léopold Javal constatait, en 1868, qu'en Belgique, dans la zone où il n'y avait pas eu de réductions, l'accroissement du transport des marchandises avait été de 1 fr. 95 pour 100 ; dans la zone à réduction faible et provisoire, de 20 et 17 pour 100 ; dans la zone à réduction définitive, de 90 et de 91 pour 100.

Partout où un centre de circulation est établi, son influence rayonne. M. Michel Chevalier disait que, de 1857 à 1866, grâce aux chemins de fer, la circulation avait augmenté de 22 pour 100 sur les routes dans le département de l'Hérault.

Tous ces faits sont constatés ; nul ne les nie : c'est en quelque sorte un truisme que de les citer. A quoi bon? disent même certaines personnes. Nous savons tout cela. — Tant mieux, répondrai-je; mais alors soyez logiques avec vous-mêmes.

Partez de ce fait : c'est que vos frais généraux ont augmenté depuis la guerre.

Comment pouvez-vous parvenir à y faire face sans être écrasés par eux ? En augmentant votre production.

Mais votre production ne peut augmenter que par la facilité, la rapidité, le bon marché de la circulation. Que faites-vous ? Vous entravez la circulation !

Voilà votre logique ! — Elle vous condamne.

Nommez ensuite des commissions d'exportation pour chercher des débouchés au Kamtchatka ou aux îles Sandwich, je ne vous blâme pas; mais ne serait-il pas plus simple de ne pas tout d'abord entraver notre production et de ne pas fermer les débouchés déjà existants ?

L'extension du commerce extérieur est en raison de l'intensité de la production intérieure.

CHAPITRE IV.

LES POSTES ET LES TÉLÉGRAPHES.

La réforme postale. — La poste considérée non comme un service public, mais comme un agent fiscal. — Les subventions aux paquebots. — M. Charles Rolland. — Produits des postes de 1869-1872. — Les télégraphes. — Influence de la diminution des taxes sur le nombre des dépêches.

Il y a certaines règles fixes à l'aide desquelles on peut reconnaître immédiatement si un pays est engagé dans une voie progressive ou au contraire dans une voie rétrograde.

Un pays développe-t-il ses moyens de circulation, on peut dire à coup sûr que son industrie, son commerce augmentent.

Au contraire, arrête-t-il ses moyens de circulation, met-il un obstacle devant eux, on peut dire, avec une égale certitude, que sa prospérité restera stationnaire si elle ne va pas en décroissant.

Supposez un pays qui ne construise plus un kilomètre de chemin de fer, ou qui n'augmente pas la circulation de ses produits. Certes, la conclusion sera facile et elle se résumera dans ces mots : ce pays évidemment est menacé de déchéance, car dans la lutte de la vie, *struggle for life,* il en est pour les peuples comme pour les individus : Quiconque ne se développe pas s'amoindrit.

Dans le chapitre précédent, nous avons montré les conséquences funestes auxquelles aboutissent les impôts sur la circulation des chemins de fer.

Nous sommes obligés de constater encore que l'on a appliqué le même système à l'égard des postes et des télégraphes.

C'est notre habitude, du reste : nous avons un esprit de résistance très-remarquable contre toute innovation ; les bureaux se coalisent contre elle, la considèrent avec méfiance et lui interdisent de venir troubler leur routine béate.

C'est ainsi que la réforme postale appliquée en Angleterre en 1839 ne l'a été en France que neuf ans après. Cependant, en France, dès 1837, un administrateur des postes, M. Piron, avait proposé cette réforme. On ne l'écouta pas. Elle ne fut reprise que grâce aux efforts faits à la Chambre des députés, en 1847, par MM. Glais-Bizoin et Émile de Girardin.

Après son adoption, il y eut d'abord un déficit. On ne transforme pas les habitudes d'un pays d'un jour à un autre. On ne savait pas encore se servir de la poste. Son service n'était pas organisé. Au bout de quelques années, ce déficit s'était transformé en bénéfice.

Mais alors le gouvernement, avec cette absence de logique que nous avons déjà constatée, au lieu de consacrer ces bénéfices à l'amélioration de ce service public si important et à la réduction de la taxe postale, les inscrivit au budget général. On les compta comme recettes. On considéra la poste comme un instrument fiscal placé entre les mains de l'État, et on résolut de s'en servir de cette manière.

Bien plus, on profita de cet accroissement dans la circulation pour prélever, au détriment des postes, certaines subventions et allocations plus ou moins justifiées.

Le rapport de M. Charles Rolland, au nom de la commission des services administratifs, constate ces faits qui avaient déjà été relevés avec une grande vigueur, le 12 décembre 1869, au Sénat, par M. Leverrier.

En 1861, il a été distribué 468 millions d'articles ; en 1868, 811 millions; en 1869, 875; c'est une augmentation de 74 pour 100 en 7 ans.

Cette augmentation des transports donnait une augmentation de recettes ; mais ces recettes, au lieu d'être employées à améliorer le service des postes ou consacrées à réduire la taxe, étaient absorbées par l'État. En 1867 cependant, on lui alloua 21 millions de supplément ; mais à qui servaient ces 21 millions ? non pas à améliorer le service réel de la poste, mais à subventionner des compagnies de paquebots.

Les subventions s'élèvent à une moyenne annuelle de 24,000,000 de francs qui se répartissent ainsi :

640,000 francs pour le service de la Corse.
3,500,000 francs pour le service du bassin méditerranéen.
190,000 francs pour le service entre Douvres et Calais.
2,300,000 francs pour le service du Brésil et de la Plata.
6,500,000 francs pour le service des Antilles et du Mexique.
3,000,000 francs pour le service de New-York.
7,300,000 francs pour le service de l'Indo-Chine.

« Les dépenses prévues par le présent exercice, disait ce rapport fait en 1872, montent à 26,800,000 francs, et après 1872, le total des allocations de l'État aux compagnies atteindra la somme énorme de 288,600,000 francs. »

Le rapporteur montrait que ces subventions n'étaient peut-être pas accordées avec tout le discernement désirable. Ainsi le service postal de la Corse est double ; il la relie à la fois avec Nice et Marseille. L'attache entre Marseille et Ajaccio est indispensable. Elle coûtait d'abord 250,000 francs par an à l'État. Elle lui a coûté 290,000 francs quand on eut imposé aux paquebots la charge d'aller jusqu'en Sardaigne. Cette petite aggravation de dépenses, en raison de cette augmentation de parcours, se comprend ; mais on se demande dans quel but fut faite, en 1863, au prix énorme de 350,000 francs par année, l'installation d'une ligne spéciale d'Ajaccio et Bastia à Nice.

« Évidemment la perte imposée au Trésor était sans profit pour les populations. »

Et voici ce que M. Charles Rolland ajoutait : « On n'a point comparé le résultat possible avec le prix auquel il fallait le conquérir. Nous voulons repousser tout soupçon de faveurs sciemment accordées à certaines entreprises... »

Sous ces formes parlementaires on sent toute la gravité de l'imputation.

Ces faits suffisent pour montrer les vices de notre système postal : on ne l'a pas amélioré à l'intérieur du pays ; on n'a pas amélioré la situation de son personnel ; on considère une partie de ses recettes comme un impôt, et sur la partie qu'on lui abandonne, on prélève des subventions ayant des rapports plus ou moins directs avec le service postal.

Puis, quand il s'agit de relever notre industrie, on ne trouve rien de mieux que de porter à 25 centimes le timbre des lettres de 10 grammes, tandis qu'en Angleterre, depuis 1839, le timbre des lettres de 30 grammes est de 10 centimes, c'est-à-dire 3 1/3 centimes les dix grammes. Il arrive souvent qu'une lettre en Angleterre ne paye que 10 centimes, tandis qu'en France, elle payerait 70 centimes, c'est-à-dire 7 fois autant.

Nous avons augmenté les taxes sur les imprimés, et nous en sommes arrivés à cette conséquence bizarre qu'on a intérêt à expédier de Suisse des circulaires et des imprimés de diverses sortes. C'est un excellent moyen d'y faire émigrer les impressions commerciales. Il a réussi. C'est vraiment bien intelligent, pour arriver à un pareil résultat, de transformer un service public en agent fiscal !

En 1869, le nombre des lettres était de 364,746,750;

En 1872, il n'était que de 339,712,096 ;

En 1873, il était de 359,433,432.

On voit que le nombre des lettres n'est pas remonté au chiffre de 1869.

La différence pour les journaux, les imprimés, les échantillons, les papiers d'affaires, est encore plus considérable.

En 1869, la poste en a transporté 367,186,800 ;

En 1872, elle n'en a transporté que 297,866,799.

Mais les recettes ont augmenté? cela est vrai. De 85,962,245 fr., elles sont montées en 1872 à 100,503,649 fr. C'est une augmentation de 15 pour 100. L'augmentation des droits était, en moyenne, de 25 pour 100.

Et puis qu'importe? l'augmentation des recettes serait-elle égale à l'augmentation des droits que nous ne devrions pas nous montrer satisfaits. Il faut que la circulation par la poste ne cesse de se développer. Tout arrêt dans ce service est un arrêt de la civilisation, et un arrêt semblable est un recul.

Si l'on pouvait transporter à bas prix les journaux, les livres, les brochures par la poste, quelle activité intellectuelle développée dans le pays tout entier ! quelle extension pour le commerce de la librairie ! En ce moment, le prix de transport du livre est souvent supérieur à sa valeur.

Le nombre des objets transportés a diminué. Voilà le fait. Il y a donc eu un échange moindre d'idées et d'affaires.

« L'impôt sur les postes, dit Stuart Mill (1), pèse principalement sur les lettres d'affaires, et augmente les frais des relations de commerce entre des places éloignées. C'est comme si on essayait de percevoir de gros revenus au moyen de tarifs de péages élevés.

« Il fait obstacle à un des principaux moyens d'économiser le travail, à une des conditions nécessaires de presque tous les perfectionnements dans la fabrication, à un des principaux stimulants de l'industrie et de la civilisation. »

Les mêmes réflexions peuvent s'appliquer aux tarifs des dépêches télégraphiques.

Dans la séance du 21 juillet 1867, M. Eschasseriaux donnait au Corps législatif les renseignements suivants :

La loi du 3 juillet 1861, appliquée le 1er janvier 1862, avait substitué une taxe unique aux tarifs sur les distances. Le prix des dépêches se trouva ainsi réduit des deux tiers. Leur nombre, qui n'était que de 920,357, s'éleva, en 1862, à 1,518,044, puis à 3,213,995, ce qui représente un accroissement de 300 pour 100. Les recettes, qui en 1861 n'étaient que de 5,659,384, furent de 6,257,623 en 1862, et en 1867, elles atteignaient le chiffre de 9,527,839; soit une augmentation de près de 100 pour 100.

Mais M. Dumas, rapporteur devant le Sénat du projet de

(1) Tome II, p. 424.

loi relatif au service télégraphique, en 1868, ne se montrait pas satisfait. Il constatait que depuis 1862 jusqu'en 1867, il y avait un accroissement moyen constant, mais qu'il n'y avait pas une progression ascendante (23 juin 1858). Il aurait voulu, avec juste raison, un développement plus rapide, qui ne se produisait pas, pourquoi? parce que les tarifs étaient maintenus à un taux trop élevé.

Le 28 mai 1866, M. le baron de Bussière, commissaire du gouvernement, constatait au Corps législatif que depuis 1864, époque de l'établissement à Paris de la taxe de 50 centimes, le nombre des dépêches avait suivi une progression croissante énorme.

En effet, dans le mois qui précéda le nouveau tarif, le nombre des dépêches avait été 700; dès le mois suivant, il s'élevait à 1,800; puis il suivit une progression de 4,000 à 6,000, 8,000, 12,000, 20,000; enfin, en décembre 1865, le nombre des dépêches atteignait 23,000. En avril 1866, la somme des télégrammes dépassait 30,000, c'est-à-dire 40 à 50 fois le nombre primitif, et cela dans l'espace de vingt mois.

L'accroissement de la circulation est un fait normal partout où a lieu une réduction de tarif.

En 1863, la Belgique réduisit la taxe de 1 fr. 50 à 1 fr. En 1862, le chiffre des dépêches était de 291,000. En 1863, il s'élève à 416,000. En 1864, il atteint 546,000. Les recettes suivirent cette marche ascendante.

En 1862, elles n'étaient que de 605,000; dès la première année de la réforme elles montent à 612,000; en 1864, elles s'élèvent à 789,000 francs. Le produit des recettes avait augmenté de 30 pour 100. En Belgique, en 1866, les recettes, depuis l'origine, ont excédé les dépenses de 1,174,000 francs, tandis qu'en France les comptes se soldaient par un déficit.

Le 1er décembre 1865, le tarif fut réduit de 1 franc à 50 centimes; de 332,721, le nombre des dépêches monta en 1866 à 692,536, et en 1867 à 817,652.

En Suisse, en 1868, le tarif des vingt mots fut aussi abaissé de 1 franc à 50 centimes. Dès le premier mois, le nombre des dépêches monta de 50,513 à 86,461. Dans le premier trimestre de 1867, il avait été de 76,745; dans le premier trimestre de 1868 il fut de 145,207, soit une augmentation de 89 pour 100.

Ces faits suffisent pour montrer la nécessité de réduire les tarifs des dépêches télégraphiques.

Avec notre logique habituelle, qu'avons-nous fait? par la loi du 29 mars 1872, nous avons ajouté une surtaxe de deux décimes par franc, pour les dépêches échangées entre deux bureaux du même département, et de quatre décimes par franc pour les dépêches échangées entre deux bureaux de départements différents?

C'est la manière de nos hommes d'État d'encourager nos transactions commerciales.

Et moi je leur dis :

Affranchissez donc la circulation, affranchissez de toutes charges les transactions, si vous voulez augmenter le capital fixe de la nation.

CHAPITRE V.

LES IMPÔTS DE CONSOMMATION.

Les impôts de consommation. — Plus de droits réunis ! — Les contributions indirectes. — « Le peuple n'est jamais content. » — C'est la consommation générale qui est frappée. — Les impôts de consommation frappent les pauvres plus que les riches : MM. Thiers, Léon Faucher, de Parieu, Magne. — Bastiat. — « L'impôt volontaire. » — « On le paye sans s'en apercevoir. » — Cet impôt ne frappe pas tout le monde. — L'octroi et la viande. — Le vin. — Influence de la nourriture sur la production industrielle. — La misère, la criminalité et l'impôt. — Résultats sociaux des impôts de consommation. — Les impôts de consommation frappent la production en restreignant la consommation. — De l'influence des impôts de consommation sur les salaires. — Quesnay, J. B. Say, Smith, Richard Cobden.

Le fisc, après avoir frappé la production et la consommation, en dressant ainsi des barrières et des obstacles de toutes sortes devant la circulation, n'est pas satisfait ; il a besoin encore d'une quantité de millions, qu'il demande aux contributions indirectes en frappant les objets de consommation eux-mêmes : les boissons, le sel, le sucre, les allumettes, la chicorée, le papier, les huiles végétales et minérales, la stéarine et les bougies, les tabacs, les poudres, etc., etc.

Ces taxes de consommation perpétuent, sous d'autres dénominations, les aides et la gabelle de l'ancien régime. Ces impôts avaient été abolis par la Révolution ; ils furent rétablis par Bonaparte : rien de plus logique.

En 1814, ces impôts avaient une telle impopularité, que les Bourbons crurent se faire pardonner leur alliance avec l'étranger, en prenant pour mot d'ordre : Plus de droits réunis !

J. B. Say, qui avait refusé en 1800 d'en être le directeur,

fut nommé membre de la commission chargée d'appliquer ce programme. Voici de quelle manière on y parvint :

« On se borna uniquement, dit-il, à changer le nom de droits réunis en celui de contributions indirectes ; et les courtisans de toutes les époques de dire : *C'est une nation qui n'est jamais contente!* comme s'il y avait de quoi (1) ! »

L'impôt indirect qui frappe les consommations part d'un fait malheureusement fort positif : c'est que tout le monde a des besoins, si réduits qu'ils puissent être, qu'il faut satisfaire sous peine de mort. L'impôt s'incorpore directement dans les objets destinés à satisfaire ces besoins.

Mais en même temps, pour que le rendement en soit efficace, il faut qu'il atteigne les objets d'un usage indispensable, dont tous sont obligés de se servir. S'il n'atteignait que les objets de luxe, son rendement serait insignifiant. S'il les surchargeait, il en réduirait à rien la consommation.

C'est donc la consommation générale, la consommation nécessaire, celle de tout le monde, qu'il doit frapper. Mais qu'est-ce que la consommation générale, la consommation nécessaire? C'est celle des moins riches, celle des plus pauvres, aussi bien que celle des plus riches.

Comme ce sont les pauvres qui sont les plus nombreux, ce sont eux qui payent le plus. En Angleterre, les deux tiers des contributions indirectes sont acquittés par ceux qui n'ont pas le moyen de payer l'income-tax.

Quatre ministres, pour ne citer que ceux-là, tous quatre conservateurs incontestés, tous quatre partisans des impôts de consommation, ont reconnu que ces impôts frappaient les pauvres plus que les riches.

M. Thiers : « Dans l'impôt, il entre la contribution des pauvres, et des pauvres plus que des riches, à cause de leur nombre. »

M. Léon Faucher : « L'assiette de l'impôt conserve encore quelques traces du servage qui pesait dans le dernier siècle

(1) *Lettre à Dupont de Nemours*, 15 novembre 1815.

sur les rangs inférieurs de la société..... L'impôt indirect et l'octroi accablent de tout leur poids l'ouvrier et l'artisan dans les villes. Les contributions sont répandues en sens inverse des facultés contributives; on voit trop que les propriétaires ont fait la loi et qu'ils l'ont faite dans leur seul intérêt. »

M. de Parieu : « Le résultat des taxes sur les consommations équivaut à une sorte de capitation qui tient peu de compte de la fortune des contribuables... »

M. Magne, enfin, en défendant dernièrement je ne sais quel impôt de ce genre, répétait : « On dit : les riches payeront moins que les pauvres... Mon Dieu, Messieurs, c'est là l'inconvénient de tous les impôts qui approchent des impôts de consommation. »

Ces inconvénients me suffisent; du moment que vous les reconnaissez, que vous les constatez, que vous reconnaissez et constatez, par conséquent, que les impôts de consommation violent le principe de la proportionnalité, vous avouez vous-mêmes qu'il faut les remplacer, et je vous trouve mal venus à alléguer des injustices commises pour justifier des injustices à commettre.

Comment ne soulèveriez-vous pas des colères, ne provoqueriez-vous pas des dangers, quand, reconnaissant vous-mêmes ces injustices, vous n'en demandez pas moins, avec une sorte de sérénité, non-seulement qu'on les perpétue, mais encore qu'on les aggrave? L'ouvrier, le travailleur, le salarié, l'employé, l'homme qui n'a que son travail pour vivre, pour élever sa famille, le retraité, ne doit-il pas forcément se livrer à de sombres et amères réflexions, en vous entendant déclarer vous-mêmes que c'est lui que vous frappez, et en vous entendant, en même temps, déclarer que vous continuerez à le frapper? Bastiat, dans son *Discours sur l'impôt des boissons,* disait le 12 décembre 1849 :

« Je me demande s'il est bien prudent de venir nous dire que ce qu'il y a de mieux à faire, c'est de rétablir tout juste les choses comme elles étaient auparavant; c'est de ne rien changer ou presque rien, ou d'une manière imperceptible, à notre système financier, soit du côté des recettes, soit du côté des dépenses. Il me semble voir un ingénieur qui a lancé une locomotive et qui est arrivé à une catastrophe, découvrir ensuite où est le vice, où est le défaut, et, sans s'en préoccuper davantage, la remettre sur les mêmes rails et courir une seconde fois le même danger.

« Oui, la nécessité existe; mais elle est double. Il y a deux nécessités.

« Vous ne parlez que d'une nécessité, Monsieur le ministre des finances; mais je vous en signalerai une autre, et elle est très-grave, je la crois même plus grave que celle dont vous parlez. Cette nécessité est renfermée dans un seul mot : la Révolution de février. »

Depuis cette « nécessité » dont parlait Bastiat, d'autres « nécessités » analogues, ayant le même caractère, que dis-je! ayant un caractère autrement redoutable, sont venues nous démontrer le danger de continuer à surcharger les impôts de consommation.

On n'en a pas plus tenu compte que les législateurs de 1849 n'ont tenu compte des paroles de Bastiat. C'est toujours la même imprévoyance et le même dédain des faits.

On continue à appliquer, à étendre, à développer ces excellents impôts « volontaires », comme disent les économistes optimistes.

Vous avez faim, mais vous êtes libre de ne pas manger; si vous mangez, c'est parce que vous le voulez bien; l'impôt est donc volontaire.

Vous avez soif, vous êtes libre de ne pas boire; si vous buvez, c'est volontairement que vous payez l'impôt contenu dans la boisson.

N'est-ce pas merveilleux, et quel impôt pourrait être meilleur?

Cela n'est pas de l'ironie; c'est par des arguments de ce genre que les partisans des impôts de consommation essayent de les justifier. Je ne saurais choisir pour les défendre de meilleur avocat que M. Thiers. Or, voici comment il en parle, non pas dans un discours, dans une improvisation plus ou moins longuement préparée, mais dans son livre *De la Propriété*, médité à loisir...

« Le contribuable, qui généralement n'a pas de prévoyance, n'est pas obligé de songer à l'impôt. Cet impôt est donc insensible, infiniment réparti, prévoyant pour le contribuable qui ne l'est pas, et en général plus juste (1). »

Certes, pour que cette cause soit défendue de cette manière par un tel avocat, il faut qu'elle soit bien mauvaise.

Il le reconnaît, du reste, à la page suivante (2) :

« Toutefois il a trois inconvénients : le premier, d'être difficile à percevoir ; le second, de nuire quelquefois à la production ; le troisième, de céder sous la charge, si on veut l'augmenter outre mesure.

« Il est difficile à percevoir, parce que, portant sur tous les objets de consommation, il est obligé de se diversifier comme eux, de les suivre dans leurs mouvements, dans leurs transformations, de les attendre à l'entrée des villes, au passage des frontières, d'aller chez les contribuables en constater l'existence dans leur propre demeure (ce qu'on appelle du nom odieux d'*exercice*), quelquefois même de prendre la forme du monopole, et de débiter les choses après les avoir fabriquées, pour être plus sûr de trouver sa place dans leurs prix. Il devient ainsi dispendieux, vexatoire, contraire à la liberté de commerce.

« Il nuit aussi à la production lorsque, portant sur certaines matières premières, il élève le prix des produits nationaux, qu'on a intérêt à fabriquer au meilleur marché possible, pour les faire accepter à l'étranger.

« Un gouvernement qui aurait tout à coup de grandes dépenses à faire, ne pourrait pas en demander le moyen à l'impôt indirect. »

---

(1) *De la Propriété*, p. 369.
(2) *Ibid.*, p. 370.

L'impôt indirect, selon M. Thiers lui-même, est donc difficile à percevoir, nuisible au commerce, incertain dans ses produits.

J'entends qu'on m'interrompt : — Que disiez-vous donc que M. Thiers était partisan de l'impôt indirect? Mais ne vient-il pas d'en prononcer la condamnation formelle?

C'est vrai; mais M. Thiers n'en est pas moins partisan des impôts indirects; il croit qu'ils « ménagent la sensibilité des contribuables » (1).

Ou autrement : « On les paye sans s'en apercevoir. »

On paye seulement son vin trois, quatre fois ce qu'il vaut; mais l'impôt est dissimulé dans le prix du vin; donc on ne s'en aperçoit pas.

Seulement on s'aperçoit qu'on ne peut pas boire de vin, consommer de sucre et de café, brûler de bougies, manger de l'huile, s'éclairer à l'huile. L'ouvrier économise sur l'éclairage et perd ses yeux. L'homme qui travaille ne peut pas boire de vin et sent ses forces diminuer. Il n'a ni café ni sucre pour y suppléer, parce que l'impôt éloigne ces denrées de sa portée. Là où serait un bien-être modeste qui suffirait à rendre tout le monde heureux, il y a la gêne; là où serait la gêne, il y a la misère.

Puis on augmente encore les impôts qui produisent ce résultat; et les législateurs disent de nouveau : — Le peuple n'est jamais content!

Et alors, en manière de compensation, ils se remettent à faire de bonnes lois répressives, dont l'application même, en nécessitant de nouvelles charges, provoque le péril.

Les législateurs se croient bien profonds en disant : — Il faut que chacun paye! et en combinant leurs taxes de manière que le plus pauvre des prolétaires ne puisse y échapper.

Ils ne réfléchissent pas à une chose, c'est que s'ils frappent le minimum de besoins de l'ouvrier, s'ils le réduisent à la

(1) Page 368.

misère, si, par l'impôt, ils l'atteignent jusqu'au vif, ils font du travailleur d'aujourd'hui le pauvre de demain, peut-être le criminel.

Mais cet impôt indirect qu'on essaye de justifier en disant qu'il frappe tout le monde, ne frappe pas tout le monde : il frappe presque exclusivement la consommation des prolétaires des villes, des ouvriers des manufactures.

La consommation du propriétaire qui vit chez lui, sur son sol, n'est pas frappée, ou n'est frappée que faiblement par cet impôt. Ainsi on vient d'établir un impôt sur la viande salée: celui qui tue un porc ne paye que l'impôt sur le sel; l'ouvrier des villes, obligé d'acheter la viande salée, paye non-seulement l'impôt sur le sel qui est compris dans les frais de fabrication, mais paye encore l'impôt sur la viande salée établi pour protéger, en France, les fabricants de ce produit (1).

Le vigneron qui récolte son vin ne paye pas l'impôt de consommation pour le vin qu'il consomme, mais l'ouvrier des manufactures, l'ouvrier des villes, paye lourdement cet impôt.

Il y a là un désavantage et une inégalité pour les ouvriers industriels dont il faut encore tenir compte, quand on examine les charges qui grèvent l'industrie.

M. Godin disait : « Une cité ouvrière composée de 1,000 personnes paye 3,823 francs d'impôts directs et 39,546 francs d'impôts indirects : soit 43,371 francs ou 43 francs par tête. Pour une famille de cinq personnes, c'est une somme de 215 francs. Dans ce chiffre ne sont pas compris les nouveaux impôts (2). »

Nous avons l'habitude de négliger une foule de rapports quand nous examinons les questions d'impôts : c'est l'examen, l'observation de ces rapports complexes qui rendent si diffi-

(1) Voir même livre, ch. VIII.
(2) 3 février, Assemblée nationale.

cile l'application de la méthode d'induction aux sciences sociales, mais qui en font aussi toute la valeur.

L'octroi frappe la viande; or, voici la consommation de la viande à Paris, la ville qui en consomme le plus.

La population, en 1869, sans compter la garnison, était de 1,799,980 habitants.

Elle était, en 1872, de 1,794,380 habitants.

La consommation de la viande était en :

1869.	Viande de bœuf, vache, veau, mouton, bouc et chèvre, sortie des abattoirs	105,946,963 kil
	Provenance de l'extérieur	21,490,288
	Total	127,437,251
1872.	Viande de bœuf, vache, veau, mouton, bouc et chèvre, sortie des abattoirs	95,808,050 kil
	Provenance de l'extérieur	17,411,147
	Total	113,219,197

La population a donc diminué de 5,600 habitants; la consommation de la viande, de 14,218,054 kilos. C'est là un grave symptôme de misère.

Il faut déduire de la population les enfants d'un à deux ans, dont le chiffre s'élève à un peu plus de 100,000. Mais nous n'avons pas distingué entre les morceaux inférieurs et les morceaux supérieurs. Nous arrivons à un chiffre dépassant à peine celui de la ration du soldat, qui est de 125 grammes par jour et dont l'insuffisance est constatée depuis longtemps. Mais ce n'est pas tout. Il faut, de plus, faire attention que les familles aisées consomment beaucoup plus de kilogrammes de viande par tête et par mois que ne l'indiquent ces chiffres. Il faut tenir compte encore de l'énorme consommation de la population flottante, et on arrive à cet effrayant résultat qu'à Paris même il y a une partie considérable de la population qui ne consomme jamais de viande !

Quand je vois ce résultat, quand je pense, d'un autre côté, que les 3/5 de la population de la France ne boivent pas de vin, je dis qu'un impôt qui a sa part dans un semblable état de choses ne doit pas subsister.

Je vais plus loin, et j'ajoute qu'il y a un intérêt national à ne pas le laisser subsister.

Lisez les hygiénistes : tous sont d'accord pour reconnaître que l'alimentation est au travailleur ce que la houille est à la machine à vapeur.

M. Tardieu (1) disait, à propos des décrets qui abolissaient les droits à l'importation des bestiaux, viandes fraîches et viandes salées :

« Il ne faut pas que le gouvernement s'arrête à ce premier décret.

« Les douanes intérieures, les octrois doivent aussi être modifiés ou supprimés. C'est en portant la main sur les taxes exorbitantes perçues par les villes sur la viande de boucherie, et en remplaçant ces taxes par des centimes additionnels, que l'important décret du 14 septembre aura son efficacité. A quoi bon, en effet, briser des barrières extérieures, si l'on doit laisser subsister à l'intérieur les mille obstacles créés par les octrois ? »

Voici, d'après M. Payen, la consommation des substances animales en France :

Espèce bovine.	302,000,000 kil.
— ovine et caprine	83,000,000
— porcine	315,000,000
Équivalent en volailles, gibiers, poissons, œufs, fromages.	280,000,000
Total.	980,000,000

La population de la France étant évaluée à 38 millions d'individus (2), on voit que la quantité moyenne de viande ou d'aliments équivalents ne dépasse pas 25 kilogrammes par an

(1) *Dictionnaire d'hygiène publique et privée*, 1862. Art. *Subsistances*.
(2) Recensement de 1866.

où 65 gr. par jour et par individu. Cette quantité serait insuffisante pour satisfaire à une bonne alimentation, et il s'en faut de beaucoup que chaque individu puisse en disposer.

M. Hervé Mangon (1) a démontré dernièrement la concordance qui existe forcément entre l'alimentation et le travail.

M. Hervé Mangon a établi la valeur de la ration moyenne des populations rurales, en divisant la consommation totale du pays par le nombre des consommateurs.

Ses calculs sont basés sur les chiffres du dénombrement de 1861 et sur les données de la statistique agricole de 1862.

« Le poids total de la population vivant en France, en 1861, était de 1,771,142,951 kilogrammes. »

M. Hervé-Mangon divise par ce nombre la somme des matières alimentaires disponibles ; en tenant compte du poids des enfants, qui ont besoin d'une alimentation plus abondante que les adultes.

Le poids de la population ramenée à l'état adulte est de 2,112,978,201 kilogrammes au point de vue de la consommation de l'azote, et de 2,095,886,031 kilogrammes au point de vue de la consommation du carbone.

La totalité des aliments consommés en France, en 1862, contenait 4,434,716,270 kilogrammes de carbone et 215,724,211 kilogrammes d'azote.

La ration moyenne journalière, par kilogramme vivant d'adulte, contient 5 gr. 1797 de carbone et 0 gr. 280 d'azote.

Ces deux nombres s'appliquent à la France entière, mais pas à l'habitant des campagnes.

Si l'on admet que la ration moyenne des habitants des neuf grandes villes au-dessus de 100,000 habitants contient, par kilogramme vivant, 5 gr. 675 de carbone et 0 gr. 332 d'azote,

(1) Communication à l'*Académie des sciences* du 26 octobre 1874. *Note sur la ration moyenne de l'habitant des campagnes* en France.

on a, pour le reste de la population des villes, villages et des campagnes, ration moyenne :

Carbone.	5gr,808
Azote.	0 275

Cette ration est suffisante pour vivoter; on dépense du temps, on a l'air de faire beaucoup d'efforts : on fait, en réalité, tous ceux qu'on peut : et c'est peu de chose.

« Mais c'est à tort, d'une manière générale, que l'on reproche à l'ouvrier rural le peu d'activité qu'il développe au travail et sa lenteur excessive. En réalité, le travail moyen, dans nos campagnes, est en rapport avec l'alimentation moyenne, et la tâche journalière, considérée dans son ensemble, ne peut être augmentée qu'en améliorant la nourriture.

» Si l'on se rappelle, d'un autre côté, que le travail utile produit par les aliments croît beaucoup plus vite que le poids consommé, on comprendra sans peine que le poids de la ration permet de diminuer le prix de revient de l'unité de travail mécanique, c'est-à-dire la valeur même des denrées agricoles, dont les frais de main-d'œuvre forment une part si considérable.

« Au point de vue de l'intérêt particulier, tous ceux qui travaillent à la tâche ou qui nourrissent à l'année les ouvriers qu'ils emploient, trouveraient avantage à augmenter la ration moyenne ordinaire. L'augmentation de la dépense de nourriture serait bien vite plus que compensée par l'accroissement du travail effectif.

« Au point de vue de l'intérêt général du pays, l'amélioration de la nourriture du travailleur agricole s'impose comme une nécessité de premier ordre, que l'expérience et la théorie indiquent également..... »

Depuis 1789, la ration moyenne a augmenté, mais insuffisamment.

« Augmenter la ration du cultivateur, c'est augmenter sa

puissance de travail, c'est-à-dire concourir à l'accroissement de la richesse et du bien-être du pays tout entier (1). »

La nourriture de l'ouvrier anglais se compose de 2 kil. 410 d'aliments, dont le tiers environ est d'origine animale. L'ouvrier irlandais mange plus, il consomme 6 kil. 818 d'aliments, mais dont le centième seulement est d'origine animale. Comparez maintenant l'effort dont chacun d'eux est susceptible.

Sur les chantiers de construction du chemin de fer du Nord, les terrassiers anglais surpassaient les ouvriers français de telle sorte que la concurrence était impossible; l'équilibre fut rétabli par le changement de l'alimentation.

J'ai constaté moi-même cette influence sur mes plantations du Nicaragua. Depuis que les travailleurs indigènes, les mozos, font deux repas de viande par jour, ils ont perdu leur apathie et ils travaillent comme des ouvriers européens.

Autre fait : le tisserand anglais, bien nourri, fournit 15 mètres par semaine, le tisserand des Flandres belges n'en peut fournir, à Belem, que 6 mètres 33.

Il faut donc ici plus de deux hommes pour faire l'ouvrage d'un ouvrier anglais. N'y a-t-il pas une perte évidente? Payez ces deux hommes le même prix qu'un seul, vous y perdrez encore, non-seulement parce qu'il y a un plus grand outillage immobilisé, mais encore parce que vous avez une population misérable, malheureuse, inintelligente, au lieu d'une population forte, saine, intelligente.

Mais cette proportion est-elle fatale? Non. Que l'impôt cesse de surcharger les objets de consommation, les salaires ont une tendance à diminuer au lieu d'augmenter, et en même temps, le travailleur, se nourrissant mieux, mangeant de la viande, buvant du vin, produit davantage.

L'influence de la nourriture sur l'homme est aussi indiscutable que l'influence de l'avoine sur le cheval.

---

(1) H. Mangon. *Académie des sciences,* 26 octobre 1874.

Bien plus : l'alimentation est au travailleur ce que la houille est à la machine à vapeur.

N'est-ce donc rien que de conquérir des forces perdues à la production? N'est-ce donc rien que de doubler, en quelque sorte, les hommes en facilitant leur bien-être? N'est-ce donc rien, en les affranchissant de la préoccupation constante de la misère, que de libérer leur intelligence et de développer leur activité en fortifiant leur corps? N'y a-t-il pas là un sujet de graves méditations pour tous ceux qui veulent la prospérité et la force de leur patrie?

Si l'alimentation est insuffisante, le travailleur éprouve ce qu'un médecin (1) a appelé énergiquement « la fièvre de famine ». « Son intelligence est profondément altérée, ses réponses sont pénibles, la mémoire est à peu près abolie »; il tombe dans l'inanition qui dévore l'enfant, tue la femme, enlève l'homme pour le jeter à l'hôpital, et transforme les survivants en êtres rachitiques et étiolés, incapables de travail et voués à l'impuissance, par conséquent à une misère de plus en plus grave. C'est là la concurrence vitale. Je sais bien qu'il y a des nécessités terribles, mais c'est à la société de les atténuer, de les amoindrir, de les pallier, et non pas de les aggraver.

On parle du développement, de l'accroissement de la population : fort bien! mais que l'impôt commence par ne pas faire périr et par ne pas condamner au rachitisme les populations existantes, et qu'il leur permette, au contraire, de développer librement leurs forces !

M. Loiset a démontré, dans la *Statistique alimentaire* de Lille, en comparant les années s'étendant de 1810 à 1852, que les variations dans la consommation de la viande se lient intimement avec les mouvements de la population. Si la consommation de la viande diminue, la mortalité s'accroît.

---

(1) M. Meersman (de Gand), *la Fièvre de famine dans les Flandres*. (*Gazette médicale*, 17 février 1849.)

Si la consommation de la viande augmente, au contraire, la natalité s'accroît et la mortalité diminue.

On parle de l'hygiène, on fait des cours d'hygiène ; fort bien. Mais il ne faut pas que l'impôt, frappant depuis le vin jusqu'au savon, en rende la pratique impossible.

Si l'alimentation est insuffisante, si la cherté de cette alimentation force l'ouvrier à mal se vêtir et se loger, toutes les privations se traduisent par des souffrances, par des maladies qui atteignent le père de famille, la mère de famille, les enfants ; la société est obligée de leur rendre, par l'assistance publique et par l'hôpital, ce qu'elle leur a pris par l'impôt.

En 1847, M. de Watteville estimait le budget des bureaux de bienfaisance, des hospices, à 72 millions par an. Soit, à cette époque, plus du 20e du budget général de la France. M. Legoyt estimait que les mêmes dépenses montaient à 96 millions et demi, auxquels il fallait ajouter 44 millions de secours divers, sans compter les secours privés, qui s'élèvent certainement à plusieurs centaines de millions.

Mais ce n'est pas tout. Il n'est pas bon que l'homme soit misérable. « La misère est mauvaise conseillère », dit un dicton terrible dans sa simplicité. L'homme qui voit qu'en travaillant il ne peut arriver à ce minimum de bien-être que chacun s'assigne, est bien près de quitter le travail pour se lancer dans des aventures sinistres. De plus, regardez ces enfants : que voulez-vous qu'ils deviennent? Quel air voulez-vous qu'ils respirent dans cette atmosphère de misère? Il y a des miasmes moraux qu'il faut prendre garde de propager.

Ce ne sont pas là des phrases, c'est la logique des faits.

D'après la statistique criminelle de 1869, sur les 4,186 accusés au grand criminel, il y avait 1,572 cultivateurs, 1,278 ouvriers, 157 vagabonds ; 1,515 ne savaient ni lire ni écrire ; 1,835 ne savaient lire et écrire qu'imparfaitement. Sur les 170,784 prévenus en police correctionnelle, 4,837 étaient prévenus de rupture de ban; 9.489 de vagabondage; 8,005 de mendicité; 38,782 de vols simples.

La condition sociale des accusés et la nature des délits constatés prouvent que c'est la misère qui a été l'inspiratrice, plus ou moins lente, plus ou moins directe, de presque tous ces crimes et délits; et, alors se pose une question terrible : pour quelle part l'impôt entre-t-il dans la criminalité? MM. Thiers, Léon Faucher, de Parieu, Magne, reconnaissent eux-mêmes que ce sont les pauvres qui payent la plus grande part des impôts sur la consommation; ce sont eux qui, en même temps, comptent pour le plus grand nombre dans les statistiques criminelles. Mais comment sont-ils arrivés au crime? Par quelle pente sont-ils tombés jusqu'au banc de la Cour d'assises ou de la police correctionnelle? Il faut si peu de chose pour que l'honnête homme de la veille devienne le criminel du lendemain!

Il aurait peut-être pu porter allègrement son fardeau · l'impôt est venu s'y ajouter, il a succombé!

Ce ne sont pas là de simples hypothèses. La criminalité est proportionnelle à la cherté des subsistances. En 1847, année de grande cherté du grain, la criminalité monta de 16 pour 100.

Robert Peel a aussi, en sens inverse, constaté l'influence de l'impôt sur la criminalité.

En 1850, les substances alimentaires commencèrent à ne plus payer de droits en Angleterre; le nombre des accusations criminelles tomba de 142,389 à 136,408.

En même temps, le nombre des pauvres secourus tombait de 943,942 à 890,693.

Cette preuve suffit pour montrer qu'il ne faut pas prélever l'impôt sur le pauvre, si on ne veut pas être obligé de le lui rembourser d'une façon ou d'une autre.

Mais les partisans de l'impôt sur les consommations ne tiennent pas compte de ces choses-là et vous répètent leur éternel : « On le paye sans s'en apercevoir. » Voilà certes un étrange argument et qui révèle une étrange moralité. On veut que le contribuable soit la dupe du fisc. On essaye de lui soustraire l'impôt par surprise, au moment où il ne s'en doute pas. On ne veut pas, en même temps, qu'il puisse décomposer l'impôt de manière à savoir au juste pour quelle part il contribue dans les dépenses générales de la nation. Les financiers de l'ancien régime pouvaient vanter les bienfaits des impôts qui aboutissaient à ces conséquences. Ils étaient logiques avec un système gouvernemental qui reposait sur le silence, l'absence de discussion, l'obéissance passive. La préoccupation du roi était de dissimuler ce qu'il prenait à son peuple. Les finances étaient choses tenues si secrètes que, pendant le dix-huitième siècle, on ne dressa aucun budget. Les ministres et le roi avaient peur eux-mêmes de sonder cet abîme. Il fallut qu'ils y fussent acculés et qu'alors ils fussent obligés de demander au peuple de les sauver, pour qu'ils se résignassent à rendre public le résultat de leur administration.

Mais, depuis 1789, est-ce que ce n'est pas à la nation elle-même de gérer ses intérêts ? Les conservateurs les plus rétrogrades n'admettent-ils pas ce principe? Et alors, du moment qu'ils en reconnaissent la vérité, leur argument tombe, ou plutôt se retourne contre eux. Dans un pays de publicité, il ne doit pas y avoir d'impôt qu'on puisse payer sans s'en apercevoir. On se croit bien habile en se servant de pareilles ruses ! Bastiat disait encore dans son discours sur l'impôt des boissons :

« Avec tous ces impôts détournés, dus à la ruse, le peuple souffre, murmure et s'en prend à tout : au capital, à la propriété, à la monarchie, à la république, et c'est l'impôt qui est le coupable ! (1) »

Tel est le résultat net de ces petites finesses à l'aide desquelles des hommes sérieux essayent de masquer le vide de leurs raisonnements et l'iniquité de leurs actes.

En ne tenant pas compte des crises, des grèves, des insur-

(1) *Œuvres complètes*, t. V. p. 484.

rections, des révolutions, des inquiétudes perpétuelles jetées dans le pays par l'appréhension de ces crises ; des guerres extérieures que certains gouvernements croient habile de provoquer pour détourner les dangers intérieurs amenés par cet état de choses, M. Victor Modeste, dans son remarquable ouvrage sur le *Paupérisme,* n'évalue pas à moins d'un milliard le total général que coûte le paupérisme à la France, d'un côté, par défaut de production, forces perdues; de l'autre, par la charité publique et privée, par la criminalité qui résulte de la misère, par les frais de garantie sociale qu'elle nécessite, etc.

Pour quelle part entre l'impôt dans ce milliard? Je ne puis le dire ; mais du moment que les impôts sur les consommations, les plus élevés de tous, sont supportés par les plus pauvres, et que c'est là un fait admis par leurs partisans eux-mêmes, j'ai le droit d'en conclure que cette part est considérable.

Mais sous un autre rapport, cette part est encore considérable; car les impôts de consommation frappent la production de la manière la plus grave.

Si ce sont les classes les plus nombreuses qui, par les impôts de consommation, rendent le plus à l'impôt, ce sont elles, par conséquent, qui consomment le plus. Il faut bien toujours qu'elles mangent et qu'elles se vêtent. C'est donc elles qui forment d'abord le principal débouché des produits d'un pays en même temps qu'elles contribuent elles-mêmes à ces produits. Les industries les plus productives ne sont pas les industries de luxe; ce sont celles dont les produits s'adressent au plus grand nombre.

Jean de Witt l'avait déjà remarqué : « Les taxes indirectes ferment les débouchés de la production. »

« Quand les aliments ne sont pas très-coûteux, dit M. Bagehot, il reste plus aux classes ouvrières pour les besoins.

Aussi se produit-il une augmentation de demande pour toutes les branches de commerce (1). »

Mais si les classes ouvrières consomment beaucoup, elles poussent par cela même à la production. Il y a donc là un double effet, un mouvement de va-et-vient, dont il faut tenir compte, contrairement à nos habitudes.

Si l'impôt frappe la consommation, cette consommation est restreinte, et la production qui y correspondait diminue d'autant. Ces restrictions se répercutent de métiers en métiers, d'industries en industries, et créent la misère là où serait l'abondance, avec la liberté de la consommation.

Mais cette misère se répercute même sur l'industriel et l'atteint, non pas seulement dans les dangers que nous avons signalés, non pas seulement par la diminution de la production, mais encore par l'augmentation des salaires.

L'ouvrier est gêné par l'impôt; l'industriel est cependant obligé d'en payer une part. L'ouvrier tâche qu'il paye le plus possible; l'industriel tâche de contribuer le moins possible à l'impôt : de là conflit permanent. Si la demande est considérable et surpasse l'offre du travail, l'industriel est bien obligé de comprendre la part de l'impôt dans le salaire de l'ouvrier; mais alors, il ne peut produire qu'à plus grands frais. Cette augmentation de ses frais tend à diminuer la demande et, par conséquent, à restreindre la production. De là le cercle vicieux. L'industriel se trouve, à un moment donné, obligé de réduire sa main-d'œuvre. Une partie de ses ouvriers est mise sur le pavé et rejetée dans la misère. Au lieu de consommer, elle est à la charge de la société. L'industriel, lui, ne produit pas autant que son outillage lui permettrait de produire; et par conséquent, perte pour lui, désastres pour tout le monde, malaise social, appauvrissement général, faillites, grèves, insurrections, coalitions; telles sont les diverses phases produites sur l'industrie par l'impôt. Car, du moment qu'on reconnaît que l'impôt sur les consommations est en grande

(1) *Lombard street*, p. 140.

partie supporté par les plus pauvres, on ne peut nier qu'il n'ait contribué de la manière la plus funeste à ces désastres.

Ce qu'il y a de pis, c'est que, comme « on paye cet impôt sans s'en apercevoir », ni l'industriel, ni l'ouvrier, ne connaissent au juste la part qu'il prélève sur les frais de leur production.

Je ne suis pas le premier à signaler ces effets de l'impôt de consommation.

Ustaritz a attribué, à plusieurs reprises, la ruine des manufactures de l'Espagne aux droits d'alcavala et de cientos.

Quesnay, malgré quelques erreurs qui tiennent à l'ensemble de son système, avait dit :

« Toutes les dépenses des salariés sont payées par ceux qui payent leurs salaires.

« On objecterait en vain que la classe des salariés pourrait payer elle-même les taxes en augmentant son travail pour augmenter sa rétribution. Car : 1° Pour multiplier ses travaux, il faudrait à la classe des salariés de plus grands fonds d'avance qu'elle n'a pas; 2° quand la classe des salariés augmenterait ses travaux, elle n'augmenterait pas par là sa rétribution, puisque la valeur totale des salaires qu'elle peut obtenir est limitée par les facultés, par les richesses de ceux qui peuvent la salarier. Or il est évident que l'établissement d'une imposition sur les personnes, sur le travail, sur les marchandises, sur les consommations, n'augmente pas la richesse d'une nation, et qu'elle diminue les occasions de commerce, loin de les multiplier.

« Comment donc pourrait-on supposer une augmentation de travaux de la part de la classe des salariés, par l'effet d'une imposition sur cette classe?

« On objecterait encore en vain que les salariés pourraient, en restreignant leur consommation et en se privant de jouissances, payer les taxes qu'on exigerait d'eux, sans qu'elles retombassent sur les premiers distributeurs des dépenses.... Le prix des salaires, et par conséquent les jouissances que les salariés peuvent se procurer, sont fixés et réduits au plus bas par la concurrence extrême qui est entre eux.

« Les salariés, si on veut encore restreindre leurs jouissances, émigreront ou deviendront voleurs.

« Ainsi, de quelque façon qu'on s'arrange, la classe productive, les propriétaires des terres et l'État même, comme premiers distributeurs des dépenses, payent inévitablement la totalité de l'imposition indirecte que l'on établit sur les hommes qu'ils salarient, ou sur les denrées et marchandises qu'ils consomment; et ils y contribuent chacun à raison de la distribution de ses dépenses (1). »

Smith : « Les impôts sur les choses de nécessité, en faisant monter les salaires du travail, tendent nécessairement à faire monter le prix de tous les objets manufacturés, et par conséquent à en diminuer la vente et la consommation (2). »

J. B. Say : « L'industrie n'est pas seulement frappée par les impôts qui lui sont directement demandés, elle l'est encore par ceux qui portent sur la consommation des denrées dont elle fait usage.

« En général, les produits de première nécessité sont ceux qui sont consommés reproductivement, et les impôts qui les favorisent nuisent à la reproduction (3). »

Richard Cobden : « Un impôt sur la nourriture équivaut à une taxe sur le revenu, progressive en sens inverse des ressources du contribuable. »

---

(1) *Deuxième problème économique.*
(2) *Richesse des nations*, t. II, p. 560.
(3) *Traité d'économie politique*, p. 516.

CHAPITRE VI.

DE LA PERCEPTION DES IMPÔTS DE CONSOMMATION.

Frais de perception des impôts directs et des impôts de consommation. — De Thunen, Montesquieu. — La perception des impôts indirects viole la liberté du travail, détruit l'inviolabilité du domicile. — J. B. Say : *Les procédés du fisc*. — Fausse situation faite aux employés. — Partage des amendes. — Les délits. — M. Clapier et les règlements de Colbert. — La chambre de commerce de Saint-Étienne. — M. Leroy-Beaulieu. — La solution.

Nous avons vu que M. Thiers, loin de compter parmi les arguments en faveur des contributions indirectes, la facilité de leur perception, n'hésitait pas à reconnaître que la difficulté de leur recouvrement constituait un grand inconvénient.

Cependant, il y a certains partisans des impôts de consommation qui prétendent au contraire que le recouvrement en est très-facile; car le commerçant le fait payer avec la marchandise. Ils oublient seulement qu'il faut que l'État le fasse payer au commerçant.

Si le commerçant parvient à ne pas le payer, il bénéficie de la part de l'impôt au détriment du consommateur, s'il vend la marchandise au cours établi, ou au détriment de ses concurrents, s'il vend sa marchandise à plus bas prix.

Mais il y a un critérium certain pour apprécier la facilité de recouvrement d'un impôt : si les frais de perception sont élevés, c'est une preuve évidente de la difficulté de son recouvrement; s'ils sont faibles, au contraire, c'est une preuve qu'il n'exige ni personnel nombreux, ni formalités compliquées.

Les frais de régie, de perception et d'exploitation des

impôts étaient évalués à 246 millions pour le budget de 1874 dont les recettes sont évaluées à 2,542,612,199. C'est le dixième.

Pour le budget de 1875, les frais de régie et de perception sont évalués par la commission du budget à 246,894,449 fr.; les recettes à 2,573,525,624 fr. La proportion reste à peu près la même (1).

Les frais de perception se montent donc presque au dixième des recettes.

Dans les évaluations du budget de 1874, le produit des quatre contributions directes, entrant dans les ressources générales, était de 375 millions.

Dans les évaluations du budget de 1875, on ajoute dix centimes additionnels aux trois contributions directes de répartition et on estime le produit total à. 408,161,200f

Il faut y ajouter :

Centimes départementaux.............	140,814,000f	283,222,290
Centimes communaux................	126,171,510	
Centimes pour non-valeurs............	16,236,780	
Total....................		691,383,490
En plus, produits des taxes spéciales sur biens de mainmorte, redevances des mines, poids et mesures, droit de visite des pharmaciens, chevaux et voitures, billards, cercles, etc......................................		20,953,494
Enfin prestations pour l'entretien des chemins vicinaux........................	53,735,543	59,963,568
Taxe municipale sur les chiens.........	6,228,025	
Total....................		772,300,552
Le total des dépenses de l'assiette de l'impôt se monte à..		7,070,365

La proportion de la dépense représente donc 0 fr. 91 c. pour 100 du produit.

Si on retranche du compte des recettes et dépenses ce qui se rapporte aux prestations et à la taxe des chiens, on

(1) *Rapport fait au nom de la commission du budget des dépenses de* 1875, par M. Léon Say (ministère des finances).

a 712,536,974 francs de recettes, et 6,706,436 francs de dépenses, soit 0 fr. 94 c. pour 100 francs de produit.

La dépense de recouvrement est de 16,377,510 francs.

Remises	12,627,000f
Secours	190,000
Total	12,817,000
A ajouter 3 pour 100 de remise sur les impositions communales	3,560,510
Total	16,377,510
Si on ajoute aux produits énumérés ci-dessus, et montant à	712,336,984
Les recouvrements pour amendes, faits par les percepteurs	6,969,270
On a un ensemble de produits de	719,806,254

pour une dépense de 16,377,510 francs, ou 2 fr. 27 de dépense pour 100 francs de produits.

Ainsi, proportion de la dépense aux produits :

Assiette	0f 94c
Recouvrement	2 27
Ensemble	3 21 pour 100.

Mais, comme la perception totale est en réalité de 772,300,552 francs, on peut dire qu'en réalité les frais de perception des contributions directes n'atteignent pas 3 pour 100.

De plus, il faut encore ajouter les 31,760,000 francs que doit produire l'impôt de 3 pour 100 sur le revenu des valeurs mobilières, et qui n'ont pas exigé de nouveaux frais de perception.

M. Léon Say, dans son *Rapport sur le budget des dépenses du ministère des finances pour* 1875, croit, avec raison, qu'on pourrait remanier les circonscriptions rurales et, en en réduisant le nombre, diminuer ces frais.

Maintenant comparons, avec ces dépenses, les frais de perception des impôts de consommation.

Les recettes des contributions indirectes sont évaluées à

965 millions pour le budget de 1875, non compris les nouveaux impôts. Les partisans des contributions indirectes disent : la perception en coûte 32,822,030 francs, soit 3 et demi pour cent; M. Léon Say lui-même l'a constaté. Or, cette constatation n'est pas exacte. Dans ce chiffre de 965 millions sont compris les tabacs pour 290,988,000 francs, et les poudres pour 11,463,000 francs. Il faut donc, pour avoir le chiffre exact des dépenses exigées par les contributions indirectes, ajouter aux 32,822,030 francs déjà mentionnés, les 63,051,500 francs que coûtent les manufactures de l'État. Nous arrivons au chiffre de 95 millions, soit 10 pour 100 du produit.

Je ne nie point cependant le progrès : En 1820, les contributions indirectes rapportaient 226 millions, et les frais de perception absorbaient 76 millions, soit le tiers de la recette.

Il y a eu un progrès analogue dans les douanes :

Dépenses par 100 *francs de perception.*

1860.............	25	1867.............	18 3/4
1861.............	23 1/4	1868.............	19
1862.............	22 1/2	1869.............	19 1/3
1863.............	23 1/2	1870.............	18 1/3
1864.............	23 1/4	1871.............	15 1/2
1865.............	20 3/4	1872.............	16 1/2
1866.............	17 1/2		

est bon de donner le nombre des agents de la douane.

	NOMBRE des agents de la douane.		NOMBRE des agents de la douane.
1858...........	27,791	1867...........	22,084
1859...........	27,851	1868...........	22,073
1860...........	29,438	1869...........	22,084
1861...........	28,076	1870...........	22,165
1862...........	28,084	1871...........	22,156
1863...........	29,771	1872...........	22,932
1864...........	26,758	1873...........	22,924
1865...........	25,982	1874...........	22,902
1866...........	22,809	1875...........	22,924

Si on voulait revenir aux droits sur les matières premières, il faudrait reporter ce dernier chiffre à celui de 1860.

Qu'on y ajoute les 10,132 employés des contributions indirectes, non compris les employés des manufactures de l'État et les employés de l'octroi, qui se montent à plusieurs milliers, on arrive à un chiffre formidable de 33,056 agents. C'est une armée doublement onéreuse, d'abord parce que, comme toutes les armées, ne produisant pas elle-même, elle doit être entretenue par ceux qui produisent, et ensuite parce qu'elle est spécialement chargée de gêner la production.

M. Magne, pour le budget de 1874, exigeait 5,174,000 fr. de plus que M. Léon Say, afin de couvrir les frais de perception des nouveaux impôts proposés par lui.

Quand, d'un côté, nous voyons les frais de recette des contributions directes ne pas s'élever à 3 pour 100, et les frais de recette des contributions indirectes dépasser 10 pour 100, nous avons le droit de dire que le recouvrement de ces dernières ne se fait pas avec la plus grande facilité.

Mais ce ne sont pas là seulement les frais qu'occasionne le recouvrement des contributions indirectes. Il faut voir à quelles charges l'exercice assujettit certaines industries qui ne peuvent s'établir où bon leur semble ; qui sont condamnées à des frais de déplacement et de transbordement nécessités par les formalités des douanes et des contributions indirectes ; qui sont forcées de perdre un temps considérable en formalités. Les industries soumises à l'exercice sont astreintes à certains genres de production. La disposition de leurs ateliers peut être réglementée. Il faut qu'elles fournissent un local pour les employés chargés de cette fonction. M. Tirard n'évaluait pas à moins de 10 et 12,000 francs par an, pour certaines maisons, les frais qui résultaient de l'exercice (1).

M. Rouvier n'exagérait donc pas quand, parlant des contributions votées depuis la guerre, il disait : « Vous avez

(1) 2 février 1874. Assemblée nationale.

voté 700 millions d'impôts ; les contribuables payent 1 milliard (1). »

M. de Thünen avait déjà dit : « Les impôts de consommation qui grèvent les choses indispensables à l'homme, sont bien plus ruineux que l'impôt personnel. Car, d'un côté, les frais pour faire rentrer les impôts de consommation sont si considérables qu'ils absorbent une bonne partie des recettes, ce qui oblige les gouvernements à demander beaucoup plus que n'exigent les besoins réels de l'État ; d'un autre côté, ces impôts frappent précisément ceux qui sont dans le besoin (2). »

Montesquieu disait au dix-huitième siècle :

« La finance détruit le commerce par ses injustices et ses vexations, par l'excès de ce qu'elle impose ; mais elle le détruit encore, indépendamment de cela, par les difficultés qu'elle fait naître et les formalités qu'elle exige (3). »

Qu'on y prenne garde ; nous revenons à cet état de choses. Est-ce que ces formalités, ces exigences, ces réglementations qui obligent, par exemple, de dénaturer le sel et l'alcool employés à certains usages, ces impôts inégaux qui frappent une industrie dans une ville et l'épargnent hors des barrières, ne sont pas la négation même de la liberté du travail ?

Mais les impôts indirects violent encore un autre principe, qui est la garantie du citoyen : l'inviolabilité du domicile.

Vous avez un commis à demeure, à domicile, qui a une clef de vos entrepôts, qui peut pénétrer dans vos ateliers, dans vos magasins, quand bon lui semble ; que devient dans ces conditions l'inviolabilité du domicile ?

Regardez les employés de la régie pratiquer l'exercice chez un débitant ; ils furètent partout de la cave au grenier ; ils entrent dans la chambre à coucher ; ils peuvent fouiller dans le lit ; ils sont les maîtres de la maison ; tout doit leur être ouvert.

(1) 3 février 1874. Assemblée nationale.
(2) *Recherches sur l'influence du prix des grains*, p. 294.
(3) *Esprit des lois*, livre XX, ch. XIII.

On tourne dans un cercle vicieux : ou l'employé veut accomplir consciencieusement son devoir, et alors il est brutal, inquisitorial, insupportable au contribuable, et celui-ci est en révolte ouverte contre lui;

Ou l'employé répugne à cette tâche, veut ménager le contribuable; et alors il est à craindre que celui-ci n'abuse de cette tolérance.

Il y a là une question de mœurs, de caractère; mais quelle garantie peut présenter le bon vouloir ou le mauvais vouloir, la bonne ou la mauvaise humeur d'un employé surveillé de près, peu payé, mécontent de son sort, et par conséquent de tout le monde?

Suis-je donc le seul à parler ainsi? Est-ce que ces faits-là ne sont pas connus de chacun, n'ont pas été dénoncés depuis longtemps dans la presse, et non-seulement dans les journaux, mais dans les ouvrages les plus sérieux et les plus calmes?

Un Mémoire que J. B. Say obtint d'un des principaux employés des droits réunis lui permit de citer des faits scandaleux, qui « se sont malheureusement propagés depuis sous d'autres noms. »

« La régie envoie à ses agents des instructions manuscrites et secrètes autres que les circulaires imprimées et publiques. Dans ces instructions, les lois et les arrêtés du gouvernement sont toujours interprétés dans le sens le plus défavorable au contribuable. Quelque excessives et vexatoires que soient leurs dispositions par elles-mêmes, on les aggrave toujours. Dans la correspondance, les seuls employés qui obtiennent l'approbation des administrateurs sont ceux qui, *per fas et nefas,* tirent le plus d'argent des redevables. L'employé qui se renferme dans les termes de la loi ou qui veut être juste, est mal noté, sa recette est *mauvaise,* et, ne trouvant aucun protecteur dans l'administration, il finit toujours par succomber.

« Pour obtenir les augmentations de recettes exigées par les administrateurs, on porte, dans le registre *portatif,* les boissons à une valeur supérieure au prix où le marchand peut les vendre, prétextant une fausse déclaration de sa part. On accorde 3 ou 4 pour 100 par année pour les coulages, l'évaporation, etc. Quelque insuffisante que soit cette allocation, l'on fait payer au contribuable le droit sur les boissons qu'il est obligé d'employer au remplissage comme s'il les avait vendues. Deux aréomètres ne marquent jamais exactement les mêmes degrés ; on éprouve un tonneau qui montre 18 degrés ; le lendemain, nouvelle vérification avec un autre aréomètre qui montre 17 degrés et demi : *Vous avez mis de l'eau ; vous avez changé sans déclaration l'état de vos boissons!* — Fraude, procès-verbal, confiscation, amende. Les préfets, sous-préfets, mettent du retard à la promulgation d'un décret impérial (ce qui depuis a été nommé *ordonnance royale*) ; le maire d'un bourg reçoit le *Bulletin des lois* et le garde chez lui, la régie le fait connaître sans retard à ses employés ; le contribuable, ne connaissant pas ses obligations, est pris en contravention ; procès-verbal, poursuite.

« On emploie le ministère des agents provocateurs, des faux témoins. Une vieille femme, en apparence accablée de fatigue, prie un voiturier de mettre sur sa voiture le paquet dont elle est surchargée ; au détour d'une rue, la vieille disparaît, un contrôleur ambulant survient, visite le paquet, trouve une carotte de tabac... Procès-verbal, amende considérable dont les employés de tous grades ont leur part, après avoir été juges et parties.

« Que ne réclame-t-on auprès de l'administration supérieure ? diront les bonnes gens. — Il est de principe, dans l'administration, de donner toujours raison à ses employés de tous grades, de suivre, pour la moindre affaire, tous les degrés de juridiction, de manière à ruiner le redevable. La condamnation est impossible à éviter, parce que les procès-verbaux et les registres de l'employé font foi devant les tribunaux. La Cour de cassation pose en principe que la régie n'est pas responsable des erreurs de ses agents ; tellement que lorsqu'un employé honnête homme confesse lui-même sa faute, la régie ne restitue pas le montant du dol. Je veux bien croire que les contribuables cherchent par toutes sortes de moyens à se soustraire au payement des droits ; mais ce n'est que lorsque les droits sont exagérés ; et d'ailleurs celui qui défend une partie de son bien n'est-il pas plus excusable que celui qui cherche à faire son chemin en devenant l'instrument des rigueurs du fisc ?

« Afin d'augmenter les droits de détail, la régie donne pour instruction à des contrôleurs extraordinaires, de faire *tomber le commerce en gros,* au moyen de vexations toujours faciles sous un gouvernement qui n'est soumis à aucune censure. Veut-on des exemples de vexations ? On tourmente les redevables par l'éternelle présence des commis qui occupent les particuliers aux instants où on les voit le plus pressés par leurs affaires.

« On oblige les brasseurs à détourner à chaque instant les ouvriers de leurs travaux pour les occuper à porter de l'eau afin de vérifier la contenance d'une chaudière déjà vérifiée vingt fois. A la moindre opposition, même sur une simple remontrance de la part du redevable, procès-verbal pour refus d'exercice.

« On arrête les transports de boissons que des employés, sous divers prétextes, vérifient sur la route ou font déposer dans les entrepôts de la régie, où elles se détériorent avant que le propriétaire puisse terminer un procès.

« On exige que les débitants de boissons n'élèvent aucun vaisseau, ne fassent aucun transvasement, sans avoir appelé les commis dont il faut saisir la commodité.

« Les commis sont laissés juges des redevables, qu'ils qualifient à leur gré de fraudeurs et frappent ainsi d'anathème, de manière à leur ôter toute protection (1). »

On me dira que les choses ne se passent pas actuellement ainsi, avec cette rigueur, avec cette perfidie. Soit ; il y a eu progrès dans les mœurs des agents des contributions. Il faut en rendre hommage à leur caractère ; mais il y a une maxime

(1) J. B. Say, *Cours d'économie politique*, t. II, p. 415.

incontestable : c'est qu'il ne faut jamais qu'une fonction établisse un antagonisme entre le devoir de l'homme et l'intérêt de l'employé.

Or, l'administration a intérêt à ce que la perception soit aussi lucrative que possible ; mais la perception ne peut être lucrative qu'à la condition d'être vexatoire. Le meilleur employé est donc celui dont l'exercice est le plus vexatoire.

De plus, l'employé prend l'habitude de sa profession ; pour lui, instinctivement, tout contribuable est un fraudeur. Il agit envers lui comme s'il était coupable.

Enfin l'employé, misérablement payé, pense au bénéfice que lui fourniront ses procès-verbaux.

D'après l'article 240 de la loi du 28 avril 1816, les employés ont droit au partage du produit net des amendes et confiscations relatives aux octrois, aux tabacs et aux cartes.

D'après l'article 126 de la loi du 25 mars 1817, il en est de même pour les fraudes ou contraventions au droit de circulation sur les boissons et aux voitures publiques. De même encore à l'égard du produit des amendes et saisies en matière de sels, en vertu d'une décision ministérielle du 14 juillet 1835.

« Le partage dans ces divers cas s'effectue de la manière suivante : Un quart au Trésor public, un quart à la caisse des retraites et la moitié aux employés saisissants. Les contrôleurs, quand ils concourent aux saisies, jouissent de deux parts d'employés... (1). »

C'est un moyen efficace, mais bien dangereux, de stimuler l'activité d'un employé. Il cherche la piste d'un fraudeur comme le chasseur cherche le gibier. Il y a là une prime qui peut pousser son zèle jusqu'à l'iniquité. Son procès-verbal fait foi. Que le contribuable essaye de se défendre, il est condamné d'avance.

Et puis il y a la question d'avancement ; l'employé doit faire du zèle s'il veut monter en grade, et ses états de service

---

(1) *Art.* 1er, *Arrêté du ministre des finances*, 17 octobre 1816.

se comptent par le nombre de ses procès-verbaux. Ce sont ses titres de gloire.

Là encore, il y a inégalité pour les petits contribuables : un malheureux cabaretier de village, pris entre son maire, son curé et l'employé des contributions indirectes, peut être persécuté à l'aise ; l'employé aura souvent une tendance, au contraire, à se montrer facile envers un commerçant ou un industriel puissant.

Ajoutez encore à toutes ces considérations les haines politiques qui peuvent compliquer la situation, et vous aurez une idée de la facilité et de la simplicité avec laquelle s'effectue la perception de cet impôt.

Rien de plus démoralisateur qu'une pareille lutte. Le contribuable et l'employé de la régie se considèrent comme ennemis. Nous en sommes encore aux mœurs des gabelous et des faux saulniers. La fraude n'est pas considérée comme un vol fait à la fortune générale de la nation, à ses concitoyens par conséquent. C'est une habileté. On en rit. On s'en vante. Les mœurs la tolèrent et même l'encouragent. On s'habitue à violer une loi qui crée des délits imaginaires, et on finit par mépriser toutes les lois et par commettre des délits et des crimes réels. Le déshonneur n'existant pas, la pénalité appliquée par le juge n'est pas ratifiée par l'opinion publique et manque de prestige. Le banc de la police correctionnelle n'est pas un pilori infamant pour les deux mille cinq cent neuf prévenus qu'y amènent, bon an mal an, des délits envers les contributions indirectes et les douanes. Il est dangereux de multiplier les coupables et les condamnés, quand leur culpabilité dérive, non de la nature des choses, mais du vice d'une mauvaise organisation sociale.

Le lendemain d'une élection, Napoléon III disait : « Vraiment, je n'y comprends rien ! Sous mon règne, la fortune des vignerons du Midi a triplé et quadruplé, et ils ne sont pas contents, et il me font de l'opposition !

— Oui, lui répondit quelqu'un, mais ils subissent les contributions indirectes. »

D'après M. Bocher, qui cependant est loin d'être un ennemi systématique des contributions indirectes, l'exercice pour les boissons seulement atteint 800,000 contribuables : 31,000 récoltants entrepositaires; 3,000 brasseurs ; 25,000 marchands en gros ; 371,000 débitants ; 400,000 bouilleurs de cru.

Peu à peu on étend l'exercice à toutes les industries : les sucres, les savons, la bougie, les huiles y sont soumis. Il faut lire les règlements d'administration publique qui en règlent la perception pour comprendre tout l'ennui, tous les frais, toute l'irritation, toutes les complications qui en résultent. Celui qui concerne les savons ne contient pas moins de 23 articles et de 76 paragraphes ; celui qui concerne la bougie, 21 articles et 71 paragraphes !...

Le seul service des sucres comprend le personnel suivant : 9 inspecteurs, 52 contrôleurs, 321 commis principaux, 524 commis, 928 préposés et 6 attachés aux entrepôts réels, qui, avec les frais qu'exige leur service, ne nécessitent pas une dépense de moins de quatre millions. Il y a des législateurs qui ne sont pas encore satisfaits et qui trouvent qu'il n'y a pas assez de 33,056 employés des contributions indirectes et des douanes. Ils veulent encore étendre l'exercice à de nouvelles industries. M. Clapier propose d'y soumettre les fabriques de tissus. Si on lui fait quelques objections, M. Clapier n'est nullement embarrassé ; il invoque les règlements de Colbert de 1669.

Voici, d'après les rapports de Roland, inspecteur des manufactures, comment on les appliquait à la fin du dix-huitième siècle : « Sans cesse la maréchaussée, les inspecteurs tombaient dans les ateliers, bouleversant tout, s'appropriant les procédés secrets, les dévoilant, suspendant le travail, ruinant souvent le crédit par une fausse ou mauvaise interprétation des affaires, coupant souvent quatre-vingts, cent pièces d'étoffes dans une seule matinée, en confisquant un nombre énorme, frappant en même temps le fabricant de lourdes amendes, brûlant les objets de contravention en place publique, les jours de marché, les attachant au carcan avec le nom du fabricant, et menaçant de l'y attacher lui-même en cas de récidive. Et pourquoi toutes ces sévérités, toutes ces indécisions? Uniquement pour une matière inégale, ou pour un tissage irrégulier, ou pour le défaut de quelque fil en chaîne, pour celui de l'application d'un nom, quoique cela provînt d'inattention, ou pour une couleur de faux teint, quoique donnée pour telle...

« J'ai vu faire, continue Roland, des descentes chez des fabricants avec une bande de satellites, bouleverser leurs ateliers, répandre l'effroi dans leur famille, couper des chaînes sur le métier, les enlever, les saisir, assigner, ajourner, faire subir des interrogatoires, confisquer, amender, les sentences affichées, et tout ce qui s'ensuit : tourments, disgrâces, la honte, frais, discrédit... »

Voilà l'idéal vers lequel M. Clapier proposait sérieusement de revenir. « Toute fabrique de tissus, disait-il, serait censée terre étrangère » et, par conséquent, traitée en ennemie. On installerait un exercice permanent, par exemple, pour la bonneterie.

Il est vrai que toutes les chambres de commerce se sont empressées de déclarer que la chose n'était pas aussi simple que le voyait M. Clapier et qu'elles n'avaient pas la moindre envie de revenir aux usages du temps de Colbert.

La fabrique de Saint-Étienne et de Saint-Chamond disait, à propos de l'examen des moyens de frapper les soieries :

« Les contribuables ont toujours témoigné la plus grande répugnance pour les impôts entraînant le droit d'exercice. La ville a préféré s'imposer de grands sacrifices pour ne pas les supporter.

« Les ménages payent plus cher, mais les scandales, les fraudes, les vexations n'ont plus lieu.

« Si on applique l'exercice à l'industrie, les inconvénients seront sans nombre. »

La chambre syndicale de la rubanerie de Saint-Étienne « supplie la chambre de commerce de vouloir bien faire tous ses efforts pour empêcher l'adoption d'un genre d'impôts qui jetterait le trouble dans la fabrique et ses relations, sans fournir de légitimes ressources au Trésor. »

L'exercice ruinerait la rubanerie. Le directeur des contributions indirectes lui-même, devant ces déclarations, promit d'adresser un questionnaire aux fabricants de rubans.

« De leur côté, les fabricants lui offrirent de mettre sous ses yeux les éléments de leur commerce, qui lui prouveraient la complète impossibilité de pratiquer l'exercice. »

Voilà la sympathie qu'inspire l'exercice à ceux qui en sont menacés! Qu'est-ce donc pour ceux qui le subissent?

On a beaucoup attaqué M. Clapier; un journal même, qui le compte parmi les membres de son conseil d'administration, a vertement critiqué sa proposition.

Et pourquoi donc? Du moment qu'on admet les impôts sur la consommation, qu'on admet le principe de l'exercice, pourquoi épargner telle industrie plutôt que telle autre? N'y a-t-il pas là inégalité? Pourquoi les boissons, les savons, les sucres, la bougie, les huiles plutôt que les tissus?

M. Clapier est plus logique que M. Paul Leroy-Beaulieu, qui admet à peu près tous les impôts indirects, sauf l'impôt sur les tissus, tout en disant :

« Quand on voit avec quelle facilité rentrent les impôts directs, on se demande comment le gouvernement peut commettre la faute de proposer de nouvelles taxes inexpérimentées.... (1) »

Pourquoi s'arrêter à mi-chemin? pourquoi craindre d'aller jusqu'au bout de l'argumentation? Les impôts de consommation sont injustes, iniques, constituent un danger social; leur

(1) *Économiste français*. Année 1873, p. 394.

mode de perception est détestable. Pourquoi repousser ceux-ci et accepter ceux-là ? Pourquoi ne pas y renoncer tout simplement ?

Ah ! les compromis, les demi-mesures qui vous font patauger dans l'illogisme et arrêtent tout progrès et toute réforme !

CHAPITRE VII.

LES DROITS SUR LES BOISSONS.

Augmentation des droits sur les boissons. — Les seize impôts de la vigne. — M. Pagès-Duport. — Influence des impôts sur la production et sur la consommation. — Moins-value de l'impôt. — L'ivrognerie et l'impôt. — La fraude. — États-Unis. — Angleterre. — Les chassepots de M. Courbet-Poulard. — Inégalité. — Proportion à rebours. — L'alcool et l'industrie. — L'alcool et le vinaigre. — L'alcool et la liberté du travail. — Expérience des États-Unis.

Il suffit de jeter un rapide coup d'œil sur les objets de consommation frappés actuellement par les contributions indirectes, pour se convaincre de la réalité de tous les vices que nous leur avons imputés.

Parmi les objets de consommation, victimes spéciales des attentions du fisc, se trouvent les alcools et les vins. Crétet, dans son exposé des motifs de la loi de l'an XII, présentait les arguments qu'on a ressassés depuis et qui n'en sont pas devenus plus justes pour avoir été répétés.

« On fut toujours d'accord de considérer les boissons comme fournissant une base abondante à raison de l'étendue, de la généralité de leur usage et en ce qu'elles ne sont pas de première nécessité. »

Cependant il avait la bonne foi d'ajouter que, « malgré cet accord général, on ne voit d'abord que le rétablissement d'une contribution abolie, des entraves pour la propriété et le commerce et des frais de perception. »

On mêle volontiers deux considérations pour frapper les boissons : la question de morale et la question fiscale. Il y a certains orateurs qui, lorsqu'ils traitent cette question, oublient qu'ils sont des législateurs et se croient en chaire, sans s'apercevoir de la singulière contradiction qu'ils commettent; car, s'ils frappent l'alcool et le vin, c'est probablement avec l'espoir que l'alcool et le vin payeront l'impôt et, par conséquent, seront consommés. Ils ne sont pas les premiers, du reste, à mêler d'une manière si intime des idées si opposées. On raconte qu'il y a peu de temps encore, en Russie, les czars proscrivaient l'ivrognerie, comme chefs de la religion, et l'encourageaient, comme souverains ayant toujours besoin d'argent.

En France, nous avons un peu agi de cette manière.

De 1830 à 1856, le droit sur l'alcool était de 34 francs au principal, avec les décimes, de 37 francs; en 1855, il fut porté à 60 francs; puis, en 1860, à 99 francs ; enfin, en 1871, à 150 francs. — On complétait ces augmentations par les lois des 28 février-26 mars 1872, et on étendait aux bouilleurs de cru la servitude de l'exercice.

Voici, d'après M. Bocher, les diverses augmentations des droits sur les boissons depuis vingt-trois ans.

En 1851, le produit total de la taxe des boissons s'élevait à 100 millions; en 1855, à 115,112,675 francs; en 1864, à 216,620,355 francs.

En 1869, il était monté à.	249 millions
En 1871, à	329
Puis on a doublé le droit de circulation . .	16
Doublé la taxe sur les débitants, marchands en gros	4
On a demandé à la bière 30 pour 100. . .	5
On a porté le droit de l'alcool de 90 francs à 150 francs	57
Et on est arrivé au total de.	411

En 1872, on a encore voulu ajouter au poids de ces taxes 32 millions.

A la fin de 1873, on y a ajouté, avec le demi-décime en

sus, l'augmentation du droit d'entrée, l'augmentation des droits sur les expéditions, 26 millions.

De 1871 à 1874, les boissons ont donc été grevées de 140 millions de droits nouveaux (1).

M. Magne, en proposant un nouveau demi-décime aux droits et produits indirects soumis au décime, frappait de nouveau les boissons de 15,500,000 francs.

Le 3 mars 1874, M. Mestreau disait : — « Depuis le 24 mai, cette grande Assemblée à laquelle ne manquent ni les éléments de travail, ni l'énergie, a voté cinquante-sept lois. Eh bien, sur ces cinquante-sept lois, trente-sept ont pour but de surtaxer les vins et les alcools. »

Ce n'étaient pourtant pas le nombre des lois et la multiplicité des taxes qui manquaient au régime des boissons.

M. Alcée Durrieux, dans une brochure publiée en 1870, décomposait de la manière suivante les différents impôts qui frappent la vigne :

1° Impôt *au profit de l'État,* sous le nom de *contribution foncière ;*

2° Impôt *au profit de l'État,* sous le titre de *passavant,* exigible chaque fois qu'un propriétaire fait transporter du vin d'une de ses caves dans une autre ;

3° Impôt *au profit de l'État,* sous le titre *d'acquit-à-caution,* chaque fois que du vin est transporté dans un entrepôt ;

4° Impôt *au profit de l'État,* sous le titre de *droit de congé,* chaque fois que le vin est vendu à un particulier pour la consommation de sa maison ;

5° Impôt *au profit de l'État,* sous le titre de *droit de détail,* quand le vin est vendu par les débitants ;

6° Impôt *au profit de l'État,* sous le nom de *licence,* payable par le marchand en gros, qui a droit d'entrepôt;

7° Impôt *au profit de l'État,* sous le nom de *licence,* payable par les débitants pour droit d'entrepôt;

8° Impôt *au profit de l'État,* sous le nom de *licence,*

(1) Assemblée nationale, 3 mars 1874.

payable par le propriétaire qui veut vendre son vin au détail ;

9° Impôt *au profit de l'État,* sous le nom de *licence,* payable par le marchand distillateur ;

10° Impôt *au profit de l'État,* sous le nom de *licence,* payable par le propriétaire qui veut mettre dans son vin une quantité d'eau-de-vie, *ou vinage ;*

11° Impôt *au profit de l'État,* sous le nom de *droit d'entrée,* payable pour le vin qu'on introduit dans les villes ;

12° Impôt *au profit de l'État,* sous le titre de *droit de navigation,* lorsque le vin est transporté sur des rivières, même lorsqu'elles ne sont navigables qu'au moment de la fonte des neiges ;

13° Impôt *au profit de l'État,* sous le même titre, *droit de navigation,* sur les canaux où le vin est taxé plus haut qu'aucune espèce de marchandise ;

14° Impôt *au profit de l'État,* sous le titre de *décime de guerre,* qui accroît d'un dixième la plus grande partie des treize impôts précédents ;

15° Impôt *au profit des villes*, sous le titre d'*octroi ;*

16° Impôt *au profit des habitants de certaines villes,* qui, par *des perceptions à leurs barrières* sur les vins, s'affranchissent en totalité ou en partie de leurs *contributions personnelle et mobilière.*

Nous n'avons rien dit du *droit de timbre ;* il se paye quatre fois :

Timbre de la quittance du droit de circulation ;

Timbre de la quittance du droit d'entrée ;

Timbre des quittances trimestrielles ;

Timbre des quittances du droit de détail et du double décime de guerre.

Dans les villes où se trouvent des magasins généraux, les vins supportent une série de taxes, sans compter celle du dépotoir (1).

Je sais que, dans cette énumération, il y a certaines répé-

---

(1) *Les seize impôts de la vigne,* p. 66.

titions des mêmes droits. Mais M. Pagès-Duport constatait que, si on pouvait réduire ces droits à sept, on ne pouvait pas cependant les réduire à moins.

« Voici la vérité ab olue, disait-il, sur les charges qui frappent la propriété viticole et qui entravent incessamment les transactions commerciales dont les vins sont l'objet :

1° Contribution directe ;

2° Passavant, exigé chaque fois qu'un propriétaire fait transporter du vin d'une de ses caves dans une autre ;

3° Impôt de circulation, tantôt sous la forme d'acquit-à-caution, chaque fois que le vin est transporté dans un entrepôt, tantôt sous la forme de droit de congé, chaque fois que le vin est vendu à un particulier ;

4° Impôt de consommation, c'est-à-dire droit de détail, quand le vin est vendu par les débitants ;

5° Impôt connu sous le nom de licence, payé également par le marchand en gros qui a droit d'entrepôt, par les débitants pour droit d'entrepôt, par le propriétaire qui veut vendre son vin au détail, par le marchand distillateur, enfin par les propriétaires qui sont obligés de mettre dans leurs vins une certaine quantité d'alcool ;

6° Droit d'entrée perçu par l'État pour le vin qu'on introduit dans les villes ;

7° Droit d'octroi, au profit des villes. »

Et voici à quoi aboutissent les taxes si ingénieusement groupées :

Dans ce pays du vin, il y a des millions de travailleurs qui n'en boivent pas, et qui n'en boivent pas parce que le fisc vient s'interposer entre lui et eux. C'est là un fait de barbarie dont nos descendants auront peine à se rendre compte.

Mais il ne faut pas voir seulement les consommateurs ; il faut encore considérer les producteurs. Croit-on que de pareils droits n'ont pas d'influence sur l'agriculture? Nous avons le meilleur sol du monde, le plus beau soleil pour produire la plus grande quantité et le meilleur vin. Au lieu de développer cette richesse, nous nous empressons de l'arrêter par nos impôts.

Ces impôts peuvent aboutir aux conséquences les plus graves. M. Raudot constatait « qu'à mesure que les droits ont augmenté à Paris, la prospérité des départements viticoles du centre de la France a diminué » (1).

Le conseil général du Gers (2), dans sa séance du 23 avril 1873, émettait un vœu relatif à la diminution des droits sur les vins et eaux-de-vie et à l'abrogation de la loi sur les bouilleurs de cru, s'appuyant sur un document émané de l'administration des contributions indirectes du Gers et indiquant les résultats suivants produits par l'augmentation des droits :

Du 1er octobre 1872 au 31 mars 1873, il a été seulement fabriqué 63,400 hectolitres d'eau-de-vie, et cela dans une année abondante. Si on rapproche le chiffre officiel de la production moyenne qui est de 200,000 hectolitres de celui de la fabrication qui a été de 63,400 hectolitres, on trouve une diminution de 136,000 hectolitres.

« Enfin la loi sur les bouilleurs de cru a produit de funestes résultats. Les cultivateurs honnêtes sont considérés comme des fraudeurs au sujet des déclarations de contenance et surtout de degré. L'administration n'ayant pas d'éprouvette étalon, ses évaluations sont arbitraires.

« En défendant la cause des vignerons, vous protégez la cause de 75 départements français, 8 millions de travailleurs profitant de la culture, et 382,000 Français patentés vivant de la vente des boissons. »

Le tableau suivant de la quantité d'alcool consommée à Paris, pendant les six dernières années, montre à quels résultats aboutit la surélévation des taxes.

---

(1) Assemblée nationale, 31 décembre 1874.
(2) *Journal de l'agriculture*, 1873, t. II, p. 205.

1866.	117,000	hectolitres.
1869.	132,000	—
1870.	122,000	—
1871.	162,000	—
1872.	60,000	—
1873.	85,000	—

L'augmentation qui a eu lieu en 1871 provient des approvisionnements qui ont été faits après la guerre et en prévision des impôts nouveaux; mais on voit la baisse considérable qui s'est produite en 1872 et en 1873.

A quoi arrive-t-on? On arrive à ruiner l'industrie, et le fisc, pour avoir voulu tout absorber, finit par perdre lui-même.

En 1873, on attendait 350 millions de l'impôt sur les boissons; il n'en a pas donné 328; c'est une différence de plus de 22 millions. La taxe de l'alcool a causé tout le déficit, plus que le déficit; elle a produit 24 millions au-dessous des prévisions.

Le produit de l'impôt sur les boissons était évalué à 261,966,000 francs pour les onze premiers mois de 1874. Il a donné 249,892,000 francs. Déficit : 12,074,000 francs.

Et que cachent ces chiffres? Des privations, une diminution du bien-être, la misère, la fraude.

Quant à la question de morale, voici à quoi on aboutit en surchargeant les vins et les alcools.

C'était M. Bocher qui le constatait lui-même :

« Ouvrez, disait-il, le dernier *Blue-Book* et vous y verrez qu'en 1868 les délits pour ivrognerie étaient de 110,000 ; aujourd'hui, ils sont de 151,000 malgré les lois et les droits nouveaux sur l'alcool (1). »

Mais il y a plus : à côté des cas d'alcoolisme, à côté de l'ivrognerie qui ne représente que l'abus, il faut considérer l'usage.

---

(1) 3 mars 1874.

M. Rouveure, que personne n'accusera d'indulgence pour les classes ouvrières, reconnaissait, le 3 février, que « l'alcool servait aux classes ouvrières pour exciter leurs forces et les soutenir dans leur travail. »

Cessez donc d'invoquer vos considérations morales ; ce ne sont pas elles, pas plus que vos lois répressives, qui pourront restreindre l'ivrognerie. Voulez-vous la supprimer ? Supprimez vos impôts qui mettent le vin hors de la portée de l'ouvrier, qui l'empêchent de prendre place à la table de famille. On ne peut boire de vin en mangeant, on ne peut boire du vin tous les jours ; le vin au cabaret est hors de prix et est frelaté ; on boit de l'eau-de-vie ; et comme les droits sur l'eau-de-vie sont énormes, on boit de l'eau-de-vie plus ou moins falsifiée qui porte vite à la tête et ravage l'estomac.

Dans les pays vignobles où le vin est à discrétion, il y a peu d'ivrognes ; c'est dans les pays du Nord, au contraire, où le vin est cher, que l'on s'enivre.

Plus l'homme a de privations, plus il est prédisposé aux excès. Quand il est privé du nécessaire tous les jours, son imagination le jette dans l'orgie. Pourquoi, plus la civilisation progresse-t-elle, plus les excès tendent-ils à disparaître ? On en attribuera la cause à l'éducation, à une morale plus raffinée; c'est vrai, mais ce n'est pas suffisant. Il y a au-dessus de ces considérations une loi constante : le besoin qui se satisfait facilement se limite lui-même.

M. Mestreau avait raison quand il disait : « Il est facile de s'élever contre les alcools lorsqu'on est toujours largement pourvu de vins généreux (1) ! »

Les droits sur les vins poussent à l'ivrognerie alcoolique, telle est la première conséquence morale.

Il y en a encore une autre. M. Bocher, un conservateur bien connu, disait :

(1) 3 mars 1874.

« Augmentez les droits, — vous n'aurez pas un buveur de moins, — vous aurez 100,000 fraudeurs de plus (1). »

Ce n'est pas une boutade, c'est une vérité démontrée constamment par les faits.

Mac Culloch raconte qu'en 1756, en Angleterre, on voulut frapper l'alcool d'une taxe se montant à 800 francs l'hectolitre; on imposait aux marchands une patente de 1,250 fr.; on leur défendait de vendre au détail par moins de 9 litres; qu'en résulta-t-il? Le négoce, étant mis hors la loi par cette effrayante fiscalité, fut abandonné par tous les gens honorables et fut livré à tous les aventuriers de la fraude, de telle sorte qu'on fut obligé de rapporter cet acte.

Ces jours-ci (2), les journaux du Midi nous ont raconté, sous forme de faits divers, des histoires de véritables combats entre la régie, les employés de l'octroi et les fraudeurs. Dans les environs de Montpellier, une de ces luttes s'est terminée par l'incendie d'une maison. Qui est le coupable? — Le fisc.

L'énergie des fraudeurs est en raison de la prime offerte à la fraude par l'élévation des droits. Le même fait se reproduit partout.

Du moment qu'on met toute une catégorie de citoyens en dehors du droit commun, on en fait des bandits.

M. Wells dit qu'aux États-Unis la surélévation des droits sur l'alcool fit éclore une armée de fraudeurs.

A New-York, on allait jusqu'à vendre à un taux inférieur aux droits perçus, de l'eau-de-vie qui certainement était le résultat de la fraude.

« Les fraudes furent bientôt couronnées d'un tel succès, dit M. Wells, si bien réduites en système, qu'en 1868, il semble que tout le pays et le gouvernement lui-même étaient frappés de corruption et de démoralisation (3). »

---

(1) 3 mars 1874.

(2) Juin et juillet 1874.

(3) *Les récentes expériences financières des États-Unis*, p. 42.

Quand on ne fraude pas l'État, on fraude le consommateur; souvent on fraude les deux ensemble.

M. Léon Say disait, le 7 février, qu'il avait fait recueillir dans 113 débits de boissons, situés dans tous les quartiers de Paris, des flacons d'eau-de-vie telle qu'on la vendait chez les détaillants avant les surtaxes de l'octroi, et ensuite, quelques mois après l'établissement de ces surtaxes, il avait constaté une baisse de 5 pour 100 sur la force de l'eau-de-vie; et comme l'eau ne paye pas de droits, c'était autant de perdu pour le fisc, en même temps que pour le consommateur.

Avec ce système d'impôts, les maisons honnêtes peuvent se ruiner, tandis qu'il suffit d'un audacieux coup de main pour enrichir une maison moins scrupuleuse.

M. Courbet-Poulard le déplorait bien haut en disant :

« Nous avons vu, de nos yeux vu, plus d'une fortune de millionnaire se fonder scandaleusement sur les plus formidables entreprises de fraudes; nous avons vu auprès de maisons qui s'élevaient dans ces déplorables conditions, nous avons vu d'autres maisons rivales s'écrouler honnêtement, mais inévitablement, dans les souffrances cruelles de la faillite (1). »

Mais M. Courbet-Poulard, avec la naïveté habituelle de nos gouvernants, proposait comme remède précisément la mesure la plus propre à aggraver cet état de choses : l'extension de ces droits qui provoquent la fraude.

Pour la réprimer, il songe tout simplement à mettre une armée en campagne. Il demande que les employés de la régie portent un uniforme et soient armés d'un chassepot!

Il ignore donc que l'audace des crimes est en raison directe de la violence de la répression. Employer de pareils systèmes, c'est vouloir établir chez nous la guerre civile à l'état permanent!

Il y a une manière plus sérieuse, plus sûre de détruire la fraude : c'est d'en supprimer la prime.

---

(1) *Rapport sur la taxe de l'alcool dans la banlieue de Paris.*

Il y a une autre manière de faire de la morale : c'est de supprimer les inégalités et les injustices qui se trouvent dans ces lois ; c'est de ne rien prendre au nécessaire.

Inégalité dans le droit de circulation; car le récoltant en est exempt; car le taux du droit n'est pas le même pour tous les départements.

Proportionnalité à rebours; car, étant le même pour toutes les qualités de vin, l'impôt constitue un privilége réel pour les consommateurs des qualités supérieures au détriment des consommateurs des qualités inférieures.

Enfin, un particulier a le moyen d'acheter son vin en pièces; il paye 2 francs de droit par hectolitre.

Un ouvrier est obligé d'acheter son vin par quantités inférieures à 25 litres; il paye le droit de détail : 10 francs par hectolitre.

Les premiers droits, s'appliquant à 16 millions d'hectolitres, rapportent 36 millions; les seconds droits, s'appliquant à 6,200,000 hectolitres, rapportent 68 millions.

On dira tout ce qu'on pourra pour justifier des droits qui aboutissent à de semblables résultats : ces résultats les condamnent.

Un impôt ainsi surchargé, qui exige tant de formalités, doit forcément entraver la liberté du travail.

« Mercredi dernier nous assistions, dit M. Gustave Dumont (1), à la police correctionnelle de Versailles, à un procès intenté par la régie au chef d'une vinaigrerie du département de Seine-et-Oise. Par tolérance, comprenons-le bien, la régie lui permet de distiller des flegmes de mélasse à 25 degrés seulement, pour être convertis en vinaigres, jusqu'à 25 degrés : il ne peut produire que des vinaigres simples, et l'Allemagne qui n'a pas toute cette fiscalité pour la gêner, profite des traités signés à la suite de la cession de l'Alsace-Lorraine, pour inonder librement le marché français

(1) *Économiste vinicole*, 4 juillet 1874.

de vinaigres doubles que des flegmes à haut degré peuvent seuls produire.

« Ce vinaigrier de Seine-et-Oise avait réclamé préalablement la permanence d'employés de régie pour suivre ses opérations et constater la dénaturation des flegmes à quelque degré que ce fût. La régie lui refusa cette permanence, sous prétexte d'économie. »

Les honnêtes législateurs qui, avant d'entrer dans une assemblée législative, n'ont jamais regardé au delà du petit horizon qu'ils voyaient à travers leurs préjugés, ne conçoivent l'alcool que sous la forme du petit verre sur le comptoir du marchand de vin.

Ils ne se figurent pas que l'alcool est une matière industrielle des plus précieuses.

Il est employé dans la fabrication des vernis, des teintures et extraits pharmaceutiques, des articles de parfumerie, des matières colorantes, du chloroforme, de l'éther, des alcooloïdes.

Il est vrai que la loi du 24 juillet 1843 a affranchi de tout droit d'entrée, de consommation et de débit, les eaux-de-vie et esprits dénaturés de manière à ne pouvoir être consommés comme boisson. Une ordonnance du 14 juillet 1844 prescrit que cette dénaturation existe, si les alcools tiennent en dissolution, dans la proportion d'au moins deux dixièmes du volume du mélange, des essences de goudron, de bois, de houille, des huiles de schiste ou de naphte.

« Nous considérons cette réglementation comme des plus onéreuses pour l'industrie, dit M. Lauth. D'abord, les droits de dénaturation sont très-élevés : ils s'élèvent à 30 centimes environ par litre d'alcool (1869). De plus, l'obligation de se servir, pour dénaturer l'alcool, des substances ci-dessus mentionnées, et surtout dans les proportions exigées par le règlement, rend son emploi absolument impossible pour une foule d'usages (1). »

---

(1) *Encyclopédie générale*, t. Ier, p. 393. D'après la loi du 2 août 1872,

Les Pangloss répondent à cela : — L'industrie se plaint toujours ; c'est à elle de s'arranger. Elle a beau dire, les droits ne l'empêchent pas de se développer.

Une expérience, faite récemment aux États-Unis, prouve que lorsqu'une industrie a pu se développer parce que le fisc ne l'a pas frappée, elle peut être tuée dès que le fisc la touche.

« Aux États-Unis, dit M. Wells (1), avant la guerre, la fabrication des esprits était libre de tout droit et de toute surveillance de la part du gouvernement national ou des gouvernements d'États, et n'employant principalement que du blé indien dans les localités voisines de celles où ce genre de céréales est cultivé, les esprits qu'elle produisait étaient offerts à très-bon marché, — le prix moyen du marché, à New-York, pendant les cinq années qui précédèrent 1862, ayant été de 24 cents par gallon (2) et le prix minimum pendant la même période de 14 cents par gallon. Dans cet état de choses, la consommation des esprits, pour un grand nombre d'objets dans les États-Unis, était devenue énorme. La quantité produite fut évaluée, pour 1860, à plus de 90 millions de gallons, tandis que le minimum de la quantité exportée, dans le courant d'une seule année, ne dépassa jamais 3 millions de gallons. Une des industries dans lesquelles ces spiritueux étaient employés en grande abondance, à cette époque qui précéda la découverte et l'usage du pétrole, était la fabrication du « fluide brûlant », liquide d'éclairage, composé d'une partie d'esprit rectifié de térébenthine, mêlée avec quatre ou cinq parties d'alcool. La fabrication et la consommation de cet article étaient si étendues qu'il fut constaté dans le sein du congrès, en 1864, que dans la seule ville de Cincinnati la

---

le comité des arts et manufactures doit régler les conditions de dénaturation.

(1) M. Wells, ex-commissaire du revenu. *Les récentes expériences financières des États-Unis.*

(2) Le gallon représente 4 litres et demi ; le bushel 8 gallons ou 36 litres Le cent est la centième partie du dollar, lequel vaut 5 fr. 31 c.

quantité d'alcool requise toutes les vingt-quatre heures pour cette fabrication, nécessitait la distillation de 12,000 bushels de blé. L'excessif bon marché de l'alcool en fit étendre démesurément l'usage : on l'employa comme combustible dans une foule d'opérations culinaires; on s'en servit pour le bain, pour le nettoyage, pour la fabrication des vernis, de certains médicaments brevetés et pour une grande variété d'objets. Il faut noter aussi que la presque totalité des préparations et des lavages pour la chevelure, qui, à cette époque, dans les autres pays et maintenant partout, étaient composés presque exclusivement avec une base de graisse et d'huile, l'étaient alors, aux États-Unis, presque entièrement à l'aide d'une base d'alcool.

« L'effet immédiat de l'établissement et de l'augmentation continue des taxes sur les esprits distillés fut de bouleverser toutes ces branches d'industrie et d'en détruire même complétement quelques-unes. La fabrication du « fluide brûlant » pour l'éclairage fut entièrement abandonnée.

« Les droguistes et les pharmaciens des États-Unis estimèrent que la diminution de l'emploi de l'alcool dans leur industrie par suite de sa plus grande cherté résultant de la taxe, allait d'un tiers à la moitié de la quantité auparavant employée. Les fabricants de médicaments brevetés et de cosmétiques abandonnèrent leur ancien mode de préparation et en adoptèrent un nouveau. Les fabricants de vernis déclarèrent à la commission du revenu que la diminution dans la quantité des esprits employés dans leur industrie s'élevait à 80 pour 100. Un vétérinaire qui employait précédemment 50,000 gallons d'alcool de première qualité par an, attesta que son industrie était en grande partie détruite. La même chose arriva à une maison engagée dans la fabrication d'un succédané pour les barbes de baleine, et qui, avant la taxe sur les esprits, en faisait un très-grand emploi. Et ce qui fait voir combien d'industries, en apparence fort éloignées de celle des esprits, furent atteintes par cette taxe, c'est qu'une vaste entreprise d'exportation de cidre pour le Pacifique, qui, afin de lui faire franchir impunément le tropique, avait besoin de le fortifier par une addition d'alcool, en éprouva un sérieux dommage : d'un autre côté, la hausse du prix du vinaigre, qui se fabriquait auparavant avec du whisky, renchérit si fort les conserves et la céruse, que la consommation intérieure des produits de ces deux industries en fut considérablement restreinte et l'exportation tout à fait impossible. »

Voilà les effets de l'établissement de semblables taxes sur la production : elles tuent les industries qu'elles touchent.

Quand la taxe est établie depuis longtemps, on ne peut constater ses effets avec autant de netteté. Il en résulte même qu'on ne s'en aperçoit pas.

On ne se dit pas que, si l'alcool était à bas prix, on l'emploierait, en France, à tous les usages qui, avant les impôts, en faisaient aux États-Unis un agent industriel si précieux. On ne se dit pas qu'on le consommerait en quantités considérables pour l'éclairage, pour le chauffage.

Et à qui profiterait cette consommation de l'alcool? A l'agriculture, qui, surexcitée par cette demande considérable, produirait plus de vignes, plus de betteraves, plus de pommes de terre, plus de céréales, et utiliserait tous les bas produits qui autrement sont perdus.

Les taxes, au lieu de tuer les industries, les ont empêchées de naître. On n'a même pas eu le profit qu'elles auraient pu donner pendant leur existence.

En France, en 1869, la production et l'importation de l'alcool ont été de 1,471,871 hectolitres, tandis qu'aux États-Unis, avant l'impôt, comme nous l'avons vu, la production était de 90 millions de gallons, soit 4,050,000 hectolitres.

Ces chiffres, mis en regard, suffisent pour montrer toutes les richesses qu'un impôt peut faire perdre à une nation. Que nos législateurs fiscaux s'applaudissent à l'aise des millions que leur donnent les droits sur l'alcool; moi, et tous les hommes soucieux du développement et de la puissance du pays, nous songeons qu'un tel système d'impôts aboutit à paralyser toute l'énergie d'un peuple, à atrophier son activité qui, condamnée à tourner sur elle-même, ne trouve plus d'emploi productif. Des impôts pareils, sur une industrie, font le même effet que des nuées de sauterelles sur un champ de blé.

CHAPITRE VIII.

L'IMPÔT SUR LE SEL ET LES VIANDES SALÉES.

La gabelle rétablie par Napoléon Ier. — L'impôt sur le sel est un impôt de capitation. — Les arguments en faveur de cet impôt. — Buffon. — Ruine des marais salants. — Entraves à la production. — Diminution de la production. — Prime aux fromages suisses. — Le sel et l'agriculture. — Les moyens pratiques d dénaturer le sel. — L'impôt sur les viandes salées. — Le caractère de cette taxe. — Les viandes salées sont consommées par le pauvre. — Le prétexte. — L'équité, la justice et M. Gaslonde.

Ces défauts se reproduisent encore avec un caractère plus grave pour l'impôt sur le sel.

On connaît le souvenir effrayant qu'il a laissé dans la mémoire du peuple. Sous l'ancien régime, il y avait guerre ouverte et permanente entre les gabelous et les faux sauniers. C'était le bon temps du système que rêve M. Courbet-Poulard. Les commis des fermes avaient à peu près droit de vie et de mort sur ces malheureux. Ceux-ci se défendaient avec la fureur et la rage que donne la perspective des galères du roi ou de la pendaison.

La Révolution ne pouvait laisser subsister un tel état de choses; elle supprima l'impôt du sel en 1790; il fut rétabli en 1806. Il ne faut pas que le peuple oublie que c'est à Napoléon Ier qu'est dû le rétablissement de tous ces impôts indirects qui grèvent la misère.

L'impôt sur le sel est un de ceux qui ont le caractère le plus odieux; c'est une capitation. Un père de famille pauvre a beaucoup d'enfants; le sel est indispensable à sa famille. Bien plus : « Le misérable, disait le maréchal Bugeaud, paye quatre fois plus que le riche. » Et il avait raison ; car le misérable paye en proportion de sa misère. Moins la nourriture est bonne, plus elle exige de sel.

M. Barral a établi qu'il fallait à un adulte, pendant l'hiver, 12 grammes 91 de sel par vingt-quatre heures et pendant l'été 5 grammes 33 (1). Or, la production du sel en 1872 n'a donné que 448,900 quintaux métriques qui ne font que 3, 40 par tête. Si nous déduisons encore de cette production le sel employé dans l'agriculture et à la nourriture des bestiaux, on voit que notre alimentation est insuffisante sous le rapport du sel aussi bien que de la viande.

M. Talabot estimait que l'impôt sur le sel équivalait pour l'ouvrier au chômage de trois journées de travail.

M. de Tracy disait : « Il équivaut à une capitation qui dépasse cinq et dix fois la contribution personnelle et mobilière. » On calcule dans l'Ouest qu'un paysan, se nourrissant de lard et ayant quelques animaux, acquitte bien pour 25 ou 30 francs de droits.

Casimir Périer, le père, qui ne péchait point par excès de sentiments démocratiques, constatait que « cet impôt devait être détruit le premier de tous. »

Or, l'impôt sur le sel est plus élevé en France qu'en tout autre pays.

Et au lieu de le détruire, la commission des nouveaux impôts proposait tout simplement, à la fin de 1873, d'en doubler la taxe ; M. Magne, plus modéré, de l'augmenter d'un demi-décime ; et cependant M. Magne, ministre des finances sous l'empire, jugeait alors cet impôt dans les termes suivants :

« C'est un impôt injuste, improportionnel, frappant le pauvre, et, par conséquent, inégal. »

Qu'importe? c'est un excellent impôt aux yeux des classes dirigeantes. Il est vrai que, quand il s'agit d'en voter l'augmentation, elles n'ont pas le courage de leur opinion et ré-

(1) Statique chimique, 1849. *Annales de chimie et de physique*, t. XXV, p. 165.

clament le scrutin secret afin de pouvoir désavouer leur vote; noble exemple de moralité politique qui prouve toute la moralité de cet impôt.

Bien plus, les propositions faites pour l'augmentation de cet impôt sont repoussées une première fois en mars 1874. Le budget reste en déficit. Alors, le 13 juillet, M. Ambroise Joubert propose de nouveau de frapper le sel d'un décime. M. Magne n'ose prendre l'initiative de la proposition. Il ne veut pas en subir la responsabilité complète. Il biaise. Il se contente de s'y rallier, de l'accepter à huis clos. Étrange conduite pour un ministre. Ce n'est qu'avec peine qu'on le décide à venir l'accepter à la tribune. Le scrutin secret est de nouveau réclamé par quelques députés obscurs de la droite. Malgré tous les efforts et toutes les manœuvres, cette proposition est repoussée par 362 voix contre 256 (1).

J'en éprouve une vive satisfaction. L'impôt sur le sel est le type des impôts indirects. Tous les arguments qu'on fait valoir pour lui peuvent s'appliquer aux autres. Tous les arguments qu'on invoque en sa faveur sont de même ordre que ceux qu'on invoque en faveur des autres impôts indirects.

En faveur de l'impôt sur le sel on dit : — Le sel est indispensable; et moi je dis : — C'est précisément parce que le sel est indispensable à l'alimentation de l'homme, qu'il ne faut pas l'imposer.

On dit encore : — Il a si peu de valeur! Qu'importe! la part de l'impôt que vous prélevez sera toujours payée par moi. Et puis, répondait encore fort bien le maréchal Bugeaud, « il n'y a rien de minime pour des malheureux qui, avec un salaire qui se compte par sous, doivent nourrir leurs femmes et leurs enfants. » La preuve, du reste, que cet impôt n'est pas sans influence sur la consommation, c'est qu'après la réduction de l'impôt en 1848, la consommation augmenta de 35 et de 40 pour 100.

M. Magne, qui jadis a caractérisé l'impôt sur le sel comme

(1) 14 juillet 1874.

nous l'avons vu, a cependant trouvé aussi un argument en faveur non-seulement de son maintien, mais encore de son augmentation. Le voici dans toute sa naïveté : « Ceux qui crieraient peut-être le moins, ceux qui subiraient le plus patiemment la taxe, ce seraient les pauvres consommateurs de sel. » Cela revient à dire que plus l'individu est passif, dépourvu de moyens de défense, plus il faut le surcharger et l'écraser. C'est la vieille théorie des gouvernements aristocratiques qui l'appliquent avec désinvolture et sans gêne, jusqu'à ce qu'un jour, les foules opprimées se redressent et se montrent alors aussi impitoyables qu'on l'a été envers elles! C'est une étrange imprudence que d'abuser du silence des malheureux pour aggraver leurs charges; car dans ce silence peuvent germer et se développer de terribles pensées de haine et de vengeance, qu'il faut prévenir et non susciter.

Montesquieu avait déjà remarqué que si on met un droit excessif sur une denrée, le contribuable ne voit plus le prix de la denrée et ne comprend que l'exagération de l'impôt.

Pour quelle part ne retrouve-t-on pas la gabelle dans les colères de la Révolution? Il faut réfléchir à ces choses-là. Nous avons encore la gabelle, et il y a un siècle que Buffon disait : « Le libre usage de cette denrée, si nécessaire à l'homme et à tous les êtres vivants, ferait plus de bien et deviendrait plus utile à l'État que le produit de la prohibition, car il soutiendrait et augmenterait la vigueur, la santé, la propagation, la multiplication des hommes et des animaux utiles. La gabelle fait plus de mal à l'agriculture que la grêle et la gelée. »

Cet impôt représente toujours les inconvénients que nous avons signalés pour les autres impôts indirects.

Il provoque une inégalité entre les sels de l'Ouest et les sels de l'Est, les premiers subissant un déchet que ceux-ci ne subissent pas. Il aboutit à une multiplicité de taxes. Entravant la liberté du travail, il ruine les producteurs de sel.

D'après le livre de M. Meresse sur les *Marais salants de l'Ouest*, la valeur de leur surface éprouve une baisse considérable. Autrefois l'œillet (surface rectangle de 10 mètres sur 7) valait de 300 à 350 francs ; en 1868, il était tombé au-dessous de 80 francs.

C'est là un résultat fatal de l'absence de liberté du travail que produisent toujours les impôts indirects. Aucune fabrique ou chaudière de sel ne peut être établie sans une autorisation administrative. Les produits de chaque fabrique ou exploitation de sel doivent atteindre un chiffre minimum de 500,000 kilos par année; le droit est perçu sur les qualités manquantes à titre d'amende. Toute infraction aux lois et règlements sur l'impôt du sel est punie de la confiscation des eaux salées, ustensiles, moyens de transport, etc., et d'une amende de 500 à 5,000 francs qui peut être doublée en cas de récidive! Comment veut-on que des industries soumises à un tel régime se développent?

De plus, l'administration des douanes fait creuser un fossé d'enceinte autour de toute saline d'une certaine importance. Ce fossé, plein d'eau tantôt douce, tantôt salée, le plus souvent saumâtre, est très-mal tenu. Le docteur Mêlier le considère comme une des principales causes de l'insalubrité de certaines salines du Midi (1).

Notre système fiscal nous a fait perdre la clientèle de la Belgique, de la Hollande, de la Prusse, de la Norwége et de la Suède.

Enfin la production diminue d'une manière constante depuis 1868.

1868.	871,000	quintaux métr.
1869.	814,000	—
1870.	784,700	—
1871.	540,300	—
1872.	448,900	—

Pour ne pas nuire à la pêche, on a été obligé d'accorder aux pêcheurs de morue le droit d'acheter des sels étrangers,

(1) Tardieu. *Dictionnaire d'hygiène publique et privée.* Art. *Sel.*

moyennant un droit de 0 fr. 50 par 100 kilogrammes qui est presque toujours esquivé. Par une de ces inconséquences qu'on rencontre à chaque instant dans les contributions indirectes, les pêcheurs des côtes d'Islande en sont exempts.

L'impôt du sel donne encore à la Suisse une prime pour la fabrication de ses fromages, comme l'a fort bien démontré M. Monnot-Arbilleur (1).

En 1866, la fabrication du fromage dans le Doubs et le Jura s'est élevée :

Doubs.	5,294,561 kil.
Jura.	4,314,603
	9,609,164 kil.

qui, au prix moyen actuel de 150 francs les 100 kilogr., font 14,413,746 francs.

Pour saler ces 9,609,164 kilogr., il faut 3 pour 100 de sel, soit : 288,275 kilogr. qui ont acquitté 28,827 fr. 50 de droits ; de plus, ces 9,609,164 kilogr. de fromage représentent le produit en lait de 64,000 vaches laitières qui consomment chacune 18 kilogr. de sel par an, soit 1,152,000 kilogr. de sel ayant acquitté 115,200 francs d'impôt. Ajoutez-y le sel donné aux génisses d'élève, et vous arriverez au chiffre de 170,000 francs.

En même temps, nous fournissons aux cultivateurs suisses, pour fabriquer les produits similaires, qu'ils importent en France, à 4 fr. 80 c. les 100 kilogr., le sel de nos salines qu'avec les déchets nous payons 16 francs.

On sait de quelle utilité est le sel pour l'agriculture et l'élevage des bestiaux. Les marchands reconnaissent à la laine les moutons qui ont mangé du sel ou qui en ont été privés. M. Plouvier va jusqu'à prétendre que le sel à dose suffisante peut remplacer avantageusement une partie de la ration d'un cheval (2).

---

(1) 16 mars 1874.

(2) Cité par Michel Lévy. *Hygiène publique et privée*, t. Ier, p. 909.

Une ordonnance royale de 1846 réduisit à 0 fr. 05 c. par kilo le droit sur le sel destiné aux bestiaux. Cette taxe en élevait le prix trop haut pour que son usage se répandît.

En 1869, le sel employé à l'agriculture a été affranchi à la condition qu'il fût dénaturé. Mais on a continué à exiger, pour le dénaturer, les procédés prescrits par l'ordonnance de 1846.

D'après cette ordonnance, pour 5 kilogrammes de sel, il fallait ajouter 5 litres d'eau et 40 kilogrammes de son.

Pour dénaturer réglementairement 5 tonnes de sel de coussin (1) d'une valeur de 130 francs (2 fr. 60 c. les 100 kilogr.), il aurait fallu 50 hectolitres d'eau et 40,000 kilogr. de son d'une valeur de 6,400 francs, et représentant la mouture de 250,000 kilogr. de blé.

La meilleure preuve de la difficulté de se procurer du sel dénaturé, c'est le chiffre de la quantité de ce sel dont on a fait usage pendant l'année 1869 : 4,365 kilos. En 1870, cette quantité n'a pas augmenté.

L'agriculture est toute prête à s'en servir, si on lui en donne la facilité. Pendant la période où l'impôt du sel avait été suspendu, les paysans bretons avaient l'habitude de mêler du sel à leurs fumiers.

L'Assemblée, n'ayant pas osé augmenter d'un nouveau décime l'impôt sur le sel, a pris sa revanche en frappant les viandes salées. Cela rapportera 1,200,000 francs d'après les évaluations les plus exagérées. Cela achèvera de détruire une branche de commerce dont les opérations avaient déjà une tendance à diminuer. En 1871, les importations étaient de 29 millions de kilos ; en 1872, elles étaient réduites à 20 millions ; en 1873, à 19 ; tandis qu'à Anvers les importations montaient de 6 à 12 millions de kilos.

Or, comme l'a fait observer M. Raoul Duval, cet impôt sur les viandes salées est une prime que nous donnons encore au port d'Anvers, au détriment du Havre.

---

(1) On appelle sel de coussin, le sel qui a servi à la salaison de la morue.

Aux termes des traités de commerce avec l'Angleterre et la Belgique, l'importation des viandes salées est soumise au droit simple de 0 fr. 60 c.

Cet impôt ne pourra donc être établi qu'à l'égard de certaines nations. Les viandes salées, au lieu de venir directement des ports étrangers dans les ports de France, s'en iront grossir le transit du port d'Anvers ; puis elles reviendront en France comme marchandises belges, par wagons de 5,000 kilogr., sans payer autre chose que le droit de 60 cent (1).

Nous les payerons plus cher : voilà tout.

Les viandes qui viennent de Buenos-Ayres, de la Plata, d'Amérique, sont surtout destinées aux classes pauvres; les jambons n'en forment que la dixième partie; le reste se compose d'épaules et de lard en planche.

Voici, du reste, sur le caractère et l'influence de ce nouvel impôt, les renseignements les plus précis qu'on a bien voulu me communiquer :

Paris, 7 avril 1874.

Monsieur,

Vous m'avez fait l'honneur de me demander des renseignements sur les droits de douanes et d'octroi qu'ont à payer les salaisons à leur entrée en France et dans Paris; j'aurais voulu plus tôt répondre à votre demande; mais j'ai dû m'entourer de documents qui affirment les chiffres suivants :

1° Salaisons (viandes) venant des pays de production :

Douane sur brut, par 100 kilogr., 0 fr. 60.	
30 pour 100 de tare, 0 fr. 18.	0f 78
Droits, 4 pour 100 depuis 1873	0 03
4 francs par 100 kilogr., mars 1874 . . .	4 »
	4f 81

(1) 17 mars 1874.

2° Salaisons ayant fait escale dans un port d'Europe et venant des entrepôts.

Douane sur brut, par 100 kilogr., 3 fr. 60.	
Tare, 30 pour 100, 1 fr. 08	4f68
Droits, 4 pour 100, 1873	0 187
4 francs, par 100 kilogr., sur net.	4 »
	8f867

Ces nouveaux droits de 4 francs par 100 kilogr. sur poids net ont été admis par l'Assemblée nationale pour compenser les droits sur le sel que payent les saleurs français. Mais dans le cas où ils livrent leurs salaisons à l'exportation, ils sont indemnisés par une prime que leur paye la douane, de 3 francs par 100 kilogr.

Cette prime de 3 francs indemnise amplement les saleurs; aussi ne s'explique-t-on pas ce droit de 4 francs par 100 kilos dont on vient de frapper les salaisons américaines, puisqu'elles ne peuvent jamais être livrées à la consommation qu'après avoir été préalablement retaillées et rafraîchies sur les bords et grattées; or, cette opération ne peut être faite sans consommer au moins 10 kilogr. de sel par 100 kilogr. de viande.

L'avis général des gens qui connaissent les salaisons est que ce nouveau droit profitera seulement aux saleurs français, qui vendront plus cher leurs produits, sans en faire profiter en rien les éleveurs, comme on l'a prétendu à la Chambre le 18 mars dernier, lors de la discussion des nouveaux impôts.

3° Les salaisons ont à payer pour être consommées dans Paris :

Octroi par 100 kilogr. pour viandes en morceaux. — — lards gras, poitrines.	11f605

Octroi par 100 kilogr. pour jambons salés. . .
— — — fumés. . 22f 77
— — poitrines. — . .
— à l'état de charcuterie . . . . 36f »

Les salaisons, en général, qui viennent de l'étranger, ne sont consommées que par la classe ouvrière.

Le prix moyen des lards est de 105 francs les 100 kilogr.
— jambons, 125 —

Douane et octrois, environ 20 pour 100 de la valeur.

Recevez, etc.

Paul Briolay,
23, rue de Rivoli.

Pour justifier cet impôt, M. Gaslonde s'écriait, en se servant de ces grands mots dont retentit si souvent la tribune et qui sont si souvent employés à contre-sens: « L'équité, la justice, demandent qu'on égalise les conditions entre les saleurs français et étrangers. »

On voit, d'après les renseignements précédents, qu'il ne s'agit dans ce cas ni d'équité ni de justice ; je suppose que M. Gaslonde, imbu des vieux préjugés prohibitionnistes, voulait tout simplement être agréable aux saleurs français.

Quant à moi, reprenant sa phrase, je dis : L'équité, la justice, exigent qu'on ne grève pas au profit de quelques industriels l'alimentation du pauvre, déjà si restreinte et si difficile.

CHAPITRE IX.

LES SUCRES ET LES AUTRES IMPÔTS DE CONSOMMATION.

Les sucres. — Augmentation des droits sur les sucres. — Influence des droits sur la consommation en France et en Angleterre. — Le sucre et l'agriculture. — Le sucre et la marine marchande. — Le café. — La loi du 8 juillet 1871. — Le cacao. — La confiserie. — La concurrence étrangère. — L'agriculture et les impôts de consommation. — Les huiles. — Les huiles minérales. — L'acide stéarique et la chandelle. — Le savon. — Le papier. — Les allumettes. — Le tabac. — Le communisme et l'Etat. — Le cercle vicieux.

Tous les impôts indirects aboutissent aux mêmes conséquences, présentent les mêmes défauts et provoquent, par conséquent, les mêmes critiques. Mais voici qui est remarquable : Un député du Midi, un producteur de vin, fera d'excellentes critiques contre l'impôt sur le vin. Quant à l'impôt sur le sucre, il n'y voit pas grand inconvénient, il vous l'abandonne volontiers. Il ne serait pas fâché de payer moins cher le sucre comme consommateur ; mais enfin, il faut bien des impôts, et celui-là ne lui semble pas trop mauvais, en vérité.

Quittez le producteur du vin, le défenseur de la vigne, et voyez un cultivateur de betteraves, un fabricant de sucre, et il vous dira aussitôt : — L'impôt sur le sucre est une ruine pour l'agriculture en France. Il en arrête le développement et le progrès. Le sucre est un objet de consommation indispensable ! Qu'on frappe le vin, à la bonne heure ! mais qu'on épargne le sucre, ou nous sommes ruinés !

Quant à moi, je mets d'accord le défenseur de la vigne et le défenseur de la betterave en leur disant : — Vous avez chacun complétement raison quand vous attaquez les impôts dont vous souffrez ; vous avez également tort quand vous essayez de faire supporter par votre voisin le fardeau dont vous essayez de vous décharger.

Les sucres ont le même privilége que les boissons. Dès qu'il s'agit d'augmenter des impôts, le fisc jette les yeux sur eux et les frappe. Cela n'a rien d'étonnant. Plus le sucre tend à devenir un objet de consommation, un aliment de première nécessité, plus il se transforme en matière imposable.

C'est là le sort de toutes nos industries ; dès qu'elles deviennent prospères, le fisc se dresse devant elles et les arrête. Dès qu'elles fournissent un peu plus de bien-être à la population, le fisc s'empare de la plus grande partie possible de ce bien-être.

M. Grivart, ministre de l'agriculture et du commerce, constatait le fait de la manière suivante : « La législation sur les sucres a été l'objet de remaniements incessants ; la fixité lui a toujours fait défaut, bien qu'on ne puisse méconnaître que la fixité est presque un besoin impérieux pour les intérêts auxquels elle touche.

« Aujourd'hui, c'est encore d'un changement qu'il s'agit... (1) »

Alors voici le résultat qu'on obtient :

Dans le premier semestre de 1874, il y a eu dans le rendement de l'impôt sur les sucres, un déficit de 13,461,000 francs.

Longtemps le sucre indigène n'a rien payé. Puis, pour protéger nos colonies, on frappe le sucre indigène en 1867. Toujours le même système d'équilibre factice ; jamais le respect de la loi de l'offre et de la demande.

Depuis la guerre, les sucres ont été tellement surchargés, que M. Magne, tout en demandant un demi-décime, reconnaissait lui-même qu'on ne pouvait les imposer davantage. Avant 1871, ils donnaient au budget 113 millions ; en 1871,

---

(1) Discours d'ouverture de la session du Conseil supérieur du commerce et de l'industrie.

on a ajouté trois dixièmes, c'est-à-dire 33 millions ; en 1872, on a ajouté deux dixièmes, soit 22 millions ; les sucres ont encore été frappés au commencement de cette année, d'un demi-décime évalué à 6 millions ; c'est donc une augmentation de 61 millions qu'ils ont subie depuis la guerre.

L'impôt était de 42 francs pour les sucres au-dessous du n° 13. La loi du 8 juillet 1871 y a ajouté trois décimes qui ont porté le droit à 54 fr. 60 c. La loi du 22 janvier 1872 a ajouté deux nouveaux décimes aux droits perçus sur les sucres avant la loi du 8 juillet 1871, ce qui a porté le droit à 63 francs. Enfin la loi du 30 décembre 1873 a ajouté 4 pour 100 au droit total, ce qui donne 65 fr. 52 c. Les droits sur les sucres des n°s 13 à 20 inclusivement, ont été portés à 68 fr. 64 c. Les droits sur les poudres blanches, qui étaient de 45 francs, sont maintenant de 70 fr. 20 c. Les droits sur les raffinés, qui étaient de 47 francs, sont maintenant de 73 fr. 32 c.

Pour obtenir le demi-décime de la loi du 30 décembre 1873, M. Magne répétait sa phrase favorite : — « Cet impôt n'a pas d'influence sur la consommation. »

Malheureusement les faits sont en contradiction formelle avec cette affirmation.

En Angleterre, en 1853, le droit sur le sucre était de 39 fr. 40 c. par 100 kilogr. Il a été abaissé graduellement à 7 fr. 50 c.

En 1853, on consommait 374,370,000 kilogr. de sucre, et, en 1873, bien que le dégrèvement ne datât que du mois de mai, on a consommé 797,645,000 kilogr.; la consommation annuelle, qui n'était que de 13 kilogr. par habitant, a atteint près de 25 kilogr., progression qui dépasse 103 pour 100 en vingt ans, et qui est loin d'avoir atteint sa dernière limite.

En Australie, la consommation est de 50 kilogr. par habitant. L'Angleterre a aboli au mois de mai dernier tout droit sur les sucres. D'après les faits que nous venons d'exposer, nous pouvons conclure que la consommation va prendre une nouvelle extension.

En France, de 1853 à 1860, le droit était de 50 à 60 fr. — En 1853, la consommation était de 144 millions de kilogr.; et, dans cette période, l'accroissement n'a guère dépassé 6 millions par an.

En 1860, on a abaissé le droit à 30 francs, et immédiatement, la consommation est montée à 201 millions pour 1861, et à 253 millions pour 1862; en dix-huit mois, elle a augmenté de 55 millions de kilogr.

En 1869, le droit est remonté à 42 francs, et la consommation, au lieu de continuer son mouvement ascensionnel, n'a plus augmenté que de 6 millions de kilogr. par an.

En 1872, l'établissement des décimes a fait fléchir la consommation à 182 millions; elle s'est relevée à 244 millions seulement en 1873.

D'après M. Pâris (1), dans la campagne sucrière de 1872-1873, il y a eu dix-huit fabriques en état de chômage, dont douze sont situées dans le département sucrier le plus riche, le département du Nord.

Enfin, le tableau suivant de la production et de la consommation des sucres indigènes pour les huit premiers mois de la campagne 1873-74, comparées à celles de 1872-73, indique une nouvelle baisse.

	1873-74.	1872-73.
Fabrication. — kilogr.	352,180,459	372,852,597
Production totale. —	414,531,810	416,434,297
Consommation. . —	267,365,967	317,838,915
Stock fin avril. . —	147,165,843	98,595,382

Ainsi, malgré une diminution dans la production de 2 millions de kilogr. de sucre, le stock, fin avril 1874, était de 49 millions de kilogr. supérieur à celui de fin avril 1873. La

(1 Assemblée nationale, 13 mars 1874.

consommation a été de 50 millions de kilogr. environ inférieure à la consommation des huit premiers mois du précédent exercice.

C'est de cette manière que les faits vérifient l'assertion de M. Magne : — « Cet impôt n'a pas d'influence sur la consommation. »

Qu'indique cet état de malaise? — Privation du consommateur qui se répercute sur le producteur.

Lorsque l'impôt sur le sucre était de 42 francs, le sucre raffiné valait 155 francs les 100 kilogr. Il n'a plus valu que 147 francs lorsque le droit a été élevé à 73 francs. Pourquoi ? parce que, tandis que la production indigène tend à s'accroître, les impôts arrêtent et même diminuent la consommation.

En 1861, la production indigène se chiffrait par 101 millions de kilogr. L'importation était de 196,000 kilogr. : au total, 297 millions.

« En 1872-73, la production intérieure s'est élevée à 435 millions de kilogr., l'importation à 148 millions; total : 583 millions. Si on déduit la consommation, 244 millions, du total de la production et des importations, 583 millions, il reste une quantité énorme de 339 millions de kilogr. de sucre, qu'il faut nécessairement exporter.

« En 1873, on a exporté, tant en bruts qu'en raffinés, 248 millions. Au 31 décembre 1873, il restait un stock de 91 millions de kilogr. ; 45 millions de plus qu'au 31 décembre 1872 (1); » et ce stock fin avril 1874, est, comme nous l'avons vu, de 49 millions supérieur à celui de 1873, à pareille date.

Au lieu de s'unir pour repousser un impôt qui a de pareils résultats, qu'a-t-on fait? — On a demandé l'exercice des raffineries; singulier moyen, à coup sûr, de pallier un mal en l'aggravant et en l'étendant. Le règlement projeté dépassera en vexation et en arbitraire tout ce qui a déjà été fait dans un

(1) M. Paris. Assemblée nationale, 13 mars 1874.

genre qui compte cependant tant de chefs-d'œuvre. D'après l'article 34, l'administration supérieure pourra exiger que les registres particuliers de commerce et de comptabilité tenus dans chaque usine, et particulièrement les résultats détaillés des inventaires, seront soumis à l'examen d'un employé de l'administration. Elle pourra exiger que les travaux soient interrompus pendant la durée des inventaires, etc.

Dans deux lettres, en date du 10 mars et du 26 mars 1873, je disais déjà : « Que peuvent gagner les fabricants de sucre à un succès dans leur lutte contre les raffineurs?

« Non-seulement rien, mais ils y perdront nécessairement; car, avec la disparition des avantages que l'on trouvait à exporter des raffinés, les raffineurs diminueront notablement le chiffre de l'exportation.

« Que nos législateurs se gardent d'oublier que la diminution du commerce de l'exportation sera fatale à la production, si l'on envisage que cette exportation, profitant à l'extension de l'industrie et à la population agricole, est une source de richesse. »

Car il ne faut pas l'oublier, l'impôt sur les sucres, comme l'impôt sur les vins, frappe l'agriculture. Tout le monde sait quelles richesses la betterave a données à l'industrie agricole des départements du nord de la France, non-seulement par la production du sucre, mais par le développement de la culture du blé, de l'élevage du bétail, l'augmentation des engrais, l'occupation d'un nombreux personnel pendant l'hiver.

Un hectare de terre cultivable en betteraves, valant 5,000 francs, est susceptible de produire 50,000 kilos de betteraves.

En appréciant le rendement à 6 pour 100, on obtient donc environ, pour 50,000 kilos de betteraves, 3,000 kilos de sucre, qui, à raison de 66 francs (1) d'impôt par 100 kilos, rapportent au Trésor 2,000 francs d'impôt par hectare, équi-

(1) On se rappelle que le 30 décembre 1873, il a été voté une loi établissant une taxe additionnelle de 4 pour 100 du droit total sur les sucres, ce qui porte à 68 fr. 64 c. le chiffre de 66 francs par 100 kilos de sucre.

valant à 40 pour 100 de la valeur du terrain, pour l'année où cette culture est employée. Or, si elle a lieu en moyenne une année sur quatre, c'est 10 pour 100 par an que l'impôt sur le sucre prélève sur la terre.

Les terres ne produisant que 40,000 ou 30,000 kilos de betteraves, ne se vendent que 4,000 ou 3,000 francs l'hectare; la même proportion est donc gardée par rapport à l'impôt qu'elles supportent.

Cet impôt sur le sucre est indépendant de l'impôt foncier, des droits de transmission, d'hypothèque, etc.

La situation n'est pas meilleure pour les sucres coloniaux, ainsi que le constatait M. de Mahy dans son discours du 13 mars.

« Vous avez augmenté l'impôt sur le sucre, disait-il, d'abord de trois dixièmes, puis de deux dixièmes, puis de 4 pour 100, et ces taxes se sont accumulées à ce point que notre principale denrée, le sucre brut, qui se vend 50 fr. les 100 kilogr. en temps ordinaire, et qui naguère trouvait à peine preneur au prix, ruineux pour le producteur, de 34 francs, paye au Trésor métropolitain 65 fr. 52 c., c'est-à-dire près de deux fois le prix de l'objet imposé.

« Dans les colonies, les dépôts sont encombrés de marchandises invendues. Dans les ports, les affaires sont nulles. Si on ajoute à la valeur de la marchandise les droits qu'elle a déjà payés avant de sortir de la colonie, le fret, les frais d'embarquement, débarquement, magasinage, courtage, les droits perçus par la douane métropolitaine à l'entrée en France (65 fr. 52 c. par 100 kilogr.), on arrive à un total qui dépasse le prix que le consommateur peut donner.

« Les industriels et agriculteurs se trouvent forcés de vendre à perte. — Les navires restent au port, ne trouvant pas d'affréteurs, ou vont offrir leurs services dans d'autres pays. Si cet état de choses continue, le marché sera fermé. Ce sera la ruine des colonies, et un coup funeste porté à la marine marchande, sans profit pour le Trésor. »

En même temps qu'on ruine ainsi notre marine marchande, la commission de la marine marchande propose de lui donner une subvention de 6 millions. C'est toujours le même système d'équilibre ingénieux que patronnent tous les hommes qui, voulant substituer leurs petits règlements et leurs petites combinaisons à la grande loi de l'offre et de la demande, prennent à l'un sous prétexte d'enrichir l'autre, et finissent par ruiner tout le monde.

Il faut enfin penser aux consommateurs que l'on oublie trop volontiers. Le fisc ne voit dans un objet de consommation qu'une matière imposable; il serait humain de penser à son utilité.

Le sucre est un aliment excellent, nécessaire aux femmes et aux enfants. Il n'est pas un hygiéniste qui maintenant ne recommande l'usage du sucre. Il ne s'agit pas seulement de manger du pain pour se nourrir; à quoi bon alors le progrès, si nos financiers viennent nous dire : —De quoi vous plaignez-vous? nous vous laissons du pain!

Est-ce que le progrès ne consiste pas à satisfaire nos besoins de la manière la plus facile et la plus simple?

Si nos législateurs avaient été habiles, ils eussent eu soin de dégrever les cafés en chargeant les sucres. Le café exige du sucre. De même pour le thé. On compte qu'un kilogramme de thé entraîne la consommation de dix kilogrammes de sucre.

Au lieu de cela, on a surchargé le café et le thé. D'après la loi du 8 juillet 1871, le thé des pays hors d'Europe paye 200 francs les 100 kilogr.; et d'ailleurs, 260 francs, auxquels il faut ajouter 4 pour 100 en vertu de la loi du 30 décembre 1873.

Tandis qu'en Angleterre on consommait, en 1872, 48,000 tonnes de thé, nous n'en consommions que 300. Nous ne prenons qu'une tasse de thé quand les Anglais en prennent près de deux cents.

De 1816 à 1859, la taxe des cafés était demeurée au taux

moyen de 100 francs. La consommation s'était développée. De 1850 à 1859, il y eut une augmentation de 66 pour 100. En 1860, l'impôt fut réduit à 50 pour 100. On a cru qu'on pouvait, sans ralentir l'essor de la consommation, revenir au droit de 100 francs. Tel a été l'objet de la loi du 27 juillet 1870. Puis on a songé encore à augmenter cet impôt après la guerre, alléguant pour raison que le café était un objet de luxe, et par l'article 5 de la loi du 8 juillet 1871, les cafés en fèves, des pays hors d'Europe, y compris les possessions françaises, sont assujettis au droit de 150 francs les 100 kilogr. ; d'ailleurs, à 170 francs. Le droit pour le café torréfié ou moulu est fixé à 200 francs les 100 kilogr. Il faut ajouter encore à ces droits les 4 pour 100 de la loi du 30 décembre.

Les chiffres suivants montrent l'effet produit par cette augmentation de droits.

L'importation du café, qui en 1870 atteignait le chiffre de 105,700,000 francs, tomba au chiffre de 95,600,000 francs en 1871 ; cependant les droits de douane perçus en 1871 furent de 40,100,000 francs, tandis qu'ils n'avaient été que de 38,900,000 francs en 1870.

Mais cette légère augmentation est loin de compenser par son utilité l'énorme diminution qui se fit sentir dans l'importation et la mise en consommation du café.

En effet, l'importation des cafés, qui en 1870 s'élevait à 70,032,000 kilogr. pour le commerce général, et à 76,010, pour le commerce spécial, tomba en 1871 à 59,407,000 kilogr. pour le commerce général, et à 40,155 pour le commerce spécial.

La mise en consommation du café, qui était en 1870 de 115 millions de francs, tomba à 64,700,000 en 1871.

On consomme actuellement, par tête, 6 kilogr. 3 de café en Hollande, 4 kilogr. 7 en Belgique, 4 kilogr. aux États-Unis, 3 kilogr. 3 dans le Danemark, 3 kilogr. en Suisse, 2 kilogr. 22 en Allemagne. En France, nous n'en consommons que 1 kilogr. 50.

Est-ce que le café n'est pas un aliment utile? Le médecin dit aux moissonneurs pendant leurs rudes travaux : — Prenez du café. Ils répondent : — L'impôt nous le défend.

Or, moins on consomme de café, moins on consomme de sucre.

Mais de plus, le sucre n'est pas seulement un objet de consommation, il est encore une matière première pour la fabrication du chocolat. On a frappé le cacao comme on a frappé le café.

L'article 8 de la loi du 8 juillet 1871 frappe les cacaos en fèves, des pays hors d'Europe, y compris les possessions françaises, d'un droit de 100 francs les 100 kilogr. ; d'ailleurs, de 120 francs les 100 kilogr., non compris les 4 pour 100 de la loi du 30 décembre.

Le chocolat et le cacao broyé sont frappés d'un droit de 160 francs les 100 kilogr.

En 1870, l'importation du cacao fut pour le commerce général, de 10,361,000 kilogr., et pour le commerce spécial, de 12,189,000 kilogr.

En 1871, les chiffres furent de 11,547,000 kilogr., et de 8,056,000 kilogr.

En 1870, la mise en consommation du cacao fut de 18,300,000 kilogr., et tomba, en 1871, à 12,900,000 kilogr.

Ces chiffres montrent que la consommation du cacao fut frappée, comme celle du café, par l'aggravation de l'impôt.

Il faut remarquer que la loi qui grève les cafés et les cacaos étant du 8 juillet 1871, l'effet produit par elle ne porte que sur le deuxième semestre de l'année. Encore faut-il tenir compte des approvisionnements faits d'avance.

Les droits sur le café et sur le cacao sont aussi une cause de ruine pour la marine marchande. Laissez entrer librement les cafés et les cacaos : nos navires vont les chercher et en échange portent quoi? des produits français. Ces droits qui nuisent à notre industrie intérieure et restreignent notre consommation, sont donc funestes à notre commerce d'exportation.

Enfin le sucre est une matière première pour la confiserie. Pour 1 kilogramme de fruits confits, il faut mettre en contact avec le fruit un kilogr. 1/2 de sucre sec. Tout sucre, mis en contact avec le fruit, est transformé par l'acide de ce dernier en sucre incristallisable, de sorte qu'après avoir retiré du sirop où il doit baigner le fruit qui est la matière vendable, il reste au fabricant une masse de sucre transformé qui n'a guère que la valeur du glucose. Ce glucose a payé cependant près de 1 fr. 10 c. de droits. Sans compter les droits que les fruits ont acquittés aux halles, les frais de leur transport qui, forcément, a lieu par grande vitesse et prélève environ 25 pour 100 de leur valeur, 1 kilogramme de fruits confits doit payer au fisc, pour le sucre, près de 1 fr. 10 c.

Qu'en résulte-t-il? Non-seulement le fruit confit entier qui se sert sur les tables de luxe subit cette surcharge considérable, mais encore la confiture. Or, la confiture, qui constitue le gros de la vente, absorbe tous les bas produits de cette fabrication, les sirops et les fruits écrasés. Que fait le fisc? Par les taxes dont il grève cette industrie, il octroie aux fabricants anglais, déchargés de tout droit depuis le mois de mai dernier, une prime de près de 1 fr. 10 c. par kilogr.

Et alors, grâce à ces droits énormes!, nous arrivons à ce résultat désastreux : c'est que les fruits, récoltés en France, le sucre, produit en France, émigrent en nature chez nos voisins.

Les neuf dixièmes des produits de la confiserie sont destinés à l'exportation ; avec le système actuel, notre exportation devient impossible; c'est notre industrie même qui émigre.

Des fabriques rivales s'élèvent en Allemagne, en Autriche, en Russie, en Italie, en Angleterre. Cette dernière nation constituait autrefois notre principal débouché; maintenant elle est notre concurrente.

La France est cependant le pays qui produit le plus de fruits; il est le plus favorablement placé pour cette industrie qui, il y a quelques années encore, était si florissante en Auvergne et dans les régions du Midi.

Elle tendait à se développer, et elle avait fondé des établissements à Paris. La supériorité de la fabrication française est reconnue partout. Mais, les droits qui la frappent l'obligeant à surélever ses prix, les consommateurs finissent par l'abandonner et s'adressent aujourd'hui à la Lombardie, à Hambourg, à Londres, à Sheffield, etc.

Cette industrie, qui exploitait un des plus riches produits du sol français, est donc menacée d'une ruine complète.

Par contre-coup, l'agriculture doit en subir une grave atteinte.

C'est là ce qu'il faut bien remarquer : — Les impôts de consommation les plus lourds entravent l'industrie agricole quand ils ne la menacent pas de ruine.

Nous l'avons constaté pour le vin, pour le sel, pour le sucre; n'en est-il pas de même pour les huiles? La culture de l'olivier tend à se restreindre. Il ne faut pas oublier enfin que, dans les départements du Midi, l'huile d'olive est un aliment de première nécessité. Qu'importe? La loi du 31 décembre l'a frappée d'un droit d'entrée dans toutes les agglomérations au-dessus de 4,000 habitants. Si une usine veut faire usage d'huile, elle sera exemptée du droit; mais « les frais de surveillance des employés pour éviter (*sic*) qu'il ne soit fait abus de cette exception, seront à la charge de ceux qui réclameront le droit d'en faire usage. »

C'est une prime donnée aux grands établissements au détriment des petits.

Et à quoi arrive-t-on? à obtenir dans le premier semestre de 1874, 2,160,000 francs, tandis que les évaluations étaient de 2,961,000 francs. Différence : 801,000 francs.

En même temps qu'on grevait ainsi les huiles végétales,

on frappait les huiles minérales d'un droit de 44 fr. 50 c. les 100 kilos. Qu'est cependant l'huile minérale? C'est l'éclairage du pauvre, de l'ouvrière, de l'ouvrier, substitué à la chandelle, sale, fumeuse, et coûtant fort cher pour ne donner qu'une lumière insuffisante. C'est un impôt sur la vue.

Pour être juste, on a frappé aussi la stéarine, la bougie, les chandelles à mèches tissées. On tient absolument à ce que nous ne voyions pas clair. C'est un système qui semble vouloir s'étendre à toute chose. L'acide stéarique est une matière première qui fournit un aliment à notre industrie; qu'importe? On le frappe à la frontière d'un droit de 5 pour 100 de sa valeur. Voilà encore toute une nouvelle catégorie d'industriels soumis à l'exercice, malgré leurs énergiques protestations (1). L'évaluation pour le premier semestre de 1874 se montait à 4,264,000 francs. Il a rapporté 2,538,000 francs. Différence : 1,726,000 francs.

Quant à l'influence qu'il peut avoir, j'emprunte à J. B. Say l'exemple suivant; il est tout à fait actuel : « Un ouvrier laborieux avait coutume de travailler à la lumière. Il avait calculé que, dans sa veillée, il brûlait une chandelle de quatre sous et gagnait huit sous par son ouvrage. Un impôt sur les suifs et un sur la fabrication des chandelles ont augmenté de cinq sous la dépense de son luminaire, qui est devenu ainsi plus coûteux que la valeur du produit qu'il pouvait éclairer. Aussitôt la nuit venue, l'ouvrier est demeuré les bras croisés; il a perdu les quatre sous que son ouvrage lui pouvait procurer, sans que le fisc ait rien perçu au sujet de cette production. Une semblable perte doit être multipliée par le nombre des ouvriers d'une ville et par le nombre des jours de l'année (2). »

De plus, il ne peut pas rester chez lui dans l'obscurité. Il sort donc. Où aller? il n'a pas le choix en France : il faut

---

(1) Voir la lettre à M. Magne, en date du 15 janvier 1874, de MM. Desforges-Baron, Caignault-Baille, Baroche.

(2) *Cours d'économie politique*, t. II, p. 409.

qu'il aille au cabaret. Là il se crée de nouveaux besoins. Il gagnait hier, il dépense maintenant. Diminution des recettes d'un côté, augmentation des dépenses de l'autre : il n'en faut pas davantage pour créer la misère. Voilà une existence dévoyée.

Et le papier? Nous sommes donc un peuple trop éclairé, lisant trop? On a bien raison de frapper le papier. Il pourrait instruire le peuple. Ce serait un grand malheur pour les partisans des impôts indirects!

Et puis les savons! Ce droit doit rapporter 7 millions. Mais, pour le premier semestre de 1874, son rendement était évalué à 3,317,000 francs : il ne s'est élevé qu'à 2,430,000 francs. Différence : 887,000 francs. C'est encore un impôt qui frappe le pauvre plus que le riche, en proportion du nombre des membres de sa famille. Après l'impôt sur la vue, nous avons l'impôt sur la propreté.

Enfin, il n'est pas jusqu'au blé qui ne paye. D'abord il y a les droits de port, de tonnage, de statistique et de navigation intérieure. Mais, de plus, depuis l'abrogation de l'échelle mobile, les droits perçus à l'entrée sur les céréales ont été, pour le blé, de :

Année 1862.	Droits perçus	3,462,086f
1863.	—	965,080
1864.	—	123,260
1865.	—	24,185
1866.	—	329,782
1867.	—	3,136,495
1868.	—	4,705,856
1869.	—	806,000
1870.	—	2,629,000
1871.	—	6,265,000
1872.	—	2,223,000
	Ensemble	24,669,744

« C'est une moyenne annuelle, dit M. Schotsmans (1), de

(1) Lettre à Messieurs les membres de l'Assemblée nationale, 16 novembre 873.

2,242,704 francs, qui se répartit irrégulièrement. Le produit est nul dans les années ordinaires, tandis que, dans les années de disette, il pèse de toute l'importance du droit sur la consommation, en augmentant d'autant le cours des blés indigènes. Il coûte actuellement à nos populations dix fois ce qu'il rapporte à l'État, et ce sont les plus pauvres évidemment qui en souffrent le plus.

« Ce droit forme en outre obstacle au transit des blés de la mer Noire et de la Méditerranée qui vont en Angleterre et en Belgique, par Gibraltar, et qui entreraient en majeure partie à Marseille si nous supprimions tous ces obstacles et si nous attachions à ce transit tout le prix qu'il mérite.

« La vie à bon marché est à l'ordre du jour de l'autre côté de la Manche, et on y a supprimé toute espèce de droits sur les denrées alimentaires, depuis le 1er juin 1869. L'Angleterre, qui reçoit de l'étranger à peu près autant de blé qu'elle en récolte, a sacrifié une recette régulière de plus de 18 millions et la Belgique de plus de 3 millions. La France, qui est bien plus éprouvée par les disettes de blé, et qui a une population en décroissance, doit-elle hésiter à sacrifier les 2,242,704 francs qu'elle perçoit et qui sont si durs pour ses habitants les plus malheureux? Le transit qu'elle perd, par suite du droit, et qu'elle retrouverait nécessairement par sa suppression, la payerait d'ailleurs au décuple. »

Et la garantie sur les matières d'or et d'argent qui entrave notre industrie, livre notre commerce d'exportation à la concurrence étrangère, et dont l'exercice est encore une source de vexations?

Parlerai-je maintenant de l'impôt sur les allumettes? Jusqu'à présent, il n'a guère produit que des procès. Il a mis un nouveau monopole entre les mains de l'État. Il a ruiné certaines industries accessoires, telles que la chromolithographie appliquée à l'ornementation des boîtes d'allumettes.

Mais à ce compte, où s'arrêtera-t-on?

Les fabricants de cierges ne sont pas contents. Pourquoi demain l'État ne se mettrait-il pas fabricant de cierges?

Les fabricants de savon murmurent. Pourquoi l'État ne se mettrait-il pas fabricant de savon?

Les confiseurs réclament. Pourquoi l'État ne serait-il pas confiseur?

Toutes ces hypothèses paraissent ridicules. Sont-elles donc plus ridicules que la réalité?

Est-ce que l'État n'est pas déjà fabricant et marchand de tabac? C'est un monopole dont les législateurs fiscaux ne permettent pas de dire du mal. C'est un impôt qui rapporte beaucoup; et puis le tabac, c'est un vice.

Dans ce dernier cas, l'État est bien coupable d'alimenter aussi copieusement et avec toute l'habileté possible un pareil vice. S'il faisait de la morale, il ne devrait fabriquer qu'un tabac exécrable pour en dégoûter les consommateurs.

Mais cette question laissée de côté, il est certain que l'impôt sur le tabac est antiproportionnel. Les cigares de luxe sont vendus moins cher, relativement au prix de revient, que le tabac commun, qui supporte la plus grosse part de l'impôt.

Enfin, sans parler des abus auxquels donne lieu la distribution des bureaux de tabac, il est certain que le monopole d'une telle fabrication entre les mains de l'État constitue un détestable communisme.

Il faut prendre garde. Du moment qu'on est engagé dans un mauvais système, il y a toujours danger qu'on ne s'y engrène de plus en plus. L'absurde a sa logique.

N'est-ce pas ce qui est arrivé pour les impôts indirects? On frappe d'abord certains objets; peu à peu la consommation se retire de ces objets trop frappés; on a besoin de nouvelles ressources; on ne peut plus les demander à ces objets. Alors on cherche parmi les industries, et on s'abat sur toutes celles qui paraissent les plus prospères et dont les produits semblent les plus indispensables. On a imposé les huiles; mais M. Bergondi disait : « Pourquoi n'imposez-vous pas le beurre et la graisse? — Pourquoi n'imposez-vous pas le gaz? disait M. Beaucarne-Leroux. — Pourquoi ne pas imposer les tissus? » s'écriait M. Clapier. C'est la logique des contributions indirectes.

Comme conséquence, il faut étendre l'exercice à toutes les industries, multiplier les employés de la régie, porter des atteintes de plus en plus graves à l'inviolabilité du domicile et à la liberté du travail.

En même temps, nos législateurs s'écrient : « Il faut que notre industrie se relève! Il faut que notre commerce se développe! »

Ils ont complétement raison de parler ainsi; mais alors ils ont complétement tort d'augmenter sans cesse les taxes indirectes.

Ils disent aussi : « Il faut faire de l'ordre! Il faut de l'apaisement dans les esprits! » En même temps, ils augmentent de tout le poids du fisc les objets les plus utiles, les plus nécessaires à la vie.

Puis ils disent : « Le peuple n'est jamais content! »

Et moi, je réponds avec J. B. Say : « Comme s'il y avait de quoi! »

CHAPITRE X.

LES OCTROIS.

Abolition des octrois par la Révolution. — Dupont (de Nemours). — Rétablissement des octrois, an VII. — Les objets imposables. — Les matériaux. — La liberté du travail et les droits d'octroi. — M. Haussmann. — La politique et les droits d'octroi. — L'octroi et le salaire. — La farine, — L'octroi et l'agriculture. — Influence de l'octroi sur la consommation. — Démoralisation. — Le pain des corn-laws.

Il faut encore ajouter à tous ces impôts les douanes intérieures qui se trouvent à la porte de toutes nos villes et frappent à peu près tous les objets de consommation. C'était pourtant là une des formes d'impôt dont l'abolition avait été réclamée avec le plus d'énergie par les cahiers des États généraux. Le 19 janvier 1791, l'Assemblée constituante, sur le rapport de M. de la Rochefoucauld, décréta la suppression de tous les impôts perçus à l'entrée des villes, bourgs et villages, proclamant à l'unanimité la nécessité « de donner des débouchés à l'industrie et de dégager le commerce de toute entrave. » C'était la confirmation du principe de la liberté du travail déjà affirmé par elle.

Il est vrai qu'obligée de se débattre au milieu des embarras financiers créés par la monarchie, elle chargea quelque temps après Dupont (de Nemours) de lui présenter un projet de loi, relatif à l'établissement des droits d'entrée dans les villes closes. Dupont (de Nemours), quoique hostile à ce principe, accepta cette tâche, de peur « qu'un méchant commis » ne rendît la loi plus dure. Lorsqu'il déposa son projet devant l'Assemblée, il improvisa une préface dans laquelle il exposait :

1° L'injustice d'imposer sur des marchandises de même

nature, dont la qualité plus ou moins précieuse ne pouvait être distinguée, des taxes qui seraient légères sur la consommation du riche (laquelle est toujours dans les meilleures qualités), pesantes sur celle du pauvre, qui ne pouvait atteindre qu'aux qualités inférieures ; 2° l'injustice non moins grande de faire payer la même taxe aux productions nées à peu de frais sur un terrain favorable, et à celles qui, nées sur un terrain ingrat, avaient occasionné de fortes dépenses, d'où résulterait l'abandon de leur culture; 3° il appuya enfin sur les bornes invincibles des moyens de payer, tellement que, dans l'impossibilité de faire dépenser à aucun homme un seul écu de plus qu'il n'a, le consommateur n'a d'autre ressource que de consommer moins...

Puis, — c'est lui-même qui parle : « Je finis en déplorant mon sort d'avoir été forcé par le décret impérieux de l'Assemblée de prodiguer mon temps et mes efforts contre mon opinion formelle et déclarée, pour une opération contraire à mes principes, à mes lumières, à mon devoir, au vôtre, Messieurs. Mes derniers mots furent : Je vous ai donné plus que ma vie!

« J'étais vivement ému, je versais de grosses larmes; mon opinion gagna mes collègues de tous les partis. Presque unanimement ils me défendirent de lire le projet et abandonnèrent leur entreprise (1). »

L'octroi ne reparut qu'avec la réaction, le 27 vendémiaire an VII. Sa réapparition fut timide, toute sournoise et honteuse. Il apparaissait seulement à Paris, simplement comme un remède d'urgence et d'impérieuse nécessité à des maux pressants. « Il sera perçu, disait la loi, par la commune de Paris, un octroi municipal et de bienfaisance, spécialement destiné à l'acquit de ses dépenses locales, et de préférence à celles des hospices et des secours à domicile. »

Un règlement de 1809 établit cinq catégories en dehors desquelles aucun objet ne peut être taxé : les boissons et liquides,

(1) Correspondance avec Say, première lettre.

les combustibles, les comestibles, les fourrages et les matériaux.

Ainsi, l'alimentation des habitants, le chauffage de leurs demeures, les fourrages pour leurs bestiaux, les matériaux pour leurs maisons, telles sont les catégories des seuls objets imposables.

C'est en partant de ces cinq catégories qu'on est parvenu à tout imposer. Il n'est pas mauvais de donner la liste des objets que frappe l'octroi de Paris. Nous ne savons pas assez ce que nous payons ni quand nous payons.

Boissons : — Vins en cercles et en bouteilles — cidres — poirés — hydromels — alcools purs — eaux-de-vie et esprits en bouteilles — liqueurs et fruits à l'eau-de-vie — alcools dénaturés — bières — vinaigres et conserves au vinaigre — limonade gazeuse.

Comestibles : — Bœufs, vaches, taureaux, génisses — moutons — chèvres — agneaux et chevreaux — veaux — porcs — cochons de lait.

Charcuterie — graisse, lards et viandes salées — abatis et issues — truffes — volailles et gibiers truffés, pâtés et terrines truffés, volailles de toute espèce et lapins domestiques.

Impôt sur les poissons de mer — huîtres fraîches ou marinées — poissons d'eau douce — gibiers — beurres de toute espèce, frais ou fondus, salés ou non.

Fromages secs — conserves et fruits confits, olives, fruits secs de table, tels que raisins, figues, dattes, pruneaux, etc.

Impôts sur les huiles comestibles de toute espèce — sur les oranges, citrons, limons.

Combustibles : — Le bois à brûler (dur, tendre), fagots et cotrets — charbons de bois et ses dérivés.

Charbon de terre, tourbe, anthracite, lignite et tous les autres combustibles minéraux, coke.

Huiles à brûler, animales ou végétales, à l'exception du dégras ou de l'huile de poisson — huiles à brûler minérales.

Chandelles — suifs de toute espèce — cire blanche ou jaune.

Spermacéti brut ou raffiné.

Bougie stéarique, acides stéarique et margarique et autres substances pouvant remplacer la cire.

Fourrages : — Le foin, sainfoin — trèfle — luzerne et autres fourrages (excepté les fourrages verts).

Impôt sur la paille de toute espèce.

Avoine — sons et recoupes — orge.

Matériaux : — La chaux et mortier de toute espèce.

Ciment de toute espèce — plâtre.

Moellons, plâtras, pavés et meulières de toutes dimensions, travaillés ou non.

Pierres de taille dures — tendres — dalles et carreaux de pierre de toute espèce — marbres et granits.

Fers de toute espèce — zinc — plomb — cuivre — fonte — ardoises pour toiture — briques — tuiles — carreaux, mitres, tuyaux destinés à la construction des bâtiments.

Argile — terre glaise — sable — gravois et cailloux.

Sur bois de charpente ou de menuiserie ouvré (dur ou tendre).

Verres à vitres — glaces.

Savons — vernis de toute espèce autres que ceux à l'alcool, blanc de céruse et de zinc et autres couleurs, essences de toute nature, goudrons liquides, résidus de gaz et autres liquides pouvant être employés comme essences.

On voit que rien de ce qui est nécessaire à la consommation de l'homme n'est épargné. Il y a peu de temps encore, le blé ne l'était même pas : il payait, jusqu'en 1870, à Paris, en vertu du décret du 30 août 1863, un centime le kilogramme, et la farine 0 fr. 013 le kilogramme.

Et voyez l'intelligence de ces tarifs ; je prends la cinquième catégorie, par exemple, qui comprend les matériaux. Certes personne ne contestera que l'intérêt évident, immédiat, le plus urgent des habitants d'une ville est de pouvoir construire des maisons à bon marché. Meilleur marché seront les loyers, plus confortables seront les maisons et plus la ville attirera à elle des habitants et se développera. On doit donc y avoir toute facilité de bâtir. Que fait l'octroi? Il impose les matériaux.

« N'est-il pas anormal, disais-je l'année dernière, à propos des travaux de Paris, que dans une ville démolie, à moitié rebâtie, où l'intérêt de la ville exige impérieusement qu'il y ait des immeubles nouveaux, n'est-il pas anormal que des matériaux destinés aux constructions, pierres, chaux, bois, fer, etc., soient taxés en franchissant les barrières? C'est plus qu'anormal, c'est un non-sens (1). »

On rejette les habitants d'une ville vers la banlieue : la plus-value des immeubles de la banlieue représente une moins-value beaucoup plus considérable des immeubles de la ville. On s'y réfugie parce qu'on ne peut vivre à l'intérieur de la ville; mais il faut que dans l'économie qu'on y trouve, on puisse compter les frais de transport et les pertes de temps.

Enfin, les habitants d'une ville doivent produire pour s'enrichir. Ce ne sont pas uniquement des consommateurs : ce sont des industriels, des fabricants, des commerçants. Que fait l'octroi? Il frappe leurs instruments de production. Il se dresse entre l'industrie et la ville, et la rejette hors barrière. Telle industrie peut s'établir dans telle ville où elle est ménagée par tel tarif; elle est expulsée de telle autre et la liberté du travail a été proclamée dans la nuit du 4 août! et nous croyons naïvement que nous sommes, en France, en possession de la liberté du travail!

Hélas! il en est de celle-là comme de toutes les autres : nous n'en avons que l'apparence.

M. Frère-Orban, dans l'exposé des motifs du projet de loi qui supprime les octrois en Belgique, avait constaté cette grave conséquence. « Une guerre intestine de tarifs, dit-il, une guerre à l'état latent, mais des plus pernicieuses pour

(1) *Les travaux de Paris par l'impôt sur le capital*, p. 3.

la consolidation de l'unité nationale, existe entre nos communes; car de l'impossibilité, dans la plupart des cas, d'établir sur la même base la taxe à l'importation et à la fabrication, résulte celle de produire exactement les deux taxes... »

Il y a donc inégalité entre telle ville et telle ville : il peut dépendre du caprice d'un conseil municipal, que dis-je! d'un administrateur, de ruiner une industrie dans une ville.

En 1855, il fut question d'appliquer à Paris un droit d'octroi sur les denrées coloniales. Je disais alors :

« Les établissements où se fabriquent les dragées, les confitures, les sirops, les bonbons, les biscuits, les liqueurs qui, chaque jour, s'expédient à l'étranger et dans les départements par milliers de kilogrammes, ne sauraient soutenir la concurrence avec celui d'entre eux qui travaillerait hors barrière (1). »

M. Haussmann voulait régenter, aligner l'industrie comme un boulevard. La grande industrie lui déplaisait, trop rapprochée de Paris. Elle « répand des torrents de fumée »; elle « trouble la sérénité du ciel ». Et pour s'en débarrasser il proposait, en 1867, de frapper la houille d'un tarif exorbitant. « Le droit sur la houille, disait-il, met un frein à l'augmentation des grandes usines dans Paris. » Si de grands industriels se plaignaient, comme MM. Cail, comme M. Constant Say, il leur disait : Coupez vos usines en deux : faites-en deux tronçons. Si des industriels disaient qu'ils ne pouvaient plus produire des savons et de la bougie, M. Haussmann, dans des *communiqués* adressés aux journaux, leur indiquait le moyen de se soustraire aux droits d'octroi, en scindant leur fabrication. Enfin, tandis que M. Haussmann voulait bâtir une ville de 3 millions d'habitants, il prenait soin d'en expulser toute l'industrie. Il n'eût voulu qu'une population de rentiers et de lazzaroni.

---

(1) *Note sur la création d'un droit d'octroi appliqué aux denrées coloniales.*

Nous avons vu depuis se reproduire les mêmes préoccupations.

Rien ne saurait nous indigner davantage que cette préméditation de la ruine d'une ville par la destruction de son industrie! Comment! il y a des administrateurs qui s'ingénient à tarir la production, parce que la forme de cette production leur déplaît! Et ils font cela tranquillement, correctement; et ils l'avouent, croyant en réalité, dans leur naïveté, qu'ils servent la société en l'appauvrissant! Ils se disent qu'il y a trop d'ouvriers dans les grandes villes manufacturières, et ils cherchent à les chasser en détruisant les usines dans lesquelles ils vivent! Mais ils ne savent donc pas que le meilleur moyen de prévenir tous les dangers sociaux, c'est de donner de l'occupation aux activités de tous? Ils ne savent donc pas que plus on dépense de force dans le travail, plus on y trouve de rémunération, et moins on a de force et de temps au service de l'émeute? Ils ne savent donc pas que plus on est assuré de son existence de tous les jours, plus on hésite à la risquer dans des aventures? Ils ne savent donc pas, enfin, qu'en recourant à de semblables moyens, ils justifient toutes les revendications?

M. Haussmann, qui préméditait ainsi la ruine de Paris, n'en voulait pas moins qu'elle fût la plus grande ville du monde. Il croyait qu'il suffisait pour cela de percer des boulevards; il n'oubliait qu'une chose, c'est qu'il fallait les peupler.

D'autres administrateurs, sans être aussi machiavéliques, n'étaient pas moins naïfs. A Limoges, le conseil municipal ne s'avisa-t-il pas, un beau jour, pour augmenter les recettes de l'octroi, de frapper d'un droit le bois nécessaire à la fabrication de la porcelaine?

A Marseille, on crut intelligent aussi, pour se procurer des ressources, de frapper la houille; les usiniers, effrayés, n'émigrèrent même pas dans la banlieue; ils allèrent jusqu'à Givors, sur les bords du Rhône, à quatre-vingts lieues de là.

D'autres se réfugièrent sur le littoral de l'Italie, à Gênes, à Savone.

Mais à côté de ces droits d'octroi sur les matières premières, il en est d'autres qui ne grèvent pas moins l'industrie, quoique d'une façon moins directe. Pour que l'ouvrier puisse vivre, il faut que son salaire tienne compte de la part prélevée par le fisc. Si l'offre de travail est surabondante, cette part ne sera peut-être pas comptée, mais alors ce sera la misère pour l'ouvrier; et la misère, avec toutes les suggestions qu'elle contient, tous les dangers qu'elle couve, tous les besoins de protection et de secours qu'elle exige, n'est pas une des charges les moins onéreuses, comme nous l'avons démontré.

De toutes manières, l'octroi chasse donc l'industrie des villes, c'est-à-dire des lieux où les approvisionnements sont les plus faciles, où les débouchés sont les plus larges, où la circulation est, par conséquent, la plus rapide.

Il y a un fait constant dans l'histoire de l'humanité : c'est que le progrès se fait dans les villes, dans les grandes agglomérations d'hommes, là où les aptitudes les plus diverses peuvent s'associer le plus facilement et se compléter les unes les autres. Rejeter notre industrie loin des villes, c'est donc la condamner à un état d'infériorité vis-à-vis des pays où elle se concentre de plus en plus dans les villes.

Les Anglais n'ont pas peur de la fumée, eux, à Manchester, à Sheffield, à Londres. M. Gladstone, contemplant Paris du haut des buttes Montmartre, disait : « C'est un spectacle magnifique, mais il y manque de la fumée. »

Enfin le désir des propriétaires est que leurs propriétés acquièrent une plus-value; le désir des industriels et des commerçants est que leurs affaires se développent.

« J'ai, pour mon compte, trouvé toujours singulier, disais-je l'année dernière, qu'on mît des barrières autour d'une ville pour avoir le plaisir de rançonner à la fois les étrangers qui viennent y séjourner quelque temps, et les habitants qui y ont leur résidence. Au lieu de ces barrières, il faudrait plutôt offrir des primes, des avantages à ceux qui voudraient bien y dépenser leur argent. N'est-ce pas d'après ce principe que s'organisent les trains de plaisir dans des circonstances données !

« Les bazars qui restent ouverts à tous, avec ces mots en gros caractères : *Entrée libre*, feraient-ils des affaires s'ils établissaient un tourniquet à l'entrée de leur boutique?

« Il y a des villes, comme Versailles, Fontainebleau, qui ont, à tort ou à raison, la réputation d'être coûteuses pour les visiteurs. Malgré l'attrait qu'elles offrent au public par les merveilles de l'art et de la nature qui sont dans leurs murs ou dans leur voisinage, ont-elles le don d'attirer les foules? Non. Les visiteurs se comptent... Si l'on désire que l'affluence des visiteurs étrangers soit grande à Paris, il faut que Paris ait la réputation du bon marché, car la réputation du bon marché attire les consommateurs (1). »

Ce n'est pas seulement le commerce, l'industrie des villes qui souffrent des taxes d'octroi, ce sont encore les campagnes. Turgot constatait cette vérité dès le dix-huitième siècle :

« L'octroi est un droit abusif, dont usent les villes pour se procurer des ressources pécuniaires, aux dépens des campagnes, en soumettant leurs denrées à des taxes qui en diminuent la consommation, et qui sont, en outre, supportées par les citadins les plus pauvres. »

Depuis, les optimistes, qui trouvent que tout est toujours pour le mieux, ont prétendu le contraire; mais les faits donnent tort à leur prétention.

M. J. A. Barral disait dans l'*Enquête agricole* : « Je crois que les octrois doivent disparaître entièrement; ils sont un impôt déplorable pour l'agriculture. Ce sont des douanes intérieures qui pèsent sur la culture (2). »

---

(1) *Les travaux de Paris*, p. 35. 1873.
(2) Séance du 23 mai 1867,

Si la récolte est abondante, si l'offre de tel ou tel article, vin, viande, charbon, huile, dépasse la demande, le producteur, c'est-à-dire l'agriculteur, est obligé de prendre à sa charge les droits d'octroi. C'est lui qui les paye.

Si la demande surpasse l'offre, c'est au contraire l'habitant des villes qui le paye ; c'est la misère pour lui. Cette misère restreint la demande à son tour et se répercute sur le cultivateur.

Si le vin est frappé par l'octroi, le vigneron qui se trouve à la porte de la ville ne peut y écouler son vin. Les droits exagérés, perçus à l'entrée de Paris, ont été une cause de ruine pour les départements viticoles du centre de la France.

Il en est de même pour toutes les denrées. L'octroi élève une barrière entre le producteur et le consommateur, et du moment qu'il restreint la consommation de l'habitant des villes, il diminue la demande et, par conséquent, les profits du cultivateur.

La viande est chère dans les villes, mais ce n'est pas l'éleveur qui bénéficie de cette cherté : c'est l'octroi.

Et c'est si bien l'octroi que, comme nous l'avons vu, dans une ville comme Paris, une partie de la population ne consomme jamais de viande.

En 1872, les moins-values des recettes de l'octroi ont prouvé la restriction que l'élévation des droits apporte à la consommation.

Voici ce que disait, à ce sujet, le préfet de la Seine :

Les prévisions de recettes d'octroi, basées sur les chiffres de 1869, diminuées seulement sur le chapitre des matériaux de construction, avaient été comptées pour 115 millions de francs. Les recettes ne dépassèrent pas 102,600,000 francs.

Il en résulte un écart de 12,400,000 francs.

Cet écart paraît devoir porter :

Sur les alcools, pour.	6,100,000 fr.
Sur la bière.	1,000,000
Sur les matériaux.	2,800,000
Sur les comestibles.	1,500,000
Sur les bois à ouvrer.	1,000,000
Total. . . .	12,400,000 fr.

La consommation de l'alcool, qui avait été de 124,000 hectolitres en 1867, et de 132,000 hectolitres en 1869, ne s'est élevée, pendant les neuf premiers mois de 1872, qu'à 37,483 hectolitres; et si l'on y ajoute, sur le pied du mois de septembre, 16,500 hectolitres pour représenter la consommation des trois derniers mois, on arrive à un total de 54,344 hectolitres pour l'année entière, ce qui représente une diminution de 77,000 hectolitres sur la consommation de 1869, ou de 30 pour 100.

L'ensemble des droits perçus autrefois sur les alcools, tant au profit de la ville de Paris qu'à celui du Trésor, s'élevait à 137 fr. 40 par hectolitre; il s'élève aujourd'hui à 258 fr. 60.

Nous avons déjà dit que les débitants, pour ne pas changer les habitudes de leur clientèle, ont continué à vendre au même prix, mais en diminuant de 5 pour 100 le nombre de degrés alcooliques de l'eau-de-vie et des liqueurs. Cette diminution représente sur la consommation totale environ 6,600 hectolitres. Il y a donc 31,600 hectolitres qui n'ont point eu à payer les droits nouveaux. Les 46,000 hectolitres qui complètent le chiffre de la diminution totale, proviennent soit du ralentissement de la consommation, soit de la fraude.

C'est à ce double résultat qu'aboutissent toujours les impôts de consommation. Ils ont un double effet de démoralisation. Ils démoralisent, car du moment qu'ils entravent l'industrie, qu'ils grèvent les salaires, ils créent la misère avec toutes ses conséquences : la mendicité, le vagabondage, le crime.

Ils démoralisent, car ils opposent, à l'armée des agents du fisc, des hordes de fraudeurs.

Enfin, je ne saurais trop le répéter, à Paris, les recettes de l'octroi et autres droits accessoires étaient évalués pour 1873 à 109,745 francs. La population étant de 1,794,380 personnes, cela fait donc, rien que pour les droits d'octroi, 60 francs par personne; une famille de trois personnes paye donc plus de 180 francs au fisc. Pour un ouvrier gagnant 1,200 francs, c'est le sixième.

Qu'arrive-t-il? On ne peut plus produire qu'à plus grands frais : la production s'arrête. On ne peut plus consommer qu'à plus grands frais : la consommation s'arrête. D'un côté, le travail manque; de l'autre, la consommation est plus difficile. C'est la gêne, sinon la misère. Cette situation se traduit froidement par ces chiffres : dans les huit premiers mois de 1874, les recettes de l'octroi ont présenté un déficit de 7 millions et demi. En admettant même un relèvement, elles ne donneront pas plus de 95 millions, tandis qu'en 1873, quoique en déficit sur les évaluations, elles ont donné 105 millions (1).

Dans un meeting de Manchester, Cobden disait, alors qu'il s'agissait de lutter contre la loi sur les céréales :

« On ne doit jamais toucher comme impôt à ce qui est la nécessité de la vie. Il faut absolument affranchir le pain et le sel, parce que ce sont deux éléments indispensables à l'existence.

« Voyez donc cette mère de famille entourée de son mari et de ses quatre enfants; elle va chercher le pain et n'en rapporte que la moitié; le fisc a pris l'autre. Il en est de même pour le sucre; le fisc a mis la main dans le sucrier et en a pris la moitié. »

---

(1) Voir le rapport de M. Dehaynin.

Dans d'autres meetings, on présentait deux pains à la foule, et on disait : « Voilà le gros pain, le pain de la réforme! Et voici le petit pain, le pain des *corn laws!* »

De toutes les denrées atteintes par les impôts de consommation, on en peut dire autant : on peut présenter le morceau de viande réel et le morceau de viande de l'octroi; le litre de vin réel et le litre de vin de l'octroi! Un impôt qui rend une telle comparaison possible n'offre-t-il donc aucun danger? Est-ce que les idées qu'elle provoque ne sont pas grosses de menaces?

Je sais bien qu'on dédaigne ces considérations; et cependant, dites-moi, conservateurs de tous les vieux systèmes, de la vieille routine, si vous n'êtes pas mus, avant tout, dans vos projets les plus insensés, par la crainte des colères que peut provoquer un tel état de choses!

Vous sentez qu'il ne vaut rien; vous l'avouez vous-mêmes. Vous savez qu'il est dangereux; mais, au lieu de le changer, vous y restez attachés. Vous avez un vague espoir de conjurer par votre immobilité les dangers qui vous épouvantent et qui résultent précisément de cette situation!

Mais s'ils résultent de cette situation, n'est-ce pas la situation qui est mauvaise?

N'est-ce donc pas cette situation même qu'il faut changer?

N'est-ce pas le système fiscal, inique, injuste, ruineux pour tous, qu'il faut détruire complétement?

Une fois le mal constaté, pourquoi hésiter? Est-ce en essayant de le dissimuler qu'on le conjurera?

En restant engourdi dans notre apathie, nous sommes aussi insensés qu'un malheureux qui, atteint de la gangrène, prétendrait que la meilleure manière de le guérir serait de conserver son mal.

Les villes ne cessent de demander des surtaxes d'octroi. On les vote au commencement de la séance, après la lecture pour rire du procès-verbal. Personne n'y fait attention et ne sait de quoi il s'agit. Cependant, il serait bon de faire attention à des taxes qui, en 1868, se montaient à 100,227,955 francs, et, en 1871, à 156,490,936 francs, Paris non compris (1).

Les frais de perception de l'octroi se montent à 16,571,427 francs, soit plus de 10 pour 100.

Dans certains départements, les frais de perception sont beaucoup plus élevés. Dans les Hautes-Alpes, le produit brut des octrois est de 116,451 francs : les frais de perception sont de 17,107 francs, soit près de 15 pour 100.

Dans le Calvados, le produit brut est de 1,330,370 francs, les frais de perception sont de 209,994 francs, soit plus de 16 pour 100.

Dans la Creuse, le produit brut est de 82,144 francs, les frais de perception sont de 15,341 francs, soit près de 25 pour 100.

Dans la Haute-Loire, le produit brut de l'octroi est de 196,205 francs, les frais de perception sont de 46,626 francs, soit près de 25 pour 100 (2).

Je pourrais citer plus de vingt départements dans cette situation.

Nul ne sait au juste pour quelle part il contribue aux droits d'octroi. Ce n'est pas là un des moindres vices de ces impôts « qu'on paye sans s'en apercevoir ». On paye toujours; c'est la seule chose claire dans l'affaire. Que paye-t-on? Personne n'en sait rien. En attendant, on vote des surtaxes par la même raison qu'on vote de nouveaux impôts sur la circulation et de nouveaux impôts de consommation. Avec

---

(1) La précédente édition donnait le chiffre de 86,387,335 fr., d'après un document sur la *Situation financière des communes* publié par le *Journal officiel* et reproduit par l'*Annuaire de l'économie politique* de 1874. Aujourd'hui je prends ce chiffre dans la *Statistique de la France*, Novembre, série 17, année 1871. On s'explique difficilement de semblables différences.

(2) Tous ces chiffres se rapportent à l'année 1871 et sont pris au document cité ci-dessus ; mais il faut constater que dans ce tableau la moitié des additions du produit net et des frais de perception sont inexactes. Dans les chiffres que nous reproduisons, les erreurs sont rectifiées.

l'étroit régime de centralisation qui nous régit, les villes ne peuvent même pas essayer d'expérimenter un impôt d'une nouvelle sorte. Il faut, bon gré mal gré, qu'on se soumette à l'octroi.

Un des grands avantages d'une large décentralisation est de permettre à chaque agglomération d'intérêts ou de personnes de faire des expériences. En France, les expériences ne peuvent se faire que sur l'ensemble de la nation. De là, la force énorme qu'il faut dépenser pour déplacer les résistances : de là, la crainte et la timidité de tenter une réforme qui peut provoquer une crise générale. De là encore notre engouement, notre fatuité, et, comme nous manquons de points de comparaison, notre croyance que nous sommes arrivés à la perfection.

Avec la décentralisation, au contraire, une commune veut renoncer à l'octroi. Elle croit qu'il est utile d'expérimenter l'impôt sur le capital, par exemple. Elle l'essaye. Elle tâtonne, elle perfectionne son application. Les communes voisines profitent de son expérience, de ses premiers essais : et le progrès s'étend ainsi doucement, de proche en proche, par sa propre force d'expansion.

Avec le système actuel, sous prétexte d'unité, on reste dans l'immobilité.

Bien plus : il n'y a pas de système plus funeste que l'octroi à la véritable unité nationale.

Toutes les villes sont fermées et, chaque jour, hérissent entre elles et le pays de nouvelles taxes, comme des chausses-trapes. Nous avons aboli, en principe, le système protectionniste à l'extérieur ; il subsiste à l'intérieur. Nous n'avons pas seulement des douanes à nos frontières, nous en aurons bientôt à chaque bourgade. Voilà certes un excellent moyen de réunir, de grouper, de solidariser tous les intérêts de la nation. On creuse des fossés entre eux ; on dresse des barrières ; on les sépare autant que possible ; on les met en antagonisme les uns vis-à-vis des autres ; et puis on nous parle de patrie et de patriotisme !

Mais le moyen de former une patrie, d'exciter le sentiment qui s'appelle patriotisme, consiste-t-il donc à établir des frontières entre les citoyens du même pays ? Le moyen de solidariser les intérêts d'une nation, de grouper dans une unité puissante toutes ses forces vives, consiste-t-il donc à diviser, à séparer, à éparpiller tous ses intérêts et ses forces productives ?

Autant vaudrait dire que, pour former un faisceau, il faut en disséminer les éléments !

Et quelles entraves ! quelles difficultés ! que de formalités ! que d'ennuis, que de pertes de temps !

Time is money. Rappelons-nous le donc ! sachons donc que toute heure, toute minute, tout instant, enlevé par les bureaux, par l'attente, par des démarches inutiles, de vaines et ennuyeuses formalités, se multiplient d'une manière indéfinie et arrivent à former des heures et des jours de travail qu'on gagne si péniblement.

Tandis que le génie humain s'acharne, dans sa lutte contre la nature, à les multiplier, le fisc s'ingénie à les faire perdre.

C'est toujours l'histoire du mécanicien qui chauffe sa machine et en serre les freins. C'est à cela que nos gouvernants emploient les forces que nous leur mettons entre les mains.

Ils s'étonnent ensuite que la machine ne marche pas. Ils s'étonnent bien davantage encore que de temps en temps elle se brise ; mais ce qui est merveilleux, c'est qu'elle ne se brise pas tous les jours.

Pour que l'homme puisse supporter de pareils fardeaux sans succomber, il faut qu'il ait une puissance de résistance que je ne saurais trop admirer. Employons donc cette force : utilisons-la, créons-lui des débouchés, des éléments d'activité, au lieu de nous acharner à l'énerver dans les mailles si étroites d'une fiscalité oppressive et tracassière, que chaque fois qu'il veut faire un mouvement, il s'y trouve pris.

Est-ce donc là l'idéal que doivent poursuivre les hommes de progrès?

Non, à coup sûr, et personne n'oserait dire que c'est là l'idéal qu'il rêve, et en effet personne ne le rêve; mais par une singulière contradiction, on y arrive d'une manière inconsciente : on blâme ce qu'on fait soi-même et on le fait cependant.

LIVRE V

LES IMPOTS SUR LE REVENU

CHAPITRE I.

LES IMPÔTS SUR LE REVENU EN FRANCE.

Tous ces impôts sur la circulation, ces impôts sur la consommation, qui déguisent mal, sous leurs noms modernes et sous leurs formes un peu adoucies, leur filiation avec les impôts les plus vexatoires, les plus oppressifs, les plus injustes et, pour toutes ces raisons, les plus impopulaires de l'ancien régime, sont éclos de la réaction qui, depuis 1799, a essayé de détruire l'œuvre de la Révolution.

Comme nous l'avons vu plus haut (1), la Révolution avait essayé de remplacer tous les impôts indirects par des impôts directs, qui existent encore aujourd'hui. La Révolution ne pouvait, en innovant un système, arriver à la perfection dès son premier essai. Il en résulte que ces impôts sont entachés de beaucoup d'imperfections et de défauts qu'on eût pu corriger, en développant et en poussant à ses dernières conséquences le système qui les a produits. Mais au lieu de s'attacher à cette œuvre importante, réellement utile parce qu'elle était progressive, les divers gouvernements se sont ingéniés à

(1) Livre II, chap. III.

augmenter les charges des impôts indirects ou à grever de nouveaux droits des objets qui y avaient échappé.

On sait qu'il y a quatre contributions directes :

1° La contribution foncière;

2° La contribution des portes et fenêtres;

3° La contribution personnelle et mobilière;

4° La contribution des patentes.

Nous allons rapidement examiner le caractère de ces quatre contributions et signaler les contradictions qu'elles offrent avec les nécessités de la production actuelle, avec le principe de la proportionnalité de l'impôt, l'injustice qui en résulte, et enfin les difficultés de leur application.

Il importe tout d'abord de rappeler que le législateur, en les créant, avait un double but, expliqué fort bien dans le rapport de M. de la Rochefoucauld : 1° atteindre le revenu de la propriété proportionnellement à son importance; 2° faire en sorte que tous les citoyens fussent contribuables.

Ces impôts sont donc des impôts sur les revenus, et la contribution personnelle a été établie, afin que « tous » les citoyens fussent contribuables.

« Les quatre contributions directes, a dit M. Léon Faucher, sont un véritable impôt sur le revenu (1). »

Nous allons voir si les défauts de ces impôts ne proviennent pas de l'assiette qu'on a voulu leur donner; si en essayant, en un mot, de les baser sur le revenu ou la personne, on n'en est pas arrivé à des impossibilités, à des injustices, à des inégalités criantes qui condamnent tous les impôts partant des mêmes principes.

---

(1) *Mélanges*, t. II, p. 85.

CHAPITRE II.

LA CONTRIBUTION FONCIÈRE ET LE CADASTRE.

Le caractère de la contribution foncière d'après la loi de 1790. — Le cadastre. — Le revenu net. — Erreurs du cadastre. — Inégalité de la répartition. — Impossibilité de prendre le revenu net pour base d'appréciation. — MM. Le Couppey et Baudrillart. — Il faut conserver les erreurs cadastrales. MM. Passy et Courcelle-Seneuil. — Il n'y a qu'une base d'appréciation : la valeur vénale. — J. B. Say. M. David. — Au lieu de rester un impôt sur le revenu, la contribution foncière doit se transformer en impôt sur le capital.

Les quatre premiers articles de la loi des 23 novembre-19 décembre 1790 indiquent nettement le but que s'était proposé l'Assemblée nationale :

Art. 1er. Il sera établi, à compter du 1er janvier 1791, une contribution foncière qui sera répartie par égalité proportionnelle sur toutes les propriétés foncières, à raison de leur revenu net, sans autres exceptions que celles déterminées ci-après pour les intérêts de l'agriculture.

Art. 2. Le revenu net d'une terre est ce qui reste à son propriétaire, déduction faite sur le produit brut des frais de culture, semence, récolte et entretien.

Art. 3. Le revenu imposable est le revenu net moyen, calculé sur un nombre d'années déterminé.

La loi ordonnait en même temps l'établissement d'un cadastre général, dont la confection ne fut commencée qu'en 1808.

Le revenu des propriétés non bâties est calculé d'après une moyenne de quinze années, en retranchant les deux plus fortes et les deux plus faibles. On déduit du produit brut les frais de culture, semence, récolte et entretien, su vant la nature des fonds : sont compris dans cette déductio les frais d'irrigation pour les prairies, les frais de presso pour les vignes, les frais de garde et de repeuplement po les bois. On déduit, en outre, pour obtenir le produit net d vignes, un quinzième du produit brut, en considération d frais de dépérissement, de plantation partielle et de travau à faire pendant les années où chaque nouvelle plantation e sans rapport.

Les marais salants, les terrains occupés par les canaux e les chemins de fer, les jardins, avenues, pièces d'eau son estimés aux taux des meilleures terres labourables de l commune.

Les portions du sol consacrées à un produit industriel, tel que mines, carrières, tourbières, etc., sont évaluées uniquement par rapport au produit agricole qu'elles auraient pu fournir par assimilation aux terrains environnants.

L'évaluation des propriétés bâties se divise en deux parties : 1° la superficie, sur le pied des meilleures terres labourables ; 2° la bâtisse, d'après la valeur locative, déduction faite de l'estimation de la superficie.

Le revenu net de la propriété bâtie, dans les maisons d'habitation et les usines, est déterminé d'après la valeur locative calculée sur dix années, sous la déduction d'un quart de cette valeur locative pour les maisons d'habitation, et d'un tiers pour les usines, en considération du dépérissement et des frais d'entretien et de réparation.

Les maisons peuvent, dans les communes rurales, être divisées en dix classes au plus. Dans les villes, bourgs et communes très-peuplés, elles ne sont plus divisées en classes ; chaque maison est évaluée séparément. Il en est de même des usines, fabriques et manufactures.

Les bâtiments ruraux et les cours qui en dépendent ne sont soumis à la contribution foncière qu'à raison du terrain qu'ils enlèvent à la culture, évalué sur le pied des meilleures terres labourables de la commune où ils sont situés ou de la commune voisine, s'il n'y a point de terres labourables dans leur commune.

Le cadastre n'a été terminé qu'en 1851. Sa confection a exigé quarante-trois ans. Or, dès 1821, on constatait que le contingent des départements variait du sixième du revenu au dix-septième. On procéda par la voie des dégrèvements pour certains départements. A partir de cette époque, aucune modification n'a été introduite dans la répartition de l'impôt entre les départements.

En 1846, on constatait de nouveau que le cadastre ne pouvait plus servir à la répartition de l'impôt, et que, de l'aveu même de l'administration, les rôles fourmillaient d'erreurs.

Depuis plusieurs années, des hommes d'opinions et de situations les plus diverses ont signalé, avec une nouvelle insistance, les défauts du cadastre, et en ont demandé avec énergie la révision. M. Braine, président de la Chambre des notaires, a compté toutes les dépositions de la dernière grande *Enquête agricole*. Sur 7,439 déposants, 3,655 l'ont réclamée.

Depuis que les désastres de la guerre ont provoqué la création de tant d'impôts nouveaux, cette préoccupation est devenue encore plus vive. L'assemblée générale de la Société d'agriculture de France a approuvé un travail de M. Bochin (1), conçu dans ce sens. Toute la presse a agité cette question que M. Feray, avec plusieurs de ses collègues, a portée à la tribune.

M. Feray, qui demandait sinon la révision géométrique du cadastre, du moins la révision de la contribution foncière, exposait les faits suivants :

« Il y a six millions d'hectares de terres qui figurent au cadastre comme friches et qui payent comme friches en moyenne 2 fr., qui devraient être classés en 1re ou 2e classe, et payer en moyenne 15 fr. Augmentation par hectare,

(1) *Le cadastre dans ses rapports avec la propriété foncière*, brochure in-8.

13 fr., et sur les six millions d'hectares, 78,000,000 de francs. »

En 1851, le principal de l'impôt foncier était en moyenne de 6,06 pour 100 du revenu.

Suivant les départements, il variait entre 9,07 pour 100 et 3,074 pour 100. Quarante-huit départements se trouvent au-dessus de la moyenne et trente-sept au-dessous.

La mauvaise répartition des communes aggrave cet état de choses. Dans certaines communes, quand le département est fortement imposé, il peut atteindre 14 et 15 pour 100.

Dans d'autres communes appartenant à des départements où l'impôt est faible, il descend jusqu'à 2 p. 100 du revenu.

Enfin, la répartition de l'impôt, suivant cette progression dans l'inégalité, subit des fluctuations de 20 pour 100 à 1 pour 100 du revenu.

Tel propriétaire qui, dans un département surchargé, payerait 9,07 pour 100 de son revenu, si la péréquation de l'impôt existait dans sa commune comme au lendemain du cadastre, peut payer, si le produit de ses propriétés a diminué, jusqu'à 18 pour 100, tandis que, dans la même commune, un autre propriétaire payera 4 1/2 pour 100. Dans un autre département favorisé, un propriétaire payera seulement 1,87 pour 100 (1).

Les centimes additionnels aggravent ces inégalités dans la proportion de leur chiffre comparé à celui du principal.

L'introduction de nouvelles cultures est encore une nouvelle cause d'inégalité.

On a cherché beaucoup de moyens pour arriver à corriger ces inégalités. La première idée qui est venue à tout le monde est extrêmement simple. On s'est dit : « On a déjà fait un cadastre tant bien que mal. Il faut refaire le cadastre sur les mêmes bases. »

Seulement on réfléchit et on constate que le cadastre coû-

(1) *Traité des impôts en France.* Vignes, t. II, p. 24.

era une centaine de millions, au minimum, à établir, et qu'il faudra un certain nombre d'années avant que sa révision soit complète.

De plus, quand la révision aura été complète, ce sera un travail à refaire. La péréquation de la contribution foncière est une toile de Pénélope.

On a oublié de se demander si ces difficultés ne provenaient pas de l'assiette qu'on donne à la contribution foncière.

Comment arriver à une constatation précise du revenu net de la propriété foncière? en prenant pour base une moyenne de quinze années du revenu net? Mais comment fixer ce revenu net? Comment le séparer du revenu brut? L'individu entre pour beaucoup dans le revenu net d'une terre : entre les mains de A, la même terre aura un revenu net plus élevé que si elle était entre les mains de B. Comment pourrait-on faire cette distinction?

On dit bien qu'on se base sur des moyennes, et que ces moyennes arrivent à une vérité relative. C'est là la qualité des moyennes, mais à une condition, c'est qu'elles soient basées sur des calculs vrais, sur des faits vérifiés; sinon, au lieu d'arriver à une vérité relative, elles arrivent à une erreur complète.

Il n'y a pas de base pour apprécier le revenu net d'une propriété.

Les baux? mais les baux sont faits souvent dans des conditions très-diverses. Un bail à long terme, par exemple, ne se règle pas de la même manière qu'un bail à terme rapproché. Dans l'un il y a des conditions d'améliorations, des avances et des risques de travaux qui ne se trouvent pas dans le second.

Puis, toutes les terres ne sont pas louées. Le nombre des propriétaires, en France, était de près de 9 millions en 1851, qui acquittaient plus de 14 millions de cotes foncières. Comment estimer le revenu net du petit propriétaire qui cultive lui-même ? Comment le comparer avec le revenu du propriétaire qui afferme sa terre?

La plupart des publicistes, des agriculteurs, qui se sont occupés spécialement de la contribution foncière, ont constaté cette impossibilité de prendre le revenu comme base solide pour l'établir.

« Si on admet l'existence de la rente foncière, dit M. Le Couppey, en revanche, il faut ajouter qu'elle est essentiellement variable, et qu'elle se refuse à toute évaluation (1). »

« La décomposition de ce qui appartient à la rente et de ce qui revient au profit n'est pas possible, dit M. Baudrillart. Comment donc s'y prendrait-on pour exhéréder le propriétaire de la part du revenu qui représente la rente, la seule qu'on pourrait se dire fondé à lui retirer (2)? »

Certains économistes et législateurs, devant cette impossibilité, sont même allés jusqu'à dire qu'il fallait s'en tenir aux inégalités qui existent actuellement. On ne pourrait faire beaucoup mieux. Autant vaut garder le mal. Cette opinion a été soutenue très-sérieusement par MM. d'Hauterive (3), Hippolyte Passy (4), Courcelle-Seneuil (5).

J. B. Say, sans aller au fond de la question, avait entrevu la cause du mal et avait signalé le remède :

« La répartition de la contribution foncière est difficile et inégale, dit J. B. Say, par la raison que l'équité ne veut pas qu'un terrain paye en raison de sa dimension, ni d'aucune qualité sensible, mais bien en raison de sa valeur (6). »

En 1845, M. David, dans deux remarquables articles (7) sur le cadastre, après avoir constaté aussi l'impossibilité d'arriver à une répartition exacte de l'impôt foncier, d'après

(1) *De l'impôt foncier*, p. 22.
(2) *Manuel d'économie politique*, IVe part., ch. V.
(3) *Considérations sur les finances*, 1825.
(4) *Dictionnaire d'économie politique*, t. I, p. 902.
(5) *Traité d'économie politique*, 1re partie, p. 460.
(6) *Cours d'économie politique*, t. II, p. 401.
(7) *Journal des économistes*, avril et juin 1845. Publiés en brochure.

l'asssiette que lui donnait la loi du 3 frimaire an VII, indiquait avec précision la seule solution qu'on peut donner à ces difficultés : « L'impôt foncier, disait-il, doit porter sur le capital, et il ne saurait s'établir sur le revenu (1).

« En bonne économie financière, le revenu paraît une base complétement fausse de l'impôt foncier. Il y a même une contradiction entre le mot impôt foncier ou direct et celui d'impôt sur le revenu. La terre est un capital dont la valeur est représentée par son prix en argent. C'est ce capital seul qui doit être imposé directement...

« Les impôts ne peuvent s'établir directement que sur la richesse acquise, sur les capitaux (2).

« L'impôt direct ne peut porter que sur les richesses acquises et non sur les revenus futurs (3).

« L'impôt foncier doit être établi directement sur le capital de la terre. Il ne peut, sans inconvénient et sans inquiéter l'industrie agricole, poursuivre le revenu. Le système fondé sur la recherche du revenu territorial ne crée pas seulement des complications et des incertitudes, il devient par la nature des choses impraticable avec quelque justice, et c'est pour être partis d'une idée fausse que nous avons éprouvé tant de mécomptes (4).

« Les actes de vente fournissent les seules règles de la répartition départementale. Ils sont la mesure vraie de la richesse territoriale, ils dénoncent son accroissement ou sa diminution (5). »

En Allemagne, dans plusieurs États, pour éviter les erreurs de la répartition, on a fait de l'impôt foncier un impôt de quotité, et, au lieu de le baser sur le revenu, on l'a basé sur le capital.

Cette quotité a été, par exemple, dans le pays de Bade,

(1) Page 12 de la brochure.
(2) *Id.*, p. 9.
(3) *Id.*, p. 11.
(4) *Id.*, p. 26.
(5) *Id.*, p. 27.

successivement de 1856 à 1858, de 19 ou de 21 kreutzers par 100 florins de capital. Dans quelques autres États, le système de quotité est encore plus caractérisé, en ce sens qu'il y a un *steuer-simplum*, ou unité élémentaire de taxe dont la loi règle la perception suivant un coefficient déterminé (1).

M. de Parieu approuve, du reste; il dit : « La valeur vénale des immeubles peut servir de mesure plus juste pour la répartition de l'impôt foncier que les autres systèmes (2). »

Sous l'ancien régime, le cadastre avait pour base le prix d'acquisition des terres (3). Seulement, selon la date de l'acquisition plus ou moins éloignée, l'appréciation était fausse. Il fallait changer cette base : au lieu de prendre le prix d'acquisition d'une seule parcelle, il fallait prendre le prix moyen, et suivre le cours indiqué par ce prix moyen. Loin d'agir ainsi, on renversa tout le système et on se basa sur le revenu net.

Depuis, comme nous l'avons vu, on a proposé de baser la répartition, non sur l'évaluation du revenu net, mais sur la valeur des immeubles consacrée par les actes de vente.

Il y a là une base fixe, certaine, fixée par les hommes les plus compétents : le vendeur et l'acheteur. L'intérêt individuel répond de la justesse de l'évaluation.

De plus, c'est là un cadastre perpétuel, dont les évaluations s'établissent tous les ans par les ventes d'immeubles qui se montent à plus de 1,500 millions. Les changements de parcelles, chaque année, sont au nombre de 5,600,000. Ce sont les seuls actes de vente qui peuvent déterminer la valeur des propriétés qui n'ont qu'un revenu d'agrément : parcs, parterres, etc. Il est évident que l'article 59 (4), qui en fixe l'évaluation au taux des meilleures terres labourables de la commune, ne donne pas une mesure exacte.

(1) Parieu. *Traité des impôts*, t. I, p. 262.
(2) *Id.*, t. I, p. 228.
(3) Montyon, édit. Guillaumin, p. 400.
(4) Loi du 3 frimaire an VII.

Un chemin, un canal, un chemin de fer sont ouverts dans une contrée. Aussitôt toutes les propriétés augmentent de valeur. Rien de plus légitime, à coup sûr, que d'augmenter l'impôt. Ce n'est pas le travail, l'industrie des propriétaires eux-mêmes qui en ont augmenté la valeur : ce sont les contributions de tout le pays. Il est donc juste que ces propriétés, qui doivent leur plus-value à la généralité de la nation, remettent une partie de cette plus-value à la masse nationale. On ne peut obtenir ce résultat qu'en basant l'impôt sur la valeur.

Il résulte des faits que nous avons exposés et qui sont constatés par tout le monde, que l'assiette actuelle de l'impôt foncier est mauvaise, et qu'il est absolument nécessaire de le baser, non plus sur le revenu net de la terre, mais sur la valeur vénale de la terre.

En un mot, c'est la condamnation d'une des formes de l'impôt sur le revenu ; c'est l'affirmation de la nécessité de l'impôt sur le capital.

CHAPITRE III.

LA CONTRIBUTION DES PORTES ET FENÊTRES.

Elle a pour but d'atteindre une partie du revenu foncier et du revenu mobilier. — Impôt sur l'air et la lumière. — Varie selon la population. — Définition des usines et des manufactures par le conseil d'État.

Mais la contribution foncière destinée à atteindre le revenu foncier ne peut l'atteindre complétement. On y a joint la contribution des portes et fenêtres. De plus, elle est encore complétée par une partie de la contribution mobilière et de la contribution personnelle.

La contribution foncière, pour l'exercice 1874, s'élève à. . . . . fr.	327,095,948
La contribution personnelle et mobilière à.	98,777,197
Celle des portes et fenêtres à.	59,827,494
Total des trois contributions. . . fr.	485,700,639

On tombe donc dans une étrange illusion lorsqu'on croit que la contribution foncière, par exemple, avec les centimes additionnels, ne s'élève qu'à 327 millions. Elle est complétée par les diverses contributions que nous venons d'énumérer. Nous ne parlons pas en ce moment de la répercussion qu'exercent sur elle les impôts de consommation et les droits de greffe et d'enregistrement.

Nous nous bornons à examiner si l'impôt sur les portes et fenêtres a une assiette plus logique, plus solide, plus certaine et plus équitable que la contribution foncière.

Le rapporteur de la loi du 4 frimaire an VII ne présente qu'un argument pour le justifier. Il faut de l'argent et il ne faut pas augmenter la charge des contributions indirectes. Cet argument ne parut pas suffisant à tout le monde, et le projet de loi fut vivement combattu. M. Laussot rappela qu'en Angleterre cet impôt provoqua une diminution du nombre des maisons; de 900,000 elles tombèrent à 700,000. M. Huguet le traita « d'odieux ». Il n'en fut pas moins adopté. Il n'en est pas meilleur.

On a dit, dans une forme qui paraît déclamatoire, mais qui n'en exprime pas moins un fait réel : C'est un impôt sur l'air et la lumière. Il prend au pauvre, qui en a tant besoin, une portion de l'air et de la lumière qu'il pourrait se procurer.

M. de Tillancourt (1) s'écriait, dans une forme un peu solennelle : « L'impôt des portes et fenêtres taxe les mesquines lucarnes d'une chaumière au même taux que les vastes fenêtres d'un palais somptueux. »

Cet impôt a, de plus, le grave inconvénient de n'être pas le même sur tout le territoire. Il varie en proportion de la population, de sorte que dans les villes populeuses il atteint plus rigoureusement les habitants peu aisés que les habitants plus aisés de centres moins peuplés.

Certaines exemptions qu'accorde la loi vont nous montrer qu'alors même que le législateur a eu les meilleures intentions, ses intentions ont abouti à des résultats ridicules, parce qu'il était dépourvu de criterium.

La loi du 4 germinal an XI exempte de cet impôt les manufactures?

Mais qu'est-ce que cette loi entend par manufacture?

La loi n'a pas répondu. Des arrêts du conseil d'État ont suppléé à ce mutisme. Il est curieux, en vérité, de savoir

(1) Corps législatif, 9 mars 1866.

comment un corps pareil comprend les conditions actuelles de l'industrie en France, et par quels procédés il arrive à distinguer une manufacture d'une usine.

D'après sa jurisprudence, l'exemption d'impôt accordée aux manufactures ne doit s'appliquer qu'aux grands établissements industriels renfermant un grand nombre d'ouvriers, et dans lesquels les matières premières ne changent pas de nature et ne reçoivent d'accroissement de valeur que par le travail de la main de l'homme ou des machines qu'il conduit. Tous les autres établissements doivent être imposés comme usines, quel que soit le nombre des ouvriers qu'ils renferment.

Le caractère distinctif des usines est de changer la nature des matières premières, qui reçoivent dans ces établissements un accroissement de valeur indépendant, au moins en grande partie, du travail manuel de l'homme et des machines, tel, par exemple, que « l'accroissement résultant des transformations opérées par l'action physique ou chimique des éléments. »

Un arrêt du 13 février 1840 complète cette définition :

« On entend par usines les établissements qui fonctionnent principalement à l'aide des éléments (?) ou dans lesquels les éléments sont employés comme l'agent le plus actif de la fabrication. » — (*Arrêt* C., 13 *février* 1840.)

Un autre arrêt du conseil d'État, du 20 février 1855, donne la définition suivante du mot manufacture :

« Établissement réunissant un grand nombre d'ouvriers, dans lequel les matières premières ne changent pas de nature et ne reçoivent d'accroissement de valeur que par le travail de l'homme ou des machines qu'il conduit. »

Voilà la définition du conseil d'État. A-t-on maintenant une idée bien précise des caractères qui distinguent une usine d'une manufacture ?

Une « usine » fonctionne à l'aide des « éléments » ! Voilà où en est la science du conseil d'État. Elle se rapproche singulièrement de celle de l'antiquité.

Les usines sont, d'après l'arrêté de 1840, « des établissements dans lesquels les éléments sont employés comme l'agent le plus actif de la fabrication. «

Quel est l'agent « le plus actif d'une fabrication » ? et quelle est la fabrication qui ne se sert pas des « éléments », soit directement, soit indirectement ?

D'après le conseil d'État, une manufacture est un établissement dans lequel les matières premières ne changent pas de nature ; une filature est-elle une manufacture ou une usine ?

Et puis, pourquoi cette distinction entre les manufactures et les usines ? pourquoi exempter les premières de cet impôt, et non les autres ? Si la loi a voulu donner une protection à l'industrie, pourquoi restreindre cette protection aux manufactures et ne pas l'étendre aux usines ?

Pourquoi frapper les ateliers ? Pourquoi n'épargner que les établissements qui ont un « grand nombre d'ouvriers » ?

Mais qu'est-ce qu'un grand nombre d'ouvriers ? Est-ce dix, vingt, cent, mille ? et cette définition ne livre-t-elle pas l'application de la loi au plus complet arbitraire ?

Mais à quoi bon insister ? Est-ce que tout notre régime fiscal ne nous offre pas à tout instant des inconséquences aussi manifestes ?

CHAPITRE IV.

LA CONTRIBUTION PERSONNELLE ET MOBILIÈRE.

Elle a pour but d'atteindre les revenus mobiliers. — Son caractère primitif. — Son caractère actuel. — Inégalité de l'impôt. — Il est en raison des charges et non des ressources. — Il frappe peu les revenus mobiliers. — La loi a atteint un but opposé à celui qu'elle se proposait. — Iniquité de l'impôt personnel.

Ce fut encore pour atteindre le revenu sous une nouvelle forme que l'Assemblée constituante institua la contribution personnelle et mobilière.

Mais comment découvrir le revenu « en évitant l'insulte que ferait à la liberté toute inquisition domestique? », disait le rapporteur du projet de loi sur les patentes.

Le législateur de 1791 (1) voulait atteindre les revenus qui n'étaient pas frappés par la contribution foncière. Pour y arriver, il établit la contribution personnelle et mobilière. M. Francisque Rive la définissait dernièrement « une sorte d'*income-tax* sur la richesse mobilière (2). »

L'Assemblée fixa le chiffre de la contribution à 60 millions, soit le quart de l'impôt foncier.

Mais quelle base donner à cette contribution, destinée à atteindre le revenu? On crut que le loyer pouvait servir de mesure au revenu.

En conséquence, on adopta une échelle progressive d'après

(1) Loi du 13 janvier 1791.

(2) Rapport sur le projet de loi de M. Labélonye.

laquelle un loyer de 100 francs indiquait un revenu double; de 101 francs à 501 francs, un revenu triple; de 501 à 1,000 francs, un revenu quadruple, ainsi de suite jusqu'aux loyers de 12,000 francs et au-dessus, qui indiquaient un revenu douze fois plus considérable.

Les pères de trois à six enfants descendaient d'une classe; ceux qui avaient plus de six enfants, les journaliers, artisans et marchands, descendaient de deux classes, et s'ils se trouvaient dans la dernière classe, ils étaient réduits de moitié.

Les célibataires étaient, au contraire, élevés d'un degré. Une taxe de 5 pour 100 frappait le revenu présumé d'après cette base.

Cette taxe était donc progressive par rapport au chiffre du loyer, mais elle était, dans l'intention du législateur, proportionnelle par rapport au chiffre du revenu.

En même temps, comme on en faisait un impôt complémentaire de l'impôt foncier, on devait déduire du revenu ainsi évalué la part pour laquelle le contribuable justifierait avoir payé l'impôt foncier, et la taxe mobilière fut fixée au 20e de ce qui resterait.

Mais comme on cherchait à atteindre le revenu mobilier, et qu'on n'était pas bien sûr d'avoir réussi complétement, on ajouta à cet impôt : 1° une taxe, dite d'habitation, fixée en raison du revenu ; 2° une taxe de trois journées de travail due par tout individu non réputé indigent (le prix de la journée de travail était déterminé par l'administration locale) ; 3° enfin, deux autres taxes, l'une en raison des domestiques, l'autre sur les chevaux de luxe. Ces trois dernières étaient fixes.

Ces dispositions furent complétement changées par la loi du 3 nivôse an VII. La contribution personnelle devait être répartie au marc le franc de la valeur du loyer d'habitation personnelle de chaque habitant déjà porté à la contribution personnelle. D'après cette nouvelle loi, l'impôt mobilier ne portait donc plus seulement sur les revenus mobiliers; on n'en déduisait plus la contribution foncière; il était basé sur l'ensemble des facultés des contribuables.

C'est le système qui est encore aujourd'hui en vigueur.

La contribution mobilière a pour base la valeur locative des bâtiments servant à l'habitation personnelle. Elle est établie pour l'année entière.

En cas de décès du contribuable, ses héritiers sont tenus d'acquitter le montant de sa cote, et, en cas de déménagement hors du ressort de la perception, comme en cas de vente volontaire ou forcée, la contribution est exigible pour la totalité de l'année courante.

Le conseil municipal dresse la liste des indigents qui ne pourraient payer cet impôt.

Le législateur n'a pas mieux réussi à frapper les revenus d'une manière proportionnelle à l'aide de la contribution personnelle et mobilière, qu'il n'a réussi avec l'impôt sur les portes et fenêtres.

Cet impôt a les mêmes inconvénients parce qu'il repose sur une base aussi fausse.

Si en basse Bretagne un loyer de 100 francs représente 1,000 francs de revenu, un loyer de 200 francs dans une ville représente-t-il donc 2,000 francs de revenu?

L'impôt peut être égal, il n'est pas proportionnel.

On l'a si bien senti, qu'à Paris, Lyon, Bordeaux, Marseille, et dans quelques autres grandes villes, les conseils municipaux en ont exempté les petits logements.

Là, par conséquent, l'impôt est basé sur le principe de la progression.

Cette contribution n'est pas encore proportionnelle relativement aux ressources de chacun. Un père de famille a de nombreux enfants : il lui faut un grand appartement; l'impôt personnel et mobilier le frappe en raison de ses charges, et non en raison de ses ressources. Ici, c'est une progression à rebours.

Cette contribution surcharge le contribuable qui n'a qu'un revenu foncier; elle atteint à peine, en raison de son chiffre peu élevé, celui dont la fortune est mobilière. La loi est arrivée à un résultat directement opposé au but que se proposaient ses rédacteurs.

La taxe personnelle est encore plus inégale que la taxe mobilière.

Elle se compose toujours de la valeur de trois journées de travail. Dans chaque département, le conseil général, sur la proposition du préfet, détermine tous les ans le prix moyen de la journée de travail pour chaque commune, sans pouvoir néanmoins la fixer au-dessous de 50 centimes ni au-dessus de 1 fr. 50 (1).

Elle varie donc de 1 fr. 50 à 4 fr. 50. Elle atteint tout habitant, majeur ou mineur, jouissant de ses droits et non réputé indigent.

Un homme a 100,000 francs de rente; un autre gagne 1 franc par jour. Ils sont égaux devant l'impôt. Il faut ajouter encore que plus la famille est nombreuse, plus la contribution est élevée. C'est un impôt de capitation. Il a tous les vices des impôts de capitation.

On ne devrait pas être obligé de les signaler. Ils sautent aux yeux. J'éprouve une sorte de pudeur à venir dire : — Cet impôt est inique!

Il me semble que je commets un truisme.

Hélas! ce sont là des truismes qu'il faut encore commettre, puisque nous entendons nos législateurs déclarer que notre système fiscal est parfait dans toutes ses parties, et que nous les avons vus, il y a quelques années à peine, aggraver encore le régime des prestations en nature (2).

C'est sans doute, à leurs yeux, un excellent impôt. Il est vrai qu'il prend au pauvre manœuvre trois jours, quatre jours d'un travail qui représente à peine le pain de sa famille, tan-

---

(1) Loi du 21 avril 1832, art. 10.

(2) Loi du 11 juillet 1868 sur les chemins vicinaux, art. 3, autorisant les communes à opter entre une journée de prestation et les trois centimes extraordinaires.

dis que le riche peut s'en dispenser moyennant quelques francs ; mais il rappelle le bon vieux temps de la corvée féodale, époque où il n'était point question de suffrage universel et où les charges étaient en raison inverse des droits. C'est là un bel idéal.

CHAPITRE V.

LES PATENTES.

La législation des patentes. — Les patentes surchargées en 1816 et en 1872. — Critiques du comte Garnier. — La contribution des patentes a pour but d'atteindre les revenus mobiliers. — La classification des patentés. — Inégalités. — La loi du 29 mars 1877. — Aggravation des inégalités. — Exemples. — Augmentation variant de 45 pour 100 à 714 pour 100. — Inégalités constatées par M. Vitet. — La valeur locative. — Cet impôt n'est pas proportionnel. — M. de Parieu. M. Vignes. — Les moyens d'atteindre la proportionnalité. — M. Mathieu-Bodet et la quadrature du cercle.

La contribution des patentes complète cet ensemble de taxes basées sur le revenu. Le législateur, en l'instituant, a eu pour but d'atteindre les revenus industriels et commerciaux.

Il faut cependant rappeler que le rapporteur du projet de loi devant la Constituante, M. Dallarde, n'invoqua pour le justifier que l'extrême nécessité de trouver des ressources nouvelles (1).

M. André, il est vrai, l'appuya en soutenant la thèse qu'il est nécessaire « que *tous* les citoyens soient imposés. — Les laboureurs étant imposés, dit-il, il est juste que les artisans le soient. »

On prit encore pour base de l'impôt la valeur locative de l'habitation, « seule mesure approximative de l'importance du commerce. »

---

(1) 15 février 1791.

Devant le conseil des Anciens (1), M. Crêtet le justifie en reprenant l'argument de M. André.

En 1816, quand il fallut faire face aux embarras financiers dans lesquels le premier Empire laissait la France, tandis qu'on s'occupait avec acharnement à dégrever la propriété foncière, et que sans s'apercevoir de la contradiction qu'on commettait, on surchargeait les contributions indirectes, selon les traditions de toutes les oligarchies, on proposa le doublement des patentes. On a fait exactement la même chose au lendemain de la guerre de 1870. La contribution des patentes a été augmentée de près de 41 millions.

Cependant, le comte Garnier, membre de la commission spéciale chargée d'examiner le projet de loi sur les finances, caractérisa ainsi ce projet :

« Nous observons que le doublement du droit des patentes nous a semblé une mesure hasardeuse et difficile dont une tentative faite il y a peu d'années a montré les inconvénients. De tous les impôts directs, c'est celui dont l'assiette est la plus arbitraire, la répartition la plus inégale, le recouvrement le plus incertain. La seule ville de Paris supporte le quart de cette contribution, et sur les quatre millions qui forment son contingent, chaque année présente 15 à 20 pour 100 de non-valeurs (2). »

La contribution des patentes est établie sur l'industrie : c'est une des formes d'impôt au moyen desquelles on a voulu que les revenus mobiliers contribuassent aux charges publiques. On sait que c'est un impôt de quotité et qu'il se compose, sauf de rares exceptions, d'un droit fixe et d'un droit proportionnel.

Le droit fixe a généralement pour base le chiffre de la population et la nature de l'industrie; le droit proportionnel est établi en raison de la valeur locative des bâtiments

(1) 17 brumaire an VII.

(2) 27 avril 1816.

affectés à l'habitation personnelle et à l'exercice de la profession.

Ces distinctions révèlent tout l'embarras dans lequel s'est trouvé placé le législateur en face des diverses industries. Il a essayé d'en sortir par une classification arbitraire, en rangeant les patentés dans divers tableaux.

Les patentés du tableau A forment huit classes, qu'on a déterminées d'après l'importance présumée de leurs professions. On comprend que rien n'est plus arbitraire que les hypothèses sur lesquelles s'est basé le législateur.

Tel patenté de la cinquième ou de la sixième classe fait un chiffre considérable d'affaires, tandis que tel patenté de la première classe fait un chiffre insignifiant. Le premier s'enrichit, l'autre se ruine. Le droit, malgré les efforts du législateur, n'est donc pas proportionnel au revenu.

Le droit varie pour chaque classe, en raison de la population de chaque commune, sur une échelle de huit degrés, depuis 2,000 habitants et au-dessous jusqu'à 100,000 et au-dessus. Il est encore évident que le revenu n'est pas forcément proportionnel à la population. Le législateur a donc créé des inégalités entre les contribuables, sans arriver à établir une proportionnalité certaine.

Les mêmes observations peuvent s'appliquer aux patentés du tableau B, qui sont imposés à un tarif exceptionnel, d'après le genre de leur profession et le chiffre de la population. Tels sont les banquiers, les agents de change, les entrepreneurs de fiacres, etc.

Enfin, le législateur, pour corriger l'arbitraire qui résulte forcément des classifications précédentes, a rangé dans le tableau C les manufactures et établissements industriels, sans tenir compte de la population du lieu dans lequel ils sont situés. Le droit est établi en raison du nombre des ouvriers, métiers, fours ou autres moyens de production, etc. Avant la loi du 29 mars 1872, le droit était limité à un maximum. Au point de vue de la proportionnalité, la loi du 29 mars 1872 a eu raison de le supprimer.

La loi de 1844 avait exempté aussi certaines catégories de marchands, dont le commerce était considéré comme insignifiant. La loi du 10 juin 1853 étendit cette exemption aux fabricants à métiers à façon ayant moins de dix métiers : les lois du 2 juillet 1862, du 2 août 1862, ont étendu quelques-unes de ces exemptions. Le principe de la progression de l'impôt existe donc en haut et en bas dans la loi sur les patentes.

La loi du 29 mars 1872 a augmenté de 41 millions l'impôt sur les patentes, en rehaussant d'un cinquième les droits fixes des patentes rangés dans le tableau C; en portant le taux du droit proportionnel de patente, établi d'après la valeur locative du quinzième au dixième pour les patentables compris dans la première classe du tableau A et au tableau B; du vingtième au quinzième pour les patentables compris dans les deuxième et troisième classes du tableau A.

De plus, le patentable ayant plusieurs établissements, boutiques ou magasins, de même espèce ou d'espèces différentes, est passible d'un droit fixe entier, en raison du commerce, de l'industrie ou de la profession exercés dans chacun de ces établissements. Enfin, il n'y a plus de maximum pour les professions, commerces et industries qui sont tarifés en raison du nombre des ouvriers, machines, instruments ou moyens de production et autres éléments variables d'imposition.

M. Mathieu-Bodet, dans son *Rapport sur la loi sur les patentes* (1), M. Feray, dans un remarquable discours à l'Assemblée nationale, M. Paul Coq, dans une brochure consacrée à cette question (2), ont fait ressortir, avec beaucoup de vigueur, les inconvénients produits par cette loi.

J'emprunte les exemples suivants à la brochure de M. Paul Coq.

(1) Annexe à la séance de l'Assemblée, du 14 novembre 1873, n° 2006.

(2) *L'impôt et la législation des patentes en* 1873, brochure in-8°. Guillaumin.

TABLEAU A.

4e Classe. — *Boucher.*

Loyer : 1,400 fr.

1871. Principal de la patente......	145 »	220 »	Différence en plus. 45 p. 100.
15 centimes additionnels........	75 »		
1873. Principal.................	145 »	322 »	
1,209 centimes additionnels.....	175 35		

5e Classe. — *Épicier en détail.*

Loyer : 2,100 fr.

1871. Principal.................	155 »	235 17	Différence en plus. 45.54 p. 100.
Centimes additionnels...........	80 17		
1873. Principal.................	155 »	342 44	
Centimes additionnels..........	187 44		

6e Classe. — *Coiffeur.*

Loyer : 2,400 fr. et 2,600 fr.

(Bail enregistré.)

1871. Principal.................	160 »	242 75	Différence en plus. 54.54 p. 100.
Centimes additionnels...........	82 75		
1873. Principal.................	170 »	375 58	
Centimes additionnels...........	205 58		

7e Classe. — *Brocheur qualifié relieur.*

Loyer : 100 fr.

1871. Principal.................	45 »	68 27	Différence en plus. 45.58 p. 100.
Centimes additionnels...........	23 27		
1873. Principal.................	45 »	99 41	
Centimes additionnels...........	54 41		

8e Classe. — *Charbonnier en petit détail.*

Loyer : 650 fr.

1871. Principal.................	28 25	42 86	Différence en plus. 46.55 p. 100.
Centimes additionnels...........	14 61		
1873. Principal.................	28 25	62 41	
Centimes additionnels...........	34 16		

Cette augmentation, qui varie de 45 à 54,54 pour 100, est évidemment fort respectable.

M. Paul Coq n'a cité que des exemples pris à partir de la quatrième classe : pour la première classe, le taux du droit proportionnel, établi d'après la valeur locative, est porté du quinzième au dixième; pour les deuxième et troisième classes, du vingtième au quinzième.

Les patentés rangés dans le tableau B subissent la même aggravation de charge que les patentés de la première classe du tableau A. Si on ajoute aux charges de la loi du 29 mars 1872 les soixante centimes additionnels de la loi du 16 juillet 1872, voici à quel résultat on arrive pour un commissionnaire en marchandises, par exemple, compris dans le tableau B.

DROIT PROPORTIONNEL.

AUGMENTATION.

Loyer : 2,000 fr.

1871. Droit fixe	400 »	809 16	En plus 516 fr. 30 ou 63.77 p. 100.
Droit proportionnel (15e)	133 33		
Centimes additionnels	275 83		
1873. Droit fixe	400 »	1,325 40	
Droit proportionnel (10e)	200 »		
Centimes additionnels	725 40		

Un magasin « tient plusieurs espèces de marchandises ». Il passait, en 1850, de la lettre C à la catégorie B, tout en gardant ses premières attaches quant au droit fixe. Ce dernier droit basé sur le nombre de personnes habituellement employées, a été changé par l'effacement du maximum en droit strictement proportionnel. De là, deux droits proportionnels et plus de droit fixe.

Voici le résultat auquel on arrive :

AUGMENTATION.

Loyer : 15,000 fr.

1871. Droit fixe : 12 commis à 25 fr. l'un	300 »	1,972 36	En plus 2,005 fr. 64 ou 101.67 p. 100.
Valeur locative (15e)	1,000 »		
Centimes additionnels	672 36		
1873. Droit fixe : 12 commis à 25 fr. l'un	300 (1)	3,978 »	
Valeur locative (10e)	1,500 »		
Centimes additionnels	2,178 »		

(1) La loi du 29 mars ayant surhaussé ce droit « d'un cinquième », il est difficile de s'expliquer le maintien du chiffre de 25 fr. par personne.

L'impôt est donc plus que doublé.

Pour un patenté de la troisième classe du tableau A, voici le résultat produit par la loi de 1872 :

3e Classe. — Loyer : 6.000 fr.

1871. Droit fixe	100 »	606 88	En plus 497 fr. 62 ou 82 p. 100.
Valeur locative (20e)	300 »		
Centimes additionnels	206 88		
1873. Droit fixe	100 »	1,104 50	
Valeur locative (15e)	400 »		
Centimes additionnels	604 50		

Ici l'augmentation n'est que de 82 pour 100. Dans le cas précédent, elle est de 101. Pour d'autres, elle est de 45 pour cent. La loi du 29 mars 1872 a donc ajouté de nouvelles inégalités aux inégalités qui existaient auparavant. Elle complète la démonstration que nous avions à faire : l'impôt sur les patentes n'est pas proportionnel entre les contribuables.

Enfin, M. Mathieu-Bodet, en prenant certains exemples de patentables de la classe C, a montré encore des résultats plus arbitraires :

« L'application de toutes ces lois a donné, en 1873, des résultats que le commerce et l'industrie ont jugé excessifs.

« Prenons pour exemple un patentable du tableau C (quatrième partie), choisi parmi les plus importants et parmi ceux qui ont éprouvé l'augmentation la plus considérable, soit un constructeur de machines à vapeur, métiers mécaniques pour la filature et pour le tissage, et autres grandes machines, ayant quatre associés et occupant mille ouvriers, et assujetti au droit proportionnel sur une valeur locative de 105,000 francs, dont 5,000 francs pour la maison d'habitation.

« Il payait en 1872 :

Droit fixe (maximum)........		500	2,750 »	3,047 »	Total au pr de l'État moins le produit 8 c. du pri cipal attrib à la commune : 3,490
Droit proportionnel...	5,000 au 20e 100,000 au 50e	2,250			
Centimes généraux (10 c. 8).........			297 »		
Quatre associés secondaires..........			400 »	443 20	
Centimes généraux (10 c. 8).........			43 20		

« Il a payé en 1873 :

Droit fixe	Droit déterminé : 30 fr. 1,000 ouvriers à 3 fr. 60 c. : 3,600........	3,630	5,880 »	10,266 48	15,336
Droit proportionnel (comme ci-dessus)..................		2,250			
Cent. généraux...	10 c. 8. 60 c. » (1) 3 c. 8 (2)	74 c. 6.	4,386 48		
Quatre associés secondaires..........			2,904 »	5,070 38	
Centimes généraux..................			2,166 38		

« C'est-à-dire plus que le quadruple de ce qu'il pay avant la guerre.

« La suppression du maximum, dit-il encore, n'atteign pas la raffinerie de sucre, puisque sa taxe n'est pas limi par un maximum proprement dit, il s'ensuit que cette dustrie ne subit que l'augmentation d'un cinquième ; la tente est portée à 360 francs pour les établissements e ployant plus de cinquante ouvriers et quel qu'en soit nombre.

« Tandis que la raffinerie de sel, qui est assujettie à droit de 30 francs, plus 3 fr. 60 c. par ouvrier, quel qu soit le nombre, payera pour :

100 ouvriers	30 fr.	+ 360	=	390
300 —	30 fr.	+ 1,080	=	1,110
500 —	30 fr	+ 1,800	=	1,830

(1) Loi du 16 juillet 1872.

(2) Loi du 23 juillet 1872.

« L'impôt auquel cet établissement est assujetti par application de la législation antérieure et de la loi du 29 mars 1872 combinées, se trouve donc beaucoup plus élevé que celui de la raffinerie de sucre, ce que le législateur n'a certainement pas voulu. »

J'emprunte enfin à une lettre écrite de Lyon à l'*Économiste français* (1) les chiffres suivants :

Un fabricant appartenant au tableau C, ayant 1,500 métiers, un loyer de 1,500 francs et un associé, payait en :

1872.....	3,248 fr.	Augmentation.......	16,326 ou 502 p. 100
1873.....	19,574		

S'il a deux associés :

1872.....	3,445 fr.	Augmentation.......	18,087 ou 525 p. 100
1873.....	21,532		

Fabricant ayant 2,000 métiers, un loyer de 15,000 francs.

1872.....	2,658 fr.	Augmentation.......	14,953 ou 562 p. 100
1873.....	17,611		

S'il a un associé :

1872.....	3,248 fr.	Augmentation.......	22,199 ou 683 p. 100
1873.....	25,447		

Deux associés :

1872.....	3,445 fr.	Augmentation.......	24,612 ou 714 p. 100
1873.....	28,057		

Nous ne pouvons entrer dans le détail de toutes les inégalités qui résultent de la classification arbitraire des patentés.

Les exemples que nous avons cités suffisent pour prouver que cet impôt, qui veut atteindre les revenus de l'industriel et du commerçant, n'est pas proportionnel.

M. Vitet, rapporteur de la loi du 29 mars, la présentait comme devant atténuer de « choquantes inégalités ». On a vu qu'elle les a augmentées.

Il y a dans la contribution des patentes une injustice qui

(1) 17 mai 1873. Plusieurs fautes d'impression ayant altéré les chiffres de l'*Économiste français*, ceux-ci ne sont pas exactement semblables.

frappe immédiatement les professions soumises à un droit proportionnel basé sur la valeur locative. La valeur locative est une charge, ce n'est pas une preuve de ressources. Un propriétaire augmente le loyer d'un patenté. Le patenté subit non-seulement cette augmentation, mais il subit encore une augmentation d'impôt.

Tous les écrivains qui ont traité cette question ont signalé les défauts de cette législation.

« La taxe des patentes, dit M. de Parieu (1), étant aux yeux du législateur français une sorte de capitation graduée sur l'importance présumée des affaires commerciales et des bénéfices, présente diverses anomalies sous le rapport de la proportionnalité de la taxe relativement aux revenus. »

« La contribution des patentes, dit M. Vignes (2), pèche contre le principe de l'égalité proportionnelle, en imposant des bénéfices *présumés* d'après certains signes, alors que les bénéfices *réels* peuvent être si différents des présomptions que ces signes autorisent. »

Les législateurs de 1844, MM. Deslongrais, Levasseur, Demesmay, ont tous déclaré que l'impôt sur les patentes avait pour but de frapper le contribuable « dans la mesure de ses bénéfices ». « La taxe des patentes a pour but, disait M. Hippolyte Passy (3), d'assurer à l'État un prélèvement sur les bénéfices attachés à l'emploi des facultés productives. »

S'ils n'atteignent pas ce résultat, s'ils n'y parviennent pas, le but de la loi n'est donc pas atteint?

Or, on n'y est pas parvenu. Peut-on y parvenir?

« Il n'y a de choix, disait M. Mathieu-Bodet, qu'entre trois procédés : l'immixtion de l'État dans les affaires des négociants par l'inspection des écritures et des livres; la déclara-

(1) *Traité des impôts*, t. IV, p. 320.
(2) *Traité des impôts en France*, t. II, p. 29.
(3) Exposé du projet de loi du 18 mai 1850.

tion des contribuables sous la foi du serment, et enfin le recours à des présomptions extérieures, à des indices plus ou moins vagues qui permettent d'apprécier *grosso modo*, non pas les bénéfices de chaque individu en particulier, mais ceux de chaque catégorie de commerçants. »

Le premier moyen est inquisitorial, vexatoire, impraticable.

Le second est insuffisant.

Le troisième aboutit à ces inégalités que nous avons constatées.

M. Mathieu-Bodet a caractérisé les difficultés au milieu desquelles se débat le législateur, dans les termes suivants :

« Depuis 1791 jusqu'en 1872, il y a eu un effort constant pour rendre cet impôt de plus en plus proportionnel aux bénéfices du contribuable ; mais, il faut bien le dire, ce problème est du même genre que celui de la quadrature du cercle. »

Il me semble que la définition de ce problème est suffisante pour nous engager à ne pas continuer de le poser.

CHAPITRE VI.

IMPÔTS SUR LES REVENUS DES VALEURS MOBILIÈRES, LA RENTE.

La loi du 29 juin 1872. — Bons résultats. Mauvaise base. — Impôt antidémocratique. — L'action est une fraction d'un titre de propriété. — MM. Granier de Cassagnac et Roques Salvaza. — Assiette sur le capital. — Les obligations des départements et des communes. — Inconséquence. — Danger. — La rente. — Un préjugé. — Le crédit public et la Révolution. — M. Cuvillier-Fleury.

A ces diverses lois sur les revenus, on a ajouté la loi du 29 juin 1872, sur le revenu des valeurs mobilières. Elle frappe d'un impôt de 3 pour 100 :

1° Les intérêts, dividendes, revenus et tous autres produits des actions de toute nature, des sociétés, compagnies ou entreprises quelconques, financières, industrielles, commerciales ou civiles, quelle que soit l'époque de leur création ;

2° Les arrérages et intérêts annuels des emprunts et obligations des départements, communes et établissements publics, ainsi que des sociétés, compagnies et entreprises ci-dessus désignées ;

3° Les intérêts, produits et bénéfices annuels des parts d'intérêts et commandites dans les sociétés, compagnies et entreprises dont le capital n'est pas divisé en actions.

On est fort engoué de cette loi, en ce moment. Tandis que les impôts indirects se soldaient en 1873 par un déficit, l'impôt sur les revenus des valeurs mobilières, évalué pour 1873 à 24 millions, produisait 31,760,000 fr. Évalué à

32 millions pour 1874, il a produit dans le premier semestre 18,536,000 francs.

Que prouve cette plus-value? C'est que cet impôt direct est moins mauvais que les impôts indirects qui se soldent par des déficit.

Suffit-elle cependant pour que, pris pour lui de l'enthousiasme du succès, nous le déclarions excellent?

Loin de là.

La base de cet impôt est fausse, d'abord, et il est facile de le démontrer.

Je suis seul propriétaire d'une usine, je suppose. Je ne paye pas ma part de cet impôt sur les bénéfices de cette usine.

Au contraire, vingt personnes, dont aucune ne peut avoir en propre cette usine, s'associent pour l'exploiter; alors, à la contribution foncière, à la contribution des portes et fenêtres, à la patente qu'ils payent déjà, à tous les impôts, vient s'ajouter la contribution sur le revenu de leur usine, contribution, je le répète, qui ne frapperait pas cette usine si elle appartenait à un seul propriétaire.

Cet impôt favorise donc le propriétaire et frappe l'association. Il charge la grande industrie que crée l'association des capitaux et qui produit à meilleur marché que l'industrie particulière et morcelée.

Il est donc contraire à l'idée moderne qui demande au groupement des petits capitaux la force de faire de grandes entreprises.

Il est antidémocratique, car il épargne le grand propriétaire et frappe les petits capitaux associés.

Il faut bien faire attention à cette question. On a une action dans son tiroir. Cette action rapporte des intérêts, un dividende. On ne voit que l'action, que le morceau de papier.

Alors on établit une distinction entre les valeurs mobilières et la propriété réelle. On croit que c'est une propriété d'une espèce à part, qui a une existence spéciale. On se dit : — Mais elle n'est pas frappée! pourquoi ne pas la frapper? Et alors on fait la loi du 29 juin 1872.

Je suis seul à posséder une usine; j'ai un titre de propriété. Vous émettez des actions pour posséder la même usine : que sont vos actions, sinon des parties de mon titre?

Or, je le répète, parce que c'est un fait sur lequel on ne saurait trop insister ; moi, seul propriétaire, je touche mon revenu intact; vous, au contraire, actionnaires, vous devez prélever sur votre revenu une somme de 3 pour 100 que réclame le fisc.

On oublie de se poser une petite question : — D'où viennent les revenus des valeurs mobilières? Ce n'est pas le morceau de papier enfermé dans le tiroir qui les a produits, à coup sûr.

On n'aperçoit pas derrière ce morceau de papier les mines, les chemins de fer, les usines, les entreprises de toutes sortes qui sont déjà frappées par l'impôt.

Il faut bien se convaincre de ceci, c'est que l'action n'est qu'un titre de propriété. Seulement, au lieu d'être un titre complet, ce n'est qu'une fraction de titre.

Cette usine rapporte 100,000 francs. Moi, seul propriétaire, je touche les 100,000 francs. Si elle appartient, au contraire, à des actionnaires, ils ne touchent que 97,000 fr.

Sur quel principe, à l'aide de quel argument, bien plus, je demanderai en vertu de quel prétexte, peut-on justifier cette inégalité entre le propriétaire unique et les propriétaires associés ?

Par une singulière anomalie, les impôts sur les valeurs mobilières sont très-populaires. L'imagination des personnes qui ne se rendent pas un compte exact du mécanisme de la production, se figure volontiers que tout possesseur d'une action est un millionnaire. Ce qui complète la bizarrerie de ce préjugé, c'est que presque tout le monde possède quelque valeur mobilière.

Qu'importe ? on n'en répète pas moins : Il faut frapper les valeurs mobilières.

Mais que sont donc les valeurs mobilières? Ce sont les titres de propriété de chemins de fer, d'usines, qui se sont fondés, qui fonctionnent à l'aide des capitaux de tout le monde, depuis l'épargne de la cuisinière jusqu'à celle du millionnaire.

Frapper le revenu des valeurs mobilières, c'est donc frapper le revenu de ceux qui ne possèdent qu'en nom collectif. C'est frapper le revenu démocratique.

En 1862, MM. Granier de Cassagnac et Roques Salvaza avaient demandé, eux aussi, un impôt semblable. Ils justifiaient cet impôt en disant « que les seuls revenus mobiliers qu'ils voulaient atteindre étaient les revenus qui s'affichent et se publient spontanément et sans violence. Pour qu'un revenu puisse être frappé, il faut que la publicité entre dans sa constitution : ce qui exclut les revenus du commerce, les revenus professionnels, les revenus territoriaux ou hypothécaires qui ne s'affichent pas. »

La perception de cet impôt présente le même défaut que celle de tous les impôts sur le revenu. Elle ne pourrait être proportionnelle qu'à la condition d'être inquisitoriale. Or, la loi défend toute inquisition.

Qu'en résulte-t-il? C'est que les receveurs des contributions se voient contraints d'appliquer souvent la loi, non d'après le revenu, mais d'après le capital de la société.

Un de mes amis, directeur d'une Société dont la commandite est de 600,000 fr., craignait de voir sa déclaration discutée, et en même temps se trouvait fort embarrassé pour en déclarer le revenu, qui est très-variable. Il alla trouver le receveur des contributions; il lui exposa sa situation, et, après discussion, il fut convenu à forfait que l'intérêt de ce capital de 600,000 fr. pouvait être établi sur la base de 5 pour 100. Il représentait par conséquent un revenu de 30,000 fr. L'impôt exigeant 3 pour 100 du revenu, la Société eut à payer 900 fr. par an.

MM. Granier de Cassagnac et Roques Salvaza proposaient

aussi qu'on frappât les arrérages et intérêts annuels des emprunts et obligations des départements, communes et établissements publics.

Un département, une commune empruntent. Que fait la loi du 29 juin 1872? Elle se présente et elle dit au créancier de ce département, de cette commune : Il faut que tu me donnes 3 pour 100 des intérêts de ta créance.

Ceci est grave. Il ne faut pas oublier que le crédit des départements et des communes est lié au crédit de la France. La loi du 29 juin change les termes du contrat existant entre eux et leurs créanciers. Elle a donc porté atteinte à leur crédit. S'ils empruntent aujourd'hui, le prêteur tient compte de l'impôt. Il élève d'autant le prix de son prêt. La dette des départements et des communes s'aggrave donc du poids de l'impôt. La part que prélève le Trésor est prise sur leurs charges. Est-ce de bonne politique, je le demande, de procurer des ressources au Trésor en surchargeant les dettes des départements et des communes?

Et puis, il faut prendre garde. Les lois ont leur logique. Une atteinte portée à un principe ne tarde pas à s'aggraver et à s'étendre. Cela produit l'effet d'un virus. On a beau essayer de nier ses conséquences, de vouloir s'arrêter à mi-chemin. On est engrené. Il faut aller jusqu'au bout.

Du moment qu'on frappe les dettes des départements et des communes, ces fractions de la nation, pourquoi ne pas frapper la rente?

MM. Granier de Cassagnac et Roques Salvaza l'avaient compris, et lorsqu'ils proposèrent, dès 1862, la loi du 29 juin 1872, ils la rendirent complète en l'étendant à la rente.

Je sais que, pour certaines personnes, pour celles précisément qui croient faire de l'égalité et de la démocratie en frappant les revenus des sociétés commerciales, cette conséquence est toute en faveur de la loi.

Ces personnes prouvent qu'elles n'ont pas réfléchi au caractère de la rente.

La rente est l'intérêt de la dette nationale; frapper la rente, c'est frapper le crédit du pays.

Lorsque l'État demande au public un prêt d'argent, dans certaines conditions déterminées, il est placé devant son prêteur, exactement comme un débiteur ordinaire.

De quel droit viendrait-il changer les conditions du contrat et ne plus payer qu'une partie de l'intérêt que primitivement il s'était engagé à lui fournir?

L'État doit, le premier, donner l'exemple du respect des conventions. S'il y manquait une seule fois, son crédit serait perdu à jamais. C'est parce que l'ancien régime n'avait pas le respect des engagements contractés, parce que le roi, après avoir été faux monnayeur, croyait se tirer d'embarras en faisant banqueroute à ses créanciers chaque fois qu'il n'avait plus d'argent, que Louis XVI se vit forcé de convoquer les États généraux. L'exemple donné par l'ancienne monarchie avait vivement impressionné l'opinion publique. Aussi, dès les premiers jours de la Révolution, les législateurs prirent-ils le soin d'assurer le payement régulier des arrérages de la rente et de les soustraire à tout empiétement. Il faut bien qu'on se le rappelle : c'est la Révolution qui a fondé le crédit public en France.

Elle l'a si bien fondé que, même aux plus mauvais jours du Directoire, non-seulement on respecta les engagements pris par l'État envers ses créanciers, mais on les garantit par la loi du 9 vendémiaire an VI, au moment même où l'on revenait au système fiscal de l'ancien régime.

Le jour où, sous le second Empire, MM. Granier de Cassagnac et Roques Salvaza demandèrent un impôt sur la rente, ce fut cette loi de l'an VI que M. Vuitry invoqua pour repousser leur projet (1).

Enfin, au lendemain de l'emprunt qui, couvert plus de quatorze fois, a permis la libération de la France, un homme que nul ne soupçonnera d'opinions trop révolutionnaires,

(1) Juin 1862.

M. Cuvillier-Fleury, n'hésitait pas à faire honneur de ce triomphe à la Révolution.

« Chose singulière! la Révolution française, qui a tant remué le monde, causé tant d'alarmes, provoqué tant de bouleversements, versé tant de sang innocent par la main de ses bourreaux, tant de sang glorieux sur les champs de bataille de ses armées, si longtemps victorieuses, — la Révolution, tant redoutée des rois, si souvent fatale aux peuples, si oppressive par instants, si ruineuse et si dépensière; elle qui a aliéné la moitié du sol français pour le succès de ses principes et de ses idées, elle crée le crédit. Elle l'a fondé sur la confiance. Elle l'a tiré, vivant et impérissable, des entrailles fécondes de la liberté. Si vous n'expliquez pas par la confiance qu'inspire à l'Europe la France émancipée par la Révolution, responsable de ses actes, mettant son nom au bas des traités qu'elle accepte ou qu'elle subit, et donnant sa parole, toujours inviolable, à ses créanciers de tout ordre; si vous n'expliquez pas par ce grand renom de la solvabilité française le succès du dernier emprunt, étendu aux deux hémisphères, il est impossible de le comprendre.

« Depuis que le crédit de la Révolution française, sortie de ses orageuses épreuves, a été fondé sur le contrôle public, puissamment organisé et exercé sans relâche, la France n'a jamais manqué à sa parole envers aucun de ses créanciers. Après la révolution de 1848, les républicains de la veille, qui avaient tout à perdre en jouant leur popularité, n'ont pas craint de la hasarder en créant des impôts qui sauvaient l'honneur du Trésor (1). »

Il faut bien nous garder de détruire cette œuvre. La moindre atteinte qui y serait portée serait une cause de ruine pour le crédit de la France. Ce serait non-seulement inique, ce serait idiot.

On croirait gagner d'un côté, on perdrait de l'autre. Est-ce

(1) *Journal des Débats*, 1er août 1872.

qu'un titre de rente, frappé d'un droit, ne serait pas diminué de toute l'étendue de ce droit? Qui en subirait le contrecoup, sinon le pays? Il n'y a donc dans cette proposition qu'un dangereux et injuste artifice de comptabilité.

Je connais l'argument qu'on invoque habituellement pour la justifier : Ce n'est pas la rente que nous frappons, c'est le rentier.

Il ne faut pas jouer sur les mots; un rentier n'est qu'un possesseur de titres de rente : et que représente la rente? Notre crédit à nous tous, à vous, à moi, à tous les citoyens du pays, et on ne fonde pas le crédit sur un jeu de mots. Frappez le rentier; c'est la rente que vous dépréciez.

HAPITRE VII.

RÉSUMÉ.

Sans parler des taxes assimilées aux contributions directes et qui se montent à environ 18 millions, on voit donc qu'en France les contributions directes sont de véritables impôts sur les revenus : le législateur a indiqué nettement, en fondant chacune d'elles, que son but était de les proportionner au revenu du contribuable.

Nous avons vu comment l'expérience avait jugé ces taxes.

La contribution foncière est basée sur le revenu net; le revenu net, de l'aveu même des partisans de cette taxe, n'a jamais pu être établi d'une manière précise.

Dès 1845, on proposait de prendre pour assiette de l'impôt la valeur vénale des immeubles.

Pour suppléer à l'insuffisance de proportionnalité de la contribution foncière, on l'a complétée par la contribution des portes et fenêtres. Cet impôt est inégal entre les citoyens du même pays, puisqu'il varie selon le chiffre des populations agglomérées ; il est tombé dans des inconséquences qui touchent au ridicule; il n'est pas proportionnel.

Pour atteindre les revenus mobiliers, on a établi l'impôt personnel et mobilier. L'impôt personnel est une capitation, inique comme toutes les capitations. L'ouvrier paye autant que le millionnaire.

L'impôt mobilier frappe une nombreuse famille et épargne l'homme qui, vivant seul, n'a besoin que d'un logement moins vaste. En se basant, pour apprécier les revenus d'un individu, sur l'appartement qu'il occupe, il repose sur une base fausse.

L'impôt sur les patentes n'est pas proportionnel aux revenus des contribuables qu'il atteint. Léger aux uns, il est lourd pour les autres. Il est inégal entre les patentés des diverses classes; il est inégal même entre les patentés de la même classe. Chercher à le rendre proportionnel, c'est « chercher la quadrature du cercle », d'après M. Mathieu-Bodet.

L'impôt sur les revenus des valeurs mobilières est injuste, antidémocratique, puisqu'il frappe spécialement les associations de capitaux et épargne les capitaux détenus dans une seule main. Reposant sur le revenu, il n'a qu'une base variable et incertaine. Il est attentatoire au crédit des départements et des communes, et il menace le crédit public en menaçant la rente.

Voilà donc le caractère des impôts sur les revenus existant actuellement en France. Il n'y en a pas un seul qui ne soit contraire au principe de la proportionnalité.

Chaque fois que le législateur a voulu les améliorer, il a échoué, quand il n'en a pas encore aggravé les défauts.

CHAPITRE VIII.

L'IMPÔT SUR LE REVENU.

Les origines de la question de l'impôt sur le revenu en France. — L'impôt sur le revenu et les républicains. — L'impôt unique et l'impôt sur le revenu. — M. Goudchaux et l'impôt sur les revenus mobiliers. — Exposé des motifs. — Ce n'était pas un nouvel impôt sur le revenu. — Il n'innovait rien. — Le projet de M. H. Passy. — L'assiette de l'impôt sur le revenu. — Qu'est-ce que le revenu? — J. B. Say. Coquelin. Smith. — Les salaires, la rente, le profit. — Où finit le revenu? Où commence le capital? — Madame Clémence Royer. — Sismondi. — Sa théorie de l'impôt unique sur le revenu. — L'impôt sur le revenu aboutit aux impôts de consommation. — Confirmation. M. Courcelle-Seneuil. — J. B. Say. M. Vignes.

Les impôts sur la consommation ruinent le pauvre, créent la misère, empêchent l'épargne.

Les impôts sur la circulation arrêtent la production, empêchent le capital de se former.

Les impôts sur les revenus qui existent actuellement en France, entravent la production, empêchent aussi le capital de se former, sont entachés d'inégalités criantes.

En voyant tous les inconvénients des impôts existants, les partisans du progrès, ceux qui croient que nous ne sommes pas arrivés à la perfection absolue, et qu'il nous reste encore quelque chose à faire, ont cherché un nouveau genre d'impôt qui n'eût pas les inconvénients de ceux qui existent, et ils ont proposé *l'impôt sur le revenu.*

Aussitôt une question se présente : Est-ce un impôt sur des revenus ou l'impôt sur le revenu?

L'impôt sur des revenus est appliqué en France : nous avons vu que les quatre contributions directes étaient des impôts sur les revenus. La loi du 29 juin 1872 frappe d'un impôt les revenus de valeurs mobilières; les partisans de l'impôt sur le revenu ne sauraient donc entendre des impôts analogues à ceux-là.

Ce qu'ils entendent évidemment, c'est un impôt unique qui frappe le revenu intégral de chaque contribuable.

« L'impôt du revenu est, sous une autre forme, la question de l'impôt unique. Si l'impôt du revenu a le mérite, en effet, de se proportionner seul exactement aux facultés des contribuables, s'il est le seul juste, le seul qui se perçoive aisément et à peu de frais, il doit nécessairement remplacer tous les autres. Je le conçois comme un système exclusif, dominant avec la rigueur d'un principe; il ne s'expliquerait plus, accepté à titre d'accident fiscal et d'auxiliaire. Quand on saisit directement le revenu pour lui faire payer tribut au moment même où il se forme, on s'interdit de chercher encore à taxer indirectement les ressources individuelles, en incorporant un ou plusieurs impôts au prix des objets de consommation. Qui voudrait se soumettre aux exigences de l'*income-tax*, s'il ne devait pas être affranchi, au moyen de ce sacrifice, des péages que lève l'impôt indirect sur les denrées et sur les marchandises? Combinée avec d'autres principes et ajoutée comme une surcharge à d'autres taxes, toute contribution assise sur le revenu ne représente plus qu'une véritable exaction.

« La théorie de l'*income-tax* équivaut donc rationnellement à la théorie de l'impôt unique (1). »

Sur le principe de l'impôt unique, nous ne discuterons pas : nous sommes d'accord. A toutes ces taxes multiples, qui s'entre-croisent, qui se heurtent, qui se répercutent indéfiniment sur des catégories de contribuables, qui écrasent les uns et épargnent les autres d'une manière arbitraire, qui sont croisées d'une manière si inextricable que le contribuable, égaré au milieu d'elles, ne sait jamais pour quelle part exacte

(1) Léon Faucher. *Mélanges d'économie politique*, t. I, p. 11.

il contribue aux charges de la nation, il faut substituer une taxe unique.

Substituer une taxe unique? Rien de plus simple. Comment n'y a-t-on pas songé plus tôt? Un tel a tant de revenu par an : il payera tant au *prorata* de ce revenu. Voilà la solution du problème!

Eh oui! rien de plus simple! Cela saute aux yeux de tous ceux qui n'ont pas étudié la question. Mais lorsqu'on l'aborde sérieusement et qu'on la scrute, on est arrêté par une toute petite objection : L'impôt sur le revenu est-il possible?

Tout d'abord, je me trouve embarrassé. J'ai bien entendu parler d'impôt sur le revenu; deux fois, en France, l'impôt sur le revenu a été proposé. Mais les auteurs des diverses propositions relatives à l'impôt sur le revenu ont, en réalité, proposé des impôts sur les revenus.

C'est M. Goudchaux qui, le premier, a proposé un impôt sur le revenu.

Or, voici le titre de son projet de loi : *Présentation d'un projet de décret relatif à l'établissement d'un impôt sur le revenu mobilier* (1).

L'exposé des motifs confirme le titre et prouve que M. Goudchaux ne visait que des revenus d'une certaine nature : les revenus mobiliers.

Il fait un réquisitoire contre « les priviléges dont les revenus mobiliers ont joui jusqu'à présent ». Lorsque la loi, continue-t-il, réservait exclusivement les droits politiques aux possesseurs du sol, on comprend qu'elle ait fait acheter ce privilége par une aggravation de charges sur la richesse immobilière.

Puis il introduit dans le projet de loi l'idée fausse que le régime fiscal doit favoriser et protéger telle ou telle production plutôt que telle autre; régler et déterminer l'action des capitaux.

Il dit « que la France est un pays agricole; qu'il faut fa-

(1) *Moniteur*, 1848, 2e semestre, p. 2126-2128.

voriser l'agriculture; que l'un des moyens à employer pour réaliser ce but, c'est de forcer à se reporter sur l'agriculture une partie des capitaux qui vont rechercher dans les opérations industrielles une immunité contre l'impôt. »

Dans la pensée de l'auteur du projet de loi, il s'agit donc uniquement de frapper une certaine catégorie de revenus, et non pas d'établir une taxe unique sur le revenu. Le chiffre de l'impôt qu'il réclame est de 60 millions. S'il se fût agi d'un essai réel d'impôt unique, il eût dit : nous allons limiter à 60 millions cet essai; mais nous décrétons un impôt unique sur le revenu de tous les citoyens, sans exception.

Alors, dans ces conditions, il y eût eu essai d'un impôt unique. Mais en fut-il ainsi ?

Loin de là, on fait de l'impòt sur le revenu un impôt de répartition : Or, l'impôt sur le revenu ne peut être qu'un impôt de quotité : un tel a tel revenu, il doit payer tant sur son revenu. Il n'y a pas une autre manière d'établir un impôt unique sur le revenu.

On ne le pouvait pas, puisqu'on séparait les revenus mobiliers des revenus immobiliers.

Mais comment faire la répartition?

Voici les paroles de l'auteur du projet de loi :

« Nous avons été amenés à reconnaître que l'impôt personnel et mobilier et celui des portes et des fenêtres donnaient la mesure la plus approximative de la richesse mobilière. Chaque département aura donc un contingent proportionnel au principal des contributions personnelle et mobilière et des portes et fenêtres.

« Le contingent départemental sera réparti entre les arrondissements par le conseil général, et entre les communes par les conseils d'arrondissement, toujours d'après la même base, sauf toutefois les modifications que les conseils jugeront à propos d'y apporter.

« Les conseils recevront tous les renseignements nécessaires du directeur des contributions directes. »

Il est impossible d'être plus explicite. L'impôt sur les revenus mobiliers double tout simplement les contributions personnelle et mobilière et la contribution des portes et fenêtres. Ce n'est donc pas un impôt nouveau. C'est une augmentation sous un autre nom d'impôts sur les revenus déjà existants. L'étiquette est changée. Le fond reste le même. Cet impôt sur les revenus mobiliers n'a donc de nouveau que son titre.

Tous ces défauts furent constatés par la commission, qui changea cet impôt en impôt de quotité. La proposition ne vint pas en délibération.

Le 9 août 1849, M. Passy présenta de nouveau un projet de loi sur l'impôt sur le revenu. Cette fois il ne tombait pas dans la faute de M. Goudchaux. C'était un impôt de quotité, s'appliquant à l'ensemble du revenu de chaque contribuable payant la contribution personnelle, au taux de 1 pour 100. M. Passy ayant été remplacé par M. Fould au ministère des finances, celui-ci remplaça ce projet par une augmentation des droits d'enregistrement et certaines réductions de dépenses. Il ne vint donc pas plus que l'autre en discussion.

Telles sont les origines de la question de l'impôt sur le revenu en France. On a jugé l'impôt de M. Goudchaux sur son titre, et on a cru que c'était bien un impôt sur le revenu qu'il proposait, et non pas une simple augmentation de contributions déjà existantes.

Le titre de cet impôt était resté dans la tradition républicaine. Aussi après la guerre, lorsque nous nous sommes trouvés en présence du déficit à combler, le parti républicain, opposé avec juste raison à l'augmentation des contributions indirectes, a proposé un impôt sur le revenu, contre lequel M. Thiers a refait avec une grande animation et une grande habileté l'article que M. Léon Faucher avait consacré, en 1849, aux projets de MM. Goudchaux et Passy (1).

Le parti républicain s'était groupé autour de cette solution

(1) *Mélanges*, t. II.

fiscale comme la moins mauvaise de celles qui lui étaient offertes. Adversaire depuis longtemps des contributions indirectes, j'ai commencé aussi par l'admettre; mais je ne me dissimulais pas que l'impôt sur le revenu présentait de sérieux inconvénients, et n'avait point ce caractère de précision scientifique qui doit distinguer d'un expédient une solution définitive.

En effet, pour qu'un impôt soit solide, il faut qu'il ait une assiette parfaitement déterminée et précisée. Il faut qu'on sache ce qu'il doit atteindre, ce qu'il doit épargner, comment il doit l'atteindre et l'épargner; or, pour cela, il faut tout d'abord qu'on puisse donner une définition précise de l'objet qu'il frappe.

L'impôt doit frapper le revenu; fort bien. Mais qu'est-ce que le revenu?

Est-ce une chose unique, stable, facile à voir et à saisir? N'est-ce pas une chose fugace, insaisissable, fluide, en quelque sorte?

Smith, selon son habitude, n'en donne pas la définition.

J. B. Say dit que « profits et revenus sont une seule et même chose (1). » Et il ajoute quelques pages plus loin : « La somme des profits ou des portions des revenus que nous touchons dans le courant d'un mois, d'une année, forment notre revenu d'un mois, notre revenu annuel. »

Les autres économistes qui font autorité ne donnent même pas de définition du revenu.

« A bien prendre, dit Coquelin, le revenu n'a pas d'existence matérielle. C'est une abstraction; c'est la faculté de consommer. Il n'y a donc pas de valeur particulière dont on puisse dire : ceci fait parti du revenu (2). »

Le revenu se compose, en un mot, de divers éléments étrangers les uns aux autres qui viennent aboutir à la même main.

---

(1) *Cours d'Économie politique*, . II, p. 5.
(2) *Dictionnaire d'Économie politique*, t. I, p. 277.

Smith, dans sa distinction entre le revenu brut et le revenu net, fait de plus une confusion entre le revenu et le capital.

« Le revenu *brut* d'un domaine particulier, dit-il, comprend également tout ce que débourse le fermier.

« *Net*, est ce qui est franc et quitte de toutes charges au propriétaire, après la déduction des frais de régie, des réparations et tous les autres prélèvements nécessaires, ou bien ce qu'il peut, sans nuire à sa fortune, placer dans le fonds qu'il destine à servir immédiatement à sa consommation, c'est-à-dire dépenser pour sa table, son train, les ornements et l'ameublement de sa maison, ses jouissances et amusements personnels. Sa richesse réelle n'est pas en proportion de son revenu brut, mais bien de son revenu net (1). »

Soit! mais qui peut faire cette distinction? Le propriétaire du revenu et le propriétaire seul.

C'est là ce qui a arrêté les économistes. Ils ont compris plus ou moins vaguement que le *revenu était la somme d'utilités qu'un homme acquiert dans un laps de temps fixé par l'usage ;* dans une journée, pour l'ouvrier qui est payé chaque jour; dans une semaine, pour celui qui est payé chaque semaine; dans un mois, pour d'autres; dans une année, pour le propriétaire. — Je gagne 5 fr. par jour; je gagne 500 fr. par mois; j'ai 100,000 fr. de rente. Le commerçant qui fait son inventaire annuel dit : — J'ai gagné tant cette année. Son bénéfice net constitue son revenu.

Mais ces divers revenus sont-ils donc de même nature? Le salaire de l'ouvrier est-il un revenu identique à la rente du propriétaire? Les bénéfices du commerçant constituent-ils un revenu de même ordre que la rente du capitaliste?

Le salaire de l'ouvrier ne se reproduit que par le travail de l'ouvrier. La rente du propriétaire résulte de la posses-

(1) Tome I, p. 346.

sion d'un immeuble, qui se retrouve toujours le même et survivra même à ce propriétaire.

Le profit du commerçant, soumis à toutes les chances de pertes et de gain, dû en grande partie à l'intelligence et à l'activité individuelles, n'a pas le même caractère de fixité et de certitude que la rente du capitaliste qui a placé son argent sur de bonnes hypothèques.

En outre, où finit le revenu? où commence le capital?

Voici un propriétaire qui touche ses fermages deux fois par an; il ne consomme pas immédiatement tout cet argent; il en place une partie en comptes courants ou achète des valeurs mobilières faciles à négocier : n'a-t-il donc qu'un revenu? n'a-t-il pas, à ce moment, un nouveau capital?

Au lieu de placer cet argent, il en met une partie à acheter du vin, qu'il conservera pendant plusieurs années. Ce vin est à coup sûr un capital.

Dans les années suivantes, il boira ce vin; je suppose qu'il en boive pour deux mille francs par an : c'est, à coup sûr, là un revenu. L'impôt ira-t-il frapper ce revenu, produit cependant par un capital préexistant?

Si le propriétaire avait placé son argent en valeurs mobilières ou foncières, il serait frappé par l'impôt sur le revenu; pourquoi donc serait-il épargné, s'il préfère le mettre en tonneaux ou en bouteilles?

S'il achète du vin le 1er janvier 1873 et qu'il l'ait consommé le 31 décembre de la même année, ce vin fera-t-il partie de son revenu? Mais si, au lieu de l'avoir consommé complétement le 31 décembre, il n'en avait consommé que la moitié, ce vin ferait-il encore partie de son revenu? N'aurait-il pas fait partie de son capital?

A quoi bon ces subtilités? me dira-t-on. — Eh! ce n'est pas moi qui les crée. Elles dérivent de la nature des choses, et est-il donc inutile de les constater quand il s'agit d'imposer le revenu sans frapper le capital? est-il donc inutile de demander au législateur fiscal, s'il considère comme revenu la consommation d'un approvisionnement fait antérieurement?

Si oui, alors quelle sera la limite de temps? de quelle manière s'opéreront votre estimation, votre vérification, votre perception!

Si non, alors vous revenez à ceci : vous frappez l'intégralité du revenu de l'ouvrier, du petit propriétaire qui n'a pas, par exemple, le moyen de se monter une cave; vous épargnez, au contraire, celui qui a le moyen d'amasser un capital de vin et de le laisser vieillir dans sa cave.

Madame Clémence Royer, pour justifier l'impôt sur le revenu, a précisément usé de cet argument qui, selon moi, le condamne :

« Qu'est-ce, au fond, que le capital? dit-elle. C'est un revenu âgé de 365 jours et plus. Qu'est-ce, au fond, que le revenu? C'est un capital âgé de 365 jours et moins. Six heures les séparent, pas davantage. C'est une pure différence de temps ou même d'almanach, puisque ce qui est déjà capital dans l'Europe occidentale peut encore être revenu pendant douze jours dans l'Orient grec.

« Bien plus, le revenu d'hier devient aujourd'hui capital entre les mains du banquier ou du marchand. Il leur rapporte un intérêt dès le jour de sa naissance. Imposer le revenu âgé d'un an, c'est donc en réalité faire cadeau au capitaliste d'une portion de l'impôt qui peut équivaloir à 364/365 de la taxe annuelle. Le capital, enfin, c'est le travail accumulé, endossé, enregistré, devenu titre; le revenu, c'est le travail à l'état naissant entre les mains du travailleur (1).

« L'impôt sur le revenu est donc aussi juste que l'impôt sur le capital; il le finit, il le complète. L'impôt sur le capital n'est qu'une moitié du système fiscal, dont l'impôt sur le revenu est l'autre moitié (2). ».

(1) *Théorie de l'impôt*, t. II, p. 202.
(2) *Ibid.*, t. II, p. 202.

Mais ne nous est-il pas permis de demander à madame Clémence Royer, comment elle fera pour estimer le revenu de e banquier ou de ce marchand qui reforme un revenu mmédiat avec le revenu qu'il a déjà perçu?

Et puis, pourquoi tenir compte du revenu annuel plutôt ue du revenu mensuel, plutôt que du revenu hebdomaaire, plutôt que du revenu quotidien? pourquoi cette mesure e temps pendant laquelle une partie du revenu se déroberait l'impôt?

Sismondi qui, le premier, a tracé la théorie complète de impôt sur le revenu, avait constaté cette « difficulté de disnguer le revenu du capital. » Il ajoutait, il est vrai, que législateur « devrait, en tous cas, frapper la richesse qu'il onsidérerait comme revenu. » Mais alors quelle certitude eut présenter l'assiette d'un impôt, quand le législateur n'a as de moyen fixe, précis, invariable de la déterminer?

Il ajoute que l'impôt ne doit jamais détruire que la partie e la richesse qui peut se consommer sans reproduction. Mais qu'est-ce que cette partie de la richesse qui peut se onsommer sans reproduction et qui seule doit être impoable? Sismondi avoue encore « qu'il est difficile d'établir ce ue c'est proprement que le revenu imposable (1). »

Du reste, avec sa bonne foi de penseur sérieux, préoccupé lutôt de découvrir la vérité que de faire triompher son pinion, il dit encore :

« Il est essentiel de ne pas imposer la partie du produit rut qui est consommée, pour maintenir en même état les méliorations de la terre, ni celle qui remplace les capitaux xes et circulants au moyen desquels tous les travaux sont ccomplis, ni celle qui fait vivre tous les hommes par lesuels ces travaux s'accomplissent. Mais comment les distinuer (2)? »

(1) *Nouveaux principes d'économie politique*, t. II, p. 150.
(2) *Ibid.*, p. 159.

On serait en droit d'attendre que, devant les objection que Sismondi se pose à lui-même, il renonçât à imposer un chose aussi insaisissable. Loin de là. Égaré par son point d départ, il persévère à vouloir frapper, non le capital, ma le revenu, et il ajoute aux règles d'Adam Smith, les règl suivantes :

« 1° Tout impôt doit porter sur le revenu et non sur capital;

» 2° Dans l'assiette de l'impôt, il ne faut point confond le produit brut annuel avec le revenu; car le premier con prend, outre le second, tout le capital circulant; et une part de ce produit doit demeurer pour maintenir ou renouvel tous les capitaux fixes, tous les travaux accumulés, et la v de tous les ouvriers productifs;

« 3° L'impôt étant le prix que le citoyen paye pour d jouissances, on ne saurait le demander à celui qui ne jo de rien; il ne doit donc jamais atteindre la partie du reve qui est nécessaire à la vie du contribuable;

4° L'impôt ne doit jamais mettre en fuite la richesse qu frappe; il doit donc être d'autant plus modéré, que cette : chesse est d'une nature plus fugitive. Il ne doit jamais attei dre la partie du revenu qui est nécessaire, pour que ce r venu se conserve (1). »

Voilà les règles que trace Sismondi pour établir l'assie de l'impôt sur le revenu. Il s'agit de savoir comment il pa viendra à les appliquer; comment il pourra distinguer en le produit brut annuel et le revenu net; comment il ménage les besoins immédiats du contribuable.

Dès qu'il se trouve en présence de l'application de l'im sur le revenu, il montre la faiblesse de cet impôt, car s premier mot est celui-ci :

« L'impôt unique (sur le revenu), si même il était exé table, rendrait beaucoup moins et causerait beaucoup p

(1) *Nouveaux principes d'économie politique*, t. II, p. 167.

de souffrances que les impôts divers, qui se proportionnent aux diverses natures de richesses (1). »

Et il ajoute :

« Pour frapper le revenu d'un impôt unique, il faudrait, ou prendre le revenu individuel à sa naissance, au moment où chaque citoyen le perçoit, ou bien le prendre à sa conversion en consommation, au moment où chaque individu le dépense. »

Mais Sismondi avoue immédiatement qu'on ne peut appliquer ni l'une ni l'autre de ces méthodes, et il en revient à dire qu'il n'y a qu'une seule manière de frapper le revenu : c'est de diversifier et de multiplier les taxes.

Il reconnaît qu'il est difficile de taxer les revenus des capitaux circulants. On frappera « l'intérêt » de celui qui a fait l'avance du capital. Mais « la transmission des capitaux circulants, dit-il, est une transaction que l'autorité n'a presque aucun moyen de découvrir. »

Sismondi ne se borne pas à cette affirmation.

Il signale les fraudes et les mesures vexatoires auxquelles on serait forcé d'avoir recours dans la perception de cette partie de l'impôt sur le revenu.

Est-ce tout? Non.

« Le profit des capitaux est une richesse plus fugitive encore. » La même entreprise donne des profits qui changent d'année en année.

Et le salaire, comment le taxer?

Sismondi conclut :

« Ainsi l'on ne peut taxer directement que le revenu qui naît des terres, des maisons, des usines et des autres capitaux fixes ; tout autre revenu échappe à sa naissance à l'inspection du gouvernement, et c'est dans une autre période de sa durée seulement que le fisc peut espérer d'entrer en partage d'un bien qu'il ne protége en effet qu'à cette condition. Il en résulte que le gouvernement s'est vu forcé de multiplier

(1) *Nouveaux principes d'économie politique*, t. II, p. 170.

les impôts, pour que chacun à part fût plus léger, et pour qu'au défaut de l'un, un autre atteignît les diverses classes de personnes.

« Il a frappé, d'une part, les recettes par des taxes directes ; d'autre part, les dépenses par des taxes de consommation : il a pris partout où il a trouvé quelque chose à prendre ; mais il lui est presque toujours impossible d'apprécier combien il demande à chaque classe, et, par conséquent, de maintenir l'égalité proportionnelle que la justice aurait exigée. Cependant les contribuables aiment mieux encore se soumettre à ce grave inconvénient qu'à l'obligation de rendre de leurs revenus un compte que souvent il n'ont jamais établi pour eux-mêmes (1). »

Et Sismondi arrive à dire :

« Ainsi, malgré l'ardeur des financiers, leur activité constante, leur talent d'invention et la rapidité avec laquelle une découverte dans leur art, dans quelque pays qu'elle soit faite, se communique aussitôt à tous les États civilisés, il leur est demeuré impossible d'atteindre directement la plus grande partie des revenus, et c'est faute d'avoir pu le faire qu'ils ont essayé, du moins, de lever une contribution proportionnelle aux dépenses (2). »

Voilà donc la conclusion de Sismondi. Après être parti de ce point, que l'impôt unique sur le revenu est le seul juste, il aboutit à reconnaître qu'il ne peut exister ; et après avoir énuméré, avec une remarquable vigueur, tous les vices et tous les défauts des impôts existants actuels, que propose-t-il? leur changement? — Non! leur maintien!

Oui, les impôts sur la consommation sont atroces, injustes, contiennent en germe tous les principes destructifs d'une société, arrivent à « dispenser de presque tout impôt tous les riches et à ne faire peser les taxes que sur les pauvres (3) ! »

---

(1) Tome II, p. 177.
(2) Tome II, p. 201.
(3) Tome I, p. 207.

Oui, « l'établissement des taxes sur la consommation a couvert l'Europe de plusieurs armées de commis, d'inspecteurs, d'employés, qui, luttant sans cesse avec chaque citoyen sur ses intérêts pécuniaires, ont contribué à rendre l'autorité odieuse au peuple, et ont accoutumé les hommes à ruser avec la loi, à violer la vérité, à désobéir, à tromper (1). »

Oui, les impôts multiples se répercutent d'une manière inégale, et écrasent les uns en épargnant les autres.

Oui, il n'y a qu'un seul impôt juste ; c'est l'impôt unique sur le revenu!

Mais, comme le revenu est une chose multiple et insaisissable, on ne peut l'atteindre que par la multiplicité des impôts et par le maintien des impôts les plus iniques : les impôts de consommation!

En un mot, l'impôt sur le revenu ne peut exister qu'en reproduisant tous les vices, tous les inconvénients des impôts qui existent actuellement.

Telle est la conclusion de ce grand esprit sincère, Sismondi : conclusion fatale qui est la plus formelle condamnation de l'impôt sur le revenu, prononcée par son plus illustre défenseur!

Cette conséquence forcée de l'impôt sur le revenu a été également constatée par M. Courcelle-Seneuil, qui, cependant, admet aussi en principe la théorie de l'impôt unique sur le revenu :

« L'impôt sur le revenu, dit-il, s'est toujours déguisé sous mille noms; il a pris mille prétextes, et s'est appesanti, selon les temps, tantôt sur une classe de citoyens, tantôt sur une autre, tantôt plus et tantôt moins (2). »

Cette vérité, que le législateur n'a frappé les consommations qu'afin d'atteindre les revenus qui échapperaient à tout contrôle et à toute vérification, a été encore constatée par J. B. Say :

---

(1) Tome II, p. 219.
(2) *Dictionnaire de l'Économie politique*, t. II, p. 821.

« Ce sont toujours les capitaux ou les revenus qu'il s'agit d'atteindre (1). »

« C'est surtout, dit encore M. Vignes, par les contributions indirectes proprement dites que le législateur a eu en vue d'atteindre la partie de la richesse mobilière qui échappe à l'impôt direct (2). »

C'est là une conséquence fatale et qui arrive à la plus complète injustice.

Pour que le revenu puisse être frappé, il faut qu'il se manifeste, qu'il se montre. Or, quand il ne se manifeste pas sous forme d'échange, tout au moins est-il épargné.

Qu'est-ce que le revenu? *C'est le produit d'un capital circulant par le capital fixe.*

Mais ce capital circulant a pour but de se transformer d'une manière plus ou moins rapide, mais de se transformer à coup sûr.

Or, pour l'atteindre, pour le frapper, il faut que vous puissiez le saisir dans ce moment indéterminé et éphémère, où il vient de se produire et où il n'est pas consommé. C'est là le rôle que remplissent les contributions indirectes auxquelles vous êtes ramenés forcément.

Plus nous irons, plus les difficultés augmenteront, car plus la circulation devient rapide, et plus elle revêt de formes diverses.

Nous avons vu que la contribution foncière, basée sur le revenu net, aboutissait aux plus monstrueuses inégalités.

Que serait-ce donc s'il s'agissait de tous les revenus mobiliers, si variables, si fugaces, si incertains, et revêtus de tant de formes diverses?

De plus, comme nous l'avons démontré, les capitaux circulants tendent à diminuer par rapport au capital fixe. On frapperait donc précisément les capitaux dont l'augmentation est moindre.

(1) *Cours d'Économie politique*, t. II, p. 298.

(2) Tome I, p. 99.

CHAPITRE IX.

L'IMPÔT SUR LE REVENU ET SON APPLICATION.

Difficulté d'application. — M. Goudchaux. — M. Passy. — La déclaration. — Le contrôle. — L'application en Allemagne. — L'*income-tax*. — Stuart Mill. — M. de Parieu. — M. Thiers. — Nulle part l'impôt sur le revenu n'existe comme impôt unique.

Cette difficulté d'application n'a jamais été résolue du reste.

Vous frappez le revenu d'un propriétaire, mais il a des dettes et des charges. M. Goudchaux n'en tenait pas compte dans son projet. M. Passy, au contraire, en faisait la déduction. Mais comment opérer cette déduction? à qui s'en rapporter ?

M. Goudchaux, comme nous l'avons vu, avait pris pour base de l'impôt les contributions personnelle et mobilière et la contribution des portes et fenêtres. Il tombait dans une erreur que nous avons déjà signalée : il supposait que la valeur locative était un thermomètre du revenu.

M. Passy n'était pas tombé dans la même faute. Mais comment appliquer l'impôt ?

Il n'avait pas hésité à s'en remettre à la déclaration du contribuable.

« Les contribuables auront à faire leur déclaration, s'ils le *jugent convenable*. En cas d'abstention de leur part, une commission spéciale fixera leur contingent (dans chaque commune), sauf à admettre toutes les réclamations qui paraîtraient fondées, toutes les justifications présentées en bonne et due forme. Les préfets arrêteront ensuite les chiffres résultant des évaluations, et fixeront la somme à payer par les communes, à raison de 1 pour 100. La matrice sera ensuite communiquée aux répartiteurs communaux, qui auront la faculté de proposer des modifications en faveur de ceux des contribuables dont la position leur semblerait mériter des ménagements, mais sans qu'il doive en résulter des changements dans le contingent assigné à la commune. »

Cette manière d'appliquer l'impôt sur le revenu n'est pas exempte d'une certaine naïveté. On s'en remettra à la déclaration du contribuable, « s'il juge convenable » de faire une déclaration; sinon on l'imposera. On répartira l'impôt entre les communes. Si un contribuable est trop chargé, on le dégrèvera; mais le surplus de l'impôt n'en restera pas moins à la charge de la commune. Ce sera à elle de payer l'erreur commise. Il y a là quelque chose qui ne paraît pas très-juste.

Les financiers allemands ont passé leur temps à se débattre au milieu de ces difficultés.

« Dans la vue d'atteindre l'ensemble de la fortune des contribuables, les Allemands se sont tour à tour adressés à la propriété, au revenu, ou même à l'un et à l'autre à la fois, à des impôts généraux sur la totalité de la fortune, ou à des impôts spéciaux sur les branches de la richesse, jusque-là épargnées, quelquefois aussi à deux expédients à la fois, à l'impôt proportionnel habituellement, mais aussi à l'impôt progressif, à l'appréciation des revenus nets des dettes ou bruts, à l'évaluation géométrique et aussi exacte que possible des fortunes, ou à cette taxation approximative, qui se contente de grouper les contribuables en un certain nombre de classes, formées, soit d'après la qualité des contribuables et leur place dans leur ordre social, soit d'après l'évaluation du revenu, ramenée toutefois à la simple position entre un maximum et un minimum donnés (1). »

Parfois l'impôt sur le revenu constitue un véritable impôt de capitation.

(1) E. de Parieu. *Histoire des impôts sur la propriété et le revenu*, p. 231.

En Saxe-Weimar, dès 1821, l'*Einkommensteuer* s'appliquait aux propriétés immobilières sans déduction des autres charges qu'elles supportaient déjà. Cet impôt a été modifié en 1823, 1824, 1827, 1836, 1840 et 1851. Toute personne capable de travailler est également présumée se procurer un revenu ou un gain de quinze thalers par an et est imposée en conséquence. Voilà l'impôt de capitation. Puis il y a des exceptions (1).

En Angleterre, l'*income-tax* ne frappe pas d'une manière uniforme le revenu de chaque contribuable. Elle divise les revenus par catégories plus ou moins inégales; elle en fait une sorte de classification, comme notre loi des patentes.

Les contribuables sont divisés en cinq catégories, appelées cédules (2).

La cédule *A* comprend les terres, héritages, immeubles par nature, imposés *au compte du propriétaire*, à raison de 7 pence par livre de revenu net annuel, soit de 2 fr. 92 pour 100.

La cédule *C* comprend les mêmes immeubles imposés en *raison de la jouissance*, ou à titre de bénéfice de fermier, à raison de 3 pence et demie par livre. (1 fr. 46 pour 100).

La cédule *B* comprend les rentes et annuités, dividendes, à raison de 7 pence (2 fr. 92 pour 100).

La cédule *D* comprend le commerce et les professions, imposés également à 7 pence.

La cédule *E* comprend les traitements des fonctionnaires publics, à raison de 7 pence.

La cédule *D*, comme nous l'avons fait remarquer plus haut, comprend les déclarations des profits de l'industrie, du commerce et des professions libérales.

« La procédure anglaise, dit M. Esquirou de Parieu (3), relative à l'assiette de l'*income-tax*, assez difficile à suivre en

(1) *Revue politique et littéraire*, 1874, n° 26, p. 613.

(2) Je prends les chiffres cités par M. de Parieu, *Traité des impôts*, t. I, p. 428.

(3) *Traité des impôts*, t. I, p. 432.

détail à cause des complications habituelles à la législation de ce pays, peut se résumer en termes assez simples.

« L'assiette de l'impôt a pour base la déclaration du contribuable. Comme garantie d'exactitude, on paraît admettre *toute vérification directe ou indirecte*. Cependant, il y a des règles particulières à la découverte des revenus atteints par la cédule *D*. Le triple droit est destiné à punir les déclarations mensongères. *L'assesseur* veille à ce que les rôles comprennent tous les contribuables. Il reçoit les déclarations et les transmet à l'inspecteur. Il prépare les taxations d'office à défaut de déclarations. »

Puis viennent des inspecteurs réviseurs, des commissaires adjoints, des commissaires spéciaux et généraux.

Tel est le cercle vicieux dans lequel tourne l'impôt sur le revenu : d'abord, déclaration du contribuable, puis suspicion de cette déclaration, et alors on se livre aux vérifications directes ou indirectes, c'est-à-dire qu'on aboutit toujours à l'arbitraire, à l'inquisition et aux vexations qui en résultent.

Enfin, comme tous les impôts basés sur des classifications plus ou moins arbitraires, l'*income-tax* aboutit forcément à des injustices. Les taux différents qu'elle établit entre les divers revenus, selon leur origine, en essayant de placer entre eux un système de compensation, produisent forcément des inégalités.

On a beau dire que les Anglais s'accommodent parfaitement de cet impôt, il n'en est pas moins vrai que tous les ministres des finances s'attachent à le réduire. Dernièrement encore, quand un excédant de recettes a été constaté, on a proposé, quoi? la suppression de l'impôt sur le sucre et une nouvelle réduction de l'*income-tax*.

Stuart Mill est grand partisan de l'impôt sur le revenu. Voici ce qu'il en dit :

« Un impôt du revenu loyalement établi sur ces principes serait, au point de vue de la justice, l'impôt le moins contestable de tous. Ce qu'on peut lui reprocher, c'est l'impossibilité de constater le revenu réel des contribuables (1). »

C'est l'histoire de la jument de Roland qui avait toutes les qualités, seulement elle était morte.

On n'a rien répondu à M. de Parieu, disant dans son rapport sur le projet de loi de M. Goudchaux :

» Quelle inquisition redoutable que celle dont le résultat sera tout à la fois d'obliger le riche à révéler une fortune qu'il se plaît peut-être à entourer de mystère, et de condamner le citoyen pécuniairement malheureux à cette dure alternative de répandre sur sa situation une lumière fatale à son crédit, ou d'acheter par un impôt mensonger la conservation du prestige d'aisance dont il est environné ! »

On n'a rien répondu à M. Thiers, parce qu'on ne pouvait rien lui répondre, quand, dans son discours du 26 décembre 1871, il disait :

« Comment! vous investiriez quelqu'un d'un pouvoir arbitraire dans l'impôt ! Quoi ! vous permettriez à un gouvernement, quel qu'il fût, de dire aux contribuables : Vous avez 10,000, 20,000, 30,000, 40,000, 50,000 francs de rente? vous le permettriez à quelqu'un ! C'est impossible.

« Il faut que celui-là seul paye l'impôt, qui peut le payer, et quand on peut prouver qu'il est en état de le payer, uniquement quand on peut le prouver, et non pas sur de simples allégations, de façon qu'il suffise de dire aux contribuables : « Vous êtes riches. » Non, il ne faut pas que ce soit la volonté du taxateur qui décide; il faut qu'on puisse faire reposer l'impôt sur la preuve incontestable de la richesse. »

L'impôt sur le revenu présente donc l'application la plus difficile. S'adressant à l'homme, il le soumet à une inquisition. Logiquement, il aboutirait à la torture préalable.

Cependant, dans les pays où il est établi, on le supporte tant bien que mal, parce qu'il est peu élevé ; de plus, autant

(1) Stuart Mill. *Principes d'économie politique*, t. II, p. 387.

que possible, on le fait porter sur les choses. Nulle part l'impôt sur le revenu n'est appliqué dans son intégrité. Il n'y a, en réalité, que des impôts sur les revenus.

Quand on parle de l'*income-tax,* nous nous figurons volontiers qu'elle est un impôt unique sur le revenu. Or, comme nous venons de le voir, elle divise les revenus par catégories qu'elle soumet à des régimes divers. De plus, l'*income-tax,* loin d'être un impôt unique, ne se monte, sur un budget évalué, pour 1873-74, à 73,762,000 liv. sterling, qu'à 5,575,000 liv. Dans les évaluations pour 1874-1875, elle est réduite à 3,960,000, moins du vingtième! Ce n'est guère que le quinzième. L'*income-tax* est donc un impôt qui vient se superposer à d'autres impôts. Il en est de même, avec des proportions diverses, pour tous les autres pays où existe un impôt sur le revenu.

« Nulle part, dit M. de Parieu, l'impôt sur le revenu n'est « un impôt unique. Il se plie partout aux reliefs du système « financier auquel il est superposé (1). »

L'impôt unique sur le revenu n'existe donc pas, et, vu la diversité des revenus qu'il s'agit d'atteindre, il ne paraît pas possible qu'il puisse jamais exister (2).

Mais soit : admettons qu'on puisse appliquer l'impôt unique sur le revenu, que cette application ne souffre pas la moindre difficulté, il y a des objections encore plus graves qui se dressent contre lui.

Voici la première : l'impôt sur le revenu est profondément inique.

---

(1) *Les impôts sur la propriété et le revenu.*

(2) Voir dans mes *Discours et Conférences*, p. 103, l'article intitulé : *La simplicité de l'impôt sur le revenu.* Lettre à M. le rédacteur en chef de la *France.* 4 octobre 1874.

CHAPITRE X.

L'IMPÔT SUR LE REVENU ET SES INÉGALITÉS.

Les trois propriétaires. — Inégalités. — Le revenu de l'agriculteur et le salaire de l'ouvrier. — Les profits du fermier et la rente du propriétaire. — Un revenu en basse Bretagne et un traitement à Paris. — Un calcul de Mac Culloch. — Un petit propriétaire et un ouvrier. — L'impôt sur le revenu et la rente. — L'impôt progressif. — France, Autriche, Bade, Prusse. — Angleterre. — La sage progression. — M. Wolowski. M. Léonce de Lavergne. MM. Hèvre et Bamberger. M. Langlois. M. Rouveure. — La base de la progression. — L'impôt sur le revenu et la production. — L'impôt sur le revenu se répercute sur la production en raison géométrique. — L'impôt sur le revenu doit être repoussé par les hommes de progrès.

L'impôt sur le revenu est profondément inique, ai-je dit. En voici la preuve :

Nous sommes trois propriétaires ayant chacun 100,000 fr.

L'un est un gros paresseux. Il ne veut point avoir de souci. Il choisit un bon placement, bien sûr, à 3 p. 100 par an, qui lui laissera toute tranquillité. Si l'impôt est de 10 pour 100 fr. il payera donc 300 fr.

Un autre achète des terrains. Ces terrains ne lui rapportent pas un sou de revenu. Seulement, il attend une expropriation qui doit leur donner une valeur double. Il ne paye pas un sou à l'impôt.

Enfin, un troisième met ses 100,000 fr. dans le commerce. Il se donne un mal du diable. Il court à droite et à gauche, au risque d'attraper des coups de tampon et des fluxions de poitrine. Il fait des consignations ; il risque son capital dans des opérations difficiles et aléatoires. Il parvient à obtenir de ses 100,000 francs un bénéfice de 30,000 francs.

Alors, voici ce qui arrivera, dans le système de l'impôt sur le revenu :

Tandis que le premier ne paye que 300 fr. ; tandis que le spéculateur sur les terrains ne paye rien, le troisième, qui, à force d'activité, de travail, d'intelligence, a, en fécondant ses capitaux, rendu service à la production générale de son pays, a contribué à l'extension de son industrie ou de son commerce, doit au fisc la somme de 3,000 fr.

Est-ce juste?

M. Batbie, alors qu'il n'était que professeur, avait répondu : — Non!

« La répartition, disait-il, ne serait-elle pas plus équitable si, au lieu d'avoir pour base le revenu, elle était faite proportionnellement au capital? Il y a des capitaux qui ne produisent pas de revenu et qui, cependant, ont une grande valeur. Celui qui, aux portes d'une ville, garde des terrains dépouillés de culture et sans rapport de location, a une fortune considérable; cependant, si on ne l'impose que proportionnellement au revenu, il ne payera presque rien au Trésor. Il jouit de la protection sociale pour des valeurs importantes; pourquoi ne payerait-il la prime d'assurance au gouvernement que sur le pied d'un petit propriétaire? S'il trouve plus d'avantage à attendre une vente heureuse qui doublera sa fortune, est-ce une raison pour le dispenser de payer la contribution? Toutes les constitutions qui se sont succédé ont dit que chacun devait être imposé au prorata de sa fortune et non proportionnellement au revenu. Or, une personne peut avoir de *la fortune* sans avoir des revenus proportionnés à son capital et, à ne consulter que le texte des constitutions, il est certain que celui qui ayant un capital considérable ne paye l'impôt que sur un petit revenu n'est pas imposé proportionnellement à ses biens (1). »

« Il faut s'y résoudre, disait M. du Puynode, l'impôt du revenu, s'il existait, frapperait d'un seul coup l'ensemble de

(1) Batbie. *Mélanges d'économie politique*, p. 411

revenus de chaque contribuable, et cet ensemble, estimé très au hasard encore, il le frapperait toujours de semblable façon. Il ne tiendrait pas plus compte de la diversité des profits que de la différence des conditions sociales. Punissant le talent et l'activité dès qu'ils mèneraient au succès, il primerait la nonchalance et le vice, dès qu'ils prépareraient la ruine. Le même poids pèserait sur les forces les plus inégales et les moins certaines ; ce seraient toutes les iniquités de la dîme avec toutes les ignorances de la capitation. Voilà, cependant, la taxe qu'on a présentée et qu'on persiste à présenter comme très-juste et très-facile à constituer. C'est à mon sens la plus grande erreur des économistes français de l'avoir sans cesse défendue et réclamée (1). »

M. du Puynode a dit encore avec raison :

« Les tributs assis sur les revenus devraient varier avec toutes les circonstances qui les produisent. »

Or, est-ce possible?

Il y a une année de disette. Le blé valait 20 francs l'hectolitre l'année dernière; cette année il vaut 30 francs.

Est-ce que le revenu de l'agriculteur est égal? Non, à coup sûr.

S'il a une mauvaise récolte, il peut n'avoir pas de revenu.

S'il a, au contraire, une bonne récolte, son revenu est augmenté d'un tiers.

Dans les deux cas, sa taxe reste exactement la même. Elle n'est donc pas proportionnée à son revenu.

Moi, je suis ouvrier; je gagne 2,000 fr. par an. Je paye mon pain un tiers plus cher. Il est évident que mon revenu est diminué de ce tiers d'augmentation du prix du pain. Ma taxe est cependant au même taux. Est-elle donc encore, dans ce cas, proportionnée à mon revenu?

---

(1) Du Puynode. *De la monnaie, du crédit et de l'impôt*, t. II, p. 246

Non, à coup sûr. Pour qu'elle conservât la proportionnalité, il faudrait qu'elle fût dégrevée dans la proportion de l'augmentation du prix du blé, et que celle de l'agriculteur, qui a profité de cette hausse, fût augmentée en proportion.

— C'est impossible!

J'en conviens; donc la taxe n'est pas proportionnelle.

Autre cas : Je suis fermier, et quoique mon capital d'exploitation soit extrêmement faible, je me fais, à force de travail, un revenu égal à celui de mon propriétaire. Je payerai donc la même taxe. La situation est-elle égale cependant?

Mon propriétaire est assuré de conserver toujours sa terre; chaque année, je me suis engagé à lui donner un revenu uniforme.

Moi, au contraire, je suis soumis à toutes les chances des mauvaises récoltes, des accidents météorologiques, des épizooties. Il faudrait que je pusse capitaliser mon revenu pour les diminuer : mais c'est alors que le fisc intervient pour me dire : — Paye le même prix que ton propriétaire.

Ce n'est pas tout : Comment évaluerez-vous l'importance relative des revenus?

Je suis propriétaire en basse Bretagne, et j'ai 3,000 francs de rente; je suppose que vous me frappiez d'une taxe de 10 pour 100 de mon revenu, soit 300 fr. Il me reste encore 2,700 fr. pour vivre. Là-bas, la vie n'est pas chère. Je suis fort à l'aise.

Je suis, au contraire, employé à Paris. A force de travail, je parviens à gagner 3,000 fr. par an. Le fisc me demande également 300 fr. Mais la vie est chère; je ne puis vivre que mesquinement avec les 2,700 fr. qui me restent. Est-ce que la taxe est proportionnelle? Est-ce que je ne paye pas plus, en réalité, que mon rentier bas breton?

Le fisc ne peut estimer mon revenu que d'une manière absolue : un franc de basse Bretagne vaut à ses yeux un franc de Paris. En est-il ainsi, cependant, en réalité? Non, à coup sûr. Si vous considérez le revenu de 3,000 fr. en basse Bretagne comme égal au revenu de 3,000 à Paris, vous commettez l'erreur de comparer des unités qui ne sont pas de même ordre.

Essayerez-vous de faire des catégories comme on en a fait pour les contributions des portes et fenêtres et des patentes? Ce sera encore pis.

De plus, si on voulait tenter de rétablir la proportionnalité entre les divers revenus, à l'aide de catégories, voici à quel singulier résultat on aboutirait. Comme les revenus, dans les contrées pauvres, ont une valeur relativement plus considérable, on devrait les imposer plus lourdement que les revenus existant dans les contrées riches. Les revenus des propriétaires habitant les pays les plus pauvres seraient donc les plus chargés. On arriverait donc à charger du double et du triple le revenu du propriétaire bas breton, et à placer dans la catégorie la moins imposée le revenu du Parisien. L'impôt sur le revenu croîtrait en raison de la misère du milieu.

Il y a une circonstance aggravante qui augmente la disproportion entre les revenus du propriétaire bas breton et de l'employé à Paris.

Quand mon rentier bas breton aura payé ses 300 fr. d'impôts et dépensé les 2,700 fr. qui lui restent, il n'aura qu'à dormir tranquillement. Il retrouvera l'année suivante ses 300 fr. d'impôts et ses 2,700 fr. de rente; peut-être même y aura-t-il, en outre, une plus-value du capital, de la propriété qui lui aura procuré ces rentes.

L'employé, au contraire, qui a déjà de la peine à nouer les deux bouts avec ses 2,700 fr. de salaire à Paris, devra les regagner à grand'peine. Avec les 300 fr. qu'il donne au fisc, il aurait peut-être pu s'assurer, assurer sa fille, lui constituer un commencement de dot pour l'aider à se débrouiller dans la vie. Le fisc a saisi ce capital en formation, dû au travail, à l'activité de ce travailleur qui, en développant la richesse du pays, est utile à tous, tandis qu'il a épargné le capital formé du rentier, qui n'a d'autre utilité dans la société que de consommer son revenu.

Y a-t-il donc là égalité? Y a-t-il proportionnalité?

Mac Culloch établit : « qu'un revenu viager de 1,000 livres pour une personne âgée de quarante ans, et à laquelle il reste vingt-sept ans à vivre, d'après les tables de probabilité, ne représente pas une valeur plus considérable qu'un revenu perpétuel de 661 livres, et devrait, par conséquent, si le taux de l'impôt était à 10 pour 100, ne supporter qu'une taxe de 66 livres. »

Cette inégalité se représente sous mille formes. Un propriétaire vit sur sa terre, mange son blé, ses poules, son porc, toutes choses qui constituent un revenu, à coup sûr.

Comment apprécierez-vous ce revenu essentiellement variable? Irez-vous faire la capitation des poules? Ce propriétaire peut n'avoir pas un revenu en argent de 500 fr., et cependant vivre dans l'aisance, à l'aide de tous ces capitaux circulants qui composent un revenu en nature.

Un ouvrier, au contraire, gagne 1,500 fr. par an. Il est obligé de tout acheter. L'impôt le frappe au prorata de 1,500 fr. et ne frapperait l'autre qu'au prorata de 500 fr. Cependant l'ouvrier est presque dans la misère, et le petit propriétaire presque dans l'aisance.

— Ah! mais, me dites-vous, on imposera le petit propriétaire d'après le système du cadastre actuel.

— Et si, à sa propriété foncière, il joint une rente mobilière?

On imposera aussi sa rente.

Alors nous en revenons à la multiplicité des taxes : l'impôt unique sur le revenu disparaît. Je suppose que l'impôt foncier soit considéré comme un impôt sur le revenu et continue à exister tel qu'il est actuellement; mais le petit rentier, au lieu d'une terre, a des actions sur une Compagnie de chemins de fer, je suppose. Ce petit propriétaire payera sa quote-part de l'impôt foncier de la Compagnie, puis il payera comme rentier. Sa fortune sera donc frappée deux fois. S'il avait un champ, au lieu d'avoir une valeur mobilière, il n'aurait été frappé qu'une fois. C'est le système inauguré par la loi du 29 juin 1872.

Le petit rentier, s'apercevant de cet inconvénient, au lieu d'acheter une action d'une Compagnie de chemin de fer, achète de la rente sur l'État, dont le revenu, par rapport aux autres valeurs mobilières, est augmenté de toute la différence de l'impôt.

Sera-t-il frappé? Non, car si l'État frappait la rente, il arriverait tout simplement à augmenter le taux de ses emprunts.

Mais d'un autre côté, comment moi, propriétaire foncier, moi ouvrier, vous allez frapper mon salaire, mon revenu et épargner le rentier! et pourquoi donc cette faveur? Ne venez pas m'arguer de la grande considération du crédit de l'État ; je ne connais qu'une chose : c'est mon revenu qu'on frappe, j'ai le droit de réclamer, si le revenu de mon voisin n'est pas frappé. L'impôt sur le revenu n'est pas réel, il est personnel. Ce sont les têtes que l'on vise. Il faut que chacun paye. Là est la base de l'impôt sur le revenu. Tous ses partisans le déclarent. Madame Clémence Royer le proclame (1).

— Comment! il faut que chacun paye. Mais moi, je suis un ouvrier. Je ne gagne que 1,200 fr. par an, à Paris. Ce n'est qu'à l'aide de privations et d'efforts que je parviens à élever ma famille. Allez-vous me frapper dans la même proportion qu'un homme qui a 50,000 fr. de rente? J'ai un minimum de besoins à satisfaire. Si vous m'enlevez encore par l'impôt une portion de mes ressources, vous me condamnez à la misère, et il faudra que l'assistance publique me rende ce que m'aura pris l'impôt.

Ce raisonnement est si précis et frappe si juste que ce

(1) T. II, p. 213.

minimum de besoins a été épargné par tous les États qui ont appliqué l'impôt sur le revenu.

Ce principe a été admis en France pour trois des impôts sur les revenus, la contribution des portes et fenêtres, la contribution personnelle et mobilière, la contribution des patentes.

En Autriche, dans le dix-huitième siècle, on eut recours à un impôt de classes (*Classensteuer*) qui, épargnant les revenus les plus faibles, était élevé, par la progression, jusqu'à 20 pour 100 pour les revenus les plus forts.

Dans le grand-duché de Bade et en Prusse, pendant les guerres de Napoléon, un impôt progressif fut également établi sur les profits et les revenus : il était de un demi pour cent pour les fortunes les moins considérables, de 6 pour 100 pour les plus grandes.

En 1872, on mit en Prusse une taxe de 3 pour 100 sur les capitaux, et une autre de 5 pour cent sur les revenus de plus de 300 thalers provenant du travail.

En 1820, on établit un impôt nouveau (*Classensteuer*), réparti en six classes de contribuables ; elles furent réduites à quatre par une loi de l'année suivante. Ces quatre classes furent elles-mêmes subdivisées en douze catégories, excepté dans la Prusse rhénane, où l'impôt fut perçu suivant une échelle de vingt degrés. La première classe comprenait les grands propriétaires fonciers, les grands industriels, négociants, banquiers, hauts fonctionnaires divisés en trois catégories, payant, la première, 144 thalers, la seconde, 96, et la troisième, 48. La seconde classe se composait des propriétaires fonciers moins riches, des marchands ou industriels qui, sans avoir une existence opulente, n'étaient cependant pas assujettis à se livrer à un autre travail que celui de surveillance ou de direction ; trois catégories avec cotes de 24, 18 et 12 thalers. La troisième classe était formée des petits propriétaires ruraux, des fermiers, des artisans, des petits employés de l'État et des communes payant suivant des cotes de 8, 6 et 4 thalers. Dans la dernière classe, étaient rangés les ouvriers, domestiques, journaliers; les deux premières catégories de cette classe payaient 3 et 2 thalers par ménage; une troisième et dernière catégorie ne payait qu'un demi-thaler par tête.

Toutes les cotes de la première classe étaient proportionnellement très-inférieures à celles que devaient payer les contribuables des trois autres classes. C'était un impôt progressif à rebours.

En 1851, en Prusse, on établit un impôt sur le revenu (*Einkommensteuer*) pour tous les habitants de la Prusse entière jouissant d'un revenu de plus de mille thalers.

Les contribuables étaient divisés en trente catégories. Chacune avait une taxe particulière. La première classe, de 1,000 à 1,200 thalers de revenu, payait 30 thalers. La trentième classe, de 240,000 et au-dessus, payait 7,200 thalers. Le nombre des contribuables de la première classe s'élevait à 14,428, celui de la dernière, à 1. Certaines classes n'avaient même pas de contribuables.

En Angleterre, l'*income-tax* a également toujours eu un caractère progressif.

La taxe que Guillaume II fit établir, était de 2, puis de 4 schellings par livre sur tous les revenus provenant de biens-fonds et de 21 schellings sur 100 livres du capital représentés par les pensions, annuités, traitements, bénéfices industriels et professionnels.

Pitt établit alors un nouvel impôt de quotité, l'*income-tax*. Elle frappait d'un prélèvement de 1/120 les revenus de 60 à 65 livres sterling. Le taux de l'impôt s'élevait ensuite, suivant une série de proportions ascendantes de 5 en 5 livres, jusqu'aux fortunes de 200 livres de rente et au-dessus, qui supportaient une taxe de 10 pour 100, atténuée quelquefois par une faible déduction autorisée pour chaque tête d'enfant.

Supprimée en 1802, laissant un arriéré de 36 millions 400,000 francs, elle fut rétablie en 1805 et 1806. Tous les revenus fonciers et mobiliers furent frappés d'un impôt de 10 pour 100. Les revenus professionnels furent affranchis, s'ils étaient inférieurs à 50 liv. st. et sujets, entre 50 et 150 liv. st., à une taxe progressivement élevée jusqu'à 10 pour 100.

Abolie en 1816, elle laissa un arriéré de près de 400 millions.

Robert Peel, malgré son aversion pour ce système d'impôts, rétablit l'*income-tax* en 1842, pour trois ans. Elle a été prorogée en 1845 et 1848, sur les mêmes bases, et a continué jusqu'à l'époque actuelle.

Tous ceux dont le revenu, joint aux appointements ou bénéfices, ne s'élevait pas au-dessus de 150 liv. st. (3,750 fr.), étaient affranchis de la taxe. Ce minimum a été réduit, en 1853, à 2,500 fr. (1).

En France, en 1871, quand l'impôt sur le revenu fut présenté par les hommes les plus modérés et les plus prudents qui comprenaient qu'il fallait entrer dans une voie nouvelle, tous donnèrent comme complément indispensable à l'impôt sur le revenu une progression plus ou moins arbitraire.

M. Wolowski divisait les revenus en cinq classes distinctes, pour lesquelles il proposait deux taxes distinctes : 3 pour 100 pour quatre classes et 1 pour 100 pour les fermiers.

M. Léonce de Lavergne proposait que l'impôt s'arrêtât à un minimum de 1,500 francs.

Dans un autre projet, MM. Hèvre et Bamberger fixaient l'impôt :

A 1/2 p.	100	pour le revenu inférieur à 1,200 fr.	
1	—	pour le revenu de	1,200 à 2,500 fr.
2	—	—	de 2,500 à 10,000
3	—	—	de 10,000 à 25,000
4	—	—	de 25,000 à 50,000

M. Langlois proposait la progression suivante :

20 pour 100 sur tous les revenus du capital;

5 pour 100 pour tous les salaires ne dépassant pas 5 fr.

---

(1) V. plus haut, p. 427.

par jour; et les appointements ne dépassant pas 1,800 fr. par an;

8 pour 100 pour les salaires de 10 fr. et les appointements de 3,600 fr.;

20 pour 100 pour les salaires de 30 fr. et les appointements de 7,200 fr.

Les retenues intermédiaires auraient été fixées par le ministre des finances.

M. Rouveure proposait une progression différente :

1 pour 100 sur les revenus de 300 à 1,000 fr.;

2 pour 100 sur les revenus de 1,000 à 2,500 fr.;

3 pour 100 sur les revenus dépassant 2,500 fr.

Mais sur quoi est basée cette progression? Sur l'arbitraire. On prend un moyen terme. On fait des classes. On les arrange. Certes, voilà qui est dangereux; car, comme il n'y a aucun principe pour fixer et déterminer d'une manière précise ces classes, demain on peut les transformer complétement. Pourquoi A ne paye-t-il que quatre pendant que je paye deux? N'est-il pas cinq ou six fois ou dix fois riche comme moi?

Que répondre à cet argument? Du moment que le principe de la progression est admis, pourquoi ne pas le pousser à ses dernières conséquences?

On parle de progression « raisonnable », d'une « sage » progression. Qu'est-ce que la « raison », qu'est-ce que la « sagesse » d'une progression?

Une progression est ou n'est pas, et du moment que ses termes sont posés, elle doit aller jusqu'à ses dernières conséquences.

Vous l'arrêtez au moment où elle deviendrait plus considérable que la fortune; mais alors ceux-là qui dépassent cette limite y échappent, et tandis qu'une fortune moindre succombe, est dévorée par l'impôt, vous épargnez une fortune supérieure.

Ainsi, dans le projet de l'impôt sur le revenu présenté à

l'Assemblée, le 16 mars 1871, par MM. Hèvre et Bamberger, ils déclarent, d'un côté, « absurde la progression pure »; d'un autre côté, ils proposaient « un impôt proportionnel pur modifié par une certaine progression », et ils arrivaient à arrêter la progression au revenu de 50,000 fr. pour en revenir à la proportionnalité simple. Pour y échapper, il ne s'agissait que d'avoir 100 ou 200,000 fr. de rente.

Les auteurs avaient cru éviter tout danger en établissant une progression « prudente ». Quant à moi, je trouve que ces termes hurlent ensemble. Autant vaudrait parler d'une addition « prudente », ou d'une « sage » multiplication.

Enfin, les partisans de l'impôt sur le revenu croient protéger la production, parce qu'ils ne se sont pas rendu compte de l'importance de la circulation dans la production. Ils frappent le capital au moment où il est en germe et ils l'empêchent de naître.

Nous avons signalé (1) l'arrêt qui résulte, pour la production, de la moindre restriction du crédit. Nous avons montré que cet arrêt influe en raison géométrique sur la production.

Qu'on se figure maintenant l'impôt occasionnant lui-même cet arrêt, et on comprendra l'effet désastreux de tout impôt qui frappe la richesse en formation.

Le budget de l'État est de 2,600 millions en chiffres ronds. Aujourd'hui, ces 2,600 millions sont demandés à la fortune en formation, avant qu'elle soit réalisée (2).

Supposez qu'on diminue le crédit d'un pays de 2,600 millions; quelle perturbation! quel désastre! quelle ruine!

L'impôt sur le revenu agit exactement comme nos impôts actuels : au lieu de faire crédit au capital, il le frappe d'avance; il fait comme le prêteur qui retient les intérêts.

Le travailleur, le commerçant, l'industriel demandent

(1) Livre II, chap. IV.

(2) Près de 3 milliards et demi si on compte les budgets départementaux et communaux.

crédit à tous; on s'ingénie à trouver les combinaisons les plus faciles pour combiner ce crédit. L'impôt seul refuse le crédit.

Ensuite nos législateurs, nos philanthropes, conseillent et recommandent l'épargne. Ils font de belles phrases pour y encourager les travailleurs, et ils tonnent avec beaucoup d'éloquence contre l'imprévoyance. Quand ils parlent ainsi, ils condamnent notre système d'impôt actuel; car le travailleur, à qui ils recommandent l'épargne, peut leur répondre : — L'impôt me prend le 10e, le 8e, le 6e même de mon revenu. Avec le reste, je puis à peine vivre. Si l'impôt ne me prenait pas cette part, je pourrais l'épargner. Mais pour que je l'épargne, il faut que l'impôt m'épargne moi-même.

Mais l'impôt sur le revenu ne tombe-t-il pas dans le même inconvénient? Il frappe le revenu au moment où il se forme; il prélève donc toute la part qui aurait pu être employée à la reproduction ou se convertir en capital fixe.

Il faut qu'on se rappelle bien que j'ai démontré :

1° Que l'effet utile du capital circulant était en raison de l'augmentation du capital fixe;

2° Que la production était en raison géométrique de la rapidité de la circulation;

3° Que tout capital circulant avait une tendance forcée à se convertir en capital fixe.

Tout système fiscal et économique doit donc tendre à augmenter le capital fixe, car c'est de sa puissance que dépend l'intensité de la production.

Or, il ne peut l'augmenter qu'en facilitant la rapidité de la circulation.

Par conséquent, l'impôt ne doit jamais se dresser comme une barrière devant le capital circulant, au moment de ses diverses transformations. Ces transformations doivent, au contraire, être aidées par l'État, autant que possible. Chacun doit s'ingénier à les faciliter; car, plus vite elles s'accompliront, plus vite le capital fixe augmentera.

Que fait l'impôt sur le revenu? il vient prélever sa part précisément au moment de ces transformations.

Il vient dire à celui qui touche un salaire ou un traitement : — Donne-moi une part de ce salaire et de ce traitement. Et quelle part prend-il? Précisément celle-là qui se serait convertie en instrument de production, sous forme de valeur mobilière ou tout autre, ou bien celle-là qui, dépensée rapidement en superflu, aurait augmenté la demande, surexcité l'offre et entraîné toutes les affaires dans le mouvement d'ascension qui fait la prospérité d'un pays.

L'impôt vient dire au négociant, à l'industriel : — Tu as gagné tant cette année; donne-moi ma part. Et quelle part prend-il encore? Il prend la part qui, multipliée par la circulation, multipliée par le crédit, eût servi à donner une extension aux affaires de la maison, dans la proportion que j'ai déjà indiquée.

Il en est de même pour l'agriculteur, il en est de même pour tous les contribuables : l'impôt sur le revenu prend une part du capital circulant. Il frappe donc la circulation d'un arrêt qui se répercute sur la production en raison géométrique.

Stuart Mill, sans avoir développé cette idée, avait fort bien compris cet inconvénient de l'impôt sur le revenu.

« Le véritable effet d'un impôt sur les profits est de faire qu'à un moment donné, le pays ait un capital moindre, une production totale moindre, et arrive plus tôt à l'état stationnaire avec une somme moindre de richesse nationale. Il serait même possible qu'un impôt sur les profits diminuât la somme des capitaux du pays (1). »

Tout à l'heure, je représentais l'impôt venant dire au commerçant, à l'industriel : — Tu as gagné tant cette année, donne-moi ma part.

Je me trompais. Ce n'est pas quand le négociant a gagné que se présente le fisc, c'est avant qu'il ait gagné. Les rôles

(1) Stuart Mill. *Principes d'économie politique*, t. II, p. 382.

doivent être faits au commencement de l'année. Ils établissent les gains du commerçant, du salarié de toutes les professions. Mais si les gains se traduisent en pertes? Qu'importe! Le fisc les a présumés ; il a généreusement attribué au commerçant, à l'industriel, à l'avocat, au médecin, à l'employé, à l'ouvrier, un revenu de tant : le négociant est en déficit, l'industriel a subi une crise, l'avocat n'a pas eu de clients, le médecin a lui-même été malade, l'employé est resté sans place, l'ouvrier a manqué de travail. Tout cela ne fait rien, le fisc a établi un revenu qu'on ne connaissait pas soi-même, et il faut payer d'après cette présomption.

Telles sont les raisons qui doivent empêcher tous les hommes de progrès d'adopter l'impôt sur le revenu comme solution de la question fiscale.

Il y en a d'abord une, et qui dispenserait de toutes les autres : c'est qu'il n'y a jamais eu, c'est qu'il ne peut y avoir que des impôts multiples sur les revenus. Tout partisan de l'unité de l'impôt doit donc abandonner une taxe qui ne peut être unique, parce qu'elle n'a pas de base fixe et déterminée.

Les hommes de progrès doivent la repousser précisément parce que le revenu, se composant d'éléments essentiellement multiples et variables, ne peut être atteint d'une manière plus ou moins arbitraire, qu'à l'aide de taxes multiples et des impôts de consommation.

Mais l'impôt sur le revenu pût-il être unique, les hommes de progrès devraient le repousser encore, parce que, de sa nature même, comme son nom l'indique, étant « personnel et non réel », il repose sur cette vieille théorie des peuples conquérants et des monarchies, en vertu de laquelle chaque homme doit acheter, en quelque sorte, son droit à la protection, son droit à l'existence dans la société; parce qu'il représente, en un mot, le vieux principe de l'assujettissement de l'homme à l'État.

Les hommes de progrès doivent le repousser parce que des revenus évalués au même chiffre étant profondément inégaux entre eux, cet impôt manque de toute véritable proportionnalité.

Les hommes de progrès doivent le repousser, parce que, précisément pour essayer de rétablir cette proportionnalité, on est forcé d'avoir recours à la progression.

Les hommes de progrès doivent le repousser, parce que, reposant sur un principe faux, il est, par une logique fatale, impossible à appliquer.

Les hommes de progrès doivent le repousser, parce que, loin que cet impôt puisse avoir une assiette fixe, plus nous irons, plus les capitaux circulants étant consommés et renouvelés avec rapidité, plus ces capitaux revêtiront de formes diverses, et plus ils seront difficiles à saisir.

Les hommes de progrès doivent le repousser enfin, parce que, frappant le capital circulant, il est un obstacle à la circulation et en antagonisme avec le développement du crédit.

Ils doivent le repousser, parce que, frappant le capital en formation et épargnant le capital formé, il représente un privilége pour la fortune acquise, et une charge pour le travail.

Ils doivent le repousser, parce qu'étant un obstacle à l'accession des producteurs et des travailleurs à la fortune, il est en antagonisme avec le développement de la richesse et le progrès social.

LIVRE VI

'IMPOT SUR LE CAPITAL ET SON APPLICATION

CHAPITRE I.

L'IMPÔT SUR LE CAPITAL.

impôt sur le capital et les règles constitutives de l'impôt. — Sur quoi doit être prélevé l'impôt? — Smith. — Du capital individuel. — On vit sur un capital antérieur. — Say. Stuart Mill. — Distinction entre l'individu et l'Etat. — Une Société. — Les ressources de l'État sont basées sur le capital existant. — Nos financiers et M. Jourdain. — Stuart Mill, les impôts et le capital. — Une erreur. — Les évaluations du budget et le capital. — Le capital et la population. — L'enfant et le capital. — Le progrès est dynamique : la civilisation statique. — L impôt sur le capital et M. David. — L'impôt et le capital circulant. — L'impôt sur le capital et la circulation. — Les syndicats de propriétaires. — Assiette de l'impôt sur le capital.

La démonstration des défauts des impôts sur la circulation sur la consommation, des impôts sur les revenus et de mpossibilité de supprimer ces défauts par l'établissement un impôt unique sur le revenu aurait pu être plus longue, ıtrer dans plus de détails ; elle nous semble suffisante ce-ndant.

Il n'est pas un seul de ces impôts, en effet, qui ne soit la olation d'une des règles constitutives de l'impôt, énumérées us haut.

Ces règles auraient peu de valeur, si elles étaient pos *a priori;* mais il n'en est pas ainsi. Ces règles sont ind pensables pour constituer un impôt facile à supporter et vé tablement juste. Chaque fois qu'un impôt s'en écarte, on en contradiction avec elles, il tombe dans l'injustice et devi un fardeau accablant.

Je rappelle ces règles :

1° L'impôt ne doit jamais frapper la circulation ;

2° L'impôt ne doit pas frapper l'homme, mais être préle sur la chose ;

3° L'impôt ne doit jamais entraver la liberté du travail ;

4° L'impôt doit être unique ;

5° L'assiette de l'impôt doit être fixe ;

6° L'impôt doit être prélevé sur le capital total de la nation, chacun doit y contribuer au prorata de la portion du capital dont il est possesseur ;

7° L'impôt doit être défini et non arbitraire ;

8° L'impôt doit être levé à l'époque et de la manière qui conviennent le mieux au contribuable ;

9° Tout impôt doit être perçu le plus économiquement possible.

Ces règles établies par la critique même des impôts qui les violent, il en résulte évidemment que le problème à résoudre est de trouver un impôt qui ne soit en contradiction avec aucune d'entre elles.

Or, si nous arrivons à démontrer que l'impôt sur le capital n'est en contradiction avec aucune de ces règles, bien plus, que chacune de ces règles l'appuie et le fortifie, nous aurons le droit de dire que le problème est résolu.

Le problème sera résolu encore plus complétement si nous arrivons à démontrer que l'impôt sur le capital seul a une assiette solide, déterminée avec une précision scientifique, et, par une conséquence forcée, présente une facilité d'application que n'ont jamais eue les impôts existants et que ne peut avoir l'impôt sur le revenu.

J'entre immédiatement en matière; mais auparavant, je crois qu'il est bon, au risque de me répéter, de rappeler la définition que j'ai donnée de l'impôt.

Le capital d'une nation est l'ensemble des utilités qu'elle possède. Ce capital national est réparti entre divers possesseurs.

L'impôt représente la mise en valeur et les frais généraux d'exploitation du capital national.

Sur quoi doit être prélevé cet impôt?

Je vais, suivant encore la méthode d'induction, conclure du particulier au général, en observant d'abord les faits les plus simples.

Smith avait très-bien entrevu que c'était ainsi qu'il fallait procéder; et, quoiqu'en matière d'impôt, toutes ses conclusions soient loin d'être justes, il avait dit : « La dépense d'entretien du capital fixe d'un grand pays peut très-bien se comparer à celle des réparations d'un domaine particulier (1). »

D'abord, il faut remarquer ce fait. Quand on parle de la fortune de quelqu'un, quand on dit de telle ou telle personne : — Elle a cent mille, deux cent, trois cent mille francs, un million, comment sont représentés les cent, deux cent, trois cent mille francs, ce million?

Cette fortune ne consiste pas en capitaux circulants, en monnaie; cette fortune représente des terres, des maisons, un matériel quelconque, des actions, des obligations, des capitaux fixes, en un mot. Dans l'évaluation de cette fortune, les capitaux circulants ne comptent pour presque rien, un ou deux pour cent, peut-être. Prenez même les banquiers, qui paraissent avoir leur fortune en capitaux circulants : ces capitaux circulants se convertissent toujours, tôt ou tard, en capitaux fixes. Une partie des valeurs, dites mobilières, qui garnissent leur portefeuille, représente les capitaux fixes.

(1) Smith, t. I, p. 347.

Dans les inventaires ouverts à propos de successions ou de procès, le chiffre des capitaux circulants est insignifiant. La fortune s'évalue par le chiffre des capitaux fixes. C'est donc la vraie mesure, la vraie base de la richesse de chacun.

Maintenant, moi propriétaire, moi particulier, quand je commence des affaires, quand j'en entreprends, comment est-ce que je procède?

J'ai 100,000 francs de capital, je suppose : j'achète une usine. Voici comment je fais mon calcul : j'immobilise un chiffre X en capital fixe ; je garde un autre chiffre X comme capital circulant. Au moyen du capital fixe, combiné avec une certaine partie du capital circulant, employé en salaires, en matières premières, je convertirai celles-ci en marchandises. Une autre partie de mon capital circulant pourra être employée en réparations, en frais de garde, en primes d'assurance. Si je suis un habile industriel, j'aurai eu soin d'établir une exacte proportion entre mon capital fixe et mon capital circulant de manière que l'un et l'autre ne restent jamais inoccupés.

Mais sur quoi ai-je pris tout d'abord mon capital fixe? sur quoi ai-je prélevé mon capital circulant nécessaire? Sur mon capital antérieur. Il n'est pas jusqu'à mon crédit qui ne repose sur mon capital. Je puis donc dire que moi, industriel, moi propriétaire, je vis sur mon capital.

Ensuite, j'augmente mon capital circulant à l'aide des bénéfices que je fais. Ces bénéfices, je les traduis en capitaux circulants d'abord, puis en capitaux fixes ; mais d'où viennent les bénéfices? Quelle est leur origine, leur source?

Ils viennent du capital primitif que j'avais lorsque j'ai fondé mon usine.

Quoique les divers auteurs qui se sont occupés du capital n'en aient pas toujours déterminé le caractère d'une manière bien précise, cependant Smith nous dit avec justesse : « L'accumulation est un préalable nécessaire à la division du travail (1). »

(1) Tome I, p. 334.

J. B. Say dit également avec justesse : « Le capital est une somme de valeurs employée à faire des avances à la production (1). »

Stuart Mill a constaté le même fait :

« Ce que le capital fait pour la production, c'est de procurer l'abri, la production, les outils ou instruments, les matières qu'exige le travail, la confection du produit, et de nourrir et d'entretenir les travailleurs pendant leur œuvre.

« Tels sont les services que le travail présent demande au travail passé et au produit du travail passé. Tout ce qui est destiné à ces usages, tout ce qui peut fournir au travail productif ces divers éléments, est capital (2).

« ..... Les travailleurs sont toujours entretenus sur le capital..... Quand le producteur s'entretient au moyen d'un fonds qui lui appartient; quand un paysan, fermier ou propriétaire, vit sur sa propre terre; quand un ouvrier travaille pour son compte, ils sont tous entretenus par le capital; c'est-à-dire par un fonds avancé au travail avant son achèvement. Le paysan ne subsiste pas cette année sur le produit de cette année, mais avec le produit de l'année dernière. L'artisan ne subsiste pas à l'aide de l'œuvre qu'il confectionne, mais avec le produit de l'œuvre qu'il a déjà confectionnée et vendue. Les producteurs s'entretiennent à l'aide d'un petit capital qu'ils possèdent et qu'ils reconstituent à mesure qu'ils produisent. Il n'en est pas autrement du capitaliste opulent : il vit à l'aide d'un fonds avancé aux opérations productives. S'il conduit lui-même ces opérations, tout ce qu'il dépense pour sa maison, à moins qu'il ne soit extravagant, est une portion de son capital, dépensé, comme tout capital, dans le but de la production; et sa consommation personnelle, en tant qu'il s'agit de satisfaction de ses besoins, est consommation productive (3). »

---

(1) *Traité d'économie politique*, p. 569.
(2) Stuart Mill. *Principes d'économie politique*, t. I, p. 60-61.
(3) *Principes d'économie politique*, t. I, p. 64.

Tels sont les faits que les théories fiscales, en vogue jusqu'à présent, ont constamment niés et dont il serait temps cependant de tenir compte, si on voulait baser l'impôt sur des réalités.

Mais il y a une distinction à établir entre l'individu et l'État : l'État ne doit pas chercher à faire des bénéfices; l'État ne doit pas chercher à convertir ses capitaux fixes communs en capitaux circulants.

L'État demande au capital commun une somme commune, pourquoi? pour établir certains capitaux fixes communs : ports, chemins de fer, canaux, routes, etc. L'État livre ces capitaux fixes communs aux particuliers qui ne pourraient les obtenir eux-mêmes, à l'aide de leurs ressources personnelles. Voilà son rôle. C'est aux capitaux circulants particuliers d'user ensuite de ces capitaux fixes afin de se multiplier. Pour garantir l'usage de ces capitaux fixes, il faut de la police, des magistrats, une administration, une armée. L'État y pourvoit.

L'État demande donc aux contribuables de l'argent pour établir certains capitaux fixes, pour en garantir l'usage aux individus qui voudront en profiter, et pour administrer certains intérêts communs et indivis.

Retournons la question : nous sommes cinquante, nous sommes cent, nous sommes cent mille qui jugeons utile et nécessaire d'établir des capitaux fixes communs, un chemin de fer, par exemple. Nous réunissons nos capitaux divers ; nous les mettons en commun; mais sur quoi est prélevé l'établissement de ce capital fixe, sur quoi sont prélevés l'entretien, les frais de garde et d'administration de ce capital? — Sur un capital antérieur.

Ils sont si bien prélevés sur ce capital que, si l'association ne fait pas de bénéfices, que si elle ne produit pas de nouveaux capitaux circulants, c'est ce capital qui est absorbé.

Il en est de même pour l'État, avec cette différence que l'État n'a pas d'autre mission que de mettre à la disposition des individus des capitaux fixes et de leur en garantir l'usage.

Il résulte donc même de l'emploi de l'impôt, des services qu'il est destiné à rendre, que l'impôt doit être basé sur le capital.

De même que c'est à l'aide de son capital antérieur que l'industriel établit son capital fixe, de même c'est à l'aide du capital existant, de la richesse acquise, que l'État doit établir son capital fixe; de même que c'est à l'aide de son capital antérieur que l'industriel pourvoit à ses frais de garde, d'assurance, d'administration, tant qu'il n'a pas acquis de nouveaux capitaux, de même c'est à l'aide du capital existant que l'État, qui, lui, n'acquiert jamais de nouveaux capitaux circulants, doit pourvoir à ses frais.

C'est si bien à l'aide de capitaux existants que l'État doit pourvoir à ses besoins, que le budget doit être établi avant que l'exercice soit ouvert. Comment pourrait-il s'appuyer sur une base solide, s'il ne s'appuyait sur la richesse existant au moment où il s'établit, et non sur la richesse plus ou moins aléatoire qui se produira au cours de l'année? Dans cette manière de procéder, en complète contradiction avec l'assiette de nos impôts actuels, nos financiers établissent, sans le savoir, l'impôt sur le capital, comme M. Jourdain faisait de la prose.

Stuart Mill a très-bien vu le résultat et a dit :

« Tous les impôts sont payés en partie aux dépens du capital, et dans un pays pauvre, il est impossible d'établir aucun impôt qui n'empêche la richesse de la nation d'augmenter (1). »

Stuart Mill paraît regretter vivement, dans les lignes précédentes, que l'impôt soit payé sur le capital, et il semble conclure que c'est pour ce motif que « l'impôt, dans un pays pauvre, empêche la richesse d'augmenter. »

C'est là une grave erreur. Ce n'est pas parce que l'impôt

(1) *Principes d'économie politique*, t, II, p. 377.

porte sur le capital qu'il empêche la richesse d'augmenter. C'est parce qu'au lieu de porter directement sur le capital fixe, qui représente une richesse déjà acquise, il porte, en ce moment, sur le capital circulant qui représente la richesse en formation. L'impôt, frappé sur le capital fixe, laisse le capital circulant se développer à l'aise. Ce n'est que lorsqu'il a accompli toutes ses fonctions qu'il est frappé par l'impôt.

Il est facile, du reste, de vérifier, par une hypothèse, que l'impôt, d'une manière plus ou moins inconsciente, vise toujours le capital existant : supposons une année néfaste, comme l'année de la guerre, par exemple, dans laquelle la production étant entravée, il n'y ait pas création de capitaux circulants; l'impôt est là cependant : le budget est arrêté depuis l'année précédente; il faut qu'on paye; avec quoi payeront les contribuables s'ils n'ont pas produit de nouveaux capitaux circulants? Ils payeront avec leur capital existant antérieurement, et s'ils ne peuvent parvenir à payer les dépenses, la nation aura recours à quoi? A un emprunt. Et sur quoi sera basé cet emprunt? Il sera basé, comme tout crédit, sur le capital de la nation.

Un peuple vit, du reste, sur son capital. Quand la population est trop grande en proportion de son capital, elle tombe dans la misère. La mort rétablit l'équilibre. C'est l'histoire de l'Irlande, c'est l'histoire des émigrants qui croient pouvoir fonder des colonies sans capitaux préalables. Ils arrivent sur une terre vierge, et ils succombent au milieu des richesses qu'elle pourrait leur donner.

Les Anglais ont réussi dans leurs établissements coloniaux parce qu'ils sont convaincus que des entreprises de ce genre sont de la même nature que toutes les autres. Les malheureux Français qui émigrent n'emportent trop souvent que leurs bras, leur bonne volonté et leur courage. Ils périssent à la peine, à moins qu'ils n'abordent dans une civilisation qui a déjà amassé des capitaux antérieurs.

Voici un enfant; mais est-ce que cet enfant, avant de devenir producteur, n'est pas consommateur pendant quinze, vingt, vingt-cinq ans? Sur quoi vit-il ? Sur un capital antérieur. La fortune ou le salaire de son père a été le capital grâce auquel il a vécu, il a été élevé, s'est développé, sans lequel il serait mort, sans lequel même il ne serait pas né.

Tout enfant, tout jeune homme qui n'est encore que consommateur, par conséquent toute génération qui s'élève, vit sur le capital antérieur.

On l'a déjà dit (1) : Le progrès est quelque chose de dynamique ; la civilisation quelque chose de statique.

La civilisation représente ce qu'on a acquis dans le passé, le capital formé, tout ce que l'humanité a pu produire.

Le progrès représente, au contraire, ce qui est à acquérir.

La civilisation est un mouvement antérieur ; le progrès est le mouvement actuel et futur.

La civilisation nous sert de base, de point de départ pour marcher vers l'avenir.

C'est elle que nous exploitons pour aller en avant.

Il en est de même pour le capital circulant et le capital fixe. Le capital fixe est un résultat antérieur ; le capital circulant est le résultat de demain. Si nous ne voulons pas entraver l'œuvre du progrès, il faut donc le laisser complétement libre, afin qu'il forme la richesse de demain, et nous appuyer sur la richesse d'hier.

Or, l'impôt, jusqu'à présent, a été la négation de cette règle. Au lieu de la prélever sur ce qui est acquis, sur ce qui existe, on a cherché à le prélever sur ce qui existera ; sur ce qui est à naître.

Ce système aboutit à cette conséquence : un père devrait attendre de son fils le capital nécessaire pour l'élever. La génération existante attendrait des ressources de la génération qui est encore à l'école.

Un industriel demanderait à l'avenir le capital nécessaire

(1) L. Dumont. — *La civilisation considérée comme force.* (*Revue scientifique*, 22 juin 1872.)

pour fonder son usine. C'est de cette manière-là que Mercadet entendait les affaires.

En 1845, M. David, dans l'étude sur le cadastre (1) que nous avons déjà citée, avait fort bien exposé cette vérité :

« Il ne faut pas poser l'obstacle précisément devant le progrès. Les impôts directs ne doivent porter que sur les capitaux déjà consolidés et certains, sans s'occuper du revenu que l'homme leur fait rendre. En réalité d'ailleurs, c'est aux capitaux, c'est-à-dire aux droits acquis, que la protection gouvernementale profite surtout. L'industrie doit acquérir ce qu'elle n'a pas, créer ce qui n'existe pas encore. Cette richesse future manquera peut-être, elle sera plus ou moins grande. Elle échappe à un impôt dont on ne saurait calculer les proportions. Ne l'empêchez pas de se produire, attendez au moins qu'elle existe.

« L'impôt direct ne peut en principe que porter sur la richesse acquise, et non sur les revenus futurs....

« Il ne faut pas que le propriétaire et le fabricant puissent craindre de produire, voyant l'impôt s'accroître avec le revenu. »

Or, du moment que nous avons démontré que le but des sociétés et des particuliers était d'augmenter autant que possible leurs capitaux fixes ; que l'augmentation de ces capitaux fixes dépendait de la rapidité de la circulation des capitaux circulants, l'assiette de l'impôt a été déterminée : il doit épargner la circulation, et, par conséquent, être basé sur le capital fixe.

On me dira : — Mais ce n'est pas avec votre capital fixe que vous payerez.

Je l'accorde volontiers ; je ne donnerai pas au Trésor une partie de la terre, des moellons, des machines que je peux posséder.

(1) Page 9.

Mais le capital fixe, dans son action combinée avec le capital circulant, produit de nouveaux capitaux circulants; ce sera évidemment avec une portion de mon capital circulant que je payerai l'impôt.

Si mon capital fixe ne me produit que de l'agrément, que des jouissances, ce sera toutefois avec une portion de capital circulant que je payerai l'impôt.

Cette objection devrait, du reste, immédiatement rallier à l'impôt sur le capital les partisans de l'impôt sur le revenu : car elle revient à ceci : — L'impôt sur le capital est en réalité l'impôt prélevé sur le revenu, mais mesuré sur le capital.

Les partisans des vieux systèmes fiscaux se réjouissent et crient bien haut : — Vous mentez à la première règle que vous avez établie, à savoir que « l'impôt ne doit jamais entraver la circulation », puisque vous payez l'impôt avec votre capital circulant.

Ceci n'est qu'une argutie; il est évident que, du moment que la monnaie est un capital circulant et que je paye l'impôt avec de la monnaie, je paye l'impôt avec un capital circulant.

Mais voici où est la grande différence entre l'impôt sur le capital et les impôts qui entravent la circulation.

Les impôts qui entravent la circulation portent sur l'acte de la circulation : c'est lui qu'ils frappent, et, en le frappant, ils l'arrêtent.

Plus cet acte se multiplie, plus le capital circulant est frappé gravement. Et comme la production est en raison géométrique de la rapidité de la circulation, la production est arrêtée dans une proportion géométrique.

Au contraire, l'impôt sur le capital ne vise pas la circulation; il la laisse complétement libre; il s'efface devant elle, de manière à ne l'entraver par aucun obstacle. Il est assis sur une base fixe : le capital fixe.

Servez-vous d'une manière intelligente de votre capital circulant, multipliez-en l'emploi; tant mieux pour vous. L'impôt ne vous arrêtera pas dans vos combinaisons. Ce ne sera que le jour où vous convertirez le capital circulant en capital fixe, c'est-à-dire le jour où vous en aurez fait tout l'usage possible que l'impôt interviendra.

C'est là la grande différence qui existe entre l'impôt sur le capital et les impôts qui sont basés sur le revenu.

Ceux-ci frappent le capital à venir, la richesse en formation, au moment même où elle n'est pas encore née; il n'en est pas de même avec l'impôt sur le capital. L'impôt sur le capital est assis sur la forme acquise, sur le capital déjà formé, déjà consolidé.

Dans le système de l'impôt sur le capital, le contribuable paye *à l'aide de son capital circulant, au prorata de la valeur du capital fixe qu'il possède.*

Le sacrifice qu'il fait d'une partie de son capital circulant est analogue à celui que fait le propriétaire ou l'usinier pour les frais d'administration, d'entretien, pour l'assurance de son capital fixe.

C'est de cette manière qu'ont procédé les syndicats qui se sont formés au Raincy, à Maisons-Laffitte, au Vésinet. Chaque propriétaire paye pour l'établissement et l'entretien des chemins, des égouts, pour l'éclairage, pour l'eau, pour la garde, une somme proportionnée à la valeur de sa parcelle. Il en est de même pour certaines cités et certains passages. Les propriétaires payent, à l'aide de leurs capitaux circulants, au prorata de la valeur de leur capital fixe, présentant une assiette sûre, positive, certaine, toujours facile à déterminer.

Le pays est un grand syndicat, comme je l'ai démontré; il doit pourvoir à l'entretien, à l'augmentation, à la garde, à l'assurance de son capital fixe. Chaque détenteur d'une partie de ce capital fixe doit donc payer au prorata de la valeur de ce capital fixe, pour la mise en valeur et les frais généraux d'exploitation du capital national.

Rien de forcé dans cette théorie : nulle part on ne trouve de ces équivoques et de ces subtilités à l'aide desquelles les économistes ingénieux ont essayé d'escamoter des difficultés qu'ils ne pouvaient résoudre.

Une fois admis, les principes que nous avons, non pas posés *a priori,* mais déterminés à l'aide de la méthode d'observation, on arrive à cette conclusion directement, sans être arrêté par aucun de ces obstacles que les défenseurs des autres systèmes fiscaux sont obligés de tourner, faute de pouvoir les surmonter.

Les règles constitutives de l'impôt que nous avons déterminées, loin d'être obligées de se plier à lui, l'enferment au contraire, de la manière la plus rigide.

L'étude des moyens de l'appliquer achèveront de démontrer qu'il y est complétement conforme.

CHAPITRE II.

LA VALEUR.

Des définitions de la valeur. — Smith. « La valeur d'usage et la valeur d'échange. » — Ricardo. « La valeur, c'est le travail. » — Storch. Senior. — Erreur de méthode. — Rossi. L'utilité des choses. — La valeur est un rapport humain. — MM. Bastiat, Carey, de Fontenay. — « La valeur, c'est l'échange des services. » — « Les agents naturels n'ont pas de valeur. » — Le diamant. — Le Clos-Vougeot. — L'utilité et le besoin. — *La valeur est le rapport de l'utilité au besoin.*

L'impôt doit être assis sur les capitaux fixes au prorata de leur valeur.

Mais qu'est-ce que la valeur ?

Il n'y a pas de terme sur lequel les économistes aient plus discuté. C'est dire qu'il n'y a pas de terme dont la signification soit plus discutable. La prétention de la plupart des économistes est d'en donner une définition complétement neuve. Il y a eu des revendications de priorité pour telle et telle définition.

Bastiat disait que « la théorie de la valeur est à l'économie politique ce que la numération est à l'arithmétique (1). »

Blanqui regardait, au contraire, comme inutile la définition de la valeur. Stuart Mill, en présence des diverses théories suscitées par ce mot, après avoir commencé son chapitre en disant : « Commençons par définir les termes (2) », déclare avec une certaine hauteur qu'il est inutile d'en

(1) *Harmonies économiques*, ch. V.
(2) *Principes d'économie politique*, t. I, p. 503.

chercher une définition plus précise que celle donnée par Smith.

Trop partisan des définitions rigoureuses pour tomber dans une semblable contradiction, je crois qu'il est utile de rechercher le sens exact et précis de ce mot, ballotté entre tant de contradictions.

Smith, qui avait essayé de déterminer le sens du terme « valeur », ne fit qu'embrouiller la question en distinguant deux sortes de valeur.

« Le mot « valeur », dit-il (1), a deux significations différentes : quelquefois il signifie l'utilité d'un objet particulier, et quelquefois il signifie la faculté que donne la possession de cet objet d'en acheter d'autres marchandises.

» On peut appeler, l'une, valeur en usage, et l'autre, valeur en échange.

« Des choses qui ont la plus grande valeur en usage, n'ont souvent que peu ou point de valeur en échange, et les choses qui ont la plus grande valeur en échange n'ont souvent pas de valeur en usage (2). »

La définition de Smith n'a qu'un inconvénient : elle n'existe pas.

Il dit que « la valeur signifie l'utilité d'un objet quelconque. »

Si la valeur signifie l'utilité d'un objet particulier, l'air, l'eau, qui ont la plus grande utilité, devraient avoir la plus grande valeur. Tout le monde sait que, sauf certaines circonstances exceptionnelles, il n'en est pas ainsi.

Alors Smith, s'apercevant de la contradiction, a introduit le terme « valeur en échange » qui, dans ce cas, détruit le premier, puisqu'il reconnaît lui-même que les deux valeurs sont fréquemment contradictoires.

---

(1) *Richesse des nations*, t. I, p. 35.

(2) Stuart Mill fait observer avec raison que cette réciproque n'est pas vraie, l'appréciation de l'usage étant une question morale et non économique.

Ricardo (1), réfutant Smith, considère le travail comme le fondement de la valeur.

Il en résulterait que le labour du Sahara, ne produisît-il pas un grain de blé, donnerait une immense valeur aux sables du désert. Un inventeur du mouvement perpétuel aurait travaillé pendant trente ans à sa machine qui ne marcherait pas mieux qu'au premier jour. En vertu de la définition de Ricardo, il pourrait affirmer qu'elle n'en a pas moins une grande valeur, quoiqu'elle ne produisît aucun effet utile.

L'erreur de Ricardo vient précisément de la confusion qu'il a faite, et qu'on fait encore tous les jours, entre le travail et le résultat obtenu, entre l'effort et l'utilité.

Storch, pour ne pas commettre la même faute, place la valeur dans le jugement. Senior la place dans la rareté.

Il y a du vrai dans toutes ces définitions, aucune cependant n'est suffisamment précise.

Au lieu de se borner à délimiter l'acception du terme « valeur », les économistes ont voulu le revêtir d'un caractère immuable. Obéissant aux idées qui, pendant trop longtemps, ont dominé notre logique, ils ont voulu, malgré leurs habitudes d'observation, établir la science économique sur un absolu.

Ils n'ont vu qu'un terme dans la valeur, tandis que la valeur se compose de plusieurs termes.

Ils ont dit : l'un, la valeur, c'est l'utile ; l'autre, la valeur, c'est le travail ; un troisième, la valeur, c'est la rareté.

Ils avaient raison partiellement tous les trois. Tous ces éléments entrent en effet dans la constitution de la valeur ; mais la valeur n'est ni l'une ni l'autre de ces choses. La valeur n'est pas une entité ; elle n'existe pas par elle-même, elle n'est pas une abstraction.

La valeur n'est pas préexistante à l'homme, indépendante de lui ; elle n'existe que par rapport à lui.

---

(1) *Principes d'économie politique*, ch. Ier.

Les choses appropriées par l'homme n'ont que de l'utilité. Les rapports seuls des hommes entre eux leur donnent de la valeur.

On ne trafique pas, on ne marchande pas, on n'échange pas avec les agents naturels; les hommes ne trafiquent qu'entre eux; la valeur est un rapport humain.

Ainsi Rossi (1), reprenant la définition de Smith, se trompait en disant : — « Un objet est-il propre à satisfaire nos besoins ? Il y a là une valeur. »

Non. Il y a une utilité. C'est l'échange qui détermine la valeur.

J'ai soif. Voici de l'eau. Je ne paye rien à la nature pour me désaltérer. Je ne paye que si cette eau est possédée par quelqu'un.

MM. Bastiat, Carey, R. de Fontenay ayant observé ce fait, en conclurent : — Les utilités fournies par les agents naturels n'ont pas de valeur. Les services humains seuls valent, et Bastiat résume ce système dans la formule suivante : — La valeur, c'est l'échange des services.

Seulement, Bastiat et ces économistes immatériels ne faisaient pas attention que tout service humain se compose de trois éléments :

1° Les agents naturels qui ont servi à le rendre ;

2° L'effort qu'il a nécessité;

3° Le besoin qu'avait de ce service celui à qui on l'a rendu; car tout service implique besoin.

Ayant négligé de décomposer ainsi les éléments dont se compose un service, MM. Bastiat, R. de Fontenay ont déclaré que la valeur n'avait pour base que l'effort que le service a coûté ou l'effort que le service a épargné; que la valeur ne s'applique jamais à l'utilité des choses, mais à l'utilité des services humains; que « les agents naturels n'ont rien à réclamer comme valeur dans l'œuvre de la production. »

Pour soutenir cette thèse, Bastiat a fait les démonstrations

(1) *Cours d'économie politique*, t. I, ch. III.

les plus brillamment subtiles qu'ait jamais imaginées philosophe, pesant des ailes de papillon dans des toiles d'araignée.

« Vous trouvez un diamant au bord de la mer. Vous vendez très-cher ce diamant. Ce diamant n'a pas de valeur : c'est le service que vous avez rendu qui a de la valeur. »

Mais Bastiat oublie que si je n'avais pas eu ce diamant en ma possession, je n'aurais pas pu rendre ce service. Ce diamant tout seul, sur le rivage, n'avait pas de valeur; mais la valeur lui a été incorporée dès que deux hommes se sont trouvés en présence, l'un le détenant, l'autre le désirant. Il est bien évident que, s'il n'y avait pas d'hommes, cet objet n'aurait jamais eu de valeur; mais le service rendu par le détenteur du diamant est attaché au diamant.

M. R. de Fontenay (1), pour soutenir la thèse de Bastiat, s'écrie : — » Lorsqu'on nous rabattra les oreilles du Clos-Vougeot et de son haut prix, je dirai : — Regardez sur les sommets de la Côte-d'Or ces entassements de calcaire grisâtre, ces vignes enveloppées comme des cratères des monceaux de pierres qu'elles ont rejetées une à une de leur sein Le vin que ce travail effrayant arrache au sol ne se vend pas plus de deux ou trois sous la bouteille. Voilà pourquoi le Clos-Vougeot vaut 6 ou 8 fr. — Et pour qui a compris ce que nous venons de dire, cette réponse est péremptoire ! »

J'en demande bien pardon à M. de Fontenay; mais je ne m'incline pas devant cette réponse. Elle est la preuve, au contraire, que le même travail produit des résultats absolument différents, selon la qualité des agents naturels auxquel il est appliqué. Voilà des terres qui ont exigé le même labeur et vous avouez la différence de la valeur de leurs produits Les unes rapportent du vin à 3 sous la bouteille, pourquoi ? Parce que, par suite de diverses circonstances physiques, indépendantes de l'industrie de l'homme, elles ne présentent pas la même utilité que le terrain qui, à travail égal

(1) *Du revenu foncier*, p. 257.

produit du vin à 8 francs la bouteille. Puisque cette différence existe entre la valeur des produits, vous ne pouvez pas dire que l'utilité du sol, cause de cette différence, n'a pas de valeur. Prétendrez-vous que le haut prix du Clos-Vougeot est une rémunération du travail infructueux qui s'applique aux autres terrains? Mais alors il faudrait que tous les propriétaires en profitassent. Or, le Clos-Vougeot a un propriétaire particulier, et c'est lui seul qui bénéficie de l'utilité attachée à l'heureuse situation de ce coteau. Dans cette haute rémunération, prétendrez-vous que l'acheteur tient compte des efforts infructueux des autres travailleurs? Il ne s'en inquiète pas. Le clos-vougeot est un vin qui provoque ses désirs. Le propriétaire élèvera le prix de son vin, non d'après ses frais de production, puisque, dans votre exemple, les vignerons voisins, dont les travaux sont les mêmes, peuvent les couvrir en vendant leur vin 3 sous la bouteille; il les élèvera encore bien moins d'après les frais de production qu'ont coûté les autres vins de qualité inférieure, mais d'après les offres qu'on lui fera, les autres débouchés assurés à sa marchandise, l'intensité du besoin des consommateurs.

Nous ne pouvons pas séparer l'utilité de l'agent naturel du service qu'il permet à l'homme de rendre; car, si cet agent naturel n'avait pas eu d'utilité, son possesseur n'eût pu rendre de service.

Mais pour qu'un agent naturel puisse avoir une valeur, il faut forcément qu'il soit possédé. La perle dans l'huître, au fond de la mer, n'a pas de valeur. Elle n'a de valeur que lorsqu'elle est entrée dans la maison du pêcheur.

L'air, au milieu des contrées désertes, n'a pas de valeur. Dans une ville, chaque propriétaire de maison possède une certaine quantité d'air; et une maison bien aérée a plus de valeur qu'une maison enfouie au fond de quelque cul-de-sac.

L'électricité répandue dans l'atmosphère n'a pas de valeur. Un homme construit une pile, dégage de l'électricité, et si j'ai besoin de cette électricité, il me la cède à un prix de X. Cette électricité a donc une valeur.

La valeur étant un rapport humain, comme nous l'avons dit, pour qu'une utilité ait de la valeur, il faut qu'elle soit possédée.

Selon moi, voici comment elle s'établit : A dit à B : — Toi, tu possèdes une chose. Moi, j'en ai envie. Cette chose est une utilité pour moi du moment que j'en ai besoin.

B répond à A : — Toi, tu possèdes une autre chose dont j'ai envie. Cette chose est une utilité pour moi du moment que j'en ai besoin. Changeons.

Nous n'avons pas à nous inquiéter de savoir si cette utilité ou ce besoin sont factices ou réels ; si le tabac est une utilité ; si les dames ont un besoin réel de diamants : là n'est pas la question.

Est *utilité,* en économie politique, toute chose que nous désirons.

Est *besoin,* tout désir.

On peut donc définir la valeur : *le rapport de l'utilité possédée par un homme au besoin d'un autre homme.*

Puis les rapports se multiplient. La valeur varie selon l'intensité du besoin et la difficulté de se procurer l'utilité. Obéissant à la grande loi régulatrice de l'offre et de la demande, elle dépend absolument du milieu social.

C'est pour cela que je n'ai jamais compris l'objection qu'on me faisait : — Comment déterminerez-vous la valeur du capital ? Qui peut la déterminer ?

Qui ? — Tout le monde. Chaque jour n'y a-t-il pas des acheteurs et des vendeurs de terres, de constructions, de machines, de meubles, etc., dont les transactions établissent un cours moyen selon les pays, les régions, les milieux ?

Voilà la détermination de la valeur. Elle n'a rien d'arbitraire ; elle découle des faits.

La valeur suit le niveau de l'offre et de la demande. Elle baisse avec l'offre : elle monte avec la demande.

CHAPITRE III.

L'APPLICATION DE L'IMPÔT SUR LE CAPITAL.

L'assiette de l'impôt sur le capital. — L'impôt sur le capital est un impôt de répartition. — Moyens d'opérer la répartition. — Conseil général de répartition. — Ses attributions. — La loi du 3 frimaire an VII et la loi du 10 mai 1838. — Le conseil communal de répartition. — Les capitaux fixes. — Facultés d'estimation. — Les passions politiques. — La loi du 3 mai 1841. — L'appel devant le jury d'expropriation pour cause d'utilité publique. — Garanties qu'il donne aux contribuables et au Trésor. — *Projet de loi sur l'impôt sur le capital.* — Les centimes additionnels. — Le budget communal.

Tant qu'on n'était pas arrivé à distinguer d'une manière précise les capitaux fixes des capitaux circulants, tant qu'on n'avait pas trouvé un criterium infaillible pour les reconnaître toujours à première vue, l'application de l'impôt sur le capital avait présenté de très-grandes difficultés pratiques. Moi-même, pourquoi ne pas le dire? quoique bien convaincu de la justesse de mon point de départ, je tâtonnais non sur le principe, mais sur l'application, j'hésitais, je comprenais bien que j'étais dans le vrai ; mais je n'arrivais pas complétement à dégager la question, à la mettre en pleine lumière. C'est à l'aide de tâtonnements plus ou moins longs que se sont, du reste, accomplies toutes les innovations. Il s'agit de ne pas se rebuter et d'avoir de la persévérance. Tout est là.

La persévérance ne m'a jamais manqué, et ici, comme dans d'autres circonstances de ma vie, je m'en suis bien trouvé.

J'étais parti de ce fait que m'avait indiqué mon expérience commerciale : l'impôt ne doit jamais entraver la circulation.

J'avais immédiatement conclu que l'impôt devait être prélevé sur le capital.

Mais comment déterminer le capital? Comment circonscrire cette chose multiple? Comment distinguer toujours le capital imposable de celui qui ne l'est pas ? C'est là ce qu'il fallait chercher.

Mais à partir du moment où j'ai pu établir une distinction formelle entre les capitaux fixes et les capitaux circulants, alors toute incertitude a cessé, tout doute a disparu ; non-seulement l'impôt sur le capital n'entrave pas la circulation, puisqu'il repose sur les capitaux fixes, mais encore il est basé sur une assiette déterminée, non plus d'une manière arbitraire, mais avec une précision scientifique.

Alors toutes les difficultés d'application qu'on avait pu m'objecter, toutes les difficultés d'application qui existent pour les autres impôts, ont disparu.

Si vous cherchez, comme le font les contributions indirectes, à saisir le capital circulant au moment où il circule, dans l'intervalle plus ou moins court qui existe entre sa production et sa consommation; si vous cherchez à saisir non pas une chose stable, fixe, mais précisément le mouvement, la chose fugace, à travers ses diverses transformations, alors vous aboutirez à ces difficultés inextricables, à ces mesures compliquées, coûteuses, vexatoires dont nous avons constaté les effets néfastes.

Si vous cherchez, comme le font les impôts sur le revenu à saisir d'avance une richesse qui n'est pas encore née, à imposer les ressources les plus fugitives et les plus variables de l'homme, si vous appuyez votre impôt sur la personne, qui est essentiellement mobile et dont l'existence peut se modifier chaque jour, vous aboutissez encore à des impossibilités.

La première condition pour qu'un impôt soit appliqué facilement, c'est qu'il s'adresse à des choses palpables, tangibles, dont l'existence ait la plus grande permanence possible, afin qu'elle puisse être facilement vérifiable.

L'impôt sur le capital, portant sur les capitaux fixes, sur la richesse solidifiée, cristallisée en quelque sorte, remplissant complétement cette condition, est de l'application laplus facile.

Voici, du reste, comment j'en conçois l'application.

D'abord, se présente une première question : L'impôt sur le capital doit-il être un impôt de répartition ou un impôt de quotité (1) ?

On sait que l'impôt de répartition est celui dont le montant total est fixé d'avance par la loi, et réparti ensuite entre les départements, les arrondissements, les communes et les contribuables.

La nature des impôts de répartition et des impôts de quotité étant donnée, le doute n'est pas possible; l'impôt sur le capital porte sur les choses, l'ensemble du capital de la nation, non sur les hommes; il est donc un impôt de répartition.

Maintenant, comment opérer cette répartition ?

Pour la répartition du contingent entre les communes et les particuliers, je crois qu'il faut se borner à suivre, en les simplifiant, les lois du 3 frimaire an VII et du 10 mai 1838. L'expérience modifierait ce qu'elles peuvent avoir d'incomplet.

Dès 1789, le cahier commun des trois ordres du bailliage de Langres avait fort bien indiqué les moyens de résoudre la difficulté.

« Les impositions locales seront levées par les communautés sur elles-mêmes. La somme totale de l'imposition est déterminée; chacune des propriétés qui doivent la supporter est constante ; leur valeur ne peut être dissimulée ; la répartition se fait publiquement (2). »

---

(1) L'impôt de quotité a pour base les tarifs, et son produit total ne peut être indiqué qu'approximativement et par évaluation.

Dans l'impôt de répartition, la loi fixe le produit total et non la part à supporter par chaque contribuable ; dans l'impôt de quotité, au contraire, elle fixe au moyen d'un tarif la somme à payer par chacun, pour tel et tel objet, et non le produit total de l'impôt.

(2) *Cahiers des États généraux*, t. III, p. 349.

A la place du conseil communal de répartition, établi par la loi de l'an VII, on établira des commissions cantonales. Je crois que les commissions cantonales présentent plus de garanties d'indépendance. Cette commission cantonale pourrait être composée du conseiller général et du conseiller d'arrondissement, d'un notaire, d'un membre d'une chambre de commerce, d'un membre de la chambre d'agriculture, du juge de paix, du percepteur, du receveur d'enregistrement (2) et de deux délégués, nommés par le conseil municipal de chaque commune.

Dans les villes formant plusieurs cantons, le conseil communal aura le droit de désigner deux délégués par canton.

Maintenant, qu'aura à faire cette commission?

Elle aura à estimer la valeur des capitaux fixes qui se décomposent ainsi : sol, constructions, outillages, machines, navires, voitures, animaux servant à l'exploitation, meubles, ustensiles, objets d'art.

Ce travail, évidemment, n'a rien de très-difficile. On l'opère tous les jours pour les successions ; ne le fait-on pas aussi pour les associations syndicales rurales, dans lesquelles, ainsi que l'ont parfaitement précisé la loi du 14 floréal an X et la loi du 21 juin 1865, ce ne sont pas les propriétaires qui payent, mais les immeubles engagés. Chacun l'opère enfin pour son propre compte. Chaque fois que se trouvent en présence un vendeur et un acheteur, se trouvent forcément deux experts, les plus clairvoyants des experts.

Je puis affirmer, d'après les nombreuses communications que j'ai reçues, qu'en ce moment le ministre des finances n'aurait qu'à demander des renseignements aux percepteurs, aux contrôleurs des contributions directes et aux receveurs d'enregistrement, ils donneraient immédiatement, à 5 ou 10 pour 100 près, la valeur du capital de la France. Causez avec un percepteur établi depuis quelque temps dans un pays, il vous dira sans hésiter la valeur de toutes les pro-

(1) Provisoirement. Voir p. 477 le système de perception que je propose.

priétés qui s'y trouvent. Qu'il prenne le cadastre, qu'au numéro de chaque parcelle il ajoute la valeur vénale, et vous aurez la valeur de toute la propriété immobilière qui existe.

Est-ce que dans les ventes, à propos d'un partage sur licitation, ou par autorité de justice, les tribunaux ne fixent pas une mise à prix?

Puisqu'on peut fixer cette mise à prix, que vient-on dire que l'estimation de la valeur vénale du capital présente tant de difficultés?

Le sol, les constructions ont une valeur qui dépend du pays. Chaque habitant d'une région sait fort bien ce que vaut à peu près telle et telle propriété, telle et telle construction. Le prix des outillages, des machines, des voitures, est un prix courant qui peut s'établir par le prix d'achat. Il en est de même pour les animaux, pour les meubles, pour les ustensiles. Les objets d'art présentent peut-être plus de difficulté. Mais en général tout possesseur d'objets d'art y attache de l'importance et est toujours tenté de les estimer plutôt au-dessus qu'au-dessous de leur valeur.

Il y a enfin une base fixe, volontaire, de l'impôt : c'est la police d'assurance, qui existe maintenant pour tous les objets qui ont quelque valeur, et dont l'usage tend à s'étendre de plus en plus et ne tardera pas à devenir général.

M. Mathieu-Bodet, dans son projet du 5 janvier 1875, propose de déterminer la valeur des objets transmis par succession, à l'aide du prix de vente ou des évaluations des polices d'assurances, et il trouve ce procédé si simple, qu'il n'éprouve même pas le besoin de le justifier par un argument. Un des adversaires de l'impôt sur le capital, M. Paul Leroy-Beaulieu, accepte cette mesure sans y faire aucune objection (1).

On soulève bien quelques difficultés de détail : les animaux servant à l'exploitation sont, dans certaines fermes, destinés au boucher. Comment faire la distinction? Les répartiteurs auront évidemment, dans ce cas, à tenir compte des usages

(1) *Économiste français*, 23 janvier 1875, p. 99.

locaux et à prendre une moyenne. La comptabilité agricole, dès maintenant, indique le moyen de résoudre le problème (1).

Il y a aussi la question d'usure des animaux servant à l'exploitation, des machines, des bâtiments, etc. Pour résoudre cette question, il suffira de s'en rapporter à la police d'assurance. Si le propriétaire ne diminue pas son assurance, c'est qu'il juge que ces animaux, ces machines, ces bâtiments continuent d'avoir la même valeur.

Rien de plus simple, on le voit, surtout si on compare les quelques petites difficultés que peut soulever l'application de l'impôt sur le capital avec les difficultés soulevées par la perception des impôts indirects, des impôts sur le revenu.

La base ne serait-elle pas aussi nettement déterminée qu'elle l'est par la définition du capital fixe, que l'impôt sur le capital serait encore loin d'être impossible.

« Lors de l'occupation prussienne, les municipalités ont réparti sur chaque citoyen, suivant sa fortune, les taxes imposées aux villes, et chacun a pu voir que les municipalités se sont peu égarées dans leurs appréciations (2). »

Dans un département voisin, j'ai vu aussi fonctionner très-bien des commissions chargées de répartir les indemnités entre les victimes de la guerre.

Si, à ce moment, on a pu arriver à cette justesse d'appréciation, alors qu'on n'y était préparé par aucune expérience antérieure, alors qu'on n'avait aucune règle fixe pour se guider, à plus forte raison pourra-t-on, dans l'avenir, y arriver facilement.

Du reste, dans les discussions relatives à la révision du cadastre, qui ont eu lieu dernièrement, nous avons entendu

---

(1) Voir *Comptabilité de la ferme*. Dubost et Pacaut.

Cette distinction existe déjà relativement aux charges de la prestation. Je trouve, par exemple, un arrêt du conseil d'État du 28 juin 1860 déclarant qu'« il n'y a pas lieu d'imposer un prestataire à raison de deux bœufs qui n'ont pas été destinés à l'engrais et qui n'ont pas été attelés pendant l'année de l'imposition. »

(2) *Lettre de M. Cordier* (de Soissons).

tous les orateurs qui en étaient partisans, M. Feray surtout, déclarer qu'il n'y aurait pas besoin de procéder à une révision mathématique, et que des commissions locales feraient d'abord très-bien la besogne.

Est-ce que l'enquête agricole de 1852 n'a pas été faite par des commissions cantonales qui ont déterminé la valeur du sol?

« Ce travail, dit M. Delesse (1), entrepris d'après une décision prise en 1851, par l'Assemblée nationale, a été fait simultanément dans toute la France pendant l'année 1852. Les nombreux agents de l'administration des contributions directes qui en ont été chargés l'ont basé sur des enquêtes spéciales qui ont eu lieu dans chaque commune, et ils ont exigé la production des baux de fermage ainsi que des *actes de vente*. De plus, les chiffres qu'ils ont trouvés dans les premières enquêtes ont été soumis à plusieurs révisions et contrôlés successivement dans les chefs-lieux de canton, d'arrondissement et de département. Le soin apporté à leur détermination était d'autant plus grand que, d'après l'Assemblée nationale, ils devaient ensuite servir de base à une répartition plus équitable de l'impôt foncier. Bien que les chiffres adoptés aient subi des variations très-notables depuis cette époque, ils méritent donc confiance; du reste, actuellement, on ne possède pas de données plus complètes sur le revenu territorial de la France. »

Un journal qui ne se prononce jamais qu'avec une prudence éclectique, dit cependant :

« Quant à l'estimation du revenu ou de la valeur des parcelles, on pourrait y procéder immédiatement et avec facilité, au moyen de commissions locales. Des commissions locales composées du percepteur, du contrôleur, du syndic des géomètres, du président du comice agricole, du juge de

---

(1) *La Carte agricole de la France.* Bulletin de la Société de géographie, octobre 1874, p. 339.

paix et de notables propriétaires, pourraient facilement accomplir cette tâche circonscrite (1). »

Les commissions cantonales ont fait leur œuvre. Elles ont estimé que le capital détenu par telle et telle personne valait tant. Elles ont fait le total des divers capitaux possédés sur le territoire de chaque commune. Elles transmettent ces états, avec documents à l'appui, au conseil d'arrondissement. Le conseil d'arrondissement fait le total des capitaux possédés par les différents cantons. Il a cependant un droit de contrôle. S'il juge que certaines évaluations sont défectueuses ou inexactes, il transmet ses réclamations à la commission départementale. Tout contribuable pourra également transmettre à la commission départementale ses réclamations contre les répartiteurs.

Maintenant, qui se prononcera sur les réclamations des conseils d'arrondissement ou des particuliers ?

Je n'ai point voulu encore être trop novateur. Je me suis servi tout simplement d'une loi existante, la loi du 3 mars 1841 ; d'une institution existante, le jury chargé de régler les indemnités d'expropriation pour cause d'utilité publique.

La nomination de ce jury présente, certes, toutes les garanties « conservatrices » que peuvent désirer les timides. Afin de les rassurer complétement, je cite l'article 29 de la loi du 3 mai 1841 :

Article 29. « Dans sa session annuelle, le conseil général désigne, pour chaque arrondissement de sous-préfecture, tant sur la liste des électeurs que sur la seconde partie de la liste du jury, trente-six personnes au moins, et soixante-douze au plus, qui ont leur domicile réel dans l'arrondissement, parmi lesquels sont choisis, jusqu'à la session suivante ordinaire du conseil général, les membres du jury spécial appelé, le cas échéant, à régler les indemnités dues par suite d'expropriation pour cause d'utilité publique. — Le

(1) *Économiste français*, 1873, p. 310.

nombre des jurés désignés par le département de la Seine sera de six cents. »

En même temps que l'appel au jury d'expropriation donne ces garanties au contribuable, il donne une garantie au Trésor.

Par ce temps de travaux publics, — et j'espère bien que les travaux publics augmenteront dans une proportion considérable, — le contribuable qui serait tenté de faire des réclamations dépourvues de tout fondement, hésitera à venir les porter devant le jury d'expropriation qui, peut-être, le lendemain aurait à statuer sur des réclamations en sens contraire. Il est bien évident que, bien que les membres du jury puissent être renouvelés, la première décision du jury serait un précédent trop grave pour qu'on risquât de l'affronter.

Il faut ajouter que la manière de procéder du jury sera, à peu de chose près, ce qu'elle est maintenant. (V. ci-dessous, p. 477.) La discussion sera publique. Bien peu de personnes viendront dire devant tout le monde : — Ma maison vaut beaucoup moins qu'on ne le croit. Mon mobilier est misérable. Mes objets d'art ne sont que du bric-à-brac.

L'assurance est là d'abord. Puis la vanité s'y oppose. On a un crédit à soutenir; « un rang dans le monde » à maintenir, des fils à établir, des filles à marier; et par un égoïsme bien entendu, on se résigne à payer l'impôt tel qu'on le doit, quand cet impôt est unique et porte sur la totalité du capital que l'on possède.

J'ai voulu, du reste, afin qu'on ne pût m'accuser de faire des théories en l'air, exposer dans un projet de loi l'ensemble du système; je ne le donne pas comme parfait; je crois à l'expérience, je n'ai d'autre prétention que de poser un jalon qui puisse servir de point de départ.

PROJET DE LOI

SUR L'APPLICATION DE L'IMPÔT SUR LE CAPITAL.

Article 1er. L'impôt est unique et établi sur le capital fixe.

Art. 2. Sont capitaux fixes toutes les utilités dont le produit ne détruit pas l'identité, c'est-à-dire : le sol, les mines, les constructions, les machines, les outillages, les navires, les voitures, les animaux servant à l'exploitation, les ustensiles de ménage, les meubles, les objets d'art, lorsqu'ils ne sont pas à l'état de marchandises destinées au commerce.

Art. 3. L'impôt est réparti entre les contribuables au prorata de la valeur vénale des capitaux fixes qu'ils possèdent.

La valeur vénale des capitaux fixes sera fixée, d'après le cours moyen de ces capitaux dans la région où ils sont situés, en prenant pour base les actes de vente, les polices d'assurances et tous les documents qui pourront éclairer les répartiteurs, selon la nature de ces capitaux.

Art. 4. L'évaluation des capitaux fixes possédés sur le territoire de chaque commune, par chaque individu, est faite par un conseil cantonal de répartiteurs composé ainsi qu'il suit : le conseiller général et le conseiller d'arrondissement, le juge de paix, le percepteur, le receveur d'enregistrement, le membre de la chambre d'agriculture et deux délégués nommés par le conseil municipal de chaque commune.

Dans les villes formant plusieurs cantons, le conseil municipal désignera deux délégués par canton.

Ces commissions cantonales auront le droit de s'adjoindre des experts.

Ces fonctions ne peuvent être refusées que pour les causes

énumérées dans les art. 13, 14, 15 de la loi de l'an VII (1).

Art. 5. Le conseil cantonal de répartition tiendra une session chaque année avant la session du conseil d'arrondissement; dans cette session, il complétera les évaluations faites l'année précédente, et examinera les réclamations qui pourraient lui être adressées.

Art. 6. Le conseil d'arrondissement (2) examinera les évaluations faites par les conseils cantonaux de répartition, et s'il juge que certaines évaluations sont défectueuses et inexactes, il transmettra ses réclamations à la commission départementale.

Tout contribuable pourra également transmettre à la commission départementale ses réclamations contre l'évaluation des répartiteurs.

La commission départementale saisira, chaque année, des réclamations qu'elle aura reçues, le jury chargé de régler les indemnités d'expropriation pour cause d'utilité publique, qui tiendra à cet effet une session spéciale.

Art. 7. Le président de la commission départementale remplira le rôle de directeur du jury. Il sera assisté du secrétaire de la commission départementale, qui remplira le rôle de greffier et tiendra procès-verbal des délibérations (3). Le conseil cantonal de répartition ou le conseil d'arrondissement déléguera un de ses membres pour remplir le rôle de minis-

(1) Les fonctions de répartiteurs ne peuvent être refusées que pour l'une des causes ci-après : 1° les infirmités graves et reconnues ou vérifiées en la forme ordinaire, en cas de contestation; 2° l'âge de soixante ans commencés ou plus; 3° l'entreprise d'un voyage ou d'affaires qui obligeraient à une longue absence du domicile ordinaire; 4° l'exercice de fonctions administratives ou judiciaires, autres que celles de suppléant de juge de paix; 5° le service de terre ou de mer, ou un autre service public actuel; 6° le domicile à plus de deux myriamètres de la commune. (Art. 13, 14, 15, de la loi de l'an VII.)

(2) Je prends les conseils d'arrondissement tels qu'ils existent. S'ils venaient à être supprimés ou modifiés, il n'y aurait qu'à plier la loi à la nouvelle combinaison.

(3) Voy. art. 34 de la loi du 3 mai 1841.

tère public, selon que les évaluations seront contestées par un contribuable ou par le conseil d'arrondissement.

Art. 8 (1). Le directeur du jury met sous les yeux du jury : 1° le tableau des évaluations du conseil de répartition et des réclamations soit des contribuables, soit du conseil d'arrondissement; 2° tous les documents produits par les parties à l'appui de leurs demandes et réclamations. Les parties ou leurs fondés de pouvoirs peuvent présenter sommairement leurs observations. Le jury pourra entendre toutes les personnes qu'il croira pouvoir l'éclairer. — Il pourra également se transporter sur les lieux, ou déléguer à cet effet un ou plusieurs membres. — La discussion est publique; elle peut être continuée à une autre séance.

Art. 9. La cotisation de chaque contribuable est divisée en douze portions égales et payables de mois en mois, tant qu'il n'en est pas ordonné autrement par une loi particulière. Nul ne peut être contraint que pour les portions échues.

Art. 10. L'impôt, ne portant que sur le capital, est dû par le propriétaire. Il porte sur la totalité du capital, sans tenir compte des charges et des dettes dont il peut être grevé.

Art. 11. Le conseil général de chaque département fera le total des évaluations opérées sur son territoire, et les transmettra, avec documents à l'appui, au ministère des finances.

Art. 12. L'impôt sera réparti par l'Assemblée nationale entre les divers départements au prorata du capital, représenté par chacun de ces départements.

Art. 13. Les dépenses départementales et communales seront prélevées à l'aide de centimes additionnels.

Tel est l'ensemble du projet de loi que je soumets à la discussion.

Du reste, l'impôt sur le capital est susceptible de toutes les

(1) Cet article est presque entièrement conforme à l'art. 37 de loi du 3 mai 1841.

combinaisons, de toutes les applications, pourvu qu'il repose toujours sur cette assiette solide : le capital fixe.

La perception de l'impôt, qui présente habituellement tant de difficultés et tant d'obstacles, favorise ici, au contraire, le principe de l'impôt sur le capital. Elle complète l'idée qui y préside.

Rien de plus facile que de percevoir l'impôt par mandats et par douzièmes.

L'Etat, au lieu de consacrer à cette perception la lourde armée d'employés qui lui est toujours indispensable pour exécuter la moindre chose, soumissionnerait la perception de l'impôt à cinq ou six grandes banques régionales.

Je dis : cinq ou six grandes banques, et non une seule.

Une seule banque constitue un monopole dangereux. De plus, elle subit rapidement les inconvénients de l'administration de l'État. Elle devient formaliste et routinière.

Si, au contraire, on partage cette mission entre cinq ou six grands établissements, chacun profite de l'expérience des autres établissements. Les procédés se perfectionnent, parce qu'ils ne sont pas tous enfermés dans un cadre unique.

Indépendamment de l'économie que présente la perception des impôts par des établissements particuliers, ceux-ci offrent encore le grand avantage d'aider l'impôt sur le capital à atteindre le but qu'il se propose : — faire crédit de l'impôt à l'agriculture, à l'industrie aussi longtemps que possible.

L'impôt étant établi sur des capitaux fixes, ceux-ci présentent à la banque chargée de recouvrer l'impôt une garantie sérieuse.

Pour les objets susceptibles d'être déplacés facilement, la banque pourra exiger une caution.

Que fait la banque? Au lieu de demander l'impôt immédiatement au contribuable, elle fait l'avance de l'impôt pendant un temps plus ou moins long.

Pour qu'elle puisse faire cette avance, il suffit de lui conférer certaines garanties spéciales, comme celles que les articles 29-43 du décret du 28 février 1852 donnent au Crédit foncier.

Alors, non-seulement l'impôt fait crédit au capital circulant jusqu'à ce qu'il devienne capital fixe, mais encore au moment où il devient capital fixe, l'impôt peut n'être pas perçu immédiatement. La banque de recouvrement peut faire crédit au possesseur du capital fixe d'une ou plusieurs annuités, moyennant un intérêt à déterminer.

Ainsi, non-seulement, dans le système de l'impôt sur le capital, l'impôt fait crédit au capital circulant, mais le capital fixe peut obtenir encore plusieurs années de crédit.

CHAPITRE IV.

MOYENS DE TRANSITION.

Lettre à M. Magne. — 1 pour 1,000. — On ne peut contenter tout le monde. — Moyens de transition. — Le but.

J'ai donné un projet de loi, une formule complète; j'ai dit ce que devrait être l'impôt sur le capital; j'ai dit ce qu'il sera dans quinze ans, dans trente ans peut-être. Je n'ai pas la prétention de vouloir faire adopter dès demain le projet de loi ci-dessus. Je sais bien que les choses ne vont pas si vite, et que, surtout en matières si délicates, où il faut ménager tant de préjugés et d'intérêts, on ne peut espérer, on ne doit même pas espérer qu'une réforme de cette importance soit accomplie du jour au lendemain.

Il faut préparer le terrain longtemps d'avance. Il faut procéder par des mesures transitoires. Il faut aller lentement, et ne faire un pas en avant que lorsqu'on est bien sûr du terrain sur lequel on s'est déjà avancé.

En procédant ainsi, on a un avantage. L'expérience de la veille profite au progrès du lendemain. On avance peut-être plus doucement, mais on a des chances de ne pas commettre de grosses erreurs et de ne pas provoquer de réaction.

Rien ne serait plus facile, si la loi, au lieu de condamner les communes à ne se procurer de ressources qu'au moyen de centimes additionnels ou de droits d'octroi, les laissait libres de donner à leurs impôts communaux l'assiette qu'elles voudraient.

Est-ce si révolutionnaire? Messieurs les anciens auteurs du manifeste de Nancy doivent approuver cette idée, s'ils ont conservé par hasard leurs idées d'autrefois. Dans des pays qui ne sont point bouleversés par les révolutions, tels que la Hollande et la Suisse, c'est un droit qui appartient aux communes. De cette manière, on fait des expériences sur une petite échelle. L'expérience du voisin profite : on l'imite si elle réussit. Si une tentative échoue, on remarque si l'échec tenait à la nature même de la tentative ou aux moyens d'exécution dont on s'était servi. Une concurrence s'établit de communes à communes, de cantons à cantons, au profit du progrès. On pratique alors la méthode expérimentale, sans s'en douter en quelque sorte, par la force des choses, au lieu de bâtir des théories en l'air. Une réforme commence par être particulière avant de devenir générale. Si elle n'a pas réussi, elle n'a pas provoqué de bouleversement. Si elle a réussi, on procède à coup sûr quand on l'applique en grand.

Dans les pays centralisés comme la France, au contraire, on ne veut rien faire, sous prétexte qu'il y aurait trop à faire. On est épouvanté de la commotion produite par la moindre réforme, de l'effort gigantesque qu'il faut faire pour déplacer les abus les plus criants et les plus funestes. On se croise les bras et on attend que l'étranger s'empare des idées émises par nous-mêmes, et qu'il ait fait les expériences que nous n'avons su ni pu faire.

J'espère que l'impôt sur le capital n'aura pas le sort de tant d'inventions, retour de l'Angleterre quand ce n'est pas de l'Amérique. Sans aller jusqu'à cette décentralisation, qu'on aurait pu obtenir de l'Assemblée de 1871, mais que ne nous accorderait pas, à coup sûr, l'Assemblée de 1874, il y a cependant un moyen bien simple d'arriver à un commencement d'application de l'impôt sur le capital.

Je ne demande pas que, dès demain, on transforme tous les impôts existants en un impôt unique sur le capital de 2 milliards 600 millions, sans compter les budgets départementaux et communaux.

Je suis modeste. Je ne veux point faire de révolution ; je me contenterais pour cette année d'une première réforme. Dans une lettre, en date du 18 novembre 1873, adressée à M. Magne, ministre des finances, je demandais simplement un impôt de 1 franc pour 1,000 francs de capital. Je développais cette proposition en ces termes :

« On peut évaluer la fortune de la France à 200 milliards. Prenons un chiffre plus bas, adoptons 160 milliards : à 1 p. 1,000, vous trouverez aussitôt un chiffre supérieur aux ressources que vous demandez.

« Et dans l'application, à quoi se réduit cet impôt? Je le répète, à 1 franc pour 1,000 francs, soit 10 francs pour 10,000 francs, soit 100 francs pour 100,000 francs. Quelle perturbation pourrait apporter une tentative de ce genre dans le placement actuel des capitaux?

« En l'essayant, vous évitez les difficultés et les vexations qui accompagnent toujours les impôts indirects.

« A l'aide de ce premier essai, fait sur une échelle restreinte, vous obtenez un premier inventaire de la fortune publique de la France, qui vous permettra de développer et d'améliorer ce mode d'impôt; au lieu que vos impôts, tous plus ou moins condamnables, forcés de disparaître tôt ou tard, ne laisseront aucune expérience dont puisse profiter l'avenir. »

Je n'avais d'autre but que de remplacer les 149 millions que réclamait M. Magne pour combler le déficit du budget de 1874, et que ni lui ni l'Assemblée n'ont pu trouver.

Si j'avais demandé qu'on renversât tout le budget et qu'on ne reconnût que l'impôt sur le capital, les hommes qui croient que tout ce qui est vaut toujours beaucoup mieux que tout ce qui peut être, n'auraient pas manqué de s'écrier : « Voyez-vous ce perturbateur, ce révolutionnaire, ce partageux? Il veut retourner le budget comme une omelette, au risque de jeter la France dans le feu! »

Au lieu de cela, je me suis contenté de demander une application de l'impôt sur le capital au taux de 1 pour 1,000. Aussitôt ces mêmes gens ont dit : « Voyez-vous ce perturbateur, ce révolutionnaire, ce partageux, d'autant plus da gereux qu'il déguise des projets plus audacieux sous d dehors plus modestes? »

Comme cela me prouve une fois de plus qu'on ne pe contenter tout le monde et son père, je me borne à réclame un premier essai d'application de l'impôt sur le capital.

Ce premier essai n'aurait-il que l'avantage de nous fair faire l'inventaire du capital du mobilier industriel de la France qui n'a jamais été fait, ce serait déjà un premier résulta obtenu. Il nous débarrasserait aussi de l'impôt sur la petit vitesse, sur les huiles, les savons, la bougie, des demi-dé cimes qui ont été ajoutés au droit d'enregistrement, aux contributions indirectes et à certains droits de douanes, et il nous permettrait d'équilibrer notre budget de 1875 avec des ressources certaines et non à l'aide d'expédients (1).

Voici ce que j'écrivais, du reste, dans la *Réforme fiscale* (2), il y a un an, et comment j'indiquais la manière d'opérer la transition entre l'ancien régime fiscal et le système complet de l'impôt sur le capital :

« Un an se passe, deux même, si l'on veut. Il s'agit de faire un pas de plus dans la même voie. L'impôt ne sera plus d'un franc pour mille, mais de deux (3). C'est une somme de quatre cents millions pour le Trésor. Quoi de plus facile que de supprimer l'impôt des boissons, qui pèse d'un poids si lourd sur le plus important de nos produits? Plus de soixante de nos départements en profiteront. C'est une ère nouvelle qui s'ouvre pour notre production, sans parler d'une foule d'avantages qui résultent de ce dégrèvement.

« Vienne le jour, et il ne saurait être éloigné, où l'impôt du capital sera de cinq pour mille. Le fisc perçoit un mil-

(1) Voir à ce sujet : Appendice, note 3. Lettre à M. le rédacteur en chef du *National*.

(2) 3e édit., p. 176

(3) J'avais évalué la fortune à 200 milliards. Voir ce que je dis ci-dessous (liv. VIII) des diverses évaluations de la fortune de la France.

liard. La plupart des taxes de consommation peuvent disparaître. Avons-nous besoin de signaler les bienfaits d'une pareille transformation ?

« Enfin, que l'on porte plus tard l'impôt à sept ou huit par mille, et quatorze ou seize cents millions entrent dans le Trésor. C'est une somme de quatre ou six cents millions de plus. On peut remplacer les droits qui grèvent les transactions, le timbre et d'autres impôts de même nature, qui n'ont pu encore disparaître du budget.

« Quelques années suffisent pour opérer tous ces changements.

« Or, ces changements accomplis, on peut dire que la réforme est faite. L'ancienne fiscalité est détruite avec ses injustices ; elle a complétement disparu. »

On m'a reproché d'avoir varié dans mes appréciations. C'est vrai; j'ai tâtonné, non sur le principe, mais sur l'application, et je m'en fais honneur. Je ne crois point qu'on arrive du premier coup, sans travail et sans efforts, à la vérité absolue. Je laisse ces qualités-là aux devins et aux prophètes. Et c'est précisément pour ce motif que j'ai proposé qu'on procédât graduellement à l'application de l'impôt sur le capital.

Aujourd'hui, essayons par un impôt au taux de 1 p. 1,000 ; demain, nous prendrons le taux de 2 p. 1,000, et, espérons-le, avant que nous soyons arrivés à l'application complète de l'impôt sur le capital, la fortune de la France aura reçu de tels développements que, pour couvrir complétement le chiffre du budget, nous n'aurons pas besoin d'élever l'impôt jusqu'aux 7 ou 8 pour 1,000 que j'indiquais ci-dessus.

Mais une fois qu'on aura commencé l'application de l'impôt sur le capital, on aura fait un immense progrès.

Depuis l'an VII, nous allons, au hasard, d'impôts en impôts, ne cessant d'aggraver les plus mauvais. Pendant trois mois, cette année, la tribune n'a cessé de retentir de déclarations qui constatent ce fait (1). Nous tournons sur nous-mêmes, cherchant une solution, ne parvenant pas à la trouver; et en nous débattant au milieu des difficultés dans lesquelles nous sommes engagés, nous n'arrivons qu'à nous égarer davantage. Au lieu de suivre une ligne droite, de nous avancer vers un but, nous piétinons sur place et nous nous enlizons chaque jour davantage.

L'impôt sur le capital a ce grand avantage, c'est qu'il déblaye immédiatement le terrain. C'est une échappée vers l'avenir ouverte au milieu de toutes nos broussailles fiscales. Une fois que nous aurons commencé à l'appliquer, nous avons un champ d'expériences solide; nous avons en main un instrument perfectible; nous savons ce que nous voulons, vers quel but nous nous dirigeons. Nous avons un point de repère, un fanal pour nous guider. Hâtons-nous de nous diriger vers lui. Plaçons haut notre idéal, si nous voulons parvenir à quelque chose. Il faut vouloir le plus pour arriver au moins.

L'impôt unique sur le capital, tel est le but vers lequel nous devons marcher.

L'application de l'impôt sur le capital au taux de 1 p. 1,000, voilà ce que je demande pour l'instant.

---

(1) Voir *Pétition relative à l'impôt sur le capital*, p. 3.

LIVRE VII

LES OBJECTIONS

CHAPITRE I

L'IMPÔT SUR LE CAPITAL N'A JAMAIS ÉTÉ APPLIQUÉ.

L'impôt sur le capital a été appliqué. — Il est appliqué en ce moment. — Application de l'impôt sur le capital. — Antiquité. — Les républiques italiennes. — Allemagne. Wurtemberg. Grand-duché de Bade. Prusse. Nuremberg. Brême. Hambourg. Bavière. Pays-Bas. — Suisse. Schaffhouse. Saint-Gall. Thurgovie. — États-Unis. États où il est appliqué. Impôt unique dans le Mississipi. — Assiette de l'impôt. France. — L'impôt sur les successions. — M. Léon Faucher.

Maintenant, il ne reste plus qu'à examiner les objections qu'on a adressées à l'impôt sur le capital.

Je commence par la plus grave. Il est vrai qu'elle est très-forte et très-difficile à réfuter. On ne sait comment l'aborder. On ne voit même pas bien les arguments qu'on pourrait lui opposer. Elle se résume ainsi : « L'impôt sur le capital n'a jamais été appliqué. »

C'est une objection qu'on a faite aussi à Papin ; on lui disait : « La vapeur n'a jamais été employée comme force motrice. » Un siècle après, on la répétait à James Watt. On disait à Fulton : « Des bateaux à vapeur ! Êtes-vous fou ? il n'y en a jamais eu. » Les bateaux à vapeur naviguent. Stephenson veut faire des locomotives ; on lui dit : « Des locomotives ! mais c'est insensé ! il n'y en a jamais eu ! »

Puis les locomotives ont marché.

Alors, à partir de ce moment, tout le monde a voulu les avoir inventées.

C'est l'éternelle histoire du progrès humain. On commence toujours par nier la possibilité d'une chose parce que cette chose n'a pas été appliquée. Ensuite, quand elle est réalisée, tout le monde trouve cela si simple que chacun se dit : Mais comment n'y a-t-on donc pas pensé plus tôt?

De plus, on se trompe. En général, la chose qu'on déclare n'avoir jamais été appliquée l'a toujours été plus ou moins imparfaitement. Avant la locomotive de Stephenson, il y avait eu des voitures à vapeur (1). Avant le bateau à vapeur de Fulton, il y avait eu celui du marquis de Jouffroy et celui de Papin. Il en est de même pour l'impôt sur le capital.

Sans doute, jamais l'impôt sur le capital n'a été appliqué d'une manière complète, n'a été appliqué en vertu de principes positifs, comme je le réclame en ce moment. Mais il suffit de lire l'ouvrage de M. Esquirou de Parieu, concernant les *Impôts sur les revenus et la propriété,* pour être convaincu qu'on a souvent essayé d'appliquer l'impôt sur le capital, et, bien plus, que l'impôt sur le capital est établi d'une manière plus ou moins empirique dans plusieurs États européens et aux États-Unis.

Si nous remontons jusqu'à l'antiquité, nous trouvons à Athènes un impôt progressif basé sur les fortunes. L'Eisphora, établi à l'époque de la centième olympiade, est le premier type connu des impôts généraux sur la fortune. A Rome, le cens était aussi un impôt sur la fortune.

Dans le moyen âge, à Gênes, nous trouvons la *colletta,* impôt levé sur les biens meubles et immeubles des citoyens. Le taux varie selon les besoins du Trésor (4, 6, 8 deniers par livre).

(1) Voir au Conservatoire des Arts-et-Métiers, la voiture de Cugnot.

Dans la République milanaise, au treizième siècle, il y a un impôt de 10 sols 5 deniers sur la valeur de tous les biens évalués d'après ce qu'on appela *stima e catasto de' beni.*

De 1208 à 1248, on en détermina l'assiette. Tout le monde était soumis à la taxe.

A Venise, l'impôt, établi d'abord sur le commerce et l'industrie, fut remplacé par une taxe sur les immeubles. Diverses dîmes avaient pour base le *catasto,* basé sur les déclarations des particuliers et les recherches des commissions instituées à cet effet.

C'est à Florence que l'impôt sur les fortunes a reçu les applications les plus variées.

Il nous apparaît sous trois formes diverses : 1° l'*estimo,* du XIIIe siècle à 1427 ; 2° le *catasto,* de 1427 à 1470 ; 3° l'*imposta progressiva* greffée sur le *catasto* de 1422 à 1506.

L'*estimo* était une imitation du cens romain. Le *catasto* était établi sur un rapport entre les revenus et le capital imposable. Pour les immeubles, il était estimé à 7 p. 100.

En Allemagne, nous trouvons, dès le quatorzième siècle, certaines taxes perçues sur la fortune, sous les noms de *schossen, schatzungen, losungen, gemeine pfennige.* Dans la Hesse, de 1658 à 1700, des taxes furent assises sur la fortune présumée. Les communes de Wurtemberg furent autorisées, par une ordonnance de 1758, à imposer les capitaux. Une loi du 29 juin 1821 imposa de nouveau le capital, sans tenir compte du revenu qu'on en retirait et des dettes du contribuable. La taxe était primitivement de 20 kreutzers (71 c. et demi) pour 100 florins (215 fr.) de capital. Réduite de moitié en 1830, relevée à 12 kreutzers de 1833 à 1836, ramenée à 6 kreutzers de 1836 à 1849, elle fut enfin portée à 15 kreutzers par la loi du 21 juillet 1849.

Dans le grand-duché de Bade et en Prusse, pendant les guerres de Napoléon, on établit un impôt progressif sur les fortunes et les revenus. La taxe dans ce dernier pays était de 3 p. 100 sur tout capital actif.

En 1848, dans le grand-duché de Bade, l'impôt sur le capital, *kapitalsteuer,* y fut établi au taux de 1 p. 1,000 fr.

En 1802, nous trouvons à Nuremberg la *losung,* qui grevait les biens et capitaux mobiliers actifs de 1 p. 100 de leur valeur.

Depuis le dix-huitième siècle, Brême a à la fois un impôt progressif sur le capital, levé dans les circonstances extraordinaires, et un impôt progressif sur le revenu.

« L'impôt sur le capital (*schossalgabe*), dit M. de Reden, remonte au dix-huitième siècle, et a acquis avec raison une grande célébrité comme application pratique et théorique d'une imposition équitable sans contrôles odieux, résultat qui n'a pu apparemment être obtenu qu'à l'aide du véritable et solide esprit civique par lequel les habitants de Brême se sont depuis longtemps distingués.

« Le *schoss* est un impôt sur le capital, auquel est régulièrement soumise toute fortune, égale ou supérieure à 1,000 thalers, d'après un tant pour cent déterminé.

« Cette proportion est abaissée d'un tiers pour les fortunes de 1,000 à 3,000 thalers, comparativement à celles qui atteignent ou dépassent ce dernier chiffre, de telle sorte que le *schoss* de 1/4 p. 100, par exemple, descend à 1/6 p. 100 à l'égard des fortunes de 1,000 à 3,000 thalers, lors même qu'aucune disposition ne l'ordonnerait.

« Tout citoyen doit apprécier lui-même sa fortune sur l'honneur du serment de fidélité civique, et acquitte, en conséquence, sa contribution en secret. » (Loi du 23 octobre 1848.)

D'après M. de Parieu, une partie de l'impôt est versée, sans compte préalable, dans une caisse fermée à tout contrôle. C'est à peu près l'impôt volontaire. Les produits de l'impôt sur le capital indiquent un accroissement de matière imposable qui fait honneur à la moralité des contribuables.

A Hambourg, à la suite d'un incendie, on établit le *brandsteuer,* qui frappait proportionnellement les fortunes qui étaient au-dessous de 50,000 marcs (76,000 fr.), et progressivement les fortunes qui étaient au-dessus.

D'après madame de Staël, la perception s'opérait comme à Brême. « Il y a, dit-elle, tant de moralité parmi les habitants de Hambourg, que pendant longtemps on a payé l'impôt dans une espèce de tronc, sans que jamais personne surveillât ce qu'on y portait. Ces impôts doivent être proportionnés à la fortune de chacun, et, calcul fait, ils ont toujours été scrupuleusement acquittés. » Malgré l'autorité de madame de Staël, je ne demande pas cependant qu'on donne pour base à la perception de l'impôt sur le capital la candeur des contribuables.

En 1844, la Bavière a institué un impôt appelé *kapitalrentensteuer,* qu'on a pris pour un impôt sur le capital ; mais cet impôt est un impôt sur les revenus du capital.

Dans les Pays-Bas, dès le commencement du quatorzième siècle, le *schot,* impôt proportionné à la fortune des citoyens, estimé tous les trois, quatre, sept ans, est établi.

En 1566, Philippe II demanda aux États de Hollande une contribution du *centième denier* des biens immeubles, et *cinquantième denier* de la valeur des marchandises.

En 1599, le *deux centième denier* fut levé sur toute fortune supérieure à 3,000 florins.

L'année suivante, cet impôt fut doublé. En 1653, on revient au *deux centième denier*. On abaissa même le taux, le produit n'ayant pas dépassé un million.

On leva le *millième denier* de la valeur de toutes les possessions et du capital fictif de tous les revenus au-dessus de 1,000 florins, même de ceux provenant des emplois.

On frappa les obligations et les rentes capitalisées d'un deux centième denier réel qui atteignit aussi les immeubles, estimés d'après le revenu, en s'aidant des éléments du *verponding*.

Le système de l'impôt réel était prédominant, quoiqu'on maintînt pour le fisc le droit d'exiger, si l'option lui était profitable, le deux centième denier résultant des rôles personnels.

Les contribuables furent rangés en plusieurs classes, en 1715 et en 1716. En 1747, les Etats décrétèrent un nouvel impôt connu sous le nom de *don libre,* calculé sur le pied de 1 p. 100 du montant net des biens possédés en Hollande ou au dehors (1). Le produit de cette contribution fut considérable et atteignit 50 millions de florins.

Le 17 juillet 1795, levée de 6 p. 100 sur la valeur des possessions (*bezittingen*) à titre d'emprunt forcé. Le 30 juin 1796, impôt sur les revenus supérieurs à 300 florins, remplacé le 10 août par un impôt de 10 p. 100 sur les possessions. Le 12 octobre 1797, levée du *quatre-vingtième denier* sur la propriété (bezittingen). De 1798 à 1803, on trouve une série d'impôts sur le revenu et les propriétés avec un caractère progressif très-prononcé. Les derniers impôts directs et généraux sur la fortune furent levés en 1805. Le ministre Gogel y substitua les accises et le timbre.

En Suisse, les cantons les plus importants ont adopté l'impôt sur le capital sous le nom de *vermægensteuer,* et un impôt sur les revenus sous le nom d'*erweds und einkomm.*

A Schaffhouse, une loi du 23 février 1844 a atteint le capital net des fortunes dans la proportion de 1 pour 1,000, en affranchissant tous les objets qui ne servaient pas à l'industrie.

Des impôts sur le capital sont levés dans certains districts du canton de Schwyz et dans les communes d'Appenzell.

A Glaris, un impôt frappe sur le pied de 2 p. 1,000 les fortunes supérieures à un minimum variable de 200 à 500 florins, suivant les communes.

A Saint-Gall, on a remplacé un impôt sur le revenu par un impôt sur le capital au taux de 1 p. 1,000. Les fortunes au-dessous de 100 florins sont exemptes.

---

(1) Esquirou de Parieu, *Traité des impôts,* t. I, p. 424.

Le *vermœgensteuer,* de Thurgovie, frappe de 1 p. 1,000 les capitaux et les propriétés immobilières.

En 1847, on a établi dans le canton de Berne un impôt sur les immeubles, capitaux et revenus.

Le capital des rentes est évalué à vingt-cinq fois le revenu. L'impôt perçu sur le revenu est réglé parallèlement avec celui qui est levé sur le capital, en admettant le rapport de 4 p. 100 entre les revenus et les capitaux.

L'application de l'impôt sur le capital a été faite surtout dans les États particuliers de l'Amérique du Nord. Il porte sur le capital mobilier et immobilier, sous les noms de *mills tax, general tax, state tax, tax on real and personal estate.*

« Aux États-Unis, dit M. de Parieu, l'impôt sur le capital est, en quelque sorte, la règle générale. Quant au moyen d'évaluer les capitaux imposables, voici quel est le procédé employé dans l'État de New-York : « L'estimation était, il y a quelques années, confiée aux investigations officieuses des assesseurs salariés élus par le suffrage universel ; le contribuable n'avait à intervenir que par voie de réclamation contre l'estimation des assesseurs soumise à la publicité.

« La déclaration du contribuable a été depuis jugée indispensable pour la découverte de la propriété mobilière, et prescrite par le législateur de 1850. Toutefois, le commerçant n'est jamais obligé de produire ses livres. Après les déclarations reçues, les assesseurs procèdent à l'estimation de la fortune de chaque citoyen, en se tenant, dans l'usage, un peu au-dessous des valeurs réelles, et s'aidant toujours du contrôle de la publicité.

« L'assemblée des réviseurs du comté (*supervisores*), autre catégorie de fonctionnaires pareillement salariés et électifs, qui se confond souvent, dans les villes, avec le corps des *aldermen,* est chargée de décider tout à la fois, en dernier ressort, les différends entre les contribuables et les assesseurs et d'établir un niveau commun entre les taux des évaluations faites dans les divers districts (1). »

Dans la Pensylvanie, l'État de New-York, le Maryland, la Californie, le New-Hampshire, l'Arkansas, le Wisconsin, l'impôt sur le capital représente plus du quart du revenu de l'État.

Dans l'Ohio, le Maine, le Connecticut, la Géorgie et l'Alabama, plus de la moitié.

Dans le Vermont, la Virginie, la Caroline du Sud, le Kentucky, le Texas et l'État de Iowa, la plus grande partie et quelquefois la totalité.

Il y a un État, le Mississipi, où l'on ne trouve pas d'autre taxe que l'impôt sur le capital.

L'impôt est assis, à New-York, par voie de quotité ; dans le Maine, le Massachussets et dans le New-Jersey, par voie de répartition.

Le capital est estimé ordinairement d'après sa valeur vénale. Parfois il est assis sur tous les biens, épargnant cette partie du mobilier indispensable à l'existence.

Ailleurs il ne frappe que les éléments de fortune faciles à atteindre.

Dans le *Tennessee*, la terre, les esclaves, les étalons et les voitures ; dans la Caroline du sud, les terres, les esclaves, les fonds de commerce ; dans le Texas, le capital productif et visible. Les fonds publics et l'argent qui ne rapporte pas d'intérêt sont exemptés. Les dettes ne sont pas déduites.

En France aussi, on trouve dès le moyen âge des impôts sur les fortunes et les revenus. Vers la fin du douzième siècle, Philippe-Auguste prescrivit la levée du dixième de tous les biens meubles, immeubles, ecclésiastiques et laïques, sous le nom de *dîme saladine*. Puis on trouve divers impôts sur les revenus. Le 13 mars 1355, le roi Jean établit une contribution sur les capitaux et les revenus. Les impôts sur

(1) *Journal des Économistes*, 1855, t. XLIV, p. 13.

les revenus se présentent assez souvent. Eustache de Pavilly les recommande aux États de 1413 :

« Le système des tailles personnelle et réelle qui devint, à dater de Charles VII, l'un des principaux fondements de la monarchie, eut pour base, dès son origine la plus reculée, une idée de généralité dans la taxation de tous les revenus mobiliers et immobiliers. Les *facultés* des contribuables, telle est la base de l'assiette de l'impôt aux termes des ordonnances sur la matière. »

Vauban propose le système de la dîme royale ; il lui donne quatre sources distinctes, qu'il appelle *fonds*. C'était une perception en nature frappant le produit brut du sol. Les taxes de « vingtième » étaient des impôts sur les revenus.

Bien plus, en France même, on applique en ce moment l'impôt sur le capital. Est-ce que les taxes sur les chiens, les chevaux, les billards, ne sont pas des impôts sur le capital ? Cet impôt est mal établi, c'est possible ; mais enfin il existe.

N'ai-je pas démontré plus haut que l'impôt sur les bénéfices des sociétés commerciales était, en pratique, souvent établi sur le capital ?

Enfin l'impôt sur les successions n'est-il pas un impôt sur le capital ?

» Les défenseurs de l'impôt sur le revenu, dit M. Léon Faucher (1), se prévalent d'un précédent qu'ils croient avoir découvert dans la législation existante. A les entendre, l'État peut bien s'enquérir du revenu des contribuables, puisqu'il s'immisce à leur mort dans leur succession pour constater la valeur de l'héritage, et pour prélever sur le capital, en distinguant les valeurs immobilières des valeurs mobilières, les droits qui reviennent au fisc. Il n'y a point de parité à établir entre des circonstances aussi essentiellement différentes. Quand le fisc cherche à constater le prix vénal des

(1) *Mélanges d'économie politique*, t. I, p. 53.

immeubles pour mettre le droit en rapport avec la valeur réelle, c'est à l'instant où la propriété va changer de main, dans un moment de transition où elle semble n'appartenir à personne; la recherche ne s'adresse qu'au capital, qui est toujours saisissable; elle ne pénètre pas dans les mystères souvent insaisissables du revenu. Le fisc renonce même, à l'ouverture d'une succession, à constater la situation réelle des fortunes, car il n'admet pas la défalcation des dettes, et calcule les droits d'après le capital brut des propriétés qui sont transmises. Il ne fait pas précisément ce qui lui reste à faire dans l'examen et dans le contrôle qu'entraîne l'impôt sur le revenu. »

Cette déclaration de M. Léon Faucher prouve que l'impôt sur le capital existe déjà en France, et fonctionne avec une bien plus grande facilité que les impôts qui sont basés sur le revenu.

C'est pour ce motif que plusieurs auteurs, entre autres M. David que nous avons déjà cité, demandaient que lors de la révision du cadastre, l'impôt foncier fût établi sur la valeur des immeubles et non sur le revenu net.

On voit donc, d'après ces diverses citations, que la première objection, l'objection sérieuse de la routine, n'existe pas, puisque des impôts sur les fortunes, sur les capitaux ont déjà été établis.

Il est vrai qu'entre ces impôts et l'impôt que je propose, il y a une différence. Tous ces impôts ont été établis d'une manière plus ou moins empirique. Leur assiette n'a jamais été déterminée avec une grande précision. Ils portent à la fois sur les revenus et les capitaux; et puis, quels capitaux? Comment ces capitaux sont-ils classés et déterminés? Comment l'application de ces impôts est-elle faite? Évidemment, toutes les réponses que nous pourrions faire à ces questions pourraient servir d'arguments contre l'impôt sur le capital, exactement comme la voiture de Cugnot pouvait servir d'argument contre la locomotive de Stephenson.

Ce que je tenais à constater, c'est qu'il y a déjà eu des impôts sur le capital; que l'impôt sur le capital a déjà été mis en pratique. Voilà ce qui est acquis pour les gens qui repoussent, *à priori*, toute réforme sous ce prétexte : « On n'a jamais fait cela. »

Maintenant il s'agit de faire mieux que ce qui a été fait. C'est là le but que nous devons nous proposer.

CHAPITRE II.

OBJECTIONS DIVERSES.

La discussion du 5 juillet 1872 à la Société d'économie politique. — M. Joseph Garnier : « Qu'est-ce que le capital? » — MM. Leroy-Beaulieu, Léopold Hervieux, de Labry, Eugène Tallon, H. Passy, A. Courtois : « Le capital est un protée. Difficulté de déterminer la valeur du capital. » — « Le capital dans les temps de crise. « — « Impôt arbitraire et inquisitorial. » — « Les petits capitaux échapperont à l'impôt. » — M. Eugène Tallon : « L'impôt rudimentaire et barbare. » — M. Magne : « Impôt savant. » — M. Thiers: « L'imprévoyance des contribuables. » — M. Czœrnig : « Proportion des contributions directes dans les divers pays de l'Europe. » — « L'aiguille du tailleur. » — « Les objets de toilette. » — Th. Vignes : « Prélèvement sur un capital improductif. » — « Le médecin, l'avocat, la chanteuse... » M. Eugène Tallon : « L'impôt sur le capital est l'ennemi du capital. » — M. Bonamy Price : « Il dégoûtera les gens d'être riches. » — « Supprimer le capitaliste. » — « Punir le capitaliste. » — « Chasser le capital à l'étranger. » — « L'élévation du taux de l'escompte. » — M. Wolowski : « L'impôt sur le capital diminue le capital. » — « L'impôt sur le capital fixe est aussi nuisible que l'impôt sur la circulation. » — « Les obligations et les hypothèques ne sont pas frappées. » — M. Magne : « Pour apprécier un impôt, il faut le comparer aux autres. »

On m'a adressé diverses objections à différentes reprises. Elles tournent toutes dans le même cercle, et peuvent se ramener à quatre ou cinq espèces. On trouve plusieurs d'entre elles dans le livre de Montyon (1). Elles ont toutes été produites à la Société d'économie politique, qui consacra sa séance du 5 juillet 1872 à l'examen de cette question, et où, sauf M. Ducuing, je ne rencontrai que des contradicteurs.

(1) *De l'influence des divers impôts*, etc.

J'ai résumé, dans une brochure, les réponses qu'on pouvait y faire (1).

Maintenant, quelques-unes de ces objections ont été suffisamment détruites dans ce livre, par l'exposé même du principe et de l'application de l'impôt sur le capital. Cependant il est bon de les rappeler et de les combattre encore. On n'enfonce pas un clou d'un seul coup de marteau.

Je m'en vais donc recommencer le travail que j'ai déjà fait une fois et répondre de nouveau à ces objections.

M. Joseph Garnier me posa d'abord la fameuse question avec laquelle, depuis, un journaliste aussi fantaisiste que bonapartiste, a cru m'embarrasser : Qu'est-ce que le capital?

Je crois y avoir suffisamment répondu pour n'avoir pas besoin d'y revenir.

On me dit encore : L'impôt sur le capital est difficile à déterminer (2). Le capital est un protée. Si vous voulez le saisir, il vous échappe en prenant les formes les plus variées (3).

Ces deux objections pouvaient avoir une certaine valeur avant qu'on connût la manière dont je déterminais le capital imposable. Mais maintenant que le capital fixe a été déterminé d'une manière tellement précise, que n'importe qui peut toujours le reconnaître à première vue, cette objection n'existe plus. Le capital imposable n'est pas un protée, puisque l'impôt porte sur le capital fixe seulement et n'atteint pas le capital circulant.

Bien plus, ces deux objections se retournent en faveur de l'impôt sur le capital. Elles posent en principe une règle que j'ai établie moi-même : l'impôt doit avoir une assiette déterminée d'après un principe fixe. Or, y a-t-il un impôt qui ait une assiette aussi fixe, moins arbitraire que l'impôt sur le capital?

---

(1) *Réponse aux objections*, etc., 1 broch. in-8° Plon et Guillaumin, 1872.

(2) *Temps*, 7 février 1874.

(3) *Journal des Débats*, 9 février 1874. M. Leroy-Beaulieu.

L'impôt essaye de saisir un protée quand il s'adresse au revenu, quand il s'adresse aux objets de consommation, quand il est obligé de les suivre dans leurs diverses transformations. Le caractère propre du capital fixe est, au contraire, de ne se transformer qu'avec une extrême lenteur.

Je me suis assez étendu sur le sens du mot valeur et la manière de la déterminer, pour qu'il me suffise de signaler l'objection suivante présentée par M. Eugène Tallon :

« La valeur des terres elle-même varie à l'infini suivant leur qualité, le lieu où elles sont placées, le mode de leur exploitation. »

La valeur des terres varie, je suis de cet avis. C'est précisément pour ce motif qu'on nommera des commissions de répartiteurs.

Mais M. Eugène Tallon avouera bien que la valeur des terres varie encore moins que leur revenu sur lequel est basée la contribution foncière et qu'elle est de beaucoup plus facile à évaluer.

La difficulté d'apprécier la valeur vénale d'une propriété?

Mais M. David vous l'a dit, M. Léon Faucher vous l'a répété : on eût dû établir le cadastre sur la valeur vénale. Il est beaucoup plus facile d'apprécier la valeur vénale d'une propriété que d'en mesurer le revenu.

On achète, on vend, on revend tous les jours des capitaux fixes. Tous les intéressés en connaissent parfaitement la valeur. Elle s'établit selon la loi de l'offre et de la demande, évidemment. Si on ne parvenait pas à établir cette valeur, il n'y aurait ni vente ni achat.

M. E. Tallon disait encore : « Si la péréquation de l'impôt foncier n'a pas encore été réalisée, c'est qu'elle comporte dix années de travaux et d'immenses dépenses. »

Je n'avais pas besoin que M. Tallon me signalât les difficultés de la révision annuelle cadastrale pour en être convaincu; mais si M. Tallon croyait me faire une objection, cette objection n'existe pas, car je n'ai jamais demandé pareille chose.

Quant à la révision cadastrale que nécessitera l'application de l'impôt unique sur le capital, elle sera nécessaire; mais est-ce que tout le monde ne la considère pas comme telle si l'impôt foncier actuel subsiste, et alors ne serait-elle pas relativement beaucoup plus onéreuse, puisque les frais n'en seraient supportés que par la contribution foncière au lieu de l'être par l'ensemble du budget ?

Une fois l'arpentage terminé, que reste-t-il? Une estimation de la valeur vénale à faire par les répartiteurs. Pendant les premières années, il pourra y avoir des tâtonnements, des hésitations. Il serait peut-être nécessaire de procéder à la révision de ce travail tous les ans. Puis une fois la base bien établie, bien solide, on pourra opérer cette évaluation tous les trois ans, par exemple. Le capital qui aura augmenté beaucoup de valeur, deux ans avant la révision, en profitera. Je suis convaincu que le fisc n'y perdra rien, puisqu'il retrouvera la valeur acquise.

C'est là le grand avantage de l'impôt sur le capital. Vous ne payez pas aujourd'hui. Tant mieux pour vous. Enrichissez-vous. Augmentez vos ressources. Le fisc ne se fâche pas. Il se réjouit, au contraire. Il viendra toujours un moment où votre capital payera, et payera en proportion de sa valeur.

Avec l'impôt sur le revenu, si le fisc laisse échapper une parcelle du revenu, il ne la retrouve plus. Il retrouve, au contraire, toujours, et augmenté d'autant, le revenu converti en capital.

M. H. Passy disait : « Qu'on le remarque, c'est dans les temps de crise, lorsque l'État aura le plus grand besoin de la totalité de ses recettes, que la matière imposable, le capital, se réduira, entraînant avec sa propre diminution celle du produit de la taxation. Certes, il y aurait là un mal grave et de nature à compromettre le bien public. »

M Eugène Tallon ajoutait : « L'injustice de l'impôt est ici flagrante ; la valeur du capital a disparu, et vous demandez l'impôt du capital, c'est-à-dire qu'au jour où le pays sera frappé des plus cruels malheurs, cet impôt sera ruineux ou improductif, tandis qu'il ne sera percevable et fructueux qu'aux temps de prospérité ; en un mot, il ne se réalisera qu'autant qu'il sera moins nécessaire. »

Contre cette objection de MM. Passy et Tallon, j'invoquerai d'abord un argument historique. Quand les Pays-Bas, quand la Prusse, quand le grand-duché de Bade ont-ils appliqué l'impôt sur le capital ? Précisément dans les moments de crise.

J'invoquerai encore un nouvel argument ; une nation ne doit pas vivre uniquement pour le moment d'une crise qui, espérons-le, ne se produira jamais. Agir ainsi, ce serait imiter ces gens qui, de peur de mourir, refusent de vivre. Une nation doit, avant tout, arranger le mieux possible sa vie normale.

Mais bien plus, je dis que c'est le seul moyen d'être prêt pour les moments de crise; et si j'avais besoin d'un argument pour démontrer cette proposition, je prendrais l'exemple de l'impôt sur le capital.

Une nation n'existe comme corps que lorsque tous ses membres sont solidaires.

Le montagnard des Pyrénées va défendre l'Alsace et la Lorraine sur les champs de bataille du Nord, sous les murs de Paris, sur les bords de la Loire. Voilà la solidarité nationale.

Or, il faut bien le dire, le principe de la solidarité nationale n'a pas été reconnu avec assez de netteté après la guerre. On a marchandé des « indemnités » aux pays envahis, aux propriétés ruinées pour faits de guerre. Et pourquoi ? Quelle était l'origine, la source de ce sentiment?

Il venait précisément de ce que notre régime fiscal place les intérêts en antagonisme les uns contre les autres, les divise par catégories, les classe, les parque, les sépare au lieu de les unir. On comprend bien que tous les Français font partie de la même nation, sont citoyens du même pays. On n'a pas encore compris que le capital national était composé de tous les capitaux particuliers. L'impôt créant un antagonisme entre le contribuable et l'État, n'est jamais apparu aux yeux des individus, que comme une charge à laquelle il fallait essayer de se soustraire et qu'il fallait essayer de reporter sur son voisin. De là ce marchandage étroit vis-à-vis des victimes de la guerre.

Or, l'impôt sur le capital a ce grand avantage, c'est de détruire cette fausse idée. Citoyens du même pays, nous sommes actionnaires de la même société ; nous sommes donc solidairement responsables au prorata de la quantité du capital social que nous détenons.

Est-ce qu'après la guerre on a entendu des actionnaires d'une Compagnie de chemin de fer dire : « Nous donnerons une indemnité à telle station détruite. Nous donnerons une indemnité pour réparer un pont coupé ; mais il ne faut point que cette indemnité soit trop forte. »

Et l'un ajouter : « Moi, je n'y ai pas un intérêt direct ; je ne demeure pas de ce côté-là. »

Et l'autre répondre : « Ni moi non plus, je ne voyage jamais sur cette ligne. »

Non. La Compagnie a dit : « Il y a tant de pertes. » Et elle a prélevé ces pertes sur le capital social. Chacun les a supportées au prorata de la part de ce capital qu'il possédait. Quelqu'un a-t-il dit : « Cela est injuste » ?

Cependant, est-ce que les nations ne subissent pas une baisse, cette baisse dont parle M. Eugène Tallon? Et si la Compagnie, pour réparer ces pertes, n'avait pas prélevé ces frais sur son capital, sur quoi aurait-elle pu les prélever ?

Voilà la question que je pose à MM. Passy et Tallon.

Précisément au moment où tous les deux parlaient des dangers de la patrie, ni l'un ni l'autre ne se rendaient compte qu'un des éléments constitutifs de la patrie est le fonds de richesses que ses membres mettent en commun pour en faciliter et en garantir l'exploitation.

Ils ne veulent pas que l'impôt soit prélevé sur le capital, parce qu'une crise peut en faire baisser la valeur. Mais sur quoi veulent-ils donc qu'on le prélève? Croient-ils par hasard que si le capital a baissé pendant la guerre, les autres ressources ont augmenté ?

Bien plus, si les ressources budgétaires sont insuffisantes pour payer les frais de guerre, pour payer les Prussiens, il faut avoir recours, à quoi? A un emprunt. Mais sur quoi repose cet emprunt? Précisément sur le capital national.

On m'a encore fait l'objection suivante :

« Un terrain pouvant rapporter 5,000 francs par an rapporte 1,000 francs. Un bail passé pour X temps empêche le propriétaire de gagner les 5,000 francs qu'il pourrait retirer de son terrain. Comment ce terrain sera-t-il évalué ? »

Il sera évalué d'après sa valeur vénale. Le propriétaire dans ce cas, sera victime de l'imprudence avec laquelle il a fait son bail. Mais y aura-t-il beaucoup de propriétaires à commettre de pareilles imprudences ?

Quand, pour combattre un système, on en est réduit à chercher les exceptions de ce genre, c'est une probabilité en faveur du système qu'on combat.

MM. de Labry et Eugène Tallon ont objecté l'arbitraire des commissions de répartition.

« Rien n'est plus arbitraire et plus illogique, disent-ils que l'organisation des commissions cantonales proposées par M. Menier. C'est l'arbitraire dans l'appréciation, c'est la guerre contre la richesse, l'inquisition introduite dans le foyer domestique. »

Toujours les grands mots et les épithètes violentes. Voyons les faits.

Je répondais à ces messieurs en 1872 : « J'avoue que si M. de Labry les a vues mal fonctionner pendant la guerre dans les départements de l'Est, je les ai vues procéder adm rablement pour l'appréciation des dommages une fois la guerre finie. »

Du reste, j'admets que des commissions communales ou cantonales ne fonctionneraient pas très-bien tout d'abord. Il y a là une question d'expérience, de pratique qui se présente en toutes choses. Avant que l'impôt sur le capital devînt unique, l'expérience aura eu tout le temps de se faire, et n'aura pas pu présenter de grands dangers.

Si ces commissions communales ou cantonales offraient de si grands dangers, est-ce que M. Feray aurait proposé de leur confier la révision du cadastre ?

Mais enfin, est-ce donc une si grande innovation ? Ces commissions n'ont-elles donc jamais existé ? Que sont les répartiteurs institués par la loi de l'an VII ? et qu'est-ce que je fais ? Je reprends les articles mêmes de la loi de l'an VII, je les reproduis presque intégralement, et j'y ajoute, quoi ? Des moyens de recours, d'appel contre leur décision, dont le contribuable est privé sous la législation actuelle, puisque c'est la juridiction administrative des conseils de préfecture qui prononce.

De ce côté-là, je n'innove donc pas, je n'aggrave pas la législation ; je me sers d'une loi existante, et si je la modifie, c'est pour donner au contribuable un surcroît de garanties.

Mais, me dit-on, les cantons afin de payer moins d'impôts auront toujours une tendance à estimer plutôt plus bas que plus haut le capital qu'ils possèdent.

Je ferai observer d'abord que l'évaluation a commencé par les fortunes particulières. Chacun ne surveille-t-il pas la fortune particulière de son voisin ? Les communes voisines s'entendront-elles donc pour déprécier réciproquement leur fortune respective ? N'y aura-t-il pas enfin le contrôle du conseil général, du jury d'expropriation ?

Je suis convaincu qu'en France on n'a pas assez de confiance dans l'esprit public. Nous sommes imbus, malgré nous, par traditions héréditaires, par éducation, par habitude, du préjugé gouvernemental. Nous nous méfions du citoyen, et à force de nous méfier de lui, nous arrivons à justifier cette méfiance. Comme nous le plaçons en lutte avec la loi, avec l'État, il se place sur le pied de guerre. Il répond à la méfiance par la ruse.

Il n'en sera plus de même avec l'impôt sur le capital, qui se présente au grand jour, et rehausse la dignité du citoyen par la franchise avec laquelle il lui demande sa part contributive.

Ce n'est pas une vaine chose que de tenir compte du progrès moral auquel peuvent contribuer certaines institutions.

Mes adversaires ne manquent pas de dire : Et les valeurs mobilières?

J'ai suffisamment expliqué (1) le caractère réel des valeurs mobilières pour n'avoir pas besoin d'insister.

Mais, par cela même que les valeurs mobilières ne sont pas frappées, tout reproche d'inquisition tombe. Il n'y a que des capitaux visibles, tangibles, faciles à estimer et à percevoir, qui tombent sous l'application de l'impôt.

M. Tallon disait encore : « Laissons donc à des sociétés où la civilisation n'a pas fait son œuvre par les transformations diverses de la richesse, l'application de ces moyens rudimentaires et barbares dans la perception des impôts. Prenons-les, quant à nous, sous leur forme possible et pratique ; ne cédons pas à la faiblesse de satisfaire des appétits grossiers ou des passions envieuses qui nous feraient reculer en arrière, en faisant justice de théories condamnées par la raison et le sens commun. »

Je laisse la forme de côté ; je ne relève pas non plus ces mots : « raison » et « sens commun », que chacun peut tour à tour s'attribuer et tourner contre son adversaire.

Quant à ce que dit M. Tallon de « la faiblesse de satisfaire

(1) Liv. II, ch. III ; liv. V, chap. VI.

des appétits grossiers ou des passions envieuses », je répondrai que tel a été le langage de tous les conservateurs, rivés au passé, qui n'ont jamais voulu abandonner l'ombre d'un privilége ou essayer le moindre projet de réforme, et que ce sont des idées semblables qui provoquent précisément l'explosion de « ces appétits grossiers et de ces passions envieuses. »

Sans insister davantage sur ces insinuations, je passe à l'argument. M. Eugène Tallon croit que l'impôt sur le capital est un de « ces moyens rudimentaires et barbares » qui ne conviennent qu'à des civilisations primitives. Je ne m'en doutais certes pas. J'aurais plutôt pris pour « des moyens rudimentaires et barbares » les contributions indirectes, avec leur armée d'employés, avec leur multiplicité de formalités, de vexations et d'inquisitions. J'aurais plutôt pris pour des « moyens barbares » ces impôts en faveur desquels leurs auteurs ne savent pas invoquer un argument. D'autres reprochent à l'impôt sur le capital d'être un « impôt savant »; M. Tallon lui reproche d'être un « impôt barbare. » Une des deux objections détruit l'autre.

M. Thiers invoquait enfin un argument contre l'impôt sur le revenu qui peut s'appliquer également à l'impôt sur le capital. Je le reproduis :

« Fût-il possible, qu'il aurait encore un inconvénient grave, ce serait de s'adresser directement aux personnes, de leur demander à certains jours de l'année, tous les mois, tous les trois mois ou tous les six mois, le montant de leurs contributions, et de les prendre souvent au dépourvu, ce qui arrive particulièrement aux classes malaisées, ordinairement peu prévoyantes, et d'ajouter ainsi à l'incommodité naturelle de l'impôt, quel qu'il soit, celle d'une ignorance se produisant tout à la fois à un jour déterminé (1). »

C'est là une objection qui peut s'adresser à toutes les con-

(1) Thiers, *Propriété*, p. 666.

tributions directes. Elle me touche d'autant moins qu'il y a plus de quatorze ans déjà, un auteur allemand, M. Czœrnig, constatait le caractère rétrograde de notre fiscalité en ces termes:

« Tandis que la Hollande demande aux contributions directes 5 pour 100 de ses ressources, l'Autriche 32, la Belgique 30, la Bavière 29, l'Espagne et la Prusse 20, le Portugal 25, l'Angleterre et la Russie 24, la France, sur 100 francs d'impôts qu'elle prélève, en perçoit 77 par des impôts indirects et 23 seulement par les contributions directes (1). »

Depuis la guerre, sur 700 millions d'impôts nouveaux, on en a demandé 633 (2) aux taxes indirectes. La proportion est donc aggravée, tandis que les autres pays ont une tendance de plus en plus grande à demander toutes leurs ressources aux contributions directes. Si l'argument de M. Thiers les touche peu, je ne crois pas qu'il doive nous toucher davantage.

La prévoyance est d'abord une qualité. En morale, ce sont les besoins qui développent les facultés, exactement comme en physiologie ce sont les besoins qui développent les organes. Obliger les contribuables à songer que tel jour ils doivent tant au fisc, vaut beaucoup mieux, selon moi, sous tous les rapports, que de leur prendre leur argent par surprise et par raccroc. Il y a dans le payement de la contribution directe quelque chose de net, de franc, d'honnête, de loyal. Le fisc se présente à découvert; il prévient le contribuable.

Dans le payement de la contribution indirecte, il y a quelque chose d'obscur, de sournois, d'hypocrite. Le fisc se met en embuscade. Par réciprocité, le contribuable se sent tout disposé à ruser avec le fisc qui ruse avec lui, à tromper le fisc qui essaye de le tromper. Au point de vue de l'éducation morale, les contributions indirectes sont détestables et ne peuvent soutenir la comparaison avec les contributions directes.

---

(1) *Statistiches hand buechlein fuer die oesterreischische monarchie.* Wien. 1861.

(2) Il n'y en a eu que 609 de votés.

Elles étaient bonnes au temps où le roi faisait tous les efforts possibles pour dissimuler à ses sujets combien il leur coûtait.

Enfin l'habitude de payer régulièrement est une habitude morale excellente. Est-ce que le commerçant n'est pas obligé de faire face à ses échéances ? Ce sont nos mœurs anticommerciales seules qui peuvent s'épouvanter de cette nécessité.

Mais quelquefois peut survenir un embarras ? Soit : c'est précisément pour obvier à cet inconvénient que j'ai proposé l'institution de compagnies au moyen desquelles pourra s'opérer le recouvrement, et qui pourront prendre des arrangements avec le contribuable et lui faire crédit.

On m'a encore fait une objection, celle-ci toute politique. On m'a dit :

« L'impôt sur le capital est un impôt oligarchique. Ce ne sont que les propriétaires de capitaux fixes qui supportent les charges. Seuls donc ils ont le droit de surveiller la gestion de leurs intérêts. »

J'ai hésité longtemps à reproduire cette objection, me demandant si elle valait la peine d'une réfutation.

Il n'est pas vrai d'abord que les propriétaires de capitaux seuls supportent la charge : le dernier des prolétaires en subit la répercussion (1). Il a donc le droit de surveiller la gestion des affaires du pays. On serait mal venu de le lui marchander dans un pays où il paye si lourdement l'impôt du sang.

Enfin, il y a une bonne raison pour que l'impôt sur le capital ne devienne point le privilége de payer pour une seule classe. C'est qu'en fait chacun possède un petit capital fixe plus ou moins grand, plus ou moins fort, mais possède ce petit capital ; c'est que tout le monde est propriétaire ; c'est que la propriété foncière seule était partagée en 1851 entre 8,769,714 propriétaires. Aucun autre recensement n'a été fait depuis cette époque. Mais dès lors le nombre des propriétaires avait toujours une tendance à s'accroître, ainsi que

(1) Voir liv. VIII, ch II, *De l'incidence de l'impôt.*

le prouvait l'augmentation normale de cent mille cotes foncières chaque année.

Enfin le recensement de 1872 a constaté l'existence de 9,525,717 ménages. Tout ménage suppose forcément un capital fixe d'une importance plus ou moins grande. On voit donc que ceux qui voudraient se servir du prétexte de l'impôt sur le capital pour mutiler le suffrage universel seraient mal venus sous tous les rapports.

Il y a encore une objection qui m'a souvent surpris : elle vient de personnes qui sont épouvantées de ce que les gens riches devraient payer. Cela prouve à coup sûr des sentiments altruistes extrêmement développés.

On me fait cependant encore quelques petites objections.

M. Flotard (1) dit avec inquiétude : « On sera obligé de ne pas frapper les petits capitaux. »

J'en conviens. Il y a certains petits capitaux minuscules qui ne seront pas atteints.

Si on me dit :

« L'aiguille du tailleur est un capital fixe : la frapperez-vous ? »

Je suis bien obligé d'avouer que non. Cela peut paraître un horrible malheur à M. Flotard. Les gens pointilleux pourront être de son avis. Quant à moi, je le dis audacieusement, je m'en consolerai aisément. Beaucoup de ces petits capitaux fixes servent à de petits métiers. Que ces petits métiers vivent et prospèrent, ils acquerront bien vite un capital fixe plus considérable.

On me pose encore diverses questions : « Les objets de toilette, les bijoux sont des capitaux fixes. Comment les évaluerez-vous ? » J'avoue qu'il faudra prendre une moyenne ; mais je n'ai point d'inquiétude. Les hommes n'auront pas grand intérêt à faire des déclarations inférieures à la valeur de ces objets, et, quant aux femmes, elles seront toujours disposées à faire des déclarations... au moins égales. Les

(1) 3 février 1874. Assemblée nationale.

évaluations actuelles des polices d'assurances me garantissent que le Trésor n'a rien à craindre sous ce rapport. Ce sont là, du reste, des infiniment petits, des objections microscopiques qui conviennent à des cerveaux de Lilliputiens.

Une des objections qui m'ont le plus surpris, je l'avoue, est celle-ci : « La cherté de la perception! » J'ai répondu à cette objection d'avance, ou plutôt les faits répondent pour moi : les frais de perception des contributions directes sont de beaucoup inférieurs aux frais de perception des contributions indirectes. On peut encore les réduire, comme nous l'avons vu. L'armée des douaniers, des employés des contributions indirectes et de l'octroi dissoute, le ministre des finances n'aurait qu'à soumissionner au rabais l'encaissement des impôts à des établissements financiers. Des mandats tirés par douzièmes sur les contribuables ne coûteraient au maximum qu'un pour cent à encaisser. Si l'on arrive jamais à mettre 10 pour 1,000 d'impôt sur le capital, les frais d'encaissement s'élèveraient donc à 1/100 de 10 pour 1,000, soit un dix-millième de la valeur du capital. Est-ce effrayant?

Enfin, quand on n'a plus de raisons à donner, on arrive aux épithètes.

« Irréalisable et impraticable ! » Ce sont deux mots sonores et redondants qu'on a fait souvent retentir contre l'impôt sur le capital.

Mais, vraiment, il sied bien de parler ainsi quand nous voyons les inégalités, les injustices, les classifications arbitraires auxquelles donnent lieu nos contributions directes ; quand nous voyons les contributions indirectes, obligées de multiplier partout leurs agents, de les armer de droits exorbitants, de livrer le contribuable à leur arbitraire ; quand nous les voyons provoquer, par une réaction forcée, à la fraude, à des délits factices qui, trop souvent, aboutissent à des délits réels ; quand nous les voyons, par leurs taxes entre-croisées, gêner la liberté du travail et, en même temps que frapper les besoins du pauvre, frapper la rémunération du producteur.

Lorsqu'une assemblée a adopté comme réalisable et praticable l'impôt sur les allumettes, qui n'a jusqu'ici rapporté que des procès, il faut se montrer modeste et éviter d'appeler des impôts différents « irréalisables et impraticables ».

M. E. Vignes s'élève « contre l'injustice d'un prélèvement sur un capital improductif. Sans doute, dit-il, la société couvre de la même protection les capitaux productifs ou improductifs ; mais c'est surtout par le revenu qu'ils en retirent que les choses sont utiles aux hommes, il est donc juste de leur demander pour les dépenses publiques une somme proportionnée au revenu. »

M. Vignes reconnaît lui-même que la société couvre d'une égale protection les capitaux productifs et les capitaux improductifs. Étant égaux devant le droit, pourquoi ne seraient-ils pas égaux devant la charge ?

M. Vignes conclut cependant qu'il est juste de frapper plus fortement les individus qui sont assez habiles, assez travailleurs, pour se servir utilement de leurs capitaux. Il donne une prime à l'oisiveté.

Maintenant, M. Vignes ajoute : « C'est surtout par les revenus qu'ils en retirent, que les choses sont utiles aux hommes. »

M. Vignes se borne à dire « surtout » ; il se garde bien de dire « uniquement ». Il reconnaît donc lui-même qu'il peut y avoir des choses utiles qui ne rapportent pas de revenu.

Voici un parc qui coûte des frais d'entretien et de garde : il ne rapporte pas de revenu ; il a cependant une grande valeur, parce qu'il y a un certain nombre de personnes qui trouvent utile d'avoir un parc. De même pour les châteaux, pour les maisons de campagne, pour les objets d'art, pour les riches mobiliers. Dans toute société avancée, il y a un immense stock d'objets dont la valeur n'est pas mesurée au revenu. Or, ce sont là des objets qu'on se procure quand on est riche, quand on a un capital non-seulement supérieur à ses besoins, mais même aux besoins de l'industrie ou du commerce auquel on se livre. Pourquoi donc serait-il injuste de ne pas épargner ce capital, parce qu'il rapporte des revenus d'agrément ou de jouissance, au lieu de rapporter des revenus en argent?

Bien plus : il y a certains de ces capitaux qui ne rapportent pas de revenus et qui ne sont que des objets de spéculation. Voici un terrain vague qu'on achète à la porte d'une ville. Il n'y pousse que des tessons de bouteille. Soit. On le garde cependant, parce qu'on espère que le percé d'une rue triplera ou quadruplera sa valeur. On sacrifie les revenus d'aujourd'hui pour quadrupler son capital de demain. Pourquoi donc serait-il injuste de ne pas épargner ce capital?

M. Joseph Garnier, partant de la même idée que M. Vignes, commettait donc une grave erreur en disant que « le capital ne vaut que par le revenu. »

Un Murillo acheté 600,000 francs ne rapporte pas de revenu, et forme cependant un capital qui a une valeur!

L'erreur de M. Joseph Garnier vient de l'idée vague que l'on se fait de la valeur. Nous l'avons dit : la valeur est le rapport de l'utilité au besoin. Si les utilités dépassent les besoins, la valeur baisse. Si les besoins dépassent les utilités, la valeur hausse, jusqu'à ce qu'elle atteigne le niveau où les utilités font de nouveau équilibre aux besoins. C'est la loi de l'offre et de la demande qui règle le taux de la valeur. Quant à la nature de ces besoins, nous n'avons pas à nous en inquiéter. Il suffit qu'ils existent pour que l'économie politique en tienne compte et les accepte comme régulateurs de la valeur.

M. Joseph Garnier se trompait donc en disant :

« Tout impôt sur le capital est donc un impôt sur le revenu, et tout impôt sur le revenu équivaut à un impôt sur le capital. »

M. Joseph Garnier oublie encore une autre chose : c'est qu'il y a un grand intérêt pour la production à ne pas frapper le capital dans le revenu. Frapper le capital au moment où il se forme, c'est couper son foin en herbe.

Enfin, voici la grosse, la terrible objection qui a été reproduite sous des formes diverses par tous nos contradicteurs :

« Le médecin, l'avocat, la chanteuse, la danseuse, qui gagnent 100,000 francs par an, ne payeront donc pas, puisque vous ne considérez pas le gosier de la chanteuse, le cerveau du médecin, les poumons de l'avocat, les jambes de la danseuse comme des capitaux fixes. »

L'avocat, le médecin, la danseuse et la chanteuse, qui gagnent de gros appointements, ont beaucoup préoccupé mes adversaires ; je dirai même qu'ils les ont plus préoccupés qu'il n'eût été convenable pour des hommes qui ne possèdent que « de saines doctrines » et des ennemis nés de toute démagogie. Il y avait là, à l'état plus ou moins latent, je ne sais quel sentiment que je ne caractérise pas, mais qui me paraissait bien mesquin et bien étroit.

J'avoue, pour mon compte, que cette grosse objection ne me préoccupe pas du tout.

Le capital intelligence? le capital voix? le capital mollet? le capital éloquence? Y a-t-il une jauge qui puisse le mesurer? un dynamomètre qui puisse en indiquer la force? Vico vit dans la misère. Papin meurt de faim. Ils avaient cependant un fort capital intelligence.

L'intelligence, la voix, l'éloquence, en tant que capital, ne peuvent se traduire que par leur résultat. Et quel est leur résultat appréciable, tangible, qu'on puisse mesurer avec précision? — L'argent (1).

Si l'avocat, l'artiste, le médecin, la chanteuse, la danseuse, à force de travail, aidés de facultés naturelles excel-

(1) Un article de la *République française* qui avait le tort, dans un journal sérieux, de ne pas étudier sérieusement une question sérieuse, a longuement traité cette question de l'impôt du « capital intellectuel ». Voir ma brochure : *Discours et conférences.*

lentes, parviennent à gagner 30, 40, 50, 100,000 francs par an, je dis tout simplement : tant mieux.

Je désire qu'il y ait beaucoup d'avocats, d'artistes, de chanteuses qui gagnent 100,000 francs par an, cela prouvera que nous aurons beaucoup de gens de grand talent.

Eh bien, ils gagnent 100,000 francs par an, vous regrettez beaucoup de ne pas les imposer. Cependant sont-ils dans la même situation qu'un capitaliste qui a 100,000 francs de rente? Un rhume, une attaque d'apoplexie suffisent pour détruire leur talent et faire disparaître leur revenu.

Maintenant, de deux choses l'une : ou bien les avocats, les médecins, les artistes sont des gens prévoyants, qui pensent à leurs vieux jours, à leurs enfants ; ils convertiront une partie de leurs gains en capitaux fixes. Alors ces capitaux fixes payeront comme les autres.

Ou bien ce sont des gens imprévoyants, qui dépensent jusqu'au dernier maravédis de leur gain. Qu'importe? Leur argent ira à des tailleurs, à des carrossiers, à... n'importe qui. Mais tôt ou tard viendra le moment où il sera converti en capitaux fixes. Si l'avocat et la chanteuse sont imprévoyants, il n'en sera pas de même de tous leurs fournisseurs. Leur capital en circulant, dans tous les cas, n'aura jamais été inutile. Il aura toujours contribué à une production, puisqu'il aura été employé à une consommation.

« Que quelques citoyens ne payent pas assez, disait Montesquieu, le mal n'est pas grand ; leur aisance revient toujours au public ; que quelques particuliers payent trop, leur ruine se tourne contre le public (1). »

J'ai été surpris, je l'avoue, de la persistance avec laquelle on m'a répété cette objection, qui concerne peut-être deux ou trois cents personnes en France. Cette objection vient de la vieille idée de l'impôt personnel que j'ai réfutée suffisamment : — Il faut que tout le monde paye ! Il faut que chacun paye !

Quant à moi, je ne fais pas des avocats, des médecins, des

---

(1) *Esprit des lois*, liv. XIII, ch. VII.

chanteuses, des danseuses et autres propriétaires de « capitaux intellectuels » une classe à part. Est-ce que partout il n'y a pas des « capitaux intellectuels » ? Est-ce que l'industriel, le négociant, l'agriculteur n'ont pas un « capital intellectuel » ?

Entre tous les producteurs, je proclame l'égalité : l'avocat arrive par son travail à avoir des capitaux fixes, comme l'industriel arrive à avoir des capitaux fixes. Ces capitaux fixes sont également frappés comme capitaux fixes, sans que j'aie à m'occuper à quelle classe de personnes ils appartiennent.

Enfin, M. Eugène Tallon, qui a une bien mauvaise opinion de l'impôt sur le capital, comme nous l'avons vu, a encore émis contre lui une objection qui m'a bien amusé. Il a déclaré que j'étais un « ennemi du capital », et m'a réfuté au nom des « saines doctrines ».

Je cite textuellement :

« L'impôt préconisé par M. Menier n'est pas seulement condamné en théorie par les saines notions de l'économie politique, en ce qu'il semble traiter en ennemi le capital, qui est à nos yeux un puissant instrument de production et de richesse ; il doit être repoussé par tous les esprits pratiques comme injuste et inapplicable. »

Si M. Tallon était logique, il aboutirait à cette conséquence : c'est que chaque impôt qui s'adresse à quelque chose traite ce quelque chose en ennemi. La contribution foncière est une ennemie de la propriété ; la contribution des patentes est une ennemie du commerce et de l'industrie. L'impôt sur les boissons fait la guerre au vin. L'impôt sur les savons fait la guerre au savon. Telle est la conclusion fatale à laquelle aboutissent les prémisses posées par lui.

Mais m'accuser de traiter le capital en ennemi, parce que je demande l'impôt sur le capital ! Mais, M. Eugène Tallon, je me traiterais donc moi-même en ennemi ! je me ferais donc la guerre à moi-même !

Et je l'avoue, si j'ai jamais été heureux d'avoir quelque capital au soleil, c'est en ce moment, afin de répondre péremptoirement à des arguments du genre de celui invoqué par M. Eugène Tallon. On fait trop souvent appel aux passions, quand il s'agit d'examiner des réformes sérieuses et positives. Au lieu de discuter, on s'adresse au sentiment. Le sentiment est un mauvais juge qui se prononce d'après ses impressions, ses préjugés, ses préventions, ses habitudes, et non d'après les faits.

M. Eugène Tallon s'est servi de ces procédés qui, tout au moins, ne devraient jamais être mis en usage dans une société savante, dégagée de toute préoccupation extérieure.

Or, il faut bien l'avouer, avec notre poltronnerie devant toute idée neuve, les arguments du genre de ceux de M. Eugène Tallon auraient pu avoir beaucoup d'influence, si le promoteur de l'impôt sur le capital ne se fût pas trouvé dans une situation personnelle qui les réfutât par elle-même.

Il est évident qu'un grand nombre de personnes, ébranlées par cette déclaration solennelle de M. Eugène Tallon, se sont rassurées et ont dû se dire : — Mais « cet impôt sur le capital » ne doit pas être un si grand « ennemi du capital, » puisque c'est un capitaliste qui le réclame avec le plus d'ardeur. Il est probable qu'il ne pousse pas l'abnégation jusqu'à sacrifier sa fortune, acquise par de longs travaux. Non, je ne pousse pas le dévouement jusque-là, je l'avoue. Je suis trop modeste pour prétendre jouer le rôle de Curtius.

M. Bonamy Price, dans une lettre adressée à la Société d'économie politique contre l'impôt sur le capital, me fournit précisément les arguments qui, selon moi, sont décisifs en faveur de l'impôt sur le capital.

Il dit : « Quel principe invoquer en faveur d'une telle doctrine, si ce n'est qu'être riche, c'est commettre un crime punissable? Si on s'arrange pour qu'il en soit ainsi, si on met sur la jouissance une pénalité, on *dégoûtera les gens d'être riches,* on arrivera à leur en ôter tout à fait la pensée; mais à quoi cela conduira-t-il? à ce que les gens auraient moins de penchant à épargner, à se faire des revenus, à créer du capital. Il y aurait moins de moyens d'entretenir le travail, de rendre la terre productive, d'élever des manufactures. La consommation et les approvisionnements de toute sorte diminueraient. Si la population venait à s'accroître, elle serait moins heureuse, elle s'appauvrirait. Ouvriers et capitalistes pâtiraient également. »

Quant à « dégoûter les gens d'être riches », je ne crains point ce malheur. J'en redoute un beaucoup plus grand, et je le redoute d'autant plus que je le constate tous les jours : c'est celui d'empêcher les gens de devenir riches.

On ne dégoûtera jamais les gens d'être riches. Si peu qu'il reste de la fortune, ce sera toujours autant de gagné. Mais ce qui est grave, c'est de les arrêter dans la recherche de la richesse.

Or, c'est ce qui a eu lieu aujourd'hui. Par les impôts sur la circulation, combien d'affaires manquées! Combien de fois ne me suis-je pas arrêté au moment de faire quelque entreprise, en supputant les frais, les ennuis et les chances de pertes qui provenaient uniquement de notre régime fiscal! N'ai-je pas montré que tout arrêt de la circulation frappait la production en raison géométrique? Voilà ce qui est grave! Voilà comment la richesse est réellement frappée! Répéterai-je ce que j'ai encore dit des impôts de consommation, qui détruisent toute épargne au moment où elle pourrait naître? La démonstration est faite sous ce rapport. Mes adversaires eux-mêmes n'auraient garde de la contester, depuis le directeur des contributions indirectes qui, dans l'exposé des motifs de la loi de 1816, constatait « qu'elles étaient des tributs onéreux », jusqu'à M. Magne, qui cependant a une affection toute particulière pour eux.

C'est parce qu'on n'a pas bien étudié comment le capital se formait, que des arguments de ce genre ont pu se produire.

L'impôt sur le capital, loin d'être nuisible au capital, lui est favorable, puisqu'il en permet la formation.

Mais M. Bonamy Price ne s'était pas borné à cette violente attaque. Il avait encore éprouvé le besoin de la développer :

« Supprimer le capitaliste, dit-il, ou l'empêcher d'épargner, en le punissant de cette épargne par des taxes, c'est frapper le travailleur. Diminuer le capital, c'est léser la population laborieuse. »

Je le reconnais avec lui, et j'ajouterai même que je n'ai pas cessé de tenir le même langage.

Mais c'est précisément parce que je suis de cet avis que je suis partisan de l'impôt sur le capital.

Que font les impôts sur la circulation, sur la consommation, sur le revenu? Ils empêchent l'épargne, ils empêchent le capital de se former, ils empêchent le travailleur d'aujourd'hui de devenir le capitaliste de demain. J'ai fait trop longuement cette démonstration pour que j'aie besoin de la recommencer.

M. Michel Chevalier, un adversaire de l'impôt sur le capital, en convenait lui-même : « L'impôt prend aux contribuables des sommes dont la majeure partie, si on les lui eût laissées, fût devenue un capital. »

Les impôts actuels écrasent le capital dans l'œuf, suppriment le capitaliste avant qu'il puisse naître. Que fait, au contraire, l'impôt sur le capital? Il n'intervient que lorsque le capital est formé; il lui a donné tout le temps de se produire et de s'amasser. Étrange manière, à coup sûr, de « punir l'épargne », que de lui donner pleine liberté de se constituer!

Que M. Tallon et M. Bonamy Price se rassurent. Non, je ne veux point « punir le capitaliste, » je ne veux point « dégoûter les gens d'être riches », je ne veux point « traiter le capital en ennemi. »

Loin de là : si je défends l'impôt sur le capital, c'est afin de permettre à tous l'accession au capital.

L'objection suivante appartient à la même catégorie :

« L'impôt sur le capital chassera les capitaux à l'étranger. »

Les auteurs de cette objection n'ont oublié que de se poser une question : — Pourquoi un capital va-t-il à l'étranger?

Il va à l'étranger parce que, dans le pays, il ne trouve pas d'emploi ou parce qu'il ne trouve pas de sécurité.

Le système de l'impôt sur le capital lui assure l'emploi; car, la circulation étant dégagée de toute entrave, un capital trouvera toujours de l'emploi.

Le système de l'impôt sur le capital donne de plus toute la sécurité économique possible au capital. Plus la production est facile, plus le capital peut s'employer utilement, moins il y a de crises à craindre, plus facilement toutes les forces vives du pays trouvent de l'occupation. Toutes les usines en activité, tous les ateliers ouverts, toutes les activités sollicitées vers l'acquisition de la richesse par le travail : voilà évidemment le premier point à résoudre de la question sociale.

Or, l'impôt sur le capital, en affranchissant le capital, lui permet de résoudre précisément ce point de la question sociale.

Tout le commerce s'alarme quand le taux de l'escompte s'élève de 1 pour 100; et avec plus de raison même qu'il ne s'en doute, comme nous l'avons démontré.

Eh bien, supposez qu'un jour on ne réduise pas de 1, de 2, de 3, le taux de l'escompte; — supposez qu'on le supprime, qu'on arrive à cette chimère, la gratuité du crédit : quel élan dans la production!

L'impôt sur le capital réalise, en partie, ce miracle. Aujourd'hui l'impôt grève la production de près de 3 milliards et demi, en comptant les dépenses communales et départementales; il prélève ces 3 milliards et demi sur la circulation, sur la consommation, sur le revenu, sur le capital en formation.

Que fait l'impôt sur le capital?

Il fait crédit à la production, à la circulation, à la consommation de cette somme énorme de 3 milliards et demi. Il enlève cette digue formidable, et laisse la production se développer à l'aise dans le large canal qu'elle lui fermait.

Donnez la liberté de circulation aux capitaux : aussitôt la valeur des capitaux fixes doublera, triplera, tandis que la valeur des capitaux circulants baissera. Le taux sera de 3 au lieu d'être de 6 ; mais votre capital fixe vaudra deux fois ce qu'il valait auparavant.

Dans les civilisations où il n'y a pas de circulation, vous voyez le taux de l'argent, par exemple, être de 40, comme dans la Rome impériale, de 12 comme dans certaines parties de l'Amérique. Là, au contraire, où la circulation est rapide, vous le voyez de 3 à 4 comme en Angleterre.

M. Flotard présente comme une objection un argument qui, selon moi, est complétement favorable à l'impôt sur le capital : « Il excite, dit-il, le capitaliste à tirer un fort revenu de son capital (1). »

Je m'empare de cette objection, et je dis :

Tant mieux. Le capitaliste, au lieu de laisser dormir son capital, en fera un instrument de travail aussi productif que possible.

Cette objection est en contradiction avec celle de M. Wolowski qui disait : « L'impôt sur le capital diminue le capital (2). »

Il est évident que si vous enlevez une partie quelconque d'un tout, ce tout est diminué ; mais il s'agit de savoir si l'impôt sur le capital acquis diminue moins le capital que l'impôt sur le capital en formation.

C'est là la petite, mais très-importante distinction que n'apercevait pas M. Wolowski, lorsqu'il continuait en disant :

« Le capital, c'est l'approvisionnement, c'est l'instrument de travail; c'est le métier de la production; s'attaquer au capital, sous quelque forme que ce soit, c'est détruire le puissant levier de la richesse et de la civilisation. »

On se laisse ainsi entraîner par les mots sans réfléchir. On

---

(1) 3 février 1874. Assemblée nationale.
(2) 3 février 1874. Assemblée nationale

commence par affirmer l'importance du capital. On paraphrase cette déclaration, et on arrive à parler à côté de la question.

Mais, oui! M. Wolowski, je suis de votre avis. Parlez des vertus du capital. Je n'aurai garde de vous contredire. Mais comment se forme ce capital? Comment se développe-t-il?

Voilà la question.

Vous, vous voulez conserver intact le capital formé; moi, je veux développer non-seulement le capital formé, mais encore je veux permettre aux capitaux circulants de devenir des capitaux fixes. Qui de nous deux, je le demande, favorise davantage le capital?

C'est faute d'avoir examiné la question à ce point de vue que, dans la discussion du 3 février, certains partisans de l'impôt sur le revenu ont donné précisément des arguments en faveur de l'impôt sur le capital. M. Tirard disait que l'impôt ne devait s'adresser qu'à la fortune acquise. M. Dréo disait aussi : « Faire de bonnes finances, c'est demander surtout à la richesse acquise (1). » M. Méline ajoutait : « La richesse acquise a intérêt à ménager la production qui augmente le capital national. » M. Guibal répétait : « Il ne faut pas frapper le capital en voie de formation (2) ».

Je prends acte de ces déclarations. Leurs auteurs voyaient le but à atteindre sans apercevoir le moyen d'y arriver. L'impôt sur le capital le leur indique.

Mais on retourne encore contre moi précisément les arguments que je viens de produire, et on me dit : — Faites attention au rôle que joue le capital fixe dans la production. Si vous le frappez, vous frappez donc la production? Vous la frappez aussi grièvement que si vous frappiez les capitaux circulants.

Tout le livre II est la réfutation de cette objection. Mais

(1) 10 février. Assemblée nationale.
(2) 10 février. Assemblée nationale.

comme on ne saurait trop éclaircir une semblable question, je n'hésite pas à reprendre en quelques lignes les arguments dont je me suis déjà servi.

Non! il n'est pas indifférent de frapper le capital fixe ou le capital circulant, parce que si le capital fixe est le générateur direct du capital circulant, c'est par le capital circulant que l'effet utile revient au capital fixe!

Non! il n'est pas indifférent de frapper le capital fixe ou le capital circulant, pas plus qu'il n'est indifférent qu'il y ait ou qu'il n'y ait pas de crédit, que la Banque élève son escompte ou l'abaisse.

C'est là qu'il faut ramener la question.

Si l'impôt frappe le capital circulant, la circulation s'arrête, comme la surélévation du taux de l'escompte arrête le crédit.

Si l'impôt frappe le capital circulant, le capital circulant, étant grevé avant qu'il ait pu produire, a non-seulement à courir tous les risques qui lui sont habituels, mais de plus il a à payer avec certitude.

Si l'impôt frappe le capital circulant, alors a lieu l'effet que nous avons exprimé par la formule précédente. L'impôt ne frappe pas la production en progression arithmétique, mais en progression géométrique.

Comme je l'ai prouvé, « plus le capital fixe augmente, plus utilement et plus rapidement ont lieu la production et la consommation du capital circulant. Le capital circulant produit à son tour plus facilement et plus rapidement du capital fixe. Mais tandis que le capital circulant ne produit qu'à la condition de disparaître, le capital fixe ne produit qu'à la condition de ne pas se transformer. De là, augmentation du capital fixe, par l'addition de nouveaux capitaux fixes aux capitaux fixes déjà existants, et consommation de plus en plus rapide du capital circulant. Par conséquent, dans le progrès économique, l'augmentation du capital fixe tend constamment à prédominer sur l'augmentation du capital circulant (1). »

Il en résulte donc que si l'impôt n'entraîne pas la circulation du capital circulant, le capital fixe augmente avec une telle rapidité, que l'impôt devient de plus en plus faible par rapport à lui.

Telles sont les objections qu'on m'a adressées. Depuis la publication de la première édition de ce volume, j'ai reçu une masse considérable de lettres, les unes apportant une adhésion complète à l'impôt sur le capital, les autres apportant une adhésion mêlée de quelques réserves et de quelques objections de détail. Parmi ces objections, il y en a une qui s'est produite avec une certaine persistance.

Pourquoi, m'a-t-on dit, ne frappez-vous pas les obligations de compagnies financières et les hypothèques?

Pourquoi? dans l'intérêt du crédit. Pourquoi une compagnie industrielle émet-elle des obligations? Pour créer de nouveaux capitaux fixes. Quand ces capitaux fixes seront créés, l'impôt les atteindra. Il ne doit pas élever le taux du crédit qui servira à les obtenir.

Il en est de même pour les hypothèques. Si on les frappait d'un impôt, qui payerait cet impôt en définitive? L'emprunteur, puisque le crédit serait plus cher. Il est donc plus simple que le propriétaire paye directement au fisc sur sa fortune brute, et qu'il puisse obtenir des capitaux à meilleur marché. Si d'un côté il devait payer une partie de l'impôt, et d'un autre côté son prêteur devait payer l'autre, celui-ci élèverait le taux de son prêt de manière à obtenir le remboursement de l'impôt par le propriétaire. Alors viendrait l'éternelle phrase : — L'argent est rare, les droits sont chers; et cette part d'impôt servirait de prétexte au prêteur pour augmenter le taux de l'intérêt.

Maintenant, je l'avouerai bien volontiers : l'impôt sur le

(1) Voir plus loin liv. VIII, ch. III.

capital pourra présenter quelques inconvénients. Je n'ai pas la prétention d'avoir constitué un impôt d'une perfection absolue.

M. Magne disait le 7 mars :

« M. Pascal Duprat a dit à propos de l'impôt sur le capital : Pour apprécier un impôt, il faut le comparer aux autres. C'est très-juste. »

Je prends acte de ce mot : « C'est très-juste. » Et je dis maintenant à M. Magne, je dis à mes contradicteurs : — Soit. J'accepte toutes les objections qu'on m'a faites; rendez-les encore plus fortes; accentuez-les; prouvez mieux leur valeur que vous ne l'avez fait. Dites que l'impôt sur le capital aura tous les inconvénients que vous avez signalés; je vous accorde qu'il en aura encore d'autres, si vous voulez. Êtes-vous satisfaits?

A mon tour, maintenant, de vous poser une objection et à votre tour de m'y répondre :

— Montrez-moi, parmi tous les impôts, tant directs qu'indirects, un impôt qui repose sur une assiette plus solide et dont l'application soit plus simple.

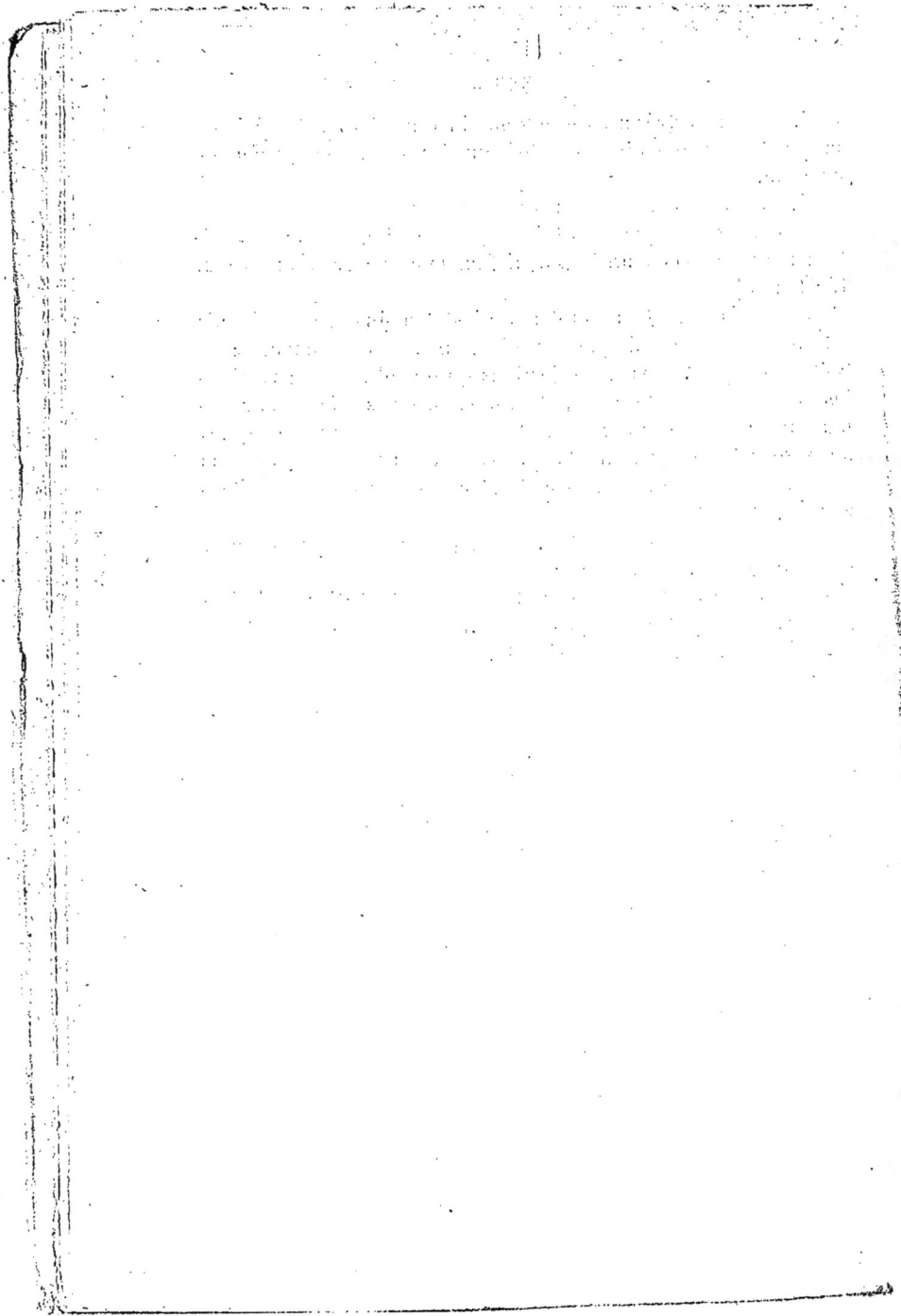

LIVRE VIII

DE LA RÉPARTITION ET DE L'INCIDENCE DE L'IMPOT

CHAPITRE I.

LA FORTUNE DE LA FRANCE ET L'IMPOT SUR LE CAPITAL.

I. L'agriculture en France. — Progression. — La culture de la vigne. — Tableau des terres cultivées en France. — Production agricole de la France. — Revenu net de la production agricole. — II. L'industrie en France. — Progression de l'industrie de 1788 à 1860. — *La statistique industrielle de la France,* 1861-1865, — Éléments d'appréciation. — Nombre des établissements industriels. — La force motrice employée. — III. Le commerce de la France. — Commerce général et commerce spécial par périodes décennales. — Le commerce de la France par périodes quinquennales. — IV. La somme des revenus de la France. — La valeur de la propriété foncière d'après l'enquête de 1851. — Progression de la valeur de la propriété foncière. — Le prix des terres. M. de Foville. — Le nombre des maisons. — Le chiffre de 160 milliards est modeste. — L'objection de M. Cochut. — Erreur de M. Cochut. — M. de Ventavon et les charges de la propriété foncière. — M. Guichard. — De l'incidence de l'impôt.

Le terrain déblayé de toutes ces objections qui ne pivotent que sur des subtilités, il est nécessaire que nous recherchions de quelle manière l'impôt se répartirait sur les diverses parties de la richesse nationale.

Malheureusement, il me sera impossible de faire un travail aussi complet que je l'aurais désiré sur cette importante question : les matériaux me manquent. J'ai eu beau étudier toutes les statistiques et toutes les enquêtes, je n'ai pu arriver à des chiffres précis. Tout ce que je puis faire, c'est de mettre sous les yeux de mes lecteurs les éléments de la question tels que les livrent les documents officiels.

I. — AGRICULTURE.

En 1789, la superficie de la France était de 50 millions d'hectares se divisant ainsi :

Terres de labour	25,000,000
Jardins et vergers	1,500,000
Vignes	1,500,000
Bois	9,000,000
Prairies	3,000,000
Landes	10,000,000

Le produit total de l'agriculture était de 2 milliards 600 millions.

En 1815, il s'élevait à un peu plus de 3 milliards.

Ce chiffre constitue une augmentation de 500 millions. C'est peu. Cependant si l'on tient compte des nombreuses guerres qui ont eu lieu à cette époque et qui ont provoqué un arrêt presque complet dans la production, c'est beaucoup.

Les chiffres de la période de 1815 à 1850 prouvent, en effet, que normalement la progression de la production est beaucoup plus forte.

En 1850, les produits de l'agriculture s'élevaient au chiffre de 5 milliards.

L'exemple suivant, cité par M. Maurice Block (1), indique dans quelle immense proportion certains produits se sont accrus.

De 1788 à 1829, la culture de la vigne a gagné 450,000 hectares, représentant une augmentation d'environ 30 p. 100. De 1829 à 1849, l'augmentation a été de 200,000 hectares. Ce qui donne un accroissement de 10,000 hectares par année.

Le produit moyen d'un hectare de vigne, qui n'était en 1788 que de 21 hectol. 21 litres, s'est élevé en 1829 à 27 hec-

(1) *Statistique de la France*, t. II, p. 64.

tol. 20 litres, et en 1850 à 32 hectol. 35 litres. Au moment de son apparition, l'oïdium fit baisser dans une énorme proportion le chiffre du rendement; mais il ne tarda pas, comme nous le verrons plus bas, à reprendre son mouvement ascensionnel.

Voici maintenant, d'après l'enquête décennale de 1862, quelle était à cette époque la superficie de la France, le nombre d'hectares cultivés et la valeur de la production agricole :

	HECTARES
Terres labourables	26,568,621
Prairies naturelles	5,021,246
Vignes	2.320.809
Bois et forêts	9,167,719
Pâturages et pacages (landes, bruyères et pâtis)	6,546,193
Cultures arborescentes, étangs, châtaigneraies	953,433
Eaux, chemins, terrains, bâtis, etc.	3.727,120
Total	54,305,141

Le tableau suivant indique le chiffre de la production de ces terrains (1) :

TERRES LABOURABLES.

		NOMBRE des hectares cultivés.	VALEUR TOTALE	VALEUR de la production à l'hectare.
			francs	francs
Céréales		15,620,821	4,875,091,402	312 »
Farineux alimentaires		1,774,245	533,444,089	301 »
Cultures potagères et maraîchères.	Légumineuses	484,530	147,696,156	304 »
	Plantes potagères	229,942	400,308,270	1,741 »
Cultures industrielles.	Betteraves	136,492	84,178,187	617 »
	Cultures oléagineuses (graines).	500,835	161,232,381	322 »
	Textiles	»	121,822,667	593 »
	Mûriers	54,019	19,440,777	»
	Autres cultures industrielles	51,153	52,910,554	1,030 »

(1) Enquête décennale de 1862. *Statistique de la France.*

		NOMBRE des hectares cultivés.	VALEUR TOTALE.	VALEUR de la production à l'hectare.
			francs	francs
Fourrages.	Prés naturels. . . .	5,021,246	1,002,171,388	199 60
	Prairies artificielles.	2,772,660	587,003,293	221 72
	Pâturages, prés non fauchables et pacages. . . .	6,546,193	140,819,584	21 51
	Fourrages consommés en vert.	386,411	159,450,526	413 09
Vignes		2,320,809	1,386,756,278	597 »
Bois et forêts.	Des particuliers. .	6,035,582	»	»
	Communaux. . .	1,941,400	52,544,348	65 44
	De l'État. . . .	991,062	40,011,401	89 76
	De la liste civile.	67,332	2,997,400	98 89
Total du nombre d'hectares, de la valeur totale et de la valeur de production à l'hectare des terres cultivées (1).		44,934,732	9,767,878,701	409 54

Les produits de l'agriculture ont donc presque doublé en douze ans, de 1850 à 1862.

Une nouvelle enquête devait avoir lieu en 1874. Espérons que lorsqu'elle aura lieu, elle pourra établir d'une façon plus nette les chiffres de la production agricole en France pendant la période 1862-1874.

Aujourd'hui, nous sommes obligés d'évaluer d'une façon approximative et sans documents officiels la production actuelle de l'agriculture.

D'après M. Boutarel, le revenu net de la production agricole serait de 11 milliards (2). Cela constituerait une augmentation de plus d'un milliard sur l'année 1862; la progression serait beaucoup plus faible que celle qui s'est produite pendant la période de 1850 à 1862; seulement, il faut tenir compte de la dernière guerre et des 1,447,466 hectares qu'elle a fait perdre à la France.

(1) Moins le nombre d'hectares consacrés aux textiles, et moins la valeur des bois et forêts appartenant aux particuliers.

(2) *L'agriculture en France*, 1874, p. 30.

Quelques chiffres que nous trouvons dans l'*Exposé de la situation économique de la France* (1), indiquent, du reste, que la production agricole en France n'est pas restée stationnaire depuis 1862.

En effet, la production du froment, qui à cette époque était de 99,292,224 hectolitres, avait atteint en 1872 le chiffre de 120,803,459 hectolitres, c'est-à-dire qu'au lieu d'être de 14 hectolitres 23 litres par hectare, elle était de 17 hectol. 41 litres, soit un peu plus de 20 p. 100 d'augmentation, toujours sans tenir compte du territoire cédé.

Le seigle, de 26,877,269 hectol., est monté à 29,868,575. La production du maïs, qui était, en 1862, de 9,379,187 hectol., a atteint en 1872 le chiffre de 11,301,202. On constate une augmentation analogue pour les légumes secs. La production du méteil, de l'orge, de l'avoine et du sarrasin est cependant restée stationnaire; mais celle des vins est montée, en 1872, au chiffre de 50,154,000 hectol., tandis qu'elle n'atteignait, en 1862, que celui de 37,110,000 hectolitres.

La progression croissante de la production agricole en France est donc constatée d'une façon indiscutable.

II. — INDUSTRIE.

Les premières recherches statistiques sur l'industrie française ont été faites sous Louis XIV, pendant l'administration de Colbert. Ces recherches, bornées à l'industrie des lainages, qui était alors sans rivale (les fabriques de coton n'existant pas encore et les manufactures de soieries existant à peine), établirent qu'elle s'exerçait à l'aide de 34,200 métiers, occupant 60,440 ouvriers et produisant une valeur de 19,978,291 livres tournois, soit près de quarante millions de notre monnaie actuelle.

Une statistique industrielle faite, en 1788, par M. de Tolosan, et très-remarquable déjà, fait ressortir, pour la produc-

---

(1) *Annales du commerce extérieur*, avril 1874.

tion industrielle du royaume, le chiffre de 931,460,000 fr. L'industrie des lainages avait sextuplé depuis le précédent relevé; mais la France était obligée de demander encore à l'étranger une partie de ses soieries. Après la révolution de 1789, l'industrie prit un essor rapide, et, en 1812, le chiffre de la production s'élevait, d'après Chaptal, à 1 milliard 320 millions.

C'est en 1845 que, pour la première fois, le gouvernement procéda à une enquête officielle (restreinte toutefois aux établissements occupant plus de dix ouvriers) et les volumes contenant les résultats de cette enquête, publiés successivement en 1847, 1848, 1849 et 1850, donnent un chiffre d'affaires de 4 milliards 167 millions (1).

En 1850, ce chiffre s'élevait à 5,215,740,000, ce qui constitue sur le chiffre de 1788 une augmentation de 4,284,280,000, c'est-à-dire 69,101,290 par an; le chiffre de la production a doublé tous les treize ans et demi, la période de la Révolution et les guerres de l'Empire exceptées.

De 1850 à 1863, ce fait se reproduit à peu près exactement pour le commerce extérieur. Il était en 1850 de 2,555,100,000; en 1864, il s'est élevé à 7,328,600,000; il a donc plus que doublé (2).

Étudions maintenant les résultats obtenus par la dernière statistique qui ait été faite. Dans les derniers mois de 1860 et presque après la conclusion des nouveaux traités de commerce, le ministre de l'agriculture et du commerce prescrivit un dénombrement général de l'industrie de la France. Cette enquête s'est poursuivie depuis 1861 jusqu'en 1865, et a donné le chiffre de 12 milliards, qui représente le montant de notre production manufacturière dans la période ci-dessus indiquée (3).

---

(1) *Statistique de la France*, 1861-1865. *Observations préliminaires.* Cette statistique n'a été publiée qu'en 1873.

(2) *Exposé comparatif de la situation économique et commerciale. Annales du commerce extérieur*, mars 1866, p. 37.

(3) *Statistique de la France*, 1861-1865. *Observations préliminaires.*

Les divers éléments qui concourent à la production des objets manufacturés, ont été divisés en cinq catégories :

1° Le terrain sur lequel se pose l'industrie, les constructions qui l'abritent, et le matériel qui y est affecté, se composant de moteurs, machines et appareils de toute sorte.

(Ou *intérêt du capital immobilisé* calculé à 5 p. 100 de la valeur vénale de l'établissement.)

2° La main de l'homme chargé de réunir les matériaux et de les transformer.

(La somme dépensée annuellement pour la *main-d'œuvre* a été obtenue par la multiplication du nombre moyen des ouvriers employés par leur salaire régulier et des journées de travail effectif.)

3° *La matière première* destinée à cette transformation.

(Le chiffre exprimant la valeur de cet élément est le résultat direct de l'enquête.)

4° Le combustible.

5° *Les frais généraux*, comprenant les dépenses d'administration, d'assurance, d'impôts, l'entretien des bâtiments et du matériel, etc., et aussi les *bénéfices de l'entreprise*.

Ce dernier chiffre a été obtenu par la comparaison du prix de revient, tel qu'il résulte de la totalisation des quatre premiers éléments, avec la *valeur* du produit fabriqué.

Pour 100 francs de produits fabriqués on a obtenu :

MOYENNES GÉNÉRALES.

Intérêt du capital immobilisé	2f 45
Main-d'œuvre	13 75
Matières premières	58 45
Combustible	6 42
Administration, assurance	18 93

En résumé, on peut admettre, avec un degré suffisant de probabilité, que, pour une valeur de 100 francs, le prix de revient moyen dans l'ensemble de la fabrication française se divise, en nombres ronds, ainsi qu'il suit :

3 fr. pour l'intérêt du capital immobilisé (immeubles et machines).
15 la main-d'œuvre.
55 achat des matières premières.
7 combustible.
20 frais d'administration, impôts, assurances, etc.

L'enquête comprenant la période 1861-1865 établit qu'il y avait en France, — Paris, Lyon et les établissements de l'État non compris : 100,163 établissements industriels de la valeur vénale de 2,524,013,772 fr. Ils employaient 1,467,971 ouvriers.

La valeur des matières premières était de 4,941,157,825 fr. ; celle des produits fabriqués s'élevait à 7,130,287,310 fr. ; le combustible atteignait le chiffre de 194,309,893 francs. On comptait 518 hauts-fourneaux employés par l'industrie métallurgiste.

Les moteurs se divisaient ainsi :

Moteurs à eau, 52,461, de la force de 296,100 chevaux ; à vent, 11,332, force 39,569 ; à manége, 5,315, force 7,296 ; machines à vapeur, 9,471, force 152,339.

La ville de Paris comptait 22,409 établissements industriels payant 29,277,431 francs de loyers ; 203,462 ouvriers étaient employés ; le chiffre des affaires s'élevait à 1,421,747,888 fr. Il y avait 1,068 moteurs, ayant une force totale de 8,216 chevaux. En voici l'énumération : 6 moteurs à eau de la force de 17 chevaux ; 1 à vent de la force d'un cheval ; 95 à manége de la force de 96 chevaux, et 966 machines à vapeur ayant la force de 8,102 chevaux.

Je trouve dans le relevé des appareils à vapeur employés par l'industrie, d'après le compte rendu de l'administration des Mines, les chiffres suivants (1) qui se rapportent à toute la France.

En 1856, le nombre des moteurs à vapeur de toute sorte était de 13,306, ayant une force de 405,686 chevaux-vapeur.

---

(1) Situation économique e commerciale de la France. *Annales du commerce extérieur*, avril 1874.

En 1861, on comptait 20,230 moteurs de la force totale de 554,757 chevaux-vapeur; en 1869, il y avait 32,814 moteurs dont la force était de 870,318 chevaux-vapeur.

Les machines employées spécialement par l'industrie privée étaient, en 1856, au nombre de 8,879, de la force de 127,344 chevaux-vapeur; en 1861, il y en avait 15,805 ayant une force de 190,677 chevaux-vapeur, et en 1869, elles atteignaient le chiffre de 26,221, ayant une force totale de 320,447 chevaux-vapeur. Leur nombre a donc triplé en quatorze ans.

Ces derniers chiffres sont de beaucoup supérieurs à ceux de la *Statistique générale*. En procédant par analogie, nous avons le droit de conclure que ces évaluations, bien loin d'être au-dessus de la vérité, étaient de beaucoup au-dessous.

D'après la *Statistique générale*, à Lyon, il y avait 300 établissements comptant 110,000 à 115,000 métiers. La consommation des matières premières s'élevait à 3,084,000 kil. (année moyenne), et la valeur annuelle de la production était de 400 millions. 35,000 métiers compris dans l'enceinte de la ville, affectés au tissage des étoffes riches, produisaient 175 millions, ce qui porte la production annuelle de chaque métier à 5,000 fr. en moyenne. Pour les métiers des campagnes environnantes, elle ne dépassait pas 3,000 fr. Il y en avait 80,000 qui produisaient 240 millions par an.

Pour toute la France, les broches employées dans les filatures étaient au nombre de 110,264, se décomposant ainsi ; 10,000 pour la soie, 70,604 pour le coton et 29,660 pour la laine.

Il est fort difficile d'établir un chiffre exact avec ces données.

En effet, tandis que cette statistique donne la valeur vénale des établissements industriels de toute la France, Paris et Lyon non compris, elle indique seulement pour cette dernière ville, le chiffre de la production annuelle, et pour Paris le chiffre d'affaires.

Voici le résumé publié dans cette statistique :

INDUSTRIE MANUFACTURIÈRE DE LA FRANCE.

Établissements industriels.	123,357
Nombre des ouvriers.	1,782,932
Importance des affaires.	9,756,000,000
Force des chevaux-vapeur (moteurs à eau, à vent, à vapeur, etc.).	502,355

La valeur de la production industrielle de la France s'élèverait donc à 10 milliards de francs environ. Mais il faut bien faire attention que dans les éléments de ces calculs on n'a pas tenu compte de la petite industrie dont la production, en France surtout, est si considérable.

Les investigations particulières des chambres de commerce donneraient les chiffres suivants :

Établissements industriels.	150,000
Ouvriers.	2,000,000
Force des chevaux-vapeur.	950,000
Chiffre annuel des affaires.	12 milliards.

Ces chiffres mêmes doivent être considérés comme trop faibles puisque la force des moteurs n'est portée qu'à 650,000 chevaux-vapeur, tandis que d'après le *compte rendu de l'administration des Mines*, elle dépassait 870,318, en 1869.

Le chiffre annuel des affaires est donc de 12 milliards, tandis qu'en 1850 il n'était que de 5,215,740,000 francs.

La production a plus que doublé dans une période de douze ans.

Or, il y a au moins dix ans (1862-1865) que la *Statistique générale* a été faite. Depuis, la production a augmenté dans une proportion considérable comme le prouvent les chiffres suivants :

En 1863, la production du sucre indigène ne dépassait pas 142,934,000 kilogr. D'après les renseignements du ministre des finances, en 1873, elle a atteint le chiffre de 415,727,000 kilogrammes.

Le développement de cette industrie date surtout de 1868.

Le développement des chemins de fer offre des chiffres encore plus considérables.

En 1857, il n'y avait encore que 7,442 kilomètres de voies ferrées en exploitation.

Au 1er janvier 1874, on en comptait 18,568, déduction faite du réseau alsacien, de 1,261 kil. de chemins de fer d'intérêt local, et de 179 kil. de chemins de fer industriels.

Le nombre des locomotives qui, en 1857, était de 2,729, est actuellement de 5,000.

Le poids des marchandises transportées s'élevait, en 1858, à 14,966,639 tonnes. En 1869, il était de 44,013,433 tonnes.

Enfin, la consommation des combustibles minéraux est la mesure exacte des progrès de l'industrie moderne.

En 1859, la houille extraite des mines indigènes comprises dans les limites actuelles de la France était de 76,266,556 quintaux métriques. En 1869, de 132,166,225 quintaux métriques. En 1873, de 174,857,855. L'accroissement moyen par année a donc atteint 8,538,326 quintaux métriques. La production de la houille depuis quatre-vingts ans a doublé tous les quatorze ans. Depuis 1860, elle a doublé en douze ans et demi (1).

Le nombre toujours croissant des exposants aux expositions qui ont eu lieu de 1851 à 1867, est une autre preuve du développement de l'industrie.

Lors de l'exposition de 1851, on comptait 13,917 exposants; il y en avait 23,954 lors de celle de 1855; en 1862, le nombre des exposants s'est élevé à 28,653, pour atteindre, à l'exposition de 1867, le chiffre de 50,266 (2).

---

(1) Compte rendu de l'administration des mines. (*Journal Officiel*, 21 janvier 1875.)

(2) M. Chevalier, *Exposition de* 1867. Introduction, p. III.

COMMERCE.

Voici, établis par périodes décennales, les chiffres moyens des importations et exportations du commerce de la France de 1827 à 1867.

	Millions de francs.		Millions de francs.	
	1827-1836	1837-1846	1847-1856	1857-1866
IMPORTATIONS.				
Commerce général (1).	667.4	1,088.4	1,562.7	2,986.7
— spécial. . .	479.9	776.4	1,077.1	2,200.5
EXPORTATIONS.				
Commerce général. . .	698.4	1,024.0	1,672.3	3,293.0
— spécial. . .	521.4	712.9	1,223.7	2,430.1
IMPORTATIONS ET EXPORTATIONS RÉUNIES.				
Commerce général. . .	1,365.8	2,112.4	3,175.0	6,279.7
— spécial. . .	1,001.2	1,489.3	2,300.8	4,630.6

Les accroissements successifs moyens ont donc été, pour

(1) COMMERCE GÉNÉRAL. — COMMERCE SPÉCIAL.

A l'importation, le commerce général se compose de toutes les marchandises qui arrivent de l'étranger, de nos colonies et de la grande pêche, par terre ou par mer, tant pour la consommation que pour l'entrepôt, le transit, la réexportation ou les admissions temporaires.

Le commerce spécial comprend les marchandises qui sont laissées à la disposition des importateurs, c'est-à-dire la totalité des marchandises exemptées de droits, et, quand il s'agit de marchandises tarifées, les quantités qui ont été soumises aux droits.

Pour les marchandises tarifées, les chiffres du commerce spécial peuvent quelquefois être supérieurs à ceux du commerce général, quand les marchandises extraites des entrepôts pour la consommation ont déjà figuré dans le commerce général d'une des années précédentes.

A l'exportation, le commerce général se compose de toutes les marchandises françaises ou étrangères qui sortent de France. Le commerce spécial comprend la totalité des marchandises nationales exportées et les marchandises étrangères qui sont renvoyées à l'étranger après avoir été admises en franchise ou nationalisées par le payement des droits.

Les chiffres du commerce spécial d'exportation ne dépassent jamais ceux du commerce général. (*Tableau général du commerce de la France*, 1871, p. 5.)

le commerce général, de 746,600,000 fr. entre la première et la deuxième période; de 1,062,600 fr. entre la deuxième et la troisième, et de 3,104,700,000 fr. entre la troisième et la quatrième. Dans cette période de quarante années, le chiffre des affaires a presque quintuplé; et les différences entre les périodes suivent une progression croissante représentée par les nombres 316 millions entre les premières différences et 2,042,100,000 entre les deux secondes.

Voici maintenant le détail du mouvement commercial de 1827 à 1867, importations et exportations, par mer ou par terre (1):

	MILLIONS DE FRANCS.		MILLIONS DE FRANCS.	
	1827-1836	1837-1846	1847-1856	1857-1866
IMPORTATIONS.				
Par mer. . . .	446.4	767.0	983.5	1,984.1
Par terre.. . .	221.0	321.4	519.2	1,002.6
Total. . .	667.4	1,088.4	1,502.7	2,986.7
EXPORTATIONS.				
Par mer. . . .	506.0	741.3	1,295.2	2.445.0
Par terre. . . .	192.4	282.7	377.1	848.0
Total. . .	698.4	1,024.0	1,672.3	3,293.0
IMPORTATIONS ET EXPORTATIONS RÉUNIES.				
Par mer. . . .	952.4	1,508.3	2,278.7	4,429.1
Par terre. . . .	413.4	604.1	896.3	1,850 6
Total. . .	1,365,8	2,112.4	3,175.0	6,279.7

Le tableau suivant, comprenant trois périodes décennales de 1849 à 1871, indique une progression analogue dans le chiffre des affaires commerciales :

(1) *Tableau général du commerce de la France*, 1871, p. 15.

MARCHANDISES ÉTRANGÈRES

NÉCESSAIRES A LA CONSOMMATION FRANÇAISE

(Excédant des importations sur les exportations de marchandises similaires.)

COMMERCE SPÉCIAL (1).

1849.	658,501,544
1859.	1,369,440,852
1869.	2,258.346,619
1871.	2,201.139,786 (2)

EXCÉDANT DE LA PRODUCTION FRANÇAISE

SUR LES BESOINS DE LA CONSOMMATION INTÉRIEURE

(Excédant des exportations sur les importations des produits similaires.)

COMMERCE SPÉCIAL.

1849.	818,565,769
1859.	2,878,394,263
1869.	2,175,293,591
1871.	1,918,358,976

IMPORTATIONS (3).

	MILLIONS DE FRANCS.		
	1857–1861	1862–1866	1867–1872
Commerce général.	2,590.2	3,383.1	3,949.8
— spécial.	1,883·2	2,517.7	3,183.5
EXPORTATIONS.			
Commerce général.	2,813.1	3,773 0	3,676.5
— spécial.	2,044.6	2,815.7	2,873.1
IMPORTATIONS ET EXPORTATIONS RÉUNIES.			
Commerce général.	5,403.3	7,156.1	7,626.3
— spécial.	3,627.8	5,333.4	6,056.6

La progression est surtout accusée entre la première et la deuxième période; elle est beaucoup plus faible entre la

(1) Les céréales exceptées.

(2) La faiblesse de ce chiffre est motivée par la guerre. Le chiffre de 1870 était de 2,010,507,137 francs.

(3) *Tableau général du commerce de la France,* 1871.

deuxième et la troisième; il faut attribuer cette différence à la dernière guerre.

Si nous considérons la période de 1866 à 1871, nous trouvons les chiffres ci-dessous :

COMMERCE GÉNÉRAL.

VALEURS EXPRIMÉES EN MILLIONS.

	ANNÉES					
	1866	1867	1868	1869	1870	1871
Matières nécessaires à l'industrie.	2,367,4	2,210.8	2,366.2	2,381.4	1,938.1	2,107.9
Objets de consommation — Naturels.	666.4	1,089.6	1,183.9	866.6	906.7	1,273.0
Objets de consommation — Fabriqués.	811.3	730.4	708.1	760.7	653 0	572.5
Totaux.	3,845.1	4,030.8	4,258.2	4,008.7	3,497.8	3,953.4

COMMERCE SPÉCIAL.

	1866	1867	1868	1869	1870	1871
Matières nécessaires à l'industrie.	2,091.6	1,971.7	2,215.7	2,173.7	1,776.6	2,035.1
Objets de consommation — Naturels.	494,8	825 1	950.9	707.5	802.2	1,156.9
Objets de consommation — Fabriqués.	207.1	229.7	237.1	271.9	288.9	374.7
Totaux (1).	2,793.5	3,026.5	3,403.7	3,153.1	2,867.7	3,566.7

Voici maintenant quelques chiffres spéciaux relatifs aux années 1851 et 1866 (2).

En 1851, le chiffre des importations s'élevait à 765,100,000 francs ; en 1866, il atteignit 1,793,500,000 fr. En 1851, le chiffre des exportations était de 1,158,100,000 fr. ; en 1866, il s'élevait à 3,180,600,000.

Les chiffres des importations et exportations de 1866, sont plus du double supérieurs à ceux de 1851.

L'examen du transit en France pendant les années 1856 et 1865 indique une progression au moins égale à celle que nous venons de constater.

En 1856, il était de 76,599 tonneaux métriques, et en 1865

(1) *Tableau du commerce de la France*, p. 45.
(2) *Progrès de la France sous le gouvernement impérial*, p. 11.

de 328,853, ce qui représente pour 1856 : 512,500,000 fr., et pour 1865 : 704,500,000.

Le poids des marchandises entrées dans les entrepôts était, en 1851, de 796,892 tonnes, tandis qu'en 1865 il atteignait le chiffre de 1,103,001.

Le tableau suivant, relevé dans le *Journal de la Société de statistique de Paris* (1), vient encore indiquer d'une façon irréfutable les accroissements que nous signalons dans le mouvement commercial.

FRANCE

	COMMERCE GÉNÉRAL		COMMERCE SPÉCIAL	
	Importation.	Exportation.	Importation.	Exportation.
1854-1858.	2,311.8	2,395.9	1,662.2	1,723.5
1859-1863.	2,846.6	3,088.2	2,121.0	2,271.0
1864-1868.	3,813.8	3,988.7	2,858.7	2,961.8
1867.	4,030.8	3,934.2	3,026.5	2,825.9
1868.	4,258.2	3,720.9	3,303.7	2,789.9

Dans le commerce spécial, l'accroissement des exportations a été, en nombres absolus, de la première à la troisième période, de 1,228,3, soit de 71 p. 100. En considérant l'accroissement de la première à la dernière année des trois périodes (1854 et 1868), les deux accroissements sont de 1,476,2 ou de 91 p. 100. Pour les importations, l'accroissement de la première à la troisième période est de 1,662,2 ou 92 p. 100. Celui de la première année à la dernière année des trois périodes est de 2,012,1 ou 155 p. 100.

Enfin, en 1871, notre commerce spécial avec le monde entier s'élevait à 6 milliards 439 millions, sur lesquels les pays liés avec nous par des traités prennent un chiffre de 3 milliards 917 millions (2).

J'emprunte la conclusion suivante à M. Boutarel (3), afin

(1) 1870, p. 31.
(2) *Situation économique et commerciale de la France,* 1857-71.
(3) *L'Économiste français,* n° du 14 février 1874.

qu'on ne m'accuse pas de « grouper les chiffres » en faveur de ma thèse.

Les revenus nets de l'agriculture, de l'industrie et des banques se chiffrent de la manière suivante :

Agriculture	Revenu de la propriété, environ.		4 milliards.
	Production agricole.	17 milliards.	
	De laquelle il faut déduire : Frais généraux : Semences, paille pour litières, fourrages, travail des hommes et des animaux, engrais, impôts, frais divers, etc., environ.	10 milliards.	
	Le revenu net de la production est donc de.		7 milliards
			11 milliards.
Industrie. .	Production industrielle. . . .	12 milliards.	
	De laquelle il faut déduire : Frais généraux : Intérêts et amortissement des capitaux, matières premières, combustibles, impôts, assurances, etc., environ.	8 milliards.	
	Le revenu net de la production industrielle est donc de.		4 milliards.
Banque. . .	Le bénéfice des banques, des sociétés de crédit, des sociétés diverses et des entreprises d'exportation, un à deux milliards.		1 à 2 milliards.
	Ensemble.		16 à 17 id.

Voilà donc les éléments de la question d'après les documents officiels. Ils sont insuffisants, évidemment, et n'expriment plus la situation réelle. Les chiffres que nous donnons remontent à plus de dix ans, puisqu'ils sont empruntés à un travail opéré de 1861 à 1865 et publié seulement en 1873.

Or, nous avons constaté, d'après les statistiques antérieures que, si on excepte les guerres de la Révolution et de l'Empire, la production industrielle a doublé en France tous les treize ans et demi.

Non-seulement la production suit une progression géométrique ; mais il faut encore tenir compte de certains éléments qui lui donnent une plus-value dans une proportion telle, qu'il est impossible de la calculer rigoureusement.

Il suffit de la découverte d'un nouveau procédé, d'une innovation dans le mode d'exploitation de telle ou telle utilité, pour provoquer un développement de richesses dont on ne peut que constater les résultats.

Il est évident que, depuis 1851, le développement des chemins de fer, l'emploi du drainage, des machines dans l'agriculture, des engrais artificiels, le traité de commerce enfin, ont augmenté la production agricole, et, par conséquent, la valeur de la terre, dans une progression de beaucoup supérieure à celle qu'elle suivait précédemment.

La statistique de 1851 donnait, d'un autre côté, les résultats suivants :

La valeur vénale du sol, en y comprenant les maisons et les usines, était, en 1821, de 39 milliards 514 millions; en 1851, de 83 milliards 744 millions; augmentation, 44 milliards 230 millions. En trente ans, cette valeur avait augmenté de plus de 100 pour 100.

Nous sommes en 1874. Vingt-quatre ans se sont donc écoulés depuis cette dernière statistique.

« La valeur correspondante actuelle est peut-être de 120 milliards », dit M. Maurice Block (1).

Mais d'après les chiffres suivants, M. Maurice Block est au-dessous de la vérité.

« Le prix moyen de l'hectare de terre, dit M. de Foville (2),

(1) *Statistique de la France*, 2e édit. t. II, p. 30.
(2) De Foville. *Les Variations des prix en France, depuis un demi-siècle.*

a suivi, d'après nos calculs approximatifs, la rapide progression que voici :

En 1789.	500 fr.
En 1815.	700
En 1851.	1,290
En 1862.	1,850
En 1874.	2,000

En d'autres termes, le prix moyen de la terre a quadruplé depuis quatre-vingt-cinq ans, triplé depuis soixante ans, doublé depuis quarante ans.

Si on multiplie par 2,000 francs les 44,934,732 hectares auxquels s'applique ce prix moyen, on obtient un chiffre de 89 milliards, 869,464,000 francs. Restent 7,922,943 hectares parmi lesquels sont compris les terrains des villes, qui sont fort chers. En les estimant à 1,000 francs l'un, nous arrivons au chiffre de 100 milliards (1).

(Extraits publiés dans l'*Économiste français*, 1874, p. 608.) L'*Académie des sciences morales et politiques* a décerné à ce travail le prix du dernier concours annuel.

(1) A ce sujet je reçois la lettre suivante qui prouve combien j'ai été modéré dans mes appréciations :

« N'est-ce pas une erreur d'estimer les 7,922,943 hectares comprenant les terrains des villes à 1,000 fr. chaque hectare?

« A Paris, il y a des rues dont le terrain vaut 15,000,000 fr. l'hectare. Il n'y en a pas de moins de 100,000 fr. A Dieppe et à Boulogne-sur-Mer, à ma connaissance, l'hectare vaut de 250,000 fr. à 1,000,000 de fr.

« Aussi je crois qu'on pourrait rester dans le vrai en les estimant en moyenne à 3,000 fr.

(soit 7,922,943 hectares × 3,000 = 23,768,829,000),

« nous arrivons au chiffre de 114 milliards.

« Je n'ai pas les documents devant moi, mais je me souviens d'en avoir eu en ma possession qui prouvaient que le capital fixe de la France s'élevait à une valeur *vénale* d'au moins 225 milliards.

« Dans les environs de Dieppe, il n'y a pas de terre de moins de 4,000 fr. l'hectare.

» A. de Rosson ».

Enfin, dans une carte de la richesse agricole de la France, dressée en 1873, M. Cordier (du Calvados) estimait les terres productives seulement à 42,003,987 hectares 29 centiares, qu'il décomposait ainsi :

TERRES PRODUCTIVES

	ÉTENDUE en hectares		VALEUR MOYENNE de l'hectare	RÉSUMÉ GÉNÉRAL de la valeur approximative
Terres labourables.	25,568,624	29	2,175	57,817,000,000
Prés et vergers. . .	5,037,448	»	3,958	19,874,000,000
Vignes.	2,341,739	»	2,638	6,122,000,000
Bois et forêts. . . .	9,055,576	»	1,380	12,469,000,000
	42,003,387	29		96,282,000,000

Ainsi, d'après ce calcul très-soigneusement fait, sans compter 11 millions d'hectares plus ou moins incultes, la valeur du sol consacré à l'agriculture atteindrait près de 100 milliards.

Mais, dans ce chiffre, ne sont compris que les terrains, sans les maisons et les usines.

Or, le recensement de 1872 a constaté l'existence de 7,704,993 maisons destinées à l'habitation. On peut estimer qu'en moyenne chacune de ces maisons vaut quelques milliers de francs, mettons 5,000 francs (1). Nous voici à 140 milliards. Restent les ateliers, les magasins, les hangars, les manufactures.

On voit donc combien je suis modeste si, prenant le chiffre de 83 milliards 744 millions donné par la statistique de 1851, je donne comme total du capital fixe de la France le chiffre de 160 milliards. Je crois que, sans exagération, on pourrait le porter jusqu'à 180 milliards.

Restent encore les meubles, les objets d'art, les navires,

(1) Les édifices publics ne sont pas compris dans ces estimations.

les voitures, les ustensiles de ménage, les animaux servant à l'exploitation. Ce chiffre, évidemment, peut s'élever à plusieurs milliards.

Maintenant que ces données sont posées, j'aborde la grosse objection que m'a faite M. Cochut (1).

M. Cochut estime que le revenu de la France flotte entre 18 et 20 milliards. En prenant le chiffre indiqué ci-dessus, je n'ai donc pas commis d'exagération.

M. Cochut dit : « Le capital agricole immobilisé est beaucoup plus considérable que le capital industriel. »

Je ne suivrai pas M. Cochut dans son argumentation, où il confond sans cesse les produits et les bénéfices ; mais je reconnais, avec M. André Cochut, la vérité de cette assertion.

C'est un préjugé fort répandu en France que la terre rapporte 2 1/2 à 3 pour 100, rien de plus, rien de moins. On considère toujours la terre au point de vue du négociant retiré, du fonctionnaire public, du petit bourgeois, qui regarde la terre, non comme un instrument de travail, mais comme un fonds de placement. On est fier d'avoir du « bien au soleil. » Même l'habitant des villes a conservé quelque chose de la passion du paysan pour la terre. Seulement cette terre, il ne l'exploite pas, il ne la cultive pas, il ne fait presque rien pour la mettre en valeur : il la loue.

Alors on a pris l'habitude de confondre le loyer de la terre avec le bénéfice net de la terre, sans réfléchir que, sur cette terre, il y a le fermier qui l'exploite, qui élève sa famille, fait fortune. Il ne faut donc pas juger l'impôt sur le capital d'après le loyer de la terre, mais d'après la production de la terre.

Or, comme nous l'avons démontré, cette production tend toujours à augmenter, relativement à la surface du sol exploitée.

De 1815 à 1826, la moyenne du rendement, en froment,

---

(1) *Société d'économie politique*, 5 juillet.

est de 10 hectolitres 95 litres par hectare; de 1826 à 1836, elle s'élève à 12 hectolitres 35 litres; de 1836 à 1845, elle arrive à 13 hectolitres; de 1846 à 1857, à 13 hectolitres 70 litres, et enfin de 1858 à 1869, elle atteint 15 hectolitres 34 litres. En 1872, elle est de 17 hectolitres 41 litres. « Le rendement effectif, dit M. Maurice Block, est supérieur au chiffre officiel. Le rendement moyen doit dépasser, en effet, 18 hectolitres. Il est des cultures qui, abondamment fumées et favorisées par de bonnes terres, produisent 40 hectolitres par hectare (1). »

D'après le relevé des prix les plus bas et les plus élevés, dans les diverses parties de la France, le prix moyen de revient de 11 hectolitres de froment se trouverait compris entre un chiffre maximum de 19 fr. 10 et un chiffre minimum de 16 fr. 18. Il pourrait donc être approximativement fixé à 17 fr. « Il ressort d'ailleurs de certains chiffres de ce tableau une tendance évidente à l'exagération. »

Le prix moyen de l'hectolitre de froment, pendant la période de 1860 à 1867, a été de 22 fr. 01. La moyenne du prix depuis cette époque, l'année 1873 comprise, est de 24 fr. (2).

Si maintenant nous comparons le prix de revient et le produit brut du froment par hectare, voici le chiffre que nous obtenons : 18 hectolitres de froment reviennent à 306 fr. et valent 432 fr. Produit net par hectare : 126 fr.

L'hectare de terres labourables vaut en moyenne 2,000 fr., d'après M. de Foville et M. Cordier. L'impôt sur le capital, à 1 p. 1,000, représenterait donc 2 fr. dans l'augmentation du prix de revient du froment. En revenant à 10 pour 1,000, ce qu'il n'atteindra jamais, il augmenterait donc le prix de re-

(1) Maurice Block, *Statistique de la France*, t. 2, p. 45.

(2) *La statistique annuelle de la France* (1871) donne pour prix moyen du blé en 1871, 25 fr. 61, et nous n'avons calculé que sur les chiffres donnés par M. Block qui, pendant cette année-là, donne un prix moyen de 23 fr. 45.

vient du froment de 20 fr. Il resterait donc encore 106 fr. de bénéfice net.

Voilà ce qu'on voit.

Mais voici ce qu'on ne voit pas : c'est que l'impôt sur le capital augmente la consommation et fait, par conséquent, augmenter le prix du froment; c'est que l'impôt sur le capital dégrève les transports et permet à l'agriculteur de se procurer à la fois des engrais, des machines à meilleur marché, et d'écouler plus facilement ses produits.

Voilà ce que n'a pas vu surtout M. Cochut, qui emprunte son objection à cet antagonisme des intérêts que nous avons déjà constaté, qui oppose l'agriculture à l'industrie, et le commerce aux deux, comme s'ils n'étaient pas solidaires tous les trois !

Il s'agit de savoir comment se répartit actuellement l'impôt, et si, aujourd'hui, il ne pèse pas plus gravement sur la terre que ne le fera l'impôt sur le capital.

Ce n'est pas moi qui vais répondre à M. Cochut, je laisse la parole à un député que j'ai tout lieu de croire peu sympathique à l'impôt sur le capital, à M. de Ventavon (1) :

« La surélévation des droits d'enregistrement, disait M. de Ventavon, frappe directement la propriété foncière.

« Cette charge ne serait pas moindre de 45 millions.

« Sous le nom de contribution foncière, de portes et fenêtres, de centimes additionnels, d'enregistrement, de prestations en nature, de taxes de toute nature, d'impôts de mainmorte, la propriété foncière paye directement 824 millions.

« Les produits sont atteints dans la même proportion.

« Les boissons payent 340 millions, les chicorées 5 millions, les sucres indigènes 95 millions, c'est-à-dire une somme de 440 millions ajoutée aux 824 millions que je viens d'indiquer. »

---

(1) 26 décembre 1873. Assemblée nationale.

M. de Ventavon est-il seul à constater ce fait? Non, M. Guichard le constate également (1).

« La propriété immobilière, tant pour l'État que pour les départements, paye 350,084,227 fr. Mais la propriété immobilière paye encore bien d'autres impôts, sous différents titres. Ainsi, il y a la contribution mobilière qui s'ajoute à la contribution foncière. Or, la contribution mobilière n'est pas une contribution qui pèse sur la valeur mobilière; elle pèse sur la valeur locative, et l'impôt sur la valeur locative, c'est une contribution sur la propriété. Lorsque vous louez un champ à un fermier, la première chose qu'il vous demande, c'est si vous gardez l'impôt à votre charge ou si vous le mettez à la sienne. Ce qui est vrai pour le fermier est vrai pour le locataire.

« La contribution mobilière est donc encore une charge de la propriété. Cette charge, après en avoir déduit la contribution personnelle, est de 90,907,754 francs par an, tant pour l'État que pour les départements.

« *M. le comte de Douhet.* Et les portes et fenêtres!

« *M. Guichard.* Maintenant, la contribution des portes et fenêtres. Évidemment, c'est là une contribution sur la propriété bâtie. De ce chef, il y a encore 64,930,738 fr.

« Vient ensuite la taxe des biens de mainmorte, 4,710,000 fr.

« Vous avez ensuite les trois journées de prestations en nature qui, d'après un document officiel qui m'a été remis par M. le ministre de l'intérieur, s'élevait au chiffre de 55,433,369 francs.

« Additionnez ces sommes, et au lieu de 170 millions dont on vous parlait tout à l'heure, vous trouverez le chiffre de 566,066,088 francs.

M. de Tréveneuc. Et l'enregistrement? (Bruit.)

M. Guichard. J'y arrive, Messieurs; mais il me serait

(1) 2 février 1874.

impossible de continuer si vous ne m'accordiez pas le silence. (Écoutez! Écoutez!)

« Il y a maintenant le timbre et l'enregistrement, qui s'élèvent à 571,870,000 francs. J'ai pris mes informations auprès des personnes les plus compétentes, et il est avéré que les trois cinquièmes du chiffre fourni par le timbre et l'enregistrement doivent être mis au compte de la propriété immobilière.

« *M. Mettetal.* C'est très-vrai.

« *M. Guichard.* Si nous ajoutons les trois cinquièmes, nous avons 343,122,000 fr. à additionner avec 566,066,088 fr., et nous obtenons un total de 909,188,088 fr., qui sortent de la poche des propriétaires et des cultivateurs.

« Mais nous ne sommes pas au bout; il faut maintenant voir les taxes qui pèsent sur les produits agricoles. Ah! quand on parle de ces taxes, il semble qu'elles ne pèsent pas sur la propriété. (Marques d'assentiment.)

« Eh bien, nous disons que les taxes sur les produits agricoles sont à la charge des cultivateurs. (Très-bien! C'est la vérité!)

« Quelles sont ces taxes? Le droit sur les boissons monte à 354,946,000 fr. Le droit sur les sucres indigènes monte à 105,463,000 fr. Le droit sur la chicorée monte à 4,420,000 fr.

« Puis, vous avez les octrois qui portent presque uniquement sur les produits agricoles. Je n'ai pas le chiffre de ce que l'octroi a rendu en 1873; mais je prends le chiffre de 1869; ce chiffre est de 209,622,725 francs.

« Voilà donc, en sus de ce chiffre de 909,188,088 francs, que la propriété foncière paye directement, voilà un chiffre de 674,451,725 francs que payent indirectement les produits agricoles; total : 1,583,639,813 francs. »

M. Guichard et M. de Ventavon n'ont pas parlé de l'impôt sur la petite vitesse, dont une grande partie retombe sur l'agriculture; ils n'ont pas parlé de l'impôt du sel qui pèse si lourdement sur elle; ils n'ont pas parlé d'une foule de taxes qui paraissent n'avoir aucun rapport direct avec elle et qui ne l'en obèrent pas moins lourdement.

On voit donc à quelles charges écrasantes sont soumises l'agriculture et la propriété foncière en ce moment.

Donc, revenu net de la production agricole, 7 milliards; frais généraux, 10 milliards. Dans ces frais généraux est compris l'impôt, et, si je m'en rapporte au chiffre de M. Guichard, il n'est pas inférieur à 1,600 millions. Mais ce n'est pas tout. En dehors du prélèvement de l'impôt, il faudrait compter toutes les pertes qu'occasionne à l'agriculture l'arrêt dans la circulation produit par les taxes.

Je dis maintenant à M. Cochut : — L'impôt sur le capital, qui débarrassera l'agriculture de toutes ces entraves; qui, augmentant la consommation augmentera la demande, et, par conséquent, provoquera la hausse de la valeur de ses produits ; qui, abaissant les frais de production, lui permettra d'acquérir à plus bas prix tous les instruments de production, pèsera-t-il aussi lourdement sur elle que les impôts actuels?

CHAPITRE II.

DE L'INCIDENCE DE L'IMPÔT.

De l'incidence de l'impôt dépend la ruine ou la prospérité d'un pays. — Physiocrates. — Des conséquences de l'incidence de l'impôt. — M. Thiers. — Stuart Mill : tous les impôts sont payés aux dépens du capital. — Incidence des impôts de consommation. — Frapper les aliments, c'est frapper toutes les industries. — Le minimum de besoins. — La répercussion de l'impôt se fait de bas en haut. — Conséquences. — La répercussion, de haut en bas, est réglée par la loi de l'offre et de la demande.

Maintenant, il s'agit de savoir s'il vaut mieux que le contribuable ne « s'aperçoive pas des impôts qu'il paye, » ne subisse les charges et les pertes que par répercussion, ou s'il vaut mieux qu'il connaisse précisément quelles sont les charges qui pèsent sur lui.

Je sais que cela effraye beaucoup de personnes, qui sont même fort désintéressées dans la question. On m'a écrit plusieurs fois : — Mais vous, consentiriez-vous à payer un chiffre X ?

Je me suis empressé de répondre : — Non-seulement je consentirais à payer ce chiffre X, mais je le payerais avec enthousiasme, parce que je crois que je ferais une bonne affaire, sous deux rapports : d'abord, je serais débarrassé de toutes les entraves qui gênent les affaires ; ensuite, j'aurais pour l'avenir des garanties que je n'ai pas.

La question que j'aborde ici et à laquelle on n'a pas assez réfléchi, est une grosse question ; c'est l'incidence de l'impôt.

J'ai déjà dit depuis longtemps : De l'incidence de l'impôt dépend la ruine ou la prospérité d'un pays (1).

Cette question a été effleurée plus ou moins par les économistes. Beaucoup se sont bornés à dire lestement : Que ce soit celui-ci ou celui-là qui paye, c'est toujours la même chose.

Les physiocrates, plaçant dans le sol toute la richesse, disaient : — C'est sur le sol que retombe le poids de tous les impôts.

La plupart, n'ayant pas de vue d'ensemble sur le caractère de l'impôt, n'ont pris la question que par ses petits côtés. Ils ont essayé de déterminer sur qui retombait telle ou telle taxe. Leurs travaux n'ont pas cependant été inutiles. Ils ont indiqué les éléments de la question.

Mais la plupart n'ont pas su poser la question, parce qu'ils ne s'étaient pas rendu suffisamment compte du caractère de l'impôt.

M. Thiers dit, par exemple :

« L'impôt ne peut être prélevé que sur le grand nombre (2). »

Cette erreur provient du vieux préjugé de l'impôt personnel. Si c'était l'homme qui payait, M. Thiers aurait parfaitement raison. Mais est-ce sur l'homme qu'est prélevé l'impôt? Non. L'homme ne paye qu'avec les ressources qu'il possède. S'il n'a pas le sou, le fisc aura beau se montrer aussi ingénieux que possible, il ne pourra jamais accomplir le miracle de prendre quelque chose là où il n'y a rien. Ce n'est pas sur lui, sur sa personne, sur son individu qu'est prélevé l'impôt, mais sur ce qu'il possède.

Le législateur, en établissant les droits qui frappent le transfert des propriétés, a appliqué ce principe d'une manière inconsciente.

---

(1) Voy. la *Réforme fiscale*, p. 53.

(2) *De la propriété*, page 404.

Qu'est-ce que l'impôt sur le capital ? — C'est la répartition sur plusieurs années d'un impôt actuellement exigible en une seule fois.

Quand il y a une transmission quelconque de capitaux, le fisc intervient et dit à l'individu : — Tu ne seras propriétaire de telle chose que si tu payes immédiatement tel droit.

Le fisc, avec l'impôt sur le capital, tient à peu près le même langage au contribuable : — Tu n'es actionnaire de la société qu'à la condition que ta part de propriété supporte telle charge chaque année.

C'est la part de propriété possédée par chacun qui supporte seule le droit, et non pas l'individu souvent propriétaire pendant peu de mois ou pendant peu d'années.

Rien ne démontre mieux la justesse de l'impôt sur le capital que cette ancienne application de cet impôt. Seulement, tandis que sous sa forme actuelle il arrête la mobilisation de la propriété, sous la forme logique, rigoureuse, que je propose, il la facilite.

De plus, le propriétaire paye le temps exact de la jouissance de sa propriété. — Vous jouissez d'une propriété tant de mois : vous payez en proportion de cette durée.

L'impôt étant donc prélevé sur le capital national, peu importe qu'il soit prélevé sur un nombre plus ou moins grand de personnes. Il faut qu'il soit prélevé directement sur la richesse existant réellement.

La question se pose donc de la manière suivante : Il s'agit de savoir quel est le moyen le plus direct, le plus positif et le plus simple de prélever l'impôt sur la richesse réelle.

D'autres économistes ont soutenu une autre thèse. Ils ont dit : — Peu importe que l'impôt soit prélevé directement ou indirectement, sur celui-ci ou sur celui-là ! c'est toujours le capital qui paye.

« Tout impôt sur un objet nécessaire, a dit Ricardo, retombe sur le capital.

« En définitive, l'impôt est toujours payé par le capital ou le revenu de la nation (1).

« Tout impôt doit nécessairement atteindre le capital ou le revenu (2). »

Stuart Mill dit aussi :

« Tous les impôts sont payés en partie aux dépens du capital; et dans un pays pauvre, il est impossible d'établir aucun impôt qui n'empêche la richesse de la nation d'augmenter (3). »

Ces économistes ont parfaitement raison. « Là où il n'y a rien, disait un vieux proverbe, le roi perd ses droits. » Il peut envoyer les contribuables aux galères, mais il ne peut leur prendre ce qu'ils n'ont pas.

Mais ils se trompent quand ils croient que le mode du prélèvement de l'impôt est indifférent.

Il s'agit de savoir qui fera l'avance de l'impôt.

La vraie, la réelle question de l'incidence de l'impôt, est une question de crédit.

Si on l'a mal comprise jusqu'à présent, c'est qu'ici encore on n'a pas tenu assez compte de ce facteur économique si important et si négligé : le temps.

Parmi les adversaires de l'impôt sur le capital, j'ai trouvé une singulière contradiction :

« Tout est capital, disait M. Wolowski, donc tout paye déjà comme capital. »

Mais alors si tout paye comme capital, pourquoi, au lieu de chercher des moyens détournés pour faire payer le capital, ne pas le faire payer directement?

Passons. M. Paul Boiteau dit de son côté :

« Nous ne voulons pas que l'impôt frappe le capital qui

(1) Ricardo. OEuvres complètes. *Principes d'économie politique*, p. 121.
(2) *Ibid.*, page 122.
(3) Stuart Mill. *Principes d'économie politique*, t. II, p. 377.

est un instrument de production, et nous ne l'établirons que sur le revenu, qui est un fruit du travail (1). »

Sans doute, la plus grande partie du capital est un instrument de production; mais c'est un instrument de production acquis.

Le revenu est, au contraire, l'instrument de production de demain.

Mais j'oppose l'argument de M. Paul Boiteau et de M. Wolowski l'un à l'autre. Si, comme le prétend M. Wolowski, tout paye comme capital, le revenu paye donc comme capital. Seulement, au lieu de payer comme capital acquis, il paye comme capital à former, ce qui n'est pas la même chose. C'est un crédit à rebours.

Les impôts de consommation, qui s'adressent au besoin et non aux ressources, présentent la même inconséquence. Au lieu de demander l'avance de l'impôt aux capitalistes, ils la demandent aux prolétaires. Ils font de ceux qui n'ont pas de capital, qui n'ont pas d'avance, les banquiers de l'État.

Je suis d'accord avec M. Thiers sur ce point :

« L'impôt, dit-il, au premier aspect, paraît payé, tandis qu'il n'est qu'avancé par celui auquel on le demande (2)... »

J'accepte cette thèse. Elle confirme la mienne. Mais alors, si l'impôt est avancé par celui auquel on le demande, est-il juste que ce soit le plus pauvre qui avance l'impôt ? Ne faut-il pas, au contraire, que ce soit celui qui possède ?

M. Thiers lui-même le reconnaissait, quelques pages plus loin, en disant :

« S'il est vrai que l'impôt rejeté dans le prix des choses, ne soit qu'avancé par celui qui le paye, l'avance n'en est pas moins une charge dont il doit être tenu grand compte, car elle peut ne pas rentrer asesz vite, elle force souvent les valeurs à des mouvements détournés, et pèse directement sur

(1) *La fortune de la France*, t. II, p. 619.
(2) *De la propriété*, p. 383.

celui qui la supporte, en attendant que les prix se soient gradués d'après le tarif (1). »

Demander au plus pauvre l'avance de l'impôt, c'est agir avec autant d'intelligence que si vous lui demandiez crédit. C'est à lui qu'il faut faire crédit, au contraire.

Avec les impôts de consommation, le marchand de vins, l'épicier, le commerçant font une avance à l'État, qui peut être d'autant plus longue qu'ils garderont plus longtemps leurs marchandises en magasin (2).

M. Magne disait :

« L'impôt sur les matières premières frappe le commerce, l'industrie; mais c'est le consommateur qui les supporte (3). »

Cette phrase peut s'appliquer aussi à l'impôt sur la petite vitesse, qui grève surtout les matières premières. Mais M. Magne oublie une chose : c'est la loi de l'offre et de la demande.

Si l'offre est faible, si la demande est grande, ce serait alors le consommateur qui en supportera toute la charge.

Si l'offre est grande, au contraire, si la demande est faible, le producteur pressé de vendre en supportera le poids, jusqu'à l'extrême limite du possible.

Dans les deux cas, il en aura fait l'avance, et cette avance aura toujours grevé son capital et entravé sa production.

Mais que le producteur recouvre tout ou partie des impôts de consommation, ceux qui en font encore l'avance sont précisément ceux qui n'ont pas de capital.

L'employé, l'ouvrier, tout homme qui vit de son salaire ou de ses appointements, est frappé en ce moment dans ses consommations, au moment où il mange, où il boit, où il

---

(1) Page 399.

(2) Je sais que certains droits ne se payent qu'au fur et à mesure de la consommation. Mais les droits d'octroi, de circulation, etc., se payent auparavant.

(3) 30 janvier 1874.

allume sa bougie, où il se débarbouille avec du savon; il fait l'avance de l'impôt, même avant qu'il ait touché son salaire. S'il n'est payé que tous les mois, il fait à l'État une avance de trente jours.

Or, qu'est-ce que l'ouvrier, l'employé, le salarié eût fait de cette avance à l'impôt ?

De deux choses l'une : ou il l'aurait économisée, ou il l'aurait dépensée.

S'il l'avait dépensée, il eût augmenté la demande, activé la consommation et, par conséquent, la production; il eût mis en circulation un capital qui, tôt ou tard, serait devenu un capital fixe.

S'il l'avait économisée, il eût constitué immédiatement un capital fixe.

Cela ne paraît rien. — Non, sans doute, comme unité. Un ouvrier paye, à Paris, 150 francs de droits indirects par année. Qu'est-ce que cela? — Multipliez par centaines de mille et voyez le résultat.

C'est faute d'avoir compris cette question de l'avance que M. Thiers a dit :

« En dégrevant les impôts indirects pour grever les impôts directs, on n'a pas plus assuré l'amélioration du sort du pauvre que l'aggravation du sort du riche. »

Voici en quoi consiste l'erreur de M. Thiers. Avec l'impôt de consommation, c'est le pauvre qui fait l'avance de l'impôt. Admettons qu'il consomme un litre de vin. Le propriétaire vend son vin. Au moment où le consommateur en prend livraison, il paye. C'est lui qui paye l'impôt.

Le producteur du vin subit le contre-coup de cette taxe; mais pourquoi le subit-il? parce qu'il vend moins de vin, parce que la consommation le sollicite moins.

Une famille d'ouvriers peut consacrer 80 centimes à son vin chaque jour, je suppose. L'homme qui travaille dur consomme la plus grande partie de ce vin. En boire, ferait du bien à la femme et aux enfants. Mais le budget de la famille est étroitement limité. On ne peut dépasser les 80 centimes. Sur ces 80 centimes le fisc en prend 40. Supposez que le fisc disparaisse, l'ouvrier qui peut consacrer la même somme à son vin augmente sa consommation du double. Alors c'est l'aisance, un peu de bien-être, là où dominait une économie étroite.

Si la consommation du vin double, la demande augmente d'autant.

En vertu de la loi de l'offre et de la demande, le producteur du vin hausse son prix.

— Mais alors, me dit-on, cette hausse du prix arrête la consommation. L'ouvrier ne bénéficie pas complétement du dégrèvement de l'impôt.

C'est vrai. Mais il en bénéficie d'une partie réglée par la loi de l'offre et de la demande; le producteur du vin bénéficie de l'autre partie, réglée de la même manière.

Il y a plus : le producteur du vin sollicité par la demande, obtenant un prix plus rémunérateur de son vin, s'ingénie à faire produire davantage à sa vigne. Il consacre à sa culture plus de capital circulant. Je n'en veux pour preuve que le développement qu'a pris la production du vin qui, en 1861, était de 29,748,000 hectolitres, et qui, en 1869, a atteint 70,000,000 hectolitres (1).

« L'industrie se proportionne toujours aux débouchés qui lui sont ouverts, a fort bien dit M. du Puynode. C'est l'effort de la poudre qui agit à la fois sur le boulet qu'elle chasse et sur le canon qu'elle fait reculer (2). »

Stuart Mill, étudiant l'influence des impôts sur les objets de première nécessité, disait (3) : « S'ils diminuent la consommation des produits de la terre, ils contribuent à faire rétrograder l'agriculture vers l'exploitation de terres plus fertiles ou vers l'emploi de procédés plus coûteux. »

(1) Exposé de la situation économique de la France. *Annales du commerce extérieur,* avril 1874, p. 559.

(2) Du Puynode. *De la monnaie, du crédit et de l'impôt,* t. II, p. 319.

(3) Tome II, p. 400.

En d'autres termes, l'agriculteur, n'étant plus sollicité activement par la demande, restreint sa production.

Donc, *à fortiori*, si l'impôt n'existe pas, l'agriculteur étant activement sollicité par la demande, s'efforcera-t-il de développer ses moyens de production. Nous le voyons bien par l'intensité de la culture maraîchère à Paris. La suppression des impôts de consommation, c'est le progrès de l'agriculture.

M. Stuart Mill avait encore répondu à l'argument de M. Thiers par le raisonnement suivant (1) :

On dit que le contribuable peut se dispenser de payer l'impôt.

Il n'a qu'à réduire de cinq livres sa consommation pour échapper à l'impôt, si l'impôt augmente de cinq livres le prix total du vin que le contribuable consomme tous les ans.

Il pourrait également, en dépensant pour cinq livres de vin de moins, économiser un impôt direct de cinq livres, sous forme de revenu ou autre.

De toute façon, il y a une somme égale de retranchée au contribuable.

Et il ajoutait ailleurs (2) :

« Un impôt sur tous les objets de consommation retomberait sur les profits. »

Il y a encore une chose dont on n'a pas assez tenu compte : la production tend à se démocratiser. La grande industrie opère sur de grandes quantités, essaye d'en retirer le plus d'utilité possible, et calcule non pas sur le taux élevé du bénéfice, mais sur la multiplication d'un léger bénéfice. Ce ne sont pas les objets de grand luxe qui font la grande fortune industrielle d'un pays : ce sont les objets qui conviennent au plus grand nombre : la houille, le fer, l'alcool, les

(1) *Principes d'économie politique*, t. II, p. 430.
(2) *Ibid*. p. 396.

draps, les cotons, le sucre, etc. Voyez même nos grands magasins de nouveautés : ils sont devenus de véritables bazars, se conformant en cela aux besoins de notre époque.

Or, les impôts de consommation restreignent la consommation, puisqu'ils ne laissent disponible qu'une moindre partie du salaire, des appointements ou des revenus. Par conséquent, la demande diminue. L'offre augmente, la production se resserre. Toute augmentation des impôts de consommation provoque une crise industrielle, et le maintien des impôts de consommation arrête le développement de l'industrie.

Le capitaliste qui produit du drap, des indiennes, des tissus de diverses sortes, se dit : Il n'y a pas d'impôts sur les tissus, et il s'applaudit. Il a tort.

Une partie des ressources que prélèvent les autres impôts de consommation eût été employée à l'achat d'objets d'habillement.

La répercussion des impôts sur le vin, sur la viande, le sel et les autres aliments ne frappe pas seulement l'agriculture : elle frappe encore l'industrie.

Moins les aliments sont coûteux, plus il reste aux classes ouvrières pour leurs autres besoins. Il se produit alors une augmentation de demandes dans presque toutes les autres branches de commerce. M. Bagehot, en comparant le commerce de fer et le prix du blé, a constaté que l'augmentation du commerce du fer suit la diminution du prix du blé (1).

Réciproquement, plus les aliments sont coûteux, moins les classes qui vivent uniquement de leurs salaires peuvent consacrer de ressources à l'achat des produits industriels.

L'industrie est donc frappée : 1° par la hausse des salaires; 2° par la diminution de la consommation.

Stuart Mill a encore fort bien observé que les impôts sur

(1) *Lombard street*, p. 140.

les objets de consommation provoquent forcément l'un ou l'autre de ces résultats.

Ou bien ils abaissent la condition des classes laborieuses.

Ou bien ils provoquent la hausse des salaires.

Nous étudierons plus loin le premier cas. Examinons le second.

« Ici, l'impôt sur les objets de première nécessité, dit Stuart Mill, équivaut à un impôt spécial sur les profits, qui, comme tous les autres impôts partiels, est injuste et particulièrement contraire à l'accroissement de la richesse nationale (1). »

Un peu plus loin, Stuart Mill a très-bien montré les diverses conséquences de cet impôt :

« Si l'impôt a un effet, c'est de faire produire l'objet fabriqué d'une qualité inférieure au prix d'une somme de travail plus considérable. C'est autant de travail perdu pour la société, et le capital employé à entretenir ou à rémunérer ce travail, est aussi bien perdu que s'il servait à payer des ouvriers pour creuser des fossés qu'ils combleraient aussitôt. Ce gaspillage de travail vient s'ajouter au coût de production de l'article et en élève le prix et la valeur en proportion, de manière à indemniser ceux qui possèdent le capital (2). »

On peut encore ajouter à ces lignes quelques considérations.

Le capitaliste est atteint de deux façons.

Ou bien il ne hausse pas le prix de sa marchandise : alors ses profits sont diminués.

Ou bien il hausse le prix de sa marchandise : la consommation diminue, et ses profits sont également diminués.

Un impôt sur la consommation, sur le revenu, sur toutes

---

(1) *Principes d'économie politique*, t. II, p. 400.

(2) *Ibidem*, p. 408.

les richesses en formation, diminue le capital d'un pays dans une proportion qu'il est difficile de déterminer d'une manière rigoureuse, mais dont on comprendra immédiatement toute l'importance.

L'impôt vient prendre une part du revenu, en le frappant soit indirectement, soit directement. C'est précisément cette partie-là qui eût pu être susceptible d'épargne, ou, ce qui vaut encore mieux, qui eût pu être consacrée à un emploi reproductif.

Alors, là se présente le phénomène que nous avons étudié dans le livre II. L'arrêt de l'épargne se répercute sur la production en raison géométrique.

Mais il y a encore une considération morale à ajouter à ce fait. Cette considération morale est très-positive et a une influence considérable sur l'épargne.

L'impôt sur la richesse en formation peut supprimer toute épargne. S'il ne la supprime pas complétement, il en supprime toujours une partie. Cette partie supprimée peut être tellement considérable que la partie du revenu qu'on pourrait consacrer à l'épargne ou à un emploi reproductif devient insignifiante. Alors on n'épargne pas cette partie-là.

— Épargner 30 francs par an! à quoi bon? Si c'était 100 francs, ce serait bien différent!

Ou bien :

— J'entreprendrais bien ceci ou cela; mais il me faudrait le double de ce que je puis avoir.

Multipliez ce raisonnement par plusieurs milliers d'hommes et de femmes, et supputez ensuite la perte énorme qui en résulte. Qui en est responsable, cependant? L'impôt.

Les économistes de cabinet, les Pangloss, les satisfaits, disent volontiers : — Tout le mal vient de l'inconduite des ouvriers! Pourquoi n'épargnent-ils pas? Pourquoi ne mettent-ils pas d'argent de côté?

Je ne viens point faire de sentimentalisme en faveur des ouvriers; mais je réponds à ces messieurs : — Commencez par ne pas prendre aux ouvriers, au moyen de vos impôts indirects, précisément l'argent de l'épargne, le capital de l'avenir.

Les impôts sur la richesse en formation, je le répète encore, non-seulement frappent le capital du présent, ils frappent le capital de l'avenir.

Ils frappent le capital du présent en restreignant et en arrêtant les moyens de consommation et de production.

Ils frappent le capital de l'avenir en empêchant l'épargne.

Ils frappent donc doublement la production.

Les droits sur la transmission des biens frappent aussi le capital de l'avenir et paralysent l'agriculture, en chargeant lourdement le propriétaire, parce que celui-ci est obligé de faire l'avance de l'impôt au moment où il devient propriétaire. L'impôt, au lieu de lui faire crédit, de lui donner le temps de consacrer une partie de son capital à mettre en valeur sa propriété, demande sa part tout d'abord.

On ne peut suivre les effets de la répercussion au milieu des impôts multiples. Elle est capricieuse, frappe les uns, épargne les autres, écrase telle branche de production, laisse de côté telle autre. Un objet peut être frappé trois, quatre, cinq ou six fois. N'avons-nous pas vu que pour faire un kilogramme de drap, il faut seize kilogrammes de matières premières; et que, par conséquent, l'impôt sur la petite vitesse frappe seize fois le kilogramme du produit fabriqué?

Maintenant, envisageons sous un autre rapport la répercussion des impôts sur la consommation.

Les impôts sur la consommation réduisent la demande, et réduisent par conséquent la production.

Par contre-coup, ils aboutissent à ce résultat : l'offre de travail surpasse la demande. Les salaires, au lieu de monter, baissent.

En même temps, les objets de consommation deviennent plus chers.

Les salariés se trouvent donc placés dans cette situation : baisse de salaires et élévation des prix des objets de consommation.

Conclusion : la misère.

C'est là ce que n'ont pas vu les optimistes, partisans des impôts de consommation.

M. Thiers disait : « L'impôt se répartit en proportion de ce que chacun consomme, et de répercussion en répercussion, il devient partie intégrante du prix des choses (1). »

Soit. Mais M. Thiers ne fait pas attention à ceci : c'est qu'il y a des objets de consommation de première nécessité. Il y a un minimum de besoins auquel il faut que tout homme donne satisfaction sous peine de mort. Or, si l'impôt frappe les objets qu'exige ce minimum de consommation, s'il devient partie intégrante du prix des choses, il frappe ce minimum de besoins. Il crée la misère.

Les physiocrates du dix-huitième siècle avaient bien compris le caractère de l'incidence de l'impôt sur les objets de première nécessité.

Raynal disait : « Si la taxe porte sur les denrées de premier besoin, c'est le comble de la cruauté...

« En pressurant la substance de l'indigent, l'État lui ôte les forces avec les aliments. »

Condillac également : « La classe salariée ne gagnant que l'argent nécessaire à sa subsistance, mettre un impôt sur elle, c'est vouloir qu'elle paye avec un argent qu'elle n'a pas. »

« Gardons-nous, disait Sismondi, de la dangereuse théorie de cet équilibre qui se rétablit de lui-même ! Gardons-nous de croire qu'il soit indifférent dans quel bassin de la balance on met ou l'on ôte un poids, parce que les autres ne tarderont pas à se compenser ! Gardons-nous de croire qu'en chargeant

(1) *De la propriété*, p. 382.

d'un impôt les objets de première nécessité, si les pauvres en font l'avance, les riches finiront par le rembourser ! Un certain équilibre se rétablit, il est vrai, à la longue, mais c'est par une effroyable souffrance. On peut regarder comme un fait constant que les capitaux ne se retirent d'une industrie que par la faillite du propriétaire, que les hommes n'abandonnent un métier que par la mort d'un ouvrier. Tous ceux qui se placent et se déplacent plus facilement, doivent être regardés comme formant l'exception et non la règle (1). »

Montyon disait encore :

« L'impôt ne peut être assis que sur les valeurs ; et qui n'en possède aucune a un titre d'exemption si évident qu'il peut être estimé superflu de l'énoncer. Cependant par une infraction manifeste de ce principe, souvent l'impôt a été établi en raison des besoins, et non en raison des moyens de les satisfaire ; et de cette fausse disposition ont résulté de funestes conséquences (2). »

On ne s'est donc pas trompé quand on a appelé l'impôt sur la consommation l'impôt sur la misère.

Au lieu de s'adresser au capital, aux ressources, à l'argent, il demande de payer, à qui ? « à la faim, à la soif, à la nudité, à tout ce dont l'homme ne peut se passer ; » au besoin, en un mot (3).

L'impôt, au lieu d'être proportionnel aux ressources, est proportionnel aux besoins.

C'est agir avec la logique d'un capitaliste qui voudrait forcer un mendiant à lui faire des avances.

Alors qu'en résulte-t-il? C'est que si l'impôt frappe directement le besoin, il touche le vif, il enflamme la plaie saignante. Il produit la misère avec toutes ses épouvantes, tous ses désastres, toutes ses immoralités : c'est la population

---

(1) Sismondi. *Nouveaux principes d'économie politique*, t. II, p. 217.

(2) *Collection des économistes*, p. 384.

(3) Benard, *De l'influence des lois sur la répartition des richesses.*

épuisée dans son germe; ce sont des populations de plus en plus malingres et rachitiques, dévorées impitoyablement par la concurrence vitale, aboutissant avec une inexorable fatalité à l'hôpital et à la prison. Ce sont des foules qui n'ont qu'une préoccupation : la faim; qu'une idée : manger; qu'un sentiment : la haine contre ceux qu'ils voient manger tous les jours. La misère les a desséchées, usées, épuisées, de telle sorte qu'elles n'ont plus que l'instinct que provoque le besoin. Elles vivent dans une horrible atmosphère, toute peuplée de fantômes que crée l'hallucination. Rien ne remplit le cerveau de spectres et de chimères comme le vide de l'estomac.

Rien ne coûte plus cher à la société qu'un misérable (1) : hôpitaux, hospices, prisons, police et puis l'armée, constituée encore plus, quoi qu'on en dise, contre les dangers de l'intérieur que contre les dangers de l'extérieur, et n'offrant, en réalité, aucune sécurité sociale; car, isolée, représentant, comme l'a dit le général Trochu, « le prolétariat armé, chargé de garder les classes riches, » elle arrive à être ce qu'étaient les prétoriens à Rome, les Isauriens à Byzance, les Turcs à Bagdad, les strélitz à Moscou, les janissaires à Constantinople.

Je ne parle pas d'un tas de rouages sociaux qui entravent tout, gênent tout, arrêtent tout, et dont on n'explique l'existence qu'en disant : — Ils sont nécessaires pour garantir l'ordre social.

Je ne parle pas enfin de ce sentiment : la peur! qui jette les « classes dirigeantes » dans les aventures de coups d'État et de dictatures, et, pour leur faire fuir un péril qui existe encore plus dans leur imagination que dans la réalité, les précipite dans des dangers réels. Ce sentiment n'est pas un des moindres dangers de la France. Il ratifie le Deux-Décembre; il aboutit à Sedan. Il entretient le chauvinisme, afin de porter les esprits vers les questions extérieures, et, en les

(1) Voy. plus haut, livre IV, chap. V.

grisant d'idées fausses et de passions factices, il les empêche de se préoccuper de la réalité.

Voilà ce que coûte l'impôt quand il aboutit à la misère.

Bastiat disait : « Je crains que nous ne marchions vers une guerre sociale, vers la guerre des pauvres contre les riches, qui pourrait bien être le fait dominant de la fin du siècle. Les pauvres sont ignorants, violents, travaillés d'idées chimériques, absurdes, et le mouvement qui les emporte est malheureusement justifié, dans une certaine mesure, par des *griefs réels*, et les contributions indirectes sont pour eux *l'impôt progressif* pris à rebours (1). »

Il faut donc déplacer l'incidence de l'impôt : la répercussion doit avoir lieu de haut en bas au lieu de se produire de bas en haut.

Sans doute, le prolétaire salarié, celui qui n'a pas de capital, sentira le contre-coup de l'impôt. Il n'y échappera pas complétement ; je l'ai déjà dit : tous les intérêts sont solidaires. Le moindre choc se répercute dans toute la masse du capital.

Mais il est évident que si je pince une corde de harpe à une extrémité ou à une autre, la vibration ne sera pas la même.

La vibration ne s'en fera pas moins sentir tout le long de la corde. Il en est de même pour l'impôt, mais la charge en retombe toujours sur le capital; car ce n'est jamais qu'à l'aide de sa richesse qu'une nation ou un individu peut payer l'impôt.

Les capitalistes font volontiers comme les autruches. Ils ferment les yeux et disent : ce sont les autres qui payent. Ils ne s'aperçoivent pas qu'ils payent à leur tour. Seulement, quand l'impôt les atteint, il est aggravé d'une série de contre-

(1) Bastiat, t. I, p. 97. — Lettre du 25 avril 1849.

coups et de répercussions qui en rend le choc plus dangereux.

Ils s'aperçoivent bien qu'ils sont frappés, mais ils se demandent naïvement d'où le coup leur vient. Ils font semblant de chercher, ne trouvent pas, se plaignent, se lamentent, et restent exposés aux mêmes inconvénients et aux mêmes dangers.

Je disais dernièrement : « Il est plus facile de descendre le courant d'un fleuve que de le remonter. Dans le premier cas, tous les efforts profitent. Dans le second, on s'épuise pour ne produire qu'un faible effet utile.

« Il en est de même pour l'impôt : il ne faut pas remonter du besoin à la richesse.

« Quand on remonte du besoin à la richesse, cette répercussion n'est réglée par aucune loi économique, tandis que si l'incidence est déplacée, la répercussion se fait de haut en bas, en suivant naturellement la loi si incontestable de l'offre et de la demande (1). »

Voyons, en effet, ce qui se passe dans ce cas.

Le détenteur du capital est frappé dans une proportion X.

Il élève le produit de son capital dans la proportion X, de manière à recouvrer l'impôt. La loi de l'offre et de la demande règle la proportion dans laquelle il peut l'élever.

Et que fera-t-il? Sachant que jamais aucun impôt ne viendra entraver sa liberté de travail, il tâchera de produire le plus possible, de tirer le meilleur parti possible de son capital fixe, de manière à couvrir l'impôt, moins encore avec une surélévation du prix de son produit, qu'en donnant plus d'utilité à son capital fixe, en produisant plus à moins de frais.

L'impôt sur le capital, au lieu d'entraver la consommation et la circulation, surexcitera la production.

---

(1) *Conférence sur la réforme fiscale*, p. 12.

Le propriétaire du capital fixe cherchera à recouvrer l'impôt en en faisant un meilleur usage.

De plus, la consommation n'étant plus arrêtée par l'impôt, la demande deviendra plus considérable, et l'épargne n'étant plus absorbée par l'impôt, sera rapidement transformée en instrument de production.

CHAPITRE III.

L'IMPÔT SUR LE CAPITAL ET LA PRODUCTION NATIONALE.

La production nationale et la liberté du travail. — La population. — L'impôt sur le capital et l'amortissement de nos dettes. — Rapport de l'impôt avec l'augmentation du capital. — Dégrèvement du capital.

Les lecteurs qui ont bien voulu me suivre à travers les développements de ma thèse, ont maintenant sous les yeux tous les éléments de la question. Il ne me reste plus qu'à mettre en relief et à montrer certaines conséquences de l'impôt sur le capital.

Le principe de la liberté du travail a été proclamé dans la nuit du 4 août. C'est encore un de ces principes de 1789 que nul n'oserait contester en théorie, et qui, cependant, à chaque instant, sont violés dans la pratique de nos lois.

Nous avons constaté que tous les impôts sur la circulation, sur les consommations et sur les revenus, avaient le grave inconvénient de porter atteinte à la liberté du travail.

Sous l'ancien régime protectionniste, cela n'eût pas paru un inconvénient à beaucoup de gens. On ne se rendait pas compte alors des nécessités de la production. A la loi naturelle de l'offre et de la demande, on avait voulu substituer des lois factices. Au lieu de laisser couler le fleuve, on l'avait coupé de barrages. Chaque industrie réclamait le barrage le plus haut. Elle élevait le prix selon l'échelle de hausse que lui donnait le gouvernement. Le consommateur payait en proportion.

On s'est aperçu enfin que, tout le monde étant consommateur, cette protection finissait par retomber sur ceux-là mêmes qui croyaient en profiter. Seulement, elle retombait d'une manière inégale. Il y avait des favorisés, et il y avait des victimes. Les tarifs des douanes étaient responsables de ces inégalités.

Avec ce beau système, on arrivait à ceci : c'est qu'on faisait subsister en serre chaude des industries qui n'étaient pas viables. On partait de ce vieux préjugé, qu'il faut qu'une nation se suffise à elle-même. Il y a encore de vieux agriculteurs routiniers qui disent qu'une ferme doit se suffire à elle-même. Ils voudraient faire produire du blé à des terres qui seraient bonnes pour la culture des oliviers.

On aboutissait à une machine fort compliquée qui marchait avec une énorme perte de force. Tout le monde se plaignait. Chacun demandait des faveurs au gouvernement.

Les industriels, au lieu de s'occuper d'améliorer leur production, passaient leur vie dans les antichambres des ministères à solliciter des augmentations de tarifs. C'était le socialisme bourgeois.

Le gouvernement a enfin compris ce que ne cessaient de lui dire les économistes : c'est qu'il aurait beau faire, il ne parviendrait pas impunément à violer la loi de l'offre et de la demande, et qu'il devait renoncer complétement à la prétention de diriger l'industrie. Un gouvernement, quel qu'il soit, a toujours une tendance à augmenter ses attributions, et se résigne difficilement à les diminuer. La lutte fut longue; elle existe encore. Nous l'avons vue, il y a deux ans, se reproduire d'une manière détournée à la tribune, à propos de l'impôt sur les matières premières. Cependant le principe de la liberté du travail est définitivement acquis. Après quarante ans de propagande incessante, les économistes ont conquis ce progrès: et c'est pour cela que l'œuvre des Say, des Dunoyer, des Bastiat, etc., au milieu de leurs incertitudes et de leurs erreurs, doit être considérée comme une des plus utiles de ce siècle.

Mais ce qui m'a vivement frappé, c'est que ces auteurs, dans leurs campagnes en faveur de la liberté du travail, n'ont pas compris qu'elle était intimement liée à l'organisation fiscale de la nation. C'était bien de réclamer la liberté des échanges, la suppression des douanes sur nos frontières; mais, par une conséquence logique, ne devaient-ils pas réclamer la suppression de nos douanes intérieures, de nos octrois, de nos contributions indirectes, et même de nos impôts directs, si inégalement répartis?

Je sais bien que Say a vivement attaqué les contributions indirectes; que Bastiat a fait un excellent discours contre l'impôt sur les boissons. Mais, toutefois, la question fiscale ne venait qu'en seconde ligne dans leurs préoccupations. Ils n'osaient se prononcer avec assez de décision, parce qu'ils ne pouvaient indiquer une réforme avec assez de précision.

La réforme de l'impôt est cependant la conséquence forcée de leur œuvre. Tant qu'il y aura inégalité dans la répartition des impôts, en principe, la liberté du travail pourra être reconnue; en pratique, elle ne sera qu'un vain mot.

Je suis convaincu que la plupart avaient entrevu la nécessité d'arriver à réaliser ce progrès; mais, seulement ils tâtonnaient, ils cherchaient, ils ne trouvaient pas la solution, parce qu'ils étaient butés à l'idée de l'impôt sur le revenu. Ils en apercevaient tous les inconvénients, et alors ils se disaient : Il ne vaut pas beaucoup mieux que les autres; il présente des impossibilités d'application. Recommandons aux gouvernements de faire des économies pour atténuer les vices des impôts existants, et laissons dans l'ombre la réforme fiscale.

Malgré les recommandations des économistes, les gouvernements, loin de faire des économies, n'ont pas cessé d'augmenter leurs dépenses. Les vices des impôts déjà existants se sont aggravés en proportion de l'aggravation des impôts; et maintenant, la réforme fiscale est devenue la première des questions économiques. Chaque événement la met à l'ordre du jour avec une nouvelle énergie. L'intérêt de notre agriculture, de notre industrie, de notre commerce, exige une solution rapide.

Or, qu'on lise tous les articles de revues ou de journaux ; qu'on étudie toutes les discussions qui se sont produites, qui se produisent chaque jour à la tribune, depuis la guerre, les livres et les brochures innombrables qui ont été publiés sur cette question, on trouvera, ou bien des utopies, ou bien tous les vieux arguments qui ont traîné dans les discussions depuis 1789, les aveux les plus navrants, une absence complète de tout plan d'ensemble et un empirisme prétentieux. Mais partout, aussi bien dans les utopies que dans les lambeaux d'impôts que propose le gouvernement et que vote l'Assemblée, on retrouve le même inconvénient, le même vice : la violation de la liberté du travail.

L'impôt sur le capital, au contraire, et c'est là une considération de premier ordre, sur laquelle je ne saurais trop appeler l'attention, non-seulement dégage complétement la liberté individuelle du citoyen, en séparant l'homme de la chose, mais encore pose en principe la liberté absolue du travail.

Un capital existe, il doit tant, au prorata de sa valeur, sans qu'il y ait de distinction entre capitaux d'espèces différentes : l'estimation est faite. Le propriétaire du capital sait que, par douzièmes, il doit une somme de tant ; voilà tout. En dehors de cette charge, il est complétement libre. Plus d'entraves. Il peut produire comme bon lui semble. Ses produits peuvent circuler partout sans jamais rencontrer le fisc.

En ce moment, plus le producteur produit, plus ses charges augmentent. Au contraire, avec le système de l'impôt sur le capital fixe, plus il fait produire à son capital fixe, plus l'impôt diminue par rapport à lui, puisqu'il est réparti sur une plus grande somme de production. En ce moment, l'impôt est un frein : l'impôt sur le capital sera un stimulant.

Et c'est là le but qu'il faut poursuivre, comme nous l'avons démontré. L'augmentation du capital d'un pays par l'épargne serait insignifiante. La production a lieu en raison géométrique de la rapidité de la circulation. Disposer la machine économique de manière que cette rapidité atteigne son maximum : tel est le but que nous devons atteindre.

Beaucoup de personnes ne le comprennent pas encore en France. Nous connaissons très-bien l'épargne. On en est encore, chez nous, aux procédés économiques d'Harpagon et de sa cassette, du vieux bas et de la tirelire. On regarde « l'économie » comme la première vertu.

C'est là une vertu paresseuse, une vertu négative : la première vertu, c'est le travail.

Les Américains l'ont bien compris. De là leur puissance.

« Le désir de s'enrichir par le travail, et non par l'épargne, est un trait distinctif de cette race, » disait M. Malézieux (1).

Le défaut qu'on a, en France, de chercher la richesse dans l'épargne et non dans la production, défaut qui tient à une certaine apathie intellectuelle, à une résignation trop facile, à une timidité fainéante, n'est pas sans influence sur la manière dont nous envisageons les impôts, et surtout l'impôt sur le capital.

L'impôt sur le capital ! mais c'est l'impôt sur l'épargne, dit-on. Et moi je réponds : — Oui? mais c'est la liberté de l'épargne ! c'est la liberté du travail ! c'est la liberté de la circulation ! et c'est précisément là ce qui fait son mérite.

Je dois relever à ce sujet l'objection suivante de M. Bonamy Price ; c'est une de celles qui m'ont le plus surpris.

« Et quels seraient, s'écrie-t-il, les résultats certains, inévitables, d'une pareille pratique ? Moins de prudence dans les unions conjugales, plus d'enfants voués à la charge publique, et destinés, pour le plus grand nombre, à faire des pauvres dans le sens du mot légal. »

Certes, je l'avoue, j'espère que l'impôt sur le capital développera la population de la France.

Je ne m'occupe pas de l'année 1870, année de guerre et

(1) *Les Travaux publics aux États-Unis.*

d'invasion ; je ne m'occupe que du mouvement de la population des années précédentes.

Tandis qu'en Angleterre, 1,000 habitants de quinze à soixante ans fournissent en moyenne 61 naissances, en France, ils en fournissent 42 seulement.

Cette différence s'accentue tous les jours de plus en plus. Au commencement du siècle, la France comptait annuellement environ 37 naissances par 1,000 habitants de tout âge ; aujourd'hui, elle en compte 26 ; il y en a 35 en Angleterre.

La mortalité est, au contraire, à peu près identique chez les deux nations : 23 p. 100. La nation française est la moins prolifique de l'Europe. La Prusse et l'Angleterre le sont le plus. Cependant nous n'avons que 70 habitants par kilomètre carré ; les Anglais en comptent 133 (1).

D'après le mouvement de la population, en 1869, elle ne tend, en France, à doubler que tous les 330 ans.

Évidemment, loin de nous plaindre de l'excès de la population, nous devons désirer qu'elle augmente.

Mais si la loi de Malthus est fausse, il y a cependant une vérité positive : c'est que l'enfant vit sur un capital, et qu'il faut un capital pour élever l'enfant. Partout où il y a excès de population par rapport au capital, la misère rétablit l'équilibre, et évidemment ce n'est pas la peine de mettre des enfants au monde, s'ils doivent périr.

Mais il faut retourner la question.

En ce moment, l'impôt dévore tout ce que l'homme vivant de son salaire pourrait épargner. L'impôt frappe donc la partie du capital que ce salarié pourrait employer à élever ses enfants. S'il est prudent, s'il a peur de la misère, il obéit « au moral restreint » de Malthus.

L'impôt sur le capital lui fait crédit, au contraire. Alors, il peut consacrer à élever ses enfants la part que l'impôt prend

(1) Docteur Bertillon, *Almanach de l'Encyclopédie générale*, 1870, page 49.

actuellement. C'est le capital qu'il met à leur disposition pour assurer leur éducation jusqu'à ce qu'ils soient en état de produire à leur tour. En ce moment, l'impôt sur les consommations détruit précisément ce capital.

L'impôt sur le capital favorise donc l'augmentation de la population, comme l'avait fort bien vu M. Bonamy Price. Mais je prends son objection, et je m'en fais un argument.

L'impôt sur le capital exercera aussi une influence analogue sur les petits propriétaires, qui, au lieu de s'ingénier à tirer un parti utile de leur capital, ne songent qu'à le laisser plus ou moins diminué à leurs enfants. Ils comprendront que le but à atteindre n'est pas de léguer un capital plus ou moins improductif à leurs héritiers, mais de faire produire le plus possible au capital fixe qu'ils possèdent.

Je le disais, du reste, dans la *Réforme fiscale* (1) :

« La terre a été trop considérée comme un fonds de placement ; c'est avant tout un instrument de travail. » L'impôt sur le capital livrera à la terre des capitaux circulants dont elle manque en ce moment, et tendra partout à substituer la culture la plus intensive possible aux procédés routiniers et coûteux qui placent notre agriculture, sauf quelques départements, dans une position si inférieure à l'agriculture anglaise.

Depuis longtemps aussi, nos gouvernements ont pris l'habitude de solder leurs budgets à l'aide d'emprunts, chargeant ainsi indéfiniment l'avenir. Il y a dans cette conduite une sorte de lâcheté. On se décharge du fardeau de ses fautes ; on le fait supporter par les générations futures. On parle bien d'amortissement ; mais on n'a recours qu'à un amortissement factice.

L'impôt sur le capital aura le grand avantage de mettre fin à cette situation.

Le capital augmentant en raison de la liberté de la circulation, l'impôt pourra augmenter sans lui faire subir une charge plus lourde.

(1) Édition in-8°, page 130.

Les frais généraux de la France sont énormes ; ils ne m'effrayent pas cependant, car ils diminuent proportionnellement à l'augmentation de la production.

Je le disais dernièrement (1) :

« Alors même que les frais généraux de la France augmenteraient, qu'importe si les revenus de la France doublent et quadruplent ?

« Si nous pouvions produire 30 milliards au lieu de 15, qu'importe que nous payions 4 milliards au lieu de 3 ! Si, de 15 milliards, nous prélevons 3 milliards, il reste 12 ; si de 30 nous prélevons 4, il reste 26 ; le revenu net du pays se sera ainsi accru de 14 milliards. Donc ce serait un bien faible sacrifice pour un pareil résultat. Et agir ainsi, ne serait-ce pas se comporter en bon commerçant ?

« Certes, je ne suis pas partisan des dépenses inutiles ; au contraire, il faut que les budgets ne soient employés qu'à des dépenses reproductives, autant que possible. Mais ce que je veux bien constater, c'est que nous avons moins à nous préoccuper de leur augmentation que du développement de notre industrie.

« Nous avons moins à nous préoccuper du chiffre de l'impôt que des entraves que sa répartition et sa perception peuvent apporter à la production. »

Mettez le capital du pays dans le plateau d'une balance ; mettez l'impôt dans l'autre. Au fur et à mesure que le capital augmentera, l'impôt pèsera moins par rapport à lui.

Si je dis : — C'est par l'augmentation de la production qu'un peuple s'enrichit, je parais dire une naïveté. Tant mieux ! Mais alors, dirai-je à nos législateurs, si vous êtes si convaincus de cette vérité, pourquoi agissez-vous donc comme si vous étiez absolument convaincus du contraire ?

Et il faut bien l'avouer, il y a encore de braves gens qui, confondant deux idées absolument distinctes, ne sont pas convaincus de cette vérité qui paraît cependant si évidente.

(1) *Conférence sur la réforme fiscale*, page 7.

Il y a encore des gens qui diraient avec Colbert :

« Je cherche, — disait ce ministre à un homme qui, ayant inventé une machine propre à faire avec un ouvrier le travail de dix, était venu la lui présenter, — je cherche les moyens d'occuper le peuple suivant ses facultés, afin de le faire vivre doucement de son travail, et non celui de ravir au peuple le peu d'occupation qu'il possède. Portez votre invention ailleurs. »

Il y a encore des gens qui disent avec M. de Saint-Cricq :

« La production surabonde. »

Ou avec le maréchal Bugeaud :

« Que le pain soit cher, et l'agriculteur sera riche ! »

Ils diraient volontiers avec M. Saint-Chamans :

« Bénissons les obstacles que la cherté du combustible oppose chez nous à la multiplicité des machines à vapeur ! »

Ou bien encore

« Melon cite le chevalier Petty, qui regarde comme profit de la nation le travail pour le rétablissement des édifices de Londres, après le fameux incendie qui en consuma les deux tiers, et il apprécie le profit à un million sterling par an (valeur de 1866), pendant quatre années, sans que cela ait altéré en rien les autres commerces. Sans regarder comme bien assurée l'évaluation de ce profit à une somme fixe, il est certain que cet événement n'a pas eu une influence fâcheuse sur la richesse anglaise à cette époque... Le résultat du chevalier Petty n'est pas impossible, puisque la nécessité de rebâtir Londres a dû créer une immense quantité de nouveaux revenus. »

Ces braves gens confondent deux choses : ils croient que c'est le travail, l'effort qui fait la richesse d'un peuple, tandis que c'est l'abondance des utilités qui constitue sa richesse.

Ils ne se doutent pas, ces braves gens, qu'ils font l'apologie de la disette, et qu'ils sont les apôtres de la misère. Sans le savoir, ils ont pour idéal le bonheur des naturels de la Terre de Feu.

Ils ont toujours peur d'une chose : l'excès de production.

Et ils disent : — Mais est-ce que les crises commerciales ne proviennent pas de l'excès de la production sur la consommation ?

Ils oublient un des termes du problème.

A coup sûr, ce ne sont pas les consommateurs qui manquent aux produits utiles à l'homme que s'efforce de fabriquer l'industrie.

Chacun voudrait consommer à son aise toutes les utilités possibles ; et c'est cette idée que chacun exprime en disant : — Que je voudrais bien être riche !

Si la production excède donc la consommation, ce n'est pas le consommateur qui manque, c'est le pouvoir de consommer qui fait défaut.

Et qu'est-ce que le pouvoir de consommer ? C'est la somme des utilités à échanger contre les utilités dont on a besoin.

La fortune d'un négociant, c'est la richesse de sa clientèle, c'est-à-dire la faculté d'acheter.

Si une industrie produit en excédant des autres, les autres ne peuvent échanger leurs produits avec elle. De même, pour un pays.

Comment rétablir l'équilibre ? Les apôtres de la misère, les apologistes de la disette diraient : — Il faut empêcher cette industrie de produire autant.

Ils ne s'aperçoivent pas que si on essaye de diminuer la crise en restreignant la production, on l'aggrave ; car, plus la production diminue, moins il y a d'utilités à échanger contre d'autres utilités.

Pour supprimer l'excès de production, que faut-il ? Développer la puissance de consommation, et cette puissance de consommation représente elle-même la production.

Que faut-il encore ? Mettre le plus facilement possible à portée du consommateur l'objet qui lui est utile ; en un mot, ouvrir des débouchés ; faciliter la circulation et le crédit, de manière à élever le niveau de la production au lieu de l'abaisser.

— Il ne s'agit pas de raccourcir les habits : il s'agit d'allonger les vestes, disait Garnier-Pagès aîné, parlant des moyens d'établir l'équilibre politique.

Il en est exactement de même pour rétablir l'équilibre économique.

Le travail, l'effort n'est pas le bien : c'est le mal au contraire, comme l'a fort bien démontré Bastiat.

Sismondi prétendait qu'une mécanique tournée par un homme qui ferait tout le travail d'un pays le ruinerait. Nous, au contraire, nous cherchons à nous mettre en possession de cette manivelle, afin d'obtenir le maximum d'utilité avec un minimum d'efforts.

Notre but, le but de la science, le but de toutes les inventions, le but de la physique, de la mécanique, de la chimie, de toutes les applications de la science, est de substituer partout le travail intellectuel au travail musculaire.

A mesure que cette substitution se fait, la valeur de l'homme augmente, en même temps que le prix des choses diminue. Le salaire s'élève et s'abaisse proportionnellement à l'utilité de l'instrument que le travailleur met en œuvre.

Pourquoi ? Parce qu'un mécanicien de chemin de fer qui traîne à lui seul, avec un peu de houille, 40 ou 50 tonnes, à une vitesse de 30, 40, 50 kilomètres, rend un service qu'on ne peut comparer à celui qu'il pourrait rendre s'il était réduit à employer sa force musculaire pour traîner lui-même ce fardeau.

Le mécanicien est payé plus cher que s'il traînait une brouette, et en même temps le service qu'il rend est payé moins cher que s'il était rendu à l'aide de la brouette.

En 1769, Arkwright prit son premier brevet d'invention pour sa machine à filer. Il y avait alors en Angleterre 5,200 fileuses au petit rouet, et 2,700 tisseurs, en tout 7,900 personnes employées à la fabrication des étoffes (1).

---

(1) Michel Chevalier, *Cours d'économie politique*, t. I, p. 354 et suiv.

Des coalitions se formèrent contre sa machine, et contre celle de Hargreaves; il fut obligé de prendre successivement plusieurs brevets.

La machine à vapeur de Watt, qui devait généraliser l'emploi du métier d'Arkwright, ne fut inventée qu'en 1774, et ce ne fut qu'en 1775 ou 1777, que les filatures de coton mues par la vapeur commencèrent à se répandre dans le Royaume-Uni.

En 1787, une enquête du Parlement constata que le nombre des ouvriers avait atteint le chiffre de 320,000, soit 4,400 pour 100 d'augmentation.

Depuis, les machines ont été perfectionnées, le même travail a exigé moins de bras, le nombre des ouvriers progresse toujours.

M. Baines, dans ses *Documents statistiques*, établit qu'en 1833, il y avait dans le Royaume-Uni 237,000 ouvriers employés à la filature et au tissage à la mécanique, et 250,000 tisserands à la main; en tout, 487,000 personnes employées seulement à la filature et au tissage des étoffes de coton.

En comptant les ouvriers employés aux industries latérales, à l'impression des étoffes, etc., M. Baines obtient le chiffre de 800,000 ouvriers.

La mécanique appliquée à l'industrie cotonnière, qui devait ruiner 7,900 fileurs, donnait, en 1833, la subsistance à 2 millions de personnes, en tenant compte de la répercussion du chiffre de 800,000 ouvriers.

Depuis 1833, les mêmes causes ont produit les mêmes effets. Le nombre d'individus qui vivent de l'industrie cotonnière n'est pas moindre de 2,500,000.

Les salaires ont haussé. En 1769, une fileuse gagnait 20 sous par jour. Le capital dépensé en salaires était, en 1769, de 3 à 4 millions; en 1833, il s'élevait à 455 millions pour les 800,000 ouvriers des manufactures.

Le salaire s'élève ou s'abaisse proportionnellement à l'utilité de l'instrument que l'ouvrier peut mettre en œuvre, et en même temps que l'ouvrier gagne, le capitaliste gagne, car il retire une plus grande utilité du travail de l'ouvrier.

Qu'est-ce que l'instrument? C'est un capital fixe. Plus le capital fixe augmente, moins l'homme a besoin d'efforts corporels, plus il peut obtenir d'effet utile du capital circulant, plus il a de valeur, car plus il a de moyens d'action.

Et c'est ici que la science économique doit se faire l'auxiliaire des sciences physique, chimique, mécanique, naturelle. Tandis qu'elles cherchent les moyens de mettre entre les mains de l'homme les instruments les plus perfectionnés, la science économique doit chercher les moyens de lui permettre d'acquérir le plus facilement possible la plus grande somme de capitaux fixes.

Or, comme nous l'avons démontré, plus la circulation est rapide, plus vite les capitaux circulants sont convertis en capitaux fixes.

Et ici se trouve l'explication d'un problème qui a tourmenté très-fort les économistes, et qui a servi à Proudhon de prétexte à ses *Contradictions économiques*.

On avait remarqué ceci : — C'est qu'au fur et à mesure que les capitaux circulants augmentaient, ils diminuaient de valeur ; et alors Proudhon s'écriait : — « Je somme donc tout économiste sérieux de me dire, autrement qu'en traduisant ou en répétant la question, par quelle cause la valeur décroît à mesure que la production augmente, et réciproquement qu'est-ce qui fait grandir cette même valeur à mesure que le produit diminue (1). »

Là-dessus, il a entassé deux volumes pour démontrer que puisqu'à mesure que la production augmente la valeur décroît, la richesse augmente en raison inverse de la production.

C'était une subtilité : mais cette subtilité a embarrassé bien des gens. Quant à moi, elle me sert pour achever de démontrer les avantages de l'impôt sur le capital.

(1) *Contradictions économiques*, ch. II, p. 64, édit. in-18.

Placez tous les capitaux circulants et tous les capitaux fixes qui existent sur la terre dans les deux plateaux d'une balance. Si le plateau qui contient les capitaux circulants est surchargé, le plateau qui contient les capitaux fixes s'élèvera.

Il en est exactement de même dans les phénomènes de la richesse nationale. Doublez les capitaux circulants, la valeur des capitaux fixes double; la terre qui aujourd'hui vaut 50,000 francs en vaudra demain 100,000, et ainsi de suite.

En même temps, plus les capitaux fixes produisent de capitaux circulants, plus ceux-ci ont une tendance à diminuer de valeur; et nous arrivons à ce résultat : *La valeur des capitaux fixes est en raison directe de l'abondance des capitaux circulants, et la valeur des capitaux circulants est en raison inverse de l'utilité des capitaux fixes.*

C'est pour n'avoir pas vu ce double jeu des capitaux fixes et des capitaux circulants que tant d'économistes ont été embarrassés par la question de Proudhon et qu'ils ont opposé l'une à l'autre la valeur en usage et la valeur en échange, en arrivant à ce résultat fantastique, c'est que la richesse étant la valeur, plus la valeur en usage devenait grande, plus la valeur en échange diminuait. Résultat : — Plus on est riche, plus on devient pauvre.

Il y avait là une erreur capitale et que résout la loi que nous venons de formuler. En même temps cette loi achève de démontrer la nécessité de baser l'impôt sur le capital fixe.

Si vous le basez sur le capital circulant, en effet, le capital circulant, ayant toujours, par son abondance, une tendance à diminuer de valeur, vous donnez à l'impôt une assiette qui se dérobe sous lui.

Comme la valeur des capitaux fixes croît en raison directe de l'accroissement des capitaux circulants, en frappant ceux-ci vous empêchez l'augmentation de la valeur des capitaux fixes.

Si, au contraire, vous laissez toute liberté aux capitaux circulants, comme la production de ceux-ci augmente en raison géométrique de la rapidité de la circulation, vous élevez proportionnellement la valeur des capitaux fixes.

Plus vous allez, plus l'assiette de l'impôt s'élargit, par la force des choses, et moins il pèse sur les capitaux fixes.

En même temps, comme l'utilité des capitaux fixes augmente, en raison géométrique de la rapidité de la circulation, l'impôt sur le capital contribue, en assurant la liberté de celle-ci, à en augmenter la valeur.

En un mot, l'impôt sur le capital aboutit à ceci : — Bon marché des capitaux circulants, plus-value des capitaux fixes.

Les détenteurs des capitaux fixes sont donc les plus intéressés à laisser toute liberté à la circulation des capitaux circulants ; ce n'est pas un paradoxe pour eux que de dire : — Ils s'enrichiront en payant l'impôt.

Les lignes qui précèdent résument l'utilité de ce livre : il dit aux législateurs, aux gouvernants : — Il faut que l'impôt ne soit jamais une entrave à la circulation, car toute entrave à la circulation frappe la production en raison géométrique.

Il faut que l'impôt fasse crédit aux capitaux circulants, afin qu'ils puissent se multiplier et se convertir le plus tôt possible et sur la plus large échelle en capitaux fixes.

Richesse a pour étymologie le mot allemand : *Reich*, qui signifie puissance.

Les juifs avaient inventé l'Éden ; les anciens plaçaient l'âge d'or derrière eux. Saint-Simon est venu qui a dit, après Condorcet : — L'âge d'or n'est pas derrière nous, il est devant nous.

Cet âge d'or n'est pas évidemment celui que rêvaient les anciens. Comme ils ne pouvaient proportionner leur idéal qu'à leurs ressources, il était de beaucoup inférieur au nôtre.

Nous ne rêvons pas un jardin des Hespérides ; nous ne rêvons même pas, nous ! Nous avons devant nous un but déterminé, et nous nous efforçons de l'atteindre à l'aide de la science, à l'aide de connaissances positives.

Ce que nous voulons, c'est la substitution de l'activité intellectuelle à l'effort musculaire.

Ce que nous voulons, c'est la satisfaction rapide et immédiate du besoin.

Ce que nous voulons, c'est la réduction de ces deux grands obstacles, l'espace et le temps.

Ce que nous voulons, c'est l'appropriation par l'homme de tous les agents naturels.

Ce que nous voulons, c'est obtenir le maximum d'utilité avec le minimum d'effort.

Ce que nous voulons, c'est la satisfaction rapide et immé-
ate du besoin.

Ce que nous voulons, c'est la réduction de ces deux grands
ostacles, l'espace et le temps.

Ce que nous voulons, c'est l'appropriation par l'homme
e tous les agents naturels.

Ce que nous voulons, c'est obtenir le maximum d'utilité
vec le minimum d'effort.

CONCLUSION

Le problème fiscal à résoudre était celui-ci : Quel est l'impôt qui, en gênant le moins la production, soit de l'application la plus facile ?

Dans les pages qui précèdent, nous avons examiné tous les impôts existants, directs et indirects ; nous en avons fait la critique, puis nous avons exposé les principes de l'impôt sur le capital, nous en avons indiqué les moyens d'application, nous avons enfin répondu aux objections qu'on lui a opposées.

Franklin avait l'habitude, lorsqu'il voulait prendre une décision, de placer en regard, sur deux colonnes, tous les motifs pour ou contre, puis, après les avoir comparés, il biffait tous ceux qui lui paraissaient égaux, et examinait ensuite ceux qui pouvaient influer sur sa détermination. J'ai procédé avec la même circonspection ; je demande humblement aux lecteurs de ce livre de faire de même.

M. Thiers disait, il y a plus de vingt ans :

« Il n'y a pas un sujet sur lequel la science économique du temps soit plus courte, plus fausse qu'en matière d'impôt (1). »

M. Thiers, après avoir fait cette constatation absolument juste, n'a pas essayé de remédier à cette insuffisance de la science économique. Il a fait comme la plupart des hommes

(1) *De la Propriété*, liv. IV, ch.

qui, en France, se sont occupés d'impôts depuis le commencement du siècle. Il a énuméré les impôts qui existent, a montré les inconvénients de quelques-uns d'entre eux, et a conclu au maintien de tous.

Nous avons le malheur, en France, d'avoir une résignation toute chrétienne, et nous nous résignons aux injustices fiscales comme aux autres.

Nous n'avons pas seulement cette résignation : nous avons un esprit de résistance très-arrêté et très-décidé contre toute réforme. Il semble qu'il y a un certain ridicule à adopter une idée neuve. Il est bien plus simple et bien plus commode de s'en moquer. On fait rire les autres au lieu de risquer de faire rire de soi.

Si on veut faire adopter une réforme, il ne faut même pas avoir l'air de la prendre trop au sérieux. Cela lui fait du tort. On ne peut bien faire passer sa conviction dans l'esprit des autres qu'à la condition de ne pas paraître y tenir.

Oh! honte! si nous employions à faire réussir une réforme toute la force que nous mettons à la combattre; si nous dépensions à améliorer toute l'habileté que nous dépensons à empêcher; si nous savions enfin vouloir résolûment le progrès au lieu de considérer l'inertie comme une conclusion; quel élan! quelle force! quelle puissance!

Et cependant quelle puissance pour le pays qui prendrait le premier l'initiative! quelle force pour lui! J'ose le prédire, non pas avec l'enthousiasme d'un illuminé, mais avec l'autorité de mon expérience des affaires : — Le pays qui, le premier, appliquera résolûment cette réforme prendra une avance qui lui donnera, sur le reste des nations rivales, l'avantage que l'Angleterre et la Belgique ont retiré de leur initiative dans la construction des voies ferrées.

Que dis-je?

L'impôt sur le capital! c'est le tremplin sur lequel rebondira la France, non-seulement pour ressaisir le rang qu'elle a perdu, mais pour s'emparer de l'avenir!

Et pour cela, que faut-il? ouvrir les yeux; secouer cette anesthésie intellectuelle dans laquelle nous nous complaisons.

« En général, dit tranquillement M. Le Couppey, on se contente de raisonnements qui ne sont pas d'une rigueur absolue, tellement il est reconnu que rechercher la stricte justice en matière de contribution, ce serait s'engager dans un dédale inextricable (1). »

M. Le Couppey a raison dans la première partie de sa phrase : on se contente d'à peu près; mais conclure de là que c'est ce qu'on a de mieux à faire; qu'il est dangereux de rechercher « la stricte justice en matière d'impôts, » c'est déclarer que le mieux est l'ennemi du bien. C'est la doctrine de l'immobilité. C'est le culte du *statu quo*.

Ce culte est observé très-scrupuleusement en matière fiscale. Nous l'avons bien vu dans toutes les discussions qui se sont produites depuis 1870. Toute idée neuve fait peur. On la chasse et on la repousse comme une impertinente. Ceux qui l'ont émise sont sévèrement jugés par les autorités fiscales de l'Assemblée.

Si M. Mathieu-Bodet constate, dans son rapport sur les patentes, les inégalités et les injustices de cette contribution, il n'en dit pas moins :

« Loin de partager le dédain des ignorants ou des théoriciens pour notre système financier, on est porté à rendre hommage à l'expérience, aux connaissances profondes et à l'habileté des hommes qui l'ont créé. »

Puis il cite avec respect les paroles d'un membre de la commission : « Il y a toujours de sérieux inconvénients à innover en matière fiscale. Quand un impôt est passé dans les mœurs, il ne faut pas y toucher témérairement. »

Le 30 novembre 1873, M. Magne raillait agréablement ceux qui ne croyaient pas à l'excellence des nouveaux impôts proposés par lui et qu'il n'a pu parvenir à faire voter.

---

(1) *De l'impôt foncier*, p. 7.

« Ah ! je voudrais bien, disait-il, qu'on m'indiquât des impôts savants, des impôts démocratiques qui n'auraient pas d'inconvénients. »

Telle a toujours été malheureusement l'attitude de nos gouvernants. Cramponnés au passé, ils n'ont eu que railleries et dédains pour ceux qui leur proposaient des réformes.

Je ne blâme pas leurs intentions ; je suis convaincu, — et j'aime à croire que je ne me trompe pas, — qu'au fond ils veulent très-sincèrement le développement de la richesse du pays, ils voudraient même y contribuer ; seulement ils ne savent comment s'y prendre, et ils cachent sous des plaisanteries plus ou moins fines leur impuissance. Voilà toute la difficulté. Elle est simple, mais grande.

Nos gouvernants arrivent, en général, au pouvoir avec des idées plus ou moins vagues. Bien peu ont un programme précis. La grande supériorité de M. Thiers est de savoir ce qu'il veut. Il peut vouloir des choses fausses, arriérées, mauvaises ; mais il sait ce que sont ces choses.

Or, nos ministres des finances appartiennent à deux catégories. Ou bien ce sont des hommes qui ont passé par l'administration. Alors ils en ont pris le pli, les habitudes, l'esprit de corps. Ils sont convaincus que tout ce qui existe est excellent et qu'on n'y peut rien changer.

Ou bien ce sont des hommes qu'un hasard politique a portés au ministère des finances. Ils ne sont jamais sûrs du lendemain. Leur situation est subordonnée à des complications parlementaires. Ils tâchent de pourvoir au plus pressé. Ils n'apportent jamais avec eux de plan d'ensemble.

De là notre lenteur aux réformes et notre promptitude aux révolutions.

Les questions financières jouent dans les révolutions un rôle beaucoup plus important que ne semblent leur attribuer en général les hommes exclusivement politiques, tout absorbés dans leurs intrigues de couloirs, et convaincus que toutes les questions aboutissent à une manœuvre parlementaire.

Ils devraient pourtant savoir que les deux plus grandes

révolutions des temps modernes ont eu pour points de départ des questions de finances : la fondation des États-Unis et la Révolution de 89.

M. Batbie faisait cet aveu : « Les réformes financières ne se réalisent habituellement que dans les temps de révolution (1). » Je ne sais si l'homme politique a conservé l'opinion du professeur ; mais il n'en est pas moins vrai que ceux-là sont responsables qui, étant à même d'aider à la solution de ces questions, refusent systématiquement de s'en occuper.

Ainsi, voyez l'Empire : pendant vingt ans il a eu tout pouvoir ; l'empereur pouvait faire accepter telle réforme qu'il voulait à sa majorité dévouée. Rien ne l'embarrassait dans sa marche. Il devait nécessairement essayer de détourner l'opinion publique des questions purement politiques pour les reporter sur des questions économiques. La question fiscale était d'autant plus importante pour lui que chaque année ses budgets se soldaient par un déficit minimum de 80 millions. Quelle amélioration a-t-il apportée au vieux régime fiscal? Aucune. Aujourd'hui encore, c'est un de ses anciens ministres qui vient le défendre.

La République arrive. Il faut liquider la dette des Prussiens. Sept cents millions de nouveaux impôts sont nécessaires. M. Thiers, président de la République, représente toutes les idées économiques qui pouvaient avoir cours vers 1830, mais qui depuis ont été condamnées par chaque progrès de la science économique. Il choisit pour ministre M. Pouyer-Quertier, un homme associé à ces idées. Nulle réforme encore ne se produit. On revient en arrière au lieu d'aller en avant. Quand il s'agit de se procurer des ressources, on essaye de surcharger de 633 millions les contributions indirectes, et quand on ne peut obtenir ces impôts, on se tire d'affaire à l'aide d'un expédient.

(1) *Mélanges d'économie politique*, p. 268.

Je sais bien qu'on a de bonnes raisons à invoquer : — l' situation est grave ! les besoins sont pressants !

Et on conclut : — Il faut ajourner les réformes.

Il me semble qu'on devrait conclure : — Il faut nous hâter de faire des réformes.

C'est de cette manière que la Constituante de 1789 agissait; et certes jamais, dans aucun pays, Assemblée n'a fait en aussi peu de temps des œuvres aussi durables.

Enfin, Robert Peel a opéré ses grandes réformes financières, précisément parce que les budgets de l'Angleterre se soldaient constamment en déficit. Il n'a pas cru que c'était en suivant les erreurs de son prédécesseur qu'il parviendrait à conjurer le mal. Il se mit résolûment à la besogne, écoutant ceux qui le poussaient en avant, dédaignant les criailleries des routiniers ; et le résultat lui a donné raison.

Il n'y a jamais eu, en France, un ministre des finances qui, en quittant le pouvoir, ait pu dire comme lui (1) :

« Je laisserai, en déposant le pouvoir, un nom vivement censuré par beaucoup d'entre vous qui, sans visées personnelles, adhérant au principe de la protection, le considèrent comme nécessaire à la prospérité générale du pays ; je laisserai un nom détesté des partisans du monopole, qui, par des motifs moins élevés, réclament la protection dont ils profitent. Peut-être, d'autre part, ce nom sera-t-il par moments prononcé avec bienveillance parmi ceux dont la destinée dans ce monde est le travail, et qui gagnent à la sueur de leur front leur pain quotidien. Parfois ceux-ci se souviendront-ils de moi quand ils répareront leurs forces avec une nourriture plus abondante, désormais affranchie de tout impôt et d'autant plus douce pour eux qu'aucun sentiment d'injustice n'y mêlera plus son amertume. »

Que devait faire un ministre des finances, au lendemain de nos désastres, s'il avait eu un plan d'ensemble, prévoyant l'avenir? Il devait dire à l'Assemblée, au pays : — Nous

(1) 29 juin 1846.

avons une dette dont les arrérages se montent, pour l'exercice 1875, à 1,182,528,543 fr. Évidemment, il faut que cette charge énorme disparaisse par un rapide amortissement. C'est un calcul aussi lâche que détestable de laisser à l'avenir ce fardeau formidable qui représente quoi, en définitive? le total de nos erreurs et de nos fautes. Sur quoi repose cette charge? Sur le capital. Au lieu de la laisser intacte, sinon de l'augmenter, il faut s'en débarrasser le plus tôt possible. Est-ce qu'un industriel ne s'empresse pas d'amortir les dettes qui pèsent sur ses usines, afin d'arriver rapidement au moment où, en étant délivré, il n'a plus à les compter dans ses frais de production? Un peuple ne doit pas agir autrement. S'il laisse augmenter toujours sa dette, il viendra un jour où, écrasé sous les intérêts, il ne pourra plus produire dans des conditions égales à celles des autres peuples, et soutenir leur concurrence.

La libération du capital national, telle doit être notre première préoccupation. Et qui peut libérer le capital national? Ceux qui détiennent le capital. Le capital, en un mot, doit être son propre libérateur. Il ne peut pas y en avoir un autre.

Maintenant, pour aider à cette tâche, il faut voir quels sont les frais généraux qui grèvent le pays. Nous devons nous attacher à être un peuple agriculteur, industriel, commerçant, scientifique, artistique, nous devons subordonner toutes les autres considérations à celle-là. Réduction donc de tous les budgets inutiles. L'empire d'Allemagne dépense 348,124,533 francs pour son armée. Il faut que nous nous arrangions de manière à ne pas dépenser les 493,776,321 fr. inscrits au budget ordinaire (1), sans compter les 1,500 millions nécessaires à la reconstitution de notre armement. Les États-Unis dépensent 128 millions pour leur marine; je ne vois pas la nécessité que nous dépensions 158,599,562 fr. (2). Je laisse

(1) Les chiffres de la 1re édition étaient pris sur le projet de budget. La loi de finances du 5 août 1874 les a augmentés.

(2) C'est l'avis de plus d'un marin. M. Morin (de Nantes), lieutenant de vaisseau en retraite, me l'écrivait dernièrement. Voir aussi dans la *Revue*

ici de côté toutes les questions de sentiment. Il faut que nous comprenions tous la nécessité de réparer les pertes occasionnées par nos défaites. Telle doit être notre première préoccupation, et, par conséquent, nous ne devons pas ressembler à un industriel qui ruinerait son usine en frais de garde.

L'armée et la marine doivent être organisées de telle sorte, qu'au lieu d'être l'élément prépondérant de la nation, elles soient subordonnées à ses besoins. Il y a là très-probablement 2 ou 300 millions à économiser chaque année. Sur 247 millions que coûtent les frais de perception des impôts, on peut, avec le système que je propose, économiser 150 millions au moins.

Quant aux autres dépenses qu'entraînent notre centralisation, les habitudes de népotisme de nos gouvernants, on peut encore les diminuer d'une centaine de millions. Voilà 500 millions au moins qui pourraient servir à l'amortissement. Je ne parle pas d'autres dépenses inutiles qu'on reporterait sur l'instruction publique et les travaux publics : le budget normal, dans une dizaine d'années, pourrait être réduit à quelques centaines de millions.

Nous devons regarder la France comme un vaste atelier de production. Cette considération doit primer toutes les autres. Nous devons supprimer résolûment toutes les dépenses qui surchargent les frais généraux de la nation sans utilité productive. Nous devons rapidement amortir notre dette, afin de nous libérer des 1,200 millions d'arrérages qui nous écrasent (1). Toute la politique doit être subordonnée à cette tâche. Il faut bien le dire à tous, il faut bien l'apprendre à chacun. Jusqu'à présent le peuple n'a pas distingué nettement, à travers les orages de la politique, quel but il devait poursuivre. Il est temps que nous le lui indiquions. Les

des Deux Mondes du 15 juillet 1874 : la *Marine militaire*, par M. Aube, capitaine de vaisseau.

(1) 1,193,618,743 fr.

hommes qu'il désigne pour ses affaires, doivent diriger ses affaires en vue de les améliorer, et non de faire les leurs.

Voilà le grand rôle qu'aurait dû prendre un ministre des finances à la hauteur de sa tâche. Il aurait dû se présenter à l'Assemblée, au pays, avec l'autorité que donne un plan arrêté, une volonté ferme, et lui dire : — Nous avons été ruinés par la guerre, il faut nous relever par la paix. Quiconque vient apporter une entrave à cette œuvre de régénération est traître à son pays.

Il n'y a que deux manières d'être pour un peuple : ou, rester stationnaire, comme l'ont été les Indiens et les Chinois ; alors, pendant qu'il se maintient dans son immobilité et qu'il s'admire lui-même, et qu'il se dit : « Comme nous sommes dignes ! comme nous sommes grands ! » les autres peuples progressent, marchent en avant, perfectionnent leurs institutions, leur mécanisme social, leurs moyens de production, et un jour, si ses yeux s'ouvrent à la vérité, il est si en arrière de tous les autres, qu'il perd jusqu'à l'espoir de les rejoindre.

Ou bien être progressif : ne pas perdre un jour, une heure, un instant ; étudier ce que font les autres, prendre ce qu'ils font de bien, faire mieux, s'il est possible, chercher à être toujours en avant. On ne se maintient au niveau des autres qu'en s'efforçant d'être au-dessus de tous. M. Thiers, qui n'est cependant pas un révolutionnaire bien dangereux, l'a dit : « Le stationnement, c'est la mort : la société doit être le Juif-Errant qui marche, marche éternellement vers un bien inconnu (1). »

Seulement M. Thiers me permettra de lui dire que la société ne peut marcher d'un pas sûr qu'à la condition de savoir où elle veut aller.

Jusqu'au dix-huitième siècle, on ne s'était pas très-bien rendu compte du but qu'on devait poursuivre. On faisait de

(1) *De la propriété*, p. 418.

la politique métaphysique. On regardait le pouvoir. On se préoccupait beaucoup de ce qu'il faisait, de ce qu'il pouvait faire, mais le peuple, lui, pourquoi existait-il? quel était le but qu'il se proposait? qu'est-ce qu'il faisait, devait faire? quelle direction devait-il suivre?

Les philosophes et les physiocrates avaient bien senti le rôle important que devait jouer l'industrie dans les sociétés modernes; mais le premier publiciste qui ait déterminé d'une manière précise, le caractère de la civilisation actuelle est Benjamin Constant : « Le but des nations modernes, dit-il c'est l'industrie (1). »

Produire bien, produire beaucoup, produire à bon marché : tel est le problème pour elles.

Les sciences chimiques, physiques et mécaniques l'ont compris ; de là, tant de progrès, tant d'inventions, tant de merveilles. Nous l'avons vu : savants et industriels sont à l'œuvre pour obtenir de la matière un maximum d'utilité avec un minimum d'effort.

Mais, il faut bien le dire, nulle part les gouvernements n'ont été à la hauteur de leur tâche. Faute d'avoir compris les nécessités de la vie du dix-neuvième siècle, faute de s'être rendu compte du but, de la tâche qu'avaient à poursuivre les peuples, au lieu de voir la réalité qui les entourait, qui les submergeait, ils sont restés confinés dans la contemplation d'un idéal qu'ils plaçaient tous dans le passé. Selon leur tempérament, monarchistes de droit divin et monarchistes constitutionnels, bonapartistes ou républicains, ont pris pour type des civilisations vieillies qui ne répondent plus aux besoins modernes. Notre éducation classique, littéraire, nous a habitués aux grands mots déclamatoires, aux sentiments factices, a rempli notre imagination du spectacle des discussions du Forum, des discussions du Capitole, de la cour du Grand Roi; et la politique est restée l'art de prendre le pouvoir e

(1) *De l'esprit de conquête et d'usurpation*, ch. II.

le le conserver, au lieu d'être l'application de la science sociale.

Nos gouvernants, ou demeuraient renfermés dans la conception étroite du despotisme gouvernemental; ou demeuraient imprégnés des vieilles formules des légistes; ou s'évaporaient dans un sentimentalisme d'autant plus dangereux qu'il était plus vague.

Tous dédaignaient l'économie politique.

L'économie politique est cependant l'étude des lois de la production et de la répartition des richesses.

L'application de ces lois a pour but de faciliter l'appropriation des agents naturels à nos besoins. Elle constitue l'art de grouper les intérêts, de manière à mettre à la disposition de tout besoin qui se produit l'utilité qui y correspond.

Cette science de la richesse leur semblait chose de peu d'importance dans une civilisation qui cependant ne repose que sur l'industrie et le commerce!

Ainsi, tandis que les individus s'efforçaient d'augmenter leurs moyens de production, d'agrandir les débouchés pour leurs produits, de perfectionner les instruments de circulation et de crédit, les législateurs, chaque fois qu'une question d'ordre économique venait à se présenter, la regardaient comme chose oiseuse, ennuyeuse, la discutaient à peine, ou s'ils la discutaient, ne la traitaient jamais que par les petits côtés. C'est pour cela que, depuis le commencement du siècle, nous n'avons jamais vu un ministre des finances apporter un plan d'ensemble de réformes financières en arrivant au pouvoir, et essayer de l'exécuter.

Le préjudice profond qui en résulte pour une nation est facile à comprendre, si on compare cette imprévoyance aux développements des grands établissements industriels.

Comment s'accomplissent ces développements? L'industrie agit comme le mécanicien. Il tâche de ne laisser perdre aucune force : il observe les rapports divers des rouages de sa fabrication ; il essaye de les simplifier, d'en diminuer le frottement, d'en augmenter la vitesse. C'est là le rôle que devraient remplir vis-à-vis de la nation nos ministres des finances et qu'ils n'ont jamais rempli.

Ils auraient dû s'apercevoir cependant que puisque la science d'un côté, l'industrie de l'autre, cherchaient par tous les moyens possibles à augmenter la production, il eût été bon que le gouvernement secondât ces efforts d'une manière effective.

Or, comme parmi les instruments nécessaires, mais défectueux, de la production nationale se trouve l'impôt, ils auraient dû chercher à le perfectionner, à l'alléger, à en diminuer les frottements.

Au lieu de cela, chaque fois qu'ils y ont porté la main, ils en ont aggravé les défauts. Alors, entre les nécessités de notre production et l'impôt, il y a un antagonisme qui, tous les jours, s'accentue davantage.

Dégager la production des entraves que met devant elle l'impôt, en affranchir complétement la circulation et faire crédit de l'impôt à la richesse en formation : voilà tout le système de l'impôt sur le capital.

Je rappelle ce que j'ai déjà dit : — Voyez quel effet produit sur la production la moindre élévation du taux de l'escompte.

Et cependant à quoi se réduit l'augmentation du taux de l'escompte ? Si elle est de 1, c'est un centième de la valeur des opérations annuelles. Ce centième de la valeur est, de l'avis de tous les économistes, de tous les industriels, un obstacle considérable. Nous voyons l'impôt frapper de 10, de 20, de 100, de 200 pour 100 telle ou telle denrée, comme le sucre, le vin, l'alcool. Si un arrêt de un centième est suffisant pour entraver les affaires, qu'est-ce donc qu'un arrêt de 20, de 100, de 200 pour 100 ? Je sais que, malgré ces droits formidables, les denrées auxquelles ils s'appliquent sont tellement nécessaires que leur production ne cesse d'augmenter. Mais que serait-ce donc si elles étaient affranchies de l'impôt ?

Les optimistes ne voient jamais que ce qui est. C'est insuffisant. Il faut encore voir ce qui pourrait être.

Eh bien, appliquer l'impôt sur le capital, c'est ouvrir un crédit de près de trois milliards et demi à la production française.

Maintenant il s'agit de l'introduire dans la pratique.

« Lorsqu'on met en avant un principe incontestable, dit Say, il faut s'attendre qu'il sera contesté. Il est vrai qu'ensuite il prend racine, puis grandit, puis enfin est adopté par tout le monde, mais il n'en est pas moins constant que la vérité ne brille pas de son propre éclat. Le temps est un élément indispensable pour son triomphe (1). »

Malheureusement le temps nous presse ; nos charges sont pesantes ; l'industrie est inquiète ; des peuples étrangers qui autrefois s'approvisionnaient chez nous nous font concurrence aujourd'hui. Il faut donc nous hâter de procéder à la réforme de l'impôt.

La monarchie représente la résistance au progrès. La République doit faire précisément les réformes que les autres gouvernements ne peuvent jamais faire. Elle a à supporter le lourd fardeau de la liquidation de l'Empire. Comme toujours, elle est condamnée à endosser les fautes du gouvernement qui l'a précédée. Mais plus la situation est grave pour elle, plus les difficultés au milieu desquelles elle se débat sont grandes, plus nous devons nous hâter et agir avec énergie.

La République en France, ne doit pas être une république nominale. Il nous faut une république progressive, résolûment réformatrice, pénétrée des nécessités de la vie moderne, sachant bien que nous sommes des peuples industriels et ar-

(1) *Petit volume*, OEuvres diverses, p. 686.

tistiques, cherchant le bonheur par l'activité des intelligences, par la liberté du développement individuel : Athènes, non Sparte.

On a cru, à tort, et c'est une erreur encore répandue en France, que l'absolutisme était favorable au développement industriel d'un pays. Nous avons subi à deux reprises la terrible conséquence de cette erreur. J.-B. Say aussi, dans la préface de son *Traité d'économie politique,* écrit en 1803, avait dit : « Les richesses sont absolument indépendantes de l'organisation politique. »

Mais en 1815, après les ruines accumulées sur la France par l'Empire, il changea de thèse et avoua son erreur.

Tocqueville disait : « Je ne sais si l'on peut citer un seul exemple de peuple manufacturier et commercial, depuis les Syriens jusqu'aux Anglais, qui n'ait été un peuple libre. Il y a donc un lien étroit et un rapport nécessaire entre ces deux choses : liberté et industrie. »

Machiavel aussi, se rappelant l'exemple d'Athènes, ayant sous les yeux les républiques commerçantes de l'Italie, Gênes, Venise, Florence, Pise, les provinces de Flandre, les villes libres d'Allemagne, a dit : « Un État n'accroît sa richesse et sa puissance que lorsqu'il est libre. »

Dans les temps modernes, l'Angleterre, la Belgique, la Suisse, les Etats-Unis, sont à la fois les pays les plus prospères et les plus libres.

La raison en est facile à comprendre : pour être bon industriel et bon commerçant, il faut avoir de l'initiative et de l'intelligence, deux qualités qui ne s'acquièrent que par la liberté. Si nous voulons être riches, sachons donc être libres.

Mais la liberté n'est pas un vain mot. La liberté n'existe que lorsqu'on sait en user. Si nous ne savons pas nous en servir pour obtenir les réformes que nous jugeons utiles, si nous continuons à tout attendre du gouvernement, nous nous préparons d'étranges et cruelles déceptions.

Qu'on le sache bien : jamais un gouvernement, jamais une Assemblée, si progressifs qu'ils puissent être, ne prendront l'initiative de la réforme fiscale, par exemple, s'ils n'y sont contraints par l'opinion publique.

C'est donc à tous les hommes de progrès et d'initiative que je m'adresse (1).

Quand la bourgeoisie anglaise voulut imposer au parlement le rappel des lois sur les céréales, elle n'attendit pas cette réforme de l'initiative de Robert Peel, qui ne l'aurait jamais prise. Elle ne resta pas inactive, en se croisant les bras et en se disant : — Ah ! si le duc de Buckingham pouvait changer d'opinion !

Non. Elle agit. Elle sut constituer une ligue avec un budget qui s'éleva jusqu'à trois millions par an : elle répandit des brochures, des journaux, des affiches par millions d'exemplaires, ne dédaignant aucun moyen de publicité et n'en trouvant aucun indigne de la tâche qu'elle poursuivait ; elle provoqua des *meetings* dans toutes les villes ; elle établit des chaires d'économie politique ; elle s'assura la majorité dans les colléges électoraux ; elle adjoignit les dames à ce mouve-

(1) La première édition de ce livre contenait la note suivante : « Je recevrai avec reconnaissance toutes les observations et tous les renseignements qu'on voudra bien m'adresser. On peut être certain que j'en profiterai, soit pour une nouvelle édition de ce livre, soit pour d'autres travaux. » Je remercie ici les nombreux correspondants qui ont bien voulu répondre à cet appel. Beaucoup d'entre eux verront que, dans cette deuxième édition, j'ai tenu compte de leurs renseignements, de leurs conseils et de leurs objections. Je réitère ici cet appel, et j'espère qu'il sera entendu comme le premier. Il faut, du reste, que l'initiative, en faveur de cette réforme, d'individuelle devienne collective. Pour y parvenir, je suis dans l'intention de faire paraître, prochainement, une revue : *la Réforme fiscale et économique*. M. le gouverneur de Paris m'a déjà refusé deux fois l'autorisation de la publier. Soit que l'état de siége disparaisse, soit que, continuant à être maintenu, il me force à faire cette publication hors de Paris, j'ose croire que le concours des hommes de progrès et d'initiative à qui je m'adresse ne lui fera pas défaut.

ment; et quand la question se présenta au parlement, elle était déjà résolue pour toute l'Angleterre.

Voilà comment s'établissent les réformes durables, sans qu'il y ait ensuite danger de réaction, incertitude dans l'application.

Je n'ai pas malheureusement l'espoir qu'en France nous parvenions à une semblable organisation. Pour avoir les mœurs d'un peuple libre, il faut être libre. Mais avouons-le : sous prétexte que nous manquons de liberté, trop souvent nous négligeons de nous servir du peu de liberté qui nous reste, et nous ne savons pas préparer l'avenir. Quand nous ne pouvons pas obtenir ce que nous désirons du jour au lendemain, nous nous renfermons dans une apathie dont nous ne sortons que pour nous jeter dans la violence. Sachons régler notre activité; sachons surtout avoir de la persévérance; sachons ne jamais nous décourager : le progrès politique n'exige pas moins de travail que le progrès matériel ; et nous ne serons dignes de la République que si nous savons la conquérir par notre labeur.

De toutes parts, sur tous les points de la France, chacun doit travailler activement à l'élaboration du programme des réformes que nous aurons à accomplir.

Selon moi, — et je ne crois pas que nul conteste cette assertion, — la réforme fiscale est indispensable à la stabilité de la République.

J'espère que l'étude, la réflexion, la discussion indiqueront à tous, comme solution, *l'Impôt sur le capital*, et qu'aux élections de la prochaine assemblée, tous les cahiers des électeurs en affirmeront le principe.

Car, seul de tous les impôts existants, rêvés ou proposés, il est conforme au développement de l'idée républicaine. Séparant l'homme de la chose ; détruisant toute vieille idée de tribut et de capitation ; ménageant le minimum des besoins de l'homme ; laissant à la fortune en formation toute latitude pour se consolider ; faisant crédit au capital circulant et ne l'atteignant que lorsqu'il est transformé en capital fixe ; supprimant toutes les entraves qu'opposent les impôts actuels à la circulation ; facilitant la consommation, et, par conséquent, ouvrant de nouveaux débouchés à la production ; déblayant la liberté du travail de tous les obstacles laissés encore debout par la nuit du 4 août, l'impôt sur le capital est le complément nécessaire des principes de 1789.

APPENDICE

I

SUR LA RAPIDITÉ DE LA CIRCULATION

Monsieur,

Je trouve un argument très-plausible en faveur de l'impôt sur le capital fixe ou dormant. Je prouve, en effet, que, à la longue, l'impôt sur le capital circulant absorbe la presque totalité du revenu. Si vous voulez, pour parler avec plus de précision, le rapport du revenu sans impôt au revenu avec impôt croît indéfiniment et devient infini avec le temps, et cela très-rapidement.

Au contraire, l'impôt sur le capital ne fait que modifier, dans un rapport fixe, le revenu du capital circulant : il est donc préférable de beaucoup. Voici ma démonstration, que l'on peut d'ailleurs simplifier à l'aide du calcul différentiel, je l'évite, pour être plus à la portée des économistes.

Soit C_0, un capital que je vais faire circuler ; soit θ, un temps très-petit ; C_1, C_2, C_3,.. $C_n = C$, les valeurs qu'il prend, au bout des temps θ, $2\,\theta$,.. $n\,\theta = t$. t est supposé fixe pour le moment, θ doit être pris de plus en plus petit, et n, par suite, de plus en plus grand. Le capital, au bout du temps $i\,\theta$, étant devenu Ci dans l'intervalle de temps θ qui suit, il croîtra d'une quantité proportionnelle à sa propre valeur C_i et au temps θ. Son accroissement pourra être représenté par

$$r\,C^i\,\theta,$$

r étant ce que l'on peut appeler le taux de l'intérêt; mais l'État frappe d'un impôt ce bénéfice, et cet impôt est une fraction α du bénéfice; il peut être représenté par $\alpha\,r\,C_i\,\theta$; le bénéfice net n'est donc que

$$r\,C^i\theta - \alpha\,r\,C_i\,\theta,$$

ou :

$$r C^i\theta(1-\alpha),$$

que l'on peut représenter par $C_{i+1} - C_i$, on peut donc dire que

$$C^i_{+1} = C^i + r\,C^i\theta\,(1-\alpha),$$

ou que

$$C_{i+1} = C_i\;[1 + r\,(1-\alpha)\,\theta],$$

faisant $i = 0, 1, 2 \ldots n-1$, on a :

$$C_1 = C_0\;[1 + r\,(1-\alpha)\,\theta]$$
$$C_2 = C_1\;[1 + r\,(1-\alpha)\,\theta]$$
$$C_3 = C_2\;[1 + r\,(1-\alpha)\,\theta]$$
$$C_n \text{ ou } C = C_{n-1}\;[1 + r\,(1-\alpha)\,\theta]$$

Multipliant ces formules membre à membre, on a, en supprimant les facteurs communs :

$$C = C_0\,[1 + r\theta\,(1-\alpha)]^n$$

et, en remplaçant n par $\frac{t}{\theta}$, ou, mieux encore, θ par $\frac{t}{n}$, θ étant, comme nous l'avons dit, la n^e partie de t, on a :

$$C = C_0\left[1 + \frac{rt(1-\alpha)}{n}\right]^n$$

ce que l'on peut écrire

$$C = C_0\left\{\left[1 + \frac{rt(1-\alpha)}{n}\right]^{\frac{n}{rt(1-\alpha)}}\right\}^{rt(1-\alpha)}$$

ou posant $\frac{rt(1-\alpha)}{n} = \frac{1}{m}$.

$$C = C_0 \left\{ \left(1 + \frac{1}{m}\right)^m \right\}^{rt(1-\alpha)}$$

Si l'on suppose le temps t partagé en un très-grand nombre n de parties égales, m sera très-grand et $\left(1 + \frac{1}{m}\right)^m$ tendra vers la valeur fixe 2,71828... que l'on appelle e, ainsi qu'il est prouvé dans tous les livres d'algèbre, et la formule précédente deviendra :

(1) $$C = C_0 \, e^{rt(1-\alpha)}$$

Supposons qu'il n'y ait pas d'impôt, alors $\alpha = 0$; mais, de plus r augmente, ou plutôt ne diminue pas, car la marchandise en circulation sera offerte à meilleur marché, les acheteurs afflueront, etc., et le taux de l'intérêt sera plus élevé. Soit r' ce que devient r quand on a $\alpha = 0$, et C' ce que devient C, on a

(2) $$C' = C_0 e^{r't(1-\alpha)}$$

Divisons (2) par (1), nous aurons :

$$\frac{C'}{C} = e^{[r' - r(1-\alpha)]t}$$

et, ainsi que je l'avais annoncé, le rapport $\frac{C'}{C}$ croît indéfiniment et dans une proportion effrayante. On a, en effet,

$$r' \geqq r$$

et *à fortiori*

$$r' > r(1-\alpha)$$

donc

$$r' - r(1-\alpha) > 0$$

et pour $t = \infty$, $\frac{C'}{C} = \infty$.

Au contraire, si vous frappez le capital fixe, au lieu de faire circuler C_0, vous ferez circuler C_0 $(1-\alpha)$. C_0 $(1-\alpha)$, au lieu de devenir C' au bout du temps t, deviendra $C'=C:(1-\alpha)$, le rapport de C' à C est alors $\frac{1}{1-\alpha}$, c'est-à-dire constant et généralement très-voisin de l'unité, car α est un tant pour cent qui, d'après ce que vous voulez, est de 0, 1 environ. L'impôt sur le capital dormant n'a aucun effet sur la production.

Ceci, je l'espère, est clair et net, pour tout individu qui connaît l'exponentielle.

Veuillez agréer, Monsieur, l'assurance de mon entier dévouement.

H. LAURENT.

Monsieur,

Voici comment, à mon avis, je crois qu'il faudrait présenter la question de l'impôt sur la circulation.

Soit T le temps nécessaire pour augmenter de la quantité h l'unité de valeur du capital, quand l'État prélève sur le bénéfice un impôt au taux α (j'entends par-là que α est l'impôt prélevé sur l'unité de valeur).

$1:T$ sera ce que j'appellerai la rapidité de la circulation pour le module h et l'impôt α. — La rapidité de la circulation peut servir à mesurer la prospérité d'une industrie, car cette prospérité est d'autant plus grande que la fortune industrielle croît plus vite.

J'appelle dt un intervalle de temps très-petit, et dC la quantité effective dont le capital C croît pendant ce temps.

L'accroissement dC du capital se compose du bénéfice commercial diminué de l'impôt.

Le bénéfice commercial est proportionnel au capital mis en mouvement C, au temps dt et à un certain nombre i, qui dépend du prix que l'on peut vendre les produits mis en circulation, c'est-à-dire de la loi de l'offre et de la demande. On peut donc représenter le bénéfice commercial par $C\,i\,dt$, la part de l'impôt, par hypothèse, sera $C\,i\,dt.\alpha$. On aura donc

$$dC = Ci\,dt - iC\,dt\,\alpha$$

ou :

$$dC = Ci\,(1 - \alpha).dt. \qquad (1)$$

Deux cas peuvent se présenter; examinons d'abord le plus simple.

1er CAS. — Le producteur ne fait pas payer l'impôt au consommateur; dans ce cas, le nombre des consommateurs ne change pas, i ne dépend pas de α ni du temps t, si on suppose l'impôt α lui-même indépendant du temps; alors la formule (1) devient

$$\frac{dC}{C} = i\,(1 - \alpha)\,dt$$

d'où :

$$(2) \qquad C = C_0\,e^{i\,(1-\alpha)\,(t-t_0)}.$$

C_0 désignant le capital à l'époque t^0, le capital du producteur varie donc en proportion géométrique avec le temps, c'est-à-dire quand le temps croît en proportion arithmétique; la raison de la progression est

$$e^{i\,(1-\alpha)}$$

quand t varie en progression arithmétique dont la raison est $i\,(1 - \alpha)$. Mais introduisons la rapidité $1 : T$; pour cela, faisons $C_0 = 1$, $C = 1 + h$). Nous avons $t - t_0 = T$, et la formule (2) deviendra :

$$(1 + h) = e^{i(1-\alpha)\times T}$$

d'où :

$$T = \frac{log\,(1+h)}{i\,(1-\alpha)} \qquad 1 : T = \frac{i\,(1-\alpha)}{log\,(1+h)}$$

La rapidité de la circulation varie alors en raison de l'unité diminuée du taux de l'impôt, à peu près proportionnellement au module h et à l'intérêt i.

2ᵉ CAS. — Le commerçant cherche à faire payer l'impôt au consommateur, i va dépendre de α, mais la consommation diminuant, i diminuera forcément; si le producteur veut faire le nombre des affaires qu'il faisait avant l'impôt ; 1 : T diminuera donc, mais il est impossible de dire suivant quelle loi sans faire d'hypothèse sur la manière dont varie i avec le temps. Cependant on peut dire que les affaires seront réduites d'une quantité à peu près fixe sur un même nombre d'affaires, et il n'y aura pas grande erreur, je crois, à remplacer i par $i - i'$, i' désignant un quantité constante ; alors on aura :

$$1 : T = \frac{(i - i')(1 - \alpha)}{log\,(1 + h)}$$

La rapidité de la circulation diminue donc de la quantité à peu près fixe

$$\frac{i'(1 - \alpha)}{log\,(1 + h)}$$

Vous voyez que l'on ne trouve pas exactement les mêmes lois que celles qui se trouvent dans votre livre, et cela ne tient qu'au manque de précision que l'on rencontre dans la définition que vous donnez de la rapidité de la circulation (1).

Cela n'infirme du reste en rien vos conclusions à l'égard de l'absurdité de l'impôt sur la circulation, impôt tout à fait absurde.

H. LAURENT.

(1) Je ferai une simple observation à ce sujet. J'ai donné la définition suivante de la circulation : « La circulation est l'ensemble des phénomènes à l'aide desquels s'opère la transformation de capitaux circulants en nouveaux capitaux circulants ou en capitaux fixes. » Mais il ne me paraît pas possible de donner une définition de la rapidité de la circulation plus précise que celle-ci : Plus l'ensemble de ces phénomènes s'accomplit vite, plus la circulation est rapide. La rapidité n'est qu'un rapport entre des unités de temps fort variables. C'est pour cela, et pour rendre aussi simple que possible ma formule, que je n'y ai pas fait intervenir le terme *temps*.

II

INTRODUCTION

AUX

DISCOURS ET CONFÉRENCES

LILLE — NIMES — MONTPELLIER — CETTE — BÉZIERS (1)

(Août-septembre 1874.)

Je venais de publier mon volume : *Théorie et application de l'impôt sur le capital*, au moment où s'ouvrait à Lille le congrès de l'*Association française pour l'avancement des sciences*. Ayant l'honneur de faire partie des fondateurs de cette utile institution, je crus d'autant plus que je devais aller exposer moi-même mon système, que la question de l'impôt sur le capital avait été traitée, l'année précédente, dans la section d'économie politique, au congrès de Lyon. Retenu par mes fonctions de conseiller général de Seine-et-Marne, je n'y étais pas présent. Le gouvernement ayant retardé cette année la session des conseils généraux pour la formation des nouvelles listes électorales, je voulus, fortifié par de nouvelles études, armé de nouveaux arguments, en profiter pour présenter en quelques mots de nouvelles observations.

Puis, j'ai toujours eu, moi, industriel, la plus grande et la plus respectueuse admiration pour la science. Que serait donc l'industrie sans elle ? L'industrie est-elle autre chose qu'une application de la science ? Malheureusement il y a encore une foule de gens qui, ne se rendant pas compte de ce qu'ils font et de la manière dont ils travaillent, dont ils vivent, considèrent volontiers la science comme un luxe, et de plus un luxe inutile. Ils sont tout prêts en voyant un savant, et ses instru-

(1) Voir *Discours et conférences*, vol. in-18.

ments, et son laboratoire, et ses cornues, et ses patientes recherches, à dire : — A quoi bon ?

A quoi bon, malheureux? Eh! sans la science, vous seriez encore au niveau de vos aïeux de l'âge de pierre. Cet état de nature a pu être célébré par des faiseurs de paradoxes; je voudrais bien vous voir soumis pendant huit jours au régime diététique d'un naturel de la Nouvelle-Calédonie !

Cette indifférence d'une présomption ignorante m'a toujours indigné; et je fus heureux, dans la séance du 24 août, de traiter l'importante question *du développement de la richesse par la science*, et d'affirmer qu'il appartient à l'industrie et à l'agriculture de faire le budget de la science.

A mon retour à Paris, je trouvai une invitation de me rendre dans le Gard et dans l'Hérault, exposer le système de l'impôt sur le capital. Elle était faite au nom de conseillers généraux, de conseillers d'arrondissement et de nombreux propriétaires et négociants. Quand je crois posséder une vérité, je ne ferme pas la main comme Fontenelle. Je voudrais, au contraire, la jeter à toute volée, de manière que tout le monde la connût. Je n'hésitai donc pas, et j'acceptai l'offre bienveillante qui m'était faite.

La première réunion privée, composée de plus de deux mille personnes, eut lieu à Nîmes, le 7 septembre. Je ne saurais trop remercier cet auditoire, d'une intelligence politique si développée, si ouverte à toutes les idées neuves, de son sympathique accueil. Il a été un précieux encouragement pour moi.

Le lendemain, une réunion avait été préparée à Montpellier. Je m'attachai à développer surtout la critique des impôts actuels.

Le mercredi 9, nouvelle réunion à Cette. Ici je laisse la parole aux journaux pour le récit d'un incident qui vint la troubler :

« M. Menier parlait depuis une heure et demie à peu près,

quand il entendit quelques coups violents et rapides. La porte s'ouvrit. Un commissaire de police, ceint de son écharpe, se précipita dans la salle, suivi d'agents de police en uniforme et en bourgeois, et d'une compagnie du 17e de ligne, baïonnette au bout du fusil. M. Menier recommanda aussitôt le calme et déclara qu'il assumait sur lui la responsabilité complète de la réunion.

« Le commissaire de police, fort ému et troublé devant cette attitude, demanda si tout le monde avait des cartes. M. Menier lui demanda de quel droit il venait violer un domicile privé à une heure indue.

« Le commissaire ne répondit pas à cette question et pour cause. On vérifia les cartes. Un individu fut désigné comme n'en ayant pas. M. Menier alla vers lui, l'amena au commissaire qui le reconnut pour un de ses agents.

« Puis, le commissaire de police, la vérification faite, demanda à M. Menier quel était le but de cette réunion.

« M. Menier lui répondit : — Je pourrais ne pas vous le dire, ceci étant une réunion privée. Cependant je n'hésite pas à vous répondre qu'elle avait pour but d'entendre l'exposé du système de l'impôt sur le capital.

— Mais c'est une réunion publique, dit le commissaire de police ; il y a cinq ou six personnes qui n'ont pas de cartes.

— La carte, répondit M. Menier, ne sert qu'à établir l'identité de la personne. Si le propriétaire connaît une personne, elle n'a pas besoin de carte. Si j'invite des amis personnels à une soirée, ont-ils donc besoin de cartes ? Une réunion privée où on parle de l'impôt sur le capital est semblable à toute autre soirée. Demandez au propriétaire s'il connaît ces personnes.

« Le commissaire de police s'y refusa et commença, dans son trouble, par demander sa carte au propriétaire lui-même. Puis il demanda leurs noms aux personnes qui n'avaient pas de cartes. Les deux premières étaient parentes du propriétaire. Il est vraisemblable qu'il les connaissait.

« A dix heures trois quarts, le commissaire déclara la

réunion dissoute. On céda à la force. On se retira en silence; mais M. Coullet, le propriétaire du local, ne laissera pas l'affaire là : il poursuit le commisssaire de police pour violation de domicile (1).

« Le lendemain, il devait aussi y avoir une réunion privée à Béziers. M. Menier partit pour Béziers, bien décidé à ne pas céder à ces essais d'intimidation. La commission communale avait mis à sa disposition la grande salle de l'hôtel de ville. Les cartes d'invitation étaient faites au nom de M. Menier.

« Après l'affaire de la veille, il crut de bon goût d'inviter le sous-préfet à sa conférence. Le sous-préfet fit répondre qu'il venait d'apprendre l'existence de cette conférence; que, faite à l'hôtel de ville, elle avait, selon lui, le caractère d'une réunion publique; qu'il ne voyait, du reste, aucun inconvénient à l'autoriser, si la préfecture, à laquelle il en avait référé, ne s'y opposait pas, à la condition que le commissaire de police y assistât.

« M. Menier avait bien invité M. le sous-préfet; il ne vit aucun inconvénient à inviter le commissaire de police. Il lui envoya une lettre d'invitation.

« Le sous-préfet ajouta : — Il ne faudrait pas non plus parler politique.

« — Oh! lui répondit M. Menier, soyez bien convaincu que je ne viens pas dans le Midi pour rétablir la monarchie! vous n'avez donc à craindre aucun propos séditieux de ma part.

« — C'est égal. Il vaudrait mieux ne pas parler politique, répéta-t-il.

« — Qu'à cela ne tienne! je ne prononcerai même pas le mot de République, s'il vous effraye.

« A huit heures du soir, M. Menier fut prévenu qu'il pouvait commencer. Il fit la critique des impôts actuels, exposa le système complet de l'impôt sur le capital.

---

(1) L'assignation a été envoyée immédiatement. L'affaire est toujours en instance auprès du tribunal civil de Montpellier. J'ignore le motif pour lequel elle n'a pas encore été inscrite au rôle.

« Le commissaire de police reconnut lui-même que la société n'avait pas été mise en péril. Mais pourquoi à Cette, à dix lieues de là, dans le même département, avait-elle couru un si grand danger qu'il avait fallu mettre sur pied une compagnie d'infanterie, la brigade de gendarmerie et toute la police de la ville ? »

Le lendemain, j'allai à Perpignan, serrer la main de M. Boluix, vice-président du conseil général des Pyrénées-Orientales, et remercier les dix membres du conseil général qui, sur dix-sept, ont signé la pétition en faveur de l'impôt sur le capital.

On me pria de faire une conférence. J'acceptai. Il était trop tard pour organiser une réunion privée. On demanda l'autorisation à la préfecture. Le préfet n'était pas à Perpignan. Le secrétaire général l'accorda, si le maire voulait prêter la salle de l'hôtel de ville. Le maire la prêta. Les préparatifs étaient déjà faits, quand M. le secrétaire général de la préfecture nous informa que le commandant de l'état de siége s'opposait à cette réunion, sous prétexte qu'il y avait un procès qui le lendemain pourrait émouvoir l'opinion publique. Or, voici ce qu'était ce procès.

Un journaliste, qui avait été appelé « jésuite » par son confrère, poursuivait celui-ci en diffamation. Cela s'est terminé par une condamnation à vingt francs d'amende. Quel rapport pouvait avoir l'impôt sur le capital avec cette affaire ? Mais nos administrateurs semblent prendre à tâche de démontrer la vérité de ce mot de Stendhal : « La peur n'est pas dans le danger, elle est en nous. »

La pétition du 3 avril a commencé la période active de cette réforme fiscale. Le 30 juin, elle avait réuni 20,820 signatures. Aujourd'hui, elle en a réuni plus de 30,000. Ce n'est pas suffisant cependant. Il est nécessaire que nous arrivions à imposer cette importante réforme à l'Assemblée qui sera chargée d'organiser la France ; car il faut que la République soit résolûment réformatrice et démontre par les faits qu'elle est le seul gouvernement favorable au développement des intérêts, parce qu'elle allie le progrès à la stabilité.

C'est pour ce motif que je crois utile de publier cette brochure.

Elle contient mon discours prononcé au congrès de Lille, dans la séance générale du 24 août ;

Une communication relative à l'impôt sur le capital, à la section d'économie politique et de statistique du même congrès ;

Un résumé, très-exact et très-bien fait, du discours que j'ai prononcé à Nîmes, le 7 septembre (1).

Enfin si, selon chaque milieu, je me suis étendu plus ou moins sur telle ou telle question, il n'en est pas moins vrai que, sauf des variantes de forme, mes trois conférences de Montpellier, de Cette et de Béziers avaient un caractère commun.

Il me fallait donc choisir, pour cette publication, entre ces trois conférences. Le commencement de la conférence de Montpellier était un peu spécial au caractère scientifique de la ville dans laquelle je la faisais. La fin de la conférence de Cette a été supprimée par le commissaire de police. J'ai donc choisi la conférence de Béziers. Sauf le mot de République que je n'ai pas prononcé, selon les engagements pris avec M. le sous-préfet de la République, elle est à peu près semblable à la conférence de Cette.

Telles sont les étapes de cette première campagne.

Maintenant, je renouvelle mon appel à tous les hommes d'initiative et de progrès, à tous les patriotes qui veulent non-seulement relever leur pays, mais lui donner une grandeur et une puissance qu'il n'a jamais eues. J'aurais voulu former une grande ligue, comme celle de la réforme des *corn-laws*

(1) Extrait de l'*Union républicaine du Midi*, du 11 septembre.

en Angleterre, fomenter une de ces grandes agitations pacifiques qui sont aux révolutions ce qu'est la soupape à la machine à vapeur. Mais l'article 291 du Code pénal interdit les associations. Mais la loi de 1868 fait dépendre les réunions publiques du bon plaisir de l'autorité. Il n'est pas enfin jusqu'à ce droit de réunion privée qui, n'ayant pu encore nous être ravi par la législation, ne puisse être brutalement violé par le zèle inintelligent d'un commissaire de police.

Dans ces conditions, on comprend que la formation d'une ligue soit difficile. On pourrait, il est vrai, éluder la loi à l'aide d'un journal. Mais là encore, nous nous trouvons en face de l'arbitraire de l'état de siége qui déjà, il y a un an, m'a refusé l'autorisation d'exposer et de défendre mes principes économiques dans une publication périodique.

Je n'ai pas, du reste, beaucoup à m'en plaindre. Malgré toutes ces entraves, malgré l'interdiction de la vente de mes publications sur la voie publique et dans les gares, l'idée de l'impôt sur le capital a fait son chemin. Elle est maintenant dans la phase de la discussion, et c'est là ce que je voulais.

L'utilité des conférences que je viens de faire consiste précisément à en provoquer la discussion. Beaucoup qui n'auraient pas lu le livre viennent entendre l'auteur. Dans une conférence, on est forcément incomplet; mais on jette des idées, on trace largement le plan du système, on en pose les bases. Et en remerciant les organisateurs des réunions du Gard et de l'Hérault, je me permettrai de leur dire : — Messieurs, votre rôle n'est pas fini. J'ai ouvert la voie, à vous de la déblayer, de l'élargir, de manière à y entraîner un tel courant d'opinion publique, qu'il renverse et emporte tout notre vieux système fiscal, et que bientôt les impôts iniques, vexatoires, ruineux qui nous oppriment, ne soient plus que des épaves.

MENIER,
Manufacturier.

Octobre 1874.

III

CONSEIL GÉNÉRAL DE SEINE-ET-MARNE

Séance du mardi 27 *octobre* 1874.

Les questions d'un intérêt pratique sont celles que nous voyons traiter avec le plus de plaisir au sein de notre conseil général. De ce nombre est la question prédominante qui touche à l'avenir de la France et qui, dans l'esprit de son auteur, est appelée à changer notre système financier. Chacun a nommé l'impôt sur le capital, dont notre conseiller général de Meaux, M. Menier, s'est fait l'ardent promoteur et vulgarisateur.

La commission administrative du conseil général, saisie d'une proposition de vœu tendant à demander à l'Assemblée un essai d'impôt sur le capital au taux de un pour mille, l'a appuyée dans la séance du 27 octobre dernier.

M. Adam, conseiller général de Rozoy, a donné lecture d'un rapport d'un mérite exceptionnel, digne d'être publié *in extenso*.

Ses conclusions n'ont été repoussées qu'à une voix de majorité; encore faut-il mentionner que six abstentionnistes n'ont pas pris part au vote, faute d'avoir suffisamment approfondi cette question économique.

Nos lecteurs nous sauront gré de la publicité que nous donnons au rapport qui suit :

M. Adam, au nom de la commission administrative, donne lecture du rapport suivant :

« Messieurs,

« Dans sa session d'avril 1873, sur une proposition de notre honorable collègue M. Menier et plusieurs membres du conseil général, proposition dont le conseil était saisi depuis la session d'avril 1872, le conseil général a émis le vœu que l'impôt sur le capital, ainsi que tout autre système pouvant améliorer les systèmes d'impôts actuellement en vigueur, seraient recommandés à l'étude du gouvernement.

« Si on se reporte à la discussion de la séance du 26 avril 1873, il est facile de voir que les opinions étaient hésitantes et que les partisans de la proposition originaire n'avaient pas encore cette conviction à laquelle le temps, la réflexion et l'étude devaient seuls les faire arriver.

« La question, depuis lors, a fait un pas immense; les esprits opposés sont ébranlés et les incertains se décident. Aujourd'hui, MM. Menier, Belin, Constant, Sallard, Nivet, Meunier, Bouchet et Adam vous proposent d'adopter le vœu suivant : « L'Assemblée nationale, conformément à une pro-
« position qui lui en a été faite par un de ses membres, votera
« un essai d'impôt sur le capital fixe de la nation au taux de
« 1 pour 1,000, dans le but d'abroger les nouveaux impôts
« votés depuis le 5 novembre 1873. »

« Votre commission a prié l'honorable M. Menier de venir dans son sein, et l'a entendu dans ses explications; il lui a communiqué les documents qu'il possède, et elle ne s'est pas dissimulé la gravité de la question posée par les auteurs de cette proposition. Elle n'a pas la prétention de vous présenter un travail destiné à en résoudre toutes les difficultés; c'est une étude consciencieuse qu'elle a faite et dont elle vous soumet le résultat.

« Tout a été dit sur l'impôt et les impôts; loin de nous l'idée d'entrer dans le dédale des définitions de principes et des axiomes dont, tour à tour, les économistes, depuis les premiers maîtres de la science jusqu'à nos jours, ont rempli leurs écrits; mais leurs travaux n'ont pas été stériles, et du sein des ténèbres économiques, il a fini par jaillir une lumière qui commence à se répandre dans les esprits, et dont les masses elles-mêmes ont comme une intelligence instinctive.

« Ainsi, une vérité maintenant incontestable, c'est le vice

des impôts de consommation, surtout quand ils frappent les objets nécessaires à l'alimentation. On sait aussi qu'il n'est pas un seul des impôts compris dans ce que nous nommons contributions indirectes qui n'ait été à sa création reconnu mauvais par le ministre même qui le présentait, et ces impôts qui se glissaient avec honte et timidité dans nos lois fiscales, sur le sel, les boissons, le sucre, l'huile, les combustibles, etc., ont progressé d'une façon terrible et, grâce à la facilité de leur perception, qui dispensait le législateur et les hommes d'État de chercher à les remplacer par quelque chose de mieux, ils figurent actuellement dans nos budgets pour le chiffre formidable de 1,900 millions.

« L'excès du mal a fait chercher le remède; à deux reprises, en 1848 et en 1871, la question a failli sortir des études théoriques pour entrer dans une phase d'application, mais ce mouvement de révolution financière s'est arrêté.

» D'ailleurs, il faut le reconnaître, les deux discussions n'ont fait ressortir aucun système dont l'évidence fût assez manifeste pour l'emporter sur les systèmes opposés.

» Les désastres amenés par la funeste guerre de 1870, et les charges que la République a eu à supporter, ont nécessité une augmentation anormale dans les impôts et l'écart de 674 millions entre les budgets de 1869 et de 1874 a été comblé pour 603 millions par une surcharge de contributions indirectes de toute nature; il est resté 40 millions à trouver, et dans son trouble et son horreur du déficit nous avons vu le fisc se jeter sur les allumettes et menacer jusqu'à nos chapeaux.

« Les auteurs de la proposition, M. Menier, le premier, à qui, Messieurs, il faut que nous rendions hautement justice pour sa persévérance et les travaux remarquables que nous lui devons sur cette question, ont jugé que le moment était venu de quitter la voie funeste des impôts indirects pour rentrer dans l'application des vrais principes, et ils croient que l'impôt sur le capital est celui qui s'en rapproche le plus.

« Voici en quelques mots les motifs qui les déterminent à choisir cet impôt de préférence à l'impôt sur le revenu.

« Et d'abord, Messieurs, il faut bien préciser la portée de la réforme que l'on vous propose d'appuyer ; on n'entend pas jeter le trouble dans notre législation fiscale ni tout renverser sans bien connaître ce qu'on mettra à la place. Il s'agit d'un essai qui n'a rien d'effrayant, qui se pratique dans maint État, mais sans avoir la base scientifique et solide sur laquelle s'appuie le nouveau système. Il ne s'agit que de faire disparaître les impôts votés depuis le 5 novembre 1873 qui, sans suffire à combler le déficit, frappent la production et entravent la circulation d'une façon si inquiétante, que le législateur a dû s'arrêter.

« Nous disons que l'impôt sur le revenu a été écarté, c'est qu'en effet lui trouver une base solide est impossible ; il y a le revenu brut, le revenu net, les profits, les salaires : comment l'atteindre? A quel moment le frapper? Il faut déterminer un minimum inaccessible à l'impôt ; de là des catégories de contribuables, sans parler des difficultés si grandes de la perception que dans les pays où il est appliqué on en est venu pour ainsi dire à se contenter des déclarations ; aussi, l'*income-tax*, qui, en Angleterre, n'a jamais eu d'autre prétention que d'offrir une ressource momentanée et extraordinaire, comme le dit un de nos bons écrivains économistes, M. Baudrillart, en parlant de l'*income-tax* établie pour la première fois par Pitt, en 1798, tend-elle à disparaître des lois fiscales anglaises.

« L'impôt sur le revenu repoussé, il fallait justifier la préférence donnée à l'impôt sur le capital, et en voici les principales raisons :

« Le fisc ne doit connaître qu'une chose, l'ensemble des richesses nationales ; l'impôt doit être prélevé sur le capital total de la nation, et chacun doit y contribuer au prorata de la portion du capital dont il est possesseur ; l'impôt ne doit jamais frapper la circulation ni entraver la liberté du travail ; la conséquence de ces principes, c'est la distinction à faire entre le capital fixe et le capital circulant : le premier sera atteint; le deuxième, qui est l'instrument de la production et qui tend naturellement, par le travail, la circulation et l'épargne à se transformer en capital fixe, ne doit pas l'être.

« Votre commission, Messieurs, frappée de la netteté avec laquelle ce nouveau système se dégage des discussions nuageuses où s'est égarée jusqu'ici la question de l'impôt; connaissant combien le sort des classes nécessiteuses vous préoccupe, et voyant un moyen d'arrêter le fisc sur cette pente désastreuse des contributions qui frappent depuis les objets nécessaires à la vie jusqu'aux matières les plus utiles à l'industrie et à l'agriculture;

« Reconnaissant que le nouveau système paraît reposer sur une base solide, qu'il gêne le moins la production, qu'il est d'une application facile et qu'enfin l'essai indiqué par la proposition de n'imposer que un pour mille, doit rassurer les esprits les plus timorés, votre commission administrative vous propose la délibération suivante :

« Considérant qu'il est urgent de remédier aux fâcheux « effets que produit l'augmentation progressive des impôts « indirects sur le commerce, l'industrie et l'agriculture;

« Considérant que l'impôt sur le capital fixe de la nation « est celui qui respecte le plus la loi économique du travail et « de la production;

« Considérant que le gouvernement peut, sans compro- « mettre le système fiscal en vigueur, faire l'essai proposé;

« Le Conseil général, adoptant les considérations exprimées « au rapport :

« Émet le vœu que l'Assemblée nationale soit invitée à « voter un essai d'impôt sur le capital fixe de la nation au « taux de un pour mille pour, avec le produit, éteindre les « impôts votés depuis le 5 novembre 1873. »

(*Indépendant de Seine-et-Marne.*)

IV

L'IMPOT SUR LE CAPITAL

ET LES CONSEILS GÉNÉRAUX

Voici les considérants du vœu en faveur de l'impôt sur le capital présenté par M. Vauthier au conseil général de la Seine :

« Les soussignés,

« Considérant que les impôts qui s'adressent à la consommation frappent surtout les classes nécessiteuses, ont pour effet de réduire la production agricole et industrielle, entravent les transactions, paralysent l'industrie, sont d'une perception douteuse, engendrent la fraude et le crime, et, par tous ces motifs, nuisent au développement de la prospérité publique;

« Que néanmoins notre système fiscal tend à donner à ces impôts une extension chaque jour croissante; que cela est surtout frappant depuis le 5 novembre 1873, et qu'il importe de l'arrêter dans cette voie;

« Considérant que, pour beaucoup de bons esprits, le remplacement de tous les impôts existants par un impôt unique sur le *capital fixe* serait à la fois conforme à la justice et à l'intérêt public;

« Que cet impôt ayant pour base un inventaire de la richesse nationale répartirait les charges sur chaque citoyen au prorata de l'élément qui donne la plus juste mesure de ses facultés contributives;

« Qu'un tel impôt dégagerait la circulation, assurerait la

liberté du travail, et, tout en se répartissant finalement sur tous les citoyens, par répercussion de haut en bas, aurait l'immense avantage de faire faire au capitaliste l'avance de l'impôt, avance que supporte aujourd'hui le travailleur;

« Et qu'enfin, en poussant au développement des facultés productives du capital fixe, cet impôt imprimerait à l'industrie l'impulsion la plus vive et la plus salutaire;

« Considérant que, sans tenter immédiatement une application sur grande échelle, il y aurait tout avantage à faire, sur échelle réduite, une étude tendant à un essai propre à combler le déficit du budget et à remplacer les taxes indirectes récemment votées;

« Qu'un tel essai, sans jeter le trouble dans notre système financier, fournirait les données les plus précieuses sur les applications ultérieures;

« Ont l'honneur de demander au conseil général de la Seine d'émettre le vœu :

« Que l'Assemblée nationale soit invitée à voter, après étude, un essai d'impôt sur le capital fixe de la nation au taux de un pour mille; pour, avec le produit, éteindre les impôts votés depuis le 5 novembre 1873.

« Paris, 7 novembre 1874.

« L.-L. VAUTHIER, E. CLERAY, PÉRINELLE, CANTAGREL, JOBBÉ-DUVAL, EM. CHEVALIER. »

Voici la conclusion du rapport de M. Allain-Targé sur le vœu précédent, et celui de M. Raspail, demandant un impôt progressif sur le revenu.

« Le conseil général émet le vœu :

« Que les pouvoirs publics s'entendent pour étudier et appliquer un système d'impôts qui atteigne directement et dans une juste mesure le capital et le revenu, et qui ménage la consommation, le travail et l'industrie. »

Cette conclusion a été votée par le conseil, le 14 novembre 1874.

Un autre vœu réclamant un essai de l'impôt sur le capital, au taux de 1 pour 1,000, a été présenté dans divers conseils généraux. Le conseil général de Seine-et-Marne l'a repoussé par 11 voix contre 12, avec 6 abstentions. Présenté au conseil général d'Eure-et-Loir par M. Labiche, au conseil général du Rhône par M. Falconnet, au conseil général des Pyrénées-Orientales par M. Boluix, il a été adopté par ces divers conseils généraux. MM. Robin et Turigny ont également déposé dans le conseil général de la Nièvre une proposition analogue. Nous ignorons si elle a été admise. Le conseil général des Bouches-du-Rhône a adopté un vœu analogue, sur la proposition de M. Pierre Baragnon. Enfin MM. Salis, Razimbaud et Perréal l'ont renouvelé dans le conseil général de l'Hérault.

On voit donc que cette idée si simple, de commencer l'application de l'impôt sur le capital par un essai de *un pour mille*, soit 10 francs pour 10,000 francs, 100 francs pour 100,000 francs, s'est vivement emparée de l'opinion publique, et qu'il est impossible à nos législateurs de n'en pas tenir compte, lorsqu'ils devront, à la rentrée de l'Assemblée, s'occuper d'équilibrer le budget, et de faire face aux déficit produits par les moins-values des contributions indirectes.

(*Bien public.*)

V

A MONSIEUR
LE GÉNÉRAL GOUVERNEUR DE PARIS

MONSIEUR LE GÉNÉRAL,

J'ai reçu communication de la circulaire ci-dessous. Je ne veux pas garder pour moi seul ce document, et je le livre à la publicité :

GOUVERNEMENT DE PARIS
20e Division militaire
ÉTAT-MAJOR GÉNÉRAL
N° 12
CONFIDENTIELLE

« Paris, le 15 novembre 1874.

« MONSIEUR LE...,

« Le sieur Menier, manufacturier, a adressé, par la poste, « aux officiers de divers corps stationnés dans le département « de la Seine, une brochure dans laquelle il a réuni des dis- « cours et conférences faits par lui à diverses époques, tou- « chant la question de l'impôt sur le capital. Cette brochure « est accompagnée d'une feuille imprimée destinée à recevoir « des adhésions à une pétition à l'Assemblée nationale en « faveur de cet impôt.

« Ce document, dont la circulation n'est pas interdite et « que les officiers auxquels il a été adressé ont reçu par la « poste, ne peut être l'objet d'aucune mesure de saisie dans « les bureaux de cette administration.

« Mais, d'un autre côté, il importe à la dignité de l'armée « et à sa discipline qu'elle ne se trouve pas mêlée à des ques-

« tions de cette nature, si souvent traitées dans les réunions « publiques, et elle ne doit s'associer à aucune manifestation, « spécialement à celles par voie de pétition.

« Je pense que MM. les chefs de corps placés sous « vos ordres, auxquels pareil envoi pourrait être fait, sau- « ront en faire bonne justice et ne s'associeront pas au pé- « titionnement que l'on sollicite d'eux, ainsi, d'ailleurs, que « le prescrivent les règlements militaires. Mais il pourrait « arriver que des envois de ces brochures fussent faits par la « voie de la poste à des sous-officiers et soldats, et que des « ouvrages de cette nature entrassent ainsi dans les casernes. « Vous aurez, en conséquence, à donner des instructions préci- « ses pour que, dans ce cas, les vaguemestres remettent à « MM. les chefs de corps les ouvrages envoyés que ceux-ci « garderont par-devers eux, sans les laisser arriver entre les « mains des sous-officiers et soldats de leurs régiments.

« *Le général gouverneur de Paris.*

« PAR ORDRE :

« Le général chef d'état-major général,

« Signé : F. SAGET. »

Vous semblez avoir, Monsieur le Général, le plus grand dédain pour les hommes qui discutent. Vous croyez qu'il est beaucoup plus simple de « faire bonne justice de ces envois, » comme vous le dites. Mais, Monsieur le Général, vous n'avez pas réfléchi à une chose : c'est que si vous voulez que la France ait une armée, il faut qu'elle ait le moyen de l'entretenir; que les impôts actuels fléchissent, ne peuvent plus rendre d'argent, tuent notre agriculture, notre industrie et notre commerce, sans lesquels, entendez-vous bien, la France ne pourrait plus fournir les 493 millions que coûte le budget de la guerre et les 160 millions que coûte le budget de la marine.

Ce n'est pas rien pour un pays que de payer cette somme; et je ne parle pas de la réorganisation de notre armée évaluée à

1,500 millions par M. d'Audiffret-Pasquier. Il faut prendre cet argent sans ruiner le pays, si c'est possible. Vous ne vous en apercevez pas, vous qui ne faites que consommer. Nous nous en apercevons, nous qui produisons.

Je ne crois pas, pour mon compte, que l'armée puisse se désintéresser de pareilles questions. Tous ceux qui songent à son avenir, et ne se contentent pas de déclamations chauvines, doivent se préoccuper de la manière dont le pays pourra supporter cette charge.

Je ne pense pas, Monsieur le Général, que tous les officiers « fassent bonne justice des envois » dont vous parlez. Je crois qu'il y a assez d'officiers dans l'armée capables de lire autre chose que des romans et désireux de s'instruire, pour qu'ils se soient donné la peine de les étudier.

Vous proscrivez ces brochures des casernes. Vous ne voulez pas les voir entre les mains des sous-officiers et des soldats. Avez-vous jamais formulé une semblable interdiction contre *la Clef des songes, le Parfait secrétaire*, et toutes les autres insanités qu'on voit partout estampillées du timbre du colportage? Eh bien, c'est avec un sentiment de profonde tristesse que tous les hommes soucieux de l'avenir de la France verront une pareille tolérance pour ce qui peut maintenir les foules dans l'abêtissement et dans l'ignorance, et une pareille intolérance pour des publications sérieuses, initiant le peuple à ses affaires et montrant les moyens d'arriver à l'apaisement social.

Recevez, Monsieur le Général, l'assurance de ma considération la plus distinguée.

MENIER,

MANUFACTURIER,

37, rue Sainte-Croix de la Bretonnerie.

Paris, le 26 novembre 1874.

VI

BUDGET DE 1874-1875

(*Extrait du* NATIONAL *du 15 décembre.*)

L'IMPOT SUR LE CAPITAL.

M. Menier, dont on connaît la compétence dans les questions économiques, et qui doit à sa longue pratique des grandes affaires industrielles une autorité dont il faut tenir grand compte, nous adresse la lettre suivante, que nous nous empressons de publier. Toujours fidèle au principe de l'impôt sur le capital, dont il s'est fait le courageux et infatigable promoteur, il fait en faveur de ce procédé fiscal un nouvel appel auquel la situation du Trésor donne un intérêt particulier.

« *A M. le Rédacteur en chef du* NATIONAL.

« MONSIEUR LE RÉDACTEUR,

« L'année dernière, le 5 novembre 1873, M. Magne, ministre des finances, déposait un projet de loi réclamant 149 millions d'impôts nouveaux, et proposant de surcharger encore les contributions indirectes.

« Alors, dans deux lettres, l'une adressée à M. Magne, l'autre à M. Pascal Duprat, je protestais contre l'assiette que M. le ministre des finances voulait donner à ces impôts. Je prouvais qu'ils devaient d'abord ruiner notre industrie, notre agriculture, notre commerce, et qu'ils ne pouvaient se solder que par des déficits.

« La discussion qui eut lieu à l'occasion de ces nouveaux impôts confirma toutes mes prévisions. Elle se traîna de longs mois d'amendements en amendements, de contre-projets en contre-projets, de projets en projets. M. Magne, malgré l'énergie fébrile qu'il mettait à défendre son portefeuille, finit par succomber à la tâche. L'Assemblée fatiguée, épuisée, à court non pas de solutions, mais d'expédients, finissait elle-même par renoncer à trouver ces 149 millions d'impôts nouveaux, et votait le budget de 1875 avec un déficit de 25,440,000 francs.

« Dès le mois d'avril, revenant à la charge, je prenais l'initiative d'une pétition réclamant, comme je l'avais déjà réclamé précédemment, un essai de l'impôt sur le capital au taux de 1 pour 1,000. En évaluant le capital de la nation à 160 milliards, évaluation qui, comme je l'ai prouvé, est plutôt au-dessous qu'au-dessus de la vérité, nous nous procurions immédiatement 160 millions, 11 millions de plus que n'en demandait M. Magne, 35 millions de plus que n'a pu en voter l'Assemblée.

« Cette pétition était couverte, en quelques semaines, de 20,820 signatures. Le 3 juin, elle était déposée à l'Assemblée, où naturellement on n'a pas daigné encore s'en occuper. Je n'en suis pas surpris d'ailleurs. Je sais que l'Assemblée actuelle dédaigne trop l'opinion publique pour qu'une manifestation semblable puisse triompher tout d'un coup de ses timidités, de ses hésitations et de son esprit rétrograde. Mais qu'importe? Il faudra bien que les législateurs en tiennent compte tôt ou tard. Les 10,000 signataires qui sont venus adhérer depuis cette époque à la pétition, les conseils généraux qui ont réclamé aussi un essai sur l'impôt du capital, savent que la persévérance seule peut triompher des résistances les plus aveugles.

« Il y a quantité de gens qui croient avoir le monopole de la vérité et être seuls aptes à traiter toutes les questions; gens qui n'ont confiance qu'en leur infaillibilité. Ces gens-là ont pris en profond dédain cette pétition, les vœux des conseils généraux. Ils ont haussé les épaules en disant : — L'impôt sur le capital ! qu'est-ce que c'est que ça ? qu'est-ce que cette chimère ? Nous ne connaissons pas ça. Ça ne s'est jamais fait. Ça ne se fera donc jamais. Nous seuls sommes des hommes pratiques au courant des affaires, capables de trouver les impôts nécessaires pour équilibrer un budget.

« Certes, s'il était jamais permis de triompher des embarras de son pays, je pourrais, à mon tour, railler l'habileté de ces grands financiers et de ces grands politiques.

« Mon triomphe serait facile en vérité, si, prenant en mains l'extrait de l'exposé financier de M. le ministre des finances, qui a été publié par le *Journal des Débats* du mardi 8 décembre 1874, je leur disais :

« — Ah ! vous avez dédaigné un essai de l'impôt sur le capital ! Vous avez préféré avoir recours aux contributions indirectes ; où en êtes-vous maintenant ? Avez-vous réussi à équilibrer votre budget ? Non ! car voici ce que dit le ministre des finances lui-même : — Les recettes sont portées au budget de 1875 pour 2 milliards 588 millions 900,624 fr. ; en réalité, il n'y a que 2 milliards 523 millions 460,624 fr. de recettes effectives : 25,440,000 fr., que vous n'avez pu voter, et 40 millions que vous devez rembourser à la Banque dans le délai de six mois, font un déficit de 65,440,000 fr.

« Est-ce tout ? Non, car le ministre des finances avoue qu'il faut ajouter un déficit de 34 millions dans le rendement des impôts existants, et le ministre des finances est modeste dans ce cas, car dans les neuf premiers mois de 1874, la moins-value des contributions indirectes a égalé cette somme et ne se monterait pas à moins de 50,396,000, fr., sans une plus-value de la vente des tabacs de 16,240,000 fr.

« Enfin, dit encore M. le ministre des finances, d'après le *Journal des Débats*, un certain nombre de services financiers ayant été insuffisamment dotés dans le budget de 1875, on arrive à un *déficit total réel* qui dépassera nécessairement la somme de 100 *millions*.

« Est-ce tout? Ce déficit ne doit-il porter que sur 1875? Non.

« En ce qui concerne l'exercice 1876, continue M. le mi-« nistre des finances, on se trouvera *dans des conditions plus* « *mauvaises* encore, et de plus, à partir de 1877, si la Banque « de France ne vient pas de nouveau en aide au Trésor, on « *éprouvera les plus grands embarras.* »

« Enfin, l'État s'est engagé à faire face en partie aux dé-« penses qu'entraînera l'extension du casernement de l'ar-« mée : le département de la guerre demande de nouveaux « crédits s'élevant à 60 millions. Restent encore la loi des « cadres et l'application de la loi sur l'armée territoriale qui « nécessiteront de nouvelles dépenses. Au plus bas mot, il « faut 1 milliard pour refaire notre armement. »

« Voilà la situation : moins-value constante des contributions indirectes; augmentation des dépenses, déficit permanent.

« Comment M. le ministre des finances actuel va-t-il faire face à ce déficit? Quels sont ses projets?

« Les voici, toujours d'après le *Journal des Débats.* Nos frais de perception se montent déjà à 247 millions, on va augmenter le personnel des administrations financières : excellente manière de faire des économies.

« Le nouveau directeur des contributions indirectes, « M. Audibert, est résolu à poursuivre plus énergiquement « que jamais les fraudes de toute nature. L'intention est « excellente; mais voilà soixante ans qu'on s'acharne à pour-« suivre les fraudes de toute nature; et les fraudeurs aug-« mentent toujours en raison de la prime que leur offre l'élé-« vation des droits. C'était M. Bocher qui le disait l'année « dernière : « Augmentez les droits sur l'alcool et vous aurez « 100,000 fraudeurs de plus. »

« Le *Journal des Débats* ajoute : « M. le ministre des « finances se propose de demander de nouvelles armes pour « soutenir contre le dol et la fraude un véritable combat. »

« Bien. Donnera-t-il aux employés de la régie des chassepots, comme le demandait M. Courbet-Poulard ? Dressera-t-il des meutes à la chasse au contrebandier, comme on le fait dans le Nord ? Où arrivera-t-il ? A placer toute une population en lutte contre la société, à créer de nouveaux délits, à transformer ces délits en crimes, à fomenter de nouvelles haines ! N'y a-t-il donc pas assez de lois, pas assez de contraventions ? Les assujettis aux contributions indirectes ont-ils donc encore trop de garanties contre l'arbitraire de l'administration ? Prenez garde d'en arriver au résultat que produisit en 1756, en Angleterre, la taxe sur l'alcool. On mit les marchands d'alcool hors la loi : qu'en résulta-t-il ? Ce négoce fut abandonné par tous les gens honorables et fut livré à tous les aventuriers de la fraude, de telle sorte qu'on fut obligé de rapporter cet acte.

« Rappelez-vous encore ce que disait Montesquieu au dix-huitième siècle : « La finance détruit le commerce par ses injustices et ses vexations, par l'excès de ce qu'elle impose ; mais elle le détruit encore, indépendamment de cela, par les difficultés qu'elle fait naître et les formalités qu'elle exige. »

« Prenez garde d'en arriver là aussi. Quoi ! on annonce un nouveau règlement *très-sévère* sur l'exercice des fabriques de sucre ! Cette industrie est donc trop prospère. Au moment où l'Angleterre vient d'abolir tout impôt sur le sucre, non-seulement on le surcharge chez nous, mais encore on prépare un système de vexations qui risque de le faire abandonner par quantité d'honnêtes gens qui ne veulent pas être à l'absolue discrétion des gens du fisc.

« On demanderait encore une augmentation des droits sur l'alcool, comme s'il y avait eu une plus-value dans le rendement de l'impôt sur les boissons pendant les neuf premiers mois de 1874, tandis que la moins-value n'a pas été moindre de 12,074,000 fr.

« Demander de nouvelles ressources à un impôt qui ne peut même pas suffire aux ressources qu'on lui a déjà demandées antérieurement, voilà, à coup sûr, une excellente manière de combler les déficit et d'arriver à des évaluations budgétaires qui ne soient susceptibles d'aucune déception !

« Puis viendrait la péréquation de l'impôt foncier, excellente mesure, si, au lieu de la baser sur le revenu net, qu'il est impossible d'évaluer, on la basait sur la valeur vénale des immeubles. On établirait les quatre contributions directes en Algérie, ce qui serait un excellent moyen de développer la prospérité d'une colonie qui a déjà bien de la peine à vivre.

« C'est là le plan du successeur de M. Magne pour faire face à un déficit de 100 millions, et qu'on ne peut même pas déterminer d'une manière précise, puisqu'on ne connaît pas exactement le chiffre des nouveaux crédits que réclame le ministre de la guerre. Eh bien, certes, je crois, sans témérité, pouvoir dire à M. Mathieu-Bodet que les nouvelles mesures répressives qu'il projette, que les petits projets qu'il laisse entrevoir, ne sont pas même des palliatifs ; que de toutes ces combinaisons, il ne reste rien de sérieux que l'inquiétude pour l'agriculture, l'industrie et le commerce, et des ruines certaines si quelques-unes venaient à être appliquées.

« D'après le *Journal des Débats*, M. Mathieu-Bodet terminerait en exprimant « sa confiance absolue dans les ressources de la France et les vaillants efforts du travail national. » Il a raison d'avoir cette confiance, et cette confiance, à coup sûr, est justifiée. Le travail national peut très-bien se passer de la confiance du ministre, mais il ne peut pas se passer de liberté, ni de sécurité.

« Or, si vous venez encore menacer sa liberté en multipliant les taxes, en aggravant les formalités, en le menaçant de nouvelles vexations, en le livrant encore plus complétement à l'arbitraire de l'administration ; si vous venez encore par de nouveaux impôts aggraver les frais de production, entraver la circulation de ses produits, limiter encore plus étroitement leur consommation, vous pouvez avoir confiance tant que vous voudrez dans le travail national, le travail national finira par succomber.

« Il est bien facile de parler des ressources de la France. Cela fait bien dans une période. Il serait temps de nous débarrasser de ces déclamations chauvines. Sans doute, les ressources de la France sont immenses ; et la meilleure preuve qu'on puisse en donner, c'est qu'elles aient pu résister à l'absurde régime fiscal qui les paralyse ; mais il y a des limites à tout, et il serait imprudent de croire qu'elles sont inépuisables.

« Et maintenant, je ne viens pas dire à M. Mathieu-Bodet :

« Adoptez donc hardiment un plan d'ensemble : faites donc pour l'impôt sur le capital ce que Robert Peel a fait pour la réforme des *cornlaws;* je sais que ce seraient des paroles perdues. Il n'est pas donné à tout le monde d'avoir l'intelligente énergie du ministre anglais.

« Mais m'adressant aux 30,000 adhérents à l'impôt sur le capital, à tous les citoyens soucieux de l'avenir de leur pays, je leur dis : — Vous voyez que les déficit ne cessent de s'ajouter aux déficit ; vous voyez qu'ils ne cessent d'augmenter, et que le ministre des finances lui-même les montre s'accumulant toujours jusqu'en 1877 et arrivant à un total effroyable. Eh bien, il faut redoubler d'efforts et d'énergie, il faut que l'opinion publique, saisie de cette question, l'approfondisse de manière que lorsque de nouveaux législateurs seront chargés de réparer les fautes commises, ils aient une voie toute tracée et ne se perdent pas comme ceux-ci en hésitations et en tâtonnements. Les grandes choses ne se font qu'à la condition d'être préparées longtemps d'avance : il n'y a de réformes sérieuses que celles qui ne naissent pas d'un engouement momentané, mais qui sont le résultat d'études approfondies.

« Devant l'impuissance avérée, constatée par les partisans mêmes du vieux système fiscal, qui donc pourrait hésiter à étudier la réforme fiscale que je propose ?

« Veuillez agréer, Monsieur le Rédacteur, l'assurance de ma considération distinguée.

« MENIER.

« Paris, le 12 décembre 1874. »

VII

BUDGETS DE 1875 ET DE 1876

A MONSIEUR MATHIEU-BODET

MINISTRE DES FINANCES

10 janvier 1875.

MONSIEUR LE MINISTRE,

Le 5 novembre 1873, votre prédécesseur, M. Magne, présentait un projet de loi réclamant 149 millions d'impôts nouveaux pour équilibrer le budget.

Il a abouti à six mois de discussion, à la perte de son portefeuille et au vote, sans exemple jusqu'à présent, du budget de 1875 avec 25,440,000 francs d'impôts non votés, portés aux recettes.

Aujourd'hui, Monsieur le Ministre, vous venez nous apprendre enfin que la situation s'est considérablement aggravée depuis un an, et qu'elle doit aller toujours en s'aggravant en 1876 et en 1877.

Nous devons vous savoir gré, Monsieur le Ministre, de signaler ainsi le danger.

Il y a des hommes qui croient qu'il suffit de le cacher pour l'éviter. Vous n'êtes pas de ce nombre, et l'on doit vous en féliciter.

Depuis 1872, nos budgets se soldent par un déficit constant. Il est de 166,212,645 francs pour 1872; de 209,142,076 francs pour 1873; de 51,815,202 francs pour 1874.

Enfin, la loi de finances du 5 août 1874 règle le budget de 1875 de la manière suivante :

Recettes.	2,588,900,624
Dépenses.	2,584,452,831
Différence au profit des recettes.	4,447,793

Mais cet excédant est nominal, parce que les 25,440,000 francs d'impôts non votés figurent au budget des recettes, de sorte qu'en réalité le budget est établi avec un déficit de 20,992,207 francs.

De plus, des dépenses nouvelles, créées depuis le 5 août jusqu'au 31 décembre, portent le déficit à 24,210,189 francs. Mais il faut ajouter à ce déficit les 40 millions demandés à la Banque. Le déficit est donc en réalité de 64,210,482 francs. Pour le budget de 1876, la situation est encore plus grave. Les recettes du budget sont évaluées à 2,528,200,877 francs ; les dépenses à 2,616,602,924 francs, soit 31,845,170 francs de plus que celles du budget de 1875. Le déficit est de 88,402,047 francs.

Mais en établissant ce déficit on compte qu'il n'y aura pas de moins-value dans le rendement des impôts. Or, une forte moins-value s'est produite en 1874, et il y a malheureusement beaucoup de raisons de croire qu'elle ne disparaîtra pas dans le budget de 1876.

En ne tenant pas compte de cette moins-value, il n'en reste pas moins pour 1876 « un déficit de près de 90 millions de francs qui ne peut être comblé, vous le dites vous-même, Monsieur le Ministre, que par de nouvelles ressources. »

Alors, Monsieur le Ministre, vous reprenez laborieusement la tâche que poursuivait M. Magne, et qui a abouti à une moins-value de 34 millions pour les neuf premiers mois de 1874, moins-value qui se monterait en réalité à 50,396,000 francs, sans une plus-value de 16,240,000 francs produite par la vente des tabacs. Il est vrai qu'on estime que la moins-value se réduira à 26 millions pour 1874, grâce toujours à la plus-value de la vente des tabacs, qu'on estime devoir s'élever à 20 millions de francs.

Dans cette moins-value, pour les neuf premiers mois de 1874, l'impôt sur les boissons figurait pour plus de 12 millions.

C'étaient les impôts indirects qui fléchissaient de toutes parts et ne parvenaient pas à couvrir les évaluations budgétaires.

Quand un impôt fléchit, il est reconnu qu'il excède les forces des contribuables, et que, par conséquent, lui demander de nouvelles ressources, c'est opérer dans le vide.

Or, que faites-vous, Monsieur le Ministre? Vous suivez exactement les mêmes errements que M. Magne et vous demandez la majeure partie de vos ressources, à quoi? encore aux contributions indirectes.

Vous espérez obtenir, en aggravant les formalités au milieu desquelles se débattent déjà les assujettis de la régie, un rendement plus considérable; 3 millions en frappant de la plus forte taxe tous les manquants constatés chez les marchands de vin en gros; 2 millions en modifiant le régime des marchands de vin en gros des entrepôts de Paris; 3,400,000 francs en retirant aux débitants de boissons, sujets à l'exercice, le dégrèvement de 3 pour 100 qui leur est accordé à titre de déchet et de consommation de famille; 6,600,000 francs en frappant d'une surtaxe tous les vins alcoolisés au-dessus de 12 degrés; 2,500,000 francs en frappant tous les vinaigres d'une taxe uniforme; enfin vous espérez obtenir 25 millions de plus-value d'une aggravation de l'exercice des distilleries, de l'impôt sur les bières, de l'exercice des raffineries, d'une imposition des mélasses, d'un relèvement du droit sur les glucoses, d'un accroissement du personnel de surveillance.

Vous espérez que ces diverses mesures vous procureront 42,500,000 francs.

Certes, permettez-moi de vous dire, Monsieur le Ministre, que cette confiance ne me paraît pas justifiée, d'après les moins-values qui se sont produites cette année dans le rendement des impôts sur les boissons et sur les sucres.

Et puis, avez-vous bien réfléchi à toutes les entraves que de semblables mesures apportent au commerce et à l'industrie? Toute l'industrie ne cesse de réclamer qu'on allége les obstacles qui se dressent devant la circulation de nos produits; tous les industriels demandent qu'on abrége et qu'on supprime les formalités vexatoires, inquisitoriales, qui causent des dérangements incessants, des pertes de temps, et enfin des risques à courir que le plus honnête commerçant ne peut éviter. Et que faites-vous, Monsieur le Ministre? Vous aggravez ces obstacles, vous augmentez ces formalités; — on ne sait pas encore d'une manière précise dans quelle mesure pour toutes les industries; — mais votre projet de règlement sur les raffineries de sucre est tel, qu'on se croirait revenu aux règlements de Colbert. D'après l'article 34 : « L'administration supérieure pourra exiger que des registres particuliers de commerce et de comptabilité, tenus dans chaque usine, et particulièrement les résultats détaillés des inventaires, soient soumis à l'examen d'un employé de l'administration. Elle pourra exiger que les travaux soient interrompus pendant la durée des inventaires. » C'est l'inquisition. D'après l'article 24, toutes les pièces de la fabrique, tous les tuyaux devront être reproduits sur un plan et numérotés. C'est livrer à l'administration les procédés et les secrets de fabrication de chaque industrie.

Ne craignez-vous donc pas, Monsieur le Ministre, qu'en suivant cette voie, vous n'en arriviez à l'abandon de ces industries? On supporte bien des choses, mais arrive un moment psychologique où les ennuis et les vexations sont encore plus graves que les charges mêmes de l'impôt.

Après cette aggravation des impôts sur les boissons et sur les sucres, vous demandez encore 24,639,000 francs à l'enregistrement. Après avoir frappé la circulation des produits, vous frappez la circulation du sol. Tous les économistes vous diront cependant qu'il est urgent de ne pas entraver la circulation du sol, de la faciliter au contraire. Dans ces 24,639,000 francs, vous comptez pour 1,000,000 un impôt sur les primes d'assurances sur la vie; excellent moyen de développer une institution qui ne prend pas assez d'extension en France.

Vous frappez encore la circulation des produits en demandant 17,341,485 francs.

Vous demandez enfin 8,660,000 francs aux contributions directes.

Ce projet, permettez-moi de vous le dire, Monsieur le Ministre, ne diffère pas sensiblement du plan que présentait M. Magne le 5 novembre 1873.

Il est peut-être plus compliqué et moins franc. Voilà la principale différence que j'aperçois entre le sien et le vôtre.

M. Magne disait nettement : — Je frappe tel produit d'une surtaxe.

Il avait éparpillé les taxes; vous éparpillez les vôtres encore davantage. De plus, vous essayez de les dissimuler sous l'apparence de simples réformes administratives.

Certes, il n'est pas besoin d'avoir une bien grande perspicacité pour prévoir que lorsque la discussion de ces diverses mesures viendra à l'Assemblée, vous vous heurterez aux mêmes obstacles que lui. Vous verrez alors les objections se dresser, pressantes et serrées contre chacune d'elles; vous ne trouverez pas plus que lui de bons arguments à y opposer. La discussion se traînera comme elle s'est traînée, de mois en mois, sans pouvoir aboutir à une solution; le commerce, l'agriculture, l'industrie seront en proie à une perplexité qui paralyse toutes les affaires, intimide les capitaux, arrête toutes les entreprises sérieuses, et vous resterez avec un déficit que ne parviendront pas à couvrir vos expédients,... à moins que...

— Oh! je sais que vous allez vous écrier :

— Ah! oui, à moins que nous ne prenions l'impôt sur le capital.

— Oui, l'impôt sur le capital, dont l'essai au taux de

1 pour 1,000, s'il eût été admis le 31 décembre 1873, aurait évité les discussions si longues qui ont tant agité le pays et vous permettrait aujourd'hui de procéder à coup sûr pour arriver à l'équilibre de vos budgets, sans aggraver les charges qui pèsent si lourdement sur tous nos genres de production.

Et ce qu'il y a de curieux, c'est qu'une des grandes objections que font « les hommes pratiques », qui ne connaissent pas la question, contre l'impôt sur le capital, est renversée par vous-même, Monsieur le Ministre des finances. Je ne saurais trop vous remercier.

On m'a dit souvent : — Comment évaluerez-vous les objets mobiliers ? Et vous-même, Monsieur le Ministre, vous frappez des « droits de mutation sur les objets mobiliers transmis par décès, calculés sur le prix de la vente ou sur l'évaluation contenue dans les polices d'assurances. » Pour justifier cet impôt, vous dites vous-même : « L'administration pourra ainsi utiliser les évaluations des polices d'assurances, évaluations qui émanent des parties elles-mêmes. »

Mais puisque vous trouvez la perception de cet impôt si simple, pourquoi, au lieu de ne demander qu'un million à la circulation de ces objets, ne demandez-vous pas, au contraire, 160 *millions à un impôt unique sur le capital fixe de la nation*, dont font partie ces objets ?

Il est bien évident que « votre siége est fait » et que je ne puis guère avoir l'espoir de vous convaincre. Toutefois je vous rappellerai que le siége de Robert Peel était fait aussi quand il admit cependant la réforme des lois sur les céréales.

Un des membres du cabinet qui a précédé celui dont vous faites partie, a institué une commission pour développer notre commerce extérieur. Cette commission a adressé un questionnaire aux chambres de commerce; vous allez les entendre toutes se plaindre précisément des droits et des formalités dont vous demandez l'aggravation. Peut-être qu'en face de ces réclamations, vous viendra-t-il enfin cette idée d'abandonner vos projets compliqués pour arriver à ce projet si simple : l'impôt sur le capital au taux de 1 pour 1,000.

Si cette idée ne vous vient pas, peut-être viendra-t-elle à d'autres.

Il est urgent, en tous cas, de préparer cette réforme si importante et de la mettre sérieusement à l'étude. Au 31 décembre 1876, le compte de liquidation, destiné à la reconstitution de notre armement et alimenté jusque-là avec des reliquats d'emprunt, sera absolument épuisé. Or, les dépenses qui lui sont imputées atteignent au moins la somme de 200 millions de francs par an. Pourra-t-on encore demander ces 200 millions à des mesures analogues à celles que vous proposez? Oh! je sais que 1877 paraît une date bien éloignée. Mais est-il donc plus permis aux peuples qu'aux individus de s'abandonner à l'imprévoyance?

Quant à moi, je répéterai avec Molière : « Je dis toujours la même chose parce que c'est toujours la même chose, et si ce n'était pas toujours la même chose, je ne dirais pas toujours la même chose. »

Veuillez agréer, Monsieur le Ministre, l'assurance de ma considération la plus distinguée.

MENIER,

Manufacturier.

APPEL AUX CONTRIBUABLES

D'après l'exposé de la situation qui précède, emprunté au rapport de M. Mathieu-Bodet, on voit dans quelle situation budgétaire nous nous trouvons.

C'est un déficit constant depuis 1872; et ce déficit sera encore considérablement augmenté en 1877 quand le compte de liquidation prendra fin.

Resterons-nous donc passifs devant une pareille situation? Nous contenterons-nous donc de nous lamenter et de gémir sans tenter nul effort? C'est la conduite qu'impose le fatalisme musulman : ce n'est pas la conduite que doivent suivre des hommes ayant la conscience de leurs actes.

Resterons-nous confinés chacun dans notre isolement, à gémir sur les impôts qui écrasent notre industrie et à déplorer les vexations dont nous sommes victimes?

Si nous nous décidons à élever la voix, nous bornerons-nous à demander que les charges dont nous nous plaignons soient réparties sur d'autres?

Si nous obtenons ce succès, les autres l'obtiendront à leur tour. Ce sera la permanence de la guerre des intérêts. Ce sera l'incertitude et l'instabilité pour tous.

Nous ne pouvons sortir de cette impasse que par un impôt unique.

Or, *l'impôt sur le capital*, seul, peut être un impôt unique.

Il faut donc que nous en obtenions d'abord l'essai à *un franc pour mille francs*.

Une semblable expérience ne peut alarmer aucun intérêt, ne peut nuire à personne. Si elle réussit, comme je n'en doute pas, la solution de la question fiscale est trouvée. Nous sommes débarrassés de toutes les incertitudes qui ruinent notre industrie et paralysent l'essor de nos affaires. Nous marcherons avec certitude, au lieu de tâtonner comme des aveugles.

Pour arriver à cet essai de l'impôt sur le capital au taux de 1 pour 1,000, première étape pour arriver en quelques années à l'impôt unique sur le capital, que faut-il? — Vouloir.

Les peuples, peut-on dire, n'ont que les impôts qu'ils méritent.

C'est à nous de prouver que nous ne méritons pas les impôts indirects, les taxes sur la circulation dont chacun se plaint et qu'on augmente toujours.

Parmi le petit nombre d'instruments que nous a laissés le gouvernement pour exprimer nos vœux, nos tendances, nos besoins, nous en avons un : le pétitionnement.

Il n'a pas produit jusqu'à présent de grands résultats, parce que nous n'avons pas su nous en servir. Ce n'est pas une raison pour l'abandonner : c'est une raison, au contraire, pour nous appliquer à en perfectionner l'emploi.

VIII

MOINS-VALUE DES IMPOTS EN 1874

Dans son rapport du 5 janvier, M. le ministre des finances avait porté la moins-value des impôts pendant 1874 à 26,140,783 francs.

Le tableau du rendement des impôts pendant les onze premiers mois de l'année a prouvé que ce chiffre était de beaucoup trop faible.

Si on compare les recouvrements de l'exercice 1873 et l'exercice de 1874, on trouve que, dans cette dernière année, ils sont inférieurs de 35,803,000 francs. Sur cette somme, les nouveaux impôts votés en 1871 et 1872 comptent pour 17,340,000 fr.

La moins-value des droits sur les sucres coloniaux et étrangers est de 28,901,000 francs; sur les sels, de 3,930,000 fr.; sur les boissons, de 20,587,000 francs; sur les allumettes, de 6,087,000 francs; sur les huiles, de 1,353,000 francs; sur les savons, de 1,667,000 francs; sur la bougie, de 3,240,000 francs. En un mot, il y a 88,516,000 francs en moins aux recouvrements. Il est vrai que les tabacs, la poste, etc., ont rapporté une plus-value de 37,646,000 francs. Reste un déficit de 50,870,000 francs auquel il faut ajouter encore 8,836,000 francs, que le retard dans le vote des nouveaux impôts a empêché de recouvrer. Les impôts indirects se soldent donc dans les onze premiers mois de 1874 par un déficit de 59,706,000 francs.

A ces 59,706,000 francs, il faut ajouter une moins-value de 18,663,000 francs qui s'est produite dans le mois de décembre (1), ce qui porte l'ensemble du déficit des contributions indirectes à 78,369,000 francs.

De ces 78,369,000 francs, il faut déduire une plus-value de 2,174,000 francs donnée par l'impôt sur le revenu des valeurs mobilières, ce qui réduit le déficit à un chiffre de 76,195,000 que personne ne s'avisera de ne pas trouver respectable.

Il est vrai que M. Mathieu-Bodet, dans une note du 29 janvier adressée à M. Paul Leroy-Beaulieu, disait qu'il y avait eu une plus-value de 14,902,217 francs. Cette plus-value peut certainement exister ; mais il ne nous a pas dit où elle se trouvait, de sorte qu nous sommes réduits à y croire sur parole. Cette plus-value n'en laisserait pas moins le budget en déficit de 61,282,783 francs. C'est encore suffisant pour alarmer les plus optimistes. M. Leroy-Beaulieu, qui habituellement voit les choses avec une admirable sérénité, disait à ce sujet :

« Ce qui a une importance considérable, ce qui nous paraissait et nous paraît inquiétant, c'est la moins-value de plus de 18 millions et demi qui s'est produite sur le rendement des impôts indirects pendant le mois de décembre. C'est là un fait qui était imprévu et qui nous semble grave.

« En effet, après une magnifique récolte de blé et de vin, dans un mois où nos importations ont atteint un chiffre énorme (370 millions de francs), ce mécompte de plus de 18 millions et demi sur le rendement des impôts est un mauvais symptôme. Qu'arriverait-il s'il allait se reproduire dans le mois suivant ? C'est que le déficit de l'année 1875 serait beaucoup plus considérable que le déficit des années précédentes. Nous aimons à croire qu'il n'en sera pas ainsi.

« On nous assure que le mois de janvier dernier donne des espérances. Nous pensons néanmoins que M. le ministre des finances, en plus des remaniements d'impôts qu'il propose et dont beaucoup nous paraissent acceptables, ferait bien de re-

(1) Note de M. Mathieu-Bodet, au *Journal des Débats*, 29 janvier 1875

courir par surcroît à une mesure plus énergique, telle qu'une notable augmentation des contributions directes : sinon l'équilibre des budgets de 1875 et de 1876 sera bien instable, et le moindre accident le détruira (1). »

Cela me suffit. M. Leroy-Beaulieu reconnaît qu'on ne peut plus avoir recours aux contributions indirectes ; qu'il est indispensable qu'on s'adresse aux contributions directes.

Qu'est-ce que l'impôt sur le capital ? — C'est la meilleure, la plus simple des contributions directes !

---

(1) *Journal des Débats*, 29 janvier 1875.

IX

L'INCOME-TAX ET LA PROPERTY-TAX

On lit dans le *Times* (1) :

« Une très-nombreuse députation, composée de membres du Parlement et de délégués de presque toutes les grandes villes du royaume, s'est rendue auprès du chancelier de l'Échiquier, pour demander l'entière abolition de l'*income-tax.*

« M. C. Lewis, membre du Parlement, en prenant le premier la parole, montra que les dernières élections s'étaient faites contre l'impôt sur le revenu et que ministériels aussi bien qu'antiministériels se prononcent en même temps pour son abolition.

« L'alderman Seaton, de Hull, confirme les paroles de M. C. Lewis et ajoute qu'il ne s'agit pas d'améliorer l'*income-tax*, mais qu'il faut l'abolir.

« M. Whalley, membre du Parlement, dit enfin qu'il a présenté une pétition signée de 100,000 personnes contre l'*income-tax*. Il approuve l'*impôt sur le capital* (property-tax). Il estime que l'impôt sur la propriété est un des meilleurs impôts ; quant à l'*income-tax,* c'est un scandale et une honte pour le pays, et il est de l'intérêt du pays et des négociants de protester contre lui. Si on lui demandait de remplacer l'*income-tax,* il proposerait l'impôt sur le capital. Il pense que les propriétaires trouveraient une compensation dans l'abolition de l'*income-tax.*

---

(1) Mercredi 10 février 1875.

« Le chancelier de l'Échiquier, en répondant, examine quel impôt on pourrait substituer à l'impôt sur le revenu. « Mon ami M. Whalley a proposé de remplacer l'*income-tax* par l'impôt sur le capital. Cet impôt donnerait lieu à bien des objections dans lesquelles je ne veux pas entrer, probablement les mêmes que celles qu'on fait à l'*income-tax* auquel on reproche un caractère inquisitorial. Je voudrais savoir, quand vous parlez d'impôt sur la propriété si, vous entendez par propriété le capital qu'un homme met dans une entreprise.

« M. Attenborough. — Je ne pense pas qu'on puisse imposer de nouvelles taxes aux petits marchands et aux grands négociants. »

On voit par ce récit du *Times* qu'un mouvement analogue à celui qui se produit en France se produit également en Angleterre. Il s'agit de remplacer l'impôt sur le revenu, par un impôt basé sur la valeur de la propriété, du capital. En même temps, on comprend qu'il ne faut pas frapper le capital circulant, mais le capital fixe. Seulement, autant que nous pouvons en juger par le récit du *Times*, les Anglais en sont aux tâtonnements ; ils n'ont pas encore fait la distinction rigoureuse des capitaux fixes et des capitaux circulants, qui a été établie en France par M. Menier. Mais il n'est pas nécessaire d'être un grand prophète pour prévoir l'avenir d'après le passé : les Anglais auront adopté l'impôt sur le capital avant que nos législateurs aient daigné y faire attention. C'est comme cela que nous entendons marcher à la tête de la civilisation.

(*National*).

TABLE DES MATIÈRES

CHAPITRE IV.

DE LA CONCEPTION DE L'IMPÔT DANS LA SCIENCE ÉCONOMIQUE.

CHAPITRE V.

LES LOIS ÉCONOMIQUES ET L'IMPÔT.

CHAPITRE VI.

DÉFINITION RÉELLE DE L'IMPÔT.

LIVRE II

LE CAPITAL.

CHAPITRE Ier.

LE CAPITAL D'APRÈS LES ÉCONOMISTES.

CHAPITRE II.

DÉFINITION DE CES TERMES : CAPITAL FIXE ET CAPITAL CIRCULANT.

CHAPITRE VII.

DE L'ARRÊT DE LA CIRCULATION.

LIVRE III

RÈGLES CONSTITUTIVES DE L'IMPÔT.

CHAPITRE Ier.

L'IMPÔT NE DOIT JAMAIS ENTRAVER LA CIRCULATION.

CHAPITRE II.

L'IMPÔT DOIT ÊTRE PRÉLEVÉ SUR LA CHOSE, JAMAIS SUR LA PERSONNE.

CHAPITRE III.

L'IMPÔT NE DOIT JAMAIS ENTRAVER LA LIBERTÉ DU TRAVAIL.

CHAPITRE IV.

L'IMPÔT DOIT ÊTRE UNIQUE.

CHAPITRE V.

LES RÈGLES D'ADAM SMITH. — LA PROPORTIONNALITÉ ET LA PROGRESSION DE L'IMPÔT.

CHAPITRE VI.

LIVRE IV

LES IMPÔTS ACTUELS.

CHAPITRE Ier.

CHAPITRE II.

LES DROITS D'ENREGISTREMENT, DE TIMBRE, DE GREFFE ET D'HYPOTHÈQUE.

CHAPITRE VII.

LES DROITS SUR LES BOISSONS.

CHAPITRE VIII.

L'IMPÔT SUR LE SEL ET LES VIANDES SALÉES.

CHAPITRE IX.

LES SUCRES ET LES AUTRES IMPÔTS DE CONSOMMATION.

CHAPITRE X.

LES OCTROIS.

LIVRE V

LES IMPÔTS SUR LES REVENUS.

CHAPITRE Ier.

CHAPITRE II.

LA CONTRIBUTION FONCIÈRE ET LE CADASTRE.

CHAPITRE III.

LA CONTRIBUTION DES PORTES ET FENÊTRES.

CHAPITRE IV.

LA CONTRIBUTION PERSONNELLE ET MOBILIÈRE.

CHAPITRE V.

LES PATENTES.

LIVRE VI

L'IMPÔT SUR LE CAPITAL ET SON APPLICATION.

CHAPITRE Ier.

L'IMPÔT SUR LE CAPITAL.

CHAPITRE II.

LA VALEUR.

CHAPITRE III.

L'APPLICATION DE L'IMPÔT SUR LE CAPITAL.

CHAPITRE IV.

MOYENS DE TRANSITION.

LIVRE VII

LES OBJECTIONS.

CHAPITRE Ier.

L'IMPÔT SUR LE CAPITAL N'A JAMAIS ÉTÉ APPLIQUÉ.

CHAPITRE II.

OBJECTIONS DIVERSES.

LIVRE VIII

DE LA RÉPARTITION ET DE L'INCIDENCE DE L'IMPÔT.

CHAPITRE Ier.

LA FORTUNE DE LA FRANCE ET L'IMPÔT SUR LE CAPITAL.

CHAPITRE II.

DE L'INCIDENCE DE L'IMPÔT.

CHAPITRE III.

L'IMPÔT SUR LE CAPITAL ET LA PRODUCTION NATIONALE.

APPENDICE

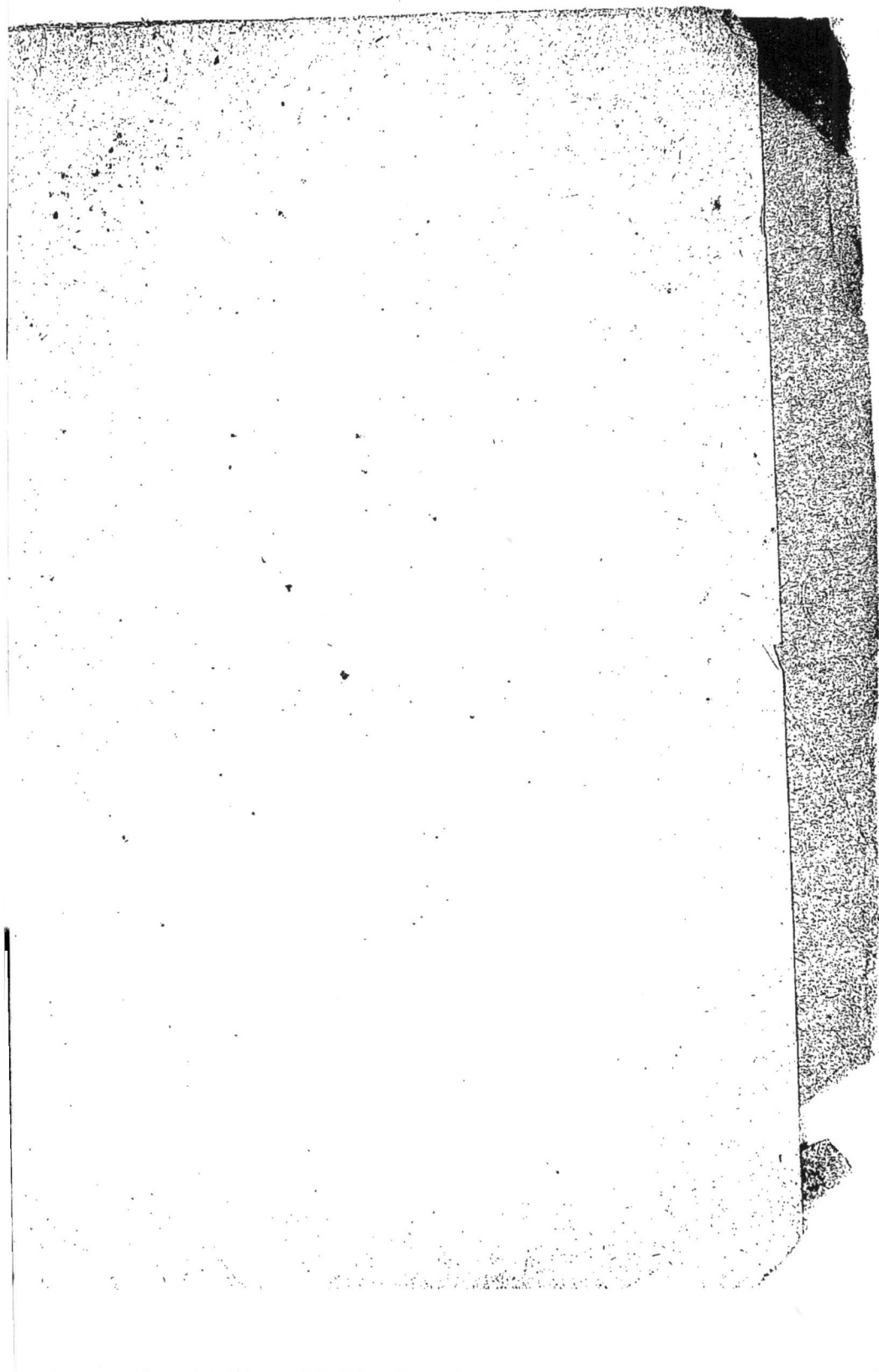

PARIS. TYPOGRAPHIE DE E. PLON ET Cie, RUE GARANCIÈRE, 8.

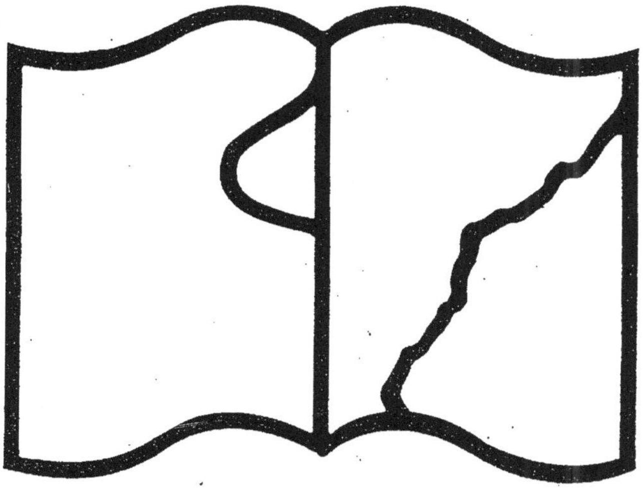

Texte détérioré — reliure défectueuse

NF Z 43-120-11